周文夫文集

（第四卷）

周文夫 著

社会科学文献出版社
SOCIAL SCIENCES ACADEMIC PRESS (CHINA)

拜谒马克思墓（2010 年英国伦敦海格特公墓）

瞻仰列宁遗容（2008 年俄罗斯莫斯科红场）

陪同俄罗斯俄中友好协会主席、俄罗斯科学院远东研究所所长季塔连科院士参观曹妃甸港（2010 年唐山）

访问美国印第安纳大学—普度大学韦恩堡分校，同迈克尔校长签署院校学术交流与合作协议书（2011 年美国韦恩堡）

访问巴西总统府战略事务部应用经济研究所，与马里奥 · 波切曼所长签署院所学术交流协议书（2011 年巴西巴西利亚）

为中共河北省委常委（扩大）学习会做沿海强省建设专题讲座（2007 年北戴河）

在河北省社会科学院建院 30 周年庆祝大会暨第 15 届全国社科院院长联席会议暨院长论坛上讲话（2011 年石家庄）

央视新闻报道：河北省社科院打造学习型社科院所（柴璐，2011 年）

目　录

（2006 年 5 月 ~2011 年 12 月）

工作纪实

河北省社会科学院就职词*

（2006 年 5 月 17 日）

刚才，计来同志宣布了省委关于我到省社会科学院任职的决定，我坚决服从组织安排，感谢省委和同志们的信任。省委常委、宣传部部长赵勇同志发表了重要讲话，提出明确要求和殷切期望。周振国院长也做了很好的发言。我有决心、有信心和院领导班子全体同志一道，团结、带领全院专家学者、干部职工，开拓进取，扎实工作，把省社科院的事情办好。

社会科学院是个出思想的地方。河北省社会科学院肩负着研究全省经济社会重大理论实践问题，繁荣全省社会科学，服务于省委、省政府科学决策，服务于全省经济、政治、精神文明建设的重要职责。建院 26 年来，在历届院领导班子的带领下，尤其近几年来在周振国院长的领导下，在全院专家学者、干部职工的共同努力下，坚持“建强院、出名家、创精品”的奋斗目标和五年规划，取得了一大批科研成果，培育、锻炼了一支良好的科研队伍，为全省经济社会发展做出了应有的贡献，也为今后的研究工作打下了良好基础，创造了重要条件。在此，我向历任院领导特别向周振国院长表示崇高的敬意和衷心的感谢！

我能有机会到省社会科学院工作，感到很荣幸，更感到责任重大。此时此刻自己的心情很不平静。说句老实话，我对社会科学界很有感情，自己过去在省委党校做理论教学研究工作 20 年时间，在省社会科学院有许多老领

* 这是周文夫在河北省社会科学院全院干部职工大会上的就职演讲。

导、老同事、老朋友。但这次省委决定让我来接替振国同志的工作，开始我没有这个思想准备。我是 2001 年 6 月在省委党校副校长任上调中共邯郸市委工作的，开始任市委常委、组织部部长，2003 年 3 月任市委副书记、纪委书记，分管纪检监察和农业农村两条战线工作。这对于我来说，是一个“学以致用”的极好机会。5 年来，自己工作比较投入，满脑子装的都是农业产业化、农民增收和防腐保廉、建立惩防体系，也取得了一些成效。所以，突然转岗还真需要一个适应过程。一是觉得手头好多活儿没有干完，二是又回到社会科学系统感到很亲切。总之，自己要尽快转换角色，思想工作到位，和省社科院的新老领导、新老朋友、新老同志融为一体，群策群力，集思广益，做好本职工作。

社科院如何能出些好思想、好主意、好办法？这是一个首要的课题。思想的进程总是随着经济社会发展的进程而发展的，知识分子的智慧和才干只有融入时代进步潮流之中才能得到充分展示，中国知识分子的前途和命运早与国家的前途和命运紧密结合在一起。今年，是国家“十一五”规划的开局之年，是全面建设小康社会和构建社会主义和谐社会的关键时期。河北省委、省政府也提出加快全省经济社会更快更好发展和构建和谐河北两大任务，并正在认真组织实施。面对这样少有的发展机遇和挑战，社会科学院应抓住机遇，乘势而上，应对挑战，扎实工作，有所作为。为省委、省政府科学决策提供理论支撑，为全省经济社会更快更好发展出谋划策，为繁荣社会科学自身奠定基础。好在振国同志主持社科院工作期间，已经理出基本工作思路，要继承好、发展好、落实好。各个研究所（研究中心）、行政处室（中心）和杂志社，要按照年初全院工作部署，各司其职，做好工作。目前，我的首要任务是抓紧学习、熟悉情况，进而和同志们谋划好下一步工作，抓好工作落实。

最后，提出三点想法，权做自己一个态度，也和同志们共勉。

第一，坚持科学发展观，顾全河北大局，服务经济中心，服务科学决策，服务基层发展，为河北经济社会更快更好发展和构建和谐河北做出应有的贡献。

第二，加强学科建设，奠定发展基础，坚持开放办院，用好内外脑，抓实科研项目，推进成果转换，出成果、出人才、出效益，繁荣河北社会科学。

第三，抓好班子，带好队伍，当好后勤部长，为全院广大科研人员、干部职工服务，为加快河北经济社会更快更好发展和构建和谐河北献计献策，为传承河北精神文化及繁荣河北社会科学提供可靠保障。

初来乍到，情况不熟，只能谈谈感受，表表态度，说说想法。讲得不合适的地方，请大家批评指正。在我今后的工作中，也希望各位领导、专家学者、同志们多批评、多指导、多支持。谢谢大家。

在院党组理论学习中心组集中学习动员大会上的讲话

（2006 年 6 月 2 日）

按照省直工委的部署，院党组决定，从今天开始，院理论学习中心组和全院处级干部、支部书记进行为期一周的集中学习。刚才，荣珊同志对这次集中学习进行了安排，希望大家按照院党组要求，紧紧围绕树立和落实科学发展观这一主题，结合自己的思想和工作实际，认真学习，深入思考，积极研讨。通过学习，进一步提高思想觉悟和工作水平。下面我就这次集中学习讲三点意见。

一　充分认识这次集中学习的重要意义，把思想统一到党中央和省委的决策和部署上来

今年是我省落实“十一五”规划的开局之年，是全面建设小康社会和构建社会主义和谐社会关键时期，也是我省经济社会发展的重要战略机遇期。面对新的形势和任务，作为哲学社会科学工作者，加强理论武装工作尤为重要。这是因为，我院是省委、省政府的思想库、智囊团，研究宣传马列主义、毛泽东思想、邓小平理论和“三个代表”重要思想，科学回答重大理论和现实问题，为省委省政府决策服务、为全省经济社会发展服务、为基层服务，是我院的重要使命。科研人员和管理人员的素质、能力和作风，关系到我们能否担负这些重要使命，关系到“建强院、出名家、创精品”奋

斗目标的实现，关系到我院各项事业的发展。省委书记白克明同志来我院调研时讲话指出，做好哲学社会科学工作，要围绕贯彻党中央《关于进一步繁荣发展哲学社会科学的意见》和省委的实施意见，始终把马克思主义理论作为哲学社会科学的指导思想。我们要按照克明同志的要求，加强对马克思主义的学习，坚持正确的政治方向和科研方向，善于把马克思主义的立场、观点、方法贯穿到哲学社会科学研究工作中去，用发展着的马克思主义指导哲学社会科学研究，决不能搞所谓“指导思想多元化”。这就要求我们在这次集中学习期间，深入地、系统地学习有关著作和文件精神，用发展着的马克思主义武装头脑，指导科研实践。只有这样，才能充分认识社会科学研究工作在意识形态建设中的重要地位和作用，义不容辞地担负起使命，奋力推进马克思主义理论研究和建设伟大工程，用邓小平理论和“三个代表”重要思想武装党员、教育群众，科学回答重大理论和现实问题，引导社会舆论；才能坚持正确的科研方向，坚定不移地坚持正确的理论导向，注意防止“非主流思潮”的渗透和影响；才能把我院建成坚强的马克思主义阵地。最近，省委常委、宣传部部长赵勇同志在全院干部大会上，要求我院努力创造哲学社会科学研究的精品力作，并提出曹妃甸循环经济试验区、环渤海城市群、文化产业等重大研究课题。要搞好省委、省政府领导同志关注的重大课题的研究，多出科研精品力作，提高“三个服务”水平，直面经济全球化、科技进步和综合国力的激烈竞争，直面我省经济社会发展中出现的重大理论和现实问题，就必须树立和落实科学发展观，不断学习新知识，拓宽视野，不断提高科研能力。努力解决一些干部的思想政治素质不高，围绕中心、服务大局的意识和能力还不够强；专业知识素质不高，优质高效地做好科研和管理工作的意识和能力还不够强；学习氛围不够浓厚等存在的问题，为创造精品力作提供良好条件和环境。

二　这次集中学习需要把握的重点内容

一是要深入学习贯彻科学发展观。科学发展观是以胡锦涛同志为总书记的党中央带领全党全国推动我国经济社会发展长期实践经验的总结，是推动社会主义经济建设、政治建设、文化建设、社会建设全面发展的指导方针。当前理论武装工作的一项重要任务，就是要进一步用科学发展观武装全党特别是各级领导干部的头脑，统一思想，提高共识。所以学习贯彻科学发展观是院党组理论学习中心组首要的政治任务。要加强对科学发展观的领会和把握，不断增强贯彻落实科学发展观的自觉性和坚定性。要深刻把握科学发展观与马克思列宁主义、毛泽东思想、邓小平理论和“三个代表”重要思想一脉相承，是与时俱进的马克思主义发展观，深刻把握科学发展观的重大意义、丰富内涵、精神实质和基本要求。要结合学习贯彻党的十六届五中全会精神，结合“十一五”规划，紧密联系实际。要深入基层调查研究。要通过学习解决影响发展的瓶颈问题。总之，要真正把科学发展观的要求体现在我院的各项工作中，体现在每个人的实际行动中。

二是要深入学习构建社会主义和谐社会的理论。构建社会主义和谐社会是我们党从全面建设小康社会、开创中国特色社会主义事业新局面的全局出发提出的一项重大任务。提出构建社会主义和谐社会，表明我们党清醒地把握住了党和国家所处的社会历史方位，清醒地把握住了人民群众的根本利益和共同愿望，反映了我们党对中国特色社会主义事业发展规律的新认识，也反映了我们党对执政规律、执政能力、执政方略、执政方式的新认识。要认真学习和深刻把握构建社会主义和谐社会的历史背景、重大意义、科学内涵、重要原则和主要任务，认真学习和深刻把握马克思主义关于社会主义社会建设的理论。要加强对构建社会主义和谐社会重大问题的调查研究和理论研究，特别是加强对我省和谐社会建设有关情况的调查研究，把社会主义和谐社会建设的各项工作落到实处。

三是要深入学习加强党的先进性建设和执政能力建设的理论。在全党开展的以实践“三个代表”重要思想为主要内容的保持共产党员先进性教育活动，是提高党的执政能力、巩固党的执政基础、完成党的执政使命的重要举措。理论学习要同保持共产党员先进性教育结合起来，同全面推进党的建设新的伟大工程结合起来，不断深化对加强党的先进性建设和执政能力建设理论的学习。要联系主观世界的改造和领导班子思想政治建设，坚定理想信念，坚持党的宗旨，增强党性观念，发扬优良传统，保持先进性和纯洁性，不断增强领导班子的凝聚力和战斗力，使院领导班子真正成为贯彻“三个代表”重要思想的组织者、推动者和实践者，使领导干部真正成为学习实践“三个代表”重要思想的模范。要紧密联系党的建设特别是党风廉政建设和反腐败工作的实际，认真学习党章，自觉遵守党章，切实贯彻党章，坚决维护党章，把党的先进性建设和执政能力建设落实到不断提高党的领导水平和执政水平、提高拒腐防变和抵御风险能力这两大历史性课题上，使党的思想、组织、作风和制度建设不断取得新的成效。

四是要认真学习贯彻胡锦涛总书记关于“八荣八耻”的重要论述，牢固树立社会主义荣辱观。要进一步理解胡锦涛总书记关于社会主义荣辱观重要论述的重大意义、精神实质、科学内涵和基本要求。要把社会主义荣辱观的学习教育与全面落实科学发展观、实现“十一五”规划结合起来，与正在开展的共产党员先进性教育活动结合起来，与各类精神文明创建活动结合起来。处以上领导干部既要带头践行社会主义荣辱观，又要着力解决群众反映强烈的突出问题，努力在全院倡导和开创人人身体力行社会主义荣辱观的良好局面。

五是要认真学习贯彻省委六届四次全会做出的《关于加强各级党组织民主集中制建设的若干重要问题的决定》，把这项党的建设中的重要任务抓紧抓好。紧密结合我院工作实际，大力加强民主集中制建设，充分发扬党内民主，发挥我院党组织和广大党员的积极性创造性；加强党的集中统一领导，确保党的各项决策部署迅速有效地贯彻执行。必须始终高扬“树正气、讲团结、求发展”的主旋律，充分认识加强民主集中制建设的极端重要性和紧迫性，进一步完善党组各项议事制度，完善和落实党内民主制度，提高党员领导干部民主生活会质量，全力维护和增进领导班子团结，在全院形成一个和谐、团结、创业、干事的氛围。

三　加强组织领导，保证学习效果

这次集中学习，是促进我院院、处两级领导班子思想政治建设、提高处级以上领导干部思想理论水平、政治水平和领导水平的有力举措。各处、所主要领导和党支部一定要把学习作为一项政治任务来抓，学习态度要端正，思想要统一，认识要提高。要保证学习效果，严防“雨过地皮湿”。每位参加学习的同志要认真处理好工学矛盾，按照要求自觉地参加学习。机关党委要建立学习考勤制度，建立个人学习考核档案。学习期间无故不到者，进行点名批评，并通报全院。同时，要做好学习笔记，交流学习体会。

同志们！目前，全院正在开展“学习贯彻党章，永做先锋不褪色；知荣辱，树新风”活动。我们这次集中学习，也可以说是这个活动的进一步深化。我想，只要大家静下心来，认真读书，结合实际深入思考，把贯彻落实科学发展观作为首要任务，不断提高运用邓小平理论、“三个代表”重要思想和科学发展观解决实际问题的本领，思想认识就会不断提高，工作能力就会不断增强，精品力作就会不断涌现，由此推进我院科研和各项工作更快更好发展，为我省三个文明建设做出更大贡献。

祝大家学习顺利！

以科学发展观统领办院　积极稳妥开拓进取　扎实推进全院各项工作上台阶上水平

——在院党组理论学习中心组（扩大）集中学习总结会议上的讲话

（2006 年 6 月 8 日）

现在，我代表院党组，就理论学习中心组（扩大）集中学习的情况做一总结。

这次集中学习，院党组提出扩大到副处级以上干部和各处所的党支部书记，目的是从院、处两级领导班子和两级党组织的思想建设入手，带动全院同志进一步统一思想、理清思路，深入思考我院进一步发展所面临的战略选择，探求推动工作的有效途径，为实现更快更好发展做好思想发动，提供思想保证。通过 7 天的集中学习、思想交流，特别是今天听了班子成员、秘书长和几位处所长的大会发言，感到每一位同志都有不同程度的收获，我也很受启发。这些收获不仅仅体现在大家对党中央、省委重大部署认识水平的提高上，更重要的是，围绕树立科学发展观引发出的一些推进工作的深入思考，会对我院今后的发展起到十分积极的推动作用。概括这次集中学习的主要成果，大致有以下三个方面：一是紧紧围绕牢固树立科学发展观这个主题，对党中央、省委关于“十一五”时期经济社会发展的总体工作部署有了更加深入的理解，加深了对全面、协调、可持续发展内涵和推进经济社会全面进步相关重大问题的认识，以科学发展观武装头脑、指导工作的自觉意识有了新的增强，服务大局、服务中心工作的主动精神得到了进一步强化；二是注重学以致用，围绕深入贯彻落实克明书记、赵勇部长对我院工作的指导意见，结合从事的工作，从不同角度深入思考、认真谋划我院的发展大计，对“十一五”时期我院的发展环境、发展方向、面临的机遇和挑战以及需要着力抓好的重点工作等一些深层次问题的认识进一步深化，团结一致向前看、一心一意谋发展得到了更为广泛的认同；三是在大家学习交流的言谈话语之间，流淌着爱院爱岗的真切之心、渴望发展的迫切之情，这是我们今后做好工作的宝贵资源和坚实依托，如果我们能够把这份热情和信念保持下去、弘扬开来，就会焕发出无穷无尽的力量，站在“十一五”这个新的历史起点之上，开好局、起好步，把全院各项工作不断推向深入。

集中学习毕竟是阶段性的，而理论武装工作却是一个长期的任务。搞好科研的前提是学习，出精品、出人才更需要持之以恒的知识积累；面对日新月异的形势变迁，我们的观念需要通过学习而不断更新，我们的工作需要科学的理念来推动。因此，持续性学习是做好科研工作的需要，也是不断改进各项工作的需要。希望同志们以这次集中学习活动为契机，树立起终身学习的思想观念，把学习变成每一位同志的自然需求和职业习惯，在建设学习型机关活动中发挥表率作用。

我来院工作三周时间，这些日子里，与院班子成员进行了交谈，走访了院里的老领导，听取了各单位的工作汇报，参观了院科研成果展览，翻阅了一些相关材料。在这次集中学习过程中，和大家一起学习了科学发展观等规定的文件资料，学习了克明书记、赵勇部长的讲话，刚才又听了大家的座谈发言。在对社科院情况逐步了解的基础上，也在努力思考我院管理、建设和发展问题。今天借这个机会和大家进行一次交流，有的只是提出问题，如何解决还需要我们一道深入谋划。

今年是落实我省“十一五”发展规划的开局之年，各条战线都在为实现更快更好发展认真谋划、扎实工作。哲学社会科学是促进发展的智力支撑和精神动力，也是实现发展的重要标志。我院是我省哲学社会科学战线的一支重要力量，肩负着繁荣发展我省哲学社会科学事业的神圣责任。办好自己的事情，寻求自身发展，继而更好地服务于全省发展的大局，是当前我们面临的首要任务。实现新的发展必须坚持积极稳妥、开拓进取的工作方针。积极地推进我院发展，是融入并更好地服务于全省更快更好发展的必然要求，也是正视我们发展中存在的问题并着力解决这些问题所应具备的态度和勇气。稳妥地处理前进道路上存在的各种问题，是落实科学发展观，实现科学决策、可持续发展的内在要求，也是维护稳定并在稳定的框架之下有效推进改革发展的最优途径。开拓进取是迎接新的挑战、不断开创我院改革发展新局面而必须具备的思想境界和工作状态。开拓事业，就应该以宽容的心态看待历史，以团结一致向前看的积极态度甩掉沉重包袱，以务实的作风做好当前工作，用加快发展的办法解决存在的问题。科学研究的品格是创新，管理和服务的核心是增效。如果没有一种迎难而上、勇于开拓、奋发有为的精神状态，我们的工作就不会做好，我们的事业就不会办好，社科院也就不会有更加美好的未来。因此，正确认识并着力把握积极稳妥、开拓进取的工作方针，对于我院今后的发展关系重大。

实现发展，推进工作，需要我们在一些重大问题的认识上进一步统一思想。

第一，树立大局意识，搞好“三个服务”。坚持科学发展观，树立大局意识，不是一句口号，而是我们必须遵守的根本原则。我院作为地方社科院，它的职能定位是什么？2004 年中央 3 号文件明确指出，地方社会科学研究机构应主要围绕本地区经济和社会发展的实际问题开展应用对策研究，有条件的可开展有地方特色和区域优势的基础研究。省委 19 号文件也对我院的职能做了这样的规定：把省社科院建成河北省宣传马克思主义的重要基地，研究河北经济社会发展重大理论与实际问题的重要基地，研究河北传统文化的重要基地和河北社科文献资料数据中心。从党中央和省委的要求可以看出，我院的职能定位就是要为我省的发展提供智力服务，成为我省经济社会发展的思想之库、智力之源。再具体讲，就是要为省委省政府决策服务、为全省经济社会发展服务、为基层服务，这应该成为全院科研工作的出发点和落脚点。搞好“三个服务”需要认真思考并正确处理好以下三个方面的关系。一是正确把握现实问题研究与基础理论研究的关系。立足当代，立足国情省情，大力开展对现实重大问题有指导意义的研究，推出传承燕赵文明、服务河北发展的精品成果，这是全院各学科共同的责任，其中并无基础与应用、历史与现实的天然分界。需要特别强调的是，任何对现实问题有重大指导意义的科研成果，都必须以科学的理论为支撑，以大量的实证调研为佐证，如果基础理论研究的功力不够，对策研究就会失去立身之本，发挥的作用就会大打折扣。二是正确把握服务决策与服务基层的关系。我院作为一个省级社科研究机构，就全国而言，我们是地方军，而对河北来讲，我们是主力军，是最权威的哲学社会科学研究机构。因为我们是地方军，就应该把着力点放在研究河北的问题上；又因为我们是主力军，就应该担负起为河北发展服务这个义不容辞的责任。搞好服务，眼睛不光要向上，也要向下，既要为省委、省政府决策服务，又要积极主动地为基层工作服务，两者不可偏废。三是正确处理科研工作和行政管理工作的关系。社科院是一个整体，科研工作与行政管理工作都是我院工作的重要组成部分，科研工作是中心，行政管理工作是保障，两者只有分工不同，没有孰轻孰重和高低贵贱之分。做好“三个服务”，不仅是科研工作的任务，也是行政管理工作的职责。

第二，明确工作目标，实现“三个兼顾”。搞好“三个服务”，归根结底要靠自身的实力来说话。实力体现在哪里？我认为体现在出成果、出人才、出效益上。更为重要的是，要把出成果、出人才、出效益三者兼顾起来，这才是社科院综合实力的体现。强调“三个兼顾”，既是我院自身发展的内在要求，又是实现我院发展的重要标志，这应该成为我们全部工作的首要目标。出成果、出人才是社科研究工作的自然属性，这早已成为大家的共识。作为全省唯一一家专门的社会科学研究机构，我们的成果、我们的人才就应该是全省社科界的标杆。从这个意义上讲，出成果就是要多出精品力作，出人才就是要多出名家、大家。这是赵勇部长代表省委对我院提出的希望和要求，也是我们不断追求和努力奋斗的目标。出效益，是新形势、新任务对我院科研工作提出的新要求。在市场经济条件下，面对激烈的科研市场竞争，面对繁重的发展任务，必须要考虑我们的研究成果“有用”“能用”“有人用”。只有拿出“有用”“能用”的研究成果，才能赢得省委和省政府的重视、得到社会各界的理解和支持，才会“有人用”，实现真正意义上的成果转化，取得实实在在的社会效益和经济效益，从而把我们的事业做大做强。

实现“三个兼顾”，必须站在“十一五”时期更高的起点之上，调整和部署我院的全局工作。最近，省委宣传部部务会专题研究了《河北省哲学社会科学“十一五”时期发展规划纲要》，决定待修改成熟后报省委，以省委、省政府两办名义印发。这个文件是“十一五”期间指导全省哲学社会科学发展的总纲领，对我院今后的发展具有非常重大的指导意义。贯彻落实《纲要》精神，是今后一个时期我们面临的最重要任务，是深入推进我院事业发展的重要机遇。总的想法是，遵循《纲要》精神，调整充实目前正在实施的《河北省社会科学院五年（2003—2007）发展规划》，在此基础上认真谋划制定我院“十一五”时期发展规划，使我院的发展目标、资源配置、工作布局等与《纲要》精神相一致、相配套。希望全院同志认真思考关系我院今后发展的重大战略性问题，提出建设性意见，为党组科学决策提供参考。

实现“三个兼顾”，进一步加强学科建设是突破口。有了强势学科、优势学科，才有出名家、出大家的条件，也才有出精品、出效益的平台。学科建设要根据新形势、新任务的变化不断进行调整。最近，胡锦涛同志在中国科学院第十三次院士大会和中国工程院第八次院士大会的讲话中，突出强调了建设创新型国家、建设创新型科技人才队伍的问题。我想，我院的学科建设，核心是要建设一个创新型的学科体系。只有这样，才能在我省社会科学研究市场多元激烈竞争的环境下，始终居于领先位置，拿到更多的科研份额。建设创新型的学科体系，就要用创新性的思维指导和实施研究资源合理配置、调控科研成果培育，不断完善科研成果奖励办法、科研经费管理使用办法等相关政策规定。加强学科建设必须坚持有所为有所不为的方针，要围绕搞好“三个服务”，着眼持续发展，谋划制定学科建设的中长期规划。学科建设不仅是院里的事情，也是每个研究所、每个科研人员需要认真考虑的问题。目前，从全院情况看，真正的精品力作还不多，学界公认的大家、名家也很少；从各所情况看，成果质量、队伍建设发展不平衡的问题比较明显。希望各研究所要在院学科建设发展规划的框架之下研究制定近期、中期、长期的发展目标，发展目标的设计、人才培养的方向要与院里的学科建设相一致。要特别注意帮助年轻科研人员搞好研究方向的规划，既要考虑全局的需要，也要考虑个人的研究爱好，只有把两者统一起来，才能为优势学科的发展提供强有力的人才支撑。要进一步加强学科建设中的科研组织工作，重视整合相关学科的研究力量，强化重大综合性问题研究各学科间的组织协调工作。

实现“三个兼顾”，必须以开放办院、开门办所为依托。实现出成果、出人才、出效益，既要深挖“内库”潜力，又要充分发挥“外脑”的作用。要认真研究科研市场运作的有效手段，注重科研项目的开发，以项目促研究、出成果、带队伍、生效益。要多层次、多渠道开展科研协作，既要继续加强与省内有关厅局的科研协作关系，了解政府部门的政策研究需求，巩固已有的科研市场，又要积极拓展与兄弟社科院、与企业的协作关系，开辟新的合作领地。举办各类论坛是实现开放办院的有效形式，论坛是获取科研信息的媒介，是实现科研成果转化、搭建科研网络的平台，我们一定要把它利用好，要充分挖掘和整合我院已有的优势资源和潜力资源，如优势学科、优秀专家、优秀刊物等，重装推出我院的科研品牌，依靠拳头产品扩大影响、提升科研竞争力。

实现“三个兼顾”，必须把成果的转化作为科研工作的重要环节来抓。科研成果的作用力和影响力应该是评价其自身价值的一个重要标尺。赵勇部长讲道，我们的研究成果对我省经济社会发展起到了多大的推动作用，给老百姓带来了多少实实在在的好处，这方面以往我们似乎重视不够，用力不多。抓好成果转化，首先要从最初的研究工作入手，注意科研成果的学术性与实践性的统一，找准理论研究与实践需求的结合点。要建立科研成果推介机制，如进一步加强我院上报成果载体建设，与省内强势媒体联姻探索建立重大研究成果发布会制度。

第三，优化科研环境，强化服务保障。社科院要发展，进一步优化内部环境，不断提高服务和管理效能也是非常重要的一个方面的工作。院、处两级领导班子建设是我院发展的根本保证。加强两级班子建设，十分重要的一点是认真贯彻落实党的民主集中制，坚持集体领导与个人分工负责相结合，坚决维护班子的团结，重大问题由班子集体讨论决定，严格按照“四个服从”处理问题、对待工作。机关党的建设、纪检工作处于全院工作的重要位置，政治纪律的监督要严肃，经济问题的监督也要跟上。要积极推进全院工作的公平、公正、公开，真正把纪律监督落实到大型采购、大型项目的办理过程中。院处两级党组织要注意不断提高工作水平，既要坚持原则性，又要注意灵活性，讲求工作艺术。坚持原则性，就是要把握正确的政治方向，通过不断增强党组织的战斗力、凝聚力、号召力，更好地为科研工作服务，为广大干部职工服务。要特别注意把握正确的科研方向，认真研究科研单位实施党的纪律约束的有效方法。党中央对党员领导干部提出四大纪律、八项要求，其中政治纪律和工作纪律对我院的党员领导干部尤其重要。在这里，我想偏重讲一讲工作纪律的问题。我们在座的多数是处级领导干部，这次集中学习中的一些现象，让我很吃惊、感到不可思议。集中学习动员会实际到会人数比应到会人数少十几位，临近会议结束的时候统计，又有十几位同志中途自行退场。从机关党委了解到的情况看，中途自行退场的同志所讲的理由90%以上不充分。尽管学习多是务虚的，但务实首先是从务虚开始的，这个问题不可小视。这可不是小题大做，会风反映作风。我和荣珊同志商量，从会风抓起，加强组织纪律性教育。当然，会议的组织也要学会统筹考虑。希望同志们把这个问题认识到位，做遵守纪律的模范，做良好会风的模范，率先垂范，带好队伍。我们强调党的纪律，并不是限制科研创新，正确的政治方向是科研工作的核心和根本，同时也是遵循科研规律、活跃学术研究的有力保障。讲究工作的灵活性和艺术性在科研单位尤为重要。每一名党员领导干部都要善于与专家、学者交朋友，勤于沟通、高度尊重、充分信任，大力营造尊重知识、尊重人才的内部环境，激发他们为全院的发展更好地发挥作用。行政管理处室是我院的关键部门，办好社科院的事业，服务好科研工作，当好家、理好财是义不容辞的责任。要善于总结工作中的得失，勇于正视和改进存在的问题，通过健全制度、落实监督、严明纪律、强化管理，有效地堵塞漏洞，不断改进工作。要大力推进行政管理工作的公开、透明，实现这一要求，公正是前提，制度是保证。要精打细算，厉行节约，把有限的资金管好、用好，发挥最大的效益。要大力推进机关效能建设，实行定岗定责，建立和落实岗位目标管理责任制，不断激发工作活力，实现提质提速。要大胆管理，照章行事，办事懂规矩，运行讲程序。要满腔热情地为广大干部职工办好事、办实事。当前，要把职工购房补贴的发放工作认真组织好，工作力求深入细致。办公楼装修改造工程全院瞩目，要把立项和立项准备工作作为头等大事来抓，力取早日立项开工。

同志们，办好社科院的事情，需要全院同志的共同努力。我作为领导班子的班长，愿意做好大家的后勤部长，团结带领大家进一步振奋精神、扎实工作，为我院的发展，为繁荣哲学社会科学事业做出新的贡献。

在院庆“七一”暨“创先争优”活动表彰大会上的讲话

（2006 年 6 月 28 日）

再过两天就是“七一”了，是中国共产党建党 85 周年纪念日。今天，我们在这里召开全院党员大会，隆重纪念中国共产党成立 85 周年。刚才，6 名新党员面对党旗进行了庄严的入党宣誓，老党员重温了入党誓词。世芳同志宣读了表彰通报，对 3 个先进党支部、25 名优秀党员、3 名优秀党务工作者进行了表彰；还表彰了在“学习贯彻党章永做先锋不褪色”和“知荣辱树新风”主题活动征文比赛中获奖的 15 名作者。在此，我谨代表院党组向新党员，向受到表彰的支部、个人表示热烈的祝贺！希望新入党的同志在党组织的怀抱里，认真学习，努力工作，做合格的共产党员。希望受到表彰的同志牢记宗旨、珍惜荣誉、勇于奉献、再创佳绩。下面就进一步做好我院党建工作讲三点意见。

一　认真落实保持共产党员先进性的长效机制，增强组织管理教育功能

增强组织管理教育功能，是对党组织提出的要求。处所党支部是党在社科院的基层组织，是党的全部工作和战斗力的基础，担负着党章赋予的八条任务。俗话说，基础不牢，地动山摇，所以支部工作是非常重要的。“支部建在连上”是党的建设的一条成功经验，无论是战争年代，还是和平时期，

每逢紧要关头，都得到了证明。机关党委是我院党的建设的领导部门，担负着重要的工作职能，社科院机关党的建设搞得好不好，很大程度上取决于机关党委、各支部的功能发挥。机关党委和各支部要切实履行职责，加强对党员的教育、管理和监督，使之更好地发挥先锋模范作用。去年通过开展保持共产党员先进性教育活动，全院党员队伍素质有了提高，党的建设得到了加强，推动了以科研为中心的各项工作。同时，针对我院存在的突出问题，院党组结合工作实际认真研究，制定了整改方案，建立了一些保持共产党员先进性的长效机制。现在的关键是如何不断地完善和落实好，使共产党员先进性得到永久保持和发挥，使这些机制切实发挥应有的作用，这是我们各级党组织要下大力抓好的工作。

一是落实党员学习培训机制。要建设学习型机关，不断提高全院党员的总体素质，机关党委和各支部必须抓党员的学习，落实学习制度，保证学习时间。要认真坚持院理论学习中心组学习制度，坚持支部每周组织党员学习的制度；采取有效形式对支部书记进行培训，提高思想政治觉悟和组织管理水平。二是落实党员激励约束机制。认真坚持民主评议党员制度，严格党员的考核，加大表彰和奖励力度，大力宣传优秀党员和先进党支部的事迹，营造学先进、赶先进、争先进的良好氛围。三是落实党员管理监督机制。各支部要严格对党员的管理教育，机关党委要通过多种渠道和方式，了解和掌握党员的情况，健全党员管理档案，进一步加强对党员的管理和监督。四是落实党员联系群众机制。进一步拓宽党员联系群众渠道，不定期召开各种类型座谈会，征求不同方面人员的意见；党员特别是党组织的负责同志要经常深入群众听取意见和建议，同党外人士交朋友，进一步密切党群关系。五是落实党内民主机制，严格执行民主集中制。认真落实《中国共产党党员权利保障条例》和省委《关于加强各级党组织民主集中制建设的若干重要问题的决定》，做到党内决策程序和党务工作公开；加大政务公开力度，确保一切权力和办事程序的公开透明运行，落实党员群众的知情权、参与权、选择权和监督权，充分调动党员的积极性。六是落实党员发展机制。完善入党积极分子的培养、发展对象的优选、入党公示等制度，严把党员队伍的“入口”关，把优秀分子吸收到党内来，扩大党的队伍。

我们院的党组织把这几个方面的机制、制度落实好了，党组织的执政能力就会得到增强，教育管理党员的能力就会得到提升，党员素质就会得到提高。

二 严格遵守党的纪律，增强纪律意识

《党章》规定：“党的纪律是党的各级组织和全体党员必须遵守的行为规则，是维护党的团结统一、完成党的任务的保证。党组织必须严格执行和维护党的纪律，共产党员必须自觉接受党的纪律的约束。”党章之所以把党的纪律列为一章，做了详细的阐述，是由纪律的重要作用所决定的。我院要落实科学发展观，搞好“三个服务”，多出精品力作，就必须解决好纪律和作风问题。当前，我院党员队伍总体上是好的，是有战斗力的。但个别同志确实也存在纪律观念不强、纪律松弛的问题，有的甚至存在不认真过组织生活、借故逃避学习、各行其是的问题。这对于出成果、出人才、出效益是非常不利的。院党组要求全院党组织和广大党员严格遵守党的纪律，努力纠正和克服存在的问题。遵守党的纪律，一是遵守党的政治纪律。这是大方向，任何时候都不能有丝毫偏差。它是规范党组织和党员的政治言论、政治行为、政治立场，维护党的政治原则、政治方向和政治路线的行为准则。全院党组织和每个党员，都必须严明政治纪律，自觉同党中央保持高度一致，坚决维护党中央的权威，保证中央政令畅通。我院是马克思主义的研究宣传阵地，在学术上提倡百家争鸣，允许发表不同意见，但决不能有违背党的政治原则和政治方向的问题。二是遵守党的组织纪律。组织纪律的核心是执行党的民主集中制原则，它是指导党的组织活动，处理党内组织关系必须遵循的根本准则。省委六届四次全会根据中央精神做出了《关于加强各级党组织民主集中制建设的若干重要问题的决定》，院党组也制定了《关于加强党组织民主集中制建设若干重要问题的意见》，都要贯彻执行好。党之所以有战斗力，起到先锋队的作用，一个重要原因就是实行了民主集中制，因而能够集中全党的意志和智慧，制定出正确的路线方针政策，实施正确的领导，不断推动党的事业向前发展。遵守组织纪律，主要体现在：要切实坚持党的组

织原则，反对独断专行，也反对软弱涣散，正确处理个人与组织的关系；要贯彻执行党组织决定，每一个党员在执行决定时都不能计较个人得失，更不能以个人好恶决定取舍；要划清重大问题不能由个人决定同工作中敢于负责之间的界限，凡属重大问题，必须由党组织集体讨论决定，而不能由个人决定。三是遵守党的人事工作纪律。人事纪律包括多方面内容，最主要的就是在干部的选拔任用工作中，认真执行《党政领导干部选拔任用工作条例》。这就要求在干部的分配、调动、交流工作中，在干部考察、聘任、职务晋升、职称评定及大学生录用等工作中，坚持公平、公正、公开，认真执行党组决定，不徇私情，照章办事，坚决杜绝弄虚作假、欺上瞒下、徇私舞弊行为，敢于同跑官要官的不良行为做斗争。四是遵守党的财经工作纪律。财经工作纪律是规范财经管理行为、维护良好财经秩序的基本准则，是党组织和党员在财经活动中必须遵守的行为规则。每个工作人员都要严格要求自己，遵守财经纪律，不要“闯红灯”，不要“打擦边球”，要扎扎实实做事，清清白白做人，遵纪守法，维护社科工作者的形象，维护社科院的形象。五是遵守党的群众工作纪律。要牢固树立群众利益无小事的观念，切实把群众利益放在心上，急群众所急，帮群众所需，决不能与广大群众争利。

加强纪律建设是党的建设中一项紧迫的任务，要联系不断变化的形势任务，联系党员的思想和工作实际，经常不断地加强党规党纪的学习教育，不断增强党员遵守纪律的自觉性。要加强党内外监督，院党组和各个支部要活跃党内生活，积极开展批评与自我批评，这是防微杜渐、及时纠正错误、防止错误积重难返的有效途径。党的一切工作都离不开群众的支持与监督，党的纪律建设也是如此。我院各级党组织和党员要经常深入群众中，听取他们的意见和呼声，加强同他们的联系。要采取不同形式，经常听取群众的意见和要求，接受群众监督。要加强制度监督，扎实抓好制度的落实，用制度管理好党员干部队伍，推进机关党的纪律建设。党的纪律对每一个党员都具有同样的约束力，要坚持在纪律面前人人平等的原则。凡是违反党纪政纪的，不论什么人，不论职位高低、功劳大小，都要受到纪律的追究，依纪依法予以惩处，这对于维护纪律的权威性、严肃性至关重要。当然，纪律处分不是目的，目的是教育人，挽救人。

三　在搞好“三个服务”的实践中增强党员意识

我在院党组理论学习中心组集中学习总结时讲过，搞好“三个服务”，归根结底要靠自身实力来说话，其实力应体现在出成果、出人才、出效益上。“三个出”是对科研工作提出的更高要求，实现这个目标，任务很艰巨。当前，我们面临着新的发展机遇和挑战，刚刚结束的全省科技工作大会和新农村建设会议，为我们提出了新的奋斗目标。特别是在服务发展大局和提供理论支撑、坚持理论创新上，省委、省政府给我院提出了新的任务和要求。这就要求全体共产党员要增强党员意识，发扬党的优良传统，求实创新，艰苦奋斗，大胆实践，在各项工作中发挥先锋作用。党员意识是共产党员对党的性质、宗旨、历史使命以及党的纲领和任务的自觉认识，是党员政治觉悟和党性的集中体现。增强党员意识，要求我们时刻牢记自己是共产党员，而不是普通群众；时刻牢记自己的责任和使命，踏踏实实地做好党组织交给的工作；时刻牢记入党誓词，吃苦在前，享受在后，勇于牺牲，乐于奉献。邓小平同志曾经说过，当一个党员为什么光荣，就在于为党的事业，为国家、为民族做出比一般人更多的贡献。所以说，增强党员意识，就是要增强多做贡献的意识。具体到我院来说，搞科研的共产党员要奋力拼搏，瞄准精品力作的目标，加强马克思主义理论研究；瞄准省委、省政府决策前沿和学科前沿，加强河北经济社会发展中的重大理论和现实问题研究；围绕地方特色和区域优势，加强具有河北特色的人文学科研究。要推出更多的精品力作，多出成果、多出人才、多出效益，提高学术研究水平，提升我院的影响力。搞行政后勤管理的党员，要增强服务科研的意识，按照提质提速的要求，做到服务周到、保障有力。不论是搞科研的还是搞行政后勤管理的共产党员，都应为实现“三个服务”而辛勤工作。作为先锋队员，不论分工如何，没有“你们”“我们”之分，成败得失都和“三个服务”、我院的生存发展息息相关。所以在两条战线工作的共产党员首先要互相理解、互相支持，在共同的目标下，心往一块想，劲往一处使，拧成一股绳，为搞好“三个服务”发挥先锋模范作用。今天受到表彰的同志们就是我们的榜样。

我想，我院有260多名党员，如果每个同志都能增强党员意识，发挥先锋模范作用，并以此影响和带动广大群众，出成果、出人才、出效益的目标就会顺利实现，“三个服务”的水平就会明显提高，社科院的腾飞将指日可待。

同志们，我希望全院各级党组织和全体党员要坚持以科学发展观总揽全局，继续高扬“树正气、讲团结、求发展”的主旋律，贯彻落实克明同志、赵勇同志在我院的讲话精神，巩固和扩大保持共产党员先进性教育的成果，完善和落实永葆先进性的长效机制，紧紧围绕我院的中心工作，努力解决思想、工作、作风和制度上存在的突出问题，解决影响我院发展和涉及群众切身利益的突出问题，把党组织建设成为更加团结坚强、富于开拓创新精神的战斗集体，使党支部更好地发挥战斗堡垒作用，使广大党员更好地发挥先锋模范作用，以实际行动纪念建党85周年，为我省全面建设小康社会、实现更快更好发展和构建和谐河北两大任务做出新的更大的贡献。

谢谢大家！

在院学习《江泽民文选》动员大会上的讲话

（2006年8月28日）

中共中央8月13日发出关于学习《江泽民文选》的决定，并于8月15日举行了学习报告会，胡锦涛总书记发表重要讲话。8月18日，省委召开学习《江泽民文选》动员会议，白克明书记做了重要讲话。省直工委根据中央决定和省委通知精神，专门召开会议对学习做出部署。院党组决定从今天开始，全院开展学习《江泽民文选》的活动。刚才，荣珊同志对这次集中学习进行了安排，希望大家按照院党组要求，结合自己的思想和工作实际，认真学习，深入思考，积极研讨。通过学习，达到省委书记白克明同志提出的四个“牢牢把握”的基本要求，以此来武装思想、指导实践，进一步提高思想觉悟和工作水平。下面我就这次学习活动讲四点意见。

一　统一思想，提高认识，迅速掀起全院学习《江泽民文选》的热潮

《江泽民文选》的出版发行，是党和国家政治生活中的一件大事。对于我们进一步开创社会主义现代化建设的新局面，具有重大的现实意义和深远的历史意义。《江泽民文选》是不断发展着的马克思主义理论宝库的一笔新的宝贵财富。学好用好《江泽民文选》，对于更好地用“三个代表”重要思想武装全党，用发展着的马克思主义引领社会前进，具有重大的理论意义和历史意义；对于我们进一步坚定走中国特色社会主义道路的信心和决心，按

照科学发展观、和谐发展的要求全面建设小康社会，具有重大的实践意义和现实意义。《江泽民文选》系统记录了以江泽民同志为核心的党的第三代中央领导集体带领全党全国各族人民把中国特色社会主义事业推向前进的历史进程，科学总结了我们党领导人民战胜各种艰难险阻、全面开创中国特色社会主义事业新局面的宝贵经验，集中反映了我们党坚持以马克思列宁主义、毛泽东思想、邓小平理论为指导，坚持把马克思主义基本原理同当代中国实践和时代特征相结合创造性地提出的新的重大理论成果。学习《江泽民文选》，始终高举毛泽东思想、邓小平理论和"三个代表"重要思想伟大旗帜，对于坚定广大党员、干部和人民群众走中国特色社会主义道路的决心和信心，对于我们提高应对国内外复杂局面、领导建设中国特色社会主义事业的能力和水平，加强党的执政能力建设和先进性建设，对于我们始终走在时代前列，在建设中国特色社会主义的伟大实践中不断推进马克思主义的中国化，更好地发挥马克思主义对实践的指导作用，具有十分重大的意义。因此，学习《江泽民文选》是摆在各级党组织面前的重大任务，是加强党的思想政治建设的重要内容。全体干部职工一定要从讲政治的高度充分认清搞好这次学习的重大意义。

二　潜心研读原著，把握精神实质

《江泽民文选》内容丰富、博大精深。学习《江泽民文选》，一定要按照胡锦涛总书记在中央学习报告会上提出的要求，潜心研读原著，领会精神实质，努力在中央决定提出的九个"深刻领会"上下功夫。按照省委要求做到四个"牢牢把握"。

一是牢牢把握建设中国特色社会主义这个主题，《江泽民文选》中体现的一系列重要思想，科学回答了建设中国特色社会主义的发展道路、发展阶段、发展战略、根本目的、根本任务、发展动力、依靠力量、国际战略等重大问题，是对马克思主义理论的重大贡献，对我们今天从事的改革开放和社会主义现代化建设事业具有直接、重大的指导作用。学习《江泽民文选》，一定要注意把握主题、深化认识，以更好地把中国特色社会主义事业推向前进。

二是要牢牢把握加强和改进党的建设这个关键，按照“三个代表”重要思想的要求，在新的历史条件下加强党的建设，重点是要把握好党的历史方位，以改革的精神加强和改进党的建设，切实解决好提高党的领导水平和执政水平，提高拒腐防变和抵御风险能力这两大历史性课题。这就为不断推进党的建设伟大工程指明了前进方向和现实途径。学习《江泽民文选》，一定要进一步提高对党的建设重要性的认识，更加扎实有效地推进党的执政能力建设和先进性建设，使各级党组织始终充满创造力、凝聚力、战斗力，使我们党始终成为中国特色社会主义事业的坚强领导核心。

三是牢牢把握解放思想、实事求是、与时俱进这个活的灵魂。“三个代表”重要思想要求党的全部理论和实践体现时代性、把握规律性、富于创造性，开拓了马克思主义理论发展的新境界，从而也开创了社会主义改革与建设的新局面。学习《江泽民文选》，一定要更加自觉、更加坚定地贯彻执行党的思想路线，不断提高用马克思主义世界观和方法论研究新情况、解决新问题的能力。

四是要牢牢把握始终代表最广大人民根本利益的马克思主义立场。江泽民同志反复强调，党的一切工作和方针政策，都要以是否符合最广大人民的根本利益为最高标准，都要以最广大人民满意不满意为根本准则，努力使工人、农民、知识分子和其他群众共同享受到经济社会发展的成果。学习《江泽民文选》，一定要更好地坚持立党为公、执政为民的本质要求，切实把广大人民群众的利益实现好、维护好、发展好，把各方面的积极性引导好、保护好、发挥好，使我们的各项事业发展建立在坚实的群众基础之上。

胡锦涛总书记在讲话中强调：“学习《江泽民文选》，要把一至三卷作为一个整体来把握，花大力气研读原著，做到真学、常学、深学，勤于思考，善于运用，真正学懂弄通。”我们一定要按照这个要求，拿出充足的时间，潜心研读原著。通过认真研读每一篇著作，在字里行间深刻领会“三个代表”重要思想的时代背景、实践基础、科学内涵、精神实质、历史地位和重大意义，深刻认识“三个代表”重要思想是我们党必须长期坚持的指导思想，深刻认识党的十六大以来党中央提出的科学发展观等重大战略思想是对“三个代表”重要思想的坚持和发展。通过学习，进一步提高用“三个代表”重要思想武装头脑、指导实践、推动工作的水平。

三　密切联系实际，推动各项工作落实

学习《江泽民文选》，我们要大力发扬理论联系实际的学风，坚持学习理论与指导实践相结合，坚持改造主观世界与改造客观世界相结合，真正做到学以致用，用有所成。

一是我院作为省级社会科学研究部门，要结合我省实际，按照省委的要求，系统深入地做好理论研究和阐释工作，并采取多种方式组织好宣讲或辅导。有关部门和人员要在新闻媒体上发表评论及文章为全省的学习做好舆论引导和辅导工作。信息科要采取群众喜闻乐见的形式，加强对学习《江泽民文选》的宣传报道。

二是要紧密联系个人实际，在提高素质、促进和推动工作上见实效。学习《江泽民文选》，必须在求深、求细、求实上下功夫，做到学以致用、学用相长、相互促进。要坚持“七个结合”：学习《江泽民文选》，要与学习马列著作、毛泽东著作、邓小平著作紧密结合起来；要与学习改革开放以来特别是党的十三届四中全会以来党的重要文献紧密结合起来；要与学习党的十六大以来党以邓小平理论和“三个代表”重要思想为指导，提出的一系列重大战略思想紧密结合起来；要与进一步努力学习和总结党的历史经验特别是新鲜经验紧密结合起来；要与牢固树立和全面落实科学发展观，实现推动河北更快更好发展、构建和谐河北两大任务紧密结合起来；要与贯彻落实省委、省政府各项决策部署，圆满完成我院的各项工作任务紧密结合起来；要与履行个人岗位职责，努力发挥共产党员的先锋模范作用紧密结合起来。通过学习，进一步增强践行“三个代表”重要思想和贯彻落实科学发展观的自觉性和坚定性，进一步增强大局意识和宗旨观念，进一步增强为省委省政府决策服务、为全省经济社会发展服务、为基层服务的意识和能力。要使

学习的成果体现在思想认识的提高上，体现在实际行动的自觉上，体现在工作绩效的提升上。

三是各部门要注意运用学习成果加强和改进工作。当前，要围绕落实省委关于做好下半年工作的若干意见，认真审视我院工作的完成情况，抓既定部署，抓薄弱环节，抓关键举措，确保全年各项目标任务的如期实现。前些天，省委常委、宣传部部长赵勇同志召集了省直理论文化宣传系统的主要负责同志开会，听取上半年的工作汇报，部署下半年的具体工作。院党组正在研究落实赵勇同志和宣传部的工作部署和要求。学习《江泽民文选》要和抓好工作落实衔接起来，体现理论学习的实际成效。我们面临着“十一五”开局之年，院党组已经研究决定，着手谋划“十一五”规划，我们这个“十一五”规划关系到今后五年省社会科学院的发展方向、主要的任务和目标，还有采取的主要举措。如何搞好我们的建设和发展，是个关键性的问题。我们近些年来有过一个“十五”规划，从“十五”规划的执行情况来看，到去年年底，我们的“十五”规划基本完成。同时我们还穿插搞了一个“03～07 年”的规划，根据当时的情况做了个五年规划，这个规划还在执行中，明年就要完成。所以今年我们要着手做“十一五”规划，也是为了与整个国家的哲学社会科学发展规划，和全国的、我省的经济社会发展规划相配套、相匹配，同时也要和我们前边两个规划——“十五”规划和“五年（2003～2007）”规划相衔接。要做好这个规划。我院各部门已经开会做了部署，各处所要认真研究这个问题。同时我们又谋划了一个活动，叫“同心谋划十一五，我为发展献一策”。我们要动员每一位同志积极参加活动，大家都要献计献策，共同为全院今后五年建设与发展出谋划策。那么，和学习《江泽民文选》活动结合起来，以邓小平理论、“三个代表”重要思想做总的指导，同时以科学发展观来统领办院，研究如何搞好“三个服务”，如何搞好我们的基本设施建设，如何改善我们的生活和工作条件，如何出成果、出人才、出效益，为河北经济社会建设、为更快更好发展、为构建和谐河北和繁荣河北省的社会科学做出我们应有的贡献，这是从总的指导思想上院党组谋划的一个思路。《江泽民文选》是“三个代表”重要思想集中的文献载体，通过学习，从指导思想上进一步理顺我们今后五年的发展思路，这个意义就更加重大，更具有针对性和现实性。所以希望同志们和各个部门都要把这个事情抓在手上、放在心上，认认真真地落实，真正能够为我们今后的发展、为社会科学院的发展拿出好的办法。我们讲“同心”，办公室在部署这个工作的时候可能已经阐述了这个思想，“同心”就是团结起来向前看。最近一个时期我接触了我们很多同志，包括中层的领导干部，也包括一般的同志，大家都有一个共同的心愿，就是寻求我们社科院新的发展，这就是个好的势头。要讲“同心”，就是团结起来向前看，同时要献一策，社会科学院的发展人人有责，社会科学的发展要靠大家共同努力。谋划思路这是第一步，思路搞成了，大家也同意，下来认真实行还要靠大家，大家的事情要靠社科院的全体干部职工来共同做。所以学习《江泽民文选》要与发展、建设结合起来。我们在发展的过程里边也有一些历史遗留的问题，也有很多不尽人意之处，大家都比较着急，都想把这些问题尽快处理好，有一个好的发展平台。这个心情我们都比较理解，院党组也开了几次会议来研究这些问题，有些问题已经开始解决。我上次开会的时候也讲过，要给我们一些时间。但是我们也不能不抓紧工作，我们还是要日夜兼程地工作，抓紧做这件事情。为了解决问题，还要讲这两句话，历史的问题要有一个解决的过程，还要考虑历史的因素，同时更好地解决问题是要在发展中解决问题，解决根本性的问题。我们国家、我们一个单位都是这个样子。江泽民同志的文选，是改革开放的产物，是实事求是、与时俱进的产物。任何一个地方都要历史地对待历史的问题，不是不解决历史问题，而是要考虑历史的背景，同时要按照原则、按照政策、按照事实来处理。对于历史积累的原则性的重大问题，那必须要严肃认真地对待，要彻底地解决，不能够偏废，不能够推卸，也不能够拖延，当任的就要解决当任的事情。但是更主要的问题，比如不尽人意的问题、待遇的问题、分配公平不公平的问题等等一系列问题，都要靠发展来解决。通过发展理顺关系，通过发展积累我们的力量。我为什么讲出成果、出人才之后还要讲一个出效益，那就有一个改善工作、生活环境的问题，我们还要一步一步地去做。在这一点上，只要大家通过学习提高认识、形成共识，我们很多问题就好办，就能够办好。

四　加强组织领导，务求取得学习实效

要建立学习责任制，做到一级抓一级，一级带一级，以责任到位确保学习到位，这样才能保证学有所获。要按照省委、省直工委的要求，充分发挥党组理论学习中心组的表率作用，党组书记要当好第一责任人，先学一步，学深一步，以自身的模范行动带动干部职工的学习，努力营造浓厚的学习氛围。要统筹工学关系，为党员干部职工的学习创造条件，使大家能有充足的时间通读原著。机关党委要在院党组的领导下，充分发挥职能作用，抓好学习活动的组织指导和督促检查工作，及时掌握学习的进展情况，切实解决学习中出现的问题。各支部书记和单位领导为本单位学习的责任人。各支部要充分发挥战斗堡垒作用，对学习认真谋划、周密组织，保证取得实际成效。

从我们社会科学院当前面临的形势来看，从全国来看，社科院确实处在一个关键的历史时期。我到任已经三个多月了，也参加了一系列的会议，在天津参加了华北地区五省区市的院长联席会议，最近又去新疆参加了全国社科院系统行政后勤管理和开发会议，也走访了东南沿海五省区市社科院，并且在院内也搞了一些调查研究，参加了省委及宣传部召开的一系列会议。与全国社科系统一些负责同志接触中，感到社会科学院正处在一个历史的转折时期，我们常用的话就是面临着大的机遇和挑战。我们整个的国家就面临着“十一五”的发展时期，我们的国家也面临着大的机遇和挑战，国内外的机遇和挑战都有。社会科学院系统也进入了这么一个关键时期。

一是全国经济社会发展形势出现一个非常好的势头，正在谋划新的发展战略。总的讲，就是进一步贯彻科学发展观，寻求科学的发展，寻求高循环经济发展，转换经济增长方式，调整经济结构，加强组织管理，要走一个资源节约、社会和谐的发展道路，体现以人为本。这是一个大体的思路，这个大家已经清楚了。同时，在激烈的市场竞争的背后，潜在的东西就是人力资源的竞争、科学技术的竞争、管理的竞争等一系列的竞争。所以各个市场中，无论是从整个的经济态势发展、金融领域、期货领域、商品交易等一些领域，包括农副产品、纺织品的交易都面临着很多的机遇和挑战。那么从地

区的区域性经济发展来看，现在全国的经济发展也处在了一个新的发展时期和发展阶段，各个地区都在谋划自己的发展方向，同时都在寻求自己的资源配置的优势，寻求自己加快发展的门路。改革开放20多年来，最早起源于珠江三角洲，广东、闽南一带，有个岭南文化支撑着珠江三角洲的发展，现在也在做新的谋划。在第二个阶段就转到长江三角洲，成为一个发展的强势，目前这个强势还集中在这个地方，以浦东作为一个核心，带动发展。但现在，从“十一五”规划的情况看，无论中央的关注力还是全国、全世界的经济发展看中国，现在又发展到环渤海经济地区，有人也提出了叫渤三角经济发展态势，这就到了我们家门口了。

二是社会科学要跟上社会经济发展的潮流，要有所作为，就必须审时度势，抓住这个时期，寻求大的发展。现在我们社科系统有些地方也在积极地谋划这些事情，跟得比较紧。比如上海社会科学院就提出要搞一个“三城论坛”，现在已经搞了一次了。“三城论坛”就是上海的浦东新区和深圳的高新技术开发区（深圳的高新技术开发区可能不像浦东新区那样知名度高，实际上深圳的高新技术开发区是一个自主知识产权比较高的地区，前几年它的自主知识产权的产品就达到52%以上，现在可能更高一些），还有就是天津的滨海新区。这“三城论坛”，实际上是三区的论坛，寻求发展的跨度非常大，从珠江三角洲到长江三角洲一直到渤海，有的也叫渤三角。渤海三角洲的发展至少带动着“两北”或者“三北”，东北、华北和西北，然后还有东北亚，也是很大的发展区。在这种形势下，社会科学院如果抓住自身的发展，把整个社会经济发展的形势和自己的命运结合起来，会有一番作为。积极地献计献策，真正研究出成果来，在大区域的协作和地方党委、政府的决策中一直到中央的决策中能够支招、能够提出很多的意见和建议，参与决策会发挥作用，同时对大企业、大行业、大部门的发展也会起作用。

三是现在我们面临着公务员行政事业单位管理人员和机构改革的问题，在核定编制、核定人员。社会科学院的体制将来怎么走、怎么改、往哪个方向发展，这也是一个重大的课题。在这些问题上，中央、省里会有一系列的政策出台，特别是贯彻《公务员法》的配套制度也要出台，但这其中最关键的要通过自己的作为来争取自己的地位，看你能不能干事，能不能干成事。在谋划“十一五”的时候我们成立了一个起草小组，由世芳同志当组长，这个起草小组要把我的一些感受以后有时间来给大家讲一讲，我也要给起草小组讲一讲。我说得通俗点有三句话，就是“有事干、能干事、干成事”。让我到这个岗位上来我最担心的就是怕事少、没事干。从地方来，我有个很大的反差。开始在地方上闯劲比较大，24 小时基本上自己休息的时间比较少，管着几条战线，车跑得比较急，每天是风风火火。突然来个急刹车，我这零件还有点够呛，怕没事干。现在来看，通过三个月的接触，我感觉到社会科学院有很多事情干，所以每个人，一直到每一个处室，都要琢磨着干点事。我说的干事是我们事业上的事儿，而不是光琢磨自己的私事或自己屁股底下那点事。光琢磨那点小事，你的事干不好，工作干不好。有活干你才有饭吃，总不干事那就够呛，能不能吃饱、吃好也是问题。首先要有事情干，所以要谋划自己，你要自己觉得你有用。如果你觉得自己没用，广大干部群众也觉着你没用，河北省也觉着你没用了，那你就没有价值了，或者用处不大，或者老听不到你的声音，看不到你的成果，那你就自生自灭了，就自取灭亡了。这个单位就是智囊团嘛！智囊团出不了章程来，你搞社会科学你没有研究，拿不出成果来，叫不起响来，这就不行啊。最近我们一些成果，如彭建强讲的“社会主义新农村建设”，效果非常好。现在我们组织编写《河北省文明生态村建设指南》，将来要用来培训全省的干部。暑期里薛维君同志给省委中心组讲了一课，讲“十一五”规划中的几个重要问题，我也去参加了，下来以后有很多常委跟我说这些问题讲得好。不要总是顺着说好听的话，不要光说好，那些不好的、危机的东西在哪里呀？讲完之后克明同志就讲了：“听完今天这一讲，可以概括两句话，发人深省，令人警觉。”“十五”总结的时候，河北省成绩不小，目标已经圆满完成了，产值超过 1 万亿元，位居全国第六位，财政收入超过 1100 亿元。这个幅度不小，块头也不小，这就为进一步发展奠定了基础。当然我们人口发展也比较快，人均水平还不高，工资水平尤其不高，还比较低，这个发展任务还比较重。但是毕竟还是有很大的发展，咱们还是欢欣鼓舞的。然而光讲这个东西是不行的，你进一步发展有哪些问题呀？有哪些软肋？进一步发展怎么解决这些问题？这就要有应对。所以有很多领导同志觉得社会科学院这个问题研究得还是比较透。领导同志当然都很高明了，不高明怎么当领导啊，但是他又没有那么多时间和精力、占有那么多资料去研究，所以社会科学院就可以去研究，拿出这些成果，搭建这个平台，为我们更快更好发展出谋划策。

四是我们应当充分认识到，无论从自身的改革需要还是为更快更好的发展服务来说，我们都面临着很多的事情要做。如果反观我们自身说，我们至少还有几个不适应。至少我们的科研成果对更快更好发展和和谐发展中的重大问题的应对还有些不适应。如果我们能够出一些我刚才讲的这些方面的精品，那会贡献更大。那么成果不适应，后面就跟着人才、队伍的不适应。为什么成果少啊？你还是叫得响的人才、名家少，领军人物少，或者说梯队没有形成。这与我们培养人才的环境、保障条件，甚至包括硬件设施建设、工作生活条件有很大关系。成果不适应经济社会发展的需要，人才不适应成果产生的需要，保障条件不适应人才成长的需要，这就是我们面临的要进一步改革的任务。这个在我们的“十一五”规划里面要有充分的体现。搞一个规划是要有指标的。口号好喊，出一个思路，编上一个顺口溜或者说一个四六句，社会科学院任何一个人出来都有一套东西，搞社会科学的都能出一个思路。但是这个思路能不能切合我们的实际，能不能有成效，能不能够既稳妥又积极，通过努力能够实现，这就不一定每一个人都能做到了，让我做我也做不到，这需要集中大家的力量才能做到。目标、口号是要有的，它可以激励大家，可以鼓舞人心，集中大家的智慧，关键是要切合实际。如果我们的目标定得很高，敢上九天揽月，敢下五洋捉鳖，那样写诗可以，如果目标不切合实际，就会让大家激动一时，但是消极一世，这样的指标是要不得的。我们高指标的亏吃得太多了，“大跃进”的时候提了很多高指标，农业学大寨的时候也出现了很多高指标。指标太高，容易脱离群众，成了空中楼阁。定指标的人像氢气球一样，高高地飘起来。你只能放气球，而不是放卫星。所以指标要切合实际，要从天空落到地上，不要挫伤大家积极性。当然指标也不能定得太低，定太低唾手可得，那叫什么指标啊？那就没有积极性了。所以指标就像跳起来摘果子，跳一跳才可以摘到。

我们社科院今后五年要定个什么样的指标？要建设强院。要强到什么程度？它的内涵是什么？要一流。一流和二流、三流的区别是什么？有什么标志？第一、第二和谁比？所以不光要有定性的东西，还要有定量的东西。将来全国筛选社会科学院可以由一些硬性指标来比较，都是省级社会科学院，大家来比较有几个指标。指标就是一个坐标系，一个参照系，就如同我们人类发明了时间和空间概念一样。没有时间和空间，当然历史还要继续，地球还在转，人类还会存在。地球转一圈叫一天，地球转两圈叫一天也可以，这都是人类确定的一个东西。但是你没有时空的概念，人类就会糊里糊涂地生活，那是不行的。我们就是要搞一个参照系出来，省与省之间搞参照系。我们之间没有竞争，我们河北省社会科学院搞好了，对江苏省的经济建设有多大影响？对河南有多大影响？没有多大影响，只有在申报国家课题的时候有个竞争。没有参照，你干得怎么样就不知道。全国 30 多家省级社会科学院你排第几位？这就叫劲了。我想 5 年排到前五名里面去。看看江苏、上海等社科院的硬件建设、科研成果、人才、影响力、进入决策的成果有多少，给企业、给地方带来了多大的效益，那就要摆出来看一看，就要有比较。当然自己也要跟自己比，我今年比去年有什么进展，我这 5 年跟之前的 5 年比有什么进展，这是很实的东西。通过 5 年的建设，从科研队伍培养、成果的产生、成果的转换、硬件软件建设、人们工作生活条件的改善等方面，让大家都能够有所感触。5 年干下来确实有变化，比原来条件好了，成果多了，人才队伍成长起来了，声誉、地位提高了，公道都在人心中。有些地方老喊经济发展了，工资老不见涨，生活没有改善，奖金、福利没有改善，住房没有改善，你光说好，群众就不信你了。好事是干出来的，不是说出来的。我把“十一五”谋划的事情借今天这个机会跟大家讲一讲，希望大家通过学习《江泽民文选》，运用邓小平理论和“三个代表”重要思想、科学发展观来指导我们现实的工作，来指导、谋划今后 5 年，把握好社会科学院的发展方向、确定好目标、找好办法，把咱们的队伍组织好，把关系协调好，发挥好大家的积极性，齐心协力做好咱们自己的事情。

同志们，学好用好《江泽民文选》是一项长期的任务，也是当前必须抓紧抓好的一项重要工作，我院党员干部职工一定要迅速行动起来，进一步提高学习的自觉性、主动性，切实把学习《江泽民文选》和用“三个代表”重要思想武装头脑作为推进工作的强大动力，以实际行动和优异成绩迎接省第七次党代会的胜利召开！

在院学习党的十六届六中全会《决定》交流会和传达省第七次党代会精神会议上的讲话

（2006 年 11 月 14 日）

刚才，几位党组成员和部分处所长结合自己的思想和工作实际，就学习党的十六届六中全会精神做了很好的交流发言，说明我们这次集中学习，大家态度是认真的，也取得了很好的效果。会上，世芳同志传达了省第七次党代会精神，我们要认真抓好学习贯彻落实。

党的十六届六中全会做出的《关于构建社会主义和谐社会若干重大问题的决定》，科学回答了新世纪、新时代怎样建设中国特色社会主义的重大历史命题，是指导党的事业、国家发展的纲领性文件。认真学习、深刻领会和全面贯彻《决定》精神，是全党、全国当前的首要任务。我院作为全省综合性的社会科学研究机构，要按照省委的部署，走在学习贯彻全会精神的前列。要认真组织全体干部职工深入学习六中全会《决定》和胡锦涛同志的重要讲话，充分认识构建社会主义和谐社会的重要性、紧迫性、指导思想、目标任务和基本原则，深刻理解六中全会提出的新观点和新论断，真正把握全会的精神实质。通过学习，增强干部职工贯彻“三个代表”重要思想和科学发展观、积极投身社会主义和谐社会建设的自觉性。

下面我结合自己的学习体会，讲三点意见。

一 把思想统一到中央精神上来，充分认识社会和谐是中国特色社会主义的本质属性

把社会和谐提到中国特色社会主义本质属性的高度，是党的十六届六中全会的重大理论贡献，是过去没有讲过的“新话”，也是胡锦涛同志主持中央工作以来对中国特色社会主义内涵的进一步深刻认识和丰富发展。它是我们党把马克思主义基本原理同我国社会主义现代化建设的具体实践相结合的又一重大理论成果，是对社会主义认识的又一次新的飞跃。

社会和谐本来就是我们党不懈的奋斗目标。毛泽东同志在我国进入社会主义社会以后，及时提出了“统筹兼顾、各得其所”和“百花齐放、百家争鸣”的方针，提出了正确处理社会主义建设“十大关系”和正确处理人民内部矛盾的方针。他说：“我们的目标，是想造成一个又有集中又有民主，又有纪律又有自由，又有统一意志，又有个人心情舒畅、生动活泼，那样一种政治局面。”这种政治局面就是一种和谐的社会状态。邓小平同志第一次揭示了社会主义的本质，实现了对社会主义认识的一次飞跃。他指出：“社会主义的本质，是解放生产力，发展生产力，消灭剥削，消除两极分化，最终达到共同富裕。”到了20世纪90年代，江泽民同志明确提出了“社会主义社会是全面发展、全面进步的社会”的重要论断，他强调：“既促进经济的发展，又促进社会的全面进步，这是社会主义的本质要求。”现在，以胡锦涛同志为总书记的党中央，以马列主义、毛泽东思想、邓小平理论和“三个代表”重要思想为指导，按照科学发展观的要求，结合现阶段的特征，提出了“社会和谐是中国特色社会主义的本质属性”的重大理论，把我们党对社会主义的认识又向前大大推进了一步。这个“本质属性”与邓小平同志提出的“本质”，有联系也有区别。社会和谐作为社会主义的本质属性，是对社会主义的本质的表现。就是说，按照小平同志概括的社会主义本质的要求去做。其表现出来的社会状态，就是和谐的社会。同时，它们又是两个不同的角度，“本质”使我们明确了社会主义的根本性质，而“本质属性”使我们进一步明确了我们要建设的社会主义应该是什么样的

社会。它们都在回答同一个问题，即什么是社会主义，怎样建设社会主义。这两个角度的回答，使我们对社会主义的认识愈加清晰、全面、丰富和深刻了。

应该说，我国由于经济持续快速增长，人民生活水平不断提高，改革与发展进程中的问题在逐步解决，社会总体是和谐的。不然的话，就不可能有今天这样保证改革开放和现代化建设顺利进行的稳定的社会局面。那么，党的十六大以来，以胡锦涛同志为总书记的党中央为什么把社会和谐问题摆在突出位置，并专门就此做出决定呢？这是因为在新时期、新阶段，国内外环境发生了重大变化，实现社会和谐面临着新的形势和任务。从国内来看，经济体制的变革引发了利益格局的调整和社会的分化，产生了新的社会阶层和不同的利益群体，他们有着不同的利益诉求和矛盾；社会结构由传统的城乡二元结构转向现代社会经济结构，使工农关系和城乡关系比过去复杂得多；随着经济规模的迅速扩张，资源与环境的压力与日俱增，转变经济增长方式的要求日益迫切；由于社会发展滞后于经济发展，一些长期存在的问题，例如劳动就业、社会保障、收入分配、文化教育、卫生医疗、安全生产、社会治安等关系群众切身利益的问题，显得比过去更加突出，城乡差距与区域差距也在持续扩大；我国的民主法制建设同迅速变化的经济社会需要相比还不健全，一些具体制度和管理方法还不适应人们思想观念变化的要求。从国际上来说，在冷战结束后世界格局急剧变化中，我国作为世界上最大的发展中国家，其国际地位明显上升，外部环境也是历史上比较好的时期，但也不可能不遇到这样或者那样的阻力。所有这些，都表明我国正处在历史上难得的发展机遇期，同时也是社会矛盾凸显的时期。因此，在全球信息化、经济全球化、政治民主化、选择多样化、社会多元化的大背景下，提出构建社会主义和谐社会，使我国社会主义现代化建设总体布局，由发展社会主义市场经济、社会主义民主政治和社会主义先进文化“三位一体”，扩展为包括社会主义和谐社会的内容，实现了“四位一体”的飞跃。构建社会主义和谐社会是中国共产党顺应历史发展变化，为推进中国特色社会主义伟大事业做出的重大战略举措，是我国处于体制转轨、社会转型这一特殊历史时期经济社会发展的必然要求，是满足人民群众不断增长的物质文化需要的必然要求，是巩固中国共产党执政的社会基础、实现执政的历史任务的必然要求，是全面落实科学发展观、实现全面建设小康社会奋斗目标的必然要求。

二 充分发挥我院优势，大力加强对六中全会精神和省第七次党代会精神的研究和宣传工作

深入学习、研究、阐释党的十六届六中全会的精神，是当前我们哲学社会科学工作者的重要任务。构建社会主义和谐社会是一个不断化解社会矛盾的长期过程，在这个过程中，怎样深刻认识我国发展的阶段性特征，怎样科学分析影响社会和谐的矛盾和问题及其产生的原因，是摆在全体社会科学工作者面前的重大课题。怎样把握新世纪新阶段的特点难点，找出一些带有规律性的东西，从而走出一条全面、协调、可持续的发展之路，也是社会科学工作者必须要承担的使命。我们要抓住机遇，应对挑战。一方面，要认真学习、深刻领会、全面把握六中全会精神实质和丰富内容，把思想统一到六中全会的精神上来，把行动统一到中央的战略部署上来；另一方面，还要深入研究、跟踪分析已经存在的“不少影响社会和谐的矛盾和问题”，以及构建和谐社会过程中可能出现的新矛盾和新问题，拿出有针对性的、符合实际并切实可行的对策和措施来，真正发挥“思想库”和“智囊团”的作用，为构建社会主义和谐社会而不懈努力。

昨天刚刚闭幕的省第七次党代会提出了“建设沿海经济社会发展强省”的宏伟目标，这应该是省委对河北发展战略决策的重新审视，是工作思路创新的体现。河北敢于把自己放在沿海范围建设经济社会发展强省，这本身就体现了我省的宏图大志。过去多年来，河北一直有一句自我评价的话：“东部区位，中部水平，西部观念。”尽管我们做了很多总结，但从来没有提出过今天这样改变状况的奋斗目标。建设沿海经济社会发展强省尽管需要较长时间，但也说明了省委的胆识和气魄，这也是一种勇气，是自我挑战。“沿海经济社会发展强省”这个概念，我们分开来分析。河北首先是一个沿海省份，有着487千米的环渤海海岸线，近年曹妃甸、黄骅港口效应日益明显，河北的沿海地理事实，正渐渐转化为河北的沿海经济优势；经济发展对

于目前河北来说，恰逢前所未有之机遇，“环渤海”是目前继“珠三角”“长三角”之后国家新的经济增长极，而环京津、环渤海的“两环”恰是河北独有的区位优势，如何抓住机遇发展经济，对未来河北具有战略性的意义；社会发展不仅仅是经济指标的快速增长，更是人民幸福感的增强。经济和社会协调发展对于怀有强省梦想来说，是一个水到渠成的过程。“强”者，唯有硬指标和软指标同步发展，才堪称强省。

党的十六届六中全会和省第七次党代会为我们哲学社会科学工作提出了新的任务和目标，我们要在学习领会两个会议精神的基础上，充分发挥我院优势，大力加强对和谐社会、和谐河北的研究和宣传工作。科研处、相关研究所（中心）要组织精干力量，对中国特色社会主义的本质属性等一系列重大理论和构建社会主义和谐社会建设中的实践问题进行专题研究，尽快推出高质量的研究成果，为党和国家的大局服务。要紧紧围绕白克明书记在省第七次党代会报告中提出的从“民生、民主、民安、民魂、民和”五个方面构建和谐河北的要求，组织我院专家学者撰写一批高质量的理论文章，在相关报刊发表。要积极配合省内相关媒体，宣传六中全会《决定》精神和省第七次党代会精神。在确定明年的课题指南时，要做好相关课题的策划、选题工作。

三　以《决定》精神为指导，认真谋划好我院“十一五”发展规划

今年是“十一五”国家经济社会发展的开局之年，也是落实哲学社会科学发展纲要的起步之年。我们既面临良好发展机遇，又面临严峻挑战，任务更繁重，工作更艰巨。因此，谋划好我院“十一五”发展规划是摆在全院同志面前的头等大事。抓住并解决好这个关键性问题，必将会把全院同志的心智凝聚起来，继而带动我院事业的整体发展。要把规划的制定作为我院学习贯彻党的十六届六中全会精神和省第七次党代会精神的具体体现。

我院“十一五”规划的制定，既是一个统一思想的过程，也是一个凝聚人心的过程。全院职工工作、生活在院里，对我院发展存在的问题和缺

点，看得最清楚，也最有发言权。前段时间我们开展的“同心谋划十一五，我为发展献一策”活动，就是让群众一开始就参与进来，积极支持“十一五”规划的制定。对群众反映的意见和建议，要高度重视，认真研究，及时反馈和落实。对不少建设性的意见和建议，要研究解决问题的对策，而不是研究对付的办法。只有这样，才能把大家的力量凝聚到增强机遇意识、责任意识，提高“三个服务”水平，发挥“智囊团、思想库”作用上来；凝聚到按照党中央和省委繁荣发展哲学社会科学的要求，进一步提高科研创新能力、提高管理能力上来；凝聚到团结带领全院职工努力为实现“出成果、出人才、出效益”的发展目标多做贡献上来。

为谋划好“十一五”期间的重点课题，我们在全省范围内搞了一次课题征集活动。征集的范围包括省几大班子领导，11 个地级市的书记、市长，139 个县（市、区）的党政正职，还有大企业。这也是一次调研过程，对于我们很好地把握“十一五”期间重点研究方向有相当的益处。从目前反馈的情况看，各方面都很重视。科研处要将收集上来的课题分门别类，建成一个课题项目库，形成一个“孵化器”。

我院“十一五”发展规划经过起草小组和有关处室几个月时间的共同努力，即将顺利出台。已写出初稿，又修改成征求意见稿，近日将发送各所（中心）和处室征求意见。希望同志们认真对待，拿出真知灼见，把规划搞好。编制和实施“十一五”规划的目的和作用，就是明确方向，创新机制，凝聚人心，谋求发展。通过制定发展规划，把大家的心智都聚集起来，把大家的心劲向谋事、干事上引导，使全院上下心往一处想、劲往一处使，同心协力求发展，而不要把眼光总盯在一些琐碎的事情上。有些事情的确需要通过组织纪律手段来调整解决，但更多的问题要靠发展来解决。规划要有具体的目标任务分解，要贯穿有事干、能干事、干成事的要求，以作为求地位。只有这样，社科院才有立足之地，才能出成果、出人才、出效益、上台阶。

年末岁尾，各处所需要完成、总结、谋划的工作很多，正常的工作也不能中断和打乱，需要合理安排，统筹兼顾，努力做到学习活动和各项工作“两不误，两促进”。这两方面在时间安排上可能有些矛盾，但在本质上却是一致的，开展学习活动的目的就是提高素质，解决问题，促进发展，推动工作。要边学习，边谋划，抓落实，提质提速，圆满完成今年各项工作。

同志们，院党组相信，经过全院同志的共同努力，我们一定能够把今年的各项工作落实好、完成好，把我院的各项事业推上一个新的水平，为我省全面建设小康社会、构建和谐河北做出我们应有的贡献！

发展与公平：构建社会主义和谐社会的永恒主题*

（2006 年 12 月 5 日）

在我国实施“十一五”规划的开局之年，党的十六届六中全会通过了《中共中央关于构建社会主义和谐社会若干重大问题的决定》，对今后我国构建社会主义和谐社会做出了战略部署。站在时代的高度，《决定》昭示我们，发展与公平，是构建社会主义和谐社会的永恒主题；坚持科学发展，追求社会公平，是中国共产党人实现社会主义和谐社会的理想目标和必须长期肩负的历史使命。

科学发展是构建社会主义和谐社会的基本前提

发展，顾名思义，是由小到大、由简单到复杂、由低级到高级的变化。引申到人类，发展是指社会从贫弱到富强、从愚昧到文明、从集权到民主的由低级向高级阶段的变化过程。在今天的中国，发展特指我国从贫穷落后走向现代化的变化过程；科学发展则表明我们的社会发展是以人为本、全面协调可持续的发展，是人的全面发展和社会不断趋向和谐的发展。历史经验表明，社会和谐在很大程度上取决于社会生产力的发展水平，取决于发展的协调性。古往今来，贫困是社会不和谐的主要根源。在人类历史上，许多社会

* 本文发表于《河北日报》2006 年 12 月 5 日，刊载于《中国职工教育》2007 年第 3 期。

矛盾由社会资源不能充分满足社会成员的需求引起，而社会资源不足则源于社会发展水平的低下。马克思曾经指出，如果没有生产力的充分发展，就只会有极端贫困的普遍化。而在极端贫困的情况下，必然重新开展争夺必需品的战斗。在20多年的社会转型过程中，我国保持了社会的总体和谐安定，尤其是当苏联和一些东欧国家政治动荡甚至国家解体的时候，我国经受了严峻的政治考验，最重要的是我们的社会生产力获得了前所未有的飞跃发展，人民的物质文化生活需求得到前所未有的满足。社会要和谐，首先要发展，这是我们党科学总结历史经验得出的基本结论，也是我们党未来必须始终牢牢把握的基本要求。

在新世纪新阶段构建社会主义和谐社会，科学发展仍然是不可缺少的基本前提。考察当今现实，由于我们仍然处于社会主义初级阶段，主要矛盾仍然是落后的社会生产与人民不断增长的物质文化需求的矛盾。这个主要矛盾具体表现为城乡发展、区域发展、不同阶层利益、经济建设与社会事业发展不协调、人与自然环境不协调等矛盾。由于五个矛盾的存在，我们的经济社会发展不够协调，社会保障能力不强，人民物质文化生活需求不能很好地满足，社会事业欠账较多，就业形势严峻，环境资源状况堪忧，社会利益矛盾凸显，群体性事件增多。现实表明，解决影响社会和谐的矛盾最根本的还是要靠以人为本、全面协调可持续的科学发展。因此，我们只有集中精力，集中力量紧紧抓住发展不足这个主要矛盾，一心一意搞建设，聚精会神谋发展，为构建和谐社会提供日益雄厚的物质文化基础，才能以日益充裕的财力缩短区域、社会阶层、群体和成员之间的差距，更好地实施社会保障，发展公共福利事业，为社会成员提供享受与发展的机会和条件，从而使全体人民真正各尽所能、各得其所又和谐相处。

追求公平是构建社会主义和谐社会的根本之举

考察人类社会发展进程，我们就会发现，社会公平状况与社会和谐程度息息相关。当社会相对公平时，社会各阶级、阶层和社会成员就能够和睦相处，社会矛盾就比较缓和，社会就相对和谐。相反，社会不公平程度加剧时，社会成员关系必然紧张，社会矛盾必然凸显甚至激化，社会冲突增多甚至出现动乱，社会和谐就难以实现。

毋庸讳言，由于长期处于社会主义初级阶段，我国的社会公平状况在今天还远没有达到理想的程度，不断提高社会公平程度仍然任重道远。改革开放20多年来，我国社会利益格局伴随体制改革的深化趋向公平合理，社会保持了总体的和谐稳定。然而，由于复杂原因的存在，社会不公平现象也凸显出来，贫富差距在城乡、区域、行业和阶层及成员之间逐步拉大，甚至在某些区域和阶层之间过于悬殊，尤其是基本生活不能完全保障的城乡贫困群体仍然相当庞大。这些社会相对不公平导致社会矛盾显现化和对抗性趋向增强，并在一定条件下以激化的形式表现出来。社会相对不公平的存在，成为社会不和谐现象产生和存在的根源，成为实现社会和谐的“瓶颈”制约因素。

可见，构建和谐社会，实现科学发展，人民所需要的“蛋糕”做得越来越大很重要；追求社会公平，把这个越来越大的“蛋糕”分得越来越公平同样重要，有时甚至更为重要。当今中国，我们要实现社会和谐，当务之急和长远之计是通过协调社会利益关系，解决以收入分配不公平为主要内容的社会不公平问题，建立相对公平合理的社会利益格局和利益获取机制，把人民所需要的“蛋糕”分配公平，逐步实现中国社会的相对公平。使社会各方面的利益关系得到妥善协调，人民群众能够各尽所能、各得其所、安居乐业，社会冲突、摩擦才能减少，社会利益矛盾才能缓和乃至得到有效化解。

实现科学发展，追求社会公平，为构建社会主义和谐社会而努力

如前所述，科学发展与社会公平，是构建社会主义和谐社会的永恒主题。在实现社会和谐的实践中，我们必须同时肩负起实现科学发展、追求社会公平两个历史使命，并为此求真务实，艰苦奋斗，不懈努力。

——全面落实科学发展观，坚持以经济建设为中心与社会全面协调可持

续发展的有机统一，为实现社会和谐提供日益充分的物质文化基础。我们必须始终坚持发展是执政兴国的第一要务，坚持全面协调可持续发展，破除一切妨碍发展的思想观念和体制机制障碍。始终紧紧抓住本世纪头 20 年的战略机遇期；始终坚持以经济建设为中心，切实转变经济增长方式，继续保持经济持续快速协调健康发展；始终坚持不懈地发展社会主义民主，落实依法治国的基本方略；加强思想道德建设，发展科技文化卫生体育事业；增强全社会的创造活力，加强社会建设和管理，处理好新形势下的人民内部矛盾，加强生态环境建设和治理工作。

——继续坚持效率优先，进一步激发社会活力，为实现社会和谐提供日益强大的内在动力。坚持效率优先，调动好、发挥好、保护好最广大人民劳动和创造的积极性，实现科学发展与社会和谐才有用之不竭的内在动力。因此，我们实现科学发展与社会和谐，绝不是要放弃效率优先的原则，而是要进一步消除平均主义残余，使效率优先落到实处，使劳动和其他生产要素的投入者获得有差别的应得收益；让一切创造社会财富的源泉充分涌流，不断增强整个社会的创造活力。在出台新的改革政策措施时，一定要考虑是否能够调动社会成员生产经营和工作的积极性、创造性和主动性，是否有利于社会成员聪明才智的充分施展，最大限度提高生产经营和各项工作的效率，创造出最佳经济效益和社会效益。

——将追求社会公平付诸行动，努力消除社会不公平现象，为实现社会和谐创造日益良好的基础条件。我们要更加重视公平，综合运用多种手段，消除生产分配不公的不合理甚至非法的因素，逐步建立包括权利公平、机会公平、规则公平、分配公平等在内的社会公平保障体系，为全体人民谋取合法利益创造公平竞争、优胜劣汰、平等施展聪明才智的均等机会、环境和条件。同时，我们要进一步强化社会财富的二次分配，改革和完善收入分配制度，调节区域、社会成员之间的收入差距，要健全完善社会保障体系，满足社会弱势群体的生存需要，为全体社会成员提供生存发展最基本的保障。

——坚持体制改革和制度创新，统筹协调社会利益关系，为实现社会和谐提供体制和制度保证。应当承认，我们今天存在的许多发展不科学、社会不公平乃至社会不和谐的问题，很大程度上在于体制改革的滞后，实现科学发展和社会公平乃至社会和谐，需要通过深化改革和创新获得体制和制度上的保证。为此，我们要通过体制改革的协调推进，形成公平正义的，能够激励社会阶层、群体和成员致力于经济建设和社会进步的社会利益格局和利益获取机制；形成全面表达社会利益、有效平衡社会利益、科学调整社会利益的利益协调机制；杜绝平均分配和通过非法手段获取利益的可能，保证人民通过辛勤劳动和合法经营获得应有的社会利益，从而不仅使我们这个社会的经济、政治、文化利益“蛋糕”不断做大，而且要使“蛋糕”的分配更加公平合理。

——加强党的执政能力和先进性建设，组织动员人民群众广泛参与，为实现社会和谐提供政治保证和力量源泉。我们必须清醒地看到，在我们这样一个大国，实现科学发展，追求社会公平，达到社会和谐目标，环境复杂、任务艰巨、责任重大。需要我们党进一步提高执政能力，进一步增强和展示自身的先进性，需要最广大人民群众的广泛参与。为此，我们要继续推进党的执政能力建设和先进性建设，进一步加强对各级党政领导干部的宗旨教育和执政意识教育。同时，加大“问责”力度，从内外约束两个方面促使他们着力解决社会发展与公平面临的突出问题；要以党的先进性和高超的执政艺术，最大限度调动一切积极因素，激发人民投身发展、支持改革、维护和谐的积极性，使坚持科学发展、追求社会公平、实现社会和谐的理想目标获得无穷的力量源泉。

2006年“河北发展蓝皮书”总序

（2006年12月28日）

2006年，是我省实施“十一五”规划的开局之年，也是我省进入黄金发展期的关键一年。在省委、省政府的正确领导下，全省各地各部门认真贯彻党的十六大以来的各项方针政策，全面落实科学发展观，紧紧围绕实现更快更好发展、构建和谐河北两大任务，转变发展观念，创新发展模式，提高发展质量，经济社会继续保持快速发展。2006年11月，河北省第七次党代会明确提出了“建设沿海经济社会发展强省”的宏伟奋斗目标，极大地激发了全省人民干事、创业、谋发展的热情；12月召开的河北省经济工作会议，对“打造沿海经济隆起带”、实现经济更快更好发展和构建和谐河北等重大任务做出进一步安排部署，为我省未来发展勾画了新的蓝图，为经济社会发展注入了新的活力。

为了更好地履行“智库”职责、发挥“智囊”作用，2006年度我院推出五卷本“河北发展蓝皮书”，对当年全省经济、农村经济、社会发展、文化产业、人才队伍等方面的发展状况、面临的主要问题以及2007年发展趋势进行了总结和分析，并提出了相关对策建议。这里需要指出的是，为适应我省各项事业发展的需要，2006年在上年度四卷本的基础上，拓展为《河北省经济形势分析与预测》《河北省农村经济形势分析与预测》《河北省社会形势分析与预测》《河北省文化产业形势分析与预测》《2006年河北人才发展报告》五卷本。本丛书是以社科院为主导，联合省内有关业务部门，以科学发展观为指导，捕捉经济社会发展中的突出矛盾和问题，在理论与实证研究、深入省情调研的基础上形成的成果。它是以专家的观点、学术的眼光看发展，以年度为时间单元，提供对宏观形势的把握和行业发展的分析，研究的不仅是经济社会发展中的重大问题，而且包括公众关心的热点问题。它集学术性、思想性和应用性为一体，是哲学社会科学工作者在全局性、前瞻性、战略性重大理论和实践问题方面，为各级领导提供的决策素材。它对各级领导了解 2006 年我省经济社会形势，准确把握 2007 年经济社会发展趋势，总结实践经验，进一步提高工作能力和水平，加强对经济社会发展中重要问题的研究认识和工作指导，必将产生积极作用。

经济社会的全面快速发展，为哲学社会科学研究工作提供了广阔的舞台。河北省社会科学院作为我省直属综合性决策研究机构，在为全省实现更快更好发展与构建和谐河北方面，肩负着重要使命。面向未来，我院站在一个全新的历史起点上，根据 2004 年中央 3 号文件和省委 19 号文件精神，按照近年来白克明同志、郭庚茂同志和赵勇同志等省委、省政府领导来我院视察工作时的指示精神，2006 年我院明确了“为省委省政府决策服务、为全省经济社会发展服务、为基层服务”的办院方针，按照“出成果、出人才、出效益”的总体要求，着手制定了“十一五”发展规划，积极谋划新的发展。

迄今，“河北发展蓝皮书”连续出版了 9 年，已经成为做好“三个服务”的重要载体和实现科研成果转化不可或缺的平台。“河北发展蓝皮书”作为我院精心打造的品牌丛书，包含着我院领导和科研人员付出的艰辛努力，但仍需要精益求精，逐年提高编著水平。本丛书容量应当涉及全省经济社会发展的方方面面。所以，它不仅包括全省经济、农村经济、社会发展、文化产业、人才队伍等方面，而且，在研究条件允许、社会发展需要的情况下，我院将继续推出其他不同内容的分卷，并希望有识之士参与合作。最后，恳切希望读者对我们的研究提出批评或改进意见，使“河北发展蓝皮书”的研究和编著水平不断提高，让我们共同为全省更快更好发展和构建和谐河北提供可靠的理论保证和智力支持。

《2006～2007年河北发展蓝皮书总报告》前言

（2006年12月28日）

今天，呈现在各位代表和委员面前的《2006～2007年河北发展蓝皮书总报告》，选自河北省社会科学院推出的“河北发展蓝皮书”系列丛书《2006～2007年河北省经济形势分析与预测》《2006～2007年河北省农村经济形势分析与预测》《2006～2007年河北省社会形势分析与预测》《2006～2007年河北省文化产业形势分析与预测》《2006年河北人才发展报告》。2006年，“河北发展蓝皮书”在上年四卷本的基础上，增加了人才卷，为了方便代表和委员们阅读，特编印各卷的总报告。各卷总报告分析了2006年的全省经济社会运行态势，并对2007年形势进行了预测。

《2006～2007年河北省经济形势分析与预测》指出，2006年我省经济高位运行，总体呈现高增长、低通胀格局。突出特征是：经济增长较快，后续动力相对不足；主导产业地位不断提升，但结构问题仍然突出；工业竞争力有所提高，但整体工业水平不高；增长动力增强，但对投资依赖度仍较高；各区域快速发展，增长格局有所改变。预测2007年国内外环境有利于发展，但不确定性因素增多，模型预测2007年经济增长率为12.9%，仍然处于上升周期。政策调控的重点是八个关注：关注长期动力，不断调整和转换增长动力；关注国家调控思路变化，充分利用好国家政策；关注沿海隆起带发展，超前搞好整体谋划；关注城市化问题，破除城市化中的障碍；关注自主创新问题，提升整体竞争力；关注民营经济，鼓励全民创业；关注就业问题，促进社会和谐发展；关注公共服务业，塑造良好政府形象。

《2006～2007年河北省农村经济形势分析与预测》指出，2006年是建设社会主义新农村的开局之年，河北省认真贯彻落实中央一号文件精神，按照统筹城乡发展的基本方略和“多予、少取、放活”的工作方针，着力推进农村生产力发展和促进增加农民收入，农村经济总体上呈现持续、稳定、健康发展的良好态势。农业经济平稳增长，主要农产品供求基本平衡；乡镇企业继续保持较快增长，对全省经济贡献率上升；农民收入实现较快增长，城乡居民收入差距趋于缩小；农村市场运行平稳，农民消费稳步增加；农村劳动力转移平稳加快，转移方向呈现多向化特征。展望2007年，建设社会主义新农村的宏观形势将为我省农村经济发展注入新的活力，农村经济快速发展、农村市场健康运行仍将是基本态势，农村收入也将继续保持较快的增长势头。在工作思路上，要以新农村建设统揽整个“三农”工作，紧紧围绕发展农村生产力和促进农民增收这个中心，以县域经济发展为重要支撑，以文明生态村创建为重要载体，坚持产业强村，发展现代农业，促进农民创业，加快农村经济发展步伐，扎实推进我省新农村建设。

《2006～2007年河北省社会形势分析与预测》指出，2006年河北省社会发展形势特点是人口生育水平继续走低，人口质量逐步提高。劳动就业调整机制初步形成，社会保障覆盖面扩大。城乡居民收入继续提高，消费向“非物质”领域转移。环境保护制度化发展，环境质量有所提高。基础设施建设加快，社会事业取得重要进展。“扩权强县”试点进展顺利，社会管理体制有所创新。社会整体情绪稳定，城乡居民生活幸福感增强。预测2007年社会活力和凝聚力进一步增强。社会建设将覆盖更多的地区。城乡居民收入会有明显提高。城乡收入差距不能得到根本遏制。沿海地区获得更多的发展机会和政策优惠，区域发展的差距将继续扩大。新农村建设将向更加体现农民需求方向发展。就业压力继续加大，自主创业人员比例增加。政策建议部分提出两条建议。第一，增强全省人民的“沿海”意识。增加就业岗位总量；调整就业结构，积极支持农业劳动力向外转移；增大政府对社会公益事业的投入。尽快制定环京津贫困带脱贫方案。第二，积极推进社会管理体制的创新。解决政府“瘦身”问题，转变政府职能；发挥社会组织在社会管理中的作用；建立和完善各种社会管理制度，提高制度对社会管理的约束能力。

《2006～2007年河北省文化产业形势分析与预测》对2006年河北省文化产业发展状况，对河北文化产业的总体实力、发展差距、发展阶段、发展后劲、产业格局、体制改革等几方面的发展形势进行分析判断，并深入探讨了河北文化产业动力结构、发展模式、增长方式、产业融合、产业集聚、组织结构和区域合作等方面的特征，指出了阻碍发展的七大制约因素。在此基础上，对2007年河北文化产业发展面临的内外环境、机遇以及困难和压力进行分析，提出了2007年文化产业发展应采取的对策措施，预测我省文化产业发展的七大趋势，为我省宣传文化各部门推动文化产业快速健康发展提供参考依据。

《2006年河北人才发展报告》，一是首次对河北省人才资源状况、密度、效能和对经济增长的贡献等情况，进行了全面反映和揭示。人才资源状况有了很大改善，总量短缺的矛盾得到缓解。其中，2001～2005年全省人才增长与经济增长的弹性系数为2.14，即人才每增长1个百分点，相应经济增长2.14个百分点；1990～2005年人才开发投入增长与经济增长的弹性系数为1，比同期全社会固定资产投入增长与经济增长的弹性系数高0.55。二是对河北省人才综合实力、竞争力进行了评价和比较。2005年人才综合竞争力排在全国31个省区市的第13位，11个沿海省区市的第8位。对人才建设面临的主要问题进行了深入剖析，明确指出人才问题和矛盾已成为根本上制约更快更好发展和建设沿海经济社会发展强省的突出问题和矛盾。三是对河北省人才建设与发展进行了战略思考。从建设沿海强省的战略高度，提出了关于未来时期人才建设与发展的战略选择的建议。其中包括：确立只有建设沿海人才强省才能建成沿海经济社会发展强省的战略思想，明确人才强省战略目标和实践的新内涵，实现人才发展“三大战略转变”，实施人才资源“三大开发战略”等战略性新举措。

希望本材料能为各位代表和委员提供有用的信息咨询，为各级领导决策提供参考，更希望各位代表和委员对我们的研究提出改进意见和建议。

团结起来向着新的目标奋进*

（2007 年 1 月 18 日）

正当全院上下认真贯彻落实省第七次党代会精神，满怀豪情谱写我院“十一五”发展新篇章之时，我们迎来了充满希望和挑战的 2007 年。值此新年到来之际，我谨代表院党组向全院奋战在科研和管理工作一线的干部员工、向院离退休老同志及家属、向所有关心和支持我院工作的各界朋友们致以新年的祝福和诚挚的问候！

刚刚过去的 2006 年，是我院发展进程中不平凡的一年。我们明确了“为省委省政府决策服务、为全省经济社会发展服务、为基层服务”的办院方针，提出了“出成果、出人才、出效益”的核心要求。围绕这一方针和要求，在全院开展了“同心谋划十一五，我为发展献一策”活动，在全省开展了课题征集活动，并进行了大量的走访座谈，科学地制定了我院“十一五”发展规划，为我院今后的发展指明了方向，确定了目标。我院的科研工作紧紧围绕学科前沿、省委和省政府决策前沿、我省现代化建设理论和实践前沿，推动科研创新，加强学科建设，抓好重大科研项目，推出了一批精品成果，较好地发挥了省委和省政府“思想库”“智囊团”的作用。我院的班子建设和行政后勤工作水平也在不断提高，全院正在形成“想事、干事、干成事”奋发向上的氛围。

2007 年，是我院打牢“十一五”发展基础的关键年。“十一五”规划

---

* 本文系周文夫为河北省社会科学院所致 2007 年新年贺词。

提出，通过五年的努力将我院建设成为"'省级一流、国内知名'，在学术界和社会上有广泛影响的综合性哲学社会科学研究机构"的发展目标。为此，需要我们团结一心、齐心协力；需要我们凝集心智、呕心沥血；需要我们勇于开拓、善于创新；需要我们拼搏奉献、只争朝夕；需要每一个人脚踏实地、勇挑重担。

2006 年，我们在辛勤的耕耘中走过。2007 年，需要我们付出更多耕耘的汗水，也将收获更多甘美的果实。让我们更加紧密地团结在以胡锦涛同志为总书记的党中央周围，在省委、省政府的正确领导下，并肩携手，向着新的目标奋进，迎接社科院的美好明天！

以科学发展观统领办院　立足于搞好“三个服务”　为建设“省级一流、国内知名”社科院而努力奋斗

——在院“十一五”规划颁布实施大会上的讲话

（2007 年 1 月 26 日）

今天，是一个值得记忆的日子。我们在这里召开全院干部职工大会，颁布和动员实施《河北省社会科学院“十一五”时期（2006—2010）发展规划》，翻开我院发展新的一页。“十一五”时期，是我省实现更快更好发展和构建和谐河北的重要时期，也是建设沿海经济社会发展强省的重要战略机遇期，我院和全省哲学社会科学战线一道，正在融入全省加快发展的大潮。可以预见，今后 5 年将是我院发展的关键时期。因此，把握新机遇、担负新使命、应对新挑战，迫切要求我们对关系全院未来发展的一系列重大问题进行深入思考，与时俱进地对发展思路、工作布局做出战略性调整，以适应新形势、新任务的需要。院党组基于这个基本判断，从去年 5 月开始，着手组织“‘十一五’规划”的编制工作。几个月来，在院党组的组织领导下，开展了“同心谋划‘十一五’，我为发展献一策”活动。起草组的同志广泛开展调研，多方听取意见，几易其稿。广大干部职工表现出了高度的主人翁精神，积极参与规划的编制，提出了许多建设性意见，为规划的不断完善和成熟做出了积极贡献。通过规划的编制，全院上下对未来 5 年我院发展的一系列关键问题逐步深化了认识、统一了思想、达成了共识，为深入推进我院各

项事业的发展奠定了良好的思想基础。规划意味着在行动之前决定行动进程。这个规划是指导我院“十一五”时期工作的纲领性文件，它明确了2006年至2010年5年间我院发展的指导思想、方针原则、目标任务和方法步骤，决定着我院未来发展的基本走势，其产生的实际效应关系全院各项事业甚至每一位干部职工的前途和命运，具有重要的现实和长远意义。规划的目的在于付诸实践、推进工作，落实好规划明确的目标任务，是今后一个时期我院工作的重中之重。下面，我想就规划的制定和实施讲四点意见。

一 坚持“三个服务”的办院方针是新形势、新任务的客观要求

“为省委省政府决策服务、为全省经济社会发展服务、为基层服务”作为新的办院方针写入规划，是基于责任和使命所做出的重大抉择，也是贯彻落实省委指示精神的具体体现，对此，全院同志应该有一个清醒的认识。

（一）“三个服务”是新形势赋予我院的神圣使命

当今世界，经济格局、政治格局都发生了深刻变化，在社会变革和综合实力竞争中，哲学社会科学已经成为重要的战略性资源，其不可替代的作用日益突出。当前，我国正处在改革发展的关键时期，党中央站在新世纪新阶段党和国家事业发展全局的高度，提出了科学发展观和构建社会主义和谐社会的重大战略思想。省委六届八次全会提出了更快更好发展和构建和谐河北两大任务，省第七次党代会响亮地提出建设沿海经济社会发展强省的奋斗目标，这是我省落实科学发展观和构建社会主义和谐社会重大战略思想的战略举措。建设沿海经济社会发展强省，不仅要靠经济的快速增长和社会事业的长足进步来体现，也要靠哲学社会科学事业的繁荣发展这一先进文化建设的重要成果来体现。实现建设沿海经济社会发展强省的宏伟目标，需要哲学社会社科工作者不断加强重大理论和实际问题的研究，为省委、省政府提供科学的决策支持，为全省发展和基层工作提供优质高效的理论服务和客观实用

的政策解读。实现更快更好发展，需要我们深入研究我省经济社会发展中长期积累的一些深层次矛盾和问题。比如，郭庚茂省长在全省经济工作会议上列举的经济结构不合理、增长方式粗放、改革开放相对滞后、城市化水平低、就业再就业形势严峻、社会保障扩大应保面任务艰巨等问题，就急需拿出令人信服的破解答案。构建和谐河北，需要我们关注以社会主义核心价值体系为根本、具有燕赵特色的和谐文化研究，做析事明理、解疑释惑、凝聚人心的工作。哲学社会科学的理论成果归根结底是为社会实践服务的。毛泽东同志在《实践论》一文中谈到了理论的作用。他说：“马克思主义看重理论，正是，也仅仅是，因为它能够指导行动。”大发展、大变革的时代，迫切需要哲学社会科学提供强大的精神动力和智力支持，我们确定“三个服务”的办院方针，是把握时代脉搏、融入发展大势、服务河北全局的必然要求，是履行省委、省政府综合性社会科学研究机构职责的必然要求。

（二）“三个服务”是贯彻落实党中央和省委指示精神的具体体现

确定“三个服务”的办院方针它的政策依据是什么？《中共中央关于进一步繁荣发展哲学社会科学的意见》（中发〔2004〕3 号）明确了哲学社会科学的指导方针，提出新时期繁荣哲学社会科学的目标要求，对一系列重大问题做出了周密部署，对地方社科院职能给予了明确定位。《意见》指出：“地方社会科学研究机构应主要围绕本地区经济社会发展的实际开展应用对策研究，有条件的可开展有地方特色和区域优势的基础理论研究。”江泽民同志三次专门就社会科学工作发表重要讲话，指出：“在改革开放和现代化建设的进程中，我们会遇到各种新的重大课题，需要哲学社会科学来研究和回答，需要运用创造性的理论思维来研究和回答。”胡锦涛同志去年 5 月 19 日在中央政治局听取中国社科院工作汇报时所做的重要讲话，明确要求把中国社会科学院建成马克思主义的坚强阵地，建成党和政府的“思想库”“智囊团”。省委认真贯彻中央精神，制定了《关于贯彻中共中央〈关于进一步繁荣发展哲学社会科学的意见〉的实施意见》（冀发〔2004〕19 号），提出了“一个结合，一个围绕，一个中心，三个着眼于”的总体工作要求，即紧密结合河北改革和发展实际，紧紧围绕省委、省政府的工作大局，以改革开放和现代化建设的实际问题、以我们正在做的事情为中心，着眼于马克思主义理论的科学运用，着眼于对实际问题的理论思考，着眼于新的实践和新的发展。白克明、郭庚茂、赵勇等领导同志先后来我院视察指导工作，都对我院工作提出了具体指导意见。特别是克明同志强调，省社科院要“始终坚持把马克思主义理论作为哲学社会科学研究的指导思想，要紧紧围绕抓住机遇、推动河北更快更好发展这个主题来规划安排科研工作重点”。党中央和省委关于哲学社会科学工作的一系列指导意见，突出了一个中心思想，就是哲学社会科学研究基于实践，更应该走在实践的前沿，我们的研究工作只有投入全省经济社会发展的实践之中，才能显现出自身的重要价值，也只有自觉主动地服务于全省经济社会发展实践，才能获得强大的生命力，这是我们确定以“三个服务”作为新的办院方针的重要依据。

（三）贯彻落实“三个服务”办院方针的现实基础

马克思主义的发展观强调，发展不应该也不可能脱离历史和现实的条件，任何发展都是一个积累的过程，发展需要有所继承和发扬，同时更需要与时俱进。我院现实的发展基础应该从两个方面讲。

一方面，“十五”期间，我们坚持以科研为中心，以学科建设为重点，以改革和管理为支撑，扎实推进“十五”规划和“五年（2003—2007）”规划的落实，为进一步发展奠定了良好基础。一是服务大局有新成效。认真落实省委明确的我院发展目标和主要任务。在研究宣传邓小平理论、“三个代表”重要思想和科学发展观，推进全省理论武装工作方面发挥了积极作用；在为省委、省政府重大部署和决策服务方面做出了积极贡献；在有河北特色和优势的历史文化研究方面占得一席之地。5 年来，全院共实现科研成果 1335 项，其中 35 项获国家或省优秀科研成果奖励，139 份调研报告得到了省领导指示肯定并转发应用。二是学科建设有新亮点。启动重点学科（重点扶持学科）建设，首批确定了 3 个重点学科和 4 个重点扶持学科，推行“首席专家制”，把握住了解放科研生产力的关键抓手，为学科的良性发展、科研潜能的激发奠定了基础。在重点学科建设的带动下，有的研究领域在省内居于主导地位，有的专家成为省内的领军人物，或在省委、省政府决策层中发挥了积极影响。三是自身建设有新加强。重点抓了科研精品奖励办法、科研人员考核量化计分办法的制定，建立起了较为系统的科研管理运行机制。率先尝试人事制度改革，完成了3轮工作人员竞聘上岗工作。科研经费有了较大比例的投入，平均占年度总预算的25%左右。基础设施、科研手段得到改善。

另一方面，我们还应该清醒地看到，当前我院发展仍然面临着一些突出矛盾和问题，具体表现为“三个不适应”。一是科研成果水平、人才队伍状况不适应我省经济社会更快更好发展和繁荣哲学社会科学的需要。根据中国社科院文献信息中心检索统计，我院科研人员发表的论文数量，在全国地方社科院中排第22位；根据南京大学中国社科研究评价中心检索统计，我院列第13位。有重大影响的精品成果还不多。我院年均400多项科研成果，但其中对我省经济社会发展进程产生重大影响的成果所占比例并不高。成果转化率不高，转化成效不理想。基础研究与应用对策研究相比，力量还显薄弱，经费投入不足，争取横向课题的渠道不宽。人才培养成效不明显，没有涌现出名家、大家。受部门和行业待遇差异的制约，人才引进和培养政策实惠不多、吸引力不强，人才引进困难、流失严重的问题长期存在，解决乏力。目前，我院科研人员总数在全国地方社科院中列第6位，但具有博士学位的人数排第11位。人才队伍特别是科研力量整合不力，已经具备的某些个体优势向整体强势转化的组织力和带动趋向不明显，科研综合竞争力不强。二是基础设施和科研条件不适应出成果、出人才的需要。我院基础设施总量不少，房屋建筑面积达25000平方米，但功能划分不尽合理，主体建筑设计标准较低，设施老化，破损严重，已经成为市内一“景”。事业经费投入总量不足。我们了解了18个地方社科院的情况，我院人均财政拨款排在内蒙古、河南之后，为第13名。科研经费投入结构不合理，立项、运转、奖励、转化等环节投入比例不适当，有些课题投入不少，结项情况却与预期反差很大，资金投入效益低下问题比较突出。科研和办公信息化水平比较低。三是制度、机制、管理还不适应自身建设的需要。管理理念和机制创新不够，相关制度需进一步修订完善，如科研成果评价体系、课题立项管理办法等不适应新形势、新目标、新任务的需要，科学性和导向性有待进一步增强。执行政策规定不够刚性有力，造成管理职责的缺位。有些同志怕得罪人，不能坚持原则；或忙于业务，疏于管理。有些工作职责不明、要求不具体，每遇棘手问题，或相互推诿，或不愿尽心，或迟迟不动，或草草了事。工作活力不足，“有事干”与“没事干”不一样，“干成事”与“干不成事”甚至“不干事”不一样的激励约束机制尚未全面建立起来。发展就是要坚持正确的，改正错误的，抛弃过时的，创造新鲜的。要用辩证的观点看待发展中存在的问题，可以把问题看作是“过失”，但更应该看作是“前景”，因为矛盾和问题就是我们开展工作的空间，也是我们实现工作新突破的契机。

同志们，实现我院新的发展，机遇与挑战同在。一方面，我们面临着难得的机遇。党中央和省委高度重视哲学社会科学工作，把哲学社会科学工作看得很重，为我院的进一步发展提供了政治保证。近年来，我省经济社会发展很快，特别是环渤海经济圈的加速崛起，既为哲学社会科学事业的繁荣发展提供了良好条件，又为我们的科研工作开辟了广阔空间。在这次谋划“十一五”过程中，通过几次征求意见，我深切体会到，希望全院各项事业有一个新的更大的发展是全院同志的思想主流，大家心情急迫、寄予厚望，这是我们事业不断前进的力量源泉。另一方面，我们也面临着严峻的挑战。省委、省政府及社会各界对哲学社会科学工作期望值很高，而我们的工作还存在许多薄弱环节。随着我省改革发展的深入推进，一些深层次的矛盾和问题日益凸显，解决这些问题需要科学的理论支撑和对策措施，而我们的研究水平与此还不相适应。实现新的发展需要全院同志进一步增强责任感、使命感，只要我们全院上下团结一心，振奋精神，迎难而上，奋力开拓，我们的事业就一定会迈上一个新的台阶。

（四）明确指导思想，确立奋斗目标

规划明确了今后5年我院工作的指导思想。这个指导思想是：坚持以马列主义、毛泽东思想、邓小平理论和“三个代表”重要思想为指导，以科学发展观统领我院改革发展稳定全局，紧紧围绕我省更快更好发展和构建和谐河北两大任务，全面贯彻落实“为省委省政府决策服务、为全省经济社会发展服务、为基层服务”的办院方针，以“出成果、出人才、出效

益”为总要求，着力实施服务决策发展工程、科研机制创新工程、人才队伍建设工程、政治思想与行政后勤保障工程，把我院建设成为马克思主义的坚强阵地和省委、省政府信得过、用得上的思想库、智囊团，为实现建设沿海经济社会发展强省的宏伟目标、为繁荣发展哲学社会科学事业做出突出贡献。

如何解读这个指导思想？马列主义、毛泽东思想、邓小平理论、“三个代表”重要思想、科学发展观，是根本指针；更快更好发展和构建和谐河北是我院科研工作的基本指向；“为省委省政府决策服务、为全省经济社会发展服务、为基层服务”是统领全院各项工作的办院方针；“出成果、出人才、出效益”，是全部工作的总体要求；服务决策发展工程、科研机制创新工程、人才队伍建设工程、政治思想与行政后勤保障工程，是今后5年的战略举措；把我院建设成为马克思主义的坚强阵地和省委、省政府信得过、用得上的思想库、智囊团，为实现建设沿海经济社会发展强省的宏伟目标、为繁荣发展哲学社会科学事业做出突出贡献，是我们努力的方向。只有正确认识和准确把握未来5年我院工作的指导思想以及其中各要素之间的关系，才能用共同的目标、统一的意志把全院同志团结和动员起来，自觉地推动各项事业的发展，在发展中实现全院同志的共同理想。

一个好的规划，灵魂应该是创新。规划提出的指导思想有两个关键创新点，需要我们全面理解和准确把握。第一个创新点是“三个服务”的办院方针。哲学社会科学是“究天人之际，通古今之变”的科学，办院方针突出了“服务”这个核心思想，符合哲学社会科学指导性、应用性的特征和功能要求。具体讲，“三个服务”，就是要求我们的科研工作立足学科前沿、省委和省政府决策前沿、我省现代化建设理论和实践前沿，推动科研创新，加强学科建设，抓好重大项目，推出精品成果。“三个服务”涵盖了三个层面的科研指向，明确了我们科研工作的主战场。首先是为省委、省政府决策服务，使我们的研究成果转化为发展战略和政策；其次是为全省经济社会发展服务，使我们的研究成果转化为规划、策略、办法；最后是为基层服务，使我们的研究成果转化成现实生产能力和经营管理手段。最近，聂辰席同志在全省宣传部部长会议上对理论研究的成果转化思路给予了充分肯定，他要求："把党的最新理论成果转化为促进发展的科学思路，转化为正确的政策举措，转化为领导发展的实际能力，转化为干部群众贯彻中央方针政策和省委决策的自觉行动。"总之，要通过搞好"三个服务"，充分发挥好思想库、智囊团的作用。第二个创新点是"出成果、出人才、出效益"的总体要求。出成果、出人才是社科院的职责所在，出效益是出成果、出人才的重要评估标尺。关于"三个出"的相互关系和内在要求，后面还会讲到，在此不再展开。

规划明确，"省级一流、国内知名"是未来5年我院发展的奋斗目标。确定这样一个发展目标主要遵循了三个原则。第一，充分考虑客观发展状况。客观分析全国地方院的发展情况，我院人员规模、高级职称人员比例在全国地方社科院中处在第5～6名的位置，但科研成果数量质量、争取国家级课题的能力、学科和队伍建设水平、经费投入数量等却基本上处在中等水平。通过5年努力，我们希望能够进入全国地方社科院的前8名。我们考虑，目标的确定既要起到激励作用，又要切实可行而不能高不可攀。如果指标定得过高，无论如何努力都达不到，就是脱离实际，会使人们丧失信心；如果定得很低，唾手可得，也就失去了意义。形象地说，就是要跳起来摘果子，跳一跳能够摘得到，站着不动拿不到，坐着躺着更得不到。第二，充分考虑可比性和操作性。在以往的规划制定中，我们往往容易忽略目标的定量分析。这次编制"十一五"发展规划，我们比较注意目标的定量分析，进行了比较广泛深入的调研，在综合分析的基础上，提出了"一流""知名"的目标概念。处在一个怎样的位置才算是"一流"？如果全国的省级社科院，我们能排进前8名，就完全可以称作"一流"院。"一流"是个比较概念，需要有综合的量化评价标准，这个评价体系应该包括科研创新、学科建设、课题立项、精品成果、队伍素质、经费投入、资源配置、收入待遇八个方面的重要指标。这样一来，我们的目标就变得比较清晰，有所参照，且操作性更强。第三，充分考虑目标确定的实际效应。我们确定这样一个发展目标不是为了与哪个省去较劲，实际上省与省社科院之间并没有多大的竞争性，相互间也并不在意排名先后，这样做的主要目的是想通过横向的参照和比较，客观地估计自身实力，激励我们办好自己的事情，确立起在省内众多哲学社会科学研究部门中的领先优势，在科研市场竞争中拓展出更大的生存发展空间，这才是我们的目的所在。

（五）科学安排，分步实施

落实“十一五”发展目标，既要“瞻前”，即立足现实，又要“顾后”，即着眼未来；既要有长远设想，又要有阶段性的安排；既要把当前急需要做的事情确定下来，又要考虑可持续的发展。按照这个原则，我们提出了“三步走”的实施安排。第一步，打基础（2006～2007年）。完成《规划》的谋划、编制和部署实施。规范管理，制定课题立项管理办法等规章制度，推进第四轮全员聘用制改革。改善条件，完成办公大楼维修改造工程。第二步，上台阶（2008～2009年）。在重大课题实施、创新机制、人才梯队建设等方面取得显著成效，全面落实出成果、出人才、出效益的总要求。第三步，抓提高（2009～2010年）。完善机制，谋划未来。通过5年努力，让全院干部职工切实感受到改革发展的实际成效。

二　科研工作大有作为关键在于创新机制

江泽民同志曾经指出：“一个民族要兴旺发达，要屹立于世界民族之林，就不能没有创新的理论思维，这是人类文明发展史给人们的一个重要启示。”哲学社会科学作为思维科学，创新是本质要求，也是发展的不竭动力。离开了创新，哲学社会科学研究就会丧失存在的价值。所以，创新是完成哲学社会科学崇高使命的前提和基础，是哲学社会科学的重要职责。从这个意义上讲，创新是哲学社会科学的灵魂和生命。

创新，就是把客观世界的感性认识上升到理性认识，形成新的观点、新的概念、新的原理、新的思想内涵，并把实践检验作为衡量真理性的唯一标尺。哲学社会科学的创新应该是一个完整的体系创新，大体可以概括为四个方面：理论观点创新，学科体系创新，研究方法创新，管理机制创新。

理论创新与管理创新是整个创新体系中不可缺少的两个基本要素，二者的发展既是同步的，又是相互支撑的。理论创新必然呼唤管理创新，管理创新又需要有新的理论创新来指导。推进创新既要抓系统又要抓根本，什么是根本？我认为就是创新机制。规划明确提出大力推进科研机制创新工程。下一步应重点抓住以下五个创新点。

（一）科研选题的创新

选题创新是成果创新的前提，没有新的研究视角，就不容易有成果的原创性。选题创新有两个基本要素，第一是选题的学术前沿性，第二是选题的实践前沿性。创新科研选题，需要我们的研究人员苦练三个基本功。首先要会"走"，就是要走出"书斋"，走向学术界，走近决策圈，走到丰富的社会实践之中；其次要会"看"，要学会向外远眺，把视角投放到实际、生活、基层、人民群众，找到我们研究的真正源泉；最后要会"闻"，就是要练就一副把握学术前沿和实践前沿的灵敏嗅觉。抓好科研选题的创新，需要进一步强化院的科研组织协调功能。下一步，在全省范围内征集研究课题的基础上，要认真进行综合分析，明确重点研究方向，增强科研选题"三个服务"的前沿性和针对性。积极承担省领导交办的临时性课题，多渠道争取横向合作课题，科学安排院重大课题、重点课题、青年课题，区别不同情况，加强对各类课题的分类指导和管理，不断提高研究水平。

（二）科研立项的创新

改革和创新立项办法，是科研管理创新的切入点。立项意味着项目承担人得到了课题研究的准入证，获取了实际的科研资源。因此，课题立项必须坚持公平、公正的原则，否则竞争就会出现起跑线上的不平等。改革课题立项管理办法，就是要推行课题立项招标制，通过公平竞争，为全院所有科研人员提供展示自己科研能力的机会。

（三）科研过程的创新

创新科研过程，首先要谈科研方法。要旗帜鲜明地坚持马克思主义的指导地位，只能搞一元化，不能搞多元化。强调一元化不是搞话语霸权，而是讲要坚持马克思主义的立场、观点和方法。不可否认，哲学社会科学各门类有自己一些特殊的研究方法，但作为最一般的哲学方法，必须以马克思主义为指导，否则就会因立场、观点和方法的错误而陷于谬误。江泽民同志在关于哲学社会科学工作的讲话中特别强调：“坚持马克思主义的立场、观点和方法，坚持马克思主义的基本原理。这一点，要坚定不移，不能含糊。”创新研究过程，必须高度重视调研这个环节。哲学社会科学作为变革社会、创新制度的理论先导，作为解放和发展社会生产力、创造物质文明的精神动力，作为建设精神文明、完善人类自身的智慧源泉，总是与具体的现实社会生活实践相联系的，社会实践是哲学社会科学发展的源泉和动力。要下力气做好数据采集、实证调查、跟踪研究等工作，关注实际、了解实际、深入实际，坚决克服学术研究脱离社会、脱离群众、脱离生活的倾向。思考和写作是从实际问题中抽象出理论并用文字的形式完成创新过程的重要一环。要在深入调查研究、总结历史与现实经验教训的基础上，构建具有前瞻视野、符合事物发展规律、具备导向和应用价值的假说、原理、方法和技术，或者提出具有决策价值的对策和建议。理论的创新成果靠什么检验？必须回到实践中去接受检验，这是哲学社会科学源于实践又指导实践的特征要求，也是评估成果创新价值的有效形式，在科研过程诸多环节中不可或缺。

（四）成果评价体系创新

建立一个创新型的成果评价体系，前提是确定一个科学的评价标准。成果的创新程度是衡量哲学社会科学研究成果质量高低的核心要素，而成果的创新程度又该如何衡量？我认为一个是原创性，另一个是指导性，核心精神是重视哲学社会科学研究成果对于学术发展和社会进步的贡献率。原创性强调的是内容，指导性强调的是影响，两者缺一不可，又互为支撑。科研创新的本质特征是原创性，它要求我们的研究成果应该在深刻把握事物发展规律及人的思维规律、有效探索社会实践新领域的基础上，提出前所未有的新观点、新范畴，形成新原理、新体系。指导性指的是学术界的认同性和在社会实践中的应用性，即发挥认知功能与建设功能，强调的是学术影响力和实践指导力。我们希望通过确定这一个评估原则，强化高水平研究成果在提高全院科研质量方面的导向作用。推崇成果的原创性和指导性，对于科学界定科研精品意义重大。比如，有的研究成果得到了省领导的批示，有的写了个“阅”字，有的批了个“好”字，有的批的是“某某同志或某某部门阅研”，这些成果得到了肯定，但是否真正付诸了实施？成果是否在实践中发挥了指导作用？还有，一些理论成果在某国家级刊物发表了，这应该是精品，但我们以往忽略了一个关键性的问题，就是这篇文章有多少观点可以向学术界公开说明是原创性的？如果说出来了，又得到了同行怎样的评价？这些问题我们在制定新的科研成果评估体系时都应该认真研究。当然，人文科学与社会科学属同一大部类，具有许多共性，但它们之间还的确有不少不同之处，它们的特性、功能、成果显现形式，都不能用一个尺度、标准来衡量。如基础性研究，主要以新理论、新概念、新方法等原创性的成果为目标；应用性的研究主要以反映经济建设和社会发展需要，产生切实的社会效益的技术、方法、措施为目标；对策性研究主要以针对性地解决现实问题、为制定或完善政策起咨询作用为目标。对不同目标、不同特性的研究都要把握原创性、指导性的基本评价原则，但又不能简单地使用同一尺度、标准进行评价。因此，还需要我们进一步研究制定相应的更有针对性的具体评价标准和评价方法。创新成果评价体系，必须进一步丰富已有的评估手段。采取怎样的手段还需要深入研究，但可先进行有益的尝试。比如，发挥好专家与同行评议在哲学社会科学研究成果评价中的主导作用，试行专家评审、成果受益者评审、公开评审与匿名评审相结合等多种不同的评审制度；建立学术评审申诉制度、评审专家信誉制度等。

（五）科研考核奖励制度创新

考核和奖励的目的是彰显导向。创新科研考核奖励制度最终目的和核心要求就是希望用考核和奖励的手段，推进“出成果、出人才、出效益”的有效落实，营造“有事干、能干事、干成事”的良性发展环境。

既然出成果、出人才、出效益是创新考核奖励制度的核心要求，在这里，我想主要就“三个出”及三者之间的关系谈些看法。出成果，就是要抓重大课题，出精品力作。出人才，就是要出名家、大家，出知名学者、首席科学家，并形成人才梯队。出效益的观点提出后大家有不同理解。所谓出效益，主要是指社科研究成果的转化。要使我们的研究成果在省委、省政府的工作中，转化成战略、决策；在全省经济社会发展中，转化成规划、策略、办法；在为基层服务中，转化成现实生产能力，提高经营管理水平。同时，出效益还意味着核算科研成本。有投入就要有产出，如果投入进去没有产出，或投入和产出不成比例，也就谈不上出效益。有的同志提出，哲学社会科学属于上层建筑，效益不应该成为社会科学研究的目的和要求。我感到，到目前为止，尽管人们对社会科学成果的效益评价问题颇感棘手，但是既要重视经济效益，又要重视社会效益，这个评价思路已经得到了认同。哲学社会科学的效益是在成果转化中实现的，而转化是成果的重要表现形式。对于应用性研究需要实现成果转化，大家多没有异议，分歧主要来自对基础理论成果转化的认识上。蔡元培先生把学术分为“学理”和“术用”两个方面，认为“学必借术以应用”“术必以学为基本”，阐明了基础研究与应用研究相辅相成的关系。没有深厚的理论，就没有应用技术的可持续开发；没有应用价值，理论也就黯淡无光。马克思曾经说过，最深刻的理论可以还原为最具体的实践。因此，不应过分强调理论研究的抽象性，更不应忽视理论的实践性。当然，强调理论的实践性并不是说可以不重视基础研究，恰恰相反，基础研究是应用研究和技术开发的先导和源泉，是核心竞争力和学术制高点，原创性主要是基础理论的创新。但是，基础理论的价值、基础理论是否正确最终要靠实践去检验。基础理论转化为技术、转化为政策、转化为方案，它的竞争力、先导性才能得以最终实现。在处理相对与绝对的关系上，既要认清哲学社会科学创新的科学本质与探索的无限空间，又要把握哲学社会科学创新的特殊性，对哲学社会科学创新成果的效益评价应该采取实事求是的态度。出效益，还意味着要通过智力投入，通过行政后勤服务，创造财富，改善工作和生活条件，提高干部职工的福利待遇。待遇上不去，无论是留住现有人才还是招引外来人才，都很困难。事业留人、待遇留人、感情留人，三者都要有，待遇留人不能被忽视。所以，一些同志提出待遇问题，我认为并不为过。我们院的待遇状况随着大政策的调整会有所改善，但实事求是地讲，作为一个单位，三百多号人，不考虑内部收入分配的问题是不现实的，也是不负责任的。如果把出效益简单地理解为鼓励一切工作、所有人员都一门心思去赚钱，也是片面的。所以，出成果、出人才、出效益三者是一个统一的整体，应该兼顾起来看，最终的落脚点要放在搞好“三个服务”、发展和繁荣哲学社会科学事业上来。

三　以抓工程的模式推进出成果出人才出效益

省委常委、宣传部部长聂辰席同志在去年12月25日召开的全省宣传部长会议上强调：“要积极探索把系统工程的思路、管理科学理论、信息技术方法运用于管理宣传思想工作的途径，按照课题式设计、项目式管理、工程式推进、台账式监督的方式来管理和运行，推进定性要求向定量描述的转变。”这对于我们部署和实施好规划具有重要的指导意义。规划提出实施四项工程，这是我们落实办院方针、实现5年奋斗目标的重大举措。

（一）实施服务决策发展工程

认真完成省领导为我院圈定的重大课题，将圈定研究课题的范围扩大到省委、省政府、省人大、省政协的领导同志。做好咨情咨政直报工作，通过《决策建议》和《决策参考》两个载体，推进科研成果的决策转化。搭建两大论坛创新平台，定期举办“环渤海（曹妃甸）发展高层论坛”“燕赵文化创新论坛”，为环渤海经济区的腾飞提供理论支撑，为塑造新时期河北人文精神提供智力支持。搞好“河北发展蓝皮书”的编撰出版，进一步拓展蓝皮书的服务功能。完成好省委、省政府交办的重大科研任务，进一步提升我院形象，扩大影响。开展省情调研活动，为市县提供决策服务。举办经济社会发展形势分析会，打造我省最具权威性的省情形势分析资讯平台。开展县（市）产业和行业规划编制工作，拓展服务领域。推进大企业运营诊断及创意策划活动，带动科研工作向基层和企业延伸。通过以上九个方面的科研组织工作创新，建立起“三个服务”的长效运行机制。

（二）科研机制创新工程

重点抓好学科建设、课题研究、科研管理三个环节的工作。在学科建设方面，遵循“有所为、有所不为”的原则。合理摆布应用对策研究与基础研究的关系，突出应用对策研究，加强基础研究，以应用对策研究带动基础研究，以基础研究支撑应用对策研究。优化学科布局，建立起布局趋向合理、资源整合有效、科研优势明显的优势学科群。在课题研究方面，进一步强化院在课题资源争取、分配和课题研究协调、组织等各个环节的主导地位，依靠强有力的组织管理，形成集团化的研究优势，推出应用性、思想性、学术性有机统一的精品成果。改革课题立项管理办法，引入竞争机制，实行课题立项招标，为拔尖人才特别是青年人才的脱颖而出提供机遇。在科研管理方面，强化有利于“出成果、出人才、出效益”的政策导向。筛选具有重要研究价值的选题组建课题项目库，通过政策引导和有效组织，强化课题库的“孵化器”功能，生成持续性的研究资源。进一步完善《科研成果管理规定》《优秀科研成果奖励办法》等，形成相互配套、适应市场经济的科研管理及科研成果评价制度。

（三）实施人才队伍建设工程

坚持人才队伍建设与学科建设、行政后勤保障相适应的工作原则。要控制规模，严把进口，优化结构，着眼长远；要科学设岗，按岗聘任，用好人才，人尽其才；要加强培训，增强素质，建章立制，严格管理；要改革收入分配制度，鼓励创新和发展。

（四）实施政治思想与行政后勤保障工程

把领导班子的制度建设作为切入点，更好地发挥院党组的领导核心作用，带动院机关党的思想、组织、纪律和作风建设，为发展提供坚强的政治思想保障。建立起职责明晰、相互制衡的行政管理新体制，着力提高机关处室的办事效率和管理水平，建立公开透明的管理工作常态监督机制，落实岗位管理，改进考核办法，为发展提供有序高效的行政管理保障。树立效益观念，当好家，理好财，开源节流，堵塞漏洞，为发展提供坚实的后勤服务保障。

实施四项工程，必须树立抓工程的指导思想，借鉴抓工程的组织模式，落实抓工程的目标要求。下面就推进四项工程的实施讲五点要求。一是要树立目标意识。四项工程在规划当中独立成章，但核心目标只有一个，就是“出成果、出人才、出效益”，这是我们推进工程的主要目的，也是检验工程质量的重要标准。二是要树立系统观点。之所以把这项工作称为工程，就是因为它的诸多要素之间都是相互关联的，具有很强的系统性。在这个系统当中，服务决策发展工程是我们的主要任务，对于实现发展目标起标志性作用。人的因素往往决定事业的成败，人才队伍建设工程关系到其他三大工程的成败，对于实现发展目标起关键性作用。科研机制创新工程是我们工作的着力点，对于实现发展目标起决定性作用。政治思想与行政后勤保障工程是系统工程中不可缺少的一部分，对于实现发展目标起重要的支撑作用。四项工程相互影响、相互促进，都必须全力推进。三是要科学安排。工程建设有周期。规划是一个长期的行动纲领，有5年的建设期，需要我们科学安排，分步实施。要把5年的工作分解到每一个年度的工作计划中，落实到各个处所的工作安排中，一步一个脚印地推进工作落实。四是要落实责任。抓工程往往采用承包的方式，因为承包制度的核心就是要明确和承担责任。在推进四项工程实施的进程中，院党组和各位处所长，要像总经理和部门经理那样，按照工作分工和岗位职责切实负起领导责任，全力抓好工作落实。五是要确保质量。工程建设质量第一。质量如何保证？细节决定成败。全院同志要树立“严、细、深、实、快”的工作作风，对全院发展负责，对自己的前途命运负责，认真做好每一天、每一件、每一个环节的工作，为实现5年奋斗目标做出自己应有的贡献。

四　以团结合作求真务实的作风抓好落实

优良的作风是事业成功的保证。在此提五个方面的要求。

（一）追求真理

追求真理是科学研究的特质，应该成为社科人共同的品格。追求真理，对于广大科研人员来说，就是要不唯书、不唯上、只唯实，要有先质疑、再求真的科研气质，要有勇气对前人的研究成果包括权威构造的知识体系或公理、准则进行质疑，善于以实践为标准进行新的检验或新的论证，抛弃已经过时的，纠正明显有误的，在对真理不懈追求中实现理论成果的创新。来社科院工作以来，在与科研人员的交流中，感到大家普遍爱用“我认为”这个词，这和党政机关有所不同。科学研究、探讨问题需要也应该“我认为”，这是追求真理的前提，是应该在科研人员中大力提倡的思维方式和行为方式。但是，在实际工作中，在落实组织决定中，就应该少一些“我认为”，多一些组织纪律观念，形成全院上下步调一致、和谐共进的工作格局。追求真理，对于广大行政后勤管理人员来说，就是要有坚持原则的工作作风和办事准则，对于制度规定不能办的事，就坚决不能办，不能有丝毫的通融；对于制度没有明确规定又涉及大家切身利益的事情，要尽力考虑和照顾同志们的实际利益和需要。院党组要做追求真理的表率，要讲原则、重规范，主事公平、办事公道，为民谋利而不与民争利，这些都是追求真理的工作作风在不同方面的具体要求。最近，党组从自身做起，制定了《院党组议事规则》《院长办公会议制度》《院党组理论学习中心组学习制度》《院党组成员廉洁自律规定》，希望通过率先垂范，进一步弘扬正气，不断提高领导发展的能力和水平。

（二）扎实肯干

科学研究来不得半点虚假，也不会有捷径可走。创新理论、多出精品，唯有扎实肯干。扎实，就是要甘于寂寞，淡泊名利，注重积累，力戒浮躁，严谨而不保守，活跃而不轻浮，锐意创新而不哗众取宠，追求真理而不追逐名利；肯干，就是要认真读书，潜心钻研，多思慎思，厚积薄发。信息化时代，一方面极大地改善了我们的科研手段、拓宽了我们的研究视野，另一方面也为科研成果的抄袭等不良之风提供了便利。科研成果可以“粘贴”，学术观点也可以“复制”，这样做只能背离以创新为本的科研精髓，败坏学风，贻误事业。社会科学研究特别是应用性研究必须俯下身子、深入调研，在广博的社会实践中汲取营养、凝练思维、升华理论，没有吃苦耐劳、扎实勤奋的精神作支撑，就不可能成就一番事业，成为学界公认的名家、大家。

平时在与大家的交流中感到，有的同志不满足于目前的生存状态，时有牢骚和不满，但在行动上又安于现状，缺乏锐意进取的主动精神和从自己做起的自觉意识。要知道，发展要靠全院每一位同志的扎实工作，有时不仅仅要付出辛劳、贡献智慧，甚至要做出个人利益的牺牲。总之，要老老实实地做人，踏踏实实地做事，扎扎实实地做学问，在三者的统一中实现自身价值，求得事业发展。

（三）相互欣赏

相互欣赏在科研单位尤其值得提倡，相互欣赏是一种崇高的境界。郭沫若先生曾说："文人自来是难于团结的。"可能是由于科研工作多以个体劳动为主，现实当中又存在竞争的无序性、不公平性和非公开性，使一些同志养成了以其所长、指彼所短的思维定式，甚至出现相互排斥、歧视，有意贬损他人等不良倾向。这里更要指出的是，相互告状这种现象很不好。不是立足于院内自己解决，而是一味地向上反映，这是自信心不足的表现，也是缺乏宽厚包容新时期人文精神的表现。正确地向上反映一些问题是必要的，是允许的，但事无巨细、不实事求是地反映，告"小状"，是错误的。无根据地提出批评、诬告他人，还要承担法律责任和纪律责任。构造和谐，首先要做到相互尊重，前提是学会相互欣赏。大家都有一个同感，社科院待遇不高，工作和生活条件不尽如人意。这说明我们的发展任务还很重，既然如此，就更应该把注意力放在发展上，以相互欣赏、相互包容的心态释怀芥蒂和不悦，齐心协力、奋发图强，共同把我们自己的事情办好。哲学社会科学研究有不同的学科和门类，各有其内在的规律和特质，应用对策性研究是学问，基础理论性研究也是学问，没有孰高孰低、孰正孰偏之分。对待这个问题，学会相互欣赏相当重要。当今时代，科研工作日益趋向智能优势的集约和创新精神的凝聚，我就要求我们少一些"个体意识"，多一些"共同体"的观念，在相互欣赏、相互支持的氛围中实现个人理想，构建共生共荣的发展环境，做大我们共同的事业。总之，院党组衷心希望每一位同志，要做光明正大、干事创业的亮剑勇士，不要做躲在背后无事生非、整治自己同志的懦夫。"十一五"规划中特别强调了这个思想，用历史的眼光看待过去，用发展的思维把握未来，把全院同志的心智凝聚到出成果、出人才、出效益上来，凝聚到搞好“三个服务”、推动我院各项事业上来。

（四）团队精神

不可否认，由于每一位同志所处位置不同、工作性质不同、研究门类不同、个人经历不同，看问题的视角也会有所不同。比如，新来院的年轻同志与来院时间长的老同志要求会有所不同，在职的与离退的同志要求会有所不同，学历低的与学历高的同志要求会有所不同，重点学科与非重点学科的要求会有所不同，科研人员与行政后勤管理人员要求会有所不同，基础学科与应用学科的要求会有所不同，等等。现代人才学研究中有“人才轴”的提法，形象地概括了人才的“共生”作用。轴自然有中心，又有外围。对于每个立志为发展壮大哲学社会科学事业做出贡献的进取者来说，只有善于和更多的同行者聚合在一起，才能使“人才轴”显现出更高的“质量”，使每一个个体最大限度地发挥自身的优势，加速个体成才的步伐。“福利国家之父”贝弗里奇说：“多数科学家在孤独一人时停滞而无生气，而在群集时就相互发生一种类似共生的作用……”因此，树立“一个整体”“一个团队”的理念，形成和谐向上、共谋发展的良好局面，是整个事业发展的需要，也是每一位同志自身发展的需要。

（五）务求实效

空谈误事，实干兴业。实现“省级一流、国内知名”的奋斗目标，靠的是真抓实干。要紧紧围绕“三个服务”和“出成果、出人才、出效益”的总体要求，认真做好各自的工作，始终做到坚定不移、信心满怀。要大力倡导讲实话、办实事、求实效的工作作风，坚决反对不务实际、作风飘浮、摆花架子、搞形式主义的坏作风。要善于总结工作进程中的经验和教训，找问题、抓难点，在关键性问题、深层次问题上求突破，带动整体工作的开展。要突出效能观点，把效率、能力、效果作为评价和衡量工作得失的重要标准。院党组决定，春节过后，要在全院开展机关效能建设，一定要认真落实院党组《关于推进效能建设的实施方案》，把效能建设作为一项永不竣工的系统工程来抓。按照省委的要求，在行政后勤管理部门尝试推行岗位责任制、首问责任制、服务承诺制、政务公示制、限时办结制、失职追究制，以制度规范行为，靠制度管人，按制度办事，不断改进工作、提高水平。今年是落实“十一五”规划的“基础”之年，要把规划明确的目标任务进一步细化、实化、量化，把目标任务分解到分管院领导、责任处所，提出时限要求，推动实施工作往深里做、往实里做。

同志们！未来5年，机遇与挑战并存，希望与困难同在。希望全院同志时刻牢记担负的重大责任和神圣使命，全面贯彻落实“三个服务”的办院方针，在建设沿海经济社会发展强省和繁荣发展哲学社会科学事业的征程中精诚团结、励精图治、开拓进取，为实现我院5年发展目标而努力奋斗！

弘扬新时期河北人文精神
努力构建社会主义核心价值体系*

（2007年2月1日）

在构建社会主义和谐社会的战略决策进入实施的关键时刻，党的十六届六中全会提出建设社会主义核心价值体系的重大战略任务。民族精神和时代精神，是社会主义核心价值体系的精髓。在随后召开的我省第七次党代会提出，要着力弘扬以“坚韧质朴、重信尚义、宽厚包容、求实创新”为主要内容的新时期河北人文精神。新时期河北人文精神，是民族精神和时代精神在河北的具体体现，是我省更快更好发展和构建和谐河北、实现建设沿海经济社会发展强省奋斗目标的强大精神力量。

民族精神和时代精神：社会主义核心价值体系的精髓

众所周知，人是自然界的高级动物。其与一般动物的根本区别，在于有思维，有意识，有观念。在认识和改造客观世界、推动社会发展的过程中，人必然形成一定的价值观念。一个国家、一个民族、一个社会必然要形成一定的价值观念体系。在这个体系中居核心地位、起主导和统领作用的就是其核心价值体系。核心价值体系作用于社会的各个方面，深刻地影响每个社会成员的言行举止，成为社会生活运转、社会秩序维持的精神依托。千百年

* 本文发表于《共产党员》（上半月）2007年第2期。

来，每个社会都在统治阶级主导下形成自己的核心价值体系。中国封建社会形成以“三纲五常”为主要内容的核心价值体系，西方资本主义社会形成以“自由、平等、博爱”为主要内容，以拜金主义、享乐主义、极端个人主义为实质内容的核心价值体系。社会主义社会同样有自己的核心价值体系，这就是社会主义核心价值体系。社会主义核心价值体系，是社会主义制度思想道德的基础，是社会主义意识形态的内核，是社会主义先进文化的灵魂。没有社会主义核心价值体系的主导，整个社会主义建设就会迷失方向，就缺乏前进的精神动力。只有以社会主义核心价值体系引领和整合多样化的思想观念和社会思潮，才能保持全社会共同的理想信念和道德规范，形成全民族奋发向上的精神力量和团结和睦的精神纽带，巩固全体人民团结奋斗的思想基础。

党的十六届六中全会《决定》指出，马克思主义指导思想，中国特色社会主义共同理想，以爱国主义为核心的民族精神和以改革创新为核心的时代精神，社会主义荣辱观，构成社会主义核心价值体系的基本内容。这四个方面的基本内容，都是社会主义意识形态最重要的部分，是我们党领导人民从长期实践中提炼和概括出来的思想文化精华，是社会主义核心价值体系科学内涵的集中概括。社会主义核心价值体系的精髓，就是以爱国主义为核心的民族精神和以改革创新为核心的时代精神。民族精神是一个民族在长期共同社会实践中形成的民族意识、民族心理、民族品格、民族气质的总和，是一个民族生生不息、薪火相传的精神血脉，是民族文化最本质、最集中的体现。在五千多年的发展中，中华民族形成了团结统一、爱好和平、勤劳勇敢、自强不息的伟大民族精神，我们党领导人民在长期奋斗中不断丰富着这个民族精神。爱国主义是民族精神的核心。在当代中国，爱国主义同社会主义是紧密结合的。高扬爱国主义、社会主义旗帜，就能最大限度地凝聚和动员全民族的力量，为振兴中华而奋斗。弘扬和培育民族精神，既要继承优良传统，从祖国源远流长、博大精深的灿烂文化中汲取营养，又要紧跟时代前进的步伐，体现时代和社会发展进步的要求；既要以开放的心态面向世界，虚心学习世界其他民族的长处，又要自觉维护国家、民族的利益和尊严，决不妄自菲薄。创新是一个民族进步的灵魂。全民族的创造精神和创新能力，是实现中华民族伟大复兴的不竭动力。改革开放使我国各族人民焕发出巨大的创造活力，形成了解放思想、求真务实、锐意改革、开拓创新的时代精神。改革创新就是这个时代精神的核心。与时俱进的改革和创新，已经推动了并还在推动着中国特色社会主义事业向前发展。只有坚持改革创新，才能冲破一切不合时宜的观念、做法和体制的束缚，破除教条主义、主观主义和形而上学的桎梏，让一切创造新生活的活力和源泉竞相迸发、充分涌流。民族精神和时代精神相互交融，深深熔铸在民族的生命力、创造力和凝聚力之中，深深熔铸在社会主义核心价值体系之中，使中华民族能够以昂扬向上的精神状态自立于世界民族之林，成为中国特色社会主义事业发展的强大精神动力。

新时期河北人文精神：民族精神和时代精神在河北的具体体现

2006 年 11 月 9 日，我省第七次党代会隆重开幕。省委书记白克明在大会报告中指出，我省悠久的历史文化和丰富的革命文化，孕育形成了既与民族精神相统一又有地方特色的河北人文精神。在新的历史条件下，要以民族精神为根、时代精神为魂，着力弘扬以坚韧质朴、重信尚义、宽厚包容、求实创新为主要内容的新时期河北人文精神，使其成为构建和谐河北的重要支撑。

马克思主义认为，任何事物都是矛盾普遍性与特殊性的统一。作为社会精神，民族精神和时代精神，也是普遍性与地域性的有机统一。中华民族在长期的社会发展和民族的融合中，形成了反映整个民族特征和民族意识的以爱国主义为主要内容的民族精神；在世界和中国发生全面而深刻变革的当今时代，以改革创新为主要内容的时代精神又体现于今天中国人民的身上。与此同时，由于国土辽阔，各地历史发展、地理环境、文化色彩和经济社会水平的不同，民族精神和时代精神在各个区域的体现必然各具特色；而各种不同特色的体现，最终又相互交融整合成为全体人民认可和践行的民族精神和时代精神。

作为一种根本的文化精神，人文精神深深地根植于文化土壤之中，不同的文化土壤孕育、凝练出不同的人文精神。河北人文精神是在河北这块特定的文化土壤中孕育而生并不断丰富发展的，因而理所当然地显露出河北地域与历史的特色。作为我们国家的一个省级行政区域，我省人民在体现着全国人民普遍的民族精神和时代精神的同时，由于独特地域的历史、地理、文化的特色和经济社会发展的特征，又具有河北地域与历史特色的人文精神。因此，新时期河北人文精神，无疑是民族精神和时代精神在河北的具体体现。我省是炎黄发祥之地，我省人民在几千年发达的农业文明发展历程中养成了坚韧质朴的可贵品格；我们省是儒学大师董仲舒的故乡，儒家文化熏陶塑造了燕赵儿女重信尚义的道德风范；地处中原和京畿之地，我省在长期的历史发展中先后融合了农业文化、游牧文化和都城文化，形成了我省人民宽厚包容的精神特征；在 20 多年改革开放新的历史时期，河北人民从省情出发，实事求是，解放思想，与时俱进，求真务实，在许多领域进行了开拓性的创新，展示了求实创新的崭新风貌。正是这种人文精神的激励，我省人民创造了灿烂的燕赵文化，推动了整个中国历史的发展，也将在新时期实现从贫困向温饱、由温饱向总体小康的历史性跨越。

进入新世纪新阶段，河北和全国一样，既面临着实现从总体小康向全面小康新跨越的难得机遇，也面临困难增多、竞争加剧、矛盾凸显的空前挑战。面对机遇挑战，省党代会提出了铿锵有力的奋斗目标：“到 2020 年，把我省建设成为基本实现工业化、经济总量和人均水平位于全国前列、市场化和国际化程度居于全国先进水平的沿海经济社会发展强省，全省人民过上生活更加富裕、精神更加充实、环境更加优美、发展更加全面、社会更加和谐的小康生活。”抓住机遇，抓好机遇，迎接挑战，克服困难，实现这个振奋人心的奋斗目标，需要经济建设作为物质支撑，也同样需要一种崭新的精神，使全省人民始终保持昂扬向上的精神状态。这种精神就是以爱国主义为主要内容的民族精神和以改革创新为主要内容的时代精神，就是以坚韧质朴、重信尚义、宽厚包容、求实创新为主要内容的新时期河北人文精神。

弘扬新时期河北人文精神：我省建设社会主义核心价值体系的重要任务

一种精神的提炼概括和提出，并不等于已经为全体人民所了解认可和接受，更不等于自然体现于人民的言行举止。同样，新时期河北人文精神要真正为全体人民所了解认可和接受，还需要我们做出艰苦的努力。我们要广泛宣传、大力弘扬，融入国民教育和精神文明建设全过程，贯穿整个宣传思想工作的实践中，使弘扬新时期河北人文精神成为我省建设社会主义核心价值体系的重要任务。

——思想教育。弘扬新时期河北人文精神，就要将其融入各种思想教育活动之中，使干部群众充分认识意义、了解内涵、增强认可和实践的自觉性和主动性。无论是在中小学的基础教育、大学的高等教育和各类的职业技术教育等各类国民教育活动中，还是在机关、学校、社区、农村等基层单位的思想教育活动中，都要增添新时期河北人文精神的教育内容。通过各种生动活泼的教育活动，教育和引导河北广大人民群众深刻认识弘扬新时期河北人文精神对于促进河北科学发展和社会和谐的极端重要性和紧迫性，深刻了解和准确把握新时期河北人文精神的科学内涵，明确怎样将新时期河北人文精神付诸自己的言行举止，从而增强全社会践行新时期河北人文精神的自觉性、主动性和科学性。

——舆论引导。弘扬新时期河北人文精神，就要大张旗鼓地进行舆论宣传，通过典型褒贬正确引导干部群众，营造了解认可和实践的浓厚氛围。在今后一个相当长的时期，各类新闻媒体应当对新时期河北人文精神进行大张旗鼓的舆论宣传，除了以形象化的语言、通俗易懂的形式对新时期河北人文精神的科学内涵、理论渊源、提出背景、实践意义和实现途径进行准确解读外，还要通过对正反面典型的褒贬引导干部群众。对弘扬新时期河北人文精神的正面典型大力地表彰褒奖，使之成为干部群众学习实践的榜样；对那些有悖新时期河北人文精神的歪风邪气予以曝光并予以谴责鞭挞，对社会公众产生应有的警示作用，从而营造以弘扬为荣、违背为耻的浓厚社会氛围。

——文化熏陶。弘扬新时期河北人文精神，就要让人民在文化活动和文化产品消费的熏陶中，潜移默化地了解认可并体现于社会生活的言行举止。实践表明，人文精神的内化，需要相应文化潜移默化的熏陶。因此，弘扬新时期河北人文精神，我们就要在注重思想教育和舆论引导的同时，更要注重文化的熏陶。我们要通过先进文化建设和文化体制改革，大力发展文化公益事业和文化产业，将新时期河北人文精神寓于更加丰富多彩的文化活动和健康优秀的文化产品之中，让人民群众在文化活动的参与中和在文化产品的消费欣赏中潜移默化地接受认可新时期河北人文精神，并逐步体现在自己社会生活的言行举止中。

——载体推动。弘扬新时期河北人文精神，就要以群众性精神文明创建和生态文明村创建等活动为载体，让人民在活动参与中践行新时期河北人文精神。实践表明，任何思想灌输和精神养成，需要一系列的活动为载体。多年来，群众性精神文明创建活动和生态文明村创建活动就是这样行之有效的载体。因此，我们应当将弘扬新时期河北人文精神贯穿于精神文明建设的全过程，融入群众性精神文明创建和生态文明村创建等活动之中，在文明单位、文明社区、文明行业和文明家庭的评价体系和实际评价中体现新时期河北人文精神的内涵。通过这些活动载体，促进新时期河北人文精神在全社会的知与行。

——干部带头。弘扬新时期河北人文精神，最重要的是各级领导干部率先垂范，身体力行，成为弘扬新时期河北人文精神的“领头羊”。在现实社会中，党员干部的率先垂范往往对群众言行举止产生无形的引领作用。因此，广大党员干部特别是领导干部要率先认识弘扬新时期河北人文精神的重大意义，准确认识科学内涵和实践途径，并自觉体现于各项大政方针、重大决策和制度机制及其制定实施的过程，体现于具体的工作实践和日常的社会生活，体现于自己的一言一行，成为坚韧质朴、重信尚义、宽厚包容、求实创新的模范。通过党员干部特别是领导干部的率先垂范、身体力行，使新时期河北人文精神在燕赵大地上播种扎根，绽放社会和谐的文明之花，结出科学发展的丰硕之果。

比较优势巧定位*

——关于环渤海经济圈崛起中河北发展定位的思考

（2007 年 3 月 20 日）

面临环渤海经济圈的日益崛起，河北在发展中一要环顾全局，二要比较优劣，三要巧做定位。

从珠长渤地区比较看环渤海

早在近代，珠江三角洲、长江三角洲和环渤海地区，就是中国经济社会发展最活跃的三大板块地区。环渤海经济圈的提出，则与中国改革开放总体格局的形成相伴而生。中国的改革开放起步于四个经济特区，继之以十四个沿海城市，进一步改革开放将形成三个主要的经济支撑区域：长三角、珠三角、环渤海。其中，环渤海将是中国北方的一个重要经济区域。1990 年，国家计委组织制定了全国七大片规划区，这其中包括长三角、珠三角、环渤海和东北地区等。最初提出的环渤海经济圈，主要是指北京、天津、河北、山东、辽宁三省两市，以后又将山西、内蒙古加入其中。当时，对环渤海经济圈的总体定位是，发展成为具有现代化水平的能源原材料重要基地和外向型经济的复合基地。

改革开放近 30 年来，起步于珠三角，发展于长三角，推进于环渤

* 本文刊载于《河北学刊》2007 年第 2 期。

海，应该说是改革开放分区推进总体设计的初衷。但实践的实际结果是，20 世纪 80 年代珠三角成为中国经济发展的第一增长极，90 年代长三角成为第二增长极，唯有环渤海“起大早赶晚集”，一直处于尴尬的境地。一些知名学者（如樊杰）认为，一个区域经济圈的形成主要有三条标准：一是区域内产业间有基本的分工与协作；二是共享基础设施；三是区域内不同地区能围绕一个或几个共同目标发展。现在看来，珠三角的成功主要在于市场机制的成熟运用，长三角的成功在于有力的行政推动和市场机制形成，而环渤海经济圈迟滞发展的原因，主要是市场分割严重、产业关联度小、“诸侯经济”色彩过重，等等。若对三个区域做一比较，不难看出，首先，在空间布局上，环渤海地区七个省份还没有像长三角那样，在产业分工与协作上真正形成相互协调和经济一体化关系；也没有像珠三角那样，大城市体制创新名列全国前列，从而对周围城市产生极大的辐射和带动作用。其次，在产业结构上，环渤海地区各省份之间产业趋同现象严重，非但资源、产能不能优化配置，反而形成新的过度竞争。再次，在关联度上，环渤海地区各省份国有经济比重较大，行政干预力量较强，企业之间横向联系较少，市场配置资源力量较弱。因此，环渤海地区内部合作关系比较松散，远不如长三角和珠三角那样紧密。最后，在外向度上，环渤海地区总体上外向型经济发展也比较慢。

近年来，方兴未艾的第三次国际产业转移和国内日益加快的工业化、城市化进程，为环渤海地区崛起带来了新的机遇。2004 年，环渤海地区有关省份本着“合作、发展、共赢”的共识，联手推进环渤海区域合作进入加速发展期，先后形成了《“2·12”廊坊共识》《“5·21”北京建议》《“6·26”廊坊框架》，召开了“8·25 东北亚暨环渤海国际合作论坛”，在诸多方面取得加强合作的成果。几年来，环渤海地区的五大优势也得以显现，一是邻海沿边的地理区位，二是发达便捷的交通条件，三是雄厚的工业、科技和教育基础，四是丰富的自然资源，五是密集的骨干城市群。这些都使人们开始感受到“第三增长极”力量的涌动。

从京津冀区域比较看河北

环渤海地区包括七个省份，占全国国土面积的12%和人口总数的20%，经济总量约占全国的1/5，是华北、东北、西北和华东部分地区的主要出海口，是全国乃至全世界城市群、工业群、港口群最为密集的区域之一。早在1957年，法国学者戈特曼就提出了“大都市带”的概念和形成的基本条件：一是区域内有比较密集的城市；二是有相当多的大城市形成都市区，且与外围地区有紧密的社会联系；三是有便捷的交通走廊把核心城市连接起来；四是必须有人口2500万以上相当大的总规模；五是属于国家核心区域，具有国际交往枢纽的作用。显然，环渤海地区在客观上已具备了这样的先决条件。

审视环渤海地区的发展格局，应以京津冀为中心，以山东半岛、辽东半岛为两翼，以五省区为腹地，辐射“三北”广大地区。时下，圈内各省区市的准确定位与协调合作，成为环渤海地区实现跨越式发展的关键所在。在这一格局中，河北本应该处于中心，但目前还远未到达应有的位置。人们的眼光主要盯在京津所谓“双核”或“双子星”那里。在国务院批复的城市发展总体规划中，北京被定位为“国家首都、国际城市、文化名城、宜居城市”，天津被定位为“国际港口城市、北方经济中心和生态城市”。甚至有人认为，该地区谋求发展的关键所在就是京津的关系。多年来，河北自我定位是“两环”“基地”“腹地”“后花园”“护城河”等。在某一角度或在某一时段上，这些定位均有其一定的道理。但从总体上看，还缺乏全局性的眼光。

今年，河北省第七次党代会提出建设沿海经济社会发展强省的宏伟目标，为河北在环渤海地区以至广大沿海地区找到了自己的方位。诚然，无论实力、功能还是作用上，河北真正跻身环渤海地区的中心或核心位置，以至跻身沿海强省位置，尚需时日。但若从环渤海经济圈发展走向审时度势，或是从各自定位、生存与发展分析观察，处于中心区位的京津冀都有着紧密的依存关系，河北有其独特优势。北京建设“国际城市”“宜居城市”，需要河北承接转移产业、优化周边生态环境、打造出海口，等等。天津建设“国际港口城市”“北方经济中心”“生态城市”，河北是其有着密切社会联系的外围地区、近邻腹地和最佳生产合作基地，等等。河北建设“沿海强省”，更需要京津两大核心城市在科技、教育和资金等诸多方面的合作、支持与带动。所以说，京津冀头顶同一块蓝天，脚踏同一块土地，谁也离不开谁。

另一个方面的问题是，河北为何不能跻身强位？这有着众多社会的、历史的原因，当然也有自身思想障碍和体制障碍上的原因。或者说，也是环渤海地区发展相对迟缓的一个缩影。那么，河北的优势在哪里？在沿海？在内地？回答是兼而有之。第一，区位优势。处环渤海中心区域，环京津两大国际都市，有 18 万平方千米内延腹地，区位得天独厚。第二，港口优势。秦唐沧三地拥有秦、京、曹、黄四个港区，其中，秦皇岛为国家第一能源大港，曹妃甸属世界罕见的钻石级深水良港。第三，资源优势。在京津冀都市圈内，84.5%的国土面积、65.9%的人口集中在河北，76%的水资源、91%的煤炭储量、77%的石油储量、93%的铁矿石储量分布在河北。河北已形成了完整的产业体系和主要能源、铁矿石等原材料基地。第四，规划管理优势。河北已开始打造并正在形成沿海经济隆起带和“一线两厢”的发展格局，在统一规划、整体推进、逐步实施的进程中，具有较强的组织、协调和行政促进能力。

从津青连港区比较看秦唐沧

秦唐沧是河北打造沿海经济隆起带的主要支撑和希望所在。在环渤海地区 5800 千米的海岸线上，有近 20 个大中型城市遥相呼应，有 60 多个大小港口星罗棋布。目前，环渤海港区呈现津、青、连三区角力、三雄博弈的局面。2005 年 5 月，天津市规划提出，到 2010 年，天津港投资 270 亿元，实现 2.6 亿吨和 1000 万标箱的吞吐量。紧随其后，青岛港修订港口规划，到 2010 年投资 270 亿元，形成 1000 万标箱的吞吐量。略显迟缓的大连港力图后来居上，计划未来 7 年同样投资 270 亿元，达到 1000 万标箱的吞吐量。三个270亿元，三个1000万标箱！巨大地区利益的原动力驱动了蔚蓝色博弈。

在这种情况下，秦唐沧三地的秦、京、曹、黄四港区应审时度势，发挥优长，抢抓机遇，有所作为。曹妃甸的首要目标应跻身津青连阵列。曹妃甸“面向大海有深槽，背靠陆地有浅滩”，其优良的建港条件，独特的区位优势，宽广的后方腹地，决定了广阔的发展前景。从1992年开始，唐山市委、市政府就着手开发建设前期准备工作。近年来，在河北省委、省政府的领导下，曹妃甸开发建设工作已全面展开。从2010年规划指标看，其投资规模达到1800亿~2000亿元，年实现GDP 2000亿元，实现财政收入200亿元。曹妃甸开发充分运用市场经济模式运作，实行“政府规划、市场运作、企业参与、区域合作”的方法，积累了宝贵的开发建设经验。曹妃甸若以港而兴，可以跻身唐山—曹妃甸（唐秦沧廊）大城市圈，融入北京城市圈、天津城市圈，进而建立起京津唐大城市群。相对于青岛大城市群、大连大城市群，京津唐大城市群具有绝对的优势。这样，既能大大提升秦唐沧乃至河北省在京津冀乃至环渤海的地位，又能充分发挥京津唐大城市群乃至京津冀中心区在环渤海地区的辐射、带动作用。

河北沿海强省定位之远中近目标

综上比较分析，河北发展的定位应为：立足河北实际，环顾比较优势，分层安排定位，择时实施推进。远期目标跻身于沿海经济社会发展强省；中期目标置身于环渤海地区中心地位；近期目标打造秦唐沧经济隆起带。

建设沿海经济社会发展强省，是河北的长期发展目标。建设沿海强省的提出，是环渤海经济圈日益崛起的呼唤，也是全省人民希望又好又快发展的期盼。考虑现有条件、发展水平和周边环境，预计初步实现沿海强省目标，需要10年到15年时间。其中，最为主要的问题是，统筹制定好沿海隆起带和“一线”隆起带的发展规划，组织推进好两条隆起带的协调发展，真正带动起“两厢”延伸腹地的全面发展。

进入环渤海经济圈中心区位，可作为河北发展的中期目标，预计需要

10 年时间。主要是通过打造秦唐沧沿海经济隆起带，建设唐山—曹妃甸（唐秦沧廊）大城市圈，提升河北区域地位，进入京津冀大城市群，成为环渤海经济圈中心区域主要组成部分。

近期目标是打造沿海隆起带。秦唐沧沿海带统筹规划，秦、京、曹、黄四港区重点分工，曹妃甸科学发展示范区率先突破。

以科学发展观统领办院 扎实推进全院各项工作上台阶*

（2007年6月5日）

哲学社会科学是促进发展的智力支撑和精神动力，也是实现发展的重要标志。我院是我省哲学社会科学战线的一支重要力量，肩负着繁荣发展我省哲学社会科学事业的神圣责任。办好自己的事情，寻求自身发展，进而更好地服务于全省发展的大局，是当前我们面临的首要任务。实现新的发展，必须坚持积极稳妥、开拓进取的工作方针。积极地推进我院发展，是融入并更好地服务于全省更快更好发展的必然要求，也是正视我们发展中存在的问题并着力解决这些问题所应具备的态度和勇气；稳妥地处理前进道路上存在的各种问题，是落实科学发展观、实现科学决策、可持续发展的内在要求，也是维护稳定并在稳定的框架之下有效推进改革发展的最优途径。因此，正确认识并着力把握积极稳妥、开拓进取的工作方针，对于我院今后的发展关系重大。

一　树立大局意识，搞好“三个服务”

从党中央和省委的要求可以看出，我院的职能定位就是要为我省的发展提供智力服务，成为我省经济社会发展的思想之库、智力之源。再具体讲，就是要为省委省政府决策服务、为全省经济社会发展服务、为基层服务，这

* 本文刊载于《党史博采（纪实）》2007年第6期。

应该成为全院科研工作的出发点和落脚点。

搞好“三个服务”需要认真思考并正确处理好以下几个方面的关系。一是正确把握现实问题研究与基础理论研究的关系。立足当代，立足国情、省情，大力开展对现实重大问题有指导意义的科研工作，都必须以科学的理论为支撑，以大量的实证调研为佐证。如果基础理论研究的功力不够，对策研究就会失去立身之本，发挥的作用就会大打折扣。二是正确把握服务决策与服务基层的关系。我院作为一个省级社科研究机构，就全国而言，我们是地方军，而对河北来讲，我们是主力军，是最权威的哲学社会科学研究机构。因为我们是地方军，就应该把着力点放在研究河北的问题上；又因为我们是主力军，就应该担负起为河北发展服务这个义不容辞的责任。搞好服务，眼睛不光要向上，也要向下，既要为省委、省政府决策服务，又要积极主动地为基层工作服务，两者不可偏废。三是正确处理科研工作和行政管理工作的关系。社科院是一个整体，科研工作与行政管理工作都是我院工作的重要组成部分，科研工作是中心，行政管理工作是保障，两者只有分工不同，没有孰轻孰重和高低贵贱之分。做好“三个服务”，不仅是科研工作的任务，也是行政管理工作的职责。

二　明确工作目标，实现“三个兼顾”

搞好“三个服务”，归根结底要靠自身的实力来说话，实力体现在哪里？我认为体现在出成果、出人才、出效益上。更为重要的是，要把出成果、出人才、出效益三者兼顾起来，这才是社科院综合实力的体现。强调“三个兼顾”，既是我院自身发展的内在要求，又是实现我院发展的重要标志，这应该成为我们全部工作的首要目标。出成果、出人才是社科研究工作的自然属性，这早已成为大家的共识。作为全省唯一一家专门的社会科学研究机构，我们的成果、我们的人才就应该是全省社科界的标杆，从这个意义上讲，出成果就是要多出精品力作，出人才就是要多出名家、大家。只有拿出“有用”“能用”的研究成果，才能赢得省委和省政府的重视、得到社会各界的理解和支持，才会“有人用”，实现真正意义上的成果转化，取得实实在在的社会效益和经济效益，从而把我们的事业做大做强。

实现“三个兼顾”，进一步加强学科建设是突破口。有了强势学科、优势学科，才有出名家、出大家的条件，才有出精品、出效益的平台。学科建设要根据新形势、新任务的变化不断进行调整。加强学科建设必须坚持有所为有所不为的方针。要围绕搞好“三个服务”，着眼持续发展，谋划制定学科建设的中长期规划。学科建设不仅是院里的事情，也是每个研究所、每个科研人员需要认真考虑的问题。要特别注意帮助青年科研人员搞好研究方向的规划，既要考虑全局的需要，也要考虑个人的研究爱好，只有把两者统一起来，才能为优势学科的发展提供强有力的人才支撑。要进一步加强学科建设中的科研组织工作，重视整合相关学科的研究力量，强化重大综合性问题研究各学科间的组织协调工作。

实现“三个兼顾”，必须以开放办院、开门办所为依托。实现出成果、出人才、出效益，既要深挖“内库”潜力，又要充分发挥“外脑”的作用。要认真研究科研市场运作的有效手段，注重科研项目的开发，以项目促研究、出成果、带队伍、生效益。要充分挖掘和整合我院已有的优势资源和潜力资源，如优势学科、优秀专家、优秀刊物等，重装推出我院的科研品牌，依靠拳头产品扩大影响，提升科研竞争力。

三　优化科研环境，强化服务保障

社科院要发展，进一步优化内部环境，不断提高服务和管理效能，也是非常重要的一个方面的工作。院处两级党组织要注意不断提高工作水平，既要坚持原则性，又要注意灵活性，讲求工作艺术。坚持原则，就是要把握正确的政治方向，通过不断增强党组织的战斗力、凝聚力、号召力，更好地为科研工作服务、为广大干部职工服务。要大力推进机关效能建设，实行定岗定责，建立和落实岗位目标管理责任制，不断激发工作活力，实现提质提速。要大胆管理，照章行事，办事懂规矩、运行讲程序。要满腔热情地为广大干部职工办好事、办实事。团结带领大家进一步振奋精神，扎实工作，为我院的发展，为繁荣哲学社会科学事业做出新的贡献。

科学发展观的时代意义与理论特色*

（2007 年 7 月 1 日）

科学发展观是新世纪新阶段马克思主义中国化的最新理论成果，是对毛泽东思想、邓小平理论和“三个代表”重要思想三大理论成果的继承、创新与发展，是我们党和国家各项工作的长期重要指导思想。

时代发展呼唤科学理论。“历史从哪里开始，思想进程也应当从哪里开始”（恩格斯语）。在人类近现代史和国际共运史上，马克思、恩格斯深入研究和揭示了资本主义生产方式的运动规律，创立了马克思主义，将社会主义由空想变成了科学；列宁、斯大林把马克思主义基本原理与俄国革命实际相结合，创立了列宁主义，将社会主义由理想变成了现实，开创了人类历史发展的新纪元。

中国共产党人把马克思列宁主义基本原理与中国革命和建设的具体实际相结合，创立了不同时期、不同阶段的党的三大理论成果，开辟了中国革命和建设的崭新道路，带领中国人民不断从胜利走向胜利。毛泽东带领我们走进新中国，创立了毛泽东思想，成功回答了“什么是中国革命道路，怎样走中国革命道路”问题；邓小平带领我们走进新时代，创立了邓小平理论，正确回答了“什么是社会主义，怎样建设社会主义”问题；江泽民带领我们走进新世纪，创立了“三个代表”重要思想，及时回答了“建设一个什么样的党，怎样建设党”的问题。党的三大理论是马克思主义中国化的重

* 本文发表于《理论前沿》2007 年第 13 期。

要成果。

胡锦涛带领我们走进新世纪新阶段，提出了科学发展观，全面回答了“什么是社会主义和谐社会，怎样建设社会主义和谐社会”问题。科学发展观的主要内容包括：（1）坚持以人为本，全面协调可持续发展，是科学发展观的核心内容和基本要求；（2）构建社会主义和谐社会，是落实科学发展观的总体目标；（3）建设创新型国家，建设社会主义新农村，是落实科学发展观的重大战略部署；（4）实施马克思主义理论研究与建设工程，坚持“八荣八耻”社会主义荣辱观，构建社会主义核心价值体系，是落实科学发展观的思想保证；（5）加强党的执政能力建设和党的先进性建设，是落实科学发展观的政治保证；（6）走和平发展道路，是落实科学发展观的外部条件。科学发展观是新世纪新阶段马克思主义中国化的最新理论成果，是一个以科学发展观为主线、由一系列相互联系的理论观点和治国方略所组成、逻辑思维十分严密的科学理论整体。科学发展观的时代意义在于，它肩负实现党的三大理论成果之集大成的历史重任，为推进中国特色社会主义现代化事业全面进步，构建社会主义和谐社会，实现中华民族伟大复兴，提供重大理论指导和理论支撑。

新世纪新阶段面临新的机遇和挑战。中国共产党人把推进现代化建设、完成祖国统一大业、维护世界和平与促进共同发展三大历史任务，以及提高党的领导水平和执政水平、提高拒腐防变和抵御风险能力两大历史性课题，从 20 世纪带入 21 世纪。这一切，对于新一代共产党人无疑是一场严峻的考验。

新任务赋予创新理论以新使命。党的十六大以后，胡锦涛同志多次提出要研究人类社会发展规律、社会主义建设规律和共产党执政规律三大规律，试图从揭示事物发展的内在规律和本质层面，破解“三大历史任务”及“两大历史性课题”，从而肩负起集“三大理论成果”之大成指导中国改革、发展、稳定、和谐的历史重任。在继承和发展党的三大理论成果的基础上，以胡锦涛同志为总书记的党中央提出了科学发展观。科学发展观虽形成于党的十六大以来，但它却是建党 86 年来的经验总结，是新中国成立 58 年来的经验总结，是改革开放 29 年来的经验总结。科学发展观是马克思主义中国化的最新理论成果，既坚持了马克思主义的基本原理，又深深植根于我国经济社会现实生活的“沃土”。由此而产生出来的理论，是最贴近现实生活的理论，是最具生命力的理论，也是最管用的理论。

贯彻落实科学发展观，对于构建社会主义和谐社会具有决定性的基础作用。在20世纪中华民族伟大复兴的斗争中，中国产生了三位世纪伟人，提出了三个主义，即孙中山的三民主义，毛泽东的新民主主义，邓小平的中国特色社会主义。“三个主义”代表着不同历史时期的主题思想，发挥了历史性的重大作用。科学发展观涉及经济、政治、文化、社会各个方面，坚持以人为本、全面协调可持续发展。它不仅包括根本观点、根本方法，还包括根本立场，那就是坚持以人为本，坚持立党为公、执政为民的崇高执政理念。社会主义和谐社会是对中国特色社会主义的继承、深化与发展，本质特征是科学社会主义创始人马克思、恩格斯主张的“人的全面自由发展”。我们学习理解，社会主义和谐社会也就是和谐社会主义社会，是有中国特色的和谐社会主义。或者说，新世纪新阶段中国特色的社会主义，最大的特色就在于寻求“和谐”。由此也可以看出，毛泽东讲的新民主主义，邓小平讲的中国特色社会主义，胡锦涛讲的社会主义和谐社会即和谐社会主义，是一脉相承的，反映了几代中国共产党人对社会主义制度在中国创立、建设、发展规律的不断探索和认识深化过程，也是不断推进马克思主义科学社会主义中国化的伟大实践过程。

科学发展观具有独到的理论特征和特色。

首先，科学发展观的理论特征和特色体现在其三个方面的理论贡献上。一是深化了对马克思主义唯物史观的认识。马克思主义认为，实现人的自由全面发展是共产主义社会的实质要求和根本标志。构建社会主义和谐社会，坚持以人为本、促进人的全面发展的根本原则，强调是由中国共产党领导全体人民共同建设、共同享有的社会，这既坚持了唯物史观的意识形态原理，又开阔了人们认识社会形态的理论视野，丰富和发展了唯物史观社会形态的理论。二是发展了中国特色社会主义理论。从贫穷不是社会主义，到没有民主就没有社会主义，社会主义必须有高度的精神文明，再到社会主义应该是和谐的社会主义，充分表明我们党对中国特色社会主义的认识程度越来越深入，确定内容越来越全面。三是丰富了新世纪新阶段党的执政理念。立党为公、执政为民，作为党的执政理念的确立，使我们党全心全意为人民服务的根本宗旨更为具体化，使执政理念的贯彻有了载体，实施有了保障。

其次，科学发展观的理论特征和特色还体现在其自身理论风格上。譬如，在对立统一哲学思想的运用上，选择了从统一切入认识问题的新视角。和谐、协调、统筹，强调资源节约、环境友好，是其突出的特点。又如，在分析、认识事物的出发点和落脚点上，突出了以人为本，体现了人性化关怀。再如，善于把时代精神与民族精神紧密融合，在马克思主义中国化的过程中，把“天人合一”“以和为贵”“和而不同”“协和万邦”等中华民族传统文化中的思想精华吸收进来，充实和丰富马克思主义的内容，加速了马克思主义中国化最新理论成果的形成进程。同时，在运用最新理论成果指导处理国内、国际事务时，处处展现出中华民族气派和中国语言风格，体现着科学发展、和谐发展、和平发展的思想。

总而言之，科学发展观作为马克思主义中国化的最新理论成果，集党三大理论成果之大成，树立了新世纪新阶段中国共产党人科学的世界观和方法论，确立了构建和谐社会的中国社会主义现代化建设的总体目标，明确了全面协调可持续发展的中国社会主义现代化建设的实现路径。

科学发展观源于实践，指导实践，又为实践所发展、所充实、所丰富，以它鲜明的主题思想和独到的理论特色，成为指导我国改革、发展、稳定、和谐，推动社会主义现代化建设，实现中华民族伟大复兴的长期重要指导思想。

发挥社科研究优势　促进沿海强省建设*

（2007 年 7 月 15 日）

河北省第七次党代会报告庄严提出了“建设沿海经济社会发展强省”的宏伟目标，这是省委在总结“十五”期间我省改革开放建设事业取得巨大成绩和经验的基础上，按照“十一五”规划的总体部署，综合分析我省面临的形势和良好的发展机遇而提出来的。为了进一步贯彻落实省第七次党代会精神，推进我省建设沿海经济社会发展强省战略的实施，作为省委、省政府的智囊团和思想库的河北省社会科学院，要进一步解放思想，发挥社会科学研究的优势，为建设沿海经济社会发展强省提供强大的精神动力和智力支持。

一　充分重视哲学社会科学在建设沿海经济社会发展强省中的理论支撑作用

哲学社会科学是人们认识客观世界的重要成果，是推动社会进步和历史发展的重要力量，是人们实现人与自然、人与社会和谐相处的重要工具。人类历史表明，一个伟大的时代，必然以思想解放、文化繁荣、哲学社会科学大发展为前提。近年来，河北省社会科学院在省委、省政府的正确领导下，努力发挥哲学社会科学认识世界、传承文明、资政育人、服务社会的重要作

* 本文刊载于《领导之友》2007 年第 4 期。

用，研究人员的一系列基础理论精品填补了我省文化空白，一系列应用研究成果受到了省委、省政府的重视和采纳。从“一线两厢”构想的诞生，到建设沿海经济社会发展强省战略的提出；从建设文化大省方略的出台，到新时期河北人文精神的提炼，无不凝聚着我省广大哲学社会科学界专家学者的智慧和心血。

省第七次党代会提出了建设沿海经济社会发展强省的奋斗目标，这是抓住机遇、顺应“环渤海”崛起的重大战略选择；是发挥我省优势、改变我省“东部区位、中部水平”状况的必然要求；是振奋精神、激发全省人民振兴河北巨大热情的迫切需要。建设沿海经济社会发展强省还有一系列复杂问题等待我们解决，需要我们研究新情况，开拓新思路，运用新方法，解决新问题，深入研究、阐释和回答事关我省经济社会发展的重大理论与现实问题，为不断开创改革开放和现代化建设的新局面、实现建设沿海经济社会发展强省的宏伟目标提供精神动力和智力支持。

二　发挥哲学社会科学研究优势，开展建设沿海经济社会发展强省重大理论和现实问题的研究

为省委、省政府决策服务，围绕中心，服务大局，深入研究重大理论和现实问题，为建设沿海经济社会发展强省提供理论指导和智力支持，是我省哲学社会科学工作者的首要任务。根据省委、省政府的要求，我院明确了“为省委省政府决策服务、为全省经济社会发展服务、为基层服务”的办院方针，按照“出成果、出人才、出效益”的总体要求，致力于为省委、省政府的重大部署和决策服务。

（1）科研工作紧紧围绕省委、省政府的重大战略决策和战略部署，进行有针对性的研究，为推动沿海强省建设提供强有力的理论支撑。多年来，我院坚持科研面向我省改革和开放的主战场，围绕省委、省政府的中心工作，深入经济社会发展的前沿，积极开展应用研究，推出了一批精品力作，促进了哲学社会科学的繁荣发展。特别是省第七次党代会以来，我院相继推出的《打造沿海经济隆起带——建设沿海经济强省的必然选择》《做大做强

港区经济，加快沿海强省建设步伐》《我省要充分利用环渤海经济圈快速崛起的机遇加快发展沿海经济》《沿海经济隆起带发展：悖论、优势与突破》《我所理解的沿海经济社会发展强省》《河北省港口建设与临港工业发展在环渤海地区的地位和作用》《新时期河北人文精神之培育》等一批关于建设沿海经济社会发展强省的成果，为建设沿海经济社会发展强省提供了智力支持，产生了较好的社会反响。

（2）认真谋划并承担人文学科重大项目的研究任务，为建设沿海强省提供精神动力。2006 年，我院认真组织人文学科谋划和承担了省委、省政府交办的一批重大项目。如河北人文精神研究、概括和提炼河北人文精神等。《河北人文精神研究》的成果之一——《改造京畿情结，强化海洋意识，重塑河北人文精神》上报后，白克明书记及省政府领导做出了重要批示。河北人文精神经过研究人员研究、研讨，提炼为“坚韧质朴、重信尚义、宽厚包容、求实创新”，得到了省领导的充分肯定，被写入省第七次党代会报告。这些重大项目从基础研究入手，既弘扬了民族精神，传承了优秀文化，也为建设沿海强省提供了精神动力。

（3）开展课题征集，建立课题项目库，推进强省建设重大问题的研究。为了进一步做好决策服务，2006 年 10 月，我院开展了向全省各级党委和政府、省直部门、企事业单位征集“十一五”期间我省经济社会发展重大社会科学研究课题的活动。课题征集活动得到了各级领导和有关单位的高度重视，并及时向我院进行了反馈。目前，我院正在组织力量就大家关心的重大问题进行研究，争取用高质量的成果，为建设沿海经济社会发展强省做出贡献。

三　举办学术研讨会，搭建理论研讨平台，为建设沿海强省提供精神动力

举办学术研讨会，搭建论坛创新平台，是进一步贯彻落实省第七次党代会精神，促进沿海经济社会发展强省建设和文化大省建设的重要举措。2007 年 2 月 2 日，由河北省社科院、河北日报报业集团主办的“环渤海经济圈崛

起与建设沿海经济社会发展强省研讨会”在我院举行。省委常委、秘书长张力出席会议并做重要讲话。研讨会成果上报省领导决策参考并在河北电视台播出、《河北日报》刊发，产生了重要的社会影响。4月30日，由中共河北省委宣传部主办、我院承办的“建设沿海强省的文化支撑与新时期河北人文精神学术研讨会”在我院举行。省委常委、宣传部部长聂辰席出席会议并做重要讲话。研讨会成果在《河北日报》刊发、河北电视台播出后，产生了良好的社会反映。

根据我院“十一五”规划的要求，今后我院要进一步加大举办理论研讨会的力度，积极举办或承办国际性、全国性和全省性的学术研讨活动。下半年准备举办“环渤海发展（曹妃甸）高层论坛”“燕赵文化创新论坛”等活动。通过举办论坛活动，凝聚各方智慧，研究探讨问题，提供决策参考，促进强省建设。

四　拓展服务形式，拓宽服务途径，创新科研机制，从机制上保证科研工作服务于强省建设

江泽民同志曾经指出：“一个民族要兴旺发达，要屹立于世界民族之林，就不能没有创新的理论思维，这是人类文明发展史给人们的一个重要启示。”哲学社会科学作为思维科学，创新是本质要求，也是发展的不竭动力。离开了创新，哲学社会科学研究就会丧失存在价值。所以，创新是完成哲学社会科学崇高使命的前提和基础，是哲学社会科学的重要职责。从这个意义上讲，创新是哲学社会科学的灵魂和生命。为了推进创新研究，根据我院“十一五”规划的要求，主要采取以下措施，从机制等方面保证科研工作服务于强省建设。

一是实施服务决策发展工程。认真完成省领导为我院圈定的重大课题，将圈定研究课题的范围扩大到省委、省人大、省政府、省政协的领导同志；做好咨情咨政直报工作，通过《决策建议》和《决策参考》两个载体，推进科研成果的决策转化；搭建“两大论坛”创新平台，定期举办“环渤海（曹妃甸）发展高层论坛”“燕赵文化创新论坛”，为环渤海经济区的腾飞提

供理论支撑，为塑造新时期河北人文精神提供智力支持；搞好“河北发展蓝皮书”的编撰出版，进一步拓展蓝皮书的服务功能；完成好省委、省政府交办的重大科研任务，进一步提升我院形象、扩大影响；开展省情调研活动，为市县提供决策服务；举办经济社会发展形势分析会，打造我省最具权威性的省情形势分析资讯平台；开展县（市）产业和行业规划编制工作，拓展服务领域；推进大企业运营诊断及创意策划活动，带动科研工作向基层和企业延伸。

二是推进科研机制创新工程。重点抓好学科建设、课题研究、科研管理三个环节的工作。在学科建设方面，合理摆布应用研究与基础研究的关系，突出应用研究，加强基础研究，以应用对策研究带动基础研究，以基础研究支撑应用对策研究。在课题研究方面，进一步强化我院在课题资源争取、分配及课题研究协调、组织等各个环节的主导地位，依靠强有力的组织管理，推出应用性、思想性、学术性有机统一的精品成果。改革课题立项管理办法，引入竞争机制，实行课题立项招标，为拔尖人才特别是青年人才的脱颖而出提供机遇。在科研管理方面，强化有利于“出成果、出人才、出效益”的政策导向。筛选具有重要研究价值的选题组建课题项目库，通过政策引导和有效组织，强化课题库的“孵化器”功能，生成持续性的研究资源。

三是抓好成果评价体系创新工程。建立一个创新型的成果评价体系，前提是确定一个科学的评价标准。体现成果的创新程度，一个是原创性，另一个是指导性，核心精神是重视哲学社会科学研究成果对于学术发展和社会进步的贡献率。科研创新的本质特征是原创性，它要求我们的研究成果应该在深刻把握事物发展规律及人的思维规律、有效探索社会实践新领域的基础上，提出前所未有的新观点、新范畴，形成新原理、新体系。指导性指的是学术界的认同性和在社会实践中的应用性，强调的是学术影响力和实践指导力。我们希望通过确定这一个评估原则，强化高水平研究成果在提高全院科研质量方面的导向作用。

此外，还要通过实施人才队伍建设工程用好人才，人尽其才，发挥科研人员的积极性；通过政治思想与行政后勤保障工程，鼓励创新和发展。

在院应聘人员面试前的讲话要点

（2007 年 7 月 15 日）

根据河北省人事厅《关于 2007 年度省直事业单位从大中专毕业生中招聘工作人员实施方案》和河北省人事厅下达的我院 2007 年新进人员计划，拟公开招聘 5 名研究生到本院从事社科研究工作。按照社科院招聘工作的统一安排，今天（7 月 15 日），对有意来我院从事哲学社会科学研究工作的同学们进行面试考核。首先我代表院党组及全院职工对同学们不辞辛苦、风风火火从全国不同的地方到我院参加招聘面试考核表示热烈的欢迎！

河北省社科院是全省唯一的综合性人文社会科学研究机构，是省委、省政府的思想库和智囊团，主要围绕本省经济社会发展中的重大理论和实际问题开展应用对策研究，同时开展有河北特色和区域优势的基础理论研究，担负着为省委省政府决策服务、为全省经济社会发展服务、为基层服务，出成果、出人才、出效益的重要职能。建院以来，我院始终坚持以科研为中心，注重发挥人才作用，积极推进学科建设和课题研究，承担和完成的国家及省重点社会科学研究课题逐年增多。目前，已取得一大批具有较高理论价值和实践指导意义的科研成果，有些科研成果填补了国内空白，不少学科研究实力在全国占有一席之地，在全省学术界处于领先地位。全院现有高级职称人员 102 人，省管优秀专家、国务院享受政府特殊津贴专家、省有突出贡献中青年专家和省社会科学优秀青年专家 18 人，省新世纪“三三三人才工程”人选、“省中青年社科专家五十人工程”人选和省首批“四个一批”人才人选 16 人，省委、省政府决策咨询委员会委员 3 人。我院设有 12 个研究所

（中心）、9 个行政处室及信息中心和《河北学刊》《经济论坛》两个杂志社。今年我院招聘工作的原则是公开、公平、公正、择优；具体专业是社会政策或社会管理、古代文学（元曲）或现当代文学、区域经济、数量经济和农村经济。通过前段的笔试考试，按照专业需要和应聘人员的成绩，从高分到低分、面试人数与计划招聘人数 5∶1 的比例确定了 33 名研究生参加面试。为确保此项工作的圆满完成，我对应聘人员提两点希望。

一是服从安排，遵守规定。面试开始时，由工作人员按应聘人员的抽签顺序逐一引入考场。面试期间，应聘人员必须接受工作人员集中封闭式管理，不得携带任何通信工具（手机）进入候考点。如有携带，请主动关闭并交工作人员集中保管，否则一经发现，作违纪处理。应聘人员在面试中严禁与考官进行与考试无关的对话或要求考官解释问题。面试结束后，由工作人员引导退出考场，并及时离开考场，不得返回待考地点。应聘人员退场不得带走面试试题、草稿纸等任何面试资料。必须严格遵守候考点、考场纪律和保密规定，听从工作人员安排，不得随意走动、大声喧哗。如有违纪，视情节轻重给予警告直至宣布取消面试资格或宣布面试成绩无效。

二是正常发挥，展示风采。每位应聘人员的面试时间为 15 分钟。其中，执行考官宣读试题 1 分钟，考生准备 3～4 分钟，准备完毕即向考官报告，开始答题，答题时间 10 分钟。面试过程中，应聘人员对考官提出的问题可在统一发放的草稿纸上做记录；没听清提问的，可要求考官再重复一遍。答完最后一道题后，如有剩余时间，可对已答过的问题作补充回答。

最后，我预祝同学们取得好成绩！

谢谢大家！

科学发展观与建设
沿海经济社会发展强省的路径选择*

（2007 年 7 月 23 日）

胡锦涛总书记指出，经验表明，一个国家坚持什么样的发展观，对这个国家的发展会产生重大影响，不同的发展观往往会导致不同的发展结果。坚持以人为本，全面、协调、可持续的发展观，是我们以邓小平理论和“三个代表”重要思想为指导，从新世纪新阶段党和国家事业发展全局出发提出的重大战略思想。

胡锦涛总书记在中央党校“6·25”重要讲话中强调：科学发展观，第一要义是发展，核心是以人为本，基本要求是全面协调可持续，方法是统筹兼顾。要始终把实现好、维护好、发展好最广大人民的根本利益作为我们党和国家一切工作的出发点和落脚点，做到发展为了人民、发展依靠人民、发展的成果由人民共享。这一系列新论断、新要求，为我们做好各项工作指明了前进方向。

党的十六大以来，河北省委、省政府认真贯彻落实科学发展观，牢记胡锦涛总书记嘱托，决心向党中央和河北人民交一份满意的答卷。去年 11 月，河北省第七次党代会提出“全面贯彻落实科学发展观，为建设沿海经济社

---

* 本文系周文夫在中共河北省委常委北戴河学习（扩大）会议上的讲座稿。省委书记白克明主持讲座。该文以《科学发展观与沿海强省建设》为题刊载于《河北日报》2007 年 8 月 17 日。

会发展强省而努力奋斗”的宏伟目标，适应时代潮流，符合人民愿望，极大地激发了全省广大党员干部群众振兴河北的巨大热情。

进入21世纪，河北转身面向大海，强抓新机遇、打造新优势、谋求新发展，这本身既是全省重大发展战略的自主定位，又是实现全省又好又快发展的根本路径抉择。当然，把建设沿海强省的宏伟蓝图在燕赵大地上变成现实，还需要全省上下有一个较长时间的团结奋斗过程。因此，我们必须以胡锦涛总书记在中央党校“6·25”重要讲话为指导，总揽全局，放开视野，从我省实际出发，进一步解放思想，统一认识，尤其对建设沿海强省主要路径做出深入研究和正确选择，更加自觉地促进科学发展。

一　沿海强省界定：我们要建设一个什么样的沿海强省

以科学发展观为指导，深刻认识和全面界定沿海强省的科学内涵，已成为当前实现我省经济社会又好又快发展的首要问题。应该讲，我们今天要建设的沿海强省有着丰富的内涵和鲜明的特点。

（一）立足于自主发展战略定位

一是自主战略定位。多少年来，河北有过多种自我定位，由此也采取过诸多发展战略，但总的来看，比较缺乏自主性、全局性、战略性的定位，以致发展主体缺位、战略站位不高、实施动力不足、全局带动性不强。省第七次党代会提出建设沿海强省发展战略目标，为河北在全国、在今后一个较长时期，找到并确立了自己准确的时空方位。自主战略定位，坚持了科学发展观的核心“以人为本”，立足于河北自身实际，视河北为战略主体，把实现好、维护好、发展好河北6800万人民群众的根本利益，作为河北战略选择的出发点和落脚点，做到发展为了人民、发展依靠人民、发展成果由人民共享。这是一个自主性、全局性、长期性的准确定位，对河北经济社会发展具有里程碑式的意义。二是比较优势定位。审视环渤海地区发展格局，应以京津冀为中心，以山东半岛、辽东半岛为两翼，以五省区为腹地，辐射“三北”广大地区。河北在这一格局中应该处于中心位置。诚然，无论实力、功能还是作用上，河北真正跻身环渤海地区中心或核心位置，以至跻身沿海强省位置，尚需时日。尽管如此，若从环渤海经济圈发展走向审时度势，进而从各自功能定位、发展依存分析观察，河北所处的中心位置不可动摇！河北有着自己明显的优势：区位优势、港口优势、资源优势、腹地优势、规划管理优势。三是科学发展定位。沿海强省战略定位，把河北今后发展融入了我国经济社会科学发展的历史过程。立足于河北实际，坚持发展第一要义，走经济社会全面发展之路；转变经济发展方式，走新型工业化道路；建立城市群发展平台，走新型城市化道路；统筹兼顾综合配套，走全面协调可持续发展之路。

（二）确立面向海洋建设强省的全新发展理念

其一，这是发展理念的一次革命。沿海强省建设的要义，一是沿海，二是强省。但最深远的含义还在于文化层面，是心理暗示，要用又好又快的标准矫正我们以往的发展思路和行为，摆脱“东部区位、中部水平、西部观念”的尴尬。要理直气壮地承认，我们是东部沿海省份！这是河北的一种自我认知。我们有信心、有能力建设沿海经济社会发展强省！

其二，战略思想转向海洋。多少年来，河北人身临大海，目不视海，心不想海——以前，从来没有把河北谋求发展的根本出路放在大海上！其实，令国人也令河北人很长时间不解的是，“海洋注定要成为孕育大国的摇篮！”（《大国崛起》）海洋经济、产业发展、环境影响等，已经悄然来到自己的身旁。据测算，在世界沿海纵深 100 公里的经济带里，人们已经创造出占世界经济总量 60% 以上的财富。确立沿海强省目标，意味着河北要进一步解放思想，更新观念，转移战略；要走向海洋，扩大开放，积极参加国际分工协作；要比照沿海省市，制定追赶目标，自加压力，努力奋斗，跻身于沿海强省之列。

其三，沿海强省整体认同。河北选择“沿海强省”目标，首先，是一个整体系统的概念。从系统性看，沿海经济强省是由 11 个设区市构成的完整统一体，而 11 个市又由 172 个县（市、区）这些更次一级的要素构成，它们在系统中各自发挥功能，相互依存并竞争，成为这个系统的有机组成部分。这是静态的系统整体观。从动态来看，沿海经济强省更强调系统各要素功能的互动，即沿海与内陆、山区坝上与平原、发达与不发达地区，这种互动会产生大于各要素功能相加的能量，这是系统功能优化观。从整体性和系统性来认识沿海经济强省，其实践层面的积极意义在于：不只是临海的市或临海的人在承担这个战略任务，而是全体河北人民的共同追求；各市、县都要在沿海经济强省这个目标中发挥自己的功能，在区域互动中获得发展，才是这个整体的有效要素，而不是这个整体的拖累；要成为系统的有效要素，各地区就必须找准自己在沿海经济强省中的战略定位和发展思路。其次，是一个实现现代化过程的概念。我们所说的“强省”，应该是一个表示发展水平和发展程度的相对性概念。经过努力奋斗，把河北省放在全国 31 个省区市的坐标中看，属于中国东部沿海现代化水平比较高的省份。现代化水平评价标准是一个由若干动态指标构成的体系，随着科技进步和生产力发展这些指标会不断发生变化，而在这个意义上现代化过程就变得更为重要。所以，把强省理解为一个相对的、动态的现代化过程，其积极的实践意义就在于，时刻提醒我们注意世界和全国现代化发展的大趋势，用一种永不满足的精神状态谋划发展、推动发展、实现发展，让人民共建共享发展的成果。

此外，我省沿海强省建设的总体目标，预计到 2020 年基本实现，实施步骤初步考虑大体用三个五年计划分步推进。常言道，比较优势巧定位。我省发展目标实施定位巧就“巧”在，立足河北实际，环顾比较优长，分层安排定位，择时实施推进，这应该说是积极可行的。

（三）融入环渤海经济一体化发展

区域经济一体化发展已成为国内外经济社会发展的基本趋向，我省建设沿海强省必须融入环渤海区域经济一体化发展的潮流。

过去，我们在经验上总有一种感觉，好像区域合作中总是弱者吃亏。过去京津冀省市际之间似乎我省总是处于劣势，现在建设沿海强省是否省域内地市、县发展也会受到影响呢？比如，建设沿海强省会不会导致大量生产要素向沿海集中而影响内地市县发展？港口和内地是怎样的关系？能否实现区域经济协调发展？等等。所以，我们有必要重新认识区域经济一体化的意义。

还是让我们从我国现实经济生活说起。在经济全球化和区域一体化发展大潮中，我国经过近 30 年的改革开放，初步形成了自己的区域经济增长极。原本起步于珠三角、发展于长三角、推进于环渤海的思路，应该说是改革开放分区推进总体设计的初衷。实践中，珠江三角洲和长江三角洲率先发展，先后成为我国经济发展的第一增长极、第二增长极，唯有环渤海“起大早赶晚集”，处于尴尬的境地。若对三个区域做些比较分析不难看出，首先，在空间布局上，环渤海地区五省（区）二市还没有像长三角那样，在产业分工和协作上真正形成相互协调和经济一体化关系；也没有像珠三角那样，大城市体制创新名列全国前列，从而对周围城市产生极大的辐射和带动作用；其次，在产业结构上，环渤海地区各省市间产业趋同现象严重，非但资源、产能不能优化配置，还形成过度的相互竞争；再次，在关联度上，环渤海地区各个省市国有经济比重较大，行政干预经济力量较强，企业之间横向联系很少，市场配置资源力量较弱。因此，环渤海经济内部合作关系比较松散，远不如长三角和珠三角那样紧密；最后，在外向度上，环渤海地区总体上外向型经济发展比较缓慢。至于我省，近些年来自己和自己比，发展还是比较快的，但放到大区域比较，还不能称之为快。总结河北发展相对迟缓的原因，可以说是环渤海地区发展迟缓的一个缩影。

当前方兴未艾的第三次国际产业转移和国内工业化、城镇化、市场化、国际化进程加快，为环渤海地区崛起带来了新的机遇，使之正在成长为我国经济发展的第三增长极。当今的环渤海，大家都在想什么？人们都在干什么？北京，今后五年全力办好有特色、高水平的奥运会，努力把北京建设成为繁荣、文明、和谐、宜居的首善之区。天津，未来五年初步确立北方经济中心地位。山东，提出了加速山东半岛城市群崛起的战略目标。辽宁，提出了打造“五点一线”沿海经济带的发展战略。环顾渤海湾，看看各省市，大家都在环渤海经济圈崛起中迫不及待地抢抓机遇、谋求发展。试想如果河北不及时提出建设沿海强省的战略目标，今天真不知该奔向何方?!

现在，可以归纳一下，什么是区域经济一体化呢？

所谓区域经济一体化，是指在区域经济发展过程中为了达成经济资源的优化配置，实现资源共享、功能互补、联动发展、利益共享，进而推动经济资源的区际循环，形成一种区际分工与协作的区域经济发展格局。

经济一体化的发展进程，也就是区域经济资源配置最优化的过程。在区域共同利益机制的作用下，经济资源流动应体现出：流动是有序的，不是无序的；流动是自然的，不是人为的；流动是顺畅的，不是有障碍的；流动是有效率的，不是无效率的；流动是双向或多向的，不是单向的。区域经济一体化表现出的基本特征：其一，要素市场和产品市场一体化；其二，产业结构和产业布局一体化；其三，基础设施和环境保护一体化；其四，城市体系和城市布局一体化；其五，经济运行和管理机制一体化；其六，制度构架和政策措施一体化。

在经济一体化的进程中，市场对经济资源的优化配置起着重要的基础性作用，而政府则对市场机制的发育、市场体系的健全、市场规则的完善以及市场环境的优化起着重要的建设性作用。由于在现实条件下经济区域和行政区域的共存，市场与政府这两种推动力量的着力点有差异，作用的方式和作用的结果也有差异，但归根到底还是在于形成推动经济一体化发展的合力。最终目标就是要形成区域经济共同体和区域经济发展格局，从而促进区域内各成员主体的共同发展和共同繁荣。其运行机理是：第一，经济一体化的基础是共同利益机制；第二，标志是资源配置的最优化；第三，动力是市场与政府的合力。

综上分析，正如邓小平同志当年所说，当今世界是个开放的世界，关起门来搞建设是不行的。今天我们也可以说，当今经济全球化和区域经济一体化发展是大势所趋，各地区关起门来寻求更好更快发展照样也是不行的。

总而言之，我们要建设的沿海强省，是坚持以人为本，使全省人民过上更加富裕、充实、美好、和谐的小康生活，使全省经济社会更加全面、协调、可持续发展的沿海经济社会发展强省，所选择的沿海强省发展目标与步骤，是完全符合科学发展观要求、切合河北实际的自主发展战略。全省上下必须统一认识，齐心协力，共同为实现沿海强省的宏伟目标而团结奋斗！

二　实施战略突破：打造沿海经济隆起带与建立腹地依托

（一）沿海经济隆起带

打造沿海经济隆起带，是我省实施沿海强省战略的突破口。沿海经济隆起带虽然是我省使用的一个专用词，但优先连片开发沿海地区是世界范围内的普遍现象。如，早在 1990 年的巴黎经济区，以占法国 2.18% 的国土面积，容纳了法国 18.8% 的人口，集聚了法国 28% 的国内生产总值、21.6% 的就业人口和 25% 的对外贸易额。又如，以曼哈顿岛为中心的纽约经济带，覆盖 1 万多平方公里，囊括 1800 多万人口的大都会地区，是美国甚至世界的经济中心之一。再如，日本东海道太平洋沿岸经济带，其发展由东京、名古屋、大阪、神户都市圈支撑，东京都市圈面积为 3.7 万平方公里，2000 年集聚了 4130 万人，占日本全国人口的 32% 左右，是日本金融、贸易、制造业最集中的地区。沿海经济区（隆起带）发展具有一定的规律性，主要表现在：是经济发展和产业集聚的产物；都有大港口为依托；发展均有中心城市驱动；具有分工协作关系和区域协调任务。

我省沿海经济隆起带发展潜力分析。我省沿海地区开发强度较低，对比各沿海省份来看，我省总量指标居中，但人均指标落后；我省沿海城市开发强度也较低，但开发潜力很大。在沿海 7 个省份中我省 GDP 为第 4 位，人均 GDP 位列第 7 位，经济密度仅高于福建，列第 6 位。从沿海指标看，沿海 GDP 比重列第 6 位，经济密度列第 5 位，人均 GDP 列第 6 位。我省沿海隆起带突出特征，是发展结果与良好条件并不相称。从沿海经济隆起带发展看，存在三大悖论。

第一个悖论，我省是沿海省份，却呈现典型的内陆型发展特征。主要体现在：其一，虽然是沿海省份，但在沿海地区率先发展中落后。根据我们用计量模型综合分析，除北京外，目前我国综合实力排名前 9 位的省市都是沿海省份。2005 年河北综合实力在全国排名第 11 位，在沿海省份中排名第 9

位。在沿海地区中只有河北为负分（-0.20），说明综合实力在全国平均水平以下。从动态来看，河北的排序一直在第10位和第11位徘徊，在沿海省市中仅高于不具可比性的广西和海南。其二，虽然是沿海省份，但外向度较低。从反映开放度的主要指标来看，河北呈现典型的内陆型经济特征。从出口商品总额、出口依存度、外商直接投资三个反映外向度的指标看，河北在全国的排名依次为第10、14、13位，在沿海地区中明显落后。

第二个悖论，沿海区域处于改革开放前沿，但开发强度和贡献度都低于内陆。与珠三角、长三角还有山东省比较，河北虽然拥有487公里的海岸线，沿海带的自然条件也较好，但开发速度过慢，开发强度很低，沿海带的发展明显滞后，总体开发强度和沿海地区的开发强度都很低。

第三个悖论，拥有良好港口资源，但开发建设处于较低层次。河北拥有良好的港址条件，但与沿海其他省市港口发展相比，我省明显落后，港口的开发速度慢、层次低。我省除秦皇岛港发展基本成型外，黄骅港、曹妃甸港还处于起步和发展的初期，体现港口竞争水平和效益水平的集装箱吞吐能力很低，直接影响着港口功能的完善和作用的发挥。

上述事实说明：以往多少年，在沿海省市竞相发展中河北没有利用好沿海的优势，虽然有沿海之名，但没有形成沿海大发展之实；沿海地区虽然处于改革开放前沿，但没有成为我省发展的先锋队；虽然拥有优良建港条件，但没有成为改革开放的桥头堡，没有形成大进大出的发展格局。

沿海经济隆起带发展战略选择。目前，在区域经济发展战略选择上，有三种模式可供借鉴。一是平衡发展战略，是建立在平衡发展理论基础之上的一种发展模式，强调地区间的公平与平等，主张产业间的关联互补作用和在地区内平衡部署生产力，实现地区间平衡发展（厉以宁《区域发展新思路》）。这种发展战略在我国计划经济时期就用过，譬如讲究财政、物资、外贸、信贷“四大平衡”。二是不平衡发展战略，是建立在不平衡理论基础之上的一种发展模式，突出经济效益目标，主张对少数条件较好的地区或地带进行重点开发，将有限的资源集中在重点开发的具有最优经济效益的地区，使这些地区率先起飞，再带动其他地方发展（赫希曼《经济发展战略》）。这种发展战略在我国改革开放初期得到大力提倡，即鼓励一部分地区或一部分个人，通过诚实劳动或合法经营先富起来。政策设计上，最终先富带动后富，实现共同富裕。三是区域协调发展战略，是指在区域国民经济发展过程中，既要保持区域整体经济的高效运转和适度增长，又能促进次区域经济发展，使地区经济差异稳定在合理的、适度的范围内，以达到各次区域或地区间优势互补、共同发展、共同繁荣的一种区域经济发展模式。其鲜明的特点：一是坚持效率优先，兼顾公平；二是强调优势互补，扬长避短；三是实现共同发展，多方共赢。其第一要义是发展，但要统筹协调发展，比较切合科学发展观主张的全面、协调、可持续发展的要求。应该说，我省把建设沿海强省和打造沿海经济隆起带作为发展战略，是属于区域协调发展战略选择。客观上讲，我们做出的这种选择，是处在“极化效应”与“涓滴效应”之间的两难选择。发展经济学分析地区差距的变动，称为“缪尔达尔—赫希曼模型”。经济发展初期阶段，极化效应将起主导作用，地区差距趋于扩大；经济发展到成熟阶段，扩散作用将发挥主导作用，使地区差距转向缩小，地区差距整体变化轨迹呈现一条倒“U”型线。我们选择区域协调发展战略的理由：一是由我省所处的工业化中期，黄金发展期与矛盾凸显期的发展阶段所决定；二是由山地、山前和沿海经济区域布局所决定；三是由建设沿海经济社会发展强省目标所决定。

秦唐沧是河北打造沿海经济隆起带的主要支撑和希望所在。秦唐沧三地四港区应审时度势，抢抓机遇，整合资源，合理分工，发挥优长，有所作为。环渤海地区有较丰富的矿种，是发展资源型产业比较理想的区域，经过多年的建设，该区形成了规模巨大的重化工业产业群。按照世界重化工业向沿海转移的发展趋势，环渤海地区冶金、石化工业布局向沿海转移势在必行。港群建设将带动临港产业的发展，增强沿海地区对重化工业的拉力，优化环渤海地区生产力的布局，也将推动我国的经济发展。首先，要合理发展我省沿海经济隆起带的重点产业。一是核心产业——现代物流业；二是支柱产业——现代制造业、冶金业、重化工业、现代服务业等；三是关联产业——包括休闲娱乐服务业、旅游业、中介服务、家政服务等；四是基础产业——包括政府公共教育培训、社会服务等。其次，要合理确定港区功能定位。主要是考虑港区条件和发展前景，要高起点编制总体规划及港口、产业、城市等专项规划，高质量发展钢铁、装备制造、化工、物流等临港产业，高水平利用深水岸线和临港资源，对唐山港曹妃甸港区、唐山港京唐港区、黄骅港港区、秦皇岛港区及相对应的工业区、经济区，进行科学合理的功能定位。最后，产业发展要更加注重海洋环境保护，大力发展循环经济，使沿海经济隆起带成为科学发展的典范。

（二）深水港口建设与运营

港口的地位和作用。作为港口，无论在任何国家，对于城市经济的发展、区域经济的发展都起着非常重要的作用。据有关资料显示，全球35个国际化的城市，其中有31个是因为有港口而发展起来的国际化的城市，前10名的城市多数是港口城市。港口为什么会起这样的作用呢？从历史演变的过程来看，港口首先是交通的枢纽；同时，港口周边地区又可以发展加工工业；再后来是第三代港口，促进了国际贸易的发展；现在已经发展到第四代港口，是什么概念呢？是全球资源配置的枢纽。20世纪80年代以来，亚太地区经济的高速发展使得世界贸易重心逐步向该地区转移。贸易重心的转移，促进海运业的兴旺，形成了北起釜山、神户，中跨上海、高雄、深圳、香港，南至新加坡的以集装箱运输为主的港口链，诞生了中国香港、新加坡等世界公认的国际航运中心。为了降低物流总成本，在规模效益的驱动下，国际航运市场出现了集装箱船舶大型化和班轮公司经营联盟、兼并重组以及运输干线网络化等发展的新趋势，为适应国际集装箱运输规模的扩大和航运市场发展的新趋势，各国、各地区纷纷加快港口建设的步伐，扩大集装箱处理能力，以争取强化集装箱枢纽港的“马太效应”。我国外贸产品运输的90%靠海运。由于国内没有一个国际级的枢纽港，大量的货物只能以支线方式喂给神户港、釜山港以及高雄港，运费比直接运输要高得多，我国劳动力成本低的优势就此打折。更深层次看，在我国这样一个市场巨大、腹地辽阔的国家，如果没有一个国际航运中心，没有一个与其经济实力相匹配的枢纽港，在国际分工与竞争中就会处于被动地位，动员资源的能力就会受到制约，经济发展的动力就会被削弱。

上海，缺少深水港区是最大的差距。上海有着优越的自然、地理、社会经济条件和进一步发展的良好基础，已初步具备建成国际集装箱枢纽港的基本条件。2004 年，上海港货物吞吐量达 3.8 亿吨，居世界第二位。上海港的国际集装箱吞吐量，近年来完成 1455 万吨，在全球集装箱港口中排名第三位。据预测，在未来 20 年内，上海港经济腹地内的集装箱生成量仍将快速增长，2005 年为 1000 万吨以上，2015 年为 2000 万吨左右。但是，与周边国家、地区港口相比，上海建成国际集装箱枢纽港还存在明显差距，其中缺少深水港区是最大的差距。上海港现有集装箱码头吞吐能力和进港航道水深严重不足，这已成为制约上海实现国际航运中心目标的瓶颈。上海港现有 25 个集装箱泊位，设计年吞吐能力只有 645 万标准箱，仅为 2002 年实际吞吐量的 75%，能力缺口巨大；长江口航道水深仅为 8.5 米，黄浦江内港区水域窄小。上海港的现状已不能适应国际航运市场船舶大型化、经营联盟化、运输干线网络化的发展趋势。因此，跳出长江口，在最邻近上海大陆的大小洋山建设深水港已刻不容缓。目前，洋山深水港建设正在紧张地施工，一期投资达 143.1 亿元。整个工程设计由三部分构成：港区工程、东海大桥、芦潮港配套辅助区。一是港区工程。建在浙江海域大小洋山，码头前沿设计水深 15.5 米。港区陆域面积约 1.53 平方公里。二是东海大桥。始于上海市南汇区芦潮港，终于浙江省嵊泗县崎岖列岛的小城子山，总长约 31.5 公里。三是芦潮港配套辅助区。布置于东海大桥登陆点附近，相对独立，其主要功能是为洋山深水港区配套辅助。洋山港建成对上海国际航运中心建设意义十分重大。但从客观上讲，洋山港受到港区水深、三地布局、堆放场地、疏运能力、气候条件等诸多因素制约，充分发挥深水大港的作用还有其局限性。

天津，最困难的问题就是天津港深水化问题。滨海新区发展的目标，是要建设成为国际航运中心和国际物流中心，而没有国际化的港口，一切都无从谈起。天津港是中国最大的人工港。“深水深用、浅水浅用”这个口号喊了很多年，海港人对此都深信不疑。天津港能不能实行深水化？有人说深水航道是挖得起养不起，对此提出质疑，迈这个台阶非常困难。近些年天津港采取了一个办法，不建新的深水泊位，而是对老的码头进行改造。有深水泊位，还需要再建深水航道。据报道，目前天津港主航道长 35 公里，水深

18.5 米，20 万吨级船舶可自由进出港，25 万吨级船舶可乘潮进出港。但是，从长远来看，天津港深水航道和深水泊位的开挖和清淤维护，是它永远也饶不开的难题。

曹妃甸深水港的天然优势及运用。分析别人的目的在于谋划自己。比较上海港、天津港，我们的曹妃甸港有着得天独厚的天然优势。“面向大海有深槽，背靠陆地有浅滩”是曹妃甸最明显的自然地理特征，为大型深水港口建设和临港产业发展提供了优越条件，被誉为“国宝之地”。曹妃甸作为河北省、唐山市的“一号工程”，作为国家首批发展循环经济试点产业园区，大规模开发建设已经如火如荼地展开，令外来参观的人们为之震撼，被称为“目前中国以至世界上最大的建筑工地”。

曹妃甸综合开发潜力巨大。在竞争日趋激烈的国际航运市场上，从深水港口和国际航运中心发展趋向看，曹妃甸不仅是河北的希望，也不仅是环渤海地区的希望，而且是全中国的希望所在！但目前还有一些问题需要讨论。比如，一个现代港口物流集装箱运输问题，一个港口经营管理体制问题。这里先重点讨论港口物流集装箱运输问题。世界港口的发展大体已经历了三代，目前，世界主要港口中第二代港口仍是发展的主流，但随着经济全球化、市场国际化和信息网络化，一些大型港口已经开始向第三代港口转型，甚至向第四代港口考虑。第三代港口功能定位为“国际物流中心”，具有集有形商品、技术、资本、信息的集散于一体的物流功能。曹妃甸作为新兴深水大港，凭着自身优越条件，在做好大码头、大钢铁、大化工、大电能“四大产业”的同时，应提早深入研究现代港口物流问题，尤其要把集装箱运输提上议事日程。集装箱运输作为一种现代化运输方式，已成为当前国际海运的主流，也是今后发展的趋势。20 世纪 90 年代以来，亚太地区港口集装箱处理量占全世界港口总处理量的比例一直维持在 40% 以上，世界名列前茅的五大集装箱港口均在亚太地区。加入 WTO 之后，中国正在朝着世界制造和加工业基地的目标发展，与此相关联，也正日益成为国际集装箱运量的重要策源地。据计算，一只标准集装箱重箱的港口包干费，即港口的直接收益部分，为 800～1200 元，而由此带来的拖轮、引航、口岸以及港口配套服务，包括修箱、堆存、船舶代理、航运、金融结算、拖车运输等，其经济收益是港口直接收益的6倍，也就是4800～7200元。有数据显示，港口生产经营与其他相关产业及间接诱发的经济贡献为1∶5，提供就业比值为1∶9。如，德国汉堡港每10万吨吞吐量所创造的就业岗位为428.8个。天津港每10万吨吞吐量创造GDP约为1200万元，对地区的就业贡献为260人。可以预见，深水港区建设将带动港务管理、货运代理、商业贸易、金融保险和服务贸易业等相应发展，其投资的乘数效应将不断显现。上海港、天津港等大港一直非常重视集装箱的发展，天津从20世纪80年代就制定了优先发展集装箱的战略。河北港口可综合考虑发展集装箱运输，一是有条件，二是可富港，三是对内地有带动，可谓富港富民强省之策。关于我省的集装箱运输，有一个有为有位的问题。一要启动决策；二要进入规划；三要建设码头；四要开辟货源。

国内外典型港口物流发展已积累了宝贵经验。如，鹿特丹港、安特卫普港、香港港、新加坡港等国际大港，都有自己的经营理念和特色做法。被誉为“欧洲门户”的国际第一大港鹿特丹港的发展经验与模式：多样化的集装箱运输形式；港城一体化的国际城市；现代化的港口建设；功能齐全的配送园区。安特卫普港：完善的交通网络；良好的硬件设施；现代化的信息服务。香港港：利用独特的地理优势；建设基础设施，提供良好的发展条件；政府扶持，创造优越的发展软环境。新加坡港：政府支持“一条龙”发展物流；物流与高科技的结合；专业性强，服务周全。对标国际先进水平，我省港口物流业任重而道远，应立足实际，学习先进，抓住机遇，从各方面提升我省港口物流的核心竞争能力：一是加强政府政策引导；二是增强基础设施能力；三是建设公用物流信息平台；四是制定物流标准体系；五是建设自有特色的港口物流；六是拓宽港口物流服务功能；七是发展港区联动的模式；八是加强人才培训和教育工作。

此外，关于港口经营管理体制。前一段时间，有人出于为港口融资和加快港口建设着想，提出要搞港口岸线业主化。根据已了解到的国内外经验教训，港口岸线业主化不可取，尤其是深水港口岸线更不能搞岸线业主化。否则，会分割岸线使用，限制统一规划，影响港区发展。若为未来发展再去填海造线，会加大发展成本，得不偿失。因此，港口岸线必须统一规划、统一建设、统一经营，统一管理，以保证港口持续协调发展，实现港区经济效益最大化。这“四个统一”是深圳盐田港的宝贵经验。这里实质上涉及港口体制问题。连同考虑港口融资和加快建设步伐，建议可成立秦唐沧港口股份集团公司，整合四港区已有资源，吸收战略投资者，一俟时机成熟在国内外包装上市，以壮大我省港口资产，优化港口资源配置，合理划分港口功能分区，引入市场经营机制，提升港口综合竞争能力。

（三）腹地建设

腹地有多大，港口就能做多大。在密切沿海经济隆起带与腹地的经济联系中，我们要重点加强以下三方面的工作。

（1）加强产业分工合作。从我省沿海各港口、各临港产业发展条件来看，与内地产业具有一定的合作互补性。具体讲，各地要按照建设沿海强省目标要求和“一线两厢”区域发展布局，发挥各自优势，参与分工协作。“一线”是连接沿海经济隆起带与山前经济带的重要纽带，是沿海龙头与腹地实现经济有效对接的交通动脉。要充分利用“一线”的优势，加快先进制造业、高新技术产业和现代服务业的发展，提高产业集聚程度，塑造小范围经济增长极。“南厢”地区要壮大主导产业，大力发展以食品加工业为主的第二产业，把“大粮仓”变成“大厨房”；提升邯郸在四省交界区域的经济中心地位；积极发展衡水、邢台及黑龙港流域其他地区的特色产业集群；要通过加强基础设施尤其是交通网络建设，密切其与黄骅港的联系，加快生产要素的流动。支持“北厢”张承二市加快基础设施建设，发挥特色资源优势，重点发展绿色环保型产业，培育区域经济增长极，积极建设太行山和坝上生态经济带。与此同时，“北厢”要打造与秦皇岛港和唐山港的大通道，密切与沿海隆起带的经济联系，缩短出海距离，充分发挥沿海隆起带对“北厢”的经济带动力。目前，各地积极性空前高涨。

（2）加快拓展和完善由港口伸向腹地的交通网络。目前我省四大港口的交通网络框架已基本构成，但还需要向腹地纵深延伸，完善设施，提高其运输效率。黄骅港与其纵深腹地交通网络的完善，要在现有朔黄铁路、石黄高速公路的基础上，进一步打通黄骅港伸向冀南、鲁西北、晋中南和豫北的铁路、公路通道，打通与其经济腹地的交通联系。秦唐三港，在进一步完善现有交通网络基础上，应着力打造通向蒙古国、俄罗斯的国际大通道和建设冀东国际机场。一是修建由秦皇岛—承德—锡林郭勒盟正蓝旗铁路，谋划修建秦唐与蒙古国、俄罗斯的大通道。据悉，内蒙古珠恩嘎达布其口岸将于年内开通，蒙古国正着手乔巴山至毕其格图口岸铁路的可行性研究，而我国已把锡林浩特—珠恩噶达布其铁路纳入国家路网规划。建议省委、省政府及早谋划，争取国务院及铁道部的认同和支持，修建秦皇岛—承德—锡林郭勒盟正蓝旗段铁路，实现秦皇岛港、唐山港与蒙古国和俄罗斯的连接。这条铁路建成后将成为继二连浩特和满洲里之后的又一条欧亚大通道。开辟这条通道将为我省的“东出西联”提供重大的战略支撑，而秦、唐两港将成为这一新的大通道的出海口和桥头堡。二是建议修建承德与张家口的铁路连接线，这将使秦、唐两港经承德、张家口与内蒙古中、西部及大西北地区相连。不仅解决了承、张两市的出海口问题，带动我省“北厢”地区的发展，而且还可以扩大我省与内蒙古的经济交流与合作，为其矿产品、畜牧产品等物资尤其蒙西的煤炭开辟外运通道，也将带动秦唐两市的经济发展。三是建议修建冀东国际机场，这是唐、秦两市为便捷交通、招商引资产生的共同愿望。其实不止于此，我认为，若冀东空港建成以后，与曹妃甸深水大港及秦唐沧港口群相匹配，在冀东以至在河北将形成海陆空三维立体物流配送交通网。到那时，其意义不仅是为我省招商引资提供更为便捷的交通条件，也不仅是形成一定规模的空港经济区，更为重要的是，它将为曹妃甸港最终成为国际航运中心或现代物流枢纽港助上一臂之力！冀东机场具体选址还需论证，据了解，唐山市正在考虑在丰润区三女河军用机场建民用机场问题。

（3）发展县域经济和民营经济。夯实沿海与腹地合作的微观基础，既为沿海隆起带壮大腹地，又为腹地发展提供拉力。我省县域经济已经具有了相当的规模，初步形成了资源型、农产品及其深加工型、科技型和市场带动型等多种类型的特色经济格局。如迁安和遵化的采矿与钢铁、隆尧的方便面、安平的丝网、河间的电缆、抚宁的玉米加工、安国的药材、枣强的玻璃钢、泊头的环保设备、清河的羊绒、辛集的皮革、高阳的漂染、曲阳的石雕、宁晋的单晶硅、桃城的焊管等。这些县的特色产业，以其“专、精、特、新”优势，成为我省区域经济的有力支撑，成为区域经济的支撑点和增长点。在未来发展中，县域特色产业应在现有产业基础上进一步改进工艺，加大创新力度，完善地方网络，培育完整的产业链，使县域特色产业集群得到进一步发展。各县可在现有产业基础上，合理确定项目的区位目标、规模、配套基础设施，消除不合理产业结构造成的资源浪费。秦皇岛（青龙）、唐山（迁安、遵化、丰润、丰南）以及承德（宽城、承德县）钢铁产业所占比重较大，且已形成一定规模，这些县在产业结构调整中应该有意识地与曹妃甸港的钢铁、重型装备制造等产业发展思路相衔接，并与之建立紧密的产业链关系。我省各县民营经济已经成为县域经济发展的主体，但在发展数量和质量上仍有很大的空间。因此，各县要创造良好的创业氛围，为民营经济发展提供优良的发展环境。一是建立和完善中小企业服务系统，发挥服务中心、行业协会等中介服务机构的整体功能，使民营企业更全面地了解产业发展的技术、市场信息，从研究开发、咨询到管理、后勤等方面得到一体化服务。二是鼓励和支持相关企业合理“结网”，提倡通过协会、行会、商会等中介机构，在企业之间加强各种形式的技术信息交流和物质联系。

同时，要发展内陆“无水港”，把港口功能向缺少出海港的城市延伸，使内陆地区所有的进出口贸易均可在当地的无水港口实行报送、报验、签发提单等一站式服务，实现无障碍通关，以密切与腹地的关系。据了解，我省已在石家庄建立了内陆港，走出了可喜的第一步。

三 转变发展方式：自主创新与走新型工业化道路

（一）“为什么”转变经济发展方式？

在讨论这个问题之前，先看看我省今年以来发生的几件事。

——2007 年 1 月 10 日，国家环保总局首次对河北唐山市等四个省的省辖市，以及大唐国际等国家四大电力集团实行“区域限批”，纳入环保“黑名单”追踪。3 月 6 日，对唐山市和大唐国际电力集团等解禁。

——7 月 3 日，国家环保总局再次实行限批，在长江、黄河、淮河、海河四大流域被限批的6市2县5个工业区中，我省邯郸经济技术开发区列入其中。

——7月9日，《科学时报》（中国科学院主办）对海河流域严重污染情况进行曝光，大部分内容涉及河北。

下面，再看看全国环境污染情况：河流、土地、空气、人群……情景令人担忧！

这一切，都在告诉我们什么？必须要转变经济发展方式！今年中央经济工作会议指出，要把转变经济增长方式作为2007年经济工作的重要任务来抓。转变经济增长方式，就是要把经济增长“从粗放经营为主逐步转上集约经营为主的轨道”。20多年来，在我国国民经济取得巨大成就的同时，转变经济增长方式取得了一定成效，但增长粗放的问题仍然比较严重。转变经济增长方式事关我国国民经济能否又好又快地健康发展，事关全面建设小康社会和构建社会主义和谐社会，事关子孙后代和全人类的可持续发展，它是一项长期的战略任务。最近，胡锦涛总书记在中央党校发表的重要讲话中进一步指出，实现国民经济又好又快发展，关键要在转变经济发展方式、完善社会主义市场经济体制方面取得重大新进展。其中，把转变经济发展方式提高到“重要方针”和“重大战略”的高度，更加突出地强调要下更大的决心、采取更有力的措施提高经济发展的质量和效益，对“又好又快”发展中的“又好”做出了更为深刻的阐述。

（二）新型工业化道路“是什么”？

经济增长方式转型过程，一定意义上说就是推进“新型工业化”的过程。“新型工业化”道路的提出，对现阶段我省的发展方式转变和工业化进程具有重要的理论、政策和实践意义。

一个时期以来，围绕“新型工业化”道路问题有过不少讨论。其中既涉及如何实施“新型工业化”，也涉及如何理解“新型工业化”。显然，对“新型工业化”理解不同，实施路径选择不可能相同。对“新型工业化”的通常表述是：“科技含量高、经济效益好、资源消耗低、环境污染少、人力资源优势得到充分发挥。”问题在于，在特定背景下，这些特点或要求如何才能得以正确体现。与“新型工业化”相对应的是“传统工业化”，二者之间相互比较，有哪些相同之处？又有哪些不同？

讨论“新型工业化”与“传统工业化”的区别，如果从历史背景差异上看，主要有科学技术进步对经济发展的影响、经济全球化的扩展、经济社会发展政策的调整和发展理念的转变等。这些因素对工业化过程的影响是全面的，在实际过程中，这些因素的影响通常又是不容易被区分开的。如果从结果上看，“新型工业化”与“传统工业化”的区别可以表现在如下几个方面。首先，最容易被关注的是高新技术对传统产业的渗入、融合或改造。其次，是产业结构和资源配置的国际化程度显著提高。再次，是发展理念和发展战略的转变。概括地说，人们越来越重视发展的全面价值，重视技术进步、人力资本和知识的作用，重视市场配置资源和制度变革，重视形成和适应更为开放的发展环境，重视社会、文化、环境、资源等因素对经济发展的影响，以及与此相联系的发展的可持续性问题，要切实建设资源节约型和环境友好型社会。最后，是大体相同工业化阶段完成时间的缩短。对这种现象，通常的解释是后发优势的作用。

（三）新型工业化道路“不是什么”？

我省应该怎样选择新型工业化道路？这里可以先讨论一个有趣的问题，那就是新型工业化道路“不是什么”？从近年来的实际情况看，在这方面存在的含混和误解更多，突出表现在对近年来重化工业增长加快问题的认识上。现在讨论几个有争议的问题。

问题之一：“发展重工业是旧式工业化的结果，中国大可不必经历重工业加快发展的阶段。”结论是：进入工业化中期后，重工业增长加快是国际范围规律性的现象。在大国类型中尤其不能不建立自己的工业体系。美国经济学家钱纳里曾运用多国模型对人均经济总量与经济发展阶段的关系进行研究，得出的结论是：人均 GDP 在 1200 ~ 2400 美元，经济发展处于工业化初级阶段；人均 GDP 在 2400 ~ 4800 美元，经济发展处于工业化中级阶段；人均 GDP 在 4800 ~ 9000 美元，经济发展处于工业化高级阶段（1998 年标准）。按现行汇率计算，至少到目前为止，我们还找不到这样的先例：一个大的经济体没有经过重工业加快增长阶段而进入了后工业化社会。目前我国特别是我省总体上处在工业化初、中期，对重工业增长加快、比重提高的事实不该存有异议。对我国特别是我省是否应该经历重工业增长加快、比重提高阶段，是一个在经验和常识范围内可以做出判断的问题。

问题之二："重工业是粗放经营，消耗高、污染大，不利于增长方式转变。"结论：消耗高低、效率高低是任何一个行业都会存在的问题。增长方式问题本质上是体制和机制问题，并不必然与特定行业有关。近几年来我国重工业加快增长的过程中，增长最快、比重最高的是其中的加工工业。重工业特别是其中的加工工业或者说技术密集型产业的加快发展，是为增长模式的转型创造条件，与增长方式转变并不矛盾。今年开始动工准备整体迁入曹妃甸的新首钢，实行循环经济，就是明证。

问题之三："我们不应搞重化工业，而应搞服务业，应当选择更好的产业。"结论：工业化先行国家都是在重工业特别是其中的技术密集型产业加快发展后，迎来了服务业大发展时期。我国、我省服务业比重偏低是不争的事实，问题是服务业如何才能得到大的发展。传统服务业，如餐饮、住宿等，已经不少了，缺少的主要是生产性服务业，如研发、教育培训、金融、物流、售后服务、会计、律师，等等。可以预见，在重工业加快发展后，将会有一个服务业、重点是生产性服务业加快发展的阶段。

问题之四："这一轮重化工业发展是地方政府搞出来的。"结论：地方政府在推动经济增长上存在一些问题，如人为压低生产要素价格以吸引投资，导致一定程度的价格扭曲、资源误置和过度投资等。这样的问题既存在于重化行业，也存在于其他行业。三四年前，煤炭、钢铁企业，以及这些企业所在的地方政府，都在谈结构调整，核心是限制主业。说到地方政府推动，这些年地方政府鼓吹最多的当属高新技术产业，最后真正能够发展起来的，应当说很少。说实话，这些年地方政府不容易，主要是处在工业化中期的地方政府，在发展中一直处于两难选择的被动境地。一方面，他们可以凭借"后发"优势和机遇加快经济发展，另一方面，他们又受到因环境承载能力下降给"后发"带来的硬性制约。解决这对矛盾，至少先要做两方面的工作。一是国家要调整对地方政府经济发展的考核指标，比如，加重对地方经济质量和经济效益的考核权重，增加绿色 GDP 考核指标，等等；二是地方政府要切实转变经济发展方式，走新型工业化道路。从这个角度上看，我省各级政府转变经济发展方式的任务异常繁重。

问题之五："我们发展重化工业不占资源优势，在全球化条件下，可以让其他国家生产，我们通过进口满足自己需要。"这种说法的合理之处是，在对外开放条件下，与过去的封闭经济相比，通过国际贸易调节国内供求关系的空间大大扩展了。但这不意味着缺什么资源就不能生产相应的产品。国内外的经验也证明，经济发展最快的，往往不是资源最丰富的地方。

总的结论是：进入工业化中期后，重工业增长加快是国际范围规律性的现象；目前我国以至我省总体上处在工业化中期，对重工业增长加快、比重提高的事实不该存疑；消耗高低、效率高低是任何一个行业都会存在的问题，增长方式问题本质上是体制和机制问题，并不必然与特定行业有关；国内靠什么产业推动经济快速增长，靠什么产业创造就业机会？我们是否一定要将这样的增长机会和就业机会让给别人？这些都是经济发展中的基本问题。我们必须从自己的国情、省情出发，选择好自主定位的发展战略，走好自己的新型工业化发展道路。

（四）河北新型工业化道路该"怎么走"？

1. 节能减排

国家"十一五"规划，确定了今后五年单位 GDP 能耗降低 20% 左右、主要污染物排放总量减少 10% 的目标。2006 年初，提出了单位 GDP 能耗降低 4% 左右、主要污染物排放总量减少 2% 的年度目标，但目标没有实现。原因是多方面的，一是产业结构调整进展缓慢，二是能源技术依然落后致使能源利用率明显偏低，三是各项支撑条件还没有完全到位，四是基础工作和管理工作薄弱。中央明确表态，"十一五"规划确定的节能减排目标是约束性指标，不能因为去年节能减排目标没有实现，今年不再提出节能减排年度目标，就降低要求，减弱工作力度，而是要坚定信心，知难而上，做到决心不变、目标不变、责任不变、工作力度加大。河北"十一五"期间的节能减排指标，基本与国家确定指标相同。这"三个不变、一个加大"，对处于工业化中期的我省，的确是一个严峻考验！

省第七次党代会已经把节能减排作为一个重要任务提了出来。克明同志在省委常委会上强调：搞好环境保护说到底是落实科学发展观的问题，“宁可丢掉一点 GDP，也要为子孙后代留下好水源好空气”。庚茂同志强调：节能减排要拒绝“软抵抗”。我们必须牢固树立建设资源节约型和环境友好型社会新的发展理念，坚持走循环经济之路，做到开发与节约并重，把节水节能节约土地放在突出位置，加大企业减排和防治污染工作力度，抓好生态工程建设。目前的重点工作，一是强力推进污染减排，二是着力改善城市大气环境质量，三是突出抓好环境水污染治理，四是切实把住环保准入关，五是努力解决突出的环境问题，六是推进生态省建设。

2. 调强调优

存量要调强，一是淘汰落后，对那些污染严重、违规建设的企业加大治理力度；二是鼓励企业进行技术改造，实行清洁生产，发展循环经济；三是加快对现有产业的改组改造，调整升级，强化比较优势，打造产业集群，增强自我发展能力。增量要调优，加快发展壮大具有高成长性的新兴产业，加强同国内外大企业的合作，创造新的产业优势，打造新的经济增长点。

3. 科技创新

以科技创新为主线，推动走新兴工业化道路。按照建设沿海强省的要求，把增强自主创新能力作为科技发展的战略基点，把加快发展高技术产业作为调整产业结构、转变经济发展方式的工作重点，遵循“优势领域、重点突破”的发展方针，继续围绕大产业、大项目、大基地、大园区和重点产业技术进步，抓好一批重点专项工程实施，抓好一批重大项目建设，抓好一批高技术产业基地建设，抓好一批科技攻关项目研发，抓好一批技术创新平台建设，抓好一批科技队伍建设，积极融入京津冀区域自主创新体系，着力提高自主创新能力，增强产业核心竞争力，推动我省高新技术产业实现跨越式发展。

（1）选择优势领域，实现重点突破。根据现有产业基础以及我省高新技术产业发展重点和改造提升传统产业的需要，重点加快发展电子信息、生物、新材料、新能源等优势产业，通过组织实施产业化重点示范工程，努力构建我省高新技术的特色产业优势，促使其形成千亿元规模的大产业。积极培育通用航空、海洋、先进制造等成长性产业，促其扩大规模上水平，实现跨越式发展。

（2）完善创新体系，提高自主创新能力。要积极完善以企业为主体、市场为导向、高等院校和科研院所为依托、科技中介服务机构为纽带、产学研有机结合的技术创新体系。着重抓好技术创新平台、人才支撑平台、公共科技服务平台建设，促进形成自主创新机制、产学研合作创新机制和科技成果转化机制以及知识产权保护机制。努力提高自主创新能力，增强产业核心竞争力，推动我省高新技术产业实现跨越式发展。

（3）促进产业集聚发展，形成产业规模优势。要有选择、有重点地培育和发展一批高新技术产业基地和园区，积极整合各类资源，引导人才、技术、资金等要素向高技术优势产业领域和区域集中，形成具有显著竞争力的产业集群，促进高新技术产业实现规模化发展。

（4）扩大对外开放，加强战略合作。要积极研究分析并掌握世界科技发展的主流和区域科技合作的动态，制定相应的政策措施，争取在国际交流与合作中占据主动地位。充分发挥后发优势，学习、引进其成熟生产技术成果，加快我省高新技术产业发展进程。继续开展“省校合作”，组织开展经常性的高等学校、科研机构与企业的对接活动，实施一批产学研结合项目。

四　建立大城市群：构建平台与走新型城市化道路

（一）城市群与新型城市化

所谓城市群，是在特定的区域范围内云集相当数量的不同性质、类型和等级规模的城市，以一个或两个特大城市为中心，依托一定的自然环境和交通条件，不断加强城市之间的内在联系，共同构成一个相对完整的城市“集合体”。城市群是工业化、城市化进程中，区域空间形态呈现的高级现象，能够产生巨大的集聚经济效益，是国民经济快速发展、现代化水平不断提高的标志之一，由此也走出一条新型城市化的道路。

城市群的出现是一个历史过程。城市是一个区域的中心，通过极化效应集中了大量的产业和人口，获得快速的发展。随着城市规模的扩大，实力的增强，对周边区域产生辐射带动效应，城市之间的经济联系越来越密切，相互影响越来越大，形成了城市群。每个城市群都有一个或多个都市圈。都市圈属于同一城市场的作用范围，一般是根据一个或两个大都市辐射的半径为边界并以该城市命名。和城市群相关的概念有很多，比如都市圈、都市连绵区、城市带、组团型城市等。由于这些概念存在一定的共性，有时将其混用。都市圈一词出现和使用的频率极高。

（二）我国城市群建设现状

进入 21 世纪，我国区域经济发展的重要特点是城市群的出现。国家“十一五”规划纲要明确，要把城市群作为推进城镇化的主体形态，已形成城市群发展格局的京津冀、长江三角洲、珠江三角洲等区域，要继续发挥带动和辐射作用。

目前，我国正在形成十大城市群：京津冀、长三角、珠三角、山东半岛、辽中南、中原、长江中游、海峡西岸、川渝和关中城市群。据统计，上述十大城市群的土地面积占全国总面积的 9.99%，人口所占比重为 35.02%，GDP 所占比重为 52.38%。也就是说，十大城市群以不到十分之一的土地面积，承载了三分之一以上的人口，创造了二分之一以上的 GDP。京津冀、长三角、珠三角三大城市群，其实现地区 GDP 约占全国 GDP 总量的 35.8%；实现地方财政收入约占全国地方财政收入总量的 40%；实现社会消费品零售总额约占全国总量的 34%。其中，京津冀城市群 GDP 约占全国总量的 9.3%；地方财政收入占全国总量的 11%；社会消费品零售总额约占全国总量的 9%。据预测，三大都市群在未来 20 年仍将主导中国经济的发展。

（三）城市群发展亟须处理的关系

（1）优化经济结构，处理好核心城市扩张与升级的关系。世界著名的核心城市大都经历了“从分散到集聚，再从集聚到扩散”的一般过程。实践表明，壮大核心城市实力，提高国际竞争力和可持续发展能力，是培育城市群的关键所在。从长远来看，外延式扩大城市规模并不利于解决核心城市的人口、资源、环境和基础设施等瓶颈问题，只有将不适合现代都市发展的产业及时转移出去才能赢得发展空间，香港立足有限的土地资源实现转型的经验值得借鉴。大力发展现代服务业是提升核心城市竞争力的必由之路。

（2）发挥龙头带动作用，处理好核心城市各类扩散的协调关系。核心城市向外扩散的种类是多种多样的，可以分为技术、资本、产业、人口、信息、商品等多种扩散方式，是核心城市加强对周边城市吸引、发挥带动作用的特征表现。总体来看，长三角城市群中的上海、南京等核心城市对长三角的扩散以技术输出为主，促进江浙经济发展的“星期六工程师”现象一直是这一扩散方式的生动写照。比较而言，上海对三角洲其他城市的资金、产业扩散相对较少，而江浙民营经济迅速发展对资本的需求依然旺盛。珠三角城市群中的香港、广州等核心城市的扩散方式以资本输出为主，伴随着产业输出。香港作为区域性国际金融中心，具有很强的融资、投资和营销能力。改革开放以来，香港向珠三角转移了大批劳动密集型产业，资金投入巨大，形成“前店后厂”的经济格局。比较而言，香港等对珠三角的技术扩散相对较少，也反映出珠三角的科教资源相对短缺。可见，双三角核心城市均有进一步扩散、带动周边地区的空间。

（3）提升城市群整体竞争力，处理好大都市区其他城市分工协同关系。大都市区的形成是双向流动的结果，使得过去城镇行政等级关系弱化为现在核心城市与周边城市的直接连接，经济联系由垂直化向扁平化转变。因此，大都市区其他城市也应处理好分工与合作的关系，提升城市群的整体竞争力。改革开放以来，长三角城市群走的是内生型农村工业化道路。如，“苏南模式”中的城市群等级结构比较完整，造成行政分割、产业雷同和恶性竞争等现象依然比较严重。今后应采取的对策，一是要规划政府行为，推进市场化的进程；二是建立市长联席会和专项事务委员会的互为补充的管理模式，必要时需要借助国家层面的力量。与长三角不同的是，珠三角城市群走的是外生型农村工业化道路。又如，“珠江模式”中由于各城市平行发展，已有的产业集群多是外向型的，产业协作度低，造成恶性竞争，遭到反倾销投诉的现象时有发生；跨国公司特别是 IT 产业，往往通过价格转移等手段转移利润，在产地形成“高产值、低税收”的格局。今后应采取的对策，一是要发挥行业协会的作用，加强行业自律；二是提高自主知识产权和自有品牌的比重，培育大的企业集团和总部经济。

（4）促进协调发展，处理好两大城市群竞争与合作关系。从世界范围来看，一个国家或一个地区可以同时存在多个世界级城市群。如，美国拥有两个世界级城市群，即以纽约为核心的东北部大西洋沿岸城市群和以芝加哥等为核心的五大湖城市群。欧洲也拥有两个世界级城市群，即以伦敦——利物浦为轴线的英国东南部城市群和由大巴黎地区城市群、莱茵——鲁尔城市群、荷兰兰斯塔德等组成的欧洲西北部城市群。

长三角、珠三角城市群是我国最重要的核心经济区，已经进入世界最具活力的增长地区之列。但双三角长期以来都存在市场、资本、人才、技术等方面的竞争。改革开放之初，珠三角赢得了先发优势，“广货”在全国市场上占有较大份额，在吸引海外投资、优秀人才方面具有政策和区位优势。进入 20 世纪 90 年代，随着长三角的快速崛起，其产品市场占有率也迅速提高，上海浦东新区开发建设则提高了长三角对海外资本的吸引力，一些优秀人才开始流向以浦东新区为核心的长三角。近年来，人们越来越关注长三角、珠三角城市群之间的竞争状况，诸如，台商电子业由珠三角向长三角集结，等等。实际上，两个城市群之间各有优势、互为补充，合作的机遇也很多。首先，产业分工与合作前景广阔；其次，两大城市群可以通过增强对各自经济腹地的辐射带动全国经济发展；最后，在体制改革和制度创新方面可以相互借鉴。

（四）加快我省城市群建设的对策

总的来看，我省城市群建设进展不快、水平不高。但我省地处环渤海核心，是京津冀地区的重要组成部分，有着广泛的发展空间。国家正在组织编制的京津冀都市圈发展规划，把京津冀都市连绵区界定为“2 + 8”城市群，包括北京、天津和我省的石家庄、唐山、秦皇岛、保定、张家口、承德、沧州、廊坊及其所属的通州新城、顺义新城、滨海新区和唐山曹妃甸工业新城，这对于我省城市群建设是一个极好的发展机遇。

事实上，国内没有一个地区有京津地带这样优越的城市发展条件，无论是珠三角还是长三角，在资源、人才、技术等方面，在相当长的时期内都无法与京津比肩。然而，近些年来，这一地区的发展却滞后于珠三角和长三角。珠江三角洲城市群的GDP约占全国的10%，长江三角洲城市群的GDP约占全国GDP的18%，京津冀城市群的GDP只占全国的9%。原因何在？除缺乏政策优势外，很大程度上是因为竞争大于合作。京津的核心辐射作用没有得到应有的发挥，对区域经济的带动作用也在竞争与较量中日渐抵消，河北八市等次中心城市经济实力不强，与京津两市的发展水平差距显著，使城市群边缘地区很难分享中心城市的发展成果，甚至形成了环京津贫困带。现在京津冀各方已认识到合作的重要性，正以新的视野、新的境界积极推进京津冀地区的大合作、大发展。但是，京津冀城市群真要大合作、大发展还有许多事情要做。

首先，必须树立新的发展理念。一是树立统筹规划与协调发展的新理念。合理规划产业布局，以空间布局框架为载体，对三次产业、基础设施、人口分布和环境保护等进行综合部署，确定环境容量和承载能力，使城市群区域经济发展与城市成长符合科学发展规律。二是树立资源保护与优化配置的新理念。海洋专家发出警告，京津冀城市群地处渤海湾，排污已经到了临界点。因此，应以经济、社会、环境综合效益的提高为目标，在城市化的过程中，强调资源优化配置，保护生态环境。三是树立合作与共赢的新理念。京津冀城市群存在经济互补性：北京、天津有着资金、技术、信息、人才、市场等方面的优势，河北八市则有着较为丰富的自然资源和劳动力资源优势。要使合作、共赢、振兴成为京津冀城市群合作的主旋律，区域各城市应建立统一的市场体系、互惠互利的合作机制和便利高效的服务环境，促进要素自由流动和优化组合，实现良性互动，合作发展。

其次，要抓住最关键的事情。一是坚持体制创新。建立省、市和市、区对应日常协调制度，整合包括财政、科技、人才、信息、自然资源等区域资源，协调推进合作事项的进展，组织有关单位联合编制推进合作发展的专题计划，并向年度城市群合作联席会议提交区域合作进展情况报告和建议。设立日常工作办公室，负责区域合作日常工作。二是实行规划引导。要合作编制“2+8”城市群总体规划，制定区域发展战略与规划，综合安排生产力布局、基础设施建设、投资、资源开发等内容，协调解决区域联合的重大事项，制定区域协同发展的政策，推进区域联合的进程。三是搞好功能定位。从整体来说，加快推进城市群节点城市发展，也就是推动京津两个核心城市，石家庄、唐山两个省域中心城市，六个次中心城市及滨海新区、通州、顺义、曹妃甸、沧州渤海新区等新兴城市的发展，疏解京津过于集中的城市功能，带动次中心城市发展。

河北规划范围要以科学发展观为指导，以城市化战略为核心，以科教兴冀战略为保障，处理好与京津之间的自主与依托、竞争与合作、分工与协作的发展关系，坚持走新型工业化道路，坚持走新兴城市化道路，坚持走自主成长道路，全面培育自主创新能力和经济自生能力，以自立谋地位。

其一，强力打造石家庄、唐山两大省域中心城市。石家庄要牢牢把握省会特点，在医药、纺织、商贸流通等传统主导产业的基础上，大力发展高新技术产业和服务业。唐山作为我省“沿海强省”和“一线两厢”两条隆起带的交汇处，其区位、实力和发展理念决定其作为京津冀都市连绵区的重要一极，应该成为我省新型城市化建设的示范城区，得到政策等多方面支持，以利于发挥好示范带头作用。目前，唐山市以建设适宜人居和创业的现代化滨海城市为目标，正从以下四个方面入手，全面提升城市规划建设和管理水平。一是完善规划。按照“组团发展”的思路，努力构筑“一体两翼”的城市总体格局。二是做大做强中间“一体”。坚持把中国气派、冀东风格、唐山特色融进城市建设。三是加快发展南北“两翼”。一翼是曹妃甸工业区建设，带动中心城市搬迁改造；一翼是鼓励支持基础较好的县级市加快向中等城市发展，带动北部山前城市组团发展。四是创新城市经营管理的体制机制。坚持社会化、市场化方向，按照“先规划后建设、先征地后配套、先储备后开发、先地下后地上、先做环境后出让”的原则，加快推进城市资源资本化、资源配置市场化。按照“中心城市—副中心城市—中等城市—县级市—县城、小城镇、中心村”的发展体系，积极推动城乡规划、建设、产业、制度、公共服务五个一体化，促进大中小城市协调发展、城市和农村协调发展，加快城乡一体化进程。

其二，突出抓好沿海隆起带建设。以曹妃甸和沧州渤海新区的开发建设为着力点，建设曹妃甸“高起点、高质量、高水平”的重化工业循环经济科学发展示范区，与天津滨海新区共同成为环渤海地区新的增长极；要把沧州渤海新区建设成为我省沿海隆起带新的重要支点；统筹秦皇岛滨海资源，充分利用特殊优势，着力发展特色产业。

其三，坚定不移地壮大城镇体系基础。全面提升河北八市经济社会发展水平与和谐发展能力，支持迁安、任丘、涿州、辛集等一批产业基础好、成长性强和有条件的县级市、县城发展成为高标准的中等城市，积极促进基础条件好的重点镇率先向小城市迈进，不断增强大中小城市和小城镇的协同发展能力，尽快形成与京津两个巨型城市相对接、相匹配的城镇体系。

其四，推动产业分工。河北要重点打造以下三类功能不同的产业分区。一是秦唐津沧外向型临港经济区。以秦皇岛、唐山、黄骅三大港口为依托，以秦皇岛经济技术开发区、曹妃甸工业区、南堡化工园区、京唐港开发区、黄骅港临港化工园区和沧州化工园区等临港产业园区为主体，重点发展钢铁、石油化工、海洋化工、机械装备、建材、粮油加工、远洋运输、海洋牧场、远洋渔业、滨海旅游等临港产业，打造都市圈沿海经济隆起带。二是京津冀北国家示范性生态经济区。以冀北生态经济特别示范区、黄金岛开发为依托，重点发展生态农业、生态工业、生态旅游和现代物流等生态型经济，实施经济发展与生态保护的有机结合，形成经济发展、脱贫致富、生态建设、环境保护的多赢格局，与京津西北县（区）共同打造京津冀都市圈北部生态屏障，并发挥生态经济发展的示范带动作用。三是京石保廊集约型精致经济区。重点发展设施农业和精耕农业，提高土地产出效益和土地就业率；发展石家庄高新技术开发区、石家庄经济技术开发区、保定高新技术开发区、燕郊软件园等集约化程度高的园区经济，提高土地投资强度和产出效益；重点发展高就业容量、可再生资源加工制造型的纺织、服装、制药、食品等传统优势产业，培育壮大电子信息、生物技术和新医药、汽车装备等高技术含量、低资源消耗的高新技术产业；发展区域特色明显、民营经济主导、劳动密集型的县域优势产业集群和块状经济，形成一批全国性的乃至世界级的特色轻型加工制造基地。

其五，实施政策对接。形成统一规范的市场秩序，开放市场，突破体制障碍，合作发展劳务、金融、产权、房地产市场，实现资金、技术、人才、物资间的自由流动，城市间的自由重组，促进优化配置。共同制定区域开发协议和市场规则，加强城市群在硬环境和软环境建设方面的协调。要营造公平、开放和富有吸引力的环境，建立透明、便捷的机制，引导产业分工、转移和调整。一方面，清理现存的法律、法规和规章，消除形形色色的阻碍产品和要素流动的政策与技术壁垒，拆除市场藩篱，优化市场环境，促进生产要素的自由流动与优化组合；另一方面，实现技术标准、环保标准、认证体系及标准的统一。

五　综合配套改革：破解体制机制障碍优化发展环境

建设沿海经济社会发展强省，破除体制机制障碍是关键，优化发展环境是保障。而理顺体制机制关系，应该包括内部机制和外部机制两个方面的内容。

（一）外部机制：建立京津冀区域一体化合作机制

关于京冀合作。以首钢整体搬迁和河北整体承接大型项目为标志的京冀成功合作，拉开了京冀地区全面的、实质性合作的序幕，合作前景十分辽阔。

关于冀津合作。由“竞争大于合作”开始转向“合作大于竞争”。这里有几个问题需要关注：一是要重新认识天津，要了解天津的发展战略，了解天津手中的优惠政策，了解天津最新的合作意向；二要推动谋划冀津两地合作布局总体规划；三要在信息、科技、金融、港口、节能降耗、海洋资源综合利用等方面寻求与天津进行实质性合作；四是建立冀津两地高层领导协商沟通制度和区域协调发展机制。

关于建立区域经济协调发展的机制。主要包括，（1）区域共增机制，是区域协调的内在动力机制，形成于区域经济的互补性、规模经济和交易成本机制。(2) 区域传递机制，是区域间或区域内部地区间衔接、传输、传导机制。以此促动经济发展的某些因素相互波及、影响而使区域结构发生变化的过程。区域传递机制建立在区域内部性外部化和区域外部性内部化的基础之上。(3) 区域利益协调机制，是从区域整体利益出发对区域内各次区域或地区间分工合作的经济利益进行协调的机制。一方面，坚持机会均等、公平竞争的原则，为区域内各地区发展创造一个公平竞争的环境，使各地区具有同等的发展机会和分享经济利益的权利，能在相对公平的外部环境中展开竞争；另一方面，要根据利益兼顾、适当补偿的原则，对参与区域分工和合作而蒙受损失的一方，或因缺乏自我发展能力而处于缓慢增长状态的落后地区，通过多种途径在资金、技术、人才和政策上给予一定的支持和相应的补偿。

（二）内部机制：积极推进省内综合配套改革

要抓住和推进关键领域和关键环节的改革。着力推进行政管理体制改革，转变政府职能，优化组织结构，加快公共财政体制建设，有效提高经济调节和市场监管的水平，强化公共服务和社会管理职能，为落实科学发展观、转变发展模式、建设沿海强省消除体制机制障碍。

一是深化行政管理体制改革。主要是围绕转变政府职能和整合政府资源展开。转变政府职能的核心是切实发挥市场在配置资源中的基础性作用，能够通过市场办的事由市场竞争的体制去解决，使之作为政府公共政策的基础。同时，要加强市场监管。整合资源的重点是促进政府资源的综合运用，提高行政效能，包括部门之间资源的整合、市区街道资源的整合、政府资金使用的整合、政府信息资源的整合等。

二是深化经济管理体制改革。主要是围绕产权制度的完善和交易费用的降低展开。完善产权制度就是要保护好各方面的合法权益，激发各种经济主体的创造性和积极性。降低交易费用实际上是降低社会成本，这是抢占竞争制高点的重要内容。主要是完善产权交易市场、资本等各种要素市场等。此外，降低交易成本还要推进社会诚信制度的建立，发达的社会中介组织的形成，高效运作的公共信息平台、公共技术平台和公共服务平台的建设等。

三是深化社会事业管理体制改革。主要是围绕公共服务供给机制的多样化和事业单位制度创新展开。提供公共服务是政府的基本职责，但这并不意味着一切公共服务都需要政府直接组织生产。政府提供公共服务有三种基本形式：直接投资（财政投入）、购买服务、通过公共政策来动员社会资源投入。公共服务的供给主要应在后两方面大做文章，这不仅是节省财力，更重要的是有利于形成公共服务供给的良性机制。事业单位制度创新主要是法定机构制度、管办分离制度、合约管理制度等，逐步建立“以事定费、以费养事”的公共服务供养新模式。

四是推进社会管理体制改革。主要围绕社会活力和社会稳定两个方面展开，实现社会活力、社会稳定和社会和谐的统一。要加大对信访体制、应急机制、执法机制、社会救助机制、社会沟通协调机制的综合性研究，形成政府管理和社会调节互动的社会管理网络。要将非政府组织（NGO）纳入公共治理的框架和政府依法管理的轨道。要在经济管理和市场秩序方面充分发挥社会中介组织的作用。

要努力建设责任、法治、服务、廉洁和高效政府，为建设沿海强省营造良好的环境。

一是以推进公共服务改革与创新为手段，努力建设服务型政府。推进公共服务改革与创新，是适应公共需求不断增长提高政府公共服务效率和水平的迫切要求，是执政体制改革与完善的重要内容，也是“执政为民”的科学内涵的生动体现。推进公共服务改革的本质在于实现治理模式的根本转变，确立起公众导向的全新服务理念、服务方式和服务机制。建设服务型政府不等于提倡“行政不作为”，而是为了创造良好的“洼地”、“湿地”效应，从而为公众提供更好的服务。近几年，我省积极推进行政权力公开透明运行和以“提质、提速，为人民、促发展”为内容的机关效能建设，在省内取得显著成效，在国内引起良好反响，应该坚持下去，形成长效机制。要积极推进第四轮行政审批制度改革，进一步清理规范非行政许可审批事项，实现审批的法定化和标准化，不断完善相对集中的行政审批机制。创新政府公共服务手段，加强行政服务大厅建设，提高政府公共服务的质量和效率。积极探索“网上审批”，全面加快电子政务建设，以现代信息技术手段促进政府服务理念和方式创新，更好地为人民群众、企业和社会服务。

二是加强民主法制建设，不断提高政府民主执政和依法执政的能力与水平。积极适应公民社会的要求，努力采取措施充分保障公民依法行事和参政议政的权利。制定并颁布实施各级政府重大决策公示暂行办法，对于涉及城乡长远发展和人民群众重大利益的事项，应认真听取各方意见和建议，严格履行听证、公示程序。充分保障公众参与政府重大公共决策的权利和机会；积极邀请人民代表审议政府工作报告，进一步拓宽人民参政议政的渠道；通过开通“直通车”服务，开展各级领导接访日活动，建立并完善政府公共关系工作体制机制，建立健全政府新闻发布制度，健全政务公开制度和重大突发事件报道快速反应机制，最大限度地保障人民群众的知情权，进一步拓宽政府与人民群众的沟通渠道，增进政府与社会的互动，加快“透明”政府和“阳光”政府的建设步伐。公民社会是法治社会，要充分发挥法律对社会生活的规范、调整和引导作用，以法律为准绳处理各种矛盾纠纷。积极改进政府立法工作，增强立法工作的前瞻性和计划性，进一步完善公众参与立法的机制、程序和方法，提高立法质量。完善行政许可实施配套办法，实现全省行政许可实施法定化。更加重视社会管理、公共服务和民计民生方面的立法，夯实构建和谐河北的法治基础。

三是探索开展政府绩效评估工作，努力建设责任政府。建设“政府绩效评估系统”，凡政府重大工作、重大政策、重大改革、重大投入在出台实施一段时间后，都要对落实情况和效果进行评估。可借鉴外地做法，建立行政监督联席会议制度和行政违法违规问题移送制度，完善行政监督链条，对重大投资项目审批实施专门的电子监督，加强行政监察。落实重大事故和重大事件行政机关责任检讨制，推行部门责任“白皮书”制度。推行“责任风暴”和“治庸计划”，在健全行政责任体系的基础上，实行更加严格的目标管理、更加严格的绩效评估，更加严格的督查督办、更加严格的责任追究，努力建设一个对人民负责、让人民满意的政府。

四是加快建设高效政府，着力提高政府工作效率。加快构建科学合理、精简高效的政府架构。借鉴外地做法，可依照市政府负责政策制定和宏观决策，县（区）政府负责组织协调和监督检查，乡镇（街道）负责具体执行和事务处理的总体思路，进一步理顺市、县（区）、乡镇（街道）事权划分，转变政府职能，推进行政资源下移，管理重心下移，加快建立起分工明确、授权合理的无缝化纵向公共行政管理链条。借鉴先进管理模式，逐步理顺和界定不同部门间的职能分工，重点解决政府系统内部职能交叉、责任不清、事权分离和管理真空等突出问题。大力推进以部门主办责任制、联席会议制度、行政执法协调机制为重点的部门间协调沟通工作机制建设，有效解决跨层级、跨区域、跨分管领域和跨部门的问题，减少行政资源内耗。

与此同时，要努力搞好市场环境、法制环境、生态环境、人文环境建设。尤其要大力培育与弘扬和谐文化和以“坚韧质朴、重信尚义、宽厚包容、求实创新”为主要内容的新时期河北人文精神，进一步激发全省党员干部群众振兴河北的热情，让建设沿海强省成为全省上下的自觉行动，进而全力推进河北沿海经济社会发展强省建设，谱写出我省经济社会又好又快发展的新篇章。

转变发展方式：重要方针重大影响*

（2007 年 7 月 31 日）

●**对话背景**：6 月 25 日，胡锦涛同志在中央党校发表的重要讲话，深刻阐述了事关党和国家工作全局的若干重大问题，引起了全社会的强烈反响，讲话中的一些新的提法，比如转变经济发展方式，更是受到了高度关注。那么，转变经济发展方式的内涵是什么？它和我们过去常说的转变经济增长方式有哪些根本不同？这一战略的提出有着什么样的重要意义？一种好的经济发展方式应该具备哪些特征？我省目前转变经济发展方式的重点是什么，方向何在？日前，本报邀请三位专家，就这些问题进行了分析和探讨。

●**主持人**：安人和　吴宏爱（本报记者）

●**对话嘉宾**

周文夫：省社科院院长、教授

颜廷标：省社科院财贸所所长、研究员

王晓海：省委党校发展战略研究所所长、研究员

一　一个全新的、具有重大理论和现实意义的战略思想

记者：6 月 25 日，胡锦涛总书记在中央党校发表重要讲话，深刻阐述了事关党和国家工作全局的若干重大问题。其中，在谈到促进国民经济又好

* 本文发表于《河北日报》2007 年 7 月 31 日。

又快发展时，总书记强调关键在于转变经济发展方式，这被专家学者认为是一个全新的重大战略。请问，提出这一论断的意义是什么？

周文夫：正如胡锦涛同志在讲话中所说："转变经济发展方式，是在探索和把握我国经济发展规律的基础上提出的重要方针，也是从当前我国经济发展的实际出发提出的重大战略。"与过去强调的转变经济增长方式相比，转变经济发展方式的内涵更加丰富，现实针对性更强，可以说是一个全新的、具有重大理论和现实意义的战略思想。

从理论上讲，提出转变发展方式将原来一直倡导的转变经济增长方式的内涵扩展到包括经济增长、环境保护与可持续发展、人与人之间和谐等方面，是全面协调的发展，也是科学发展观的直接体现与实现途径。如果只讲转变经济增长方式，显然包含的内容过窄，追求的目标与人类发展的最终目的有一定的偏差。所以，提出转变发展方式在理论上的意义极其重大和深远。

从实践上看，提出转变发展方式，对解决我国目前发展中的问题特别是解决一些实践中的误区有着重要意义。对于新型工业化道路、转变经济增长方式，不同的地区、不同的领导者的解读是不同的，在现实发展中也会出现一些偏差；还有的虽然能够正确理解，而且也在转变经济增长方式，但对经济发展中其他方面关注不够，导致环境污染、社会分配不公等诸多问题。提出转变发展方式，使人们对发展内涵的理解更加全面和科学，对实践的指导性更强。

王晓海：我觉得，我们还应该从经济社会发展理论体系建设的高度来认识提出转变经济发展方式的重要意义。

从大的方面讲，一个完整的经济社会发展理论，应该包括发展观念、发展战略、发展方式三个层面。这三个层面必须有机统一，缺一不可：观念决定战略和方式的选择，战略和方式保证观念的落实，而发展方式又可以说是最终的决定因素。那么，让我们看一看党的十六大以来我们党一系列的重大理论创新成果。显然，科学发展观的提出，为更好更快发展提供了认识论指导；构建和谐社会、建设社会主义新农村、建设创新国家等则指明了战略方向和路径。与之相适应，转变经济发展方式，则为更好更快发展、坚持与发展中国特色社会主义提供了方法论指导。从这个意义上讲，转变经济发展方式这一战略的提出，使我们党关于经济社会发展的理论体系更加完备。其意义自然也就极为重大。

二　从转变经济增长方式到转变经济发展方式绝不是简单的表述上的差别

记者：在一些人看来，转变经济发展方式和转变经济增长方式只有两字之差，但实际上并非如此。那么，二者在内涵和外延上究竟有什么不同？转变经济发展方式对我们提出了哪些新的任务和要求？

颜廷标：经济增长与经济发展，经济增长方式与经济发展方式的区别，不是一个简单的学术术语之分或学术概念之争，而是有着质的区别。

其一，经济发展方式的内涵更加丰富。经济发展方式包含经济增长方式，但是经济增长方式却没有包含经济发展方式的全部内容。经济发展不仅要求有数量增加，而且要求有结构改善和质量提高，不仅包含经济增长方式，而且有结构、质量、效益、环保、消费行为、人与自然的关系、人与人的关系等方面的内容。其二，转变经济发展方式的要求更高。经济发展其实是一个包括经济发展本身以及与经济发展相关的其他方面内容的概念。明确提出转变经济发展方式，适应了建设“四位一体”现代发展体系的客观需要，要求我们在转变经济发展方式时，不但要遵循经济发展规律，而且要重视经济发展与社会发展、人与自然关系的和谐发展、人自身发展的协调统一。其三，从组合方式讲，发展方式比增长方式也复杂得多。经济增长方式有两种：一是通过增加资源投入和消耗来实现经济增长，即粗放型增长方式；二是通过提高资源利用效率来实现经济增长，即集约型增长方式。转变经济增长方式，就是从粗放型增长方式转变为集约型增长方式。而发展方式是涉及经济增长、环境保护、可持续发展、消费行为、文化、人与人关系等多方面的组合方式。它的组合方式——也即发展方式要比增长方式复杂，它是由涉及的多个方面因素组合而成的方式，每个因素都对经济发展产生影响，其组合类型显然要复杂得多。

记者：从理论上讲，一种好的经济发展方式应该具备哪些主要特征？

周文夫：从总体上说，好的发展方式应当具备以下几个特征。

首先，发展的目的是长期的良性发展。经济发展本质上要讲效率优先，这种效率是指全局的、综合性的、经济长期发展的整体效率。转变经济发展方式应该是：在提高资源利用效率，构建合理结构，协调人与自然、人与人和谐发展的基础上，加快发展。从这一角度讲，转变经济发展方式必然是长期考察的良性发展，而不是陡升陡降、大起大落的发展，也不是追求一时一地的快速发展，而是一种长期良性循环的可持续发展。

其次，发展中涉及各方关系是和谐的。经济发展方式的转变意味着在经济增长的同时，要照顾到这些方面，包括经济发展、社会发展、环境协调、人与人关系协调等。当然，这不表示这些方面是齐头并进、力量平均的，但这些方面的关系应该是协调的，不能有大的失衡与大的冲突。

最后，发展的主要动力是由技术驱动的。转变经济发展方式，解决增长中带来的环境、资源、社会方面的不协调问题，不同的国家和地区有不同的方式。但从率先实现工业化的国家的经验来看，解决向后工业化过渡时期“增长极限”问题的重要手段之一，就是科技进步与自主创新。这个手段是转变粗放式经济发展方式，缓解和解决经济发展与环境资源矛盾的最便捷、最经济、最可行的途径，也是转变经济发展方式需要最重视的。

三　我省转变经济发展方式：最根本的是选择好建设沿海强省的路径

记者：对于一个国家或地区来讲，发展阶段、产业特征、目标定位等方面的不同，要求采取不同的发展方式，这决定着转变经济发展方式的重点和内容。对于河北来讲，目前我们转变经济发展方式的总体思路是什么？

颜廷标：转变发展方式，对不同的国家和不同的区域其内涵是不同的；经济发展方式的转变涉及各个方面，每个区域的发展格局差异很大。所以，就发展方式转变来看，也是要考虑多个方面的因素，重点是考虑发展方式转变的目标，由我省特殊性决定的重点工作内容，以及不同阶段的重点方面等。

目前，对我省而言，转变经济发展方式当然有许多技术层面的要求，比如：产业和产品结构调整、发展循环经济、加快科技创新，等等。但在我看来，目前最根本的是要选择和确定建设沿海强省的最佳路径。因为，发展路径不但不是唯一的，甚至往往没有对与错之分。但对于一个特定区域、特定时期而言，发展的路径虽不是唯一的，但最佳路径可能是唯一的，所以必须加以选择。而这种路径的选择，则从根本上决定着具体的经济发展方式。

周文夫：我省转变经济发展方式，很重要的一步就是要抓住主要问题，以主要问题的解决带动经济发展方式转变。从目前看，最重要的就是利用我省的比较优势加快发展。利用比较优势加快发展其实是消耗资源最少、效率最高的发展方式，是我们必须坚持的原则。我省优势很多，但目前最大的优势是沿海优势，是沿海区域开发潜力巨大而又面临重大机遇的优势。所以目前的重点，就是要打造沿海经济隆起带，将港口做强、产业做优、城市做大。港口怎样做强？主要是建立结构合理的港口体系，按照港口发展的逻辑次序，尽快提升港口功能，增强港口辐射能力，加强港口腹地网络建设。产业如何做优？主要是对产业发展的逻辑次序统筹规划，合理发展，划分层次，突出重点产业，要大力发展循环经济，使沿海经济隆起带成为科学发展的典范。城市如何做大？主要是规划先行，高标准规划与设计，超前谋划港口城市现代服务业发展。

记者：具体而言，我省进一步加快发展方式转变必须把握哪些重点？

王晓海：我省转变经济发展方式首先还是必须坚持以发展为第一要务。这一点看似老生常谈，其实很有进一步强调的必要。因为正如前面所说，转变经济发展方式无论在内容上、需要处理的关系上，还是在具体操作上都更加复杂，也更加困难。这就有可能让人们忽视经济发展的基础性作用。因此必须强调，转变经济发展方式，应以加快发展为前提和目的。

从全省目前经济结构和产业结构特征来看，转变经济发展方式还必须高度重视两个问题：一是产业结构调整问题。我省以资源型工业或重化工业为主的产业结构，客观上形成了高耗能行业比重大、原煤消费比重高、能源转化效率低的特点，节能减排任务艰巨，还存在大量的“高投入、高消耗、高排放、不协调、难循环、低效率”的问题，必须通过长期努力，认真解决。二是一个同样重要但容易被忽视的问题。这就是要高度重视作为我省基础支撑的县域经济发展方式的转变，尽快改变我省大部分县域经济发展方式陈旧，产业结构和产业竞争力、经济实力薄弱的局面。特别是要推进县域经济由封闭型、半封闭型向开放型、借助型转变，由自我滚动型向整合拓展型转变，由分散发展向园区发展、集约式发展转变。

创新工作思路　服务科学决策

——在 2007 年全国社科院院长联席会议上的发言

（2007 年 9 月 17 日）

“十一五”时期，是河北省大力推进更快更好发展、构建和谐河北，实现建设沿海经济社会发展强省宏伟目标的重要发展期。在河北省新的历史发展进程中，我院作为全省重要的综合性哲学社会科学研究机构，必须以创新、务实的精神，对未来自身建设的一系列重大问题做出战略性调整，义不容辞地承担起哲学社会科学的社会历史责任，在服务科学决策、推进河北发展的同时，把自己的事业做大做强。

一　创新观念：树立以服务决策和增强效能为核心的发展观

2006 年，我院领导班子作了重大调整。新一届班子上任后，本着创新务实的精神，组织编制院“十一五”发展规划。编制过程中，在全院范围内开展了“同心谋划‘十一五’，我为发展献一策”活动，其间召开了多次不同层面的征求意见座谈会，全院上下对于制约发展的突出问题和矛盾有了更加清醒的认识。归纳起来主要有：科研成果水平、人才队伍状况不适应我省经济社会更快更好发展和繁荣哲学社会科学的需要，有重大影响的精品成果还不多，成果的转化率不高，基础研究力量薄弱，经费投入不足，人才引进困难、流失严重，队伍整合不力、综合竞争力不强；基础设施和科研条件不适应出成果、出人才的需要，设施功能划分不尽合理，主体建筑旧损，科研经费投入存在结构性缺陷、效益发挥不够充分；制度、机制、管理不适应自身建设的需要，管理理念和机制创新不够，执行政策规定不够刚性有力，激励约束机制尚未全面建立起来。规划的编制过程也是思想观念激烈碰撞的过程，通过认真讨论，广大干部职工对我院未来发展的一系列关键问题逐步理清了思路、达成了共识。党组集全院同志智慧，提出了未来五年的办院方针、工作总体要求和发展目标。

新的办院方针是“为省委省政府决策服务、为全省经济社会发展服务、为基层服务”；总体工作要求是“出成果、出人才、出效益”；五年奋斗目标是：经过五年的努力，将我院建成“省级一流、国内知名”、在学术界和社会上有广泛影响的综合性哲学社会科学研究机构，成为省委、省政府信得过、用得上的思想库和智囊团，进入全国省级社科院的先进行列。

“三个服务”的办院方针，把为省委、省政府决策服务作为首要任务，突出了哲学社会科学的“服务”理念。我们认为，哲学社会科学研究基于实践，更应该走在实践的前沿，研究工作只有投入经济社会发展的实践之中，才能显现出自身的重要价值，也只有自觉主动地服务于省委、省政府中心工作和全省经济社会发展实践，才能获得强大的生命力，这是我们确定以“三个服务”作为新的办院方针的重要依据。落实“三个服务”的办院方针，有三个层面的具体要求：一是要使研究成果在为省委、省政府中心工作服务中转化为决策和政策；二是要使科研成果在为全省经济社会发展服务中转化为规划、策略、办法；三是要使科研成果在为基层服务中转化成现实生产能力和经营管理手段。

之所以提出“三个出”的总体要求，我们考虑，科研工作必须要体现“效能”原则。出成果、出人才是社科院的职责所在，出效益是出成果、出人才的重要评估标尺。出效益的观点提出后开始大家有不同理解，经过认真讨论认识逐步趋向一致。所谓出效益，主要是指社科研究成果的转化。就是要使我们的研究成果在省委、省政府的工作中，转化成战略、决策；在全省经济社会发展中，转化成规划、策略、办法；在为基层服务中，转化成现实生产能力，提高经营管理水平。出效益的第二层含义是核算科研成本。有投入就要有产出，如果投入进去没有产出，或投入和产出不成比例，也就谈不上出效益，科研生产也是如此。尽管目前对社会科学成果的效益评价问题颇感棘手，但是既要重视经济效益又要重视社会效益的评价，这个思路已经得到了认同。出效益的第三层含义是，通过智力投入，通过行政后勤服务，创造财富，改善工作和生活条件，提高干部职工的福利待遇。待遇上不去，无论是留住现有人才还是招引外来人才，都很困难。事业留人、待遇留人、感情留人，三者都要有，但待遇留人不能被忽视。作为一个单位，三百多号人，不考虑内部收入分配的问题是不现实的，也是不负责任的。但如果把出效益简单地理解为鼓励一切工作、所有人员一门心思去赚钱，也是片面的。把出效益简单地理解为出租几间办公用房挣点小钱花，也不是正道。科研单位要靠做自己的本行来赚钱，通过抓大题、做咨询获得应得的利益，才是出效益的长远之计。我们理解，出成果、出人才、出效益三者是一个统一的整体，应该兼顾起来看，最终的落脚点要放在搞好“三个服务”、发展和繁荣哲学社会科学事业上来。

关于五年奋斗目标，我们提出了八个方面的评估指标，增强了目标的可比性和可操作性。这八个指标是：建立起在全国地方社科院有广泛影响的科研创新体系；建立起优长和特色突出的重点学科群，重点学科精品成果的贡献率，国家级、省级及其他横向课题的增长率进一步提高；承接重大课题的能力有新的增强，科研人员争取国家级、省级及其他横向课题人均项目和经费进一步增加；科研成果的质量有较大幅度提高，人均精品成果数量、科研人员在权威报刊及核心期刊发表论文的数量明显增加；行政后勤管理队伍整体素质有较大幅度提高；科研经费投入逐年增长，财政投入增长和资金效益明显提高；科研资源配置进一步优化，科研工作条件、信息化服务水平迈上新台阶；收入分配制度和激励约束机制更趋公正、有效和完善，干部职工的物质待遇、生活质量有明显改善。

二　创新思路，探索和丰富服务决策的有效形式

我们把实施“服务决策发展工程”列为“十一五”时期着力推进的四大工程之首，在具体工作中主要做了以下七个方面的尝试。

一是加大服务决策研究课题比重。谋划了系列重大课题，组织院骨干力量联合攻关。这些课题主要有：“加快发展现代服务业，推进我省沿海地区城市化建设的对策研究”“建设沿海强省与人才支撑现状评估及对策研究”“‘大滨海新区’框架内：我省沿海地区重点产业培育研究”“沿海经济社会发展强省建设对河北旅游业的影响”“建设沿海经济社会发展强省与国外沿海国家发展经验借鉴研究”“我省与其他沿海先进省份机制、体制比较研究”。目前研究工作进展顺利。已经完成的《科学发展观与沿海强省建设路径选择》《沿海经济隆起带——建设沿海经济强省的必然选择》《做大做强港区经济，加快沿海强省建设步伐》《我省要充分利用环渤海经济圈快速崛起的机遇加快发展沿海经济》等一批成果，反响较好。

二是搭建学术平台，提供智力支持。今年我院承办了三个大型研讨会。2 月，承办了“环渤海经济圈崛起与建设沿海经济社会发展强省研讨会”，省委常委、省委秘书长出席并做重要讲话，与会领导和专家围绕建设沿海经济社会发展强省这个主题，就我省在环渤海经济圈崛起过程中，如何找准定位，借机造势，抢抓机遇，打造沿海经济隆起带，带动腹地经济增长，进而实现河北更快更好发展进行了研讨，研讨会成果上报省领导。4 月，承办了“建设沿海强省的文化支撑与新时期河北人文精神学术研讨会”，省委常委、省委宣传部部长出席会议并做重要讲话，研讨会成果在《河北日报》刊发后产生了良好反响。6 月，主办了“石家庄内陆港发展与建设沿海强省研讨会”，省委常委、省委秘书长又一次出席并讲话，专家学者就我国内陆港发展的现状与趋势、石家庄内陆港的功能定位及其对建设沿海经济社会发展强省的重要意义等进行了深入研讨。三个研讨会推动了对建设沿海经济社会发展强省这一宏伟目标认识的深化，对目标实现的路径选择等问题进行了有益探讨，丰富了我院科研工作服务领导决策的形式和内容，在理论界和决策层都产生了较好反响。

三是发挥咨询优势，服务科学决策。近年来，我院一批应用学科的专家学者脱颖而出，受到省决策层的高度重视。自 2005 年起，省委常委（扩大）学习会议或理论中心组学习，都邀请我院专家学者讲课。2006 年，在省委常委（扩大）学习会议、中心组学习会上，我院两位首席专家分别做了题为“关于我省‘十一五’规划纲要若干重大问题的思考与建议”“关于河北省建设社会主义新农村的几个主要问题”的专题讲座；今年7月，作为省委常委（扩大）学习会议集中学习的第一项内容，我本人做了题为“科学发展观与我们建设沿海经济社会发展强省的路径选择”的讲座，受到了省委书记等领导同志的肯定。通过讲座的形式，我院的研究成果直接提交到了我省最高决策层，同时也提高了我院专家的声誉。

四是围绕构建和谐河北，努力发挥智囊作用。我省第七次党代会报告中河北人文精神“坚韧质朴、重信尚义、宽厚包容、求实创新”十六字表述，内容和句式主要采用了我院上报的建议方案。《影响中国历史进程的河北名人》名人征集和编撰工作圆满完成。名人征集活动列入“河北文化艺术展演”活动，社会各界参与投票13万张，网络点击20余万次，反响广泛。《影响中国历史进程的河北名人》编撰方案经省委书记审定后，组织院内外力量，用半年多时间完成了编撰出版工作。全书收入名人60位，计63余万字。该书坚持学术性与通俗性的统一，对繁荣燕赵文化、弘扬新河北人文精神产生了积极作用。

五是疏通咨情咨政直报渠道。新设立了《决策建议》和《决策参考》两个直报件。《决策建议》主要刊发有关全省重大经济社会发展问题的决策建议，直报省委书记、省长；《决策参考》主要推介我院有重要价值的研究成果或成果的基本观点、研究资料，区别不同情况，直报省级领导或厅局、市县有关领导，辅助领导决策。

六是增强《蓝皮书》的服务功能。进一步做好《河北省经济社会发展形势分析与预测》（蓝皮书）的相关研究及编撰、出版工作。在推介形式上进行积极探索，通过举办新闻发布会、出版座谈会等，进一步做好宣传、推介工作，使其发挥更大的社会效益。重视阶段性研究成果的及时转化，与《蓝皮书》研究相同步，拟举办我省经济社会发展形势分析与预测发布会，邀请院内外、省内外专家主讲，努力打造我省最具权威性的省情形势分析资讯平台，成为省委、省政府主要领导获取决策资源的重要渠道。

七是开展省情调研。拟对基本省情和定点县乡村实行长期跟踪调查，对全省经济社会发展中的现实问题和重大决策实施情况、社会普遍关注的热点难点问题进行调研，在综合分析的基础上搞好情况反馈。

三　创新机制：以抓工程的模式推进服务决策的实施

一是强化实施手段。把系统工程的思路、管理科学理论运用到实际工作中，按照课题式设计、项目式管理、工程式推进、台账式监督的方式组织实施。年初，我们对各项目标任务进行分解，为每一位院领导明确了领导责任，把具体工作落实到责任处室（所、中心），明确工作进度和完成期限，使长远规划变成阶段性任务和具体工作部署。经半年多实践，收到了良好效果。

二是优化科研氛围。努力营造“有事干、能干事、干成事”的科研大环境。增强跑大项目、抓大课题、组织管理协调整体工作的能力，为“有事干”创造必备条件；通过科学合理的资源配置，激发科研潜力，打造“能干事”的科研团队；积极稳妥地推进科研管理制度创新，形成“干成事”的激励约束机制。

三是改善课题管理。进一步强化院在课题资源争取、分配及课题研究协调、组织等各个环节的主导地位，依靠强有力的组织管理，形成集团化的研究优势，推出应用性、思想性、学术性有机统一的精品成果。改革课题立项管理办法，引入竞争机制，实行课题立项招标，为拔尖人才特别是青年人才的脱颖而出提供机遇。筛选具有重要研究价值的选题组建课题项目库，通过政策引导和有效组织，强化课题库的“孵化器”功能，生成持续性的研究资源。去年我们面向全省各级党委和政府、省直部门、大型企业，开展“十一五”期间我省经济社会发展重大研究课题征集活动，在全省引起积极反响。省委、省人大、省政府、省政协的许多领导同志给予了极大的关心和指导，亲自提出选题意见；许多市委、市政府和省直部门的主要领导同志亲自给我院复函，对活动高度赞扬，并表明加强合作的意向。目前我们正在对征集到的课题进行认真分析，为课题建库做准备。

四是完善评估体系。去年以来，我院在总结往年科研成果评估奖励实践的基础上，修订科研管理的有关规章制度，初步形成了以院优秀科研成果评估奖励办法为风向标的精品成果生产体系，直接促进了成果质量的提高，扩大了我院的学术影响。这个评估体系有以下六个方面的特点。

第一，提升发表报刊层次，促进科研精品生产。为了鼓励科研人员提升成果发表层次，我院在新修订的《优秀科研成果奖励办法》中，从学科建设需要出发，发挥各单位的研究优势，以《中国人文社会科学核心期刊目录》和《中文核心期刊要目总览》为基础，选择确定了一类报刊（A、B）目录和二类报刊目录作为奖励对象，引导科研人员在全国权威报刊和核心期刊发表研究成果，促进了我院科研精品的生产。

第二，强化应用对策研究，推进科研成果转化。为了进一步落实“三个服务”的办院方针，对应用对策类研究，特别是为全省经济社会发展提供决策支持的科研成果，在使用上按一、二类报刊档次对待。在评估奖励中将此类成果划分档次，推进成果转化。一是获党和国家领导人肯定批示并转发有关部门应用的成果；二是被省委、省人大、省政府、省政协以文件形式转发的和在省几大班子会议上为省领导班子讲课的成果，获省级领导肯定批示并以省委、省政府办公厅文件转发的成果和获省级领导肯定批示并转发有关部门应用的成果；三是省直有关部门和各市、县党政机关采用并以文件转发的成果；四是被中央领导参阅的中央各部委内刊、求是杂志社《红旗文稿》和中国社科院《要报》采用的成果。

第三，注重会议研讨成果，鼓励高层学术交流。为鼓励科研人员参加学术交流活动，开阔视野，我院对于入选较高层次研讨会的成果，也按优秀成果予以奖励。主要包括入选由中宣部或由中宣部与其他中央部委联合召开的全国性理论研讨会的学术论文，入选由中国社科院召开或由中国社科院与其他中央部委、省（市）联合召开的全国性（含国际性）理论研讨会的学术论文，入选由中国社科院各研究所召开或由中国社科院各研究所与有关部门联合召开的全国性（含国际性）理论研讨会并在大会上发言或被收入正式出版的论文集的学术论文，入选由中央各部（委）召开的全国性（含国际性）本专业理论研讨会并在大会发言的学术论文，入选由省委、省人大、省政府、省政协召开的全省性理论研讨会的学术论文。

第四，重奖院外获奖成果，扩大成果社会影响。对于获得院外优秀成果奖的成果，我院规定对获奖成果重复奖励。对获得“国家社科基金课题成果二等奖”及以上、“省社会科学优秀成果一等奖”、“省哲学社会科学规划研究项目优秀成果一等奖”、“省科技进步一等奖”的成果，按已获奖金的100%追加奖励。对获“国家社科基金课题成果三等奖”“省社会科学优秀成果二等奖”“省科技进步二等奖”“省哲学社会科学规划研究项目优秀成果二等奖”，按已获奖金的50%追加奖励。

第五，实施成果目标管理，激发科研多出精品。为调动广大科研人员的积极性，促进精品成果生产，我院对各研究单位实现“重要科研成果”的数量实施目标管理。各研究所（中心）的在职聘任研究员人数 ×2 项、副研究员人数 ×1 项、助理研究员人数 ×0.5 项之和为本单位每年应实现重要科研成果基数。达到基数给予一定数额奖励，超额完成任务累加奖励。

第六，加强制度配套建设，合力保障精品生产。通过完善配套制度，为精品生产提供制度保障。我院在《河北省社会科学院重点（扶持）学科管理办法》中规定了对重点（扶持）学科考核期内优秀成果、获奖成果的达标数量；2007 年出台的《科研课题管理办法》规定了院重大课题必须100%成为精品，重点课题精品率不低于50%；《科研人员考核量化记分标准》对优秀科研成果给予高分值。这些管理办法中都包含以院优秀科研成果标准为达标的内容，在年终考核、职称评聘、专家申报等具体办法中都含有以高质量科研成果为条件的条款。通过制度间的环环相扣，科研工作朝着高质量精品成果生产的方向迈进。

最后，感谢东道主为大会的圆满召开付出的辛苦和为河北院提供大会交流机会。谢谢大家！

在新入院人员座谈会上的讲话

（2007 年 9 月 28 日）

在双节之间、党的十七大之前，召开 2006 年、2007 年新入院人员座谈会，与大家见个面，互相认识一下。我代表院党组和全院干部职工对新同志来院工作表示热烈欢迎！无论是老同志还是新同志，我们都有一个共同的大目标，就是履行好我们的职责，办好河北省社科院。下面我谈点自己的想法，也向大家提些要求，在今后的工作中共勉。

先讲讲哲学社会科学工作者肩负的重要历史使命。河北省社会科学院的发展正处在一个新的起点上，我院的发展与国家、民族的前途命运，与我省的经济社会发展紧密地连在一起。从面临的国际、国内形势看，我们正处在实现科学发展、建设和谐社会的关键历史时期。和谐发展是时代的主题，中国特色社会主义是指引前进的旗帜，即将召开的党的十七大将对新时期全党面临的形势任务以及党的领导方略做进一步的阐述和部署，我们要认真学习好、领会好。河北省从去年开始实施“十一五”发展规划，省第七次党代会从我省面临的更快更好发展、构建和谐河北两大任务着眼，提出了建设沿海经济社会发展强省的宏伟目标。在这里讲这些问题，不是把事情讲大扯远了。社科院的职能和定位是什么，党中央对此是明确的。今年在中国社会科学院建院三十周年庆祝大会上，李长春、刘云山同志出席会议并讲话，强调中国社会科学院是党中央、国务院直接管理的一支队伍，是马克思主义的坚强阵地，是党和政府的“思想库”和“智囊团”，是社会科学的最高殿堂。这个精神同样适用于全国社科院系统，从这个意义上讲，我院就是省委、省政府直属的社会科学综合研究机构，是省委、省政府的决策研究机构，是马克思主义的坚强阵地，是“思想库”和“智囊团”。刚刚在武汉召开的第11届全国社科院院长联席会议，将服务决策的形式以及科研成果评价机制创新作为会议的主题，会议就怎样为决策发展服务、怎样评价科研成果进行了深入研讨，形成了纪要印发各院并将报党中央。

我院面临的任务是双重的，一是服务决策，二是繁荣河北哲学社会科学。我院就是河北省社会科学的最高殿堂，与相关各部门相比，无论学术研究水平，还是学科门类设置，我院都具有优势。从专业技术职称评定工作看，河北省研究系列的高级评委会就设在我院，最高殿堂之称应该是当之无愧的。

在座的同志有的来自省外院校，但多数人的家乡或者第二故乡在河北。来到河北，就要热爱河北、建设河北、发展河北，与河北人民共享发展成果。在座的同志占到了我院现有编制的十五分之一，这是个不小的数字。你们多数是“80后”，相对我们来说，是下一代人，你们这批人是一个梯队，有些重要任务逐渐要落在你们肩上，你们肩负着未来艰巨的使命。现在你们已经走上岗位，就要做好心理准备、知识能力的准备和研究能力的准备，为将来承担起这个使命打好基础。

我们是决策研究机构，本身就有为省委、省政府服务的责任和义务。在省委、省政府确定了建设沿海经济社会发展强省这个奋斗目标之后，对社会科学、社会科学院的重视程度在逐步提高，主要体现在让我院的研究人员参与省委、省政府的一些决策研究过程，我们也在积极向这个方面靠拢，在做这个服务平台。比如直报件，还有我院的蓝皮书——《河北省经济社会发展形势分析与预测》，我院还准备在此基础上，召开经济形势分析会，请省委、省政府领导和有关部门参加，把蓝皮书的成果介绍给大家。还有，今年以来，我院搞了四次论坛，一是“环渤海经济圈崛起与建设沿海经济社会强省研讨会”，省委常委、秘书长张力同志到会并讲话，《河北日报》刊发了两个版面，省电视台、电台做了报道，会议核心内容报告给省委、省政府主要领导。二是“建设沿海强省的文化支撑与新时期河北人文精神学术研讨会”，省委常委、宣传部部长聂辰席同志出席会议并讲话。三是“石家庄内陆港发展与建设沿海强省研讨会”。四是沧州渤海新区研讨会。另外，我院专家给省委常委（扩大）学习会或理论学习中心组讲课，讲课主题都是省委主要领导确定的，使我院的研究成果直接汇报给了决策层。在开展服务决策研究的同时，我院河北特色和优势的历史文化研究也很突出。如元曲研究，元曲是河北省一宝，在中国文学史上占有特殊地位。还有李大钊研究、燕赵文化研究、新时期河北人文精神研究等，这些领域我们都有一些好的研究成果。新时期河北人文精神研究取得的成果已经写入去年省第七次党代会报告，河北新时期人文精神的概括“坚韧质朴、重信尚义、宽厚包容、求实创新”十六个字就是我院的研究成果。去年我院还搞了影响中国历史进程的河北名人征集活动和相关书籍的编辑，书籍已经出版，在海内外引起较大反响。利用历史知识、文学知识弘扬河北人文精神，宣传河北人文景观、历史人物、历史事件，激发热爱河北、建设河北、振兴河北的热情，争取社会各界对河北发展的支持，这方面我院做了大量的工作。我院在挖掘历史文化遗产方面也做了大量工作。去年以来，河北省搞文化大展演，提出三个口号：第一，东方人类从这里走来。这涉及张家口地区的泥河湾文化，目前正在挖掘开发，已经搞到了第五层，从挖掘出土情况看，此地文化遗址人类的活动有近200万年的历史，而元谋人才170万年的历史，北京周口店是50万年的历史。如果确定泥河湾有200万年的历史，那么东方人类的诞生地可能就是泥河湾。从人类历史来看，认定较早的是东非大裂谷带，那里也不到200万年的历史。第二，中华文明从这里走来。在张家口，炎帝、黄帝和蚩尤帝三帝会盟，这基本上是认定的，所以中华文明源于这里。这反映出河北是草原文化、中原文化交叉、汇聚、融合的地方。建立元朝也是草原文化与中原文化的汇聚；满清入关时，满族的游牧文化又与中原文化融合。所以，河北是文化交融的地方。河北人有着宽厚包容的品质，我们作为河北人，应该感到光荣。第三，新中国从这里走来。平山县的西柏坡是中国共产党进入城市前的最后一个农村指挥部，在这个很小的指挥部里指挥了世界上最大的三次战役，解放了全中国，建立了新中国。这三个“走来”，从历史到现实，文化底蕴非常深厚。党的十六大之后，胡锦涛总书记带着中央书记处的同志，第一站就到了西柏坡，重申了“两个务必”，弘扬共产党人的优良传统，推动现代化建设。我讲的这些都与我院有关，都是我们的研究对象、研究主题，也是我们开展研究的大环境，我们应该自觉地置身于这样的历史积淀和现实基础之中，搞好研究工作。

当前，作为社会科学工作者要把握机遇、有所作为。从全国来说，改革开放最早起步于珠江三角洲，20 世纪 90 年代又发展到长江三角洲。现在，全国的经济社会发展重点开始转移到环渤海地区，成为第三个经济增长点，国内外的视线都开始向环渤海地区集中，这是个总趋势。河北省处于环渤海地区的中心地带，这些年的发展取得了很大成就。河北省在“十五”期间已经完成了“超双一”的任务——财政收入超过 1000 亿元，GDP 超过 1 万亿元。我省的经济总量在全国排名第 6 位，但是，人均水平相对还不高，发展速度还不很快，资源还没有得到充分利用。但我省确实有非常好的发展条件，区位条件、自然条件、腹地条件、区域协作条件、能源条件等都很强。河北省这些年发展还不够快，主客观、宏微观因素都有，需要我们认真研究。省委提出建设沿海经济社会发展强省的奋斗目标，就是要破解这个题目。最近，省委书记张云川同志提出，河北省还要进一步解放思想，现正开展调研。在这样的历史、现实条件下，作为我省社会科学工作者，要做的事情是很多的。这一切都表明，我们面临极好的发展机遇，会大有作为的。当然，做好这一切，首先需要人才，要引进人才、培养人才、留住人才、用好人才。所以，从院里来讲，第一条是事业留人。有事可干，这是最基本的。第二条是待遇留人。省政府给咱们的吃饭钱还是有的，但不富余，需要我们在政策允许的条件下增加效益。社会科学院搞开发创收，要走智力开发的路子，通过做课题、做本行，既锻炼队伍又增加效益。所以，我们评价科研成果，要考虑现实性、超前性、学术性，对现实要管用；同时还要站位超前，拿到省委、省政府可以用来制定文件、制定决策；同时还要有学术性，在刊物上也要能发表，在学术论坛上也能演讲。第三条是感情留人。众多志同道合者走到一起来，就成为一个整体。为了共同的事业，在一起共同奋斗，同甘共苦、互相关心，以人为本、科学发展。有了这三条，我们的人才就不愁留不住，我们的事业也不愁干不好。

最后，我要给大家提四点要求。

第一，加强学习。学海无涯，书到用时方恨少，所以要特别注意加强学习。学习要有针对性，最好是围绕自己的研究课题、研究方向。每位同志都应确定一个初步的研究方向。无论做什么专业，基础知识一定要学好，如搞经济学的，外语、数学（模型、公式）都要学好。在学习业务知识的同时还要学习政治理论，不能说我是搞经济学、文学、历史学的，就不管政治了，那是不行的。政治和业务是分不开的，特别是搞社会科学研究工作，要寻求思想政治的进步，要讲“八荣八耻”，要完善自己。在向书本学习的同时，还要向老同志学习，更要向实践学习。

第二，爱岗敬业。干一行、爱一行、专一行；只有爱上这一行，才能扎扎实实地做好自己的工作。

第三，求实创新。创新是研究人员的本分、本色。搞研究如果没有创新，写的东西就都像工作总结、工作报告，那是秘书和研究室的工作。搞好决策服务研究离不开基础理论研究，所以要加强基础理论的学习；同时搞基础理论研究的同志在搞好自身的理论研究之外，也要更多地考虑怎样为实践服务。这次在湖北开会，社科院院长们在一起讨论，得出一个新的认识，基础学科就像“水”，水能载舟，好比基础理论研究深入扎实，水面平稳深厚，能撑起应用学科这个“舟”，如果应用学科缺了基础学科，那么这个“舟”就会搁浅；同样，如果没有“舟”，就无法载人运货，也就形不成直接的经济效益。所以，基础研究和应用研究是辩证统一的。当然，有一部分基础学科的研究不会立竿见影，它的价值不完全在经济效益上。总之，无论是哪一类的研究，最核心的还是要创新，有了创新才能立于不败之地，才能有所作为。

第四，严于律己。要认真对待自己的成长和进步。院党组首先从严格要求自身做起，对议事规则、学习制度都做了修订，还第一次制定了党组成员廉洁自律的规定，要求领导班子成员不与大家争课题，院内课题立项和评奖活动都不参加。这次招聘，大家应该有所感触，我们严格按程序办事，公正对待每一位应聘者。从结果看，被聘用的这些同志，特别是 2007 年这一批，笔试面试加起来全是各个专业的第一名。你们在踏入社会迈出第一步的时候，在省社科院这个环境里，得到了公正的对待，希望大家今后要凭着自己的良知去研究社会问题，要为社会、为人民、为国家服务，尽职尽责，做好自己的工作。希望你们都成才，希望你们对河北的经济社会发展和社会科学的繁荣做出自己的应有贡献。

环渤海经济圈崛起与河北沿海经济社会发展强省建设*

（2007 年 10 月 24 日）

春华秋实。在金秋这个收获的季节，在我院与日本国岩手县立大学建立学术交流关系 6 周年之际，我非常高兴应邀来到贵校美丽的校园做客，这是我出任中国河北省社会科学院院长后的首次出访地。我代表中国河北省社会科学院代表团一行，诚挚地感谢校方的盛情款待和为这次学术交流活动所做的精心安排。借此机会，我想就中国环渤海经济圈崛起与河北建设沿海经济社会发展强省的相关问题与在座的学界同仁进行探讨，以期推进研究的深化。

当今中国，经过近 30 年的改革开放，已经成为世界经济最为活跃的区域之一。中国经济的腾飞，起步于珠江三角洲，发展于长江三角洲，将继续推进于环渤海地区。河北省地处环渤海地区中心位置，环抱首都北京和北方经济中心天津两大都市，在环渤海经济圈崛起的历史进程中，将发挥举足轻重的作用。进入 21 世纪，河北省转身面向大海，抢抓新机遇，打造新优势，谋求新发展，近年提出了建设具有实力、活力和竞争力的沿海经济社会发展强省的宏伟目标。

---

* 本文是周文夫在访问日本岩手县立大学时发表的演讲。周文夫现场回答了听讲者有关中国的对外开放、经济发展、环境保护和媒体宣传等诸多提问，受到来自亚洲、欧美多国专家、教授和师生们的好评。

提出建设沿海经济社会发展强省战略目标的客观依据是：第一，区位优势。环渤海经济圈的崛起，以京津冀为中心，以山东半岛、辽东半岛为两翼，以五省区为腹地，辐射“三北”广大地区。第二，港口优势。河北省曹妃甸港口属钻石级深水良港，天然优势为世界罕见。第三，资源优势。京津冀都市圈内，84.5%的国土面积、65.9%的人口集中在河北省，76%的水资源、91%的煤炭储量、77%的石油储量、93%的铁矿石储量分布在河北；冀东南堡10亿吨储量大油田的发现，为河北区域经济注入了新活力。

这个战略目标的提出，标志着河北省发展理念划时代意义的革命性转变。沿海强省的要义，就是摆脱河北省“东部地区、中部水平、西部观念”的尴尬，图求东部沿海强省的自我认知；就是要将河北省谋求发展的根本出路放在大海之上，坚信“海洋注定会成为孕育强省的摇篮”。

在环渤海经济圈崛起和实现建设沿海经济社会发展强省战略目标的历史进程中，河北省将会做出怎样的路径选择呢？

第一，打造沿海经济隆起带。开发沿海地区是世界各国加快经济发展的普遍现象，范例不胜枚举。如贵国东海道太平洋沿岸经济带，由东京、名古屋、大阪、神户都市圈支撑，东京都市圈面积3.7万平方公里，所占人口为全国的32%，是全日本的金融、贸易、制造业最为集中的地区。从河北省情况看，沿海地区的开发有着巨大的潜力。河北省拥有487公里的海岸线，拥有良好的港口资源，省内秦皇岛港是全国最大的煤炭运输港口，黄骅港、曹妃甸港正处于较快的建设与发展时期。河北省打造沿海经济隆起带，秦皇岛、唐山、沧州三地四港区是主要支撑和希望所在。建设思路是：其一，合理发展重点产业。一是核心产业——现代物流业；二是支柱产业——现代制造业、冶金业、重化工业、现代服务业等；三是关联产业——休闲娱乐服务业、旅游业、中介服务、家政服务等；四是基础产业——政府公共教育培训、社会服务等。其二，对唐山港曹妃甸港区、唐山港京唐港区、黄骅港港区、秦皇岛港区及相对应的工业区、经济区进行科学合理的功能定位。其三，大力发展循环经济，注重海洋环境保护。

在这里需要向各位同仁特别介绍的是位于河北省唐山市的曹妃甸深水港，它“面向大海有深槽，背靠陆地有浅滩”，具有得天独厚的天然优势。

岛前水深 25 米，航道最深处达 36 米，常年不淤不积，被誉为“黄金宝地”。这个港口综合开发潜力巨大，在竞争日趋激烈的国际航运市场上具有极为重要的价值。目前，曹妃甸作为国家首批发展循环经济示范园区，大规模的开发建设正在如火如荼地进行。

第二，走新型工业化道路。目前中国及河北省总体上处于工业化中期，进入这个时期，重工业增长加快是规律性现象。从省情出发，走好新型工业化的道路是摆在我们面前的唯一选择。一是节能减排。强力推进污染减排，着力改善城市大气环境质量，突出抓好环境水污染治理，切实把住环保准入关，努力解决环境问题，推进生态省建设。二是调强调优。淘汰污染严重的企业，鼓励企业技术改造，加快对现有产业的改组。三是科技创新。重点加快发展电子信息、生物、新材料、新能源等优势产业发展；积极完善以企业为主导、以市场为导向、以大学和科研院所为依托、以科技中介服务机构为纽带、产学研有机结合的技术创新体系；重点培育和发展一批高新技术产业园区，促进产业集聚发展；扩大对外开放，加强战略合作。

第三，走新型城市化道路。中国正在编制的京津冀都市圈发展规划，把京津冀都市连绵区界定为“2＋8”城市群，包括北京、天津和我省的石家庄、唐山、秦皇岛、保定、张家口、承德、沧州、廊坊及三省市所属的通州新城、顺义新城、滨海新区和曹妃甸工业新城，总面积 18.34 万平方公里，总人口 8500 万人，城镇人口 3900 万人，城市化水平 52%。其中河北省范围内，总面积 15.4 万平方公里，总人口 4884 万人。在国家宏观政策指导下，河北省应妥善处理好与京津之间的自主与依托、竞争与合作、分工与协作的发展关系，坚持走自主成长道路，以自立谋地位。发展思路是：强力打造石家庄、唐山两个省域中心城市；以曹妃甸和沧州渤海新区开发建设为着力点，突出抓好沿海隆起带建设；全面提升河北省 8 市经济社会发展水平与和谐发展能力，壮大城镇体系；打造秦唐沧外向型临港经济区、京津冀北国家示范性生态经济区、京石保廊集约型精致经济区，优化产业分工。

第四，外联京津，内塑省魂。建立京津冀区域一体化合作机制，主要包括：区域共增机制，形成区域经济的互补性、规模经济及交易成本的区域协调和内在动力；区域传递机制，在区域间或区域内部地区间构建衔接、传输、传导功能，促进经济发展的某些因素相互波及、影响，而使区域结构发生变化，实现区域内部性的外部化和区域外部性的内部化；区域利益协调机制，从区域整体利益出发，实现区域内各次区域或地区间分工合作中经济利益的有效协调。同时，大力培育弘扬和谐文化和以“坚韧质朴、重信尚义、宽厚包容、求实创新”为主要内容的新时期河北人文精神，激发全社会振兴河北的创新和创业热情。

在演讲结束之前，我想就此次岩手县立大学之行谈些感受。岩手县这块人情温厚、适于人居的地方，以及岩手县立大学培养拥有不凡才智、丰富感受力、掌握了高度的专业知识和具有自律能力的人才的宗旨，这一切都给我及我院代表团一行留下了良好而又深刻的印象。胡锦涛主席今年 6 月 19 日在北京会见中曾根康弘先生和由他率领的日中青年世代友好代表团时曾饱含深情地说，中日友好归根结底是两国人民友好，中日青年加深友谊是两国人民世代友好的希望所在，希望两国各界友好人士和友好团体再接再厉，为增进两国人民的相互了解和友谊、为推动中日友好事业深入发展做出新的更大的贡献。河北省社会科学院是河北省政府直属的综合性社会科学研究机构，重点开展河北省经济社会发展重大理论和实际问题研究，同时开展河北特色和区域优势的基础理论研究，是河北省政府重要的决策咨询机构，现有 11 个研究所（中心），专职研究人员 151 名，其中研究员 41 名、副研究员 61 名。长期以来，我院与贵校共同致力于科研交流与合作，双方建立起了深厚的友情。我院前院长李仲华、周振国先生曾先后访问贵校，贵县前知事榴田宽也先生、贵校前校长西泽润一、现任校长谷口诚先生等曾几次来我院访问，他们为两院校间的合作做出了积极贡献。我此次率团来访，希望结识在座的各位同仁，进一步增进友情、扩大交流、深化合作，同时也非常愿意成为岩手县立大学乃至岩手县在河北拓展事业的桥梁和纽带，为中日友好事业深入发展做出新的更大的贡献。

我的演讲就要结束了，我愿意和各位同仁、老师、同学们探讨我们共同关心的话题。谢谢大家！

弘扬冀商精神的时代意义*

（2007 年 11 月 29 日）

区域的发展、兴衰总是由一些重要因素引导的，商帮就是一个影响我国近现代区域发展的重要因素。浙商明清时期的兴盛、新中国成立后的衰落到近十几年浙江令人瞠目结舌的快速发展，徽商、晋商历史上的兴盛、衰落，到今天兴盛轨迹的断裂，无不引起学者的深入研究、官员的比较分析，甚至普通老百姓街头巷尾的议论。

冀商的历史源远流长，在中国商业史上有着辉煌的成就。时至今日，一批县域特色产业的形成与发展壮大无不受到传统商业文化的影响。省第七次党代会提出了“大力发展民营经济，开拓全民创业的新局面”的要求，我们梳理冀商的发展脉络，研究冀商精神的内涵实质，承继冀商的典范商道，对于重铸冀商辉煌，使其成为建设沿海经济社会发展强省的重要力量，有着重要的现实意义。

冀商发展的渊源与脉络

商帮是商人以地缘、业缘与血缘为纽带组合而成的松散群体。一个地区能否出现强大的商帮，是由该地区地理、交通、机遇、文化等因素共同造成的。河北处于南北交会、东西交融之地，邯郸、邺城（今临漳县）等地曾

---

* 本文刊载于《河北日报》2007 年 11 月 29 日。

是多代帝王之都，冀商的形成在情理之中。

其一，冀商历史悠久，河北是中国最早有经商传统的区域之一。早在公元前21世纪夏代，生活在漳河流域的商族人，由于地理位置优越，同其他部落的商品交换比较活跃，成为当时擅长商品交换的民族，后来的“商品”“商人”即由“商”字而来。战国时期，赵国的经商意识和经商之风较之列国更为浓厚，赵都邯郸一度发展为当时国内甚至国际性的市场中心。至汉代，邯郸仍是当时国内著名的商业大都市。

其二，冀商在清末民初达到鼎盛，是中国重要的商帮之一。此时，闯关东的“老呔帮”，连接内外的“张库帮”，亦商亦文的“冀州帮”，辛集皮毛商，安国药商，还有“高阳帮”“武安帮”“天津帮”等，都是河北重要商帮。因河北的特殊区位，不少驰名中外、百年不衰的老字号以及独具特色、备受称赞的名牌，都由冀商开创经营起来。

其三，改革开放后新冀商迅速崛起。改革开放后，借传统文化历史渊源和政策，一批民营企业在燕赵大地迅速崛起，并成为中国经济社会发展的一支重要力量。

冀商形成的诱因与机理

从冀商形成的诱因来看，生活所迫是经商的主要因素。历史上，商人的地位较低，为四民之末，如果不是生活所迫，一般不会外出经商。而外出谋生，一旦发财，随者众多，便成为商帮。同时，良好区位也是重要因素。商帮是以流通为主的松散组织，其特点是大进大出，所以区位对于商帮的形成有重要的影响。此外，文化传统及国家政策都是商帮形成的重要条件。

从冀商的形成与发展来看，既有自然因素，又有人文因素，既有大自然的恩赐，也有后天努力的结果。从冀商各个商帮发展壮大的比较分析来看，商帮由小到大、由弱到强的机理可归纳为以下几点。

其一，在压力与动力的互动中形成。人的潜力是巨大的，艰苦的环境可逼迫人努力向上，不断寻找出路，一有机会，就奋发图强，锐意进取，由谋生的压力而寻找新的出路，进而形成商帮。

其二，由小到大再形成集群。冀商的形成一开始是偶然的，做的是小事，但逐步将小事做成大事，继而扩散、辐射。这也说明，事业无大小，只要有市场，人们有需求，再小的事，也能成就大的事业。

其三，在承继文化传统中创新。一个区域的经济发展具有路径依赖的特征，商帮的形成也是如此。文化传统在商帮的形成中起的是一种既有原发性又有承继性的作用，由文化传统影响人们的行为，人们在承继传统的过程中又不断根据新形势的变化创新与发扬光大。

冀商精神的丰富内涵

商帮的兴盛除了地缘、血缘与业缘关系外，更主要的是由一种精神来支撑的。由商帮精神形成了共同的价值观，引导着人们的行为。商帮精神是经过长期的磨合、培育、提升而形成的，具有不可复制性和持续性，是商帮兴旺发达的重要因素，是核心竞争力。具体来说，冀商精神可概括为以下三点。

其一，锐意进取。即能在人们普遍固守传统、平平庸庸中异军突起，开拓出一片新天地，主要体现在：一是有敢闯敢拼的精神、超前的意识。闯关东“老呔帮”的第一人刘新亭没有在家求稳而是去冒险搞长途贩运，敢闯敢拼的精神成就了事业。二是有勇于创新的思维，在经营中不断创新理念、创新组织方式、创新经销策略等，由乐亭人创立的哈尔滨同记提出的“言无二价”、职工入股、大胆革新等经商方略，在同业中被广为效仿，成为商业史上的一个里程碑。三是有王者气质，摒弃小农意识，勇于致富，惠及全社会，这也是冀商做大做强的必备因素。

其二，义利并举。河北人的性格中，自古以来便渗透着“义”的精髓。保定帮的商道就是义利并举，讲的是四义：诚“义”——选料认真，一丝不苟；严“义”——在人事安排上，量才使用，防止“裙带风”；礼“义”——有一套传统的礼貌经销方法，视顾客为“上帝”；仁“义”——重视职工待遇和福利。义与利既矛盾又统一。只讲义而无利，与经商目的相悖；而见利忘义，只能谋蝇头小利，不会有大的作为。义可以达利。义讲的是信誉，是商业信条、规则，以良好的信誉可以形成稳定的事业网络。长此以往成为人们的行为准则，进而成为一种潜在的制度、规则，影响着商业信誉，也是一种无形的经商要素。重义不轻利，重利不忘义，是冀商的突出特征之一。

其三，亦文亦商。冀商无不将文化教育渗透到商业的发展之中。来自乐亭的“老呔帮”经商致富，随之而来的是冀东一带教育的兴盛。他们把办教育与培养经商人才结合起来，注资办学。进京经商的一些古旧书业巨贾，博闻强记、勤奋好学、著作等身。他们钻研学术，是为了更好地经营自己的生意，而他们的生意经营得好了，在客观上也完成了对我国的古旧书搜集整理和传承。对于他们来说，商似乎是居于第二位的，而对于文化的崇拜和景仰是首要的。这种情怀不仅使他们专注于术业，也最终成就了其商业的辉煌。文与商并举既有社会因素，也有经商的客观要求。从社会因素讲，文与商结合可以提升商人的社会价值与信誉度，这是商人做大事业的应有之义；从经商的客观要求讲，钻研经商技艺、举办教育、研究文化产业发展规律、提高整体素质是商帮向更高一层次发展的必然选择。所以，文与商并举，以商资助文化教育，以文化教育的发展提升商的整体素质和信誉，是冀商发展的又一个重要特征。

弘扬冀商精神的时代意义

其一，弘扬冀商精神，可以在全社会树立锐意进取、全民创业的社会氛围。虽然改革开放已近30年，但我省的社会认知、价值取向与现代市场经济还有较大的偏差，商人的社会地位并不高。植根于人们思想中的商人为“四民之末”的认识并未完全消除。虽然出现了一批以经商致富的民营企业家，但社会地位却不高，社会的认同感不强，所以，在做大了之后往往出现两种倾向：或者小富即安，害怕树大招风，只求稳定而减少了拼劲；或者向政治阶层靠拢，甚至要谋求一个政治待遇，这从另一个侧面说明了商人的社会地位不高。在社会认知中，认为商人的本质是趋利忘义，靠的是投机钻营，不是正当的发家之术，所以为社会所鄙视。作为商人虽然通过勤劳

（脑力的和体力的）致了富，但在众人面前却难以扬眉吐气。弘扬冀商精神，可以逐步改变这种社会认识偏差，激发一批有志之士，提高创业意识，形成全民创业氛围。只有全民都树立起了创业的理念，有了创业的冲动，掌握了创业的技能，全社会以经商致富为荣，沿海经济社会发展强省的目标才能实现。

其二，弘扬冀商精神，提高全民经商的能力，可以弥补我省发展的短腿现状，提高产业整体竞争力。产业竞争力的增强必须具备研发能力、制造能力和营销能力，三者相互配合，相互促进。但我省生产制造能力较强，研发能力和营销能力却相对较弱，特别是营销能力更是我省的短腿。为何近几年我省的农副产品出现卖难问题？为何我省的许多质量优良的产品没有成为名牌，甚至在竞争中败下阵来？为什么同样是农业大省，我省农产品不如山东的竞争力强？深入分析就会发现，我省在营销策略、营销人才、营销网络等方面差距较大。现在消费环境发生了很大的变化，已经过了“酒香不怕巷子深”的阶段，不仅要有强的生产能力，还要有更强的营销能力，才能将产业做大，将企业做强。而弘扬冀商精神，可以学习借鉴冀商的经商传统，树立营销思维，创新营销策略，构建各种各类营销网络，形成产供销研各环节配合、优势突出的产业体系，这是建设沿海强省的重要一环。

其三，弘扬冀商精神，可以促使我省民营企业焕发青春，增添“闯”的动力与发展活力，将我省民营经济做大做强。统计资料显示，从 20 世纪 90 年代初开始，我省个体私营经济的数量和年销售收入一直在全国居于前列，但一直“量大而不强”。在 2005 年全国民营出口企业百强中，河北民营企业无一上榜。我省的民营企业大多为低附加值的产业，高技术企业发展明显滞后。大力弘扬冀商精神，可以激发民营企业的责任感和紧迫感，加快民营经济的技术创新、管理创新步伐，尽快涌现出一批技术水平高、管理水平高、市场竞争力强的民营企业，带动我省民营经济发展进入良性发展轨道。

其四，弘扬冀商精神，可以增强诚信意识，完善信誉体系，谋求更大的发展空间。信誉是经商之本，也是将事业做大做强的必备因素。但时下却出现了许多见利忘义的商人，市场上也是假冒伪劣盛行，坑蒙拐骗不止。这一方面增大了社会发展的成本，另一方面也影响了我省的信誉，已经成为发展的重要障碍。大力弘扬冀商精神，承继冀商的诚信风范，恪守诚信为本，坚持文明经商，构建完善的信誉体系，可以提高区域信用度，减少摩擦和冲突，降低交易成本，为发展提供良好的基础环境。这既是发展的需要，也是强省目标的基本内涵之一。

在院解放思想大讨论活动动员会上的讲话

（2007年11月30日）

今天，根据省委的要求，我结合我院的实际，对我院的解放思想大讨论活动讲三点意见。

一　充分认识开展解放思想大讨论活动的重大意义

解放思想是党的思想路线的本质要求，是我们应对前进道路上各种新情况新问题、不断开创事业新局面的一大法宝，是推动一切工作的“总阀门”。

（1）开展解放思想大讨论是贯彻落实党的十七大精神的重大举措。贯彻党的十七大精神，必须继续解放思想。党的十七大召开后，我院组织了一系列的学习宣传活动。但是随着贯彻落实党的十七大精神的不断深入，我们在服务河北发展和自身建设中，还有许多需要破解的难题。只有解放思想，我们才能深刻领会和运用党的十七大的理论创新成果，才能通过艰苦的研究和探索，找出解决问题的思路和办法。

（2）开展解放思想大讨论是深入贯彻落实科学发展观的必然要求。深入贯彻落实科学发展观，必须着力转变不符合科学发展观的思想观念，着力解决不符合科学发展观的突出问题。开展解放思想大讨论，有利于抛弃经验主义和惯性思维，冲破一切阻碍科学发展的思想体制束缚；有利于把全社会的发展积极性引导到科学发展上来，实现全面协调可持续发展；有利于增强党员干部的世界眼光和战略思维，在更高层次上推进改革开放。

（3）开展解放思想大讨论是进一步推动我院“十一五”规划贯彻落实、服务河北发展的强大动力。实现院“十一五”规划的目标要求，需要我们在解放思想中统一思想。开展解放思想大讨论有利于进一步树立政治意识、大局意识、责任意识、创新意识、精细意识，用新的视角和思路，创新发展理念、发展思路、发展举措和领导方法，着力解决影响我院改革发展的实际问题，不断增强我院科研发展的实力、活力和竞争力。

二　开展解放思想大讨论活动的主要内容和目标要求

《省委关于在全省党员干部中开展解放思想大讨论活动的意见》已经正式印发。《意见》着眼于影响和制约我省科学发展的实际问题，着眼于转变不适应不符合科学发展观的发展理念和发展思路，着眼于进一步推进我省各项事业的发展，提出了五项主要任务。11 月 26 日，省委常委、宣传部部长聂辰席同志在我院提出，社科工作者要在解放思想大讨论中发挥积极作用，一是在全省解放思想大讨论活动中解决思想问题、体制问题、机制问题和工作作风问题上出思路，二是在把解放思想大讨论活动引向深入上提建议，三是在使解放思想大讨论活动联系实际上有一些理性思考。在此基础上，我院制订了《关于在全院开展解放思想大讨论活动的实施方案》。全院党员干部职工要认真学习研究和领会省委《意见》的精神实质，按照聂辰席同志提出的要求，按照院党组的部署，结合各自工作实际，深入研究思想工作中存在的主要问题，明确整改方向和具体措施，确保解放思想大讨论活动取得实效。

在解放思想大讨论中，我院要围绕如何贯彻落实好院“十一五”规划，认真进行五个方面的深入思考：一是院和各处所在落实“三个服务”的办院方针和“三个出”的总体要求过程中，需要破除的思想障碍有哪些；二是实现我院又好又快发展，从制度、机制建设上需要破除哪些障碍；三是在科研工作的组织形式、运作方式上应有哪些创新；四是院行政管理如何体现

“效能”原则，更科学地设置岗位、配备人员，为“三个服务”提供保障；五是各处所、每位同志在履行自己岗位职责上有哪些不适应，如何从我做起，激发潜力，发挥作用，改进工作。要通过对这些问题的思考，找出弥补不足的方法和对策，将全院干部职工的思想行动统一到落实完成“十一五”规划的目标上来。

（1）开展解放思想大讨论要坚持以贯彻落实党的十七大精神为指导，着眼于解决好思想层面的问题，克服陈旧观念和惯性思维，把思想统一到服务河北、促进发展上来。解放思想是个长期的历史任务，永无止境，不可能一蹴而就。当前，开展解放思想大讨论，要紧紧围绕深入贯彻落实党的十七大和省委七届三次全会精神，紧密结合我省和我院各项工作的实际，准确把握我省发展的阶段性要求，充分发挥我院人才智力优势，紧紧围绕又好又快发展和构建和谐河北两大任务，深入开展科学研究，为破除影响河北科学发展的陈旧观念和传统习惯，克服阻碍各种生产要素发挥作用的体制机制，解决干部领导作风和工作作风存在的突出问题，提供舆论引导和理论支撑。在大讨论活动中，作为我省理论工作者和理论先行者的社会科学工作者必须要先学一步、多学一点、学深一层，做好党的十七大提出的一系列新观点、新概括、新举措的理论研究和阐释工作，在全省各界的学习中起到带头和引领作用，回答好社会实践中提出的难点和热点问题，为统一思想、更新观念、创新思路做贡献。

（2）开展解放思想大讨论要坚持以科学发展观统领社科工作全局，着力突破阻碍我院发展的体制机制障碍，把行动统一到服务决策、服务发展、服务基层上来。解放思想就是要在马克思主义指导下打破习惯势力和主观偏见的束缚，研究新情况，解决新问题。年初我们在制定“十一五”规划当中，理出了我院发展面临的突出问题和矛盾，如科研成果水平、人才队伍状况不适应我省经济社会又好又快发展和繁荣哲学社会科学的需要；基础设施建设和科研条件不适应出成果、出人才的需要；制度、机制、管理不适应自身建设的需要等。我们开展解放思想大讨论，就是要围绕这些制约我院发展的矛盾和问题，寻求突破的路径和办法。只有这样才能充分调动和发挥全院干部职工的积极性和创造性，把力量统一到“三个服务”上来。

（3）开展解放思想大讨论要紧紧围绕贯彻落实“十一五”规划，努力把各项工作抓细抓实，把讨论活动落实到出成果出人才出效益上来。胡锦涛总书记在党的十七大报告中提出“繁荣发展哲学社会科学，推进学科体系、学术观点、科研方法创新，鼓励哲学社会科学界为党和人民事业发挥思想库作用，推动我国哲学社会科学优秀成果和优秀人才走向世界”，“营造有利于出精品、出人才、出效益的环境”。省委七届三次全会提出“哲学社会科学界要多出成果、出好成果”，省委书记张云川同志还特别强调社科研究要“围绕学习贯彻十七大精神，破解制约河北发展的难题，出思路、出办法、出成果”。党中央和省委的这些要求，进一步明确了社科院的“思想库”功能和定位，对我们的理论创新、学科建设设定了新的目标，为我们的社科研究指明了新的方向。我院的“十一五”规划提出的四项工程为实现我院发展前景目标提供了有力保障。任务目标已经明确，当前的主要工作是抓好贯彻落实。但从现在的情况看，各单位的贯彻落实情况很不平衡，有的处所已经结合贯彻院的“十一五”发展规划，制定了自己的发展目标和措施，并狠抓落实，工作成效显著。但也有的单位至今还没有动静，谋划工作、推动工作、汇报工作时还是过去的旧路子、老办法，工作没有大的起色；还有的单位形式上也在学习贯彻，但还没有真正理解科学发展观指导下的“出成果、出人才、出效益”的真谛，未能结合自己的工作实际，拿出解决问题、发展自己的切实可行的思路和办法。总之，我们开展解放思想大讨论，就是要突破过去的旧框框，按照党中央和省委的要求抓好“十一五”规划的落实，不但思想上要与时俱进，工作上也要有新的措施和新的成果，切实把大讨论体现到“出成果、出人才、出效益”上来。

三　精心组织，周密安排，确保解放思想大讨论活动顺利进行

开展解放思想大讨论活动，是当前和今后一个时期全院干部职工的一项重要任务。各单位要深刻认识活动的重要意义，务必精心组织，周密安排，狠抓落实。

（1）高度重视，加强组织领导。这次大讨论活动时间紧、任务重、要求高，各单位要给予高度重视，处、所长负总责，分管领导具体抓。方案中的每项任务、每个环节都要落实到人头。单位的领导要带头解放思想，带头转变观念，带头转变作风，以实际行动为本单位的干部职工做出表率。活动既要坚持正面教育，积极引导，也要坚持广开言路，虚心纳谏。活动领导小组要加强督促检查，及时掌握情况，听取各方意见，解决活动中的实际问题，搞好工作指导，保证活动顺利开展。

（2）联系实际，有的放矢地解决问题。各单位要将大讨论活动与搞好当前各项工作、完成全年目标任务有机结合起来，围绕工作实际，深入展开讨论，有针对性地剖析单位和个人存在的问题，制定整改措施，完善规章制度。在查找剖析问题时，要善于换位思考，跳出本单位和个人的小圈子，放眼大局，深入查找问题，积极建言献策。特别是要深刻反思在贯彻落实科学发展观方面存在的突出问题，真正使解放思想大讨论的过程成为转变发展观念、谋划发展思路的过程，成为完善发展措施、加快发展步伐的过程，成为转变发展方式、促进科学发展的过程。

（3）严格程序标准，努力做到不走过场。要按照院《方案》要求，切实抓好大讨论活动三个环节工作。学习动员、征求意见阶段要广泛深入，充分征求本单位干部群众、兄弟单位和各相关人员的意见，并对意见进行认真梳理。对照检查、讨论整改阶段要敢于触及实质，深入剖析不符合科学发展观要求的突出问题，立足于解决问题，进行一次深刻的思想革命。考核评议、总结提高阶段要科学求实，重点评议是否真正树立了新观念，理出了新思路，采取了新举措，解决了新问题，取得了新成效。要严格坚持进度服从质量的原则，努力做到标准不走样、程序不变通、环节不减少，务求取得实实在在的效果。

（4）提倡批评和自我批评，树立良好风气。要倡导民主的风气，营造宽松的环境，让全院党员干部敞开思想，畅所欲言。要充分尊重和保障每位党员的民主权利，形成集思广益、生动活泼的讨论局面。要鼓励党员干部勇于批评、帮助其他同志，同时善于接受其他同志的批评，尤其要多反思自己，要敢于发现和正视自身问题，敢于打破陈旧思想的束缚，推进思想观念的创新。要把开展讨论、查摆问题的过程，作为解放思想、接受教育的过程，达到越讨论思想越解放、越讨论精神越振奋、越讨论视野越开阔、越讨论发展愿望越强烈、越讨论工作成效越明显的效果。

同志们，我们一定要按照省委的部署和要求，认真对待，扎实开展，务求大讨论活动取得实实在在的效果！

在“解放思想大家谈”论坛上的讲话

（2007 年 12 月 12 日）

开展解放思想大讨论活动是省委七届三次全会提出的一项重要任务，是贯彻落实党的十七大精神、促进我省又好又快发展的重要举措。思想是行动的先导。河北与发达地区的差距，表面上看，是经济社会发展方面的差距，深层次的原因在于思想观念上的差距。在新的历史起点上如何加快河北的振兴崛起，最重要、最紧迫的任务仍然是解放思想。解放思想是推动一切工作的“总阀门”。今天的河北已站在新的发展平台上，开启了建设沿海强省的新征程。面对新的机遇和挑战，面对沿海经济社会发展的新形势，面对前无古人的新事业，我们不能“照搬”或“临摹”现成路径，必须大踏步解放思想，用解放思想为我省改革开放注入强大的活力，从解放思想中想办法、找出路、求突破。

解放思想，是党的思想路线的本质要求，是我们应对前进道路上各种新情况新问题、不断开创事业新局面的一大法宝。解放思想是一个长期的历史任务，永无止境，不可能一蹴而就。在河北，解放思想不是一个新话题。但在实践中，我们仍深切地感受到，河北的思想不够解放，胆子不够大，步子不够快，解放思想依然是摆在我们面前的一项重要而紧迫的任务。历史的经验表明，多年来，河北取得的成绩和进步，得益于思想的不断解放。完成现阶段的各项目标任务，更需要在解放思想上有新的境界。这场解放思想大讨论，必将使河北在新的起点上实现新的发展。历史的经验同样表明，大讨论要取得实效，各级党组织科学谋划、认真实施固然重要，但更为关键的是广大党员干部的广泛参与。思想的解放，不仅体现在单位的工作部署中、地方的发展思路上，更体现在干部群众的精神状态和工作作风上。人的思想解放了，工作才有新思路，才有群众的积极性和创造性。在解放思想大讨论中，我们要特别强调求真务实，要将矛头对准自己，把解决问题的路子引向实践，通过深刻的自我剖析和对国情、省情及本单位实际的深刻了解，找到阻碍发展的症结和治病的良方。每一名党员干部都要把个人摆进去，认真查找自己在思想观念上的不足，切实使自己经受一次思想解放的洗礼和社会实践的考验。

解放思想不是最终目的，最终目的是推动工作。不能把解放思想当作一句空洞的口号，当作一个原则性的号召，要有实实在在的标准。要把科学发展观的要求具体化为工作标准，经济发展的标准、社会事业发展的标准、改善生态的标准等，然后对照这些标准解放思想。认识最终还是要回到实践去，包括指导实践与被实践检验两个过程。我们说的解放思想要工作到位，实质上就是用解放思想去指导我们的实际工作，把解放了的思想转换成实实在在的生产力、实实在在的效益。张云川书记在省委七届三次全会讲话中指出，解放思想要在六个方面取得明显成效，即通过解放思想，加快完善社会主义市场经济体制，进一步提高对外开放整体水平，进一步完善区域发展战略，进一步增强全省上下的沿海意识，进一步推进民营经济发展，进一步解决好发展中的人才制约问题。这几个方面是当前影响我省经济社会发展的突出问题，需要通过解放思想、统一思想，进一步破除各种障碍，激发新的创造活力，落实到开拓创新的实践上，使我们省的发展步入更快、更科学的轨道。

开展解放思想大讨论，对我们社科理论工作者也提出了新的任务和要求。胡锦涛总书记在党的十七大报告提出“繁荣发展哲学社会科学，推进学科体系、学术观点、科研方法创新，鼓励哲学社会科学界为党和人民事业发挥思想库作用，推动我国哲学社会科学优秀成果和优秀人才走向世界”，“营造有利于出精品、出人才、出效益的环境”。省委七届三次全会提出“哲学社会科学界要多出成果、出好成果”，张云川同志还特别强调社科研究要“围绕学习贯彻十七大精神，破解制约河北发展的难题，出思路、出办法、出成果”。党中央和省委的这些要求，进一步明确了社科院的“思想库”功能和定位，对我们的理论创新、学科建设设定了新的目标，为我们的社科研究指明了新的方向。我院的“十一五”规划与党的十七大、省委七届三次全会精神和张云川等省委领导同志的要求本质上是完全一致的。我们开展解放思想大讨论，就是要突破过去的旧框框，按照党中央和省委的要求抓好“十一五”规划的落实，不但思想上要与时俱进，工作上也要有新的措施和新的成果，切实把大讨论体现到服务决策、服务发展、服务基层上来，体现到“出成果、出人才、出效益”上来。要在深入贯彻落实科学发展观、紧密结合我省各项工作的实际、准确把握我省发展的阶段性要求上下功夫，着力在破除影响河北科学发展、和谐发展的陈旧观念和传统习惯上下功夫，在克服阻碍各种生产要素发挥作用的体制机制上下功夫，充分发挥自身优势，深入实际、深入基层，增强理论研究的针对性和可操作性，为党委和政府科学决策提供依据和借鉴，为促进河北又好又快发展提供理论指导和智力支持。

在院实施岗位设置管理工作会议上的讲话

（2007 年 12 月 27 日）

经院党组研究决定，今天召开全院中层领导干部会议，主要任务是传达全省事业单位实施岗位设置管理工作会议精神，安排部署我院岗位设置管理实施工作。院岗位设置管理工作领导小组及其办公室成员、各处所党支部书记和部分相关人员也参加了会议。刚才，董葆华同志传达了全省事业单位实施岗位设置管理工作会议精神，杨思远同志宣读了院党组《关于岗位设置管理工作的实施意见》，各部门要认真研究，抓好落实。下面，我讲四点意见。

一　统一思想，充分认识实施岗位设置管理的重要意义

实施岗位设置管理，是贯彻落实党的十七大精神、推动我院人事制度改革深入开展的重大举措，是更好地解决我院历史遗留问题、化解既往矛盾的良好契机，是有效改善长期以来我院“三个不适应”的重要途径。各单位要充分认识实施岗位设置管理工作的重要意义，进一步增强做好工作的责任心和紧迫感。

（1）实施岗位设置管理是激发我院活力的迫切需要。党中央下发的《深化干部人事制度改革纲要》和《关于进一步加强人才工作的决定》都明确提出，事业单位人事制度改革要以推行聘用制度和岗位管理制度为重点，

建立符合各类事业单位特点的人事管理制度，促进由固定用人向合同用人、身份管理向岗位管理的转变。岗位设置管理工作就是要在事业单位建立一种既区别于党政机关，也区别于企业，充分反映专业化服务职业特点的新型事业单位人事管理制度。人事部出台的《事业单位岗位设置管理试行办法》及其实施意见和省委组织部、省人事厅《河北省事业单位岗位设置管理实施意见（试行）》明确要求，在事业单位开展岗位设置管理工作，建立岗位管理制度。这是事业单位人事管理制度的重大改革，是由身份向岗位管理转变的重要一步，是重大的政策调整和制度创新。我院要紧紧围绕国家和省关于事业单位实施岗位设置管理的安排部署，转换用人机制，变身份管理为岗位管理。这是改革我院传统人事管理体制，调动积极因素，增强内部活力，更好地贯彻落实“为决策服务、为发展服务、为基层服务”办院方针的客观要求。

（2）实施岗位设置管理是加快我院收入分配制度改革的迫切需要。这次建立岗位管理制度，不是一般意义上的人事制度改革，而是与收入分配制度改革紧密结合的。按照国家和省里的规定，我院专业技术人员在完成岗位设置和岗位聘用之前，只能按所聘职务对应岗位的最低等级套改岗位工资，待完成规范的岗位设置和岗位聘用后，再按确定的岗位等级执行相应的岗位工资标准。可以看出，实施收入分配制度改革必须以规范的岗位设置为基础，岗位设置工作完不成，相应的岗位等级工资就难以落实到位。因此，我们必须抓紧做好岗位设置和岗位聘用工作，最大限度地缩短收入分配制度改革与实施岗位管理的“时间差”，以保证我院收入分配制度改革的政策落实到位，进而使全院干部职工的切身利益落实到位。

（3）实施岗位设置管理是深化我院人事制度改革的迫切需要。选好人用好人是我院人事制度改革的基本内容。公开招聘制度作为我院选人的一项基本制度，从 2006 年开始，按照公开、平等、竞争、择优的原则在全院实行。实践证明，公开招聘对于创造公开、公正的竞争环境，提高人员素质，促进事业发展，产生了很好的效果。聘用制度作为我院用人的一项基本制度，从 1998 年开始，通过试点、探索和实践，先后进行了三轮聘用制改革，尤其在岗位设置管理方面进行了积极探索。这次实施岗位设置管理既是对过去改革经验的总结提升，又是对改革成效的继续深化。我们一定要立足于我院实际，坚持与时俱进，按照国家和省里的最新部署，全面推进岗位设置管理工作的顺利开展。其中，岗位是聘用的基础，岗位设置直接关系到聘用制度的实现。作为基本管理制度，岗位管理要体现在人事管理的各个基本环节，成为公开招聘、竞聘上岗、岗位考核、收入分配的基础和依据。推行聘用制度，加强岗位管理，必须从规范岗位设置入手，扎实做好基础性工作。

二　突出重点，正确把握岗位设置管理的基本精神

岗位设置管理是事业单位人事管理制度的重大改革和创新，正确把握其基本精神是实施工作的关键。国家和省关于事业单位人事制度改革的总体部署，从三个层面上明确了岗位设置管理的原则性要求，构成了事业单位岗位设置管理的基本政策体系。

第一个层面是国家人事部制定的《事业单位岗位设置管理试行办法》及其实施意见。这两个文件是岗位设置管理的基础性文件，《试行办法》主要对岗位设置管理的原则、权限、程序、范围、类别、等级及监管等方面做出了原则性规定，旨在建立基本制度；其实施意见则对实施中需要解决的基本问题做出具体政策规定，以保证顺利实施。

第二个层面是我省根据国家的《试行办法》及其实施意见，结合本省实际研究制定的《河北省事业单位岗位设置管理实施意见》。该《意见》从我省不同性质、不同类型事业单位的实际出发，对岗位类别、等级、聘用程序和权限、监管等方面做出了明确的具体规定，提出了可行性、操作性较强的指导意见，保证该项工作全面推进。

第三个层面是省人事厅下发的事业单位管理、专业技术和工勤技能岗位设置管理有关问题的说明。这是对《河北省事业单位岗位设置管理实施意见》的细化、具体化，统一规定了不同事业单位管理、专业技术和工勤技能岗位的结构比例和控制标准，以保证同一类型事业单位的岗位设置大体相同。

根据上述三个层面的政策精神，结合我院实际情况，经院党组研究同

意，今天我们印发了我院《关于岗位设置管理工作的实施意见》，它是推进我院工作实施的指导性文件，希望大家认真学习，深刻领会，抓好贯彻执行。同时，还要按照“出成果、出人才、出效益”的总体要求，做到“五个坚持”。一是坚持党管干部和党管人才。按照德才兼备、注重实绩、群众公认的原则搞好岗位聘用，积极推进用人机制创新，不断优化人才配置，努力营造尊重劳动、尊重知识、尊重人才、尊重创造的良好氛围。二是坚持以人为本。遵循人才成长规律，做到科学设岗、人岗匹配，努力从制度上为各类人员创造一个宽广的发展空间。三是坚持公开透明。把公开、平等、竞争、择优的原则体现在岗位设置管理的各个环节，确保岗位设置工作的顺利进行。四是坚持因事设岗。科学合理地设置工作岗位，杜绝因人设事、因人设岗现象的发生。五是坚持积极稳妥。在全面推进岗位设置管理的过程中，要充分考虑单位和工作人员的实际情况，统筹处理好各个方面的利益关系，确保各类人员队伍的稳定。

三　规范操作，严格按照政策规定搞好岗位设置和岗位聘用

实行岗位设置管理，涉及我院人事管理的各个方面，在实施过程中，要全面领会实行岗位设置管理的相关内容，准确把握实施工作的重点环节，严格按规定的程序操作，切实保证岗位设置管理的各项政策规定落实到位。

（1）严格执行岗位设置管理实施范围。国家和省对事业单位岗位设置管理实施范围做了明确规定。我院管理岗位、专业技术岗位、工勤技能岗位上的现有正式在编人员都要纳入岗位设置管理。我院内设机构和人员编制、职称岗位比例已经省编办、职改办核准批复。过程中，院党组和院人事处、科研处、职改办做了大量工作，争取到了省内最为优惠的政策。如，省属科研事业单位高职岗位比例一般小于等于45%，我院争取到55%的最高比例，与“211工程”和拥有5个以上博士点的大学相同，充分体现了省委、省政府对我院的重视、关心和厚爱。对于岗位设置管理实施范围的规定，各单位必须严格执行，不得突破。

（2）认真制定岗位设置有关配套方案。研究制定岗位设置有关配套方案，是实施岗位设置管理的首要环节和基础性工作，必须认真抓好。要立足现状，着眼发展，突出重点，体现特点。要在搞好岗位情况调查和分析的基础上，根据核准的编制数、现有人数和省属科研事业单位岗位设置管理规定的岗位等级、结构比例，按照院《关于岗位设置管理工作的实施意见》，制定好岗位设置方案、岗位设置工作指导意见和岗位设置实施方案。各单位要重点制定好定编、定岗、定责的《三定方案》，为岗位设置管理工作的顺利实施奠定良好的基础。

（3）严格按规定程序申报审核。审核监督是实施岗位设置管理、确保工作质量的重要环节。国家和省制定印发的关于岗位设置管理的一系列文件，对这项工作的申报程序和审核权限做了明确规定，我们要照章办事，严格履行审批程序。院和各单位制定出台的所有方案，都要在广泛征求职工意见的基础上，经院党组审定。重点要看是否严格执行岗位设置管理的有关政策规定，是否按核准的岗位总量、结构比例和最高等级进行岗位设置，是否以现有正式在编的人员总量和结构比例作为基本依据，是否科学可行。岗位设置的有关方案一经核准，就要严格执行。

（4）科学进行岗位设置。岗位设置是搞好岗位聘用的前提和基础，也是一项十分复杂细致的工作。要坚持因事设岗的原则，严格按照核准的岗位总量、类别、结构比例和最高等级设岗。要在岗位分析的基础上，对部门承担的职能、工作任务进行分类，层层分解，落实到每个具体的岗位。管理岗位的设置要立足于增强单位运转效能、提高工作效率、提升管理水平；专业技术岗位的设置要立足于学科发展和专业要求，符合专业技术工作的规律和特点；工勤技能岗位的设置要立足于提高操作技能，提升服务水平，满足单位业务工作的实际需要。要使每个层次的岗位数量、每个岗位的职能配置，都力求做到精简、效能、科学、合理。

（5）切实搞好岗位聘用。岗位设置完成后，要按照核准的岗位数量和设置的具体岗位，认真搞好空岗竞聘、按岗聘用和签订聘用合同工作，这是将岗位管理落到实处的重要保证。这次岗位聘用主要是对现有正式在册人员，按照现聘职务或者岗位进入相应的岗位等级。对现有在册正式人员的结构比例已经超过核准的结构比例的，考虑到这些人员已经聘用到这个岗位并兑现了工资，为稳妥起见，这次仍兑现原聘岗位工资，以后通过自然减员、低聘、调离或解聘等方式，逐步达到规定的结构比例。尚没达到核准的结构比例的，要严格控制岗位数量，根据事业发展和人员队伍状况等逐年逐步到位。

四　精心组织，确保岗位设置管理实施工作顺利推进

实施岗位设置管理是一项复杂的工作，是一件大事、难事和好事。说它是一件大事，因为这项制度的推行，涉及我院人事制度的重大变革，是我院人事制度变革中一个里程碑式的工作。说它是一件难事，因为这项工作的实施，涉及全院 286 名干部职工的切身利益，工作推行中，必然会遇到来自陈旧观念和旧有制度的阻力，会遇到许多新情况、新问题。说它是一件好事，因为这项工作的开展，将进一步增强我院人事管理的科学性，切实做到人尽其才，才尽其用，促进我院各项事业的又好又快发展。因此，各单位要高度重视，统筹协调，严密组织，积极开展工作。

（1）加强组织领导。岗位设置管理事关我院改革发展稳定的大局，必须提高认识，加强领导，层层抓好落实。院岗位设置管理工作，要在院党组和院岗位设置管理工作领导小组的统一领导下进行。领导小组办公室是实施岗位设置管理的综合工作部门，肩负着政策指导、综合调控和监督管理等任务，要认真按照责任分工，扎扎实实抓好工作实施。院属各部门也要成立相应的岗位设置管理工作组织机构，根据有关政策规定，按照核准的岗位总数、结构比例和最高等级，科学设置具体岗位，组织好岗位聘用。特别是部门主要领导要当好“第一责任人”，以高度的责任感、足够的精力、良好的精神状态，严肃认真地抓好落实。

（2）严格执行政策。各部门要认真学习上级关于岗位设置管理的文件精神，严格执行岗位设置管理规定，正确处理好实施过程中可能出现的各种问题。一要尊重广大职工的合法权益，最大限度地调动他们参与、支持改革的积极性。二要坚持以人为本的原则，充分考虑历史原因和客观实际，统筹

协调和妥善处理好各方面的利益关系，切实把广大职工的切身利益维护好。岗位设置管理中涉及广大职工切身利益的重大事项，必须充分征求广大职工的意见，充分考虑大家的意愿。三要加强思想政治工作。认真解决好推进工作中一些人员暴露出的思想问题，保证岗位设置管理工作的稳步实施。四要严肃组织纪律。严格执行干部人事纪律，不准超职数、超级别配备干部；不准各自为政，不服从统一的岗位设置管理；不准传播小道消息，无理取闹，无事生非，干扰工作正常进行。这里需要指出的是，个别同志特别是个别中层领导同志，解放思想的任务还十分艰巨，他拿着市场经济的工资，享受着改革开放的成果，但思想还停留在传统计划体制阶段，有很重的怀旧心理，看不惯与时俱进产生的新生事物，总觉得过去什么都好，现在什么都不好，说三道四，甚至把这种情绪带入工作中，造成局部不良影响。这样的同志很危险，你不觉醒就会被时代淘汰，你违反组织纪律，会被组织所处理。“大江东去，浪淘尽，千古风流人物”，你要觉醒，要跟上时代前进的步伐。总之，我们对严重违纪者要严肃查处，决不姑息迁就。纪检组和监察室对岗位设置工作要实施全程监察。

（3）加快工作进度。全院实施岗位设置管理工作要于 2008 年 4 月底前完成，时间紧，任务重，难度大。各单位要向本单位全体干部职工迅速传达院岗位设置管理工作会议精神，在此基础上，着手进行调查摸底，进一步理清职能任务、内设机构和现有岗位数，为岗位设置管理工作的顺利开展奠定基础。院属部门之间存在的职能交叉和岗位重叠问题，先由分管院领导组织研究、协调，拿出理顺和优化的初步方案，务必将方案于 2008 年 1 月 10 日前交院领导小组办公室初审，然后报院党组审定，争取尽早完成岗位设置管理入轨启动工作。

同志们，岗位设置管理工作是我院深化人事制度改革的重要举措，是优化我院管理机制的良好机遇，意义深远，责任重大。我们要按照全省的统一部署，积极推进，扎实工作，努力完成岗位设置管理工作及各项相关改革任务，为我院的改革创新和事业发展做出新的更大的贡献。

2007～2008年“河北发展蓝皮书”总序

（2007 年 12 月 28 日）

2007 年，党的十七大胜利召开。大会高举中国特色社会主义伟大旗帜，以邓小平理论和“三个代表”重要思想为指导，深入贯彻落实科学发展观，对推进我国社会主义经济建设、政治建设、文化建设、社会建设和党的建设做出了全面部署，为我们描绘了新世纪新阶段的宏伟蓝图。在中共河北省委七届三次全会上，省委书记张云川同志在报告中明确提出，要坚持以党的十七大精神为指导，紧密联系我省实际，努力做到在解放思想上有新进步，在改革开放上有新突破，在科学发展、和谐发展上有新进展，在全面建设小康社会的进程中创造新成绩。报告还进一步明确工作重点和主要任务，完善工作思路和政策措施，着眼提升实力、增强活力、打造竞争力，更加奋发有为地推进我省全面建设小康社会。这些新要求对于把全省广大干部群众的思想统一到党的十七大精神上来，把智慧和力量凝聚到推进我省全面建设小康社会和现代化建设新的实践上来，具有十分重要的意义。

当前，我省正处于改革发展的关键时期，既面临着调整、发展的机遇，也面临严峻的挑战。随着环渤海成为珠三角、长三角之后我国新的经济增长极，我省发展迎来重大的战略机遇。市场经济体制日益完善，我省与发达省份体制性、政策性差异逐步缩小，发展环境得到不断改善。2007 年全省经济预计增长 13% 左右，人均 GDP 在 31 个省区市中居第 11 位，总量居第 6 位。经济结构调整取得明显成效，主导产业的带动作用更加明显，农业内部结构不断优化，投资力度不断加大，发展后劲显著增强，城乡居民收入增长较快，人民生活水平普遍提高。总体来看，我省经济社会发展进一步加快，发展势头进一步趋好，发展能力进一步增强。

但是，我们在看到成绩的同时，更应该看到差距和不足。当前，我省的经济结构还不够合理，经济增长方式还比较粗放。第二产业中，先进装备制造业和高新技术产业的规模偏小，原材料工业所占比重较大。原材料工业产值高，附加值低，耗能高，节能减排的任务十分艰巨。第三产业发展严重滞后，消费和出口的拉动作用不强。市场经济体制不够完善，市场主体的作用发挥不够充分。资源环境约束加剧，资源过度开发的后果开始显现，环境承载能力下降，发展的可持续性受到了挑战。调整转型任务加重，实现又好又快发展的难度加大。经济发展水平与人民群众的需求和期望不相适应，经济质量和效益还比较低，财力供求矛盾比较突出。这些问题和矛盾需要我们在今后的工作中加以研究和克服。

作为省委、省政府的“智囊团”“思想库”，河北省社会科学院不断加大对我省在沿海强省建设中重大理论与实践问题的研究力度，力求为我省经济、政治、文化、社会建设提供智力支持。2007 年，我们先后主办或联合主办了“环渤海经济圈崛起与沿海强省建设研讨会”“沿海强省的文化支撑与新时期河北人文精神研讨会”“石家庄内陆港发展与沿海强省建设研讨会”“沧州港城开发与沿海内地互动发展研讨会”“2007～2008 年河北省经济形势分析会”等多个研讨会，搭台造势，凝聚各方智慧，共同为我省发展献计献策。在充分调查研讨的基础上，我们及时梳理发展思路，总结发展经验，组织科研人员编撰了 2007～2008 年“河北发展蓝皮书”五卷本——《2007～2008 年河北省经济形势分析与预测》《2007～2008 年河北省农村经济形势分析与预测》《2007～2008 年河北省社会形势分析与预测》《2007～2008 年河北省文化产业形势分析与预测》《2007 年河北人才发展报告》。蓝皮书以科学发展观为指导，紧紧围绕省委、省政府的工作重心，坚持与时俱进，立足国情省情，开展科研攻关，推动理论创新，从学术、理论、实际应用等不同角度阐述剖析问题，从而更好地为我们准确把握全省经济发展趋势及社会、文化、人才发展动态提供参考依据，为各级领导提高把握科学发展的能力提供理论支持。

《2007～2008年河北省经济形势分析与预测》认为，受国家宏观调控影响，全国经济2008年增长率将有所降低，综合判断河北省2008年经济增长率将为12%左右。因此，河北经济要保持一定的投资增长速度，要加快传统产业的转换，在冶金、化工等产业上延伸产业链。同时，要提高技术创新能力，发展新兴产业，提高产品附加值，变粗放为集约。要变单一路径依赖为多元路径并举，大力培育医药、食品、电子信息等产业，实现河北省战略支撑产业的转换；大力发展现代服务业，创造有利于产业转换的良好环境，推动对外贸易跨越式发展。《2007～2008年河北省农村经济形势分析与预测》较为全面、系统、客观地分析和总结了2007年河北省农业农村经济发展运行状况以及社会各界关注的热点和难点问题，预测了2008年全省农业农村经济发展趋势，并有针对性地提出了做好2008年农村经济工作的政策建议。《2007～2008年河北省社会形势分析与预测》认为，2007年，河北省在保障和改善民生方面做了很多有益的探索，如廉租房和经济适用房制度、农村义务教育经费保障机制改革、零就业家庭援助计划等，广大人民群众从中实实在在地受了益。展望2008年的社会建设，随着党的十七大精神的贯彻落实，与人民群众切身利益密切相关的民生问题将会进一步得到保障和改善。《2007～2008年河北省文化产业形势分析与预测》从文化产业宏观层面、行业层面、区域层面对过去一年的发展与创新进行全面盘点，并继续在创意策划层面进行新探索、开辟新视角、提出新策略，尝试构造一种政府官员、学者和企业家们共同参与的研究模式，探索推出政府、学术机构和相关企业共同借鉴的研究成果。《2007年河北人才发展报告》突出了建设沿海经济社会发展强省的主题，重点对关系建设沿海强省全局的一些重大人才建设问题进行了研究，按照党的十七大新要求，对我省人才建设与发展等诸多问题进行了对策性研究。可以说，五本蓝皮书各具特色、各有亮点。

蓝皮书本着为我省的经济建设、政治建设、文化建设、和谐社会建设献计献策的目的，涉及经济发展、农村经济发展、文化产业发展、社会和谐、人才队伍建设等我省未来发展的多个层面，力求为更多部门提供决策依据。但在编撰过程中，迫切感受到诸多问题亟待解决。面对如此沉重而艰巨的任务，我院诚邀有识之士参与合作，进一步提高蓝皮书的应用价值，扩大社会影响力，力求为更多部门提供服务。

2007 年，“河北发展蓝皮书”作为我院精心打造的品牌丛书，迎来了她的十周年庆典。我院领导和科研工作者看着呕心沥血的成果不断地被社会各界接受、认可和采纳，由衷地感到欣慰。欣喜之余，我们更加希望精益求精，改进不足，提高编撰水平。在此，恳请社会各界人士对我们的研究多提宝贵意见，使我们的“河北发展蓝皮书”丛书能够提供更具参考价值的决策建议，为河北经济社会的又好又快发展做出更多贡献。

《2007～2008年河北发展蓝皮书总报告》前 言

（2007 年 12 月 28 日）

今天，呈现在各位代表和委员面前的《2007～2008 年河北发展蓝皮书总报告》，选自河北省社会科学院推出的“河北发展蓝皮书”系列丛书《2007～2008 年河北省经济形势分析与预测》《2007～2008 年河北省农村经济形势分析与预测》《2007～2008 年河北省社会形势分析与预测》《2007～2008 年河北省文化产业形势分析与预测》《2007 年河北人才发展报告》。为了方便代表和委员们阅读，特编印各卷的总报告。各卷总报告分析了 2007 年的全省经济社会运行态势，并对 2008 年发展形势进行了预测。

《2007～2008 年河北省经济形势分析与预测》指出，2007 年经济运行总体上延续了 2003 年以来快速增长的态势，呈现第二产业引领增长、第三产业快速增长、第一产业稳定增长的局面。与往年不同的是经济运行发生了一些深层变化：普通公民理财方式由过去的以单一银行储蓄为主，向以房地产、股市、期货等多元投资为主转变；物价的波动由以往的普涨普降向结构性变动转变；市场的力量明显增强，宏观调控是在市场发挥基础性配置作用之上实施调控；我国加入 WTO 后，国际化的影响由概念转到实质性层面。

从我省投资结构的演变看，我省不但形成了投资驱动型的增长模式，而且形成了较为严重的以重化工业为主体的产业路径依赖。这种依赖导致了较大的经济波动，我省“大而不强”的问题更加突出，产业结构的优化难度加大，区域发展不平衡问题有加剧趋势，经济增长对宏观调控的敏感度日益提高。

根据各种因素的综合分析，2007 年全年增长率将在 13% 左右，2008 年经济增长率将为 12% 左右。未来几年的工作重点是保持一定的投资增长速度，加快传统产业的转换，变单一路径依赖为多元路径，创造有利于产业转换的良好环境，推动对外贸易跨越式发展，逐步转换我省的增长模式。

《2007～2008 年河北省农村经济形势分析与预测》指出，2007 年河北农业农村经济运行突出表现为两大特征：一是农产品价格全面上涨；二是农民现金收入水平提高。

2007 年前三季度，河北农产品生产价格强劲上涨，其中玉米同比上涨 17.1%，小麦上涨 6.6%，油料上涨 13.9%，蔬菜上涨 14.9%，活猪、活牛、活羊、禽蛋和肉禽价格同比分别上涨 30.1%、16.4%、14.5%、27.8% 和 21.2%。猪肉价格同比上涨 48.0%，油脂类价格上涨 32.0%，农资总体涨幅达到 5.6%。农产品价格上涨是多种因素综合作用的结果，但除生猪外其他各类农产品价格仅比 1995 年有小幅增长，而棉花价格还略有下降。因此此番农产品价格上涨当属对十多年来农产品价格被低估的纠正，是农产品价格的合理回归。

2007 年前三季度我省农民人均现金收入 3588.7 元，比上年同期增加 516.4 元，增长 16.8%，增速加快 1.4 个百分点，是十年来农民收入增长的最佳时期。其中人均工资性收入增长 22.2%，家庭经营现金收入增长 12.9%。工资性收入对农民现金收入增长的贡献率最高，达 46.0%。

全年农业农村经济呈整体提升态势。粮棉油均获丰收；农业结构得到优化；畜牧业生产出现波动，但产值仍实现增长；农民收支两旺；农村劳动力转移加快；城乡一体化进程加速。

与此同时，农业基础仍然薄弱，畜牧业生产波动明显，主要农资价格上涨较快，居民消费价格攀升对低收入农户生活产生较大影响等问题需要高度关注。受生产资料、劳动力成本上升的影响，预计 2008 年农产品价格总水平仍将在高位运行；如果没有大的自然灾害，粮棉油生产将保持稳定，但主要农产品生产继续向优势产区集中的趋势将更加明显；畜牧业生产稳步回升；农民收入继续保持增长；农村劳动力转移平稳加快；农村居民消费价格涨幅将保持在 3% 的水平。

《2007 ~2008 年河北省社会形势分析与预测》指出，过去的 2007 年，全省社会发展形势出现了许多新的亮点，政府重视社会建设、解决民生问题的创造性和自觉性明显提高，公共服务能力有所增强，但还存在几个薄弱点，如教育投入不足、社会保障覆盖面偏低、创业环境有待进一步优化、新农合运行机制需要进一步完善、生态和环境保障形势严峻等。

2008 年社会发展形势将会呈现如下趋势：一是随着党的十七大精神的贯彻落实，社会建设成为与经济建设、政治建设、文化建设同等重要的发展领域，经济社会协调发展程度有所提高，民生问题将成为明年政府工作的重点。二是省委、省政府对提高河北职工工资收入给予高度关注，明年职工工资水平将会进一步提高。三是扩大就业工作将把鼓励自主创业作为主要动力，在建设良好的创业环境方面，将有更加宽松的准入制度、税收制度、管理制度出台，自我创业将成为扩大就业的新亮点，并在就业中的比例呈现上升态势。四是物价上升与居民收入提高态势并存，居民承受心理加强，消费结构、消费预期趋于合理，消费水平稍有提高。五是社会保障将继续扩大覆盖面，农民工的社会保险、农村合作医疗制度、养老保险成为 2008 年社会保障的重要内容。六是政府的服务意识进一步增强，公共管理能力明显提高，解决民生问题的制度逐步成熟和理性，公民参与社会管理的渠道和机会增多，社会活力和社会凝聚力增强，社会和谐程度提高。

《2007 ~2008 年河北省文化产业形势分析与预测》在回顾 2007 年河北省文化产业发展的基础上，深入分析了文化产业发展形势，指出，文化产业发展速度已跃居全省主导产业体系中的首位，成为领跑产业；民资和外资进入文化产业领域的步伐明显加快；文化产业市场主体培育、激活和松绑同步的现象已经呈现；文化产业发展意识在全省有所提高；文化产业增长点的培育取得实质性进展；文化产业借势、借力发展的力度不够，竞争大于合作的局面未有改观等。在党的十七大精神和北京办奥等新形势、新环境下，2008 年河北文化产业发展应进一步转变观念，突破“精英主义”“计划思维”“部门利益”三大思想障碍；积极扶持与培育动漫、节庆会展、文化休闲娱乐、文化产品制售四大“新星”文化产业的发展；全力抓好文化产业项目的谋划和创意，为招商引资做好铺垫；在全省开展一批文化产业特色县（市、区）试点；加快推进“奥运融入”工程，努力打造我省文化产业品牌和增值延伸；推动“双十”文化载体建设，把文化产业发展落在实处；建设好“文化产业发展促进机制”等。

《2007年河北人才发展报告》一是展示了我省各类人才队伍的新发展、人才资源的新状况。到2006年底，全省人才资源总量达到449.34万人，比2005年增长5.63%。人才密度（人才资源总量占劳动力年龄人口的比重）达到9.7%，比2005年提高0.7个百分点。全省每百万元GDP人才含量为3.85人，比2005年减少0.35人，人才效能有所提高。全省人才总量增长与经济增长的弹性系数为2.60（比2005年提高1.43），即人才每增长1个百分点，相应经济增长2.6个百分点，人才贡献率有明显提高。二是明确指出我省人才整体实力、竞争力还相对较弱，这既是经济社会发展落后于发达省份的根本原因之一，也是关系建设沿海强省目标实现的关键所在，人才问题已成为制约我省又好又快发展的突出问题和根本性制约因素。党的十七大对全面建设小康社会所做的新的全面部署，对人才建设提出了新的更高要求，而我省人才建设与之还不完全适应，人才发展面临更为紧迫的任务。三是要以党的十七大精神和省委七届三次全会精神为指导，深入实施人才强省战略，坚持人才优先发展，以高层次人才建设和创新型人才队伍建设为重点，促进人才队伍统筹协调发展，深入推进人才体制机制改革与创新，进一步解放思想，解放人才生产力，促进我省由人力资源大省向人才资源强省的转变。

希望本材料能为各位代表和委员提供有用的信息咨询，为各级领导决策提供参考，更希望各位代表和委员对我们的研究提出改进意见和建议。

新春致词*

（2008 年 1 月 22 日）

金猪辞旧岁，祥鼠报新春。在 2008 年新春佳节即将来临之际，我谨代表院党组，向关心、支持我院发展的各级党委、政府、社会各界人士、朋友表示诚挚的感谢和美好的祝愿！向全院干部职工及其家属、离退休老同志致以亲切的问候和节日的祝福！

2007 年，是我们党和国家发展史上极其重要的一年。我们党胜利召开了第十七次全国代表大会，胡锦涛同志所做的党的十七大报告，集中全党智慧、凝聚各方共识、反映人民心声，鲜明地向党内外、国内外宣示了在改革发展关键阶段我们党举什么旗、走什么路、以什么样的精神状态、朝着什么样的发展目标继续前进，以战略性思维和前瞻性眼光描绘了我国改革发展的宏伟蓝图。报告明确指出，要繁荣发展哲学社会科学，推进学科体系、学术观点、科研方法创新，鼓励哲学社会科学界为党和人民事业发挥思想库作用，推动我国哲学社会科学优秀成果和优秀人才走向世界。这是历次党代会报告对哲学社会科学工作论述最多的一次，为繁荣发展我国哲学社会科学事业指明了前进方向，开辟了广阔的天地。

2007 年，是我省经济社会发展具有重要意义的一年。我省人民在喜迎党的十七大和学习贯彻党的十七大精神的热潮中，全面落实科学发展观，认真贯彻党中央、国务院的一系列重大决策部署，团结奋斗，开拓进取，经济

* 本文为周文夫发表的院 2008 年新年致词，刊载于《河北社会科学》2008 年第 1 期。

社会保持了又好又快的发展态势。全省国民经济平稳较快发展，各项社会事业取得积极进步，城乡居民生活继续改善，党的建设、精神文明建设、民主法制建设得到切实加强，社会和谐稳定的良好局面进一步巩固。

2007 年，更是我院发展史上非常重要的一年。年初，我们对我院未来发展的基本思路、工作布局进行重新审视，与时俱进地做出战略性调整，制定了院“十一五”发展规划。《规划》确立了“为省委省政府决策服务、为全省经济社会发展服务、为基层服务”的办院方针，明确了“出成果、出人才、出效益”的总体工作要求，提出了“省级一流、国内知名”的五年奋斗目标，确定了推动五年目标实现的四项工程。一年来，我们坚持以邓小平理论和“三个代表”重要思想为指导，以科学发展观统领办院，认真贯彻党的十七大精神和省委七届三次全会精神，以思路创新谋划发展，以工程式管理推进工作，科研显亮点，发展见成效，为实现“十一五”规划确定的发展目标奠定了良好基础。

2008 年，是全党全国认真贯彻落实党的十七大精神、推动科学发展、促进社会和谐、夺取全面建设小康社会新胜利的重要一年。作为哲学社会科学工作者，我们一定要从党和国家事业发展全局的战略高度，充分认识繁荣发展哲学社会科学的重大意义，进一步增强责任感和使命感。

2008 年，我们要高举中国特色社会主义伟大旗帜，以科学发展观为统领，全面贯彻党的十七大精神和省委七届三次全会精神，深入落实院“十一五”规划提出的办院方针和总体要求，扎实推进“四项工程”，实现全院整体工作上新台阶，在建设有实力、活力和竞争力的沿海经济社会发展强省，实现河北又好又快发展中更好地发挥“思想库”作用。我们要以中国化的马克思主义为指导，坚持正确方向，把我院建设成为马克思主义坚强阵地；要围绕全省中心工作，深入研究回答我省经济社会文化建设中的重大理论问题和实践问题；要瞄准学术发展前沿，认真组织代表全省学术水平的重大项目，大力推进学术观点创新、学科体系创新和科研方法创新，抢占学术制高点，努力成为我省哲学社会科学的最高殿堂和重要创新基地；要加大队伍建设和人才培养的力度，为我省哲学社会科学的繁荣发展提供可靠保障；要积极开展对外学术交流，推动哲学社会科学的优秀成果和人才“走出去”，不断扩大我省哲学社会科学的对外影响。同时，还要进一步抓好学风建设、党的建设、科研管理，营造有利于创新的环境。

新年开启新希望，新年承载新梦想。同志们，社科院的今天凝聚着社科院人二十多年的心血和汗水，未来的机遇和挑战需要我们这一代继续不懈地努力。让我们勇敢地承担起光荣的历史使命，携手并肩，团结奋进，凝心聚力，扎实工作，奋力开创我院各项工作新局面，共创社科院美好、和谐、灿烂的明天！共创我省哲学社会科学事业的美好明天！

解放思想　扎实工作
努力推进我院各项事业迈上新台阶

——在河北省社会科学院2007年度总结表彰大会上的讲话

（2008年2月28日）

刚才，我们对2007年度记功和考核优秀人员，优秀科研成果奖、重要编辑成果奖获得者，先进党支部、优秀党务工作者、优秀党员和信息工作先进单位及个人进行了表彰奖励，对事关全院大局和职工切身利益的事项进行了公开，世芳同志代表院党组作了《关于2007年工作总结和2008年工作安排的报告》。这个报告是经院党组集体研究确定的，院属各单位和全院职工要认真贯彻落实。

2007年，是我院理清发展思路、明确发展目标、确定办院方针、夯实发展基础的一年，也是贯彻落实“十一五”规划，为省委省政府决策服务、为全省经济社会发展服务、为基层服务取得重要成果的一年。一年来，科研人员不断开拓创新，取得了丰硕成果，行政后勤人员兢兢业业，一举改变了办公条件破旧杂乱的局面，全院面貌和干部职工的精神状态焕然一新，为我院各项事业又好又快发展打下了坚实的基础。在此，我代表院党组，向所有为我院发展付出心血和汗水的同志表示衷心的感谢和崇高的敬意！

2008年，是我院实施“十一五”规划的第三个年头，也是各项事业迈上新台阶、取得新成就的关键一年。刚才世芳同志的报告，从八个方面对全年的工作进行了部署，任务很繁重，但工作的基本思路非常清晰，概括起来就是要抓好三个建设，做好八项工作，促进“三个服务”，实现“三个出”的目标。

下面，我着重就加强三个建设讲三点意见。

一 加强思想建设，继续深入开展解放思想大讨论活动

从去年11月底开始，我院按照省委的部署开展了解放思想大讨论活动。最近，省委要求再掀活动新高潮，并决定将活动开展的时间延至3月底。

回顾前一段的活动开展情况，我有两个突出感受。

一是在征求意见过程中，全院干部职工提出了43条意见和建议，这些意见和建议都很中肯，与制定“十一五”规划征求意见的情况有根本的区别。全院同志对于解决发展中的问题认识更加理性、务实和负责任，情绪化的言论少了，建设性的意见多了。表明同志们对事业的进步和发展抱有更大希望，上下之间，处所之间，同志之间信任感增强。这是一个良性转变和好势头，是我们事业发展的重要思想基础和群众基础。

二是从所征求到的意见内容看，反映的问题主要是针对管理和服务工作的，比如暖气问题、食堂问题等，这些问题确实是制约我院发展的问题，但还不是突出问题。“十一五”规划在分析制约我院发展突出问题时，归纳了“三个不适应”，其中第一个“不适应”就是科研成果水平、人才队伍状况不适应我省经济社会又好又快发展和繁荣哲学社会科学的需要，有重大影响的精品成果还不多，成果的转化率不高。经过一年的努力，情况有所改善，但还没有实现根本转变，不适应的问题依然存在。要进一步深化解放思想大讨论活动，掀起活动新高潮，就要求我们继续围绕“三个不适应”，聚焦问题，寻求突破。哲学社会科学工作者如何在解放思想大讨论活动中更好地发挥引领作用，如何用新的科研理念、科研思路、科研视野和科研组织形式，深入分析制约河北又好又快发展的突出矛盾，找出解决问题的思路和“钥匙”，如何解放科研生产力，充分释放每一位同志的内在潜能，激发科研工作者的创新能力，如何在管理机制、工作运行、科研氛围上提供一个适宜条件等。全院同志特别是广大科研人员，都要围绕这些问题进行深入的思考和

探讨，拿出切实可行的措施和办法，这样我们的解放思想大讨论活动才算是取得了实实在在的成果。

省委发起和推动解放思想大讨论活动的根本目的是促进党的十七大精神的贯彻落实，促进河北又好又快发展。省委书记张云川同志提出“解放思想是推动一切工作的‘总阀门’”。从全省讲，解放思想大讨论活动是破解制约我省又好又快发展难题的客观需要；对于我院来讲，则是促进各项事业又好又快发展的内在需求。大年初七，省委常委、宣传部部长聂辰席同志来我院调研座谈，对我院活动开展情况给予充分肯定，同时也提出了推动活动深化的更高要求。他说，社科院要做解放思想的先行者、助推器，要发挥思想库和智囊团的作用，为省委、省政府破解难题“交钥匙”。这些指导意见非常切合我院实际，有很强的针对性，希望同志们在今后一个时期活动开展中认真思考，自觉贯彻落实，务求活动收到实实在在的效果。

检验我院大讨论活动的成效如何，关键看三条。

一看是否统一了思想。解放思想大讨论既是一个解放思想的过程，也是一个统一思想的过程。要通过解放思想大讨论把大家的思想统一到党的十七大精神上来，统一到省委七届三次全会精神上来，统一到科学发展上来，统一到院“十一五”规划提出的办院方针、工作要求、奋斗目标上来，使社科工作者能够用新的理念、新的思路、新的视野来研究河北社会经济的发展。

二看是否解决了关键性问题。要通过大讨论，进一步找出并解决我们在思想观念、体制机制上存在的不适应科学发展的种种问题，其中最主要的是找出并解决牵一发而动全身的关键问题和具有全局性、战略性的问题。当然，要真正找出并解决这样的问题并不容易，也正因为不容易，才需要我们全体同志不断更新思维方式，集思广益、寻求突破，这也是我们开展解放思想大讨论的初衷和目标。

三看引领作用发挥得如何。我们的研究成果要为引领、推动全省的思想解放做贡献。聂辰席同志来我院调研时指出，在一定意义上说，河北的思想解放搞得好不好，社科院是一个代表，因为哲学社会科学历来是思想解放的先驱。如果我们的思想不解放，不能运用先进理念、前沿理论深入分析河北经济社会发展中突出的矛盾和问题，不能对河北经济社会发展做出前瞻性思考和研究，不能提出解决问题的措施，我们就失去了存在的意义。这话讲得非常中肯，很值得我们认真思考。

推动我院活动的进一步深化，应该着力做好三个方面的工作。

一是推行“面对面”整改。问题是在工作中累积的，也只有在工作中解决。解放思想就是要有思想的交锋和思维的碰撞，问题越论越清，办法越辩越明。各单位要在前阶段征求意见和整改的基础上，再进行一次意见征集活动。针对这些问题，院领导和中层干部“面对面”，中层干部和一般工作人员“面对面”，科研人员和行政管理后勤人员“面对面”，形成上下、左右的良性互动，在工作的反复深入之中真正找到切实有效的问题解决方案，然后全力抓好整改落实。

二是浓厚学习氛围。要加强对党中央、省委大政方针和重要政策法规的学习和研究，加强对国内外本学科前沿理论、创新性科研方法的学习掌握，加强对省情的了解和把握。所内开会不能只布置科研工作，还要组织大家搞好政治理论学习，学方针政策，学科研方法。哲学社会科学不同于自然科学，这样要求大家，既是端正科研方向、坚持马克思主义指导地位所必需的，也是增强科研工作针对性的需要。

三是交好“钥匙”。要针对我省解放思想大讨论活动中提出的核心问题、焦点问题，特别是要认真分析全省解放思想大讨论活动中汇总出来的问题，有针对性地规划出科研项目，组织研究团队，明确研究时限要求，及时为省委、省政府交出开启问题之门的决策“钥匙”。同时，还要组织一批解放思想的专稿，在省内主要媒体刊发，为全省解放思想大讨论活动再掀“新高潮”营造氛围。

二　加强机制和学风建设，促进科研工作“出成果、出人才、出效益”

社科院的形象靠什么？靠的就是科研成果。在去年召开的省委七届三次全会上，省委书记张云川同志提出“哲学社会科学界要多出成果、出好成果”，这就是省委、省政府给我院工作提出的目标要求。我院关于“出成果、出人才、出效益”的总体要求，本质上是和省委、省政府的要求完全一致的。

2007 年，我院的科研工作取得了 460 多项成果，在为省委省政府决策服务、为全省经济社会发展服务、为基层服务上迈出了新步伐。但仔细分析，问题仍很突出。一是一般化的东西多，精品成果少，对省委、省政府决策产生重大影响力的成果不多。优秀科研成果发表类 83 项成果中，符合一（A）类奖励条件的只有 10 项，仅占 12.05%，符合一（B）类奖励条件的 8 项，仅占 9.64%；采纳类 50 项成果中，获省委、省政府主要领导批示采纳的 10 项，仅占 20%。从这些数据可以看出，真正能够有用、管用，能够提升我院科研实力、水平的科研成果所占的比例的确还不够高。二是不平衡。所与所之间不平衡，科研人员之间也不平衡。有的所，科研整体能力比较强，几乎人人都能捷报频传，成果记分值普遍较高；但有的所，优秀成果凤毛麟角，个别人干了半辈子，却一直没能打破“零”的纪录。从科研人员的记分情况看，有的同志一年能得 280 分、290 分，但有的同志却只得到 60 分、70 分，个别的 30 多分。靠这样的工作业绩，我们就不能实现“省级一流、国内知名”的目标，就没法搞好“三个服务”，更谈不上履行“多出成果、出好成果”的工作职责。

这些问题就是我院发展的核心问题，也是解放思想大讨论活动要解决的首要问题。怎样解决这些问题？一是要进一步完善科研工作的考核机制，严格考核标准，交任务，压担子。如果连续两三年工作业绩都不行的，就要有个说法。二是各位所长要切实负起责任。要加强对所内科研工作的谋划，围绕“三个服务”，每年出些什么样的成果，什么人来做，通过什么方式组织，什么时间做完，要心中有数。重要的要有督促检查的措施跟进，对承担任务的同志要多关心，经常过问情况，帮助解决一些研究中的困难。所内还可以开开“诸葛亮会”，一起出出主意，想想办法，共同攻关，带好队伍，带好新人。研究所所长不仅要考核科研工作，还要考核管理，要把督促检查的实绩作为所长管理工作业绩考核因素之一。人事处要认真研究一下这个问题，把考核办法逐步完善起来。三是每位科研人员都要从自身做起，高标准要求自己，严谨治学，对自己所研究的课题高度负责，对自己的研究成果高度负责。你的成果就是你的形象，就是你的地位。四是增强对“三个服务”对象的了解。要做好省情调研，了解河北省的省情是什么，了解省委、省政府关注什么，了解基层的工作推动难点在哪里。今年2月18日，在省委常委会第五次集中学习会议上，颜廷标就发展我省服务业进行了专题讲解，得到了张云川书记的肯定，取得了很好的效果。这次讲课为什么会成功？值得我们汲取的成功因素有哪些？我想，至少离不开他平时注重资料的积累，离不开他对河北服务业发展的长期关注，离不开他对世界服务业发展状况的了解。

学科建设是开展理论研究、学术创新的重要基础，是实现办院目标和“三个服务”的重要基石。今年我们将完成对第一批3个重点学科、4个重点扶持学科的考核和评估，在此基础上，稳妥推进第二轮重点学科和重点扶持学科的申报审定工作。从目前掌握的情况看，努力争取的热情很高，但我希望大家对这个问题有一个正确的认识。重点学科和重点扶持学科的评定是有标准的。想成为重点学科和重点扶持学科，你从事的科研领域必须在全省处于领先位置，你的科研成果必须在省里叫得响，让同行心服口服，这个学科必须是省内本研究领域中的“航母”。如果实力不行，就要加倍努力。重要的是，要把功夫用在平时的努力上，多出有影响的科研成果，多出精品力作，多出高水平的人才，正所谓“水到渠成”。我想说的是，评定重点学科和重点扶持学科是一种提升科研实力的抓手，最终的目的是鼓励大家在科研工作中积极探索，刻苦钻研，把学问做深，把研究做强，把学科做硬。

做好科研工作，必须抓好科研工作的组织管理。大家要正确对待院里的工作，正确摆布院内工作和其他工作的关系。现在多数科研人员很忙，承担着院内、院外各种各样的科研任务和科研活动，这是好事，我们鼓励有事干、能干事、干成事。但忙要忙到点子上，点子在哪？就是大局观。院里安排的重点工作就是大局。作为科研人员，你承担的院课题必须要确保高质量完成，因为这些课题都是省委、省政府需要咱们“交钥匙”的，是关系我院存在价值的，是体现我院作用、实力、地位的。因此，必须把主要精力用在院里的课题上，用作工程的方法去推进，最后交出让省委、省政府满意的答卷。院里部署的工作，不管是科研工作还是行政管理工作，都要重视，按照务实、创新、精细的原则抓实抓好，不能应付差事。院党组重视的工作，各单位和每位同志都必须重视起来，全力推进。因为你首先是有组织的人，不是个体户，社科院是你的工作单位，你是社科院的职工，为社科院工作，是你的首要职责。

三　加强队伍建设，通过实施岗位设置管理科学配置力量

实施岗位设置管理，是实现人才资源优化配置、促进用人机制转换、推动我院人事制度改革的重大举措。这项工作作为今年重点工作之一，要在“提高工作效率，确保工作运转，解放科研生产力，维护全院稳定”这个基本原则和框架之内有序推进，确保圆满完成。

实施中，要认真做好以下六个方面的工作。

一是岗位的设置要优先考虑工作，以做事为第一要务。岗位设置应先考虑工作如何合理布局、合理安排，然后再考虑人员的安排，要因事设岗。

二是科研单位在岗位设置时，首先要考虑本所学科发展和人才梯队建设的需要。哪个学科、哪个研究方向是院、所的立足之本，在岗位设置上就要有倾斜，在此前提下，兼顾每个人的科研兴趣和研究方向。通过岗位设置工作，各个所都要把自身的研究优势和强势体现出来，并为未来提供可持续的发展空间。

三是对行政管理单位来讲，每个单位的重点工作、主要职责是什么，主要领导要心中有数，在调配力量和岗位设置上以此作为布局的主要依据。

四是分管院长在岗位设置谋划上要考虑和解决某些处室工作职能交叉的问题，清晰职能，优化机制，从体制上预防和避免推诿扯皮现象，以岗位设置的科学化，确保岗位设置的最优化、工作效率的最高化。

五是对院内每一位同志来说，在岗位设置实施过程中，都要支持配合工作的开展。个人的利益应当考虑，但不管什么时候都要首先考虑整体利益、

考虑工作布局。工作实施中，一些同志有这样或那样的想法都是正常的，这些都可以正常反映，但一定要注意按照组织程序办事。反映问题要实事求是，客观对待同志，正确评价自己，坚决杜绝乱许愿、乱拉票、拉帮结伙等，一经发现要严肃查处。机关党委、工会和纪检部门要充分发挥职能作用，主动跟进思想政治工作和纪律保障手段。要配合院领导和处所长，倾听大家意见，主动找有思想问题的同志谈心，摸清和掌握思想动态，增强思想政治工作的主动性、针对性。纪检部门要做好来信、来访接待处理工作。

六是把第四轮竞聘纳入岗位设置管理工作一并实施。这次竞聘要认真总结前三轮竞聘的经验，好的继承，不成熟的加以改进。比如，前三轮竞聘是全员下岗，然后全员再竞聘上岗，这种形式在执行中存在一些问题，事实上也没有完全做到。另外，全员下岗，容易造成人心不稳，在一段时间里，一些同志没有心思干工作，精力分散。这次竞聘前，院党组做了很多调研工作，搞了处级干部述职和无记名民主测评，之后，各分管院领导分别找每一位所长、处长、主任谈话，摸清了每位同志的想法。总的来看，现任的处所级干部绝大多数是认真履行了岗位职责的，发挥了中层领导作用。鉴于此，院党组考虑，为了维护工作稳定，充分保护和调动大家的工作积极性，这次采取“处级领导干部全员聘用，空岗竞聘，个别调整；科室设置统筹安排，科级领导干部全员竞聘”的办法，希望以“软着陆”的模式，确保设岗聘任工作任务的顺利完成。

同志们，2008年是党的十一届三中全会召开30周年，也是我院进行新一轮思想解放和人事制度改革，进一步完善科研工作机制，推动各项事业上新台阶，朝着建设“省级一流、国内知名”办院目标迈进的关键一年。思想的解放必然带来深刻的变革，制度的完善必将促进事业发展，事业的进步必然伴随着机遇和挑战。让我们全院干部职工更加紧密地团结起来，以科学发展观统领办院，以饱满的精神状态和丰硕成果迎接挑战，走向未来！

创新发展理念　转变管理机制
全面推进我院实施岗位设置管理工作

——在河北省社科院实施岗位设置管理动员部署大会上的讲话

（2008年3月25日）

经院党组研究决定，今天我们召开全院动员部署大会，主要任务是根据全省实施事业单位岗位设置管理工作会议精神和省委组织部、省人事厅联合印发的《河北省事业单位岗位设置管理实施意见》（冀人发〔2007〕76号）的要求，对我院实施岗位设置管理工作进行动员和部署。刚才，孙继民同志宣读了《关于做好岗位设置工作的指导意见》，杨思远同志宣读了《院属各部门核编方案》及《院属各部门处级领导岗位设置方案》。实施岗位设置管理，是深化我院人事制度改革的一件大事。各部门要深刻领会会议精神，认真按文件要求抓好贯彻落实。下面，我代表院党组对如何做好院岗位设置管理工作，讲三点意见。

一　认清形势，统一思想，进一步增强实施岗位设置管理的紧迫感和责任感

党的十七大报告明确指出"不断深化干部人事制度改革，着力造就高素质的干部队伍和人才队伍"，"推进事业单位人事制度改革"。事业单位直接承担着科研、教育、文化、卫生和社会服务等职能，是我国社会构成的重

要组成部分，是各类人才的重要集聚地，是实施人才强国战略的主要领域，是开展理论研究、科技创新和技术开发的重要载体，在促进国民经济和社会发展中发挥着日益重要的作用。我院作为省委、省政府直属的事业单位，是全省研究哲学社会科学的重要阵地，多年来在服务河北经济社会发展、努力开展重大理论和现实问题研究、履行“智库”功能、发挥“智囊”作用等方面做出了积极的贡献。在人事制度改革方面，从1998年开始，按照省委、省政府的要求，先后进行了三轮聘用制改革，在打破干部任用“终身制”、变身份管理为岗位管理上进行了一些有益的探索，积累了一定的经验，为进一步深化我院人事制度改革奠定了基础。

院“十一五”发展规划提出的办院方针、工作要求和奋斗目标，为我院的各项事业发展注入了新的活力，目前正处于深入贯彻落实的关键时期，一些阻碍全院加快发展的深层次问题也逐步凸显。从整体上讲，制约我院发展的突出问题在“十一五”规划中已归纳出“三个不适应”，其中第三个“不适应”就是制度、机制和管理不适应我院自身建设的需要。面对新的形势和任务，进一步深化我院人事制度改革势在必行。自1998年以来，我院虽然一直在积极探索和推进人事制度改革，但由于受传统机制和体制的约束，改革并没有完全到位，成效还不够显著，仍然存在一些亟待改进的问题，主要表现在：一是用人机制不灵活，人员出口不畅，职务能上能下、待遇能高能低和人员能进能出的有效激励约束机制还没有全面建立起来；二是机制建设不够完备，岗位设置不够科学，客观造成人浮于事、效能低下，提质提速还没有落到实处，“有事没人干”和“有人没事干”的现象并存；三是收入分配改革还没有到位，相当一部分人的头脑中依然存在平均主义“大锅饭”“干多干少一个样，干好干坏一个样”的消极思想。这些问题的存在，不仅严重影响着广大职工积极性和创造性的发挥，而且在一定程度上制约着我院各项事业的健康发展。因此，大力推进人事制度改革，不断增强内部活力，全面提高各类人员的整体素质、服务水平和工作效能，为我院的发展提供强有力的组织保证和人才支持，已经成为当前我院改革和发展的一项紧迫任务。实践证明，我院发展的动力在改革，活力在改革，根本出路也在改革。早改早主动，早改出活力，早改出效能。

实施岗位设置管理，是全面推动我院人事制度改革的重要举措，是适应收入分配制度改革的需要。建立岗位绩效工资制度，实行“以岗定薪，岗变薪移”的重要改革，是促进用人机制转换、打破身份管理的关键步骤，是实现人员能上能下、待遇能高能低的重要条件，是搞活用人制度的核心内容。我们一定要从贯彻落实党的十七大精神的高度，从贯彻落实科学发展观、推动我院又好又快发展的高度，充分认识实施岗位设置管理的重要意义，切实增强紧迫感、责任感和使命感。结合我院第四轮聘用制改革，既要做好制度转换，又要做好思想观念的转变；既要科学合理地设置岗位，又要公平公正地聘用人员；既要按照制度规定操作，又要结合本部门的实际情况，积极稳妥地推进岗位设置管理工作，确保改革取得实效。

二　突出重点，抓住关键，扎实做好实施岗位设置管理工作

实施岗位设置管理是一项全新的工作，涉及面广，政策性强，情况复杂，任务十分艰巨。为搞好这项工作，院党组于去年 12 月 27 日就印发了《关于岗位设置管理工作的实施意见》，并召开全院中层领导干部会议，结合传达贯彻全省实施事业单位岗位设置管理工作会议精神进行了专题学习部署。今天，按照我院实施岗位设置管理的统一安排，经院党组研究决定，又印发了《关于做好岗位设置工作的指导意见》（简称《指导意见》），各部门一定要组织学习，吃透精神，理清思路，抓好落实，真正把这件关系全院职工切身利益、关系我院发展的大事抓实抓好。同时，还要注意把握好以下六个重点问题。

第一，要坚持“先入轨、后完善”。这是我院实施岗位设置管理提出的工作原则。任何改革都不可能一蹴而就，都需要有一个逐步完善的过程。所谓“先入轨”，就是要按照国家和我省关于事业单位实施岗位设置管理和收入分配制度改革的有关要求，先把岗位设置管理制度建立起来，先进行人员按需设岗、竞聘上岗、按岗聘用与签订聘用合同，实现用人关系的转变，最大限度地缩短收入分配制度改革与岗位设置的“时间差”，确保我院岗位绩

效工资的按时落实；“后完善”，就是在用人关系转变后，再逐步完善各项配套制度，实行规范管理。岗位设置管理作为我院人事管理的单项制度，不可能解决人事管理制度改革中的所有问题。因此，对情况复杂、需要与其他制度改革相配套、一时又难以解决的问题，暂时按照现行政策规定执行。尤其对一些历史遗留问题的解决要客观对待，要有一个过程。如我院这次明确的内设机构处级领导岗位设置，是在省编办核定的处级领导岗位职数内，按照院内设机构领导岗位设置准则制定的，但一些部门的特殊工作性质和历史原因造成了个别部门的处级岗位职数超配，这个问题今后要通过空岗竞聘、个别调整等方式逐步解决，使之趋于合理。因此，其他部门不能简单攀比。

第二，要认真理顺内设机构。理顺内设机构是实施岗位设置管理的基础，各部门要本着科学合理、精简效能的原则，根据我院《指导意见》的要求，结合实际工作需要，合理设置内设机构。内设机构的设置要尽可能适应未来相当长一段时间发展的需要，尽量增强机构的稳定性；要尽可能与现有的职能分工和人才结构相结合、相适应；要通过优化整合，从体制上避免职责范围交叉和岗位重叠。力求做到布局合理、结构完善、职能明确、运转高效。院党组为了给院属各部门理顺内设机构提供依据，按照省人事厅对三类岗位设置的结构比例要求和各部门原有编制、现有人数及空编、超编情况，结合实际工作需要对各部门的编制进行了重新核定，有的增编，有的减编，有的编制没变。这是全院实施岗位设置管理的需要，如果不按规定核编，就会影响到省人事厅对我院岗位设置方案的核准审批，我院岗位设置工作将无法顺利进行，每个同志的绩效工资也无法按期落实。各部门一定要提高认识，开阔眼界，顾全大局，以为争位。我院这次核编进行了机制创新，对各部门的编制实行统一管理。今后，职工退休、调出、病故后，其编制由院收回调剂使用，并依据实际情况向重点学科和做出较大贡献的部门适当倾斜。

第三，要搞好因事设岗。因事设岗是实施岗位设置管理的本质要求，各部门在岗位设置中，既要依据《三定方案》，以提高工作质量、效率为前提，根据职能任务和事业发展的需要，在院核定的人员编制、领导职数、岗位数量、等级和结构比例内进行岗位设置。同时，又要坚持以人为本的原则，充分考虑管理人员、专业技术人员、工勤技能人员不同的成长规律，考虑各类人才自身的实际情况，拓宽职业发展空间，鼓励人人都能成才。力争通过人才资源配置的进一步优化，使人人有岗位、有事干、能干事、干成事，真正做到人尽其才、才尽其用，发挥最大的效能。在这里需要说明的是，在岗位设置上，前段时间通过院领导和有关部门的努力，我院已争取到了优惠政策：一是对因年龄、机构撤并等原因从处级领导岗位上退下来同志的待遇问题，争取到了保留原工资待遇的政策；二是对高级职称人员的结构比例问题，争取到给我院的高级职称比例增加了10%，即达到了与“211工程”大学同等的待遇。

第四，要严格按标准程序办事。能否顺利推进实施岗位设置管理工作，改革最终能否取得预期成效，严格按标准程序办事非常关键。国家和省对事业单位实施岗位设置管理的标准程序都做了明确规定，环环相扣，联系紧密，既不能变通，也不能增减。讲标准就是讲科学，讲程序就是讲原则。院岗位设置管理办公室要在印发《指导意见》的基础上，及时指导院属各部门认真抓好优化内设机构、制定《三定方案》、实施岗位设置、编写岗位说明书等环节的各项工作。同时，尽快起草《院岗位聘用实施方案》，在广泛听取职工意见的基础上，经院党组集体讨论通过后，及时组织处级领导干部全员聘用、空岗竞聘，科级领导干部全岗竞聘，高标准地把聘用工作人员、签订聘用合同等工作落实到位。各部门一定要做到坚持原则不动摇，执行标准不走样，履行程序不变通，严肃纪律不松懈，政策上不开口子，解决问题不搭便车，部门间不搞攀比，要把公开、公平、公正贯穿到岗位设置管理的各个环节，保证这项工作的顺利实施。

第五，要依法实行合同管理。实行合同管理，是转换用人制度的主要标志，也是实施岗位设置管理的具体要求。我院在组织完成岗位设置和空岗竞聘后，原有和新进人员都要按照国家有关法律、法规，在平等自愿、协商一致的基础上，通过签订聘用合同，确定单位和个人的人事关系，明确单位和个人的义务和权利。实行合同管理对我院来说就是依法进行管理。要按照合同规定的条款对职工进行管理，增强合同管理意识，维护双方的合法权益。对职工来说就是要依据合同的规定来维护自身的权益，履行义务。各部门要严格按照院里的要求，认真组织好聘用合同的签订，并不断完善考核制度，强化聘后管理，促进我院人事管理的科学化、规范化和制度化。

第六，要妥善安置未聘人员。未聘人员的安置是实施岗位设置管理的难点和关键。在改革中，由于编制、岗位、条件及应聘人员自身素质等原因，不可避免地会出现未聘人员。这也是引入竞争机制的结果，是优化人才配置、提高队伍素质的需要。能否妥善安置未聘人员，关系到我院稳定的大局。因此，各部门一定要高度重视，认真对待，积极配合院里开展工作，做到落聘无情、安置有情。要通过耐心细致的思想政治工作，防止激化矛盾、影响稳定，确保岗位设置管理制度平稳顺利推进。要严格执行好政策，把握好环节，以多种办法进行安置。尤其在目前社会保障机制尚未完全建立的情况下，要坚持以内部消化为主，采取先挖渠、后分流的办法，结合我院实际，通过跨部门竞聘、内部转岗等多种方式妥善做好安置工作。同时，要建立“蓄水池”，加强对未聘人员的管理，通过强化学习，提高素质，帮助他们做好重新上岗的必要准备。

三　加强领导，狠抓落实，全面推进实施岗位设置管理工作

实施岗位设置管理是全面推进我院人事制度改革的难得机遇，时间紧，任务重，将会触及多方面的矛盾，涉及每个职工的切身利益，要正确认识这项工作的必要性、重要性和艰巨性，克服畏难情绪，精心组织，狠抓落实。

（1）加强领导，落实责任。实施岗位设置管理是一项复杂的系统工程，牵一发而动全身。院岗位设置管理工作领导小组办公室作为推进全院实施岗位设置管理的主管部门，要认真做好组织、协调、把关和督办等工作，院岗位设置管理工作领导小组办公室的人员要进一步熟悉掌握有关政策，规范办事程序。院纪检组要加强对实施岗位设置管理工作的全程监督，确保全院实施岗位设置管理工作规范、有序、积极、稳妥地进行。各部门也要在成立组织机构的基础上，切实加强领导，主要负责同志要亲自抓、负总责，要按照院里的统一安排，严密组织，统一思想，形成合力，共同把岗位设置管理工

作做好。

（2）正确引导，民主决策。要确保岗位设置管理工作的顺利实施，就必须引导广大职工正确理解、大力支持和积极参与。各部门一定要在这次动员部署会议的基础上，积极采取各种形式对广大职工进行宣传教育，不断提高全院职工的思想认识，真正把大家的思想统一到国家和省关于实施岗位设置管理的各项要求上来。要充分发挥各部门党支部的作用，及时了解和掌握职工的思想动态，重视和加强所属人员在实施岗位设置管理各环节中的思想政治工作，把可能出现的问题和矛盾化解在萌芽状态。要充分发挥广大党员的先锋模范带头作用，通过每个党员做好身边群众的工作。要紧紧围绕岗位设置实施工作中的重点和难点问题，坚持走群众路线，充分尊重和保障职工的知情权、参与权、选择权和监督权，正确引导广大职工积极参与改革、支持改革，确保岗位设置管理工作具有良好的群众基础。

（3）严肃纪律，服从大局。严格的组织纪律是实施岗位设置管理的重要保证。在实施中，有的同志可能高职低聘、落聘或转岗；有的同志因年龄原因要从部门领导岗位上退下来。每一位同志都要有良好的心理素质，正确对待个人岗位的调整，做到识大体、顾大局、守纪律、严要求，以积极的态度参加改革。尤其是组织对处级领导干部的空岗竞聘和科级领导干部的全员竞聘，是一件非常严肃的工作。为确保聘用工作公开、公平、公正，要坚持党管干部的原则，坚持德才兼备的标准，坚持拓宽选人用人的视野，创造平等竞争、群众公认、注重实绩、任人唯贤的选人用人氛围，要用好的作风选人、选作风好的人，坚决杜绝竞聘中的不正之风。对搞非组织活动拉选票等问题，院党组、纪检组要发现一起查处一起，决不手软。对那些弄虚作假、作风不实的人，不仅不能聘任，还要严肃批评教育。每个同志要求进步，希望在事业上有所作为，这都可以理解。但是个人的进退留转必须服从事业需要，同样要通过合法组织程序，以为争位。每一名同志都要端正心态，客观公正地看待自己，冷静理智地对待别人，正确对待自己的进退留转。要坚守工作岗位，认真履行职责，不得以任何借口对工作推诿扯皮、敷衍了事，确保岗位设置管理工作的顺利进行。要坚决制止和纠正因强调小团体利益、个人利益而阻碍院岗位设置整体工作进展的行为，对在改革中违反组织纪律和影响全院稳定大局的，要严肃处理。

（4）统筹兼顾，稳步实施。实施岗位设置管理，涉及广大职工的切身利益，事关重大。各部门一定要高度重视，切实增强工作的责任感和紧迫感，认真做好各项实施工作。要将岗位设置管理与收入分配制度改革、聘用制度改革和促进用人制度转换结合起来，妥善处理好岗位设置管理与完成其他工作任务的关系，以岗位设置管理工作中焕发出来的工作热情促进以科研为中心的各项工作任务的圆满完成，做到统筹兼顾，相互促进，工作不断，秩序不乱。要坚持以人为本，从实际出发，从促进我院各项事业发展出发，从维护广大职工的根本利益出发，积极稳妥地推进改革。要正确处理好改革、发展与稳定的关系，坚持不懈地对所属人员搞好思想教育，立足现实，着眼长远，妥善地解决好改革过程中出现的突出问题，确保岗位设置管理实施工作在和谐、稳定、团结的环境中顺利推进。

同志们，实施岗位设置管理是对传统身份管理的重大变革，是深化我院人事管理制度改革的内在要求。我们要解放思想，创新理念，齐心协力，扎实工作，努力把这一事关全局和长远发展的重大人事制度改革不断推向深入，为实现我院“省级一流、国内知名”的办院目标提供组织人事保障，为全院各项事业的繁荣发展做出积极的贡献！

谢谢大家！

一部探索开发农村妇女人力资源的新作*

（2008 年 4 月 1 日）

在全国大力推进社会主义新农村建设、努力培养新型农民的过程中，广大社会科学工作者从不同角度对农民素质问题进行了研究，出版或发表了不少优秀成果。由刘秀艳、曹素华等撰写，河北科技大学学术基金资助，河北人民出版社出版的《农村妇女素质研究》一书，就是这些优秀作品中的一部。作者以坚实的理论基础、翔实的资料、细腻的笔触全面阐释了提高农村妇女素质的有关理论问题和现实问题。

该书首先从妇女发展理论、人力资源开发理论入手，分析当前提高农村妇女素质的理论意义；从全面统筹城乡发展、提高人口综合素质、培养新型农民等方面分析了提高农村妇女素质的现实意义。书中核心部分是阐述提高农村妇女素质的内容，包括提高农村妇女的知识和技能、观念意识、身心素质、社会适应能力等多方面，提出了提高农村妇女素质的途径和工作技巧，具有很强的实践性和可操作性。该书运用了问卷调查、专家访谈、个案分析、实地培训等多个研究环节得出的大量第一手数据资料，其中对农村妇女观念意识的深刻剖析，对农村妇女信息获取能力的调查和概括，对包括家务劳动贡献和家庭经济收入贡献在内的农村妇女家庭贡献率进行的量化分析等，相对以往有关妇女问题研究成果来说，都显得更深刻，更具说服力。

该书内容涵盖生产和生活、生理和心理、经济和法律、家庭和社会等多

* 本文是周文夫为《农村妇女素质研究》一书所做的书评，发表于《经济》2008 年第 4 期。

学科，是一部既有学术价值又有实践价值，既可供学术研究参考又能指导实际工作的优秀成果。

该书主编刘秀艳教授长期从事农村社会、农民教育方面的研究，勤于深入实际，善于积极探索，完成过《河北省农村实用人才开发研究》《提高河北省转移农村劳动力素质研究》《河北省农村妇女人力资源开发研究》《河北省“一线两厢”区域农村人力资源开发研究》等多项成果，产生过良好的社会影响。该书主编曹素华曾长期从事河北省妇联领导工作，主抓了全省“农村妇女双学双比活动”“农村妇女科技致富接力行动”等项工作。为完成本书的写作，作者曾深入河北省多个县（市）进行实地调查和培训，书中提出的培训途径和技巧均来自实践的提炼和总结，这种学术精神和研究方法，对于社会科学工作者来说，是难能可贵的。

在院处所级领导干部空岗竞聘民主测评大会上的讲话

（2008 年 4 月 25 日）

经院党组研究决定，今天召开全院干部职工参加的处所级领导空岗竞聘演讲和民主测评大会，主要任务是参照中共中央颁布的《党政领导干部选拔任用工作条例》，根据省委组织部、省人事厅印发的《河北省事业单位岗位设置管理实施意见》和我院《岗位聘用工作实施方案》的规定程序，由 7 名竞聘正处所级领导岗位的人选和 5 名竞聘副处所级领导岗位的人选进行竞聘演讲，并由全院干部职工对这 12 名同志进行民主测评。下面，我代表院党组就实施本轮处所级领导干部竞聘上岗讲三点意见。

一　要充分认识处所级领导岗位竞聘上岗的重要性

处所级领导岗位竞聘上岗是我院实施岗位设置管理的关键步骤，是贯彻落实《党政领导干部选拔任用工作条例》和《河北省事业单位岗位设置管理实施意见》等规定的具体要求，是进一步建立健全科学的干部选拔聘用和竞争激励机制，努力建设一支充满生机与活力的高素质领导干部队伍，为实现我院又好又快发展提供强有力组织保障的客观需要，对于转换我院用人机制、优化干部队伍结构、全面提高干部队伍综合素质和工作效能、促进我院各项事业迈上新台阶，具有十分重要的意义。

（1）实施处所级领导岗位竞聘上岗是深化我院人事制度改革的重要举

措。近年来，国家不断加大事业单位人事制度改革的力度，通过科学设岗、竞聘上岗、择优聘用、合同管理等各项措施加强干部队伍建设、深化人事制度改革已是大势所趋。目前我院正在进行的岗位设置管理工作，就是按照国家和我省的有关政策要求组织开展的。院党组从全院事业大局出发，为了维护工作连续性和稳定性，充分保护和调动在职中层领导干部的工作积极性，这次聘用以“软着陆”的模式，采取“岗位考核合格全员聘用、空岗竞聘、个别调整”的方式，对处所级领导岗位分别进行竞聘和续聘。对于待竞聘的处所级领导岗位，院党组根据省编办核定的处所级领导岗位职数，结合院属各部门处所级领导岗位的空缺情况、人员现状及工作需要，经个人申请、资格审查、院党组集体研究，确定了本轮待竞聘的处所级领导岗位有 8 个，其中正处所级领导岗位 5 个，副处所级领导岗位 3 个。今天参加处所级领导岗位竞聘演讲的 12 名同志，都经过了院岗位设置管理工作领导小组办公室的资格审查和院党组审定，符合规定的竞聘条件。

（2）实施处所级领导岗位竞聘上岗是建立富有生机和活力的新的用人机制的具体实践。省委书记张云川在刚刚结束的全省组织工作会议上，强调抓好八个方面的建设：一是切实加强思想理论建设，二是积极推进党内民主建设，三是着力抓好领导班子建设，四是大力加强干部队伍建设，五是深入推进党的制度建设，六是切实搞好人才队伍建设，七是努力抓好基层组织建设，八是不断加强干部作风建设。尤其针对加强干部队伍建设、提高各级干部队伍素质，提出了“开拓创新、求真务实、公正廉洁、和谐共事”的总要求。我院各项事业的快速发展对干部队伍的综合素质也提出了更高的要求。实施处所级领导岗位竞聘上岗，就是要合理开发、优化配置人才资源，全面贯彻干部队伍“四化”方针，不断增强干部队伍的凝聚力和战斗力。我们要认真对待这项工作，切实把好选人用人关，按照德才兼备、以德为先的选人用人标准，从制度上规范我院各级干部和各类人员竞聘上岗的程序和做法，努力营造优秀人才能脱颖而出、充满生机与活力的选人用人机制，真正把优秀人才选聘到处所级领导岗位上，真正用好各个层面、各个年龄段的领导干部，真正调动起每一名领导干部的工作积极性，培养、造就和形成一支政治素质高、思想作风好、管理和科研能力强的中层领导干部队伍，担当起我院新时期新阶段改革发展的重任。

（3）实施处所级领导岗位竞聘上岗是我院各项事业长远发展的迫切需要。按照我院“十一五”发展规划提出的总体要求和奋斗目标，今后几年是我院各项事业迈上新台阶最为关键的几年，全院各项工作能否顺利推进，很大程度上取决于我们是否拥有一批“政治上靠得住、能力上有本事、工作上能干事、群众信得过”的高素质干部队伍。“政治上靠得住”就是指具有坚定的理想信念，对中国特色社会主义理论体系真学、真信、真用，带头贯彻落实科学发展观，始终同党中央保持高度一致，勤政廉洁、公道正派、求真务实。“能力上有本事”，就是指具有全局意识和创新精神，自觉践行科学发展观，有强烈的事业心和责任感，会管理，懂业务，胜任本职工作。“工作上能干事”，就是指那些埋头苦干、任劳任怨、政绩突出而不事张扬的人，指那些求实创新、真抓实干、能干成事的人。“群众信得过”，就是牢记党的宗旨，密切联系群众，正确行使手中权力，作风正派，清正廉洁，干干净净为群众干事的人。这次处所级领导岗位竞聘，直接关系到我院未来的发展，我们必须统一思想，提高认识，识大体、顾大局，切实增强紧迫感和责任感，高标准地抓好各项工作的落实。

二 要正确把握处所级领导岗位竞聘上岗的条件和程序

处所级领导岗位竞聘上岗是关系我院中层干部队伍建设的一件大事，是一项政策性、原则性都很强的工作，这项工作能否取得满意的实效，政策的把握是关键。我们要认真按照《岗位聘用工作实施方案》中规定的条件和程序办事，在具体实施中做到“四个严格”。

（1）要严格遵循基本原则。《党政领导干部选拔任用工作条例》对选拔任用干部工作必须坚持的原则，作了精练、明确的概括，即党管干部原则，任人唯贤、德才兼备原则，群众公认、注重实绩原则，公开、平等、竞争、择优原则，民主集中制原则，依法办事原则。这 6 条原则，在实施处所级领导干部竞聘上岗的工作中必须很好地坚持，以保证公开竞聘的正确方向。同时要把坚持党管干部、党管人才与走群众路线紧密结合起来，把扩大民主与强化竞争紧密结合起来，把拓宽选人视野、广开选人渠道与坚持人岗相适、人尽其才要求紧密结合起来，确保把适合岗位要求的优秀人才选拔出来。

（2）要严格坚持竞聘条件。这次处所级领导干部空岗竞聘上岗，实质上是中层领导干部的提拔使用，要求应聘者必须具备《岗位聘用工作实施方案》中规定的处所级领导岗位竞聘条件。这些竞聘条件，是按照《党政领导干部选拔任用工作条例》和省委组织部、省人事厅有关文件要求，结合我院以往规定和现实情况，在广泛征求各部门及全体干部职工意见的基础上，经院党组集体反复研究确定的。实施方案对院属各部门处所级领导岗位竞聘的综合条件、学历条件、资历条件和年龄条件都分别做出了明确规定。比如，从综合条件看，我们更加注重领导干部要“讲党性、重品行、做表率”；从学历条件看，我们对科研、科辅部门的领导干部，延续以往规定并更加强调了全日制本科及其以上学历条件；从年龄条件看，我们对科研科辅部门的处所级领导干部聘用年龄限度，比照以往下调了一岁，正处所级由57岁调为56岁，副处所级由55岁调为54岁。这完全是处于全院中层领导干部梯队建设长远大计的考虑，得到了全院广大干部职工的拥护，也得到了广大中层领导干部的赞成，十分难能可贵！与此同时，院党组在资格审查中严格执行了上述规定，做到了对每一位报名应聘者一视同仁，并对竞聘资格暂时不够的同志给予鼓励，寄予殷切希望。

（3）要严格执行工作程序。严格履行程序是岗位竞聘中公开、平等、竞争、择优的重要保证。没有程序的公正性、严肃性，就没有干部竞聘工作的科学性和权威性。我们要严格按程序办事，切实做到坚持程序一步不缺，履行程序一步不错，同时要注意各程序之间的有机联系，抓住关键环节，做好相关工作，保证竞聘上岗人员的素质和质量能够真正经得起实践和群众的检验。

（4）要严格遵守工作纪律。严肃干部人事工作纪律，是做好处所级领导岗位竞聘上岗工作的必然要求。《党政领导干部选拔任用工作条例》规定的“十不准”，涉及干部选拔任用工作的方方面面，是对干部人事工作纪律的具体化，我们要自觉遵守，不折不扣地执行。要增强岗位竞聘工作的透明度，自觉接受广大职工的监督。为保证整个公开竞聘工作的公正性，院纪检组派员全程参与监督。全院干部职工都要做讲党性、讲正气、讲纪律的模范，用好的作风选人，选作风好的人上岗，以公道正派的作风和极端负责的精神，扎扎实实地做好各个环节的工作。

三　要全力做好处所级领导岗位竞聘上岗的各项工作

处所级领导岗位竞聘，敏感性强，全院职工关注程度高。我们要加强领导，严密组织，努力为竞聘者创建一个公平竞争的平台，确保空岗竞聘的全过程严谨、有序、不出疏漏，使组织工作做到周密、细致。

（1）思想上要正确对待。这次实施处所级领导岗位竞聘上岗，涉及相当一部分干部的切身利益，难免会产生这样或那样的想法和议论，如果处理不好，就会带来负面影响。因此，每个参加竞聘的同志都要妥善处理好个人利益与改革大局的关系，正确对待组织，正确对待同志，正确对待自己。一方面要相信自己，勇敢地接受组织、群众的挑选，积极参与竞聘；另一方面要相信院党组和全院职工会实事求是、公道正派地评价每一位干部，虽然竞聘意味着竞争，意味着有上有下，但个人发展的内涵是丰富的，职务提拔不是个人发展的唯一途径，也不是定义人才的唯一标准。要以健康平和的心态和积极向上的精神风貌，接受组织上的长期考验。

（2）行动上要积极配合。所有竞聘对象在聘任工作未完成之前，都要坚守工作岗位，认真履行职责，不得以任何借口对工作推诿扯皮、敷衍了事，确保岗位聘用实施工作与完成其他各项工作任务两不误。院党组衷心地希望全院职工对这次竞聘工作全过程进行监督，真正落实群众对干部选拔聘用的知情权、参与权、选拔权和监督权。为此，院党组在研究“岗位聘用实施方案”中采取了非常审慎的方式方法，先拿出岗位聘用讨论稿，通过召开中层干部代表会议通报情况、解释政策，要求各部门把“实施意见”讨论稿传达到每个干部职工，并将意见建议书面反馈，经岗位设置管理办公室逐条梳理、据实汇报，院党组充分讨论、反复研究，才正式下发了“岗位聘用实施方案”。应该说该方案最大限度地吸收了全院干部职工的合理化建议，具有广泛的群众基础，而且参加民主测评的范围从以往的部分人员扩大到今天的全院干部职工，这些都是搞好岗位聘用工作的基础和保证。

今天在座的每个职工都要在竞聘演讲结束后认真填写民主测评票，希望大家珍惜这一票的权利，本着对全院改革发展负责的态度，全面地评价每一个参加竞聘的同志，不掺杂个人恩怨，不以偏概全，投下你庄严的一票。我们要坚决反对在此次竞聘中搞小团体、拉选票、搞串联、搞小动作等不正之风。对有违纪行为者，一经查实，取消竞聘和任职资格，并要严肃处理。

（3）组织上要坚决服从。这次实施处所级领导岗位竞聘上岗，关系个人的成长进步，对每个参加竞聘的同志和全院职工都是一次考验。要识大体、顾大局，充分理解、支持、配合院里做好竞聘工作。要增强组织观念和纪律意识，从工作大局出发，从事业发展出发，做到不利于团结的话不说，不利于稳定的事不做。院党组相信，在省委、省政府的正确领导下，只要全院干部职工统一思想，严于律己，遵规守纪，我们一定能营造出风清气正的竞聘环境，我院的人事制度改革和干部队伍建设一定会有突破性进展。进而深入推进以科学发展观统领办院，更好地坚持“三个服务”的办院方针，为实现我院“省级一流、国内知名”的办院目标，提供坚强有力的组织保证和干部人才队伍保障。

在日本国岩手县立大学十周年校庆上的贺词

（2008 年 5 月 12 日）

值此贵校十年华诞，我谨代表中国河北省社会科学院全体同仁，向贵校表示最热忱和最衷心的祝贺！

岩手县立大学，以为创造一个自然、科学和协调的人类社会做贡献的建校理念，十年来勤奋进取、桃李满天下，流溢着科技文明的光彩，绽放出人文精神的光芒。

中国河北省社会科学院与贵校，在七年前成为国际间学术交流友好单位。在此期间双方穿梭往来、交流频繁，不仅结下了难忘、深厚的友谊，而且科研成果华章斐然。

中国古人云：安得故人生羽翼，飞来相伴情相依。在这松茂花曜的欢庆之日，让我们为双方的友谊喝彩，让我们为美好的明天祝福！

谢谢！

在院处所级领导干部会议上的讲话

（2008 年 5 月 22 日）

今天召开全院处所级领导干部会议，一是对解放思想大讨论活动做阶段性总结，二是由院党组和纪检组对实施岗位设置管理中新聘任的处所级领导干部进行集体谈话，三是安排部署当前工作。刚才，世芳同志代表院党组宣布了处所级领导干部聘任名单，秀芬同志做了集体“廉政谈话”讲话，我都赞同。下面，我围绕以上内容讲三个问题。

一　进一步解放思想，增强持续创新和发展能力

2007 年 11 月至 2008 年 3 月，按照省委统一部署，我院认真开展了解放思想大讨论活动。院党组高度重视、精心组织，全院干部职工积极参与，紧紧围绕解放思想是推动一切工作的“总阀门”这个总要求，认真完成省委规定的环节和步骤，求实效、显特色，活动取得了阶段性成果，达到了预期目的。

主要表现在如下几个方面。第一，有力组织。2007 年 11 月 27 日，在省委宣传部召开省直宣传系统活动动员大会当天，院党组做了专题研究，组建了专门机构。不久，在省直单位中较早出台了活动方案，召开了动员大会，为推进活动开了个好头。第二，聚焦问题。把活动的开展过程作为“找问题、出思路、促发展”的工作过程，先后两次在全院范围内征求意见。全院同志对长期以来存在的“三个不适应”，即科研成果水平、人才队

伍状况不适应我省经济社会又好又快发展和繁荣哲学社会科学的需要，基础设施和科研条件不适应出成果、出人才的需要，制度、机制、管理不适应自身建设的需要，有了更加清醒的认识，提出了许多极有价值的建设性意见，为活动深入推进明确了目标指向。第三，落实整改。对提出的问题和建议责成有关处室拿出整改方案，并将方案反馈回去再次征求意见，形成了实现五个新突破的整改目标，即围绕落实“三个服务”的办院方针和“三个出”的总体要求，破除思想障碍要有新突破；实现我院又好又快发展，制度、机制建设要有新突破；建立更加符合科研规律的运行机制，科研组织形式、运作方式要有新突破；全面体现行政管理效能原则，为“三个服务”提供良好保障要有新突破；奋发有为、扎实工作，各部门和每位同志履行岗位职责要有新突破。第四，创新机制。修订了《重点学科、重点扶持学科管理办法》《优秀成果奖励办法》，制发了《固定资产管理办法》《办公用房管理办法》《关于严格执行请销假制度的通知》《办公电话经费包干管理办法》等，依靠健全制度完善管理机制迈出新步伐。第五，致力引领。在各类媒体发表文章或参加节目10余篇次；与省委解放思想大讨论办公室联合，成功举办了第二次“解放思想大家谈”论坛；积极参与省委组织的解放思想大家谈理论研讨会。根据省委领导要求，围绕破解我省又好又快发展热点、难点问题，想对策、出思路、交钥匙，规划科研项目，列入院重大课题和重点课题，展开科研攻关。

通过集中开展的大讨论活动，全院同志思想进一步统一，对党的十七大和省委七届三次全会精神，把握更加全面，领会不断深入。贯彻“三个服务”的办院方针，落实“三个出”的总体要求，自觉意识进一步增强，工作举措更加有力。促进全省解放思想大讨论活动深入开展，营造氛围不遗余力；聚焦和解决制约我省发展关键问题，理论引领作用成效明显。围绕破解制约我院发展的突出问题，更新理念、强化举措、完善机制初见成效，创新、变革、奋进的整体态势正在形成。

解放思想是一个永恒的主题。集中开展的解放思想大讨论活动告一段落，成绩和收获主要是对眼前问题的审视、对具体问题的突破，要实现事业的不断发展，必须进一步打开解放思想的“总阀门”，让解放思想永不停歇，让开拓创新永不止步，为事业的持续发展注入无穷的能量、集聚强大的动力。

党的十七大强调，解放思想是发展中国特色社会主义的一大法宝。省委在解放思想大讨论活动工作总结中提出，要把解放思想大讨论活动与即将开展的学习实践科学发展观活动有机衔接起来，使活动的成果得以延伸和拓展，为贯彻落实科学发展观发挥更大的作用。我们要按照党中央和省委的新要求，把解放思想作为深入贯彻落实党的十七大和省委七届三次全会精神的根本前提；作为不断提高全院科研、科辅、管理团队综合素质，提高院、处两级领导干部领导能力的长期战略任务；作为实现院“十一五”规划提出的方针、目标、任务，推动我院科学发展、和谐发展的有力抓手。

把解放思想常态化，就要站在新的起点之上，在更高的层次上深入推进。

要坚持以科学发展观统领办院。学会和养成以全新的思想境界、思维方式，观察分析和处理前进道路上的种种问题和矛盾，打破已经被实践所证明阻碍发展的思维定式和工作程式，在全面落实“三个服务”的实践中，立新意、尽全力、出真招、见实效。

要树立和谐发展的新理念。既要鼓励广大科研人员彰显各自的学术个性，更要注重培育品牌学科、知名专家，促成科研成果社会效益和经济效益的转化，打造和确立我院的“龙头”地位。既要毫不动摇地坚持科研工作的中心地位，继续加强科研队伍“主力军”建设，又要重视发挥科辅、管理、服务的载体和支撑作用，凝聚成更富战斗力、协调联动的“集团军”。既要强力激活科研攻坚的激情和热望，又要充分尊重和肯定更多的同志所付出的默默劳动，以共同的利益和共同的事业，凝聚上下一心、志同道合的坚强团队。

要把解决突出问题作为落脚点。实事求是，遵循客观规律，解决实际问题，是解放思想的本质要求。只有解决了思想问题才能解决实际问题，只有解决了实际问题才能保证解放思想收到实效。下一步，对已经研究确定的整改事项，有关责任领导、责任处室要进一步加大工作力度，与今年确定的8项重点工作一并研究、一并实施，确保事事件件都能得到认真落实，收到好的整改效果。

要建立健全长效机制。解放思想所取得的积极成果、好的经验和做法，必须用制度固化下来。我们征求到的 43 条意见，集中反映了全院同志的意愿，特别是好的建设性意见，要在正在进行的岗位设置管理工作、工作制度完善、考核奖励政策修订等方面的工作中认真吸纳，并抓好落实。

二　开拓进取，担当实现我院又好又快发展的光荣使命

以处所级领导干部聘任上岗为标志，我院正在实施的岗位设置管理工作已经完成了关键性的一步。

这次共聘任处所级领导干部 48 名。其中，正处所级领导干部 27 名，副处所级领导干部 21 名；续聘任 38 名，提拔 8 名，平职调整 2 名。通过新一轮聘任，我院处所级领导干部队伍建设整体得到改善和加强。从年龄结构来看，平均年龄由 48 岁下降到 45 岁；从学历情况看，大学本科及以上学历所占比例由 47.1% 提高到 56.3%，提高 9.2 个百分点；从职称结构看，正高职称由 15 人增至 24 人，高级职称所占比例从 49% 提高到 58.3%，提高了 9.3 个百分点。为我院处所级领导干部队伍注入了活力。

回顾总结这次干部聘任工作，值得坚持和发扬的宝贵经验有四点：第一，必须把坚持党的领导和尊重群众意愿、依靠群众力量结合起来，广泛的群众基础是推动干部工作和成就干部事业的雄厚根基；第二，公平、公正、公开原则决定工作成败，只有把党的原则作为唯一准则，才能确保我们的事业不断走向新的成功；第三，干部队伍建设必须适应事业发展的需要，与我院“十一五”规划明确的发展目标、工作任务相适应，这是承担和完成重要历史使命的必然要求；第四，必须靠原则的刚性规范工作，只有立场坚定才能决策果敢，只有态度鲜明才能执行有力，坚决而不动摇，坚定而不模糊，再棘手的问题也会迎刃而解。

今天，无论是对于续聘还是新聘的同志来说，都是一个履新上岗的日子，也是一个向着更高目标奋进的新起点。借此机会，我代表院党组和全院干部职工，向你们表示衷心的祝贺！特别应该提到的是，杨世伦、尹世强、

张树清等同志，这一次因为年龄的原因从领导岗位上退了下来。长期以来，这些同志勤勤恳恳、任劳任怨、尽职尽责、诚恳为人、踏实做事，在全院同志心目中树立起了良好形象，为我院的发展做出了重要贡献。在此，我代表院党组和全院同志，向他们致以诚挚的敬意和衷心的感谢！对退出领导岗位的老同志还要安排适当的工作，让他们继续发挥应有的作用。

最近，省委书记张云川同志对各级领导干部提出了“开拓创新、求真务实、公正廉洁、和谐共事”的十六字要求。根据省委要求，结合我院实际，我代表院党组对全院处所级领导干部提六点希望。

第一，担使命。当前，哲学社会科学事业面临着难得的发展机遇。党的十七大对哲学社会科学工作做出了新论断，明确了哲学社会科学“思想库”的地位和作用，提出了“出精品、出人才、出效益”的新要求，为哲学社会科学事业的发展指明了新的方向。省委七届三次全会，提出了“哲学社会科学界要多出成果、出好成果”的工作要求。2006 年 6 月至 2007 年初，院党组集全院同志智慧，顺应时代要求，着眼未来发展，制定并着手实施了院“十一五”发展规划，提出了“三个服务”的办院方针、“三个出”的总体要求和“省级一流、国内知名”的发展目标，这是贯彻落实党中央、省委指示精神，推进我院又好又快发展的必然选择。今年，是我院实施“十一五”规划的第三年，今后三年是我院各项工作必须实现新突破、迈上新台阶的关键时期。机遇固然难得，挑战更为艰巨；形势逼人，不进则退。希望同志们清醒地正视并勇敢地承担起这份重大责任，以更加强烈的责任感、更加坚定的意志、更加雄浑的胆魄、更加扎实的作风、更加突出的干劲，不断进取，建功立业，不辱使命。

第二，强素质。职务的晋升并不直接意味着素质的提升和能力的增强。新的岗位就是一个新的舞台、一次新的机遇。胜任新的角色、承担更重要的工作，既是一个实践的过程，也是一个在实践中不断领悟未知，思想境界、知识水平和综合能力逐步提高的过程。因此，要肯于学习、善于学习。毛泽东同志讲过，学习的敌人是自己的满足，要认真学习一点东西，必须从不自满开始。对自己，“学而不厌”，对人家，“诲人不倦”，我们应当采取这种态度。要通过向实践学习、向书本学习、向同志学习，不断充实和提高自己，增素质、强能力，把肩上的担子真正承担起来。要加强理论学习，用中国特色社会主义理论体系武装头脑，坚定政治立场，提高政策水平，增强理论素养，做马克思主义坚强阵地建设的“排头兵”；要加强政策法规学习，熟知党的路线、方针、政策，通晓本工作领域法律法规，做把握政策、执行规章、严守纪律的“明白人”；要加强业务学习，站在研究前沿，把握管理规律，既要当好科研专家，又要当好管理行家，做学术和管理的全能“带头人”。

第三，讲大局。何为大局？大局就是党的事业和人民的期盼。作为一名领导者，要把讲政治、讲大局始终摆放在思想和工作的中心位置，不可有丝毫的偏移。要做政治立场坚定的表率，始终与党中央、省委保持高度一致，做到有令必行，有禁则止；要做“三个服务”的先行者，努力为我省经济社会发展服务，为繁荣发展哲学社会科学贡献力量；要做党组工作部署的先行官，不折不扣地服从院党组领导，一丝不苟地贯彻党组决议；要做全局利益和群众意志的代言人，跳出部门局限考虑问题，站在全院大局摆布工作，遵循以人为本协调关系，形成协作配合有序、交流沟通顺畅、上下和谐融洽的良好工作格局和氛围。

第四，懂规矩。行为如果不被放置在一个良性的框架之中就会导致无序和紊乱。马克思说：“我们现在必须完全保持党的纪律，否则一切都会陷入污泥中。”领导者尤其要懂纪律，要学会用纪律和规章约束自己，然后领导、管理、教育、团结自己的团队。要牢记党的组织原则，坚持个人利益服从集体利益，下级服从上级，全党服从中央。这个原则是管总的，是一名领导干部的行为总则。要遵守行为规范和工作准则，模范遵守法律法规和院里的规章制度。要遵循办事原则，讲规矩、讲程序，不越级、不擅权，不相互掣肘、不相互扯皮，形成上下有序、环环相扣、协调联动的良性工作格局。

第五，求突破。突破意味着要从旧思维、旧规矩、旧习惯中走出来，突破的核心要求是创新。现代美国著名企业家艾柯卡说：“不创新，就死亡。”这绝不是危言耸听。突破长期以来困扰着我们的“三个不适应”，关系我院未来的生存与发展，需要大家真正解放思想，摒弃旧思维、老套路，创立新思维、新机制，开辟出一片新天地。要准确把握经济社会发展给哲学社会科学工作带来的新课题、新挑战，理清工作思路，在科研和管理的观念、方法、手段上有新的创举；要把思想解放常态化，坚持与时俱进，实事求是，积极借鉴吸收各种先进经验和做法，大胆进行探索和试验，在解放思想和探索规律的实践中，找到解决问题的新答案；要善于寻找和把握矛盾的关键点实施攻关，在关键环节和关键部位上求突破，以点带面，带动整体工作水平的提高。

第六，做表率。“其身正，不令而行；其身不正，虽令不从。”领导干部要做廉洁自律的表率，时刻牢记“两个务必”，模范遵守廉洁自律各项规定，以谨慎之心对待权力，以淡泊之心对待名利，以警惕之心对待诱惑，干干净净做事，堂堂正正做人；要做求真务实的表率，树立正确的政绩观，多做打基础、利长远的事，不图虚名，不务虚功，把精力和才智放在干事创业上；要做和谐共事的表率，树立党性意识、大局意识，充分发扬民主，注意维护团结，在相互尊重理解、相互支持补台的和谐氛围之中，成就事业、成就团队、成就同志、成就自己。“人人拆台，大家垮台；人人补台，好戏连台”，诚如斯言。

三　真抓实干，全力做好当前各项工作

今年，是全面贯彻落实党的十七大精神和省委七届三次全会精神，扎实推进以实力、活力、竞争力为主要标志的沿海经济社会发展强省建设的攻坚之年，也是我院全面落实“十一五”发展规划、实现“服务决策、服务发展、服务基层”跃上新台阶的关键之年。今年大事多、喜事多、难事也多，责任大、时间紧、任务重，新的形势和任务对做好今年工作提出了更高要求。毛泽东同志指出：“政治路线确定之后，干部就是决定的因素。”在最近召开的全省领导干部会议上，省委书记张云川同志要求全省各级领导干部务必做到：集中精力，扑下身子，一心一意谋发展、保稳定，全力以赴抓落实、见成效，不断推进各种实际问题的解决，不断开创各项事业的新局面。今年，我院安排了八项重点工作，已在年初做出部署和安排，各处所室一定要按照责任分工，继续抓好落实。下面，根据第一季度工作完成情况和新的形势、任务要求，我就当前必须全力做好的四个方面重点工作做些安排。

（一）积极稳妥地完成实施岗位设置的后续工作

目前，我院处所级领导干部竞聘上岗已经完成，下一步要认真按照我院《岗位聘用工作实施方案》的要求，组织好科级领导岗位的竞聘，以及其他行政后勤岗位人员和专业技术人员的聘用。

1. 科级领导岗位的竞聘

科研科辅部门的科级岗位聘用，按照空岗竞聘、合格续聘的原则，由分管院领导及各部门商人事处组织实施。行政后勤部门科级领导岗位的聘用，按照择优竞聘、统一组织的办法实施；具体工作由分管院领导负总责，各部门主要领导组织实施，人事处、纪检组派同志参加。

2. 其他行政后勤岗位人员的聘用

各单位要根据《三定方案》岗位设置要求，按岗聘用。聘用结果报主管、分管院领导同意，人事处审核，院党组批准，人事处备案。

3. 专业技术人员的聘用

按照省人事厅核准的岗位总量、结构比例和最高等级，引入竞争机制，择优聘用。跨学科流动的，应该具备相应的专业技术水平和履行岗位职责的业务能力。专业技术岗位的具体聘用条件、程序和时间安排，待省人事厅批复后，由科研处（职改办）研究提出竞聘方案，由院岗位设置管理工作领导小组办公室报院党组批准后实施。岗位聘用结果由科研处、人事处共同审核，报主管院领导把关、院长办公会议批准，科研处、人事处分别备案。

（二）严肃认真地做好学术委员会换届和第二期重点学科、重点扶持学科申评工作

1. 学术委员会换届工作

院学术委员会是院长领导下的全院最高学术咨询评审机构，《河北省社会科学院学术委员会章程》是规范我院学术委员会工作的重要文件。5 月 9 日，新修订的《章程》经院长办公会通过，正式印发。这次修订，是从我院实际出发，并参考兄弟院和一些大学的有关规定进行的。修订后的《章程》规定，院学术委员会由 17 人左右组成，人数比以往有增加，增设了常

务副主任，学术委员会秘书的工作改由学术委员会办公室承担，办公室主任由科研组织处处长兼任，负责处理日常事务。另外，《章程》对投票形式、委员职责以及回避制、调离我院的委员自动终止委员资格等做出新的规定。目前，各研究所（中心）的领导班子已经确定，学术委员会的换届工作即将着手进行，新的第九届学术委员会很快就要组成，希望大家吃透各项规定，按照院里的安排，以高度负责的态度搞好学术委员候选人的推荐，把换届工作做好。

2. 第二期重点学科、重点扶持学科申报评审工作

截至今年 4 月，我院第一期重点学科、重点扶持学科考核评估工作圆满完成。总的来看，第一期重点学科、重点扶持学科建设取得了明显成效，应用研究和基础研究成果水平进一步提高，人才队伍建设进一步加强，学科发展实力进一步增强，提高了我院的地位，树立了我院的形象，扩大了我院的知名度。目前，第二期重点学科、重点扶持学科申报工作已基本结束。各科研单位申报比较积极，经科研处统计，第二期重点学科、重点扶持学科申报单位共 10 个，其中申报重点学科的 4 个，申报重点扶持学科的 6 个。这说明，重点学科、重点扶持学科建设得到了广大科研人员的热心拥护和参与。我们将在学术委员会换届后，抓紧开展评定工作。

建设重点学科和重点扶持学科，是我院推进学科发展水平的一项举措。学科发展的水平是我院科研实力的重要标志之一，学科建设搞好了，我们的发展才能有根基，才能有更进一步发展的动力。学科建设是基础性工程，它是以学术队伍为主体，以一定学科为研究对象，通过必要的物质条件和手段，服从社会需要，不断改善学术活动条件，传承和创造知识，持续培养高水平人才的过程。学科建设工作的任务就是立足实际，发挥自己的特色优势，确定具有自己特色的研究方向，培养造就高水平的学科带头人，建设一支高水平的学术梯队，为社会培养高水平的人才，多出高水平的科研成果，促进学术水平不断提高，促进科研工作可持续发展。

学科建设的核心是学术队伍建设。重点学科要狠抓具有较强理论修养和较高的学术造诣、锐意进取、富有开拓创新精神的学术带头人的培养，保证学科建设可持续发展。对外交流是学科建设的重要内容，对学科建设与发展

有不可估量的作用。没有学术交流与合作，学科建设就是闭门造车。因此学术交流对学科建设尤为重要。要借助一切有利的外部科研资源，如研究单位和高校的学科带头人，请他们来院做学术报告，介绍学科发展的前沿，指导学科的科研工作，促进学科建设的快速发展。尽快培养自己的学科带头人和科研骨干，是学科建设的重中之重。要重视选派本学科科研能力强的科研人员外出学习，做访问学者，或是借助兄弟院校的科研条件，合作攻关，加速学科带头人和科研骨干的培养。要善于在与兄弟院校的学术交流中积累科研实力，储备学科优势，建设学科梯队，培养有特色、有优势的学科或学科群。

构建规范化、制度化的学科建设管理机制是学科建设健康、快速、可持续发展的保障。要逐步建立规范的学科建设工作管理机制。不断完善重点学科建设管理办法，规范学科带头人、学术带头人、科研骨干的选拔和重点学科申报程序，把学科带头人的选拔，重点学科的申报、管理、评估、验收等内容和环节规范化、制度化，使重点学科建设工作有章可循。

（三）卓有成效地开展省情调研活动和对外学术交流

1. 省情调研工作

省情调研活动是我院今年工作的一项重要内容。5 月 12 日，我院下发了《关于开展省情调研活动的实施意见》，进行了全面部署。这次省情调研活动的目的是，让科研人员通过调研深入了解国情、省情、市情、县情，推动科研工作贴近我省经济社会发展实际和锻炼科研队伍。通过对全省经济社会发展中现实问题和重大决策实施情况，以及焦点、热点问题开展调查，对重点区域、重大项目、重要行业以及典型的县、乡、村进行调查，全面地了解省情，接受教育，研究问题，寻求对策，多出成果。通过扎实的调研成果，总结我省改革开放 30 年来所取得的巨大成就，探索经济、政治、社会、文化等领域的改革发展经验，为建设以实力、活力、竞争力为主要标志的沿海经济社会发展强省提供智力支持和决策服务。

这里需要强调的有如下几点。一要实地考察。到我省建设的重点地区唐山曹妃甸、沧州渤海新区以及天津滨海新区去做实地考察。近期院里将组织考察活动，希望广大科研、科辅人员和行政后勤服务人员踊跃参加。二要开展课题研究。要以调研项目为依托开展调研。希望科研人员认真填写项目申请书，设计好调研课题，做好各项准备工作。要按照课题要求撰写调研报告，推出高质量的调研成果，并及时通过多种途径上报省领导和有关部门。优秀调研成果可通过我院的《决策建议》《决策参考》上报。三要与省委纪念改革开放30周年纪念文稿起草工作相结合。文稿起草工作要派专题调研组下去调研，我院的一部分同志要参与进来，作为省委的调研组人员深入下去。希望被抽调的人员按照有关要求，认真准备，扎实工作，把调研工作做好。

各研究所负责同志要高度重视省情调研工作，加强协调，按照院里的部署，在规定的时间内做好工作。调研要突出重点，注重效果，调查内容尽可能全面、准确、公正地反映客观情况，避免走过场，流于形式。形成的调研报告要紧扣主题，观点鲜明，层次清晰，资料翔实，具有较强的针对性、实效性和可操作性，易于转化。要把课题调研与学科建设、蓝皮书撰写相结合，与总结改革开放30周年的经验教训相结合，注重研究成果的思想性、理论性、实践性和可操作性，调研报告要有数据、有分析，内容有深度、有见地，措施建议切实可行，力争多出调研精品。

2. 对外学术交流

今年，我院将巩固和扩大对外交流的范围和规模，提高交流质量，扩大交流影响，努力推动优秀成果和优秀人才走向世界。主要工作有：一是巩固和扩大2007年我院代表团赴日本、加拿大的出访成果。落实与日本岩手县知事达增拓也、日本岩手县立大学校长、白求恩家乡格雷温赫斯特市市长、多伦多大学副校长的会谈成果。实施与日本岩手县立大学、日本东北大学人员互访和合作研究项目申报等学术交流计划。巩固和发展与加拿大多伦多大学、白求恩纪念馆的交流关系，落实与美国加州州立大学分校定期互访和建立学术交流关系的合作意向。二是应日本岩手县立大学校长谷口诚教授，俄罗斯俄中友好协会主席、俄罗斯科学院远东研究所所长季塔连科院士的邀请，组代表团出访两国。出访的主要目的是，在日期间，参加岩手县立大学校庆庆典活动；出席中、日、韩、美、德国际学术交流会议；就岩手县与我省及我院的交流与合作座谈，巩固和发展双方的友好合作关系。在俄期间，将会见俄中友协主席，访问俄罗斯科学院远东所、喀山大学、圣彼得堡大学，并与俄罗斯科学院远东所签订合作交流意向书，开辟我院对俄交流渠道。三是认真做好日本岩手县立大学代表团和日本东北大学、岩手县立大学联合代表团，美国加州州立大学分校代表团、加拿大白求恩纪念馆和格雷温赫斯特市代表团访问我院的筹备接待工作。

通过开展国际交流，力争与上述国家的相关大学和科研机构建立起长期稳定的合作伙伴关系，坚持“走出去，请进来”，为合作课题研究，开展学术交流，促进科研工作，扩大我院影响，建立科研和管理人员经常化的互访关系搭建平台。经过几年努力，使我院的科研和管理骨干分期分批赴国外考察学习和交流，走向世界，开阔视野，提高科研能力和管理水平。

（四）圆满完成改革开放30周年纪念活动等相关工作

今年是我国改革开放 30 周年，党中央和省委决定组织隆重的纪念活动，这是全面贯彻落实党的十七大和省委七届三次全会精神，继续解放思想，坚持改革开放，不断开创中国特色社会主义事业新局面的重要举措，意义十分重大。省委在《关于我省改革开放 30 周年纪念活动的安排意见》中，对搞好我省的活动做出了安排。涉及我院的工作有两项：一是以省委、省政府的名义召开河北省改革开放 30 周年纪念大会。初定于 12 月 16 日在石家庄举行，省委书记张云川同志做重要讲话。云川书记亲自点名我院参加文稿的起草工作，这是对我院的极大信任。我们绝不辜负省领导的期望，一定认真负责地圆满完成任务。目前，省委文稿起草小组已经成立，工作方案已经制定，省委常委、秘书长张力同志任组长，具体由我担任起草主持人，我院和省直有关部门的同志参加，目前工作已经启动。二是由省委宣传部、省直工委、省委党校、省委讲师团、省教育厅和我院联合举办河北省改革开放 30 周年理论研讨会。我院要提前谋划，做好准备，待具体方案确定后，认真负责地做好我院承担的工作。当前，要提前做好参会文章的准备工作，从现在开始，就要提早谋划，深入调研，认真思考，把改革开放的伟大意义、巨大成就、成功经验和前进方向宣传好、总结好、阐释好，努力营造推动我省经济社会又好又快发展的思想舆论氛围，引导全省人民坚定改革开放的信心和决心，继续解放思想，坚持改革开放，推动科学发展，促进社会和谐，为建设以实力、活力和竞争力为主要标志的沿海经济社会发展强省而努力奋斗。我院也要在适当时候举办研讨会，邓研中心按院领导要求，已下发了通知，希望科研人员及早准备，撰写出高质量的研讨文章。

同志们，5 月 12 日下午，四川省阿坝藏族羌族自治州汶川县等地发生里氏 8.0 级强烈地震，给灾区人民群众生命财产造成重大损失。党中央、国务院领导同志亲临一线指挥抗震救灾工作。灾情牵动着全国人民的心，灾情也牵动着我院干部职工的心，一段时间以来，大家通过各种媒体持续关注抗震救灾进展情况，同时踊跃捐助，加倍努力工作，帮助和支持抗震救灾斗争。我院两位科研人员在没有接到任何通知的情况下主动到民政部门捐款，一位老同志自己买了 5 床新棉被送到院里收集点，一位工会干部带病加班加点收集整理捐献物品，以便尽快运送灾区。所有这些，充分展示出我院广大干部职工优良的思想素质和无私的奉献精神。截止到 5 月 16 日，全院职工共捐人民币 56955 元；截止到 5 月 20 日，捐献新棉被 66 床，棉衣近 2000 件，其他衣物 1000 件。灾情未消，奥运即临；任务艰巨，责任重大。希望同志们时刻做好打硬仗、打关键仗的思想准备，坚决贯彻执行省委、省政府及院党组的工作部署和紧急指令，支持和配合做好院内安全保卫和秩序维护工作，保证全院信息传递和通信联络通畅，“管好自己的人，看好自己的门”，确保不出任何问题。

同志们，今天的会议不仅是我院第四轮处所级领导干部聘任上岗会，更是一次给新任处所级领导干部交任务、压担子的工作动员会。新班子要有新气象。会后，院领导和职能部门要马上送新任职的同志到岗，搞好工作交接；各处所室领导班子要抓紧谋划工作，狠抓工作落实。院党组希望同志们更加紧密地团结起来，背负省委、省政府的期望，背负全院干部职工的重托，不辱使命，励精图治，用“真才实学、真抓实干”，开创各项工作新局面，带领全院干部职工谱写我院各项事业发展的新篇章！

扎实推进国际学术交流 全面深入开展省情调研*

（2008年5月29日）

今天，我们召开全院国际学术交流工作总结暨省情调研动员大会，主要是想对近两年来我院国际学术交流工作做一次总结，同时对我院开展省情调研工作进行进一步动员部署。上述两个方面的工作，有一个共同的主题，就是坚持开门办院，逐步把我院的优秀成果、优秀人才推向全省、推向全国、推向世界，不断提高我院学科发展、队伍建设和研究工作的实力、活力和竞争力。刚才，大家观看了我院代表团出访日本、加拿大的短片，听取外事办的工作汇报和几位出国归来科研人员的发言，我感觉说得都挺好，使大家对我院近两年来的国际学术交流情况有了一个大致的了解。刚才，思远同志讲了省情调查的实施意见，并对我院组织到天津滨海新区、唐山曹妃甸工业区、沧州渤海新区实地考察进行了具体安排，我都赞同。下面，我就我院国际学术交流工作和省情调研工作，再讲两点意见。

一　关于国际学术交流工作

开展国际学术交流是贯彻落实党的十七大精神的重要措施。党的十七大报告明确提出："繁荣发展哲学社会科学，推进学科体系、学术观点、科研

---

* 本文为周文夫在院国际学术交流总结暨省情调研动员大会上的讲话。

方法创新，鼓励哲学社会科学界为党和人民事业发挥思想库作用，推动我国哲学社会科学优秀成果和优秀人才走向世界。”这说明，繁荣发展哲学社会科学需要优秀人才，而优秀人才只有走向世界，才能了解世界，才能站在世界的前沿思考问题，才能站在学术的前沿思考问题，才能取得优秀的科研成果。开展国际学术交流为推动我院优秀成果和优秀人才走向世界搭建了平台。刚才几位科研人员的汇报和感受就充分证明了这一点，只有走出去，我们才会进一步开阔视野，拓宽思路，提高能力，多出成果，多出人才。

搞好国际学术交流是展示我院形象，扩大学术影响，提高我院知名度的重要途径。搞好国际学术交流是推介科研人员的大好机会，在与国际社会科学专家教授的交流中可以充分展示自己，提升我们的价值。

（一）近几年国际学术交流取得的成绩

近几年来，院党组十分重视对外学术交流。据不完全统计，自 2005 年以来，我院先后接待了来自日本、美国、加拿大、澳大利亚等国家和我国香港、台湾地区的专家学者共 14 批 32 人次，组织大中型学术报告会 8 次，组织外宾赴有关市、县和乡村参观考察 28 人次。安排出访团组 8 批 38 人次，选派高级访问学者赴国外研修学习 8 批 8 人次，出访及研修的国家和地区有日本、美国、加拿大、韩国、英国、瑞典、澳大利亚、中国香港等，为我院国际学术交流工作奠定了一定的基础。近两年来，我院在谋划出访国家和地区布局、提高与科研机构和高等院校学术交流质量上，做了一定工作，初步取得了一些积极的效果。

2007 年 10 月 24 日至 11 月 6 日，我院组团赴日本、加拿大进行考察访问。此次出访，代表团以巩固和发展友好合作关系、扩大我院和我省影响、促进学术交流与务实合作为目的。代表团所到之处，都适时地详细介绍我省经济社会发展情况以及河北在中国未来发展中的战略地位和发展潜力。在日本岩手县立大学，代表团受到校长谷口诚教授等校领导和师生们的热情欢迎。

我以《环渤海经济圈崛起与河北沿海经济社会发展强省建设》为题在岩手县立大学作了学术报告，受到师生们的较高评价。代表团成员通过与该校师生就双方关注问题的交流，了解了对方，展示了我院的形象，达成了一些合作意向。代表团在日本还受到岩手县知事、盛冈市副市长的热情接见，当地新闻媒体进行了采访报道。在加拿大期间，代表团一行访问了多伦多大学，双方围绕中国经济、农业、文化艺术、公共管理、社会保障和科研管理等问题进行了广泛的探讨，并达成一些合作意向，如积极开展两院校间社会科学领域的学术交流、资料交换和人员互访；双方就共同关注的课题开展合作研究；多伦多大学派团访问我院，进一步推动与我院建立友好合作关系等。出访人员通过与当地的政府、大学、纪念馆和华人社团的会谈、接触和交流，在加深我们与老朋友友谊的同时，又结交了一批新朋友；既巩固了我们的友好合作关系，又进一步开辟了双方的交流渠道，取得了丰硕的成果，圆满完成了考察交流任务。

2007 年 10 月，孙继民副院长等同志应邀赴韩国参加由韩国外国语大学举办的“韩中宋辽夏金元史国际研讨会”。向研讨会提交的论文展示了我院宋代文书研究的学术水平，介绍了宋史研究领域在新材料开拓方面的最新进展，受到与会专家学者的高度评价，扩大了我院的学术影响。

做好国际学术交流也是培养高素质复合型人才以及学术带头人的需要。近几年来，我院十分重视对外学术交流，坚持“走出去、请进来”的方针，先后多次组团赴国外考察访问，选派高级访问学者赴美、澳研修学习，这些进修人员已经成为我院的科研中坚力量，成为科研的中流砥柱。同时，我们还多次邀请国外及我国港台地区的专家学者来我院进行学术交流，开阔了大家的国际视野，活跃了我院的学术气氛，培养和锻炼了人才，促进了科研工作的有效开展。作为学术带头人，就要对本学科研究领域有高屋建瓴的才识，还要有世界眼光，因而必须积极开展国际学术交流。通过到国外、境外学习交流，不断提高我们的科研能力和科研水平，促进我院科研人才的成长。

（二）下一步工作打算

我们在看到国际学术交流工作取得成绩的同时，也要看到我们国际学术交流中存在的不足。总体上讲，我院的学术交流要进一步扩大，国际学术交流工作要统筹规划，有计划地多派科研人员出去访问交流，使国际学术交流与我院各项工作紧密结合、融为一体。今后要努力做到如下几点。

（1）进一步扩大学术交流的范围。今后，我院将继续加大对外学术交流及选派高级访问学者的支持力度，继续巩固和扩大对外学术交流的范围和规模，提高对外学术交流的质量和影响，不断提升我院国际交流水平。努力推动我院优秀成果和优秀人才走向世界，使我院科研和管理骨干分期分批赴国外考察访问、研修学习。不断开阔科研和管理人员的国际视野，为科研骨干和中层管理人员创造更多的交流机会，争取大家都有机会走出去，把国际学术交流作为促进我院科研发展和人才培养的有效途径和手段。当然，我们出去的同志，要珍惜机会，抓紧时间进行交流和学习，不要仅是出去看看山水、逛逛市容，把难得的机会白白浪费掉。

（2）进一步拓宽学术交流的渠道。就我院目前的情况来看，我们院内和研究所举办了一些学术研讨会，通过研讨会交流了信息，研究了问题，开阔了视野，扩大了我院的影响。但是，总的来看，国内的学术交流多，国际学术交流少；总的交流数量与搞得好的兄弟院或大学比还很不够；绝大多数科研人员，还没有机会走出去，一些重要的国际性学术会议我们参加不了；即使是在国内举办的一些国际性学术研讨会，我们参加的机会也不是很多，这就影响了我们的学术视野。今后随着学术交流渠道的进一步拓宽，我们会有更多的机会组织科研人员出外进修深造。我们也会充分运用和落实我院与境外大学等科研机构建立的交流协定，巩固和加强现有的国际学术交流关系，积极开拓交流渠道，使更多的科研人员有机会出国出境进行交流、学习、考察。

（3）进一步提高国际学术交流水平。在国际学术交流的过程中，一定要注意提升学术交流的成果水平。研究成果的水平直接代表着我院的科研实力。所以，我们有机会出去的同志，一定要千方百计地搞好论文的写作，切实提高研究水平，使我们的成果具有原创性，具有较高的学术价值。经过几年的努力，使我们的国际学术交流迈出更大的步伐，更好地为实现我院“三个服务”办院方针和“出成果、出人才、出效益”的总体要求服务。

二　关于省情调研工作

省情调研工作是今年我院的重点工作之一。为了做好这项工作，科研处做了大量工作。我们下发了我院关于开展省情调研工作的实施意见，对调研工作的指导思想、目的、方式、方法和时间安排以及要求都进行了部署。思远同志刚才已经对我们即将到天津滨海新区、唐山曹妃甸工业区、沧州渤海新区的考察工作进行了说明。我再强调以下两点。

（一）必须充分认识开展省情调研工作的重要意义

（1）开展省情调研，搞好调查研究，是社科研究多出成果、出好成果的不竭源泉。坚持理论与实际相结合，是我们党领导革命、建设和改革的基本经验，毛泽东早在1930年就提出了“没有调查，没有发言权”的著名论断。1961年，他在广州中央工作会议的讲话中指出：“民主革命阶段，要进行调查研究，社会主义革命和社会主义建设阶段，还是要进行调查研究，一万年还是要进行调查研究工作。”当前，我国经过30年的改革开放，经济社会结构发生了广泛而深刻的变化。经济成分、组织形式、就业方式、利益关系和分配形式等日益多样化、复杂化，改革开放和现代化建设中的各种矛盾相互交织，国内外各种思想文化相互激荡，新事物、新情况、新问题层出不穷。我们既面临着加快发展和推进现代化进程的历史机遇，也面临着一系列前所未有的难题和挑战，许多问题等待我们回答。立足当代，正确认识国情、省情、市情、县情，准确把握社会发展大势，是社会科学工作者的历史使命。社科研究工作如果缺少调查、离开实践，就会成为无源之水、无本之木。所以，治本之策，就是要扑下身子开展调研。

（2）开展省情调研，是深入贯彻党的十七大和省委七届三次全会精神的重要举措。多年来，党和政府高度重视发展哲学社会科学，大力提倡哲学社会科学研究必须从实际出发，理论联系实际。党的十七大提出了“鼓励哲学社会科学界为党和人民事业发挥思想库作用”，省委七届三次全会提出了“哲学社会科学界要多出成果、出好成果”的具体要求。为更好地担当省委、省政府“思想库”和“智囊团”的神圣职责，承担起“三个服务”的重要使命，我们必须要深入开展省情调研，把改革开放和社会主义现代化建设中的重大理论和实践问题作为主攻方向，以邓小平理论、“三个代表”重要思想和科学发展观统领哲学社会科学工作，推动我院科研工作贴近我省经济社会发展实际，对全省经济社会发展中的现实问题和重大决策实施情况开展调查研究，围绕省委和省政府关注、广大百姓关心的焦点热点问题开展调查，对重点区域、重大项目、重要行业以及典型的县、乡、村进行调查，在认清省情、市情、县情的基础上，研究规律性问题，寻求解决问题的对策。在今天上午召开的省委宣传文化系统负责同志座谈会上，辰席部长为我们出了课题，要研究落实科学发展观，转变河北经济发展方式。这一重大课题的开题，首先要着手于省情调查。

（3）开展省情调研，是锻炼科研队伍、培养优良学风、努力实现“三个服务”的具体要求。开展省情调研是社会科学工作者树立正确的世界观、树立理论联系实际的优良学风、加强科研队伍建设尤其是青年科研人员培养的重要途径。我院许多科研人员由于课题研究的需要，经常到基层进行调查研究，是非常可喜的。开展省情调研，是我们科研人员接触实际、了解社会、深入群众、避免脱离实际的最有效方法，也是社会科学工作者的一项基本功。我院年轻的科研人员大部分是从大学毕业后直接参加工作的，本身对经济社会发展还缺乏全面深刻的认识，有必要深入实际调查研究；有的虽然工作多年，但由于各方面的原因，深入实际的机会也不是很多。所以科研人员要通过深入考察，接触民众，了解实际。只有对实际有了深入的了解，我们才会发现问题，找出解决问题的对策。通过向实践学习，向群众学习，不断提高我们分析问题解决问题的能力，才会造就一批理论功底扎实、勇于开拓创新的学科带头人，造就一批年富力强、政治和业务素质良好、锐意进取的青年理论骨干人才，形成一支有活力、实力和竞争力的科研队伍，从而提升我院科研竞争力和科研水平，为更好地实现“三个服务”奠定扎实的基础，在沿海经济社会发展强省的建设中发挥更大的作用。

（二）正确把握省情调研工作的几项要求

（1）开展省情调研要与纪念改革开放 30 周年紧密结合。今年是改革开放 30 周年。党中央和省委决定今年要隆重纪念改革开放 30 周年，这也是全面贯彻落实党的十七大和省委七届三次全会精神，继续解放思想，坚持改革开放，不断开创我省全面建设小康社会新局面的重要举措。省委在《中共河北省委关于我省改革开放30周年纪念活动的安排意见》中对搞好我省的活动做出了七项安排。涉及我们的工作有两项：一是以省委、省政府的名义召开河北省改革开放30周年纪念大会。初定于12月16日在石家庄举行，省委书记张云川同志做重要讲话。为了把省委书记的讲话稿搞好，根据云川书记的批示精神和张力秘书长的安排，省里抽调多个部门的同志组成起草工作小组进行讲话稿的起草。云川书记亲自点名让我院社会科学工作者参加，这是对我院的极大信任，我院绝不能辜负省委领导的期望，要认真负责地圆满完成任务。目前，起草小组已经成立，工作方案已经制定，具体由我担任起草主持人，我院和省直有关部门的同志参加，工作已经启动，正在拟定讲话提纲。我院的省情调研活动要与改革开放30周年纪念文稿专题调研相结合，各专题调研小组要认真谋划调研题目，准备好调研提纲，明确时间和地点，及时深入下去，我院的一部分同志要参与进来，作为省委的调研组人员下去调研。希望这些被抽调的人员要按照有关要求，认真准备，扎实工作，切实把各市各地各行业各单位的经验总结好，为文稿起草工作奠定坚实的基础。二是由省委宣传部、省直工委、省委党校、省委讲师团、省教育厅和我院联合举办河北省改革开放30周年理论研讨会。我院邓研中心已经下发通知，各单位要及早谋划，做好理论研讨会文章的准备工作。从现在开始，要结合省情调研，认真思考，对30年改革开放进行系统全面的回顾和总结，把改革开放的伟大意义、巨大成就、成功经验和前进方向宣传好、总结好、阐释好，努力营造推动我省经济社会又好又快发展的思想舆论氛围，引导全省人民坚定改革开放的信心和决心，继续解放思想、坚持改革开放、推动科学发展、促进社会和谐，为建设以实力、活力、竞争力为主要标志的沿海经济社会发展强省而努力奋斗。

同时，我院也要在适当的时候举办研讨会纪念改革开放30周年，希望科研人员及早准备，撰写研讨文章。

（2）开展省情调研要按我院实施意见的要求，扎实推进各项工作。开展省情调研是我院今年的一项重要工作，时间紧、任务重。省情调研的主要内容我们的实施意见讲得很清楚了，我不再多讲。我要说的是，这次省情调研，一是要进行实地考察。要到科学发展示范区唐山曹妃甸、沧州渤海新区以及天津滨海新区去实地考察。许多同志还没有去过，这次我们要组织大家去看一看。为了做好这次实地考察工作，我院与天津社科院、唐山市委及市委宣传部、沧州市委宣传部进行了联系，希望他们对我们的考察给予协助，他们都热情地替我们做了安排。因此，也希望大家要珍惜这次考察机会，积极踊跃参加。在考察过程中，要按统一要求组织进行，加强纪律观念、时间观念，一切行动听指挥。要带着问题去考察调研，去感受改革开放的最前沿。二是开展省情调查课题研究要以调研项目为依托。希望科研人员认真填写项目申请书，设计好调研课题，做好各项准备工作。这次会后，专题研究人员要快下去开展调研。要按照课题要求撰写调研报告，推出高质量的调研成果，并及时通过多种途径上报省领导和有关部门。优秀调研成果可通过我院的《决策建议》《决策参考》上报，为省委、省政府决策服务。调查研究的最终目的就是要出成果、出好成果。省情调研工作成败得失，最终要靠成果说话。省情调研成果不能只停留在从理论上进行论证，更重要的是，要通过调查研究，在理论与实际的结合上创新成果。根据我院省情调研实施意见的要求，活动结束后将对调研活动组织好的单位和个人进行表彰，并评选优秀调研成果。

（3）各研究所（中心）对省情调研工作要高度重视，加强组织协调。各个研究所的领导要高度重视省情调研工作，加强协调，按院的部署进行，在规定的时间内做好工作。同时，要突出重点，注重效果，使调查内容尽可能全面、准确、公正地反映客观情况，避免调研工作走过场、流于形式。形成的调研报告要紧扣主题，观点鲜明，层次清晰，资料翔实，具有较强的针对性、实效性和可操作性，容易转化为现实成果。要把课题调研与学科建设、蓝皮书撰写相结合，把省情调研与总结改革开放30周年的经验相结合，注重研究成果的思想性、理论性和可操作性，调研报告要有数据、有分析，内容有深度、有见地，措施切实可行。

（4）要严格调研纪律，维护社科院的形象，注意调研安全。社科院的科研人员，都是具有一定知识水平、有较高素养的知识分子。这就要求我们的科研人员在调研过程中要自觉遵守“研究无禁区，宣传有纪律，行为守法律”的要求。在调研过程中一定要注意维护我院形象，对自己的言谈、举止、形象高标准要求；把主要的精力用在调研上，要多思、多想，善于学习、勤于思考；要和被调研单位搞好沟通协调，融洽关系，保证调研工作顺利进行；要杜绝一切有损我院形象事情发生，杜绝违法乱纪行为。当然，我们也相信参加省情调研的同志是能够按要求搞好调查的，大家在调研过程中，也要注意自身安全。

同志们，实践呼唤理论指导，理论需要发展和创新。我们开展省情调研活动，就是要让广大科研人员把理论与实际结合起来，在实践中成长。广大科研人员一定要充分认识开展省情调研的重要意义和自己肩负的重要责任，以饱满充沛的思想热情、昂扬向上的精神状态去完成我们这次省情调研任务，用高质量的调研成果，为实现我院“三个服务”的办院方针做出自己的贡献，为建设沿海经济社会发展强省提供智力支持。

谢谢大家！

建设曹妃甸循环经济示范区 促进京津冀区域合作共赢*

（2008 年 6 月 26 日）

国家已经决定将开发建设天津滨海新区作为我国继 20 世纪 80 年代开发深圳、90 年代开发浦东之后，又一个区域开发的重大战略举措，将掀起沿海经济开发开放的第三波高潮，希望以此带动环渤海区域经济发展，改变中国经济发展“南快北慢”的局面，进而辐射“三北”，拉动内陆和广大欠发达腹地的发展。根据世界经济发展规律和国际经验，在当前的经济发展阶段和水平，要想成为辐射拉动广大腹地的“经济引擎”，除具有引进、消化、吸收、研发高技术的产业基地和强大的物流航运中心功能外，还必须具有能够带动中下游产品向周边地区和广大腹地延伸的、具有较长产业链的、能够为未来发展保持持续动力的重化工业支撑。从国际现代化历程看，各国在此发展阶段都集中力量在滨海地区建设像美国的休斯敦、日本的坂神、韩国的釜山等那样引领工业发展的标志性重化工业区，以优化生产力布局、加速工业化进程、带动腹地经济起飞。

然而，天津作为国际性大都市，环境敏感程度高，环境承载能力低，不宜发展大规模的重化工业，这也正是天津滨海新区定位在“一个基地”“两

---

* 本文为周文夫在北京社科院举办的“环渤海区域合作发展高层论坛”上的发言，刊载于《环渤海区域经济发展研究——“环渤海区域合作发展高层论坛”论文集》，中国经济出版社，2008。

个中心”的主要原因。此外，天津的港口功能以集装箱散货为主，在较长的时期内难以再开拓新的能源和原材料集疏港。这就不得不让世人把目光聚集在具有“黄金宝地”优势的世界级重化工业优良之地——曹妃甸。

一　开发建设曹妃甸循环经济示范区是促进京津冀区域合作的迫切要求

（一）曹妃甸在京津冀区域中具有发展重化工业的比较优势

（1）曹妃甸拥有发展重化工业的独特自然条件优势。“面向大海有深槽，背靠陆地有浅滩”，曹妃甸是我国少有的深水港址资源，也是渤海湾中唯一不需开挖人工航道和港池、不需疏浚维护即可建设大型深水港的港址，可建设30万吨级的大型泊位。曹妃甸岛与陆地之间为大面积潮间带，有450平方公里古滦河浅滩与陆地相连，为临港重化工业发展提供了良好的自然条件。世界上发达国家拥有这种自然条件的港口无一例外都发展成为世界级的重化工业带。

（2）曹妃甸拥有发展重化工业必需的国际性集疏港口的区位优势。曹妃甸所在地区是我国四大经济区的交接地区，是南北东西物资交换量最大的地区；曹妃甸处在渤海湾的顶端部位，具有较低的综合运输成本；曹妃甸距周边中心城市都在250公里以内，并有多条国铁干线、高速公路、国省干线公路相连接，构成了便利的交通运输网络；曹妃甸港口腹地是我国煤炭、钢铁、建材、电力、化工最大的消费地和生产地，是“三北”地区的重要出海通道。

（3）曹妃甸港区拥有发展重化工业所必需的环境与资源支撑能力。曹妃甸港区环境敏感度低，环境容量大，能够支持重化工业基地的开发建设；水资源相对充裕，稻改旱、海水淡化可进一步提高本地可供水量，完全有能力支撑工业区淡水需求；大量未开发的国有滩涂可供利用；本区重化工业发展所依赖资源组合条件好，煤炭、石油、铁矿石、原盐等资源丰富，适合大规模、高密度发展现代重化工业。

（4）曹妃甸港区的自然垄断优势和产业基础派生出一系列市场竞争优

势。在大型能源和原材料港口建设重化工业，可以明显地降低能源原材料和产品的物流费用，获得低成本优势；冶金、石化、电力等相关产业在空间上聚集形成产业集群，降低交易成本，提高技术创新能力，大大提高产业竞争力；产业传统的积淀可以提高产业的配套能力、技术工人和其他资源的供给，加快开发建设的速度。

（二）开发建设曹妃甸循环经济示范区是促进环渤海区域协调发展的紧迫需要

（1）开发建设曹妃甸循环经济示范区，是环渤海地区在更大范围、更高层次上利用国际资源的紧迫需要。加入 WTO 后，我国经济的国际化进程明显加快，能源原材料大进大出的格局，要求我国必须在环渤海地区建设国际性能源和原材料集疏枢纽港，承担原油、铁矿石进口和北煤南运的重要任务，以保证我国经济运行的安全。预计到 2020 年，我国原油和铁矿石消费总量的一半需要进口，煤炭在环渤海地区港口的年下海外运量将达到 5 亿吨。环渤海地区由于受多种因素的影响，至今还没有形成具有战略支配地位的深水港口群，与其经济地位和职能分工极不相符。尽快选择区位条件好、发展空间大、支撑能力强、便于参与国际分工合作的区域建设能源原材料集疏枢纽港是当务之急。曹妃甸拥有建设我国北方国际性深水港口群的独特天然条件，又紧临天津滨海新区，因此，其开发建设必然提上国家战略高度。

（2）开发建设曹妃甸循环经济示范区，是优化京津冀重大生产力布局、避免新的发展阶段重化工业低水平重复建设的紧迫需要。曹妃甸示范区自然条件优越，发展潜力巨大，与天津滨海新区统筹规划、成组布局后，可以促进我国北方重化工业的聚集和产业的集群化，推动区域分工的合理化，消除我国能源、交通的瓶颈制约，实现京津冀都市圈生产力重心战略东移，避免京津冀地区盲目建设、分散布局、区域内争夺资源的粗放增长和低水平重复建设，它对促进京津冀区域在合理分工基础上联合协作、加速环渤海地区的发展有重大现实意义。

（3）开发建设曹妃甸循环经济示范区，是保障国家经济运行安全和战略物资储备的紧迫需要。能源和原材料加工工业是影响和带动国民经济发展全局的基础性产业，煤炭、石油、天然气、铁矿石等战略资源，历来是世界各国争夺激烈和交换量最大的物资。环渤海地区的港口现状由于受布局、结构和分工等多重因素的影响，明显不适应保证我国经济运行安全和参与国际竞争的需要。开发建设曹妃甸，有利于环渤海地区港口的合理分工，可利用优越的条件进行能源的战略储备，为我国提供战略保障，促进我国区域间战略性物资的供需平衡，提高我国经济发展的应急能力和抗干扰能力，对于保证国民经济运行安全具有不可替代的重大作用。

（4）开发建设曹妃甸循环经济示范区，是引领环渤海地区乃至全国的重化工业区发展循环经济的紧迫需要。曹妃甸示范区是亟待开发的处女地，可以按照新的发展理念，走出一条科技含量高、经济效益好、资源消耗低、环境污染少、人力资源优势得到充分发挥的新型工业化道路，是一种全新的重化工业发展模式。将曹妃甸示范区按循环经济理念开发建设，对于推动环渤海地区乃至我国的重化工业发展循环经济具有重大示范意义。

二　以建设曹妃甸循环经济示范区为契机，全面推进京津冀区域合作共赢

根据曹妃甸新区产业聚集特点，河北唐山加快了与周围地区产业转移和协作发展的进程。继首钢搬迁曹妃甸之后，2007 年 7 月，唐山与天津滨海新区签订战略合作协议，使环渤海区域的“双引擎”真正实现协同作战、共谋发展的局面。2008 年 1 月 22 日，国务院正式批复了《曹妃甸循环经济示范区产业发展总体规划》，标志着曹妃甸循环经济示范区已正式纳入国家战略规划部署之中。以曹妃甸的开发建设为契机，京津冀三方将在众多领域内存在区域合作的广阔前景。

（一）进一步科学合理地确定北京、天津滨海新区与曹妃甸的功能定位，从而推动京津冀三省市整体上的分工协作

科学合理地确定京津冀地区重要增长极的战略定位，对于京津冀三方发展至关重要，关系到京津冀生产力布局的调整与区域合作的基础。

北京作为国家首都，已从昔日的“经济中心”的定位中摆脱了出来，其功能定位已明确为“国家首都、国际城市、文化名城、宜居城市”，这十六个字鲜明地勾画出北京未来发展的方向和目标。

天津滨海新区的定位是：服务环渤海，辐射“三北”，面向东北亚，建成高水平的现代化制造、研发基地，北方国际航运中心和国际物流中心，成为宜居的生态海滨城区。概括起来，目标就是“一个基地”“两个中心”。

曹妃甸的功能定位是：环渤海地区的国际性能源和原材料集疏枢纽港，世界级重化工产业基地，国家商业性能源储备和调配中心，国家循环经济示范区。

（二）进一步明确京津冀三方产业发展方向，促进产业协调发展

北京产业发展总的方向和要求是，走高端产业发展之路，把现代服务业发展放在优先位置，大力发展高新技术产业，适度发展现代制造业，显著提升都市型现代农业水平。

天津滨海新区制造业不发展一般重化工业和一般加工业，重点发展电子信息、精细化工、生物技术、新能源、环保等高附加值产业。积极发展国际物流、国际贸易和国际商品展销等现代服务业，并积极创造条件向自由贸易区转型。加快建设和形成七个产业功能区，即高新技术产业区、现代冶金产业区、空港物流加工区、海洋产业及循环经济示范区、海港物流区、化学工业区和休闲旅游区。

曹妃甸工业区的产业发展是：依托港口与周边及腹地的优势，培育拓展临港产业，建立以港口物流、钢铁、石化、装备制造（造修船）四大产业为主导，电力、临港建材、海水淡化等关联产业成组布局，现代服务业配套发展的生态型重化工业产业体系，形成具有世界先进水平的资金密集和技术密集型临港重化工业产业集群。分为精品钢铁工业区、三化合一的综合化工区、商业仓储及物流区、船舶修造区、临港新型建材工业区、重型机械制造工业区、其他装备制造工业区。

这里特别强调的是，曹妃甸与天津滨海新区的产业定位明显具有互补性：天津滨海新区不发展一般重化工业，而曹妃甸主要是发展具有先进技术

特点的循环经济型重化工业，包括大型造船业、重型装备制造业等。在化工方面滨海新区主要是发展石油开采、石油化工、海洋化工、精细化工，而曹妃甸主要是发展石化、盐化和煤化“三化一体”的化学工业体系，与天津具有较大的互补性。冶金方面，滨海新区有一小部分钢铁工业，而曹妃甸发展具有世界领先水平的精品钢材，基本上不冲突。在物流业上，天津主要是集装箱和散杂货为主的现代国际物流业，曹妃甸主要形成面向“三北”的进口矿石、原油仓储物流中心和煤炭中转枢纽，两者互补性较强。

（三）进一步完善港口等综合交通运输体系建设，重组京津冀发展新空间

京津冀区域港口、机场的整合刚刚起步，交通设施网络化程度与加快经济整合的矛盾依然比较突出。交通设施的建设还需要进一步完善。（1）港口分工与合作。天津港是 5 万 ~15 万吨级的人工港，功能是以集装箱、散货业务为主的现代化港口，是北方航运中心，目标是建设成连接欧亚大陆和太平洋的中国北方国际物流中心。曹妃甸港是 20 万 ~30 万吨级的天然港，主要是国际性能源和原材料集疏枢纽港，建设煤炭、原油、铁矿石专用码头，远期可作为天津的外港，发展集装箱业务。（2）港口共建。应当打破行政区划束缚，联合建港用港，加强港口之间及港口与腹地之间的分工与联合，联合利用开放窗口，变沿海优势为区域整体优势，推动本地区的整体开放与外向型经济的发展。（3）完善城际交通网络。在京津冀都市圈，应该尽快形成以通勤铁路和高速铁路以及地铁为主的高速轨道交通体系。北京作为环渤海的中心城市，除了要和天津融合加强航运中心和制造业中心建设之外，还应该积极向两翼扩展，从而可以为京津冀都市圈的发展提供更为广阔的空间。通过基础设施（特别是跨行政区交通、通信）的完善与网络化，充分发挥中心城市通过金融、贸易、信息等网络对区域内腹地的辐射功能，并由政府引导和市场竞争相结合来促进区域统一市场的形成。

（四）进一步完善市场开放，逐步建立区域性统一大市场

京津冀三方应当抓住各自发展的契机，借鉴长三角发展经验，在形成全

国统一市场进程中，按照优势互补、整体协调、合理分工与协同共进等原则，逐步建立起对外开放的区域性统一大市场。（1）建立统一与开放的区域要素市场，促进生产要素的自由流动与优化组合。树立大商品市场观念、大金融市场观念、大人才市场观念，促成区域内商品、资金和劳动力的自由流动。（2）注重市场体制、政策法规等软环境建设，统一协调，制定共同协议和市场规则，优化市场环境，实现商品与要素流动的真正畅通。

（五）进一步加强生态规划，力促京津冀区域可持续发展

要实现可持续发展，京津冀三方同样必须坚持环境与发展的综合决策，在生态建设方面实现规划和合作。（1）将北京与其周边地区作为整体进行规划，在摸清生态环境整治现状的基础上，从流域内上下游地区之间的生态联系、水资源纽带和经济关系入手，提出今后一段时期京津冀都市圈生态环境整治的目标和重点。（2）在北京与张家口、承德等地之间建立起比较稳定的政府间经济联系。（3）建立以水源保护为主要内容的经济补偿机制。（4）加大中央政府对京津冀都市圈生态治理的资金投入，并广泛吸引社会资金的参与。

（六）进一步加强金融业协调合作，为经济发展提供支持

与浙江等发达的经济区域相比，京津冀三方金融市场发育滞后，金融体制改革较慢。曹妃甸循环经济示范区的建设以及天津滨海新区的金融体制改革，对京津冀三方的金融业合作提出更高的要求。（1）应加强三方管理层面协作，为金融业合作以及跨区域融资便利实施扫清障碍。（2）加快推进市场一体化，在现有体制框架下，打破京津冀内部不同区域的市场保护和分割，从而为金融业的健康合作和发展提供沃土，促进资金的自由流动。（3）建立金融发展龙头，建议京津二市提高在金融业方面的合作意识，共同努力打造京津冀都市圈、环渤海城市群乃至全国性的金融中心。

始终坚持统筹兼顾这个深入贯彻落实科学发展观的根本方法*

（2008 年 7 月 1 日）

在中国特色社会主义事业进入新的发展阶段的关键时刻，党的十七大进一步强调“深入贯彻落实科学发展观”。深入贯彻落实科学发展观是空前艰巨的战略任务，也是庞大复杂的系统工程。完成这样艰巨的战略任务，实施这样复杂的系统工程，我们必须始终坚持统筹兼顾这个科学发展观的根本方法，以高超的领导艺术和科学的工作方法，将科学发展观由发展的科学理念变成发展的正确实践，实现经济社会全面协调可持续发展。

深入贯彻落实科学发展观，必须坚持统筹兼顾这个根本方法。众所周知，社会主义社会是一个经济、政治和文化全面发展的社会，社会主义现代化是经济、政治、文化和社会的全面现代化。因此社会主义社会就是经济、政治、文化和社会建设全面协调推进的社会。我们又都知道，社会主义社会的发展仍然是生产力与生产关系、经济基础与上层建筑的矛盾运动。但是，这个矛盾运动，绝不是完全自发的运动，而是由生产力中最活跃的因素即具有社会意识的人来推动，也就是掌握了社会主义思想意识的劳动者来推动。这样，社会主义社会的发展的进程，取决于人民群众奋斗的结果，取决于社

* 本论文入选《唐山市学习实践活动理论创新成果汇编》，获得唐山市“深入贯彻落实科学发展观，建设唐山科学发展示范区”理论研讨会征文特等奖。

会主义国家执政党正确的发展方略和科学的执政方法。

考察我们党87年来的历史就会发现，统筹兼顾，是我们党处理全局和战略问题一贯倡导的科学工作方法。我们党的三代领导核心毛泽东、邓小平、江泽民都是统筹全局、运筹帷幄、兼顾各方、长袖善舞的大师，既有许多精辟的论述，又有许多成功的经验。早在新民主主义革命时期，毛泽东同志就指出："领导人员依照每一具体地区的历史条件和环境条件，统筹全局，正确地决定每一时期的工作重心和工作秩序，并把这种决定坚持地贯彻下去，务必得到一定的结果，这是一种领导艺术。"他把统筹兼顾形象地比喻为"弹钢琴"，"要产生好的音乐，十个指头的动作要有节奏，要相互配合。党委要抓紧中心工作，又要围绕中心工作同时开展其他方面的工作"。他谆谆告诫"党委的同志必须学会'弹钢琴'"，各方面"都要照顾到，不能只注意一部分问题而把别的丢掉"。《论十大关系》《关于正确处理人民内部矛盾的问题》，是毛泽东探索中国社会主义建设道路的代表作，体现了毛泽东关于社会主义建设的辩证法，而这两篇文献所着重阐述的一个基本思想就是统筹兼顾。在《论十大关系》中，毛泽东围绕着调动一切积极因素、建设社会主义现代化强国这个基本方针，集中论述和突出强调了统筹兼顾的基本思想，提出理顺兼顾社会主义建设中各种关系，不能只顾一方面而不顾另一方面。在《关于正确处理人民内部矛盾的问题》中，毛泽东专用一节深入阐发了统筹兼顾、适当安排的思想。他指出："这里所说的统筹兼顾，是指对于六亿人口的统筹兼顾。我们做计划、办事、想问题，都要从我国有六亿人口这一点出发，千万不要忘记这一点。"他还说："我们的方针是统筹兼顾，适当安排。"无论什么问题"都要从对全体人民的统筹兼顾这个观点出发，就当时当地的实际可能条件，同各方面的人协商，作出各种适当的安排"。毛泽东在这一时期把"统筹兼顾、适当安排"上升到方法论的重要地位，不仅作为调动一切积极因素、建设社会主义强国的重要方针，而且作为解决社会主义社会矛盾的重要观点和基本方法。在改革开放和社会主义现代化建设的新时期，以邓小平和江泽民为核心的党中央第二代、第三代领导集体关于"两手抓、两手都要硬"，关于正确处理改革、发展、稳定的关系等许多论述，都渗透和体现了统筹兼顾的思想。邓小平同志强调："我们必须按照统筹兼顾的原则来调节各种利益的相互关系。”我们的全部工作，我们的一切方针、政策、计划、措施，都必须立足于统筹安排，把各方面的积极性都充分调动起来。

科学发展观，是中国共产党为加快发展社会主义而制定的正确方略和科学理念。然而，深入贯彻落实科学发展观，实现经济社会的全面协调可持续发展，是一个庞大复杂的系统工程。从宏观角度讲，它涉及社会发展的经济、政治、文化和社会建设的各个方面，涉及各个区域、产业、阶层的利益得失，涉及各个方面发展程度的协调平衡，涉及整个社会发展速度和社会的稳定和谐，甚至于涉及人与自然、社会与自然的和谐平衡，涉及人类社会发展的未来。从微观角度说，涉及我们这个社会每一个人衣食住行，涉及每一个人在社会中物质文化生活需求的满足程度，更涉及每一个人在社会中人生价值的实现程度和发展程度。而且，在我们这个社会全面深刻转型、改革进入攻坚阶段、社会利益关系错综复杂、社会矛盾显现的今天，落实科学发展观，更是环境空前复杂、任务空前艰巨，新情况、新问题和新矛盾数不胜数，其涉及的社会广度和深度，是历史上任何时候都无法比拟的。

面对当代中国社会发展这样庞大的复杂的社会系统工程，我们需要高超的领导艺术和科学的工作方法。我们既不能顾此失彼，只顾一方面的发展，而弃另一方面的发展于不顾，也不能厚此薄彼，只照顾某一方面的利益，而不兼顾其他方面的利益，必须统筹谋划，全面推进，实现经济社会的全面协调发展。正是由于社会主义社会发展是个系统工程，经济、政治、文化和社会建设相互促进和制约，任何一方面发展滞后，必然制约和影响其他方面的发展。所以，必须兼顾各个方面的发展，协调各方面的关系特别是利益关系，实现经济社会各方面的平衡、和谐包括人与自然的和谐，才能实现经济社会协调和可持续发展。因此，党的十七大就强调“科学发展观……根本方法是统筹兼顾”，表明坚持统筹兼顾，是很好落实科学发展观、实现经济社会的全面协调可持续发展、推进中国特色社会主义事业发展的题中应有之义，也是中国共产党在执政实践中必然选择的根本方法。

始终坚持统筹兼顾，切忌顾此失彼、厚此薄彼

统筹兼顾，顾名思义，就是统一筹划，同时照顾几个方面。引申到党的执政活动，统筹兼顾就是总揽全局，运筹谋划各方面的工作，协调促进经济社会各方面的发展，顾及经济社会的方方面面，平衡理顺经济社会各方面的关系，促进经济社会全面进步和人的全面发展。党的十七大提出统筹兼顾是科学发展观的根本方法，反映了新世纪新阶段中国共产党人关于发展的理论自觉，反映了面对新形势、新任务中国共产党人坚持统筹兼顾方法论的自觉，这就使统筹兼顾的方法论意义更加凸显出来。我们必须总结我们党统筹兼顾的历史经验，从我们今天世情国情出发，始终很好坚持统筹兼顾的根本方法，用科学发展观统领经济社会发展全局，用总揽全局、运筹帷幄、平衡关系、协调各方的领导艺术促进经济社会和人的全面发展。

——从全局和长远出发，统筹谋划，适当安排，整体推进，力戒顾此失彼。在社会发展中，我们要把各方面的发展和各项工作放在适当的位置，投入适当的精力，实现整体协调推进，决不能过分关注一方面的发展，忽视甚至阻碍另一方面的发展。在今天，在经济社会发展中坚持统筹，就具体体现为统筹城乡发展、统筹区域发展、统筹经济社会发展、统筹国内发展和对外开放、统筹人与自然和谐发展这五个统筹。在继续推进城市建设和发展的同时，关注农村、关注农业、关注农民，实现城市支持农村、工业反哺农业，努力推进社会主义新农村建设；在继续支持和鼓励发达地区率先实现全面小康的同时，支持经济薄弱地区尽快发展起来；在继续鼓励一部分人先富起来的同时，解决不同利益群体不协调的矛盾，注意帮助弱势群体解决生存发展问题；在继续促进经济快速持续健康发展的同时，加快各项社会事业的发展；在实现人的全面发展的同时，注重对资源、生态和环境的保护。通过统筹谋划和整体推进，实现经济社会的全面进步和人的全面发展。

——从社会公平与正义出发，兼顾社会各方面的利益需求，实现社会公平公正，力戒厚此薄彼。我们必须站在现代化建设、改革开放的全局，尽可能考虑方方面面的需求和因素，兼顾各方面的利益关系，尽最大可能满足社

会各个阶层之间及其内部利益要求。决不能厚此薄彼，过分关注一方面的利益而忽视甚至损害另一方面的利益。正确处理改革、发展、稳定的关系，协调好改革和发展中的各种利益关系，初次分配和再分配都要处理好效率和公平的关系，再分配更加注重公平。特别是兼顾国家、集体与个人的利益关系，兼顾发展能力强与弱的利益关系，改革中得益较多与较少、先富与后富和不同行业群体的利益关系。同时，坚持从社会主义初级阶段的实际出发，在利益协调上尽力而为，又量力而行；既高度重视，又不超越阶段，充分考虑各阶层和群体对利益协调的承受能力。各项改革措施都必须使人民总体受益，使全体社会成员都能分享经济和社会发展的成果，不断满足人民的多方面需求和促进人的全面发展。顾及方方面面又要注重突出重点，切实解决经济社会发展中的薄弱环节，关注对社会困难群体和特殊利益群体的保护。逐步建立包括权利公平、机会公平、规则公平、分配公平等在内的社会公平保障体系，使全体人民公平竞争、机会均等、各得其所，使全体社会成员都能分享经济和社会发展的成果，不断满足人民的多方面需求和促进人的全面发展。

意识 · 能力 · 导向 · 实效：坚持统筹兼顾的基本保障

要很好做到统筹兼顾，仅仅有良好的愿望是远远不够的，必须增强统筹兼顾的意识，提高统筹兼顾的能力，确立统筹兼顾的导向，追求统筹兼顾的实效。

——在理论学习中学会辩证地观察和分析问题，增强统筹兼顾的意识。我们要很好贯彻统筹兼顾的原则，首先要努力学习马克思主义基本理论，准确理解和把握辩证唯物主义和历史唯物主义的基本原理，养成用全面的、发展的和相互联系的观点观察、分析和解决问题的意识；养成在抓住和解决主要矛盾的同时不忘抓住和解决非主要矛盾，在着重关注矛盾的主要方面的同时不忘以适当的注意力关注矛盾的次要方面的意识；养成用全局的观念、战略的高度、开阔的视野和系统的思维观察所处环境，展望未来趋势，分析现实问题，谋划各项工作，使自己统筹兼顾的意识在经济社会的全面发展中逐步增强。

——在工作实践中学会“弹钢琴”，提高统筹兼顾的能力。我们要很好地贯彻统筹兼顾的原则，就必须学会“弹钢琴”，在实际工作中坚持全面推进和重点突破相结合。坚持统筹兼顾并不是平均用力，没有重点。因为各个方面工作的轻重缓急并不是完全同等的，各个方面工作的重要性在不同时期、不同地方又是不断变化的。统筹兼顾，要求既坚持全面推进，又重点突破，既顾及方方面面，又突出重点，要求将各方面的工作和各种利益关系放在适当的位置，给予适当的关注，给予适当的力量解决，主次有别，轻重不同，缓急有序，各得其所。在工作实践中，我们要注意总结经验，探索规律，准确判断，明晰各项工作的重要程度及其相互关系，注意适当把握各项工作的力度，突出重点，以点带面，使总揽全局、科学筹划、协调发展、兼顾各方的领导艺术在实践中更好地体现出来。

——完善政绩考核评价和奖惩任用机制，形成统筹兼顾的导向。这些年来，一些党政机关和领导干部之所以不能很好地在经济社会发展中坚持统筹兼顾，特别是不能正确处理以经济建设为中心与坚持经济社会全面发展的关系，除了意识和能力的原因外，就是在对干部的考核评价中，过分强调经济增长指标特别是 GDP 的权重，常常是以单项工作“一票否决”的方式论干部的政绩，而且以单项政绩论英雄、论人才，以此为依据奖惩任用干部。这样的制度导向往往促使干部以单项工作为唯一目标，将经济建设这个中心为“唯一”，忽视其他工作，忽视社会非经济方面的发展。因此，我们要进一步健全完善科学的政绩考核评价和奖惩任用机制，强调政绩评价的综合性和科学性，合理确定各项工作成绩的合理权重，以群众公认的政绩奖惩任用干部。从而从制度上、机制上引导、激励和督促各级党组织和领导干部在经济社会发展的实践中很好地坚持统筹兼顾，切实实现经济社会的全面协调可持续发展。最近，省委组织部出台《设区市党政机关和主要领导干部工作实绩综合考核评价实施办法》。这个《办法》列举的考核内容涉及经济社会发展的方方面面。这样的评价体系，就能从制度上激励约束各级党政机关和领导干部在实际工作中很好地坚持统筹兼顾，创造促进科学发展的实实在在的实绩。

——坚持一切从实际和人民的利益出发，追求统筹兼顾的实效。在经济社会发展的实际工作中，我们是不是很好地坚持了统筹兼顾，检验的标准就是要看是不是实现了经济社会全面协调可持续发展。能不能达到这样的实效，取决于我们坚持统筹兼顾是不是真正一切从实际出发。也就是我们观察局势、考察环境、分析问题、谋划工作，是不是从世情、国情出发，是不是从我们本地区、本单位的实际工作要求出发，是不是从人民群众的意愿和需要出发，是不是从经济社会发展的需要出发。因此，我们要在实际工作中努力贴近实际、贴近生活、贴近群众，真正深入实际调查研究，深入生活权衡利弊，深入群众体察民情。从而能够真正把经济、政治、文化和社会建设摆在适当的位置，在坚持以经济建设为中心的同时把社会发展放到更加重要的地位，在继续坚持效率优先的同时把社会公平放在更加突出的位置，在继续鼓励一部分地区、一部分人先富的同时以更大的力量关注弱势群体的生存发展，在促进当代人生存发展的同时更加注重后代子孙的可持续发展。只有这样，我们才能追求到统筹兼顾的最佳实效，我们才能很好地使科学发展观从中国特色社会主义巩固发展和中国共产党执政的科学理念，变成全党同志和全国人民的伟大实践，变成社会主义中国富裕、民主、文明、和谐的未来。

服务沿海强省建设*

（2008 年 7 月 10 日）

迈进“十一五”，河北省社会科学院各项事业发展又站在一个新的历史起点上。院党组认真贯彻落实党的十七大精神和省委七届三次全会精神，以科学发展观统领办院，制定了《河北省社会科学院“十一五”时期（2006—2010）发展规划》，确定了“为省委省政府决策服务、为全省经济社会发展服务、为基层服务”的办院方针，以“出成果、出人才、出效益”为总体工作要求，创新工作思路，着力实施“四大工程”（服务决策发展工程、科研机制创新工程、人才队伍建设工程、政治思想与行政后勤保障工程），力求把我院建设成为省委和省政府信得过、用得上的“思想库”和“智囊团”，实现“省级一流、国内知名”的奋斗目标。

创新服务思路，丰富服务形式，落实“三个服务”办院方针

我院提出“为省委省政府决策服务、为全省经济社会发展服务、为基层服务”的办院方针。落实“三个服务”的办院方针，有三个层面的具体要求：一是要使研究在为省委、省政府中心工作服务中转化为决策和政策；二是要使科研在为全省经济社会发展服务中转化为规划、策略、办法；三是

---

* 本文发表于《社会科学报》2008 年 7 月 10 日。

要使科研在为基层服务中转化成现实生产能力和经营管理手段。我院在落实“三个服务”办院方针和“三个出”的总体要求中，引进了科学的工作管理方式，把系统工程的思路、管理科学理论运用到实际工作中去，按照课题式设计、项目式管理、工程式推进、台账式监督的方式实施管理和推进工作。以实施“四大工程”为抓手，将各项任务目标落到实处。

积极咨政建言，努力发挥智囊作用

每年都围绕我省经济社会发展中的重大理论与实践问题，请省委书记、省长等省领导为我院圈定年度重大研究课题。同时，我院还积极完成省领导交办的特殊任务，直接为全省经济社会发展服务。如承担省党代会报告和省人代会政府工作报告的起草、修改任务，省领导的重要讲话和文件的起草，省领导交办的专题研究任务等，充分发挥了“思想库”和“智囊团”的作用。

自 2005 年起，省委常委（扩大）学习会议或理论中心组学习，都邀请我院专家学者讲课，许多专题讲座受到了省委书记等领导同志的肯定，产生了重大影响。同时，我院的科研人员还为省人大、省政协及省直部门、市县、企业等进行多种形式的讲座，为全省经济社会发展和基层建设提供智力服务。

我院编撰了系列蓝皮书，强化了省情研究功能。目前，我院的“河北发展蓝皮书”已从《河北省经济社会发展形势分析与预测》扩展到经济、农村、社会、文化、人才五卷本系列丛书。每年的蓝皮书总报告出版后，都要报送省人大、省政协代表大会，供两会代表委员参阅，得到了两会代表委员的高度肯定。

为进一步发挥智囊团、思想库作用，促进优秀科研成果及时转化，2006 年院党组研究决定创办《决策建议》和《决策参考》两个直报件。通过直报件就我省经济、政治、文化、社会等各个方面的重大理论和实践问题向省委、省政府领导提出决策建议，供省委、省政府决策参考。

为更好地发挥我院作为省委、省政府“思想库”和“智囊团”的神圣职责，承担起“三个服务”的重要使命，我院组织全体科研人员开展了较大规模的省情调研活动。对全省经济社会发展中的现实问题和重大决策实施情况开展调查研究，围绕省委、省政府和广大百姓关心的焦点、热点问题开展调查。力图通过调研，认真总结改革开放30年来所取得的巨大成就，探索经济、政治、社会、文化等领域的改革发展经验，进一步为建设沿海强省、构建和谐河北提供智力支持与决策服务。

树立精品意识，强化研究针对性，促进科研成果品质的提升。开展征集课题活动，增强科研工作的针对性。为了进一步做好决策服务，2006年10月，我院开展了向全省各级党委、政府、省直部门、企事业单位征集“十一五”期间我省经济社会发展重大社会科学研究课题的活动。此次发出的研究课题包括了我省经济、社会、农村、文化、法律等各个方面的课题共40项，突出了大家普遍关心的焦点、热点问题，进一步增强了我院科研工作的针对性、实效性。

重视服务决策课题研究，为沿海强省建设服务。河北省第七次党代会提出了建设沿海经济社会发展强省的宏伟目标，我院紧紧围绕沿海强省建设，谋划了一批服务决策的研究课题。组织院骨干力量联合攻关，相继推出了“打造沿海经济隆起带——建设沿海经济强省的必然选择”“做大做强港区经济，加快沿海强省建设步伐”“我省要充分利用环渤海经济圈快速崛起的机遇加快发展沿海经济”等一批关于建设沿海经济社会发展强省的成果，为建设沿海经济社会发展强省提供了智力支持，得到了较好的社会反响。

不断强化精品意识，成果水平迈上新台阶。实现“出成果、出人才、出效益”的总体工作要求是我院各项工作的重中之重。截至2007年底，共完成科研成果10384项，其中出版著作472部，书稿280部，发表论文6227篇，调研报告1104项，其他文章2301篇，获全国及省级以上奖励（政府奖）170多项。近3年来，全院共完成科研成果1335项，其中40多项获得国家或省优秀科研成果奖励，178份调研报告得到省领导批示肯定并转发应用，每年都有200多项科研成果达到院“优秀科研成果”标准，为繁荣发展河北省哲学社会科学事业做出了重要贡献，实现了“出成果、出人才、出效益”的总体要求。

坚持开门办院，为沿海强省建设提供智力支持

开门办院，是我院“十一五”规划的一项重要内容和要求。近年来，我院坚持“走出去”和“请进来”，与省直部门、大专院校和地方党委、政府合作，通过举办论坛或会议搭建理论研究平台，就建设沿海强省的一系列重大理论与现实问题进行学术研讨，为实现我省经济又好又快发展做出了自己的贡献。

此外，近几年来，我院采取多种途径组织科研人员走向世界进行学术交流。据不完全统计，自 2005 年以来，我院先后接待了来自日本、美国、加拿大、澳大利亚、俄罗斯、巴基斯坦、韩国、英国等国家和中国香港、台湾地区的专家学者共 14 批 32 人次，组织大中型学术报告会 8 次，组织外宾赴有关市、县和乡村参观考察 28 人次。安排出访团组 8 批 38 人次，选派高级访问学者赴国外研修学习 8 批次，促进了我院与国内外学术界的交流与合作。

营造良好氛围，鼓励人才成长

努力建设一支综合素质高、结构合理、相对稳定的人才队伍，是我院发展的基础，也是我们“出人才”的直接体现，更是履行“思想库”“智囊团”职责的要求。截至目前，我院累计有省管优秀专家 3 人，享受政府特殊津贴专家 9 人，省有突出贡献中青年专家 12 人，省社会科学优秀青年专家 10 人，省新世纪“三三三人才工程”人选第一层次 2 人、第二层次 10 人，“省中青年社科专家五十人工程”人选 10 人，省宣传文化系统首批“四个一批”人选 8 人，省“双十双百双千人才工程”第二层次人选 2 人，省“十大科技杰出青年”1 人，省优秀专业技术人才 1 人，省“五四”青年奖章获得者 1 人，有 5 名专家被聘为省委、省政府决策咨询委员会委员。

坚持“三个服务”办院方针 履行智库功能发挥智囊作用*

（2008 年 9 月 4 日）

记者：近年来，河北省社科院的改革发展取得很大成绩，这与新的院党组从实际出发制定《河北省社会科学院“十一五”时期（2006—2010）发展规划》是密不可分的，请问你们在规划中如何谋划地方院发展蓝图的？

周文夫：迈进“十一五”，河北省社会科学院各项事业发展站在一个新的历史起点上。胡锦涛总书记在党的十七大报告中指出：“繁荣发展哲学社会科学，推进学科体系、学术观点、科研方法创新，鼓励哲学社会科学界为党和人民事业发挥思想库作用，推动我国哲学社会科学优秀成果和优秀人才走向世界。”为我院今后的发展指明了方向。中共河北省委七届三次全会要求“哲学社会科学界要多出成果、出好成果”，则进一步明确了我院“十一五”时期发展的基本方略，增强了我们履行“智库”功能、发挥“智囊”作用的信心和决心。

“十一五”时期，是我省经济社会发展重要的战略机遇期。2005 年，河北省委六届八次全会提出了河北在“十一五”期间要更快更好发展和构建和谐河北两大任务。2006 年，省第七次党代会又提出了“全面贯彻落实科学发展观，建设沿海经济社会发展强省”的宏伟目标。这些任务和目标，为我院的发展提出了新要求、新使命，为广大科研人员提供了施展才华的广

* 本文系《中国社会科学报》对周文夫的采访稿，刊发于该报 2008 年 9 月 4 日。

阔舞台和大有可为的探索空间。

同时，我院的发展仍面临着一些突出问题和矛盾，主要表现在：一是科研成果水平、人才队伍状况不适应我省经济社会又好又快发展和繁荣哲学社会科学的需要；二是基础设施和科研条件不适应出成果、出人才的需要；三是制度、机制、管理还不适应自身建设的需要。

院党组认真贯彻落实党的十七大精神和省委七届三次全会精神，以科学发展观统领办院，制定了《河北省社会科学院“十一五”时期（2006—2010）发展规划》，确定了“为省委省政府决策服务、为全省经济社会发展服务、为基层服务”的办院方针，以“出成果、出人才、出效益”为总体工作要求，创新工作思路，着力实施服务决策发展工程、科研机制创新工程、人才队伍建设工程、政治思想与行政后勤保障工程“四大工程”。我们的目标是，经过五年努力，将我院建设成为“省级一流、国内知名”的地方社会科学院，成为省委、省政府“信得过、用得上”的重要思想库和智囊团，在服务实践、服务地方经济社会发展中找到自己的位置，发挥社科研究的作用，增强自身活力，加快事业发展，获得良好的经济和社会效益。《规划》决定着我院未来发展的基本走势，对于凝聚全院力量、更好地发挥“思想库”作用，继而实现新的发展，具有重要的现实和长远意义。

记者：请您具体谈谈“三个服务”办院方针的内涵及其与“出成果、出人才、出效益”的逻辑关系？

周文夫：我们在“十一五”规划中确立的办院方针是：立足河北，研究河北，应用研究为主导，特色研究为支柱，坚持“有所为有所不为”，加强学科建设，统筹基础学科与应用学科发展，打造学术品牌；做好“为省委省政府决策服务、为全省经济社会发展服务、为基层服务”，以当好省委、省政府的思想库和智囊团为己任，以河北改革开放和沿海经济社会发展强省建设中的重大理论和实践问题，特别是全局性、前瞻性问题作为主攻方向，发现问题，解决问题，为实现河北省又好又快发展提供精神动力和智力支持，不断推进我省哲学社会科学事业的繁荣和发展。

“三个服务”是省委对我院工作提出的总体要求，作为省级地方社科院，必须坚持为省委省政府科学决策服务、为全省经济社会发展服务、为基层服务，同时要把“三个服务”落实到出成果、出人才、出效益上。出成果，就是要争取重大课题，出精品力作。出人才，就是要出知名学者、首席专家，并形成人才梯队。出效益，主要是指社科研究成果的转化。要使我们的研究成果在省委、省政府的工作中，转化成决策和政策；在全省经济社会发展中，转化成战略、规划和策略、办法；在为基层服务上，转化成现实生产力，提高经营管理水平。同时，出效益还要落实到科研成果的成本计算上，要考虑投入产出。要正确理解三者的关系，要把出成果、出人才、出效益三者兼顾、统一起来，不可偏废。这与胡锦涛总书记在党的十七大报告中提出的社会科学要“出精品、出人才、出效益”的基本要求是完全符合的。

记者：在实际工作中，河北院通过什么方式推进办院方针的落实？

周文夫：为了进一步做好我院的各项工作，真正在实际工作中贯彻落实“十一五”发展规划，我们经过认真调研，创新思路，强调要树立以服务和效能为核心的科学发展观。我们引进了科学的工作管理方式，把系统工程的思路、管理科学理论运用到实际工作中去，按照课题式设计、项目式管理、工程式推进、台账式监督的方式实施管理和推进工作。同时，结合实际，我们创新性地提出了“四大工程”，即服务决策发展工程、科研机制创新工程、人才队伍建设工程、政治思想与行政后勤保障工程。这“四大工程”紧密联系、相互统一，共同构成促进我院加快发展、实现“十一五”规划目标的坚强保障。我们以实施“四大工程”为抓手，将各项任务目标落到实处。实施“四大工程”，强调的就是在工作具体过程中目标意识、系统观念、科学安排、责任落实和质量保证，这也是我院落实科学发展观的创新性举措。

记者：近年来，河北院是如何以“三个服务”办院方针为指导，积极履行“思想库”职能，着力推进为省委省政府决策服务、为全省经济社会发展服务、为基层服务的？

周文夫：“十一五”发展规划经省领导同意颁布后，极大地调动了全院干部职工争创一流工作的积极性。科研人员发奋图强，认真做好科研工作；行政后勤人员进一步强化服务意识，为科研工作提供良好的工作环境，全院各项工作迈上了新台阶。在为决策服务方面，我们主要做了以下几项工作。

一是请领导圈定重大课题，直接服务决策。近年来，我院每年都围绕我省经济社会发展中的重大理论与实践问题，请省委书记、省长等省领导为我院圈定年度重大研究课题，进一步增强了科研工作为决策服务的自觉性，有效推动我院应用对策研究的深入开展。同时，我院还积极完成省领导交办的特殊任务，直接为全省经济社会发展服务。如承担省党代会报告和省人代会政府工作报告的起草、修改任务，省领导的重要讲话和文件的起草，省领导交办的专题研究任务，等等，充分发挥了“思想库”和“智囊团”的作用。

二是发挥咨询优势，当好决策参谋。近几年，省委常委（扩大）学习会议或理论中心组学习，都会邀请我院专家学者讲课。2007 年 7 月，作为省委常委（扩大）学习会议集中学习的第一项内容，我本人做了题为“科学发展观与我们建设沿海经济社会发展强省的路径选择”的讲座，受到了省委书记等领导同志的肯定。主要观点在《河北日报》理论版整版刊发，影响广泛。另外，我院的专家还就“关于河北省建设社会主义新农村的几个主要问题”“关于我省《“十一五”规划纲要》若干重大问题的分析”“我省加快第三产业发展的路径选择”等重大问题为省委常委（扩大）会议做了讲座，都得到了省委、省政府领导的高度评价。通过讲座的形式，我院的研究成果直接进入了我省最高决策层，这也说明，我院的应用学科的专家学者受到省决策层的高度重视，通过讲座也提高了我院专家的声誉。与此同时，我院的科研人员还为省人大、省政协及省直部门、市县、企业等进行多种形式的讲座，为全省经济社会发展和基层建设提供智力服务。

三是宣讲党的方针政策，发挥舆论引导作用。党的十七大召开后，我受省委指派，率宣讲团赴唐山等地进行宣讲党的十七大精神，围绕党的十七大和省委七届三次全会精神在省内进行多次宣讲，并与当地干部群众进行座谈交流，有力地促进了党中央和省委一系列重大方针政策的贯彻落实。随后还以特邀嘉宾身份在河北电视台制作了三期专题访谈节目，宣传党的十七大及省委七届三次全会精神。《河北日报》第一版开辟的宣传党的十七大精神专家论坛，我院专家撰写的《坚持和发展中国特色社会主义理论体系》作为首篇文章发表。

四是编撰系列蓝皮书，强化省情研究功能。目前，我院的“河北发展蓝皮书”已从《河北省经济社会发展形势分析与预测》扩展到经济、农村、社会、文化、人才五卷本系列丛书。通过蓝皮书的编撰、出版及开展省情研究，促进了科研人员对省情的了解，拓宽了科研工作服务河北经济社会发展的渠道。同时，蓝皮书的总报告每年送省人大、省政协两会，供会议代表和委员参考，将各单卷本邮送省直有关部门和各市县主要领导同志参阅，直接发挥了蓝皮书的咨政作用。与此同时，在蓝皮书出版后，加大推介力度，通过举办新闻发布会、出版座谈会，在报纸刊登消息，请蓝皮书作者接受媒体采访等形式，进一步使蓝皮书发挥更大的社会效益。

五是设立两个直报件，疏通咨情咨政渠道。为进一步发挥智囊团、思想库作用，促进优秀科研成果及时转化，2006 年，院党组研究决定创办《决策建议》和《决策参考》两个直报件。通过直报件就我省经济、政治、文化、社会等各个方面的重大理论和实践问题向省委、省政府领导提出决策建议，供省委、省政府决策参考。2006 年以来，通过我院《决策建议》《决策参考》直报件上报的科研成果 30 多项，大部分得到省领导批示，仅 2007 年我院就有 1 项调研报告得到中央领导同志批示肯定，10 多项研究成果得到省委、省政府主要领导的批示肯定。

六是召开系列重大专题研讨会，为强省建设献计献策。2006 年以来，我院主办、联合主办或承办了“环渤海经济圈崛起与建设沿海经济社会发展强省研讨会”“建设沿海强省的文化支撑与新时期河北人文精神学术研讨会”“石家庄内陆港发展与建设沿海强省研讨会”“沧州港城开发建设与沿海内地互动发展研讨会”“建设秦皇岛黄金海岸新区，打造战略增长极”等多个大型研讨会，这些研讨会都有省委、省政府领导出席并讲话，每个研讨会综述报告都提交省委、省政府主要领导同志，供决策参考。研讨会的主要成果在《河北日报》以两个整版的篇幅进行刊登，河北电视台制作专题节目进行报道，省委办公厅内部刊物刊发专家观点，这些都为推动强省建设发挥了重要的理论支持作用。我院主办的“2007 ~ 2008 年河北省经济形势分析会”，由国务院发展研究中心、中国社科院及省内知名专家与会研讨，省委、省政府领导出席会议，情况报告报送省委、省政府领导同志后，省委书记张云川及原省长郭庚茂、省委常委秘书长张力、省委常委宣传部部长聂辰席等领导同志分别做出批示，对报告会的形式和内容充分肯定。可以说，这些研讨会推动了全省上下对建设沿海经济社会发展强省这一宏伟目标认识的深化，对目标实现的路径选择等问题进行了有益探讨，丰富了我院科研工作服务决策的形式和内容，在理论界和决策层都产生了良好反响。

七是围绕构建和谐河北，努力发挥基础学科的智囊作用。我们不断探索基础学科做好“三个服务”的有效形式，使基础学科的研究成果在河北经济社会发展这一广阔的实践领域找到了用武之地。我省第七次党代会报告中河北人文精神“坚韧质朴、重信尚义、宽厚包容、求实创新”十六字表述，内容和句式采用了我院上报的建议方案。《影响中国历史进程的河北名人》名人征集活动列入“河北文化艺术展演”活动，社会各界参与投票 13 万张，网络点击 20 余万次，反响广泛。《影响中国历史进程的河北名人》编撰方案经省委书记审定后，我院组织院内外力量，用半年多时间完成了编撰出版工作。全书收入名人 60 位，计 63 万余字。该书坚持学术性与通俗性的统一，对繁荣燕赵文化、弘扬新时期河北人文精神在国内外产生了积极作用。

八是主动对接实际工作，为基层服务初见成效。2006 年以来，我院为基层服务工作初见成效。《河北省建设行业对外开放“十一五”发展规划》《河北省国有企业改革发展“十一五”规划》《关于我省旅游景区管理体制和机制的调研报告》《河北省 2007 年经济体制改革重点工作安排意见》等一批为实际部门服务的研究成果，以省政府直属厅局文件印发。与衡水市合作开展的品牌战略实施研究，与涿州市合作开展的城市建设实施纲要研究，与新河、磁县、邢台县合作开展的旅游规划研究等，都取得了实际成果。

记者：在开门办院创新特色工作方面，河北院坚持“走出去”和“请进来”，不断加强与实际部门的联系与合作，请你谈谈这方面的做法。

周文夫：开门办院，是我院“十一五”规划的一项重要内容和要求。近年来，我院坚持“走出去”和“请进来”，与省直部门、大专院校和地方党委、政府合作，通过创新特色工作，为实现我省经济又好又快发展做出了自己的贡献。具体讲，有以下五个方面。

（1）开展征集课题活动，增强科研工作的针对性。为了进一步做好决策服务，2006 年 10 月我院开展了向全省各级党委、政府、省直部门、企事业单位征集“十一五”期间我省经济社会发展重大社会科学研究课题的活动。此次发出的研究课题包括了我省经济、社会、农村、文化、法律等各个方面的课题共 40 项。课题征集活动得到了各级领导和有关单位的高度重视，省委、省人大、省政府、省政协的领导还亲自为我院列出了他们自己认为需要研究的重要课题。各级领导就本地区、本部门经济社会发展的重大问题自列课题多达 168 项。我院通过征集课题活动，进一步明确了课题研究方向，在安排课题立项时重点对这些课题进行研究，突出了大家普遍关心的焦点、热点问题，进一步增强了我院科研工作的针对性、实效性。

（2）重视服务决策课题研究，为沿海强省建设服务。河北省第七次党代会提出了建设沿海经济社会发展强省的宏伟目标，我院紧紧围绕沿海强省建设，谋划了一批服务决策的研究课题，组织院骨干力量联合攻关，相继推出了《打造沿海经济隆起带——建设沿海经济强省的必然选择》《做大做强港区经济，加快沿海强省建设步伐》《我省要充分利用环渤海经济圈快速崛起的机遇加快发展沿海经济》《我所理解的沿海经济社会发展强省》《河北省港口建设与临港工业发展在环渤海地区的地位和作用》《加快发展现代服务业，推进我省沿海地区城市化建设的对策研究》《建设沿海强省与人才支撑现状评估及对策研究》等一批关于建设沿海经济社会发展强省的成果，为建设沿海经济社会发展强省提供了智力支持，得到了较好的社会反响。

（3）开展省情调研活动，多出成果、出好成果。省情调研活动是我院 2008 年的一项重要工作，也是落实我院“十一五”规划“实施服务决策发展工程”的重要举措，是我院实现“三个服务”办院方针和“出成果、出人才、出效益”总体要求的重要保障。通过把省情调研活动与隆重纪念改革开放 30 周年相结合，让科研人员深入实际了解国情、省情、县情，使科研成果更加贴近实际。2008 年 4 月，我院制定了《河北省社会科学院关于开展省情调研活动的实施意见》，对开展省情调研的指导思想、调研内容、时间步骤、组织形式等做出了具体要求。实施意见明确了 2008 年省情调研活动以调研课题为依托，以实地考察和实际调研为补充。目前，科研及行政人员到唐山曹妃甸、天津滨海新区、沧州渤海新区等地实地考察已经完成。“省情调研课题”经院学术委员会评审，院长办公会已经批准立项，科研人员正在进行深入实际调查研究，力争拿出高质量的研究成果。

（4）加强与市县的联系，开辟合作研究新途径。为了进一步做好全省经济社会发展服务的工作，河北省社会科学院与唐山市政府准备签署《关于进一步加强合作的协议》。双方计划在经济社会发展重大课题研究、决策咨询、理论研究成果推广应用、智力支持、建立资源共享信息平台等方面进行合作。这是我院在与有关市县建立合作基础上的进一步拓展。我们计划在今后的工作中，继续选择有条件的市县进行有针对性的合作研究，以发挥我院人才优势，更好地为全省经济建设服务。

（5）开展学术交流，促进国际合作。近几年来，我院采取多种途径组织科研人员走向世界进行学术交流。据不完全统计，自2005年以来，我院先后接待了来自日本、美国、加拿大、澳大利亚、俄罗斯、巴基斯坦、韩国、英国等国家和中国香港、台湾地区的专家学者共14批32人次；组织大中型学术报告会8次，组织外宾赴有关市、县和乡村参观考察28人次。安排出访团组8批38人次，选派高级访问学者赴国外研修学习8批次，促进了我院与国内外学术界的交流与合作。

2007年10月24日至11月6日，我率代表团赴日本、加拿大进行考察访问。在日本岩手县立大学受到校长谷口诚教授等校领导和师生们的热情欢迎。我以《环渤海经济圈崛起与河北沿海经济社会发展强省建设》为题在岩手县立大学作了学术报告，受到师生们的较高评价。双方议定，我于2008年6月率团出席岩手县立大学建校十周年庆典活动及国际学术研讨会，谷口诚校长将于2008年率岩手县立大学代表团访问我院，“区域经济与环境协调发展研究”合作课题也在2008年正式启动。代表团在日本还受到岩手县知事、盛冈市副市长的热情接见，当地新闻媒体进行了采访报道。在加拿大期间，我们访问了多伦多大学，双方围绕中国经济、农业、文化、公共管理、社会保障和科研管理等问题进行了广泛的探讨，并达成一些合作意向。如积极开展两院校间社会科学领域的学术交流、资料交换和人员互访；双方就共同关注的课题开展合作研究；多伦多大学派团访问我院，进一步推动与我院建立友好合作关系等。在白求恩故乡，我们详细参观了白求恩生平事迹展览，并与纪念馆负责人座谈交流。双方就进一步开展白求恩精神研究和举办白求恩逝世70周年纪念活动等问题进行了具体磋商。我在与白求恩故乡格雷温赫斯特市市长克林克先生会谈时，向克林克先生颁发了聘任其为“河北省白求恩精神研究会”顾问的聘书。克林克市长愉快地接受了聘书，并愿意以白求恩精神为纽带，努力促进双方的合作交流。

2008年6月，我率社科研究代表团赴俄罗斯、日本进行访问。一是应俄罗斯俄中友协主席、俄罗斯科学院远东研究所所长季塔连科院士的邀请，访问并参加俄罗斯远东所举办的中俄学术研讨会。我院代表与远东所高级研究员围绕中俄经济体制、政府职能转变、完善社会保障体制、反腐败机制建设、中国发展模式对俄罗斯的意义等问题进行了深入探讨和交流，双方签署了《中国河北省社会科学院和俄罗斯科学院远东所学术交流意向书》，远东所副所长欧安得应邀在今年秋天访问我院，此次访问开辟了我院与俄罗斯科学院合作的新领域，对我院在中俄经济体制与发展的比较研究方面具有重大学术意义。二是访问了俄罗斯科学院东方学所，双方就人员互访、资料交换以及在优势领域进行课题合作研究等方面开展合作达成共识，东方学所所长波波娃今年下半年访问我院。三是我作为贵宾出席岩手县立大学建校十周年庆典活动，参加岩手县立大学举办的国际学术研讨会，并发表了专题演讲。双方议定，下半年岩手县立大学代表团访问我院，双方进行课题合作研究，我院选派研究生到岩手县立大学进行研修。四是拜会日本总务大臣（岩手县前知事、我院客座教授）、岩手县知事、岩手县议会议长、盛冈市市长、日本社会学会会长（我院客座教授）等各界人士，就促进双方在社会科学领域的合作和增进我省与岩手县的交流进行了探讨。

在院领导干部会议上的讲话

（2008 年 9 月 11 日）

今天，我们召开全院领导干部会议，主要是传达全国社科院院长联席会议精神和 9 月 1 日召开的省委宣传部部务会扩大会议精神，通报我院个别同志违纪案件处理情况并宣布处理决定，同时就贯彻落实党中央《建立健全惩治和预防腐败体系 2008—2012 年工作规划》和省委《实施办法》做出部署。下面，我就贯彻落实两个会议精神，落实中央《工作规划》和省委《实施办法》，进一步加强党员干部自律问题，讲两个方面的意见。

一　科学谋划，真抓实干，把实践科学发展观落实到具体工作当中，真正履行好“新智库”职能

最近，省委宣传部和全国社科院系统分别召开了两个重要会议。

9 月 1 日，省委常委、宣传部部长聂辰席同志主持召开省委宣传部部务扩大会议，就贯彻落实刘云山同志来河北考察调研时的讲话精神进行了研究部署。8 月 26 日至 27 日，中央政治局委员、中央书记处书记、中宣部部长刘云山同志来我省就文化建设和精神文明创建工作进行调研。他在调研中指出，文化建设和精神文明创建要深入贯彻落实科学发展观，高举旗帜、围绕大局、服务人民、改革创新，着力推动文化大发展大繁荣，着力推动形成新一轮精神文明创建热潮。部务扩大会议要求，坚持用刘云山同志讲话精神指导工作，把学习讲话精神与推动宣传文化事业产业的发展相结合，切实创新

工作理念、创新工作思路、创新工作内容、创新工作机制；与即将开展的学习实践科学发展观活动相结合，对照研究解决实际问题，改进工作举措，推动各项工作的落实；与进一步做好今后几个月的工作和谋划明年工作相结合，加大推进落实力度，努力创造一流业绩。

9 月 6 日至 7 日，2008 年全国社会科学院院长联席会议暨国际智库院长论坛在上海举行，会议和论坛提出了建设社会主义新智库的目标和任务。各院普遍认为：建设社会主义新智库，是贯彻落实党的十七大报告提出的“鼓励哲学社会科学界为党和人民事业发挥思想库作用”的具体实践，也是社科院实现更好发展的主动转型，体现了哲学社会科学战线面对新形势、新任务，以科学发展观为统领，再一次实事求是，解放思想，破除妨碍哲学社会科学发展的一切陈旧的、僵化的观念、体制和机制所进行的一次有益尝试和举措创新。建设社会主义新智库，是一项长期的战略任务，是一项综合性的全新工程，需要从以下几方面着手。一是需要坚实的理论基础。建设社会主义新智库，做党和政府的思想库，不是要抛弃理论研究，而是更加需要理论研究的深入。重视基础理论研究，重视基础理论与应用理论的共同发展，重视理论与实践的结合。二是需要丰富的智库型人才。通过组织重大课题研究、搭建学术交流平台等方式，开展跨学科综合性研究，促进各学科的交叉融合，促进哲学社会科学与自然科学相互渗透，使智库型人才在课题研究中成长，在团队合作中成熟，在学科创新中脱颖而出。三是需要创新的研究模式。新智库建设不等同于单纯的学科建设，也不等同于单纯的学术研究，而应根据时代要求、现实需要，结合各种学科优势来进行有针对性、有前瞻性、有深度的研究。因此，要对时代要求和现实需要更加重视、更加敏感，不断创新研究方式方法。四是需要强大的综合实力。从加强所级竞争力着眼，提升院级整体竞争力。

上述两个会议，虽然主题各有侧重，但都传递出这样一个信息，就是以创新的精神、创新的思路和举措，更好地实践科学发展观。最近，我们注意到，中国社科院召开了改革工作会议，从学科建设、学术观点、研究方法、行政后勤保障等方面，提出了发展改革的任务。社会科学院的生存与发展出路仍然在于解放思想，深入推进改革开放，实现又好又快发展。

实践科学发展观，加强新智库建设，归根结底关键在两点，一是科学谋划，二是真抓实干。

7月中旬，我和院党组的同志听取了各部门关于今后三年工作谋划的汇报，感到多数部门都有了一些初步成型的工作思路。会后，许多部门按照会议要求，对工作思路、目标、举措又进行了完善，并加以细化、量化。下一步，各部门仍然需要根据实践科学发展观、建设新智库的要求，对工作思路做出新的调整充实，以更好地体现党中央、省委精神和院“十一五”规划的基本要求。今年以来，《中国社会科学报》设地方专版，初步筛选了七八个省级院向全国进行推介，我院也在其中。重点介绍了我院“十一五”规划工作思路、办院目标和工作措施。我院的工作得到中国社科院以及全国同行们的好评，但要实现“省级一流，国内知名”的目标要求，还有许多工作要做。尤其是今后三年，是上台阶非常关键的时期，各处所一定要按照院党组的安排部署，谋划好工作。

科学谋划之后，抓好发展目标和阶段性任务的落实就成了关键。如何落实？没有捷径可走，就是要真抓实干，特别是处所级领导干部更要做真抓实干的表率。真抓实干是事业心、责任心问题，也是精神状态和精神境界问题。真抓实干就是要有干事业、干工作的热情和激情，要有干劲和闯劲，要动心思、走脑子、想办法，要脚踏实地、吃苦受累，要勇于牺牲、甘于奉献。没有事业心、责任心就没有高标准、严要求，工作就会马马虎虎、拖拖拉拉、得过且过；没有良好的精神状态和崇高的思想境界，没有理想追求，工作作风就会萎靡不振、怕苦怕累。只有坚持真抓实干，才叫能干事，才能干成事，个人才能有所进步，事业才能有所发展。

从现在到今年年底，还有不到四个月的时间，希望大家对自己承担的工作任务做一个盘点，进一步明确责任，确保年初制定工作目标的顺利完成。当前，要做好以下几项工作。

（1）研究课题。今年，我院获资助两项国家社科基金项目。一项是彭建强同志主持的《新农村建设中的新情况新问题研究》，另一项是樊雅丽同志主持的《生态文明的环境社会学研究》。我院两项省社科基金重大项目获准立项。一项是方伟同志主持的《河北省文化产业发展的政策创新研究》，另一项是高海生同志主持的《加快建设两环旅游消费休闲带研究》。我院还承担《河北创新能力研究》等 7 项省软科学项目。以上三类课题共获资助 43 万元，在一定程度上弥补了科研经费的不足，反映了我院的科研实力。

4 月，通过院属各研究单位申报，全院共立项《生产性服务业提升河北制造业竞争力的内在机制与发展重点研究》等重大课题 5 项，《河北省发展循环经济若干重大问题研究》等重点课题 23 项，《河北省提高融资能力思路与途径研究》等青年课题 8 项。目前，这些课题有的已经完成，有的已经形成阶段性的成果。院重点课题《马克思哲学超越西方逻各斯中心主义传统的路径研究》取得的 4 项科研成果，大部分在全国核心刊物发表，并被《新华文摘》《人大复印报刊资料》全文转载。在完成课题的过程中，科研处要继续加强管理，在近期内对课题进展情况进行一次全面检查，发现问题及时解决。各课题主持人一定要树立精品意识，要注重成果的有效转化和发表层次，越到最后关头越要集中力量攻关，不要成了强弩之末、虎头蛇尾。同时，科研处要根据实际情况，不断创新管理方式，逐步完善各项科研制度，以制度保协调，以制度促创新，以制度出成果。

（2）省情调研。开展省情调研是我院“十一五”规划确立的重大活动，也是科研生命力的重要源泉。为了搞好这项活动，4 月我院发布了《关于开展省情调研活动的实施意见》，对此项活动做了全面部署。5 月底全院又召开了省情调研活动动员大会，随后由院领导带队共计 160 多人，分赴天津滨海新区、唐山曹妃甸循环经济示范区、沧州滨海新城进行实地调研。通过考察，科研人员进一步解放了思想，开阔了视野。同时，结合改革开放三十周年纪念活动，专门布置了“三十周年发展历程”系列课题和《河北省文化产业政策创新研究》等 13 项省情调研课题。在集中休假期间，课题组成员深入唐山、张家口、保定、邯郸、衡水等地市进行调研，为提高省情调研的课题质量打下了坚实基础。省情调研课题的完成时限日益临近，希望各主持人一定要抓紧时间，没有下去调研的要抓紧下去调研，下去调研环节已完成的，要集中精力做好最后的攻关，届时拿出高质量的科研成果。调研资金要与调研活动、调研成果挂钩发放。

（3）纪念改革开放三十周年工作。纪念改革开放三十周年，是今年一项非常重要的工作，也是展示我院科研实力的良好机遇。凡是有我院参加的相关各项工作，务必尽心尽责，高质量地完成。一是全省纪念大会重要文稿起草工作，参与起草的同志，要按照前期召开的起草会议要求，在认真调研的基础上，完成好各自承担的任务。二是精心准备好11月下旬我院组织的纪念改革开放三十周年理论研讨会。现已征集到文章15篇，其中两篇报送中宣部组织的全国性的理论研讨会。在此基础上，要继续做好稿件征集、筛选，确保会议质量。三是完成好“改革开放三十年丛书”编撰任务。由省委宣传部牵头组织撰写的丛书共6本，我院承担了其中3本，任务很重，同时也很光荣。这充分体现了省委对我院的信任，我们必须拿出高质量的书稿。此外，还要抓紧做好参加省委宣传部理论研讨会和《河北日报》等主要媒体的文章撰写工作。

（4）学科建设。重点学科和重点扶持学科要抓紧制定三年发展规划。

（5）岗位设置、定职定责和研究生招聘工作。随着人员调整到位，要明确职责，落实到人头，抓好工作谋划。研究生招聘工作在即，要按照省政府有关规定和院党组安排意见，组织好，落实好。

（6）综合治理工作。日前，我院调整了综合治理工作领导小组，并制定了《关于加强综合治理和安全保卫工作的规定》，综合治理工作正在逐步走向正轨。下一步，要在加强制度建设的同时，加大制度的执行力度。各部门负责同志要积极支持和配合做好工作，落实《规定》明确的各项职责，为全院综合治理工作上水平付出应有的努力，做出更大的贡献。

二　认真学习贯彻党中央《工作规划》和省委《实施办法》，抓好院《实施意见》的落实，深入推进我院党风廉政建设

党中央颁布实施的《建立健全惩治和预防腐败体系2008—2012年工作规划》，是今后5年推进惩治和预防腐败体系建设的指导性文件。《工作规划》进一步明确了新形势下加强反腐倡廉建设的指导思想、工作思路和工作重点，特别强调要加强对领导机关和领导干部特别是各级领导班子主要负

责人的监督，解决重点领域和关键环节存在的腐败问题，纠正损害群众利益的不正之风，明确了今后5年惩治和预防腐败体系建设的工作目标和工作任务。省委认真贯彻党中央精神，突出河北特色，科学制定了具体的《实施办法》。抓好中央《工作规划》和省委《实施办法》的贯彻落实，对于推进我院改革发展，实现"十一五"规划确立的目标任务，都具有十分重要的意义。

社科院要发展，离不开风清气正的环境，离不开心齐劲足的党员干部和职工队伍，离不开保障工作有效运转的制度规范。贯彻党中央的《工作规划》和省委《实施办法》，就是要通过制定和落实一系列反腐倡廉措施，营造这样一种环境，锻造这样一支队伍，建立这样一种规范，确保科研事业不断向前发展。希望大家站在讲政治和顾全局的高度，站在社科院发展的高度，深刻认识贯彻落实党中央《工作规划》和省委《实施办法》的重要意义，增强责任感和使命感，自觉把反腐倡廉融入科研业务、行政管理和日常生活中去，推进我院反腐倡廉工作和队伍建设。

在学习贯彻中央《工作规划》和省委《实施办法》中，要重点做好以下工作。

（一）明确任务，强化措施，确保院党组《实施意见》落到实处

我院制定的《关于贯彻落实中共中央〈建立健全惩治和预防腐败体系2008—2012年工作规划〉的实施意见》，经过多次讨论研究，力求准确把握党中央精神和省委要求，体现社科院特点，是近年来第一个较系统的反腐倡廉工作文件。《实施意见》明确了总体要求、主要任务和保障措施。在主要任务中讲了5个问题，对重点工作做了重点强调，特别是提出了一些新的要求，请大家在学习贯彻中注意认真把握。这些新的内容是根据党中央和省委要求，在总结社科院近年来反腐倡廉经验教训基础上提出来的，应该说，符合我们社科院实际，体现了反腐倡廉的与时俱进。请各部门认真研究，特别是主要负责同志要切实承担起"第一责任人"的职责，周密组织，切实抓出成效。

要把落实党组《实施意见》情况列入党风廉政建设责任制考核范围，

作为对各级领导班子和领导干部考核评价的重要内容，对落实措施不力、敷衍塞责导致出了问题的，要严肃追究有关领导的责任。纪检组和机关党委要充分履行组织协调和监督检查职责，要定期不定期地加强督导，采取得力措施和有效办法推动各项任务落实。

（二）加强学习，从严要求，在廉洁自律问题上始终保持清醒头脑

我院反腐倡廉的形势总体是好的。同志们在各自的岗位上，兢兢业业，默默奉献，在思想上严格要求，廉洁自律，为社科院的改革和发展辛勤工作，赢得了省委、省政府的信赖和社会各界的尊重。但个别同志的案件，也暴露出我们反腐倡廉工作中还存在薄弱环节。尽管事情已经过去几年了，我们也要认真反思，诚恳总结教训，引以为戒，避免类似问题再次发生。从总结教训考虑，有以下几个问题，需要我们全体党员、干部高度关注，始终不能放松。

要坚定信念，绝不能迷失方向。理想信念是共产党人的精神支柱。理想信念的动摇，是最根本、最危险的动摇，信念不坚定的人，违纪违法是早晚的事。从全国一些地方查处的案件可以看出，一些人之所以触犯党纪国法，其原因是多方面的，首要的原因是动摇了理想信念，法纪观念淡薄，私欲膨胀，进而导致违法乱纪。近几年，我们虽然也加强了纪律和反腐倡廉学习教育，但个别同志对党组织的教诲听不进去，以至于走上违纪道路，最终害了自己。广大党员、干部一定要以案为鉴，时刻不能放松政治理论学习和党性修养，树立起正确的权力观、地位观、利益观和苦乐观，始终保持思想上的先进性，筑牢拒腐防变的思想防线，对违纪违规违法的事情坚决不想、坚决不做、坚决抵制，始终保持社科工作者的清白和坦然。

要正确履职，绝不能滥用权力。我们社科院虽然不是党政机关，没有审批大权，但在一些部门、一些岗位上，还是有一定权力的，这些权力本质上是用来为全院干部和职工服务的，不是谋取私利的工具。每一名党员、干部特别是手中掌握一定权力的同志，都要牢记权力是一种责任，谨慎用权，遵纪守法，按规矩办事，决不能为所欲为，想怎么干就怎么干。否则，就要受到纪律制裁，葬送个人前程。因此，每一个党员、干部都要坚持立党为公、

廉洁从业，把心思用在工作上，用在服务上，用在为职工群众办实事上，真正让组织放心，让职工放心。

要廉洁自律，绝不能放纵欲望。要严格要求自己，常怀律己之心，常思贪欲之祸。在现阶段，社科院正处在快速发展变化的社会大环境之中，社会上的一些不良现象也时常影响着我们，面对纷繁复杂的各种诱惑，我们要经得住考验，耐得住寂寞，吸取反面教训，警钟长鸣，洁身自好，用党的纪律和国家的法律严格约束、规范自己的行为，自觉接受广大群众的监督，坚守道德底线。

要接受监督，绝不能为所欲为。监督是对党员、干部的约束，更是对党员、干部的关爱。事实证明，主动接受监督的党员、干部一般较少犯错误，拒绝接受监督的党员、干部很容易走向腐败。监督是多层面的，除专门机关监督之外，民主监督具有无可替代的作用。下一步，我们要大力推行政务公开、财务公开和民主管理财务制度，发挥好职代会作用，让职工知情，听职工议事，请职工监督。党员、干部特别是领导干部要摆正个人和组织、个人和群众的关系，真心实意地听取各个方面的意见，积极主动地接受各个方面的监督，既严格自律，又接受他律，时刻把自己置于组织和干部职工的监督之下，切实做到干干净净办事，堂堂正正做人。

要谨小慎微，绝不能心存侥幸。一个人走上领导岗位，除了组织的培养外，自己也付出了很大的努力，家人给予了很大的支持，一定要倍加珍惜，做到谨小慎微。作为一名党员、干部，不论在哪个岗位，不论手中有多少权力，都要崇尚理想，力戒贪欲，淡泊名利。在物质引诱面前，切莫伸手，守住防线。要牢记“千里之堤，溃于蚁穴”。廉洁自律要从细微处做起，防微杜渐。近年来各地查处的一些案件表明，一些党员、干部常常在“灯红酒绿”的侵蚀面前经不住诱惑而最终沦为罪犯，其教训是极为沉痛的。要消除侥幸心理，不要耍个人小聪明。“要想人不知，除非己莫为”，“天网恢恢，疏而不漏”，触犯党纪国法就是触摸高压线，早晚要受到责任追究和党纪国法的制裁，这不是危言耸听，是现实生活中屡屡应验的事实，希望我们党员干部务必引起高度警觉和注意。

反腐倡廉是全党的一项重大政治任务，也是实现我院办院方针和目标任务的重要保证。各处所、各支部要按照党中央和省委要求，坚持党要管党、从严治党，切实抓好院党组《实施意见》的落实，着力构建有社科院特色的惩治和预防腐败体系，推动我院党风建设和反腐倡廉工作向纵深开展。每一个党员干部都要严格遵守廉洁自律各项规定，一身正气，两袖清风，以实际行动树立良好形象，为巩固和发展我院清廉、文明、和谐的大好局面做出贡献。

以区域品牌引领陶瓷经济腾飞*

（2008 年 9 月 27 日）

唐山陶瓷历史悠久，素有“北方瓷都”的盛誉。尤其改革开放 30 年来，唐山陶瓷产业发展更为迅速，不仅在日用陶瓷的基础上实现了工艺陶瓷、卫生陶瓷等方面突破，而且通过技术创新提升了陶瓷产品质量。惠达以骨质瓷为代表的高档日用陶瓷产品，以及骨质瓷领军企业所创建的“隆达”“红玫瑰”“海格雷”等品牌享誉海内外，日用陶瓷出口创汇连续多年居全国同行业第一。新浪网 2007 年陶瓷行业十大排名，“惠达”位列第四，在卫浴类陶瓷企业中位居首位。这些成绩的取得，正是唐山陶瓷行业多年来致力于品牌建设的回报。同时我们也应清醒地认识到：与广阔的陶瓷市场相比，唐山陶瓷所占的比例还偏低；与丰富的生产内涵相比，陶瓷产业结构还偏窄；与众多的生产环节相比，陶瓷产业链条还偏短；与巨额的产业利润相比，唐山分享的份额还偏少；与较强的经济张力相比，区域经济带动能力也还偏弱。唐山陶瓷作为一种具有生产比较优势和发展潜力的产业，在环渤海经济圈加快开发建设的今天，亟待做大做强，成为推动沿海经济多元化发展的一支重要力量。为此，必须在陶瓷品牌建设上继续实施突破。

* 本文为周文夫在第三届隆达论坛——中国陶瓷发展峰会上所做的演讲，刊载于《经济论坛》2008 年第 21 期。

一　品牌建设是推动企业发展和区域经济繁荣的不竭动力

经济全球化时代的竞争焦点并不在于谁掌握了低成本劳动力，而在于生产的核心技术、产品的质量和信誉，因此，品牌建设在企业发展和区域经济繁荣方面发挥着越来越重要的作用。

（一）区域品牌是促使生产比较优势向竞争优势转化的重要推动力

当今世界，区域竞争力是通过企业完成和表现的，而企业的竞争力又是通过品牌竞争力实现的，所以区域核心竞争力往往就是由一系列的名牌构成。名牌越多，市场越广；名牌越多，经济实力越强。说到底，在国际市场上竞争的就是品牌，一个区域要想促使某种产业崛起，就必须首先培育一批业内名牌企业，进而形成区域品牌，形成集体合力。唯有如此，才能在国内外市场产生影响力和竞争力。

唐山虽然享有“北方瓷都”之誉，也涌现出一些知名陶瓷企业，有的还走向了世界，但至今陶瓷产业还没有做大做强，整体竞争力有待提高，更没有产生像“中国鞋都”晋江、“中国领带城”嵊州那样的广泛影响力和带动力。究其原因，唐山陶瓷企业品牌与区域品牌之间缺乏良性互动机制，企业之间、企业与政府之间都缺乏协作和联动。以骨质瓷为例，虽然唐山具有明显的生产比较优势，业内也出现了诸如“隆达”“红玫瑰”“海格雷”等有影响的国内外知名品牌，以及“海格瑞”“东升”“瑰海”“海珏”“佳玉”“艺海”等一批中等规模骨质瓷企业，但无论是企业经营策略方面还是区域产业发展战略方面，都没有将品牌建设放到足够的高度进行打造，企业单打独斗、各自为战，难以形成合力，“唐山骨质瓷”的区域品牌价值还没有充分挖掘利用。况且，在区域品牌构建缺位的情况下，数量庞大的骨质瓷生产企业很难合理整合资源，潜藏业内无序竞争危机。不仅会对“唐山骨质瓷”这个无形资源进行掠夺性使用，而且，一旦出现个别企业的“倒牌”，将会产生“多米诺骨牌效应”，牵连的可能是整个“唐山骨质瓷”。因此，为了陶瓷产业健康发展，通过区域品牌建设提升唐山陶瓷竞争力已经刻不容缓。

（二）品牌建设是拓展国际国内市场、分享高端利润的主要手段

一个品牌弱国，不可能是一个贸易强国。在经济全球化的趋势下，世界范围内的资源和要素优化配置越来越广泛。在这种大环境下，唐山陶瓷争取到了更多的参与国际竞争的机会。但存在一种现象，就是唐山陶瓷出口产品中，广泛存在贴牌或无牌生产，陶瓷外贸增长的质量不高，大部分出口产品的利润获取权并不在唐山企业的手里。据测算，我国生产的每一美元贴牌产品，到海外市场上的销售额是它在我国生产成本的几十倍以上，而外商获得的利润更是我国生产者获得利润的上百倍甚至数百倍。无须仔细核算就能知道我们有多少利润在流失。事实证明，经济全球化并没有淡化品牌的国籍，品牌之争仍是国际市场利润之争的核心。要想提升唐山陶瓷的出口创汇能力，就要转变商品竞争模式，从传统的价格竞争转向以品牌为中心的非价格竞争，依靠品牌争夺市场、分享利润。

而对于一个具体企业来讲，品牌建设还能够帮助企业获得对特定市场的垄断或相对垄断，从而获得较高的利润。因为品牌的本质就是个性化，区域内良好的品牌构建环境将有利于引导企业更多地采取非价格竞争手段，通过企业间的错位竞争实现产品多样化发展，可以避免过度的价格竞争，促进整个产业健康发展，使区域品牌更具竞争力。

（三）品牌建设是企业以最低成本实现最佳发展目标的根本保证

品牌是企业的无形资产，品牌的形成，需要技术、产品、质量、服务、消费者验证等长期信誉积累。因此，成功的品牌除了能直接影响消费者的购买决策、获得较大市场份额外，在企业的经营发展中还具有很多优势：一是具有较高的品牌附加值，是企业在全球范围内获取利润的主要来源；二是维护品牌的广告投入大大降低，却能获得更多的品牌忠诚者；三是进行理性品牌延伸、扩张或者开发新产品的成本最低，风险却小得多，跨行业经营的成功率大大提升；四是成功品牌易获得较大的贸易合作和支持，如影响经销商

的销售意愿和积极性，得到中间商的合作，易获得供货商、银行等有关机构的配合支持等；五是以品牌为核心进行资本扩张，品牌价值可以进入股本，投入少，见效快。

总之，品牌之于产品、企业家、企业、行业发展乃至区域经济发展的意义都很重大。品牌建设所涉及的内容十分广泛，包括企业自身建设、产业协调、政策支撑、文化累积与提升等。品牌的形成也不是一个简单的过程，需要很长一段时间的“天时、地利、人和”的沉淀。

二　注重全产业链品牌打造，抢占产业发展的制高点

我们所强调的是个大品牌概念，是指整个产业链的品牌建设。国际化、区域化竞争决定了区域产业发展必须在产业链中占据有利地位，目前，随着知识经济发展的深入，产业的发展呈现“微笑曲线”规律，即在产品的附加价值链或者说在整个产业链条中，由研发创新、设计到制造加工以至销售等各项活动中，其附加价值曲线形成两头高中间低的局面，有人形象地称之为“微笑曲线”。并且，曲线的谷底日益加深，这就意味着加工制造的利润空间日渐缩减。具体来说，上游的研发、创新、可行性分析、风险资本、市场研究、材料、零部件等，基本上属于高科技产业，主要构成是服务产业和高技术产业，其附加价值较高；下游的广告、渠道、促销、物流、金融等，属于具有高附加价值的服务业；中间是需要大量劳动力的加工、组装工序，其附加价值较低。因此，只有向附加价值较高的两头发展，才能创造持久的竞争优势，才能获取较高的利润；也只有占据两头，才能真正做大做强区域产业。因此，要将研发设计等环节的竞争优势上升到品牌竞争力的高度，牢牢抓住产业链关键环节的品牌建设，力争在国际市场竞争中取得巨大优势和丰厚回报。否则，唐山就只能处于产业链的最底层，获取低额利润。

总的来看，唐山陶瓷企业的经营活动大多集中于生产领域，总体上还位于加工制造这一低增值环节，以品牌为标志的研发、设计、营销等高增值环节主要掌握在外方手里。唐山企业在研发、专业销售环节获利很少，专业化的销售公司和庞大的营销队伍尚未真正形成，在区域分工中处于不利地位。

政府在抓经济工作中，通常也是更重视生产，两头小、中间大，是典型的橄榄型经济模式。必须尽快改变这种局面，争取向两头延伸，使研发、生产、销售的格局由“橄榄型”演变为“哑铃型”。

近年来从企业到政府都开始重视销售环节，把区域产品营销作为工作重点之一。目前，唐山已经连续举办了十届陶博会，取得显著成效。还有一些企业对研发等另一头有了清醒的认识，现已有50家企业建立了研究中心。其中，在唐陶股份和惠达集团成立了国家级技术中心，唐陶股份建立了国内同行第一个博士后工作站，隆达公司设立了清华美院学生实习基地，隆达公司还建立了陶瓷研究院等，这些都是积极而有益的尝试。应当看到，唐山在研发和销售等环节上取得了显著的进步，但从整个区域发展看还远远不够，两头都需要再加强。

三　加快陶瓷产业集群化发展，彰显区域品牌的影响力

产业集群是一种世界性的经济现象，它是指在某一特定领域，大量产业联系密切的企业以及相关支撑机构在空间上集聚，并形成强劲、持续竞争优势的现象。正如单个企业拥有自己的企业品牌，在一定区域内聚集且紧密联系的产业集群也拥有自己的区域品牌。区域品牌通常以某地域及其内部的优势产业合作命名，“北方瓷都”“唐山骨质瓷”就是具备这样特征的唐山区域品牌。当前，陶瓷产业集群化发展的步伐加快，唐山应抓住机遇，顺应潮流，通过集群式发展提升唐山区域品牌，实现陶瓷经济腾飞。

产业集群主要表现为一种聚集优势和规模优势，只有达到一定的产业规模和市场份额，集群效应才能体现，区域品牌的影响力才能彰显出来。陶瓷产业本身具有较强的集群化发展倾向，关键是如何依托现有企业品牌将陶瓷产业链条拓宽和延伸。我们从唐山自己的企业成长中就能发现催化集群效应对区域经济发展的潜力和重要性。

唐山的“惠达”是国内首屈一指的卫生洁具名牌，但是在卫生陶瓷领域，惠达在唐山一枝独秀，其他卫生陶瓷企业的知名度与之相差甚远。因此提到卫生洁具，无论是经销商还是消费者都不会很容易地与唐山地域产生联

想。骨质瓷的情况则恰恰相反，“隆达”“红玫瑰”“海格雷”等一批企业在国内外知名，人们只要提到骨质瓷就会想到唐山。而群体口碑效应远远大于个体，这种群体口碑不仅给产生口碑效应的知名企业或知名品牌带来丰厚利润，还会让区域内模仿成功企业的小品牌借助大品牌的搭载效应获得快速成长。

这类企业越聚越多，就会产生集群效应，企业品牌与区域品牌形成良性互动发展关系，对区域经济产生广泛而深远的影响。首先，同类企业集聚达到一定规模，就会拉动陶瓷科研、销售、信息、陶瓷机械、陶瓷化工、瓷土开采加工、彩印包装、耐火材料等相关行业向产地集聚，产业链条会越聚越长，从而形成陶瓷产业的更大集群。其次，随着同类企业集聚激化，价格竞争对企业利润的蚕食将会促使一些企业采取非价格竞争策略，通过差异化发展战略实现错位竞争，不仅有利于创新，也有利于拓宽产业发展空间，将陶瓷产业链条越做越细、越做越多。通过这样的集群延伸扩展，陶瓷经济就会做大做强，就能实现陶瓷拉动区域经济繁荣的梦想。

从唐山的实际情况看，“唐山骨质瓷”的区域品牌特性已经具备，但缺乏有效的组织，对产业集群的推动力还有限。唐山日用陶瓷已经分化出骨质瓷、白玉瓷等多个品系，陶瓷产业也从日用陶瓷不断向工艺陶瓷、工业陶瓷、建筑陶瓷等领域拓展，但规模不大，特别是陶瓷上游产业和下游产业发展缓慢，产业链偏短。可见，陶瓷企业品牌和区域品牌的互动关系还没有完全建立起来，产业集群刚刚起步，品牌建设任重而道远。

四　强化组织协调和政策支持，以区域品牌引领陶瓷经济腾飞

（一）整合研发力量，构建研发设计、市场营销等服务型名牌企业

打造全产业链品牌本身含有两层含义。其一是既要打造“隆达”“惠达”“红玫瑰”这样的产品名牌，也要生成一大批服务型名牌企业，直接为生产企业提供研发设计、人才培养、市场开发等方面的生产服务，让生产企

业致力于核心竞争力，但这需要一个较长时期的竞争整合才能完成；其二是生产企业自身将业务向两头延伸，通过内部交易满足研发设计、营销等方面的需求，这也是目前企业探索实践最多的模式。当前最为重要的课题是如何整合这些研发资源，最快、最好、最有效地提升唐山整个区域的陶瓷产业竞争力。从我国其他产业的发展经验看，除了建立企业自己的研发中心，还可以考虑与高等院校、科研院所达成战略合作协议，成立相关研发中心，建立开放式自主创新体系。签约各方以产业化为目标，以产、学、研联动方式，最大限度地集中各方面的技术研发资源，切实有效地提高企业自主创新能力。此外，还可以引进国外的研发科技型企业进驻，借助这种外来服务增强唐山陶瓷研发能力、提升陶瓷产品品质。国内已有这样的成功案例，例如，佛山陶瓷企业的新产品大多是依靠驻扎在佛山的意大利、西班牙的釉料公司，也正是因为有这样的先进生产技术服务，佛山陶瓷产品与意大利、西班牙的陶瓷产品的差距正在不断缩小。

（二）增加研发设计的投入，提高区域陶瓷产业科技创新能力

重视技术创新的品牌易获得市场先机。发达国家企业的研发投入占营业额的比例远远高于国内企业，因此其产品无论是与消费者需求的契合度，还是科技含量等方面都优于国内企业。唐山要想在国际竞争中提高参与的质量和水平，就要向国外企业看齐，这就要克服一系列难题。现在的问题是让企业认识到研发的重要性并不难，关键是研发的投入产出是否合理。并不是所有企业都具备实力开展研发，也不是所有企业从事研发活动都具有经济上的合理性。有人说，一个企业当其销售额处在不同水平时，研发占营业额的比例是有所不同的，即成本决策左右着企业进行何种程度的研发。但如果一个产业影响到区域经济发展的步伐时，研发就不仅仅是企业的决策策略了，还需要政府投入和政策支持。新兴工业化国家在科技追赶阶段，政府投入的研发经费增加非常快，增长速度超过国内生产总值的增长速度和政府财政支出的增长速度。唐山在陶瓷科研方面已经积累了一定优势，应积极争取各级财政支持，除了市级财政还要积极争取省级和国家财政对陶瓷产业的科技投入。另外也要引导企业投入，同时不断完善政府在研发方面的其他支持手段。

（三）制定人才引进和培养政策，增强智力资源对陶瓷产业的支撑

对于唐山陶瓷人来讲，是不会忘记因为设计能力问题而失去分享奥运经济机会这个事件的，它让人们活生生地感受到了设计和人才的价值。在第一届隆达论坛上，于宗河先生对唐山陶瓷的优势和劣势进行了分析，认为大师少、创作能力不强制约了唐山陶瓷产业的发展，提出可通过买断景德镇陶瓷企业的方式，将景德镇的陶瓷大使请过来增强人才实力，这是一种思路。不仅从国内引进，还要从国外引进，这是当前发展的需要。从长远考虑，则要着手培养人才，建立自己的设计及其他专业技术队伍。值得庆幸的是，唐山在陶瓷教育科研资源方面具有一定优势，对人才培养十分有利，有关方面应根据市场需要申请调整相关高等院校的学科设置。

（四）开展区域营销，将唐山陶瓷经济的对外宣传推上新台阶

在“唐山陶博会”的基础上，组织谋划贸易洽谈会、招商会，组织企业积极参加展览会、交易会，鼓励企业在国外设立分公司或办事处，千方百计扩大市场份额。同时，把陶瓷产业置于唐山经济建设大局中，找准结合点，将陶瓷营销与建立新优势紧密结合起来，创出新市场。例如，与曹妃甸港区建设和工业旅游经济发展联系起来，开发陶瓷旅游项目，包括建设陶瓷博物馆、陶瓷会展中心、陶瓷工艺馆、陶瓷制作体验娱乐中心、陶瓷商贸市场、陶瓷展销城等，以多种形式扩大唐山陶瓷的影响，开拓市场。与此同时，鼓励陶瓷企业开发电子商务，创新贸易方式，拓宽交易渠道，引导企业组织各种形式的陶瓷营销。

（五）催化集群效应，彰显区域品牌的影响力

从陶瓷产业集群发展趋势看，自然禀赋和历史传统对区域产业集群的影响力相对降低，而政府引导、外资拉动、行业组织规划等对产业集群的形成和规模扩大正发挥着日益重要的作用。因此，政府应积极作为，叫响唐山陶瓷区域品牌，引领陶瓷产业大发展。一是提供良好的基础设施。通过构建快捷通畅的立体交通体系、加大区域通信设施的投入、完善电力等能源供应，

为品牌建设提供交通、通信、能源等方面的保障。二是提供有效的公共服务。包括重点扶持发展技术研发中心、信息服务中心、质量检测中心、产品展示中心等几个关键性服务中心，积极为集群和企业发展搭建公共服务平台；大力发展会计、律师、融资、培训等社会化服务机构，着力构建中介服务体系；建立相关的公共网站；依托产业集群，建立专业化行业协会，加强自律和维权等。三是开展区域营销，树立区域品牌形象。包括统一进行区域品牌的广告宣传；组织陶博会、贸易洽谈会、招商会等措施。

在院开展深入学习实践科学发展观活动动员大会上的讲话

（2008 年 10 月 9 日）

根据党中央和省委统一部署，院党组决定召开全院开展深入学习实践科学发展观活动动员大会，对我院开展学习实践活动进行全面部署。为了扎实搞好这次学习实践活动，省委向我院派出了以张素珍同志为组长的指导检查组，来指导和帮助工作。今天会上，素珍同志还要做重要讲话，大家一定要认真学习贯彻。让我们对省委指导检查组的莅临指导表示热烈的欢迎！

今天会前，院党组先后召开两次会议，认真学习胡锦涛总书记在全党深入学习实践科学发展观活动动员大会上的重要讲话精神，学习张云川、虞云耀、胡春华同志在全省开展深入学习实践科学发展观活动动员大会上的讲话精神和省委关于《开展深入学习实践科学发展观活动实施意见》，研究制定了河北省社会科学院《开展深入学习实践科学发展观活动实施方案》，明确了学习实践活动的目标任务、方法步骤和工作要求。下面，我根据院党组研究的精神，结合我院实际，讲三点意见。

一　提高认识，把思想统一到党中央和省委的决策部署上来

在全党开展深入学习实践科学发展观活动，是党的十七大做出的一项重大战略部署，是坚持用马克思主义中国化最新成果武装全党的重大举措，是

推动经济社会又好又快发展的迫切需要，是提高党的执政能力、保持和发展党的先进性的必然要求，是顺应人民新期待、进一步密切党同人民群众血肉联系的重要步骤。关于这次学习实践活动的重大意义，胡锦涛总书记在全党深入学习实践科学发展观活动动员大会上的重要讲话，习近平、李源潮同志在第一批深入学习实践科学发展观活动工作会议上的重要讲话，张云川同志在全省深入学习实践科学发展观活动动员大会上的讲话，都做了全面深刻的阐述。我们一定要认真学习好、领会好，真正吃透党中央和省委的精神，切实做到统一思想、提高认识，把思想和行动统一到党中央的重大部署上来，切实增强责任感、使命感，增强开展好这次学习实践活动的决心和信心。

从我院的实际情况看，开展好学习实践活动，有着非常重要的现实意义。2007 年初我们颁布的“十一五”规划，坚持以科学发展观统领办院，确立了我院发展的基本思路，确定了“三个服务”的办院方针、“出成果、出人才、出效益”的总体要求和“省级一流、国内知名”的奋斗目标。两年来，尤其是党的十七大以来，我们为实现这些目标要求，有针对性地开展了一系列重点工作，得到了全院干部职工的热烈响应，在实践中也取得了积极成效。但我们也必须清醒地看到，我院发展面临的突出问题和矛盾，如“科研成果水平、人才队伍状况不适应我省经济社会又好又快发展和繁荣哲学社会科学的需要；基础设施建设和科研条件不适应出成果、出人才的需要；制度、机制、管理不适应自身建设的需要”等还没有得到根本性改变，需要不断寻求突破的路径和办法。我们要紧密结合这次学习实践活动，着力解决影响我院改革发展的实际问题，不断增强我院科研发展的实力、活力和竞争力。

开展深入学习实践科学发展观的活动，就是要使广大党员干部特别是处级以上领导干部，深刻理解和全面把握科学发展观的科学内涵、精神实质和根本要求，进一步增强贯彻落实科学发展观的自觉性和坚定性，提高各级党组织的执政能力和党员干部的整体素质。应当说，我院各级党组织和党员干部队伍总体上讲是有战斗力的。同志们在各自的岗位上，奋发有为、兢兢业业，在思想上严格要求，廉洁自律，为社科院的改革和发展辛勤工作，赢得了省委、省政府的信赖和社会各界的尊重。但我们也应该看到，一些部门和单位在谋划工作、推动工作方面还没有大的起色，与我院的发展和“十一五”规划的目标要求还不相适应、不相符合；一些党员干部的宗旨意识、大局意识淡薄，事业心、责任心、进取心不强。如果这些问题不能很好地解决，就会影响“十一五”规划目标的实现。经过前两年打基础，2009 年应是我院加快发展年，要在全面落实“十一五”规划方面迈出关键步伐。我们既面临良好发展机遇，又面临严峻挑战，任务更繁重，工作更艰巨。我们要通过开展学习实践活动，着力解决这些突出问题，使我院处级以上领导班子进一步提高领导科学发展的能力，使广大党员干部进一步解放思想、更新观念，认清使命、提高本领，振奋精神、开拓进取，为贯彻党中央和省委关于繁荣和发展哲学社会科学的重要精神，实现我们“省级一流、国内知名”的目标提供坚实支撑和强有力的保证。

二　紧密结合我院实际，确保学习实践活动取得实效

根据省委要求，院党组制定了《开展深入学习实践科学发展观活动实施方案》，已报经省委学习实践活动领导小组办公室批复同意。《实施方案》对学习实践活动的指导思想、基本原则、目标任务和方法步骤都提出了明确要求。各部门各单位要结合实际，认真贯彻落实。

要准确把握学习实践活动的指导思想。这次学习实践活动，要全面贯彻党的十七大精神和省委七届三次全会精神，高举中国特色社会主义伟大旗帜，以邓小平理论、“三个代表”重要思想和科学发展观为指导，围绕“转变发展观念，创新发展方式，推动科学发展”这一主题，以处级以上领导班子和党员领导干部为重点，认真学习实践科学发展观，准确把握并积极贯彻科学发展观的历史地位、科学内涵、精神实质和根本要求。着力转变不适应不符合科学发展要求的思想观念；着力提高推进科学发展、深化改革开放、促进社会和谐的能力；着力解决影响和制约科学发展的突出问题；着力解决群众反映强烈的突出问题；着力构建充满活力、富有效率、更加开放、有利科学发展的体制机制。

要准确把握学习实践活动的基本原则。这次学习实践活动，以处级以上

班子和党员领导干部为重点，思想性、政策性、实践性都很强。在学习实践活动中，一定要把握好四条原则：一是坚持解放思想。继续巩固和深化我院解放思想大讨论的成果，更加自觉地打开解放思想这个“总阀门”。二是突出实践特色。坚持学以致用、注重实践，把学习实践活动与贯彻落实党的十七大精神和省委七届三次全会以来的一系列重要决策部署结合起来，与加强机关作风建设结合起来，与推动我院发展的各项重点工作任务结合起来，与解决党性党风党纪方面存在的主要问题结合起来，真正做到既要在理论学习上有新收获，更要在解决问题上有新成效。三是贯彻群众路线。要通过深入调查研究、座谈会、民主生活会等方式，广泛听取群众意见，把相信群众、依靠群众、服务群众贯穿于学习实践活动全过程，把群众认可、群众满意作为衡量学习实践活动成效的主要标准。四是正面教育为主。组织党员干部通过认真学习，实现自我教育，联系工作实际，总结经验教训，自觉查找不足，坚持典型引路，明确努力方向，充分调动和保护党员干部推动科学发展的积极性和创造性。

要准确把握学习实践活动的目标要求。省委关于《开展深入学习实践科学发展观活动实施意见》提出，学习实践活动要达到提高思想认识、解决突出问题、创新体制机制、促进科学发展四个方面的目标要求，张云川书记在全省动员大会讲话中提出了“六个新”的主要任务，我们一定要认真学习好、领会好。作为省级社会科学研究机构，我们必须根据自身实际，围绕服务全省科学发展、和谐发展，不断研究新情况、新问题，不断探索新思路、新举措，着力提升应用对策研究质量与理论创新水平，为实现河北富民强省的目标提供更加主动、更加有力的理论支持与咨询服务，把我院办成省委和省政府最可信、最管用、最贴心的思想库与智囊团。通过学习实践活动，要努力达到以下四个目标。

第一，思想更加统一。提高对科学发展观的认识，必须把理论武装贯穿学习实践活动的始终，真正做到融会贯通、入心入脑、真懂真信，切实增强贯彻落实的自觉性和坚定性，努力把科学发展观转化为推动科学发展的坚强意志、谋划科学发展的正确思路、领导科学发展的实际本领、促进科学发展的方法措施，转化为增强党性修养、提高思想觉悟的自觉行动。一方面，作为我省理论工作者和理论先行者，我们必须要先学一步、多学一点、学深一层，做好科学发展观的理论研究和阐释工作，在全省各界的学习实践活动中起到带头和引领作用，回答好学习实践活动中提出的难点和热点问题，为统一思想、更新观念、创新思路做贡献。另一方面，要通过学习实践活动，使全院党员干部的思想统一到落实完成院“十一五”规划上去，统一到实现“省级一流、国内知名”的奋斗目标上去。

第二，行动更加自觉。着力提高应用研究的质量。适应决策咨询研究与服务的新形势和新要求，提高履行咨询职能的应急能力。大兴调查研究之风，认真做好省情调研，经常深入基层，向实际工作者了解情况、虚心求教，从活生生的实践中汲取营养，总结经验，升华理论。注重基础研究的理论创新。理论是行动与实践的先导，尤其需要创新。理论创新是哲学社会科学研究的生命与活力所在，只有以新理论、新观点为基础，才能提供适应新情况、新形势的对策建议。开展学习实践活动，就是要充分调动和发挥全院干部职工的积极性和创造性，自觉把行动统一到服务决策、服务发展、服务基层上来。

第三，机制更加完善。不断增强自身建设和管理水平，深化院内分配制度改革，强化激励与约束机制，推动以科研为中心、以管理为基础的各项工作。加强人才与队伍建设。关心青年科研人员与管理人员的成长，努力培养“专业精、观点精、成果精”的学术骨干；努力培养“眼界宽、思路宽、胸襟宽”的管理骨干。从政治与生活上更多地关心老同志。健全管理制度，强化组织意识，增强纪律观念。进一步明确岗位职责，优化岗位考核机制。落实各项责任，加强跟踪与督办，克服议而不决、决而不行、行而不果的问题。行政管理与后勤部门要着力提升办事效率、提高工作质量，增强服务的自觉性与主动性。

第四，发展更加协调。近两年，我们通过制定“十一五”规划，统一了思想认识，明确了发展目标；通过第四轮人员聘用，深化了人事制度改革，处所领导班子结构得到优化；通过科研管理机制的不断完善，科研工作每年都迈上了新的台阶，科研成果的数量和质量逐年提升；通过加大行政后勤工作管理力度，我们的生活环境、工作环境有了较大改善。所有这些，都为我院更好更快发展奠定了坚实的基础。这样的局面来之不易，全院干部职工都付出了辛勤的努力，我们要倍加珍惜。通过学习实践活动，要进一步推动以科研为中心的各项事业的发展，推动科研工作和行政后勤工作共同提高；要使应用研究与基础研究更加相互协调、相互促进、共同发展；要靠学科建设、人才培养来增强发展后劲，推动我院整体繁荣，真正实现出成果、出人才、出效益。

三　精心组织，周密安排，切实抓好学习实践活动

这次学习实践活动，时间紧、要求高、任务重，党中央和省委寄予厚望，人民群众充满期待。我们一定要把开展好这项活动作为重大政治任务，切实摆上重要议事日程，精心组织，周密安排，确保学习实践活动扎实有效地开展。

（1）要加强组织领导。为切实加强对学习实践活动的领导，成立河北省社会科学院深入学习实践科学发展观活动领导小组，由我任组长，党组其他同志和秘书长为成员。领导小组下设办公室，处理日常工作。各单位要给予高度重视，处、所长负总责，方案中的每项任务、每个环节都要落实到人头。党员领导干部要发挥带头作用，以实际行动为本单位的干部职工做出表率。

（2）要严格程序标准。根据省委要求和我院《实施方案》，学习实践活动分三个阶段进行。学习调研阶段的重点是解放思想、统一认识、找准问题。分析检查阶段的重点是分析问题、查找原因、开展评议。整改落实阶段的重点是制定措施、健全机制、落实整改。要严格坚持进度服从质量的原则，努力做到标准不走样、程序不变通、环节不减少，务求取得实实在在的效果。

（3）要加强督促检查。院学习实践活动领导小组加强对各单位学习实践活动的督促、检查和指导。各单位要统筹兼顾、周密安排，把开展学习活动与推动当前工作结合起来，做到抓活动、促工作、促发展、促稳定。活动期间，各单位要定期向院领导小组报送开展活动情况，并在集中活动结束后，及时向院领导小组报送总结报告。

（4）要加强宣传引导。发挥院报、院网的作用，集中宣传开展学习实践活动的重要意义，宣传学习实践科学发展观的先进典型。发挥我院理论优势，积极组织全院科研人员撰写理论文章，参与省委学习实践活动领导小组在有关新闻媒体和网站上开展的各项活动，营造浓厚的舆论氛围，扩大学习实践活动的社会效果，进一步把广大党员干部群众的思想和行动统一到科学发展上来。

（5）要做到统筹兼顾。这次学习实践活动在院各级领导班子和党员干部中间同时进行，工作任务重、压力大，必须统筹兼顾，科学安排，精心组织。既要保证学习实践活动按照《实施方案》严格有序进行，高标准完成学习实践活动各个阶段的任务，又要统筹抓好当前各项工作，尤其是 9 月 11 日全院领导干部会上提出的六项重点工作，切实做到学习工作两不误、两促进。

同志们！开展学习实践活动是一项重要的政治任务，也是把我院改革发展的各项事业不断推向前进的有利契机。我们一定要按照党中央和省委的部署与要求，在省委指导检查组的领导下，把这次学习实践活动扎实有效地开展好，务求取得实实在在的效果。

在院党组理论学习中心组（扩大）集中学习交流会结束时的讲话

（2008年10月22日）

历时三天的院中心组（扩大）深入学习实践科学发展观学习班，按照预定的学习计划，完成了各项议程，今天就要结束了。院党组对这次院处级领导干部集中封闭学习非常重视，会前对搞好这次学习，听取了汇报，专门进行了研究。为办好这个学习班，院学习实践科学发展观活动办公室做了精心组织。学习班期间，两位首席专家为大家做了专题辅导，同志们进行了分组讨论，今天上午又做了大会发言，大家讲得都很好，很有启发。通过学习交流研讨，同志们进一步统一了思想，深化了认识。总之，这次学习班办得很成功，达到了预期目的。收获主要有以下三个方面。

第一，进一步深化了对学习实践活动重大意义的认识，增强了开展好学习实践活动的决心和信心。认识决定行动。能不能搞好这次学习实践活动并以积极的姿态和主动的精神参加到这项活动中来，取决于我们对这次活动重要性的认识程度。并不是每一位同志都充分认识到全党开展学习实践科学发展观活动的重大意义，甚至有同志认为，这次需要学习的内容大都已经学习过了，熟悉了，再拿出大量的时间和精力去学，是否有必要？通过这三天的学习，我们基本上解决了这样的认识误区，增强了搞好学习实践活动的决心和信心。大家认识到，在全党开展深入学习实践科学发展观活动，是认真贯彻落实党的十七大精神，在新的历史起点上发展中国特色社会主义的重大战略部署，是当前全党一项重大而紧迫的政治任务。深入学习实践科学发展观，是用马克思主义中国化的最新理论成果武装全党的重大举措，是推动经济社会又好又快发展、促进社会和谐的迫切需要，是提高党的执政能力、保持和发展党的先进性的必然要求，是解决我省面临的突出问题，实现富民强省、科学发展的重大机遇。

第二，进一步深化了对科学发展观科学内涵、精神实质和根本要求的认识，增强了贯彻落实科学发展观的自觉性和坚定性。通过学习，大家加深了对科学发展观的科学内涵、精神实质和根本要求的认识，贯彻落实科学发展观的自觉性和坚定性进一步增强。大家进一步认识到，科学发展观是我们党立足历史和时代高度，统筹国内、国际两个大局，借鉴人类文明积极成果，认真应对严峻挑战而提出来的重大战略思想；科学发展观继承和发展了马克思列宁主义关于发展的重要思想和以毛泽东、邓小平、江泽民为核心的党的三代中央领导集体关于发展的理论精髓，是我国经济社会发展的重要指导方针，是发展中国特色社会主义必须坚持和贯彻的重大战略思想。党的十七大把我们党对科学发展的认识提升到了新的高度，得到了广泛认同。大家表示，一定要联系实际，更加深刻地理解科学发展观的第一要义是发展，核心是以人为本。同志们在学习讨论中进一步认识到，科学发展观是当代中国共产党人的世界观和方法论。学习落实科学发展观，就必须要用科学发展观武装头脑、指导工作。目前，我省经济社会发展中，有许多重大课题需要我们去研究。如，今年以来，面对经济环境复杂、不利因素增多的新情况，全省经济总体上实现了较快增长，但也出现了明显波动，保持好经济平稳较快增长难度加大。“问题就是时代的声音”，回答时代问题，我们社科工作者责无旁贷！

第三，进一步深化了对我院存在的与科学发展观要求不相适应、不相符合问题的认识，为搞好我院下一步学习实践活动打下了良好的基础。学习讨论过程中，大家能够解放思想，认真查找影响我院改革和发展的实际问题，查找与我院“十一五”规划目标要求不相适应、不相符合的突出问题和矛盾。10 月 9 日我在学习实践活动动员大会上提出，影响我院发展的突出问题和矛盾，即“科研成果水平、人才队伍状况不适应我省经济社会又好又快发展和繁荣哲学社会科学的需要；基础设施建设和科研条件不适应出成果、出人才的需要；制度、机制、管理不适应自身建设的需要”等还没有得到根本改变。通过学习和讨论，大家对影响我院发展的突出问题和矛盾即“三个不适应”还没有得到根本改变，统一了认识，达成了共识。这为下一步学习实践活动有针对性地分析问题，查找原因，制定整改措施，打下了良好的基础。

同志们，这次学习班就要结束了，但学习是一个长期的过程，要贯穿学习实践活动的始终。在这里，我对搞好我院下一步学习实践活动再提出四点要求。

第一，领导干部要带头搞好学习。处所级以上党员领导干部要以身作则，当好表率、做好示范、树好榜样。要把学习作为一种政治责任、一种精神追求来认识对待。要按照规定的内容原原本本地学，在真学、真懂、真信、真用上下功夫。学习要紧紧围绕省委提出的“转变发展观念，创新发展方式，推动河北科学发展”这个主题，紧密联系实际，切实转变思想观念，创新发展理念，深化科学认识。

第二，谋划解决影响我院发展的“三个不适应”问题，边学边改，掌握工作的主动权。解决突出问题、完善体制机制，是这次学习实践活动的重要特点，也是检验活动在多大程度上取得实效的重要标志。省委《实施意见》提出，要坚持边学边改，贯穿活动始终。按照省委的活动安排，整改落实阶段也就一个多月。到时再去谋划整改措施，时间仓促，不利于做好这项工作。我们要掌握工作的主动权，从现在就开始谋划解决突出问题和完善体制机制工作。所以，大家要开动脑筋，寻求破解影响我院发展的“三个不适应”问题的路径和办法，不断增强我院发展的实力、活力和竞争力。

第三，突出我院特色，积极参与和推动全省学习实践活动。我院作为社科研究部门，是省委、省政府的智库，是省四个“特色理论”研究基地之一。搞好学习实践活动，我们有着特殊的优势；积极参与和推动全省的学习实践活动，也是我们的责任。因此，我们要在搞好自身学习实践活动的基础上，充分发挥自身优势，担负起推动全省学习实践活动的责任。要通过动员全院科研人员撰写理论文章、召开研讨会、举办论坛以及宣讲、辅导等多种形式，来参与、引领和推动全省的学习实践活动。

同时，我们还要加强信息工作，及时向省学习实践活动办公室上报信息，把我院学习实践活动的特点充分反映出来。

第四，正确把握学习实践活动的基本要求，统筹兼顾，做到学习工作两不误。按照省委《实施意见》的要求，各级领导班子和领导干部是这次学习实践活动的重点对象。依据省委精神，我院《实施方案》规定，以处所级以上党员领导干部为重点对象。

一方面，我们要紧紧围绕我院领导班子和处所级领导干部这个重点，按照省委的统一规定扎实做好学习调研、分析检查、整改落实各阶段各环节的工作，力戒浮躁和走过场。另一方面，我们也要按照省委《实施意见》的要求，避免出现层层加码的烦琐现象，做到学习实践活动和工作两不误。到年底还有两个多月的时间了，各处所要统一思想，凝聚力量，认真回顾总结一下今年过来的工作，抓紧有限的时间，完成好年初确定的各项目标。

实践科学发展
坚持三个服务　推进三个创新

——在华北地区社科院第二十五届科研管理联席会议上的发言

（2008 年 10 月 27 日）

党的十七大报告指出，要“繁荣发展哲学社会科学，推进学科体系、学术观点、科研方法的创新，鼓励哲学社会科学界为党和人民事业发挥思想库作用”。对哲学社会科学工作的这一新论断，明确了哲学社会科学“思想库”的地位和作用，为哲学社会科学事业的发展指明了新的方向。河北省社会科学院认真贯彻落实党的十七大精神，坚持以科学发展观统领办院，紧密联系实际，努力“为省委省政府决策服务、为全省经济社会发展服务、为基层服务”，在推进学科体系、学术观点、科研方法创新上进行了一系列探索，科研管理工作取得了新成效。

一　立足“三个服务”，加强学科建设

学科发展的水平是科研单位科研实力的重要标志之一，学科建设搞好了，发展才能有根基，也才能有更进一步发展的动力。

我院“十一五”规划提出了“为省委省政府决策服务、为全省经济社会发展服务、为基层服务”的办院方针。两年来，我院按照办院方针的要求，以学科建设为抓手，坚持“有所为有所不为”，培育学科优势，不断完

善重点学科建设和相关配套制度，立足河北，研究河北，以应用研究为主导、特色研究为支柱，统筹基础学科与应用学科发展，打造学术品牌。

（一）完善重点学科和重点扶持学科建设

我院从2004年开始建设重点学科，重点（扶持）学科基本涵盖了我院具有一定优势和发展潜力的应用和基础学科。重点（扶持）学科每三年为一个考核周期，在考核期内每年进行考核，考核期满，对重点学科的建设情况全面考核总结。通过考核确定重点学科建设的优秀、合格、不合格等次，对符合条件的重新确定为重点学科，对经整改后仍不符合要求的予以淘汰。

经过三年责任期的建设，我院第一期重点学科、重点扶持学科考核评估工作圆满完成，学科建设取得了明显成效，应用研究和基础研究成果水平进一步提高，人才队伍建设进一步加强，学科发展实力进一步增强。

今年，我院认真总结第一期重点学科、重点扶持学科建设实践经验，新出台了《重点学科、重点扶持学科管理办法》，结合第一期重点学科建设实践中遇到的评估指标、申报评审等方面的问题，对重点学科、重点扶持学科的申报条件、日常管理考核以及评估监督、经费使用、人才成长、成果实现、学术交流等方面做出明确要求，使重点学科的申报、管理、评估、验收等内容和环节规范化、制度化。按照这一办法，完成了第二期重点学科重点扶持学科的评定，确定重点学科为区域经济学、中国特色社会主义理论体系研究、农村经济学、河北地方史与传统文化研究；重点扶持学科为当代文化（文学）与河北文化发展研究、人口社会学、马克思主义哲学与现代化、服务经济。同时还完成了第二期重点学科首席专家的评聘工作，4名专家受聘。

通过重点学科和重点扶持学科建设，进一步调动了广大科研人员工作积极性，科研人员在课题申报、成果实现、项目获奖、举办和参加学术研讨会等方面更加积极，取得了更加丰硕的成果。在重点学科建设的带动下，我院有的研究领域在省内居于主导地位，有的专家成为省内的领军人物，在省委、省政府决策层中发挥了积极影响。

（二）加强学术带头人的培养

我院在重点学科设立首席专家。首席专家的职责主要是：设计、策划能够推动学科发展的重要科研课题和学术活动；团结带领所在学科人员承担并完成国家级、省级和院级重要课题；努力完成所在学科建设任务，培养青年科研人员。今年，我院进行了第二期首席专家评聘工作，有 4 名专家受聘，首席专家享受特殊岗位津贴。首席专家制度，促进了学科带头人的迅速成长，为学科的蓬勃发展创造了条件。

我院还积极参加“三三三人才工程”“中青年社科专家五十人工程”等各类专家申请推荐，申报公派专家出国，选派本学科科研能力强的科研人员出国做访问学者，组织科研骨干和学科带头人到多个国家和地区进行培训考察，多渠道培养高层次学术人才。

（三）完善学术评审机构建设

我院学术委员会是院长领导下的全院最高学术咨询评审机构，《河北省社会科学院学术委员会章程》是规范我院学术委员会工作的重要规章。今年，我院重新修订了《河北省社会科学院学术委员会章程》。这次修订，是从我院实际出发，并参考兄弟院和一些大学的有关规定进行的。修订后的《章程》规定，院学术委员会由 17 人左右组成，人数比以往有增加，增设了常务副主任，学术委员会秘书的工作改由学术委员会办公室承担，办公室主任由科研组织处处长兼任，负责处理日常事务。另外，《章程》对投票形式、委员职责以及回避制、调离我院的委员自动终止委员资格等做出新的规定。

（四）创新学科组织形式

适应现代社科研究对学科交叉融合的需要，把全院各研究所分成经济学科片、人文学科片和社会法学科片，强化学科片的组织协调功能，发挥多学科优势，以重大科研项目为载体，打破人才所在单位的行政壁垒，鼓励各研究单位探索“小中心，大外围”“课题中心制”等科研组织形式，实行课题研究招标制，形成以课题为纽带、以课题负责人为龙头的研究机制，整合科研资源，实现科研数据和科研队伍方面优化整合，取得高水平的科研成果，打造学科品牌。

二　履行智库职责，带动学术创新

创新学术观点是哲学社会科学工作者的重要任务。重大理论问题和实践问题都是从现实中产生的，解决重大理论问题和实践问题的过程，就是实践基础上的学术创新过程。我院坚持以当好省委、省政府的“思想库”和“智囊团”为己任，以河北改革开放和沿海经济社会发展强省建设中的重大理论和实践问题，特别是全局性、前瞻性问题作为主攻方向，发现问题，解决问题，努力使科研成果体现时代性、把握规律性、富有创造性，为实现河北又好又快发展提供精神动力和智力支持。

（一）请领导圈定重大课题

围绕我省经济社会发展中的重大理论与实践问题，请省委书记、省长等省领导为我院圈定年度重大研究课题，进一步增强了科研工作为决策服务的自觉性，有效推动我院应用对策研究的深入开展。同时，我院还积极完成省领导交办的特殊任务，直接为全省经济社会发展服务。如承担省党代会报告和省人代会政府工作报告的起草、修改任务，省领导的重要讲话和文件的起草、省领导交办的专题研究任务等，充分发挥了“思想库”和“智囊团”的作用。

（二）发挥咨询优势

我院专家学者应邀在省委常委（扩大）学习会议或理论中心组讲课。“科学发展观与我们建设沿海经济社会发展强省的路径选择”“关于河北省建设社会主义新农村的几个主要问题”“关于《河北省国民经济和社会发展第十一个五年规划纲要》若干重大问题的分析”“我省加快第三产业发展的路径选择”等讲座，得到了省委、省政府领导的高度评价。通过讲座的形式，我院的研究成果直接进入了我省最高决策层，这也说明，我院应用学科的专家学者受到省决策层的高度重视，讲座也提高了我院专家的声誉。同时，我院的科研人员还为省人大、省政协及省直部门、市县、企业等进行多种形式的讲座，为全省经济社会发展和基层建设提供智力服务。

（三）发挥舆论引导作用

今年是改革开放 30 周年。我院组织广大科研人员参加理论研讨和宣传活动。根据省委主要领导的指示，我院和省委办公厅等部门共同承担了河北省纪念改革开放 30 年大会重要文稿的起草工作。积极参与全国和省纪念改革开放 30 周年理论研讨会的论文征集撰写工作，报送中宣部等单位组织的全国“纪念改革开放 30 周年理论研讨会”的论文占我省全部报送论文的二分之一。受省委宣传部委托，撰写 4 部书稿。科研人员还参与了省内各媒体宣传活动，为全省改革开放 30 周年纪念活动的开展提供了有力支持。

（四）强化省情研究

我院的“河北发展蓝皮书”已从《河北省经济社会发展形势分析与预测》扩展到经济、农村、社会、文化、人才五卷本系列丛书。通过蓝皮书的编撰、出版及开展省情研究，促进了科研人员对省情的了解，拓宽了科研工作服务河北经济社会发展的渠道。同时，蓝皮书的总报告每年送省人大、省政协两会，供会议代表和委员参考，将各单卷本邮送省直有关部门和各市县主要领导同志参阅，直接发挥了蓝皮书的咨政作用。与此同时，在蓝皮书出版后，加大推介力度，通过举办新闻发布会和出版座谈会、在报纸刊登消息、请蓝皮书作者接受媒体采访等形式，进一步使蓝皮书发挥更大的社会效益。

（五）召开重大专题研讨会

2006 年以来，我院主办、联合主办或承办了“环渤海经济圈崛起与建设沿海经济社会发展强省研讨会”“建设沿海强省的文化支撑与新时期河北人文精神学术研讨会”“石家庄内陆港发展与建设沿海强省研讨会”“沧州港城开发建设与沿海内地互动发展研讨会”“建设秦皇岛黄金海岸新区，打造战略增长极”等多个大型研讨会，这些研讨会都有省委、省政府领导出席并讲话，每个研讨会综述报告都提交省委、省政府主要领导同志，供决策参考。研讨会的主要成果在《河北日报》以整版的篇幅进行刊登，河北电视台制作专题节目进行报道，省委办公厅内部刊物刊发专家观点，这些都为推动强省建设发挥了重要的理论支持作用。我院主办的“2007～2008 年河北省经济形势分析会”，国务院发展研究中心、中国社科院及省内知名专家与会研讨，省委、省政府领导出席会议，情况报告报送省委、省政府领导同志后，省委、省政府主要领导做出批示，对报告会的形式和内容充分肯定。这些研讨会丰富了我院科研工作服务决策的形式和内容，在理论界和决策层都产生了良好反响。

（六）与基层主动对接

2006 年以来，我院为基层服务工作初见成效。《河北省建设行业对外开放“十一五”发展规划》《河北省国有企业改革发展“十一五”规划》《关于我省旅游景区管理体制和机制的调研报告》《河北省 2007 年经济体制改革重点工作安排意见》等一批为实际部门服务的研究成果，以省政府直属厅局文件印发。与衡水市合作开展的品牌战略实施研究，与涿州市合作开展的城市建设实施纲要研究，与新河、磁县、邢台县合作开展的旅游规划研究等，都取得了实际成果。

三　建立导向机制，促进科研方法创新

科研方法创新是哲学社会科学工作者创新学术观点的重要条件。我院通过制度创新、管理创新来实现科研方法创新，进一步形成科学、规范的科研管理体制，建立适应科学发展观要求的科研导向机制和合理配置各类资源的科研组织机制。

（一）开门办院

开门办院，是我院“十一五”规划的一项重要内容和要求。近年来，我院坚持“走出去”和“请进来”，与省直部门、大专院校和地方党委和政府合

作，通过创新特色工作，为实现我省经济又好又快发展做出了自己的贡献。

一是开展征集课题活动。为了进一步做好决策服务，2006 年 10 月我院开展了向全省各级党委、政府、省直部门、企事业单位征集“十一五”期间我省经济社会发展重大社会科学研究课题的活动。课题征集活动得到了各级领导和有关单位的高度重视，省委、省人大、省政府、省政协的领导亲自为我院列出了他们自己认为需要研究的重要课题。各级领导还就本地区、本部门经济社会发展的重大问题自列课题 168 项。我院通过征集课题活动，进一步明确了课题研究方向，在安排课题立项时重点对这些课题进行研究，突出了大家普遍关心的焦点、热点问题，进一步增强了我院科研工作的针对性、实效性。

二是开展省情调研。省情调研活动是我院 2008 年的一项重点工作。今年 4 月，我院制定了《河北省社会科学院关于开展省情调研活动的实施意见》，5 月进行了动员部署。省情调研活动的目的是，让科研人员通过调研深入了解国情、省情、市情、县情，推动科研工作贴近我省经济社会发展实际和锻炼科研队伍。通过对全省经济社会发展中现实问题和重大决策实施情况以及焦点、热点问题开展调查，对重点区域、重大项目、重要行业以及典型的县、乡、村进行调查，全面地了解省情，接受教育，研究问题，寻求对策，多出成果；通过扎实的调研成果，总结我省改革开放 30 年来所取得的巨大成就，探索经济、政治、社会、文化等领域的改革发展经验，为建设以实力、活力、竞争力为主要标志的沿海经济社会发展强省提供智力支持和决策服务。目前，科研和行政人员到唐山曹妃甸、天津滨海新区、沧州渤海新区等地实地考察已经完成。“省情调研课题”经院学术委员会评审，院长办公会已经批准立项，科研人员正在深入实际进行调查研究，力争拿出高质量的研究成果。

三是开辟合作研究新途径。为了进一步做好全省经济社会发展服务工作，我院与唐山市政府准备签署《关于进一步加强合作的协议》。双方计划在经济社会发展重大课题研究、决策咨询、理论研究成果推广应用、智力支持、建立资源共享信息平台等方面进行合作。这是我院在与有关市县建立合作关系基础上的进一步拓展，我院计划在今后的工作中，继续选择有条件的市县进行有针对性的合作，以发挥我院人才优势，更好地为全省经济建设服务。

四是开展国际学术交流与合作。近年来，我院采取多种途径组织科研人员走向世界进行学术交流，扩大交流影响，努力推动优秀成果和优秀人才走向世界。据不完全统计，自 2005 年以来，我院先后接待了来自日本、美国、加拿大、澳大利亚、俄罗斯、巴基斯坦、韩国、英国等国家和中国香港、台湾地区的专家学者共 14 批 32 人次；组织大中型学术报告会 8 次，组织外宾赴有关市、县和乡村参观考察 28 人次。安排出访团组 8 批 38 人次，选派高级访问学者赴国外研修学习 8 批次，促进了我院与国内外学术界的交流与合作。今年 6 月，我率院代表团赴俄罗斯、日本访问。在俄签署了中国河北省社会科学院和俄罗斯科学院远东所学术交流意向书，双方就人员互访、资料交换以及在各自优势领域进行课题合作研究等方面开展合作达成共识。9 月中旬，俄罗斯科学院东方学所副所长欧安德访问我院。我作为贵宾出席日本岩手县立大学建校十周年庆典活动，参加岩手县立大学举办的国际学术研讨会，并发表了专题演讲。双方议定，岩手县立大学代表团访问我院，双方进行课题合作研究，我院选派研究生到岩手县立大学进行研修。其间，院代表团拜会日本总务大臣（岩手县前知事、我院客座教授）、岩手县知事、岩手县议会议长、盛冈市市长、日本社会学会会长（我院客座教授）等各界人士，就促进双方在社会科学领域的合作和拓宽我省与岩手县的交流进行了探讨。

（二）完善科研管理制度

在建立健全科研管理制度上，重点抓了以下工作：一是修订了《优秀科研成果奖励办法》，使其更加贴近实际、符合科研规律、满足新的科研需要，促进精品生产。二是出台了《直报件管理办法》《关于鼓励院科研人员承办省领导临时交办任务的暂行规定》，进一步提高了科研人员为省委、省政府决策服务的积极性。三是新修订出台了《科研课题管理办法》《学术研讨会管理办法》《科研成果管理规定》《“河北省社会科学院学者文库”编辑、出版办法（试行）》等。通过一系列制度的出台和完善，提高了科研人员开展学术交流、加强学术研究探讨、创造精品成果的积极性。

四　营造良好环境，服务三个创新

（一）创新人才工作机制

我院以“人才强院”为推动力，以创新人才机制为核心，着力抓好人才“引进、培养、使用”三个环节的工作，在制定政策、整合力量、营造环境上下功夫，努力建设一支规模适度、专业配套、结构合理的高素质人才队伍，促进了以科研为中心的各项事业的发展。先后制定了《关于高层次人才引进和培养的暂行规定》《关于加强出国进修人员管理的暂行规定》《关于专业技术人员服务年限和报考研究生的规定》。在《河北省社会科学院“十一五”时期（2006—2010）发展规划》中，把人才队伍建设工程列为重点工作，确保了院人才工作顺利有序地开展。坚持公开、平等、竞争、择优的原则，不拘一格选拔和任用人才。积极推行处所级领导干部竞争上岗、科级干部择优竞聘、其他人员双向选择制度，突出能力标准，用业绩选人，努力形成优秀人才脱颖而出的良好氛围。1998 年、2001 年、2004 年先后开展了三轮以内设机构调整和处所级领导干部聘任为主要内容的用人制度改革，在推进竞争机制建设、激发人才活力方面，进行了有益探索。今年以来，按照省委组织部、省人事厅联合印发的《河北省事业单位岗位设置管理实施意见》要求，大力推动人事制度改革，变身份管理为岗位管理，实行按需设岗、竞聘上岗、按岗聘用、合同管理，逐步建立起职责分明、管理有序、平等竞争、优胜劣汰和职务能上能下、待遇能高能低、人员能进能出的科学用人制度。同时还建立了专业技术人员准入制度，把好人才引进关。我们还根据课题研究需要，从院外聘用兼职研究人员，发展一批不在编的研究队伍，共同开展重大课题的攻关。

（二）改善工作生活环境

院党组把关心职工工作生活条件的改善作为实践“三个代表”、落实科学发展观、促进队伍稳定的一件大事来抓，集中力量解决了职工反映突出的一些问题。我院科研办公楼建成于20世纪80年代，这个整体10层、局部11层的建筑因年久失修，房顶大面积渗水，墙皮脱落，门窗锈腐，直接影响我院的形象和市容市貌。我们积极争取省委、省政府和有关部门的支持，经过多方努力，由省政府专门批准立项，拨付改造资金890万元，用了近6个月的时间，对办公楼进行了全面修缮，主要进行了办公楼外墙和室内房间的装修、办公楼安全监控系统改造、办公楼强电弱电系统的改造以及办公设备的购置等，极大改善了职工办公条件，鼓舞了士气，增强了职工的凝聚力。

《2008 ~ 2009 年河北发展蓝皮书总报告》前　言

（2008 年 12 月 28 日）

今天，呈现在各位代表和委员面前的《2008 ~ 2009 年河北发展蓝皮书总报告》，选自河北省社会科学院推出的“河北发展蓝皮书”系列丛书《2008 ~ 2009 年河北省经济形势分析与预测》《2008 ~ 2009 年河北省农村经济形势分析与预测》《2008 ~ 2009 年河北省社会形势分析与预测》《2008 ~ 2009 年河北省文化产业形势分析与预测》《2008 年河北人才发展报告》。为了方便代表和委员们阅读，特编印各卷的总报告。各卷总报告分析了 2008 年全省的经济社会运行态势，并对 2009 年形势进行了预测。

《2008 ~ 2009 年河北省经济形势分析与预测》指出，就经济增长演进态势而言，2008 年是一个很特殊的年份，呈现前高后低的增长态势，更为特殊的是今年的宏观调控政策变化，上半年的政策调控目标是抑制通货膨胀，而下半年的政策目标是增强信心保增长。在这种特殊的发展环境下，我省实现了较为平稳的增长。对我省今年经济形势的变化趋势，我们认为是必然要发生的：我省在近两年必然要步入经济调整期，按照我省周期波动的规律，在 2008 年前后应该有增长放缓的趋势，2007 年本课题组提出“从周期波动看，2008 年是此轮上升期的第 6 年，向下波动的概率较高”，美国引发的金融危机更加速或者说加重了这种趋势。

从未来发展看，短期看我省步入调整期，需要解决一系列的矛盾和问题，但长期看经济增长环境较好，增长的动力强劲，我省仍有 15 ~ 20 年的快速增长期。预计2009年我省经济增长率为10%左右。2009年的政策思路是：调控区域小环境，应对复杂多变的大环境；扩大内需中的内需，为增长提供新的动力；加快结构优化升级，解决增长的路径依赖问题；关注链条式负面影响，及时解决重大社会问题。

《2008～2009年河北省农村经济形势分析与预测》指出，2008年河北农业农村经济总体运行态势良好，全省粮棉油全面增产，供应充足。其中粮食连续6年增产，总产量预计为2903.15万吨，接近历史最高水平，单产创历史新高。畜产品价格先升后降，畜牧业生产波动较大。前三季度全省农民现金收入同比大幅增长20.0%，人均生活消费支出增长13.0%。受全球金融危机的影响，乡镇企业增长势头受到一定限制，前三季度增加值增幅同比回落3.9个百分点。2009年要按照积极财政政策的要求加大农村基础设施投资力度，优化县乡经济发展布局，审慎灵活地落实土地政策，加强市场监管与调控，努力拓宽农民增收渠道。随着一系列扩大内需、促进经济平稳较快发展政策措施的实施，农村要素市场将不断完善，农村产业结构逐步优化，农民收入仍将保持较快增长。

《2008～2009年河北省社会形势分析与预测》指出，2008年河北省农村社会建设收效明显，农民满意度提高；城镇面貌"三年大变样"对城市发展产生积极影响；自主创业及就业途径增多，就业结构有所优化；环境保护以保障绿色奥运为契机，对全省环境保护的持续发展产生良好影响；四川地震等自然灾害促进社会团结，社会稳定与社会和谐状况良好；三年增资目标初见成效，城乡居民收入继续提高；改革开放30年回顾对全社会产生积极影响。从总体上评价，全省社会发展将继续保持良好态势，以民生为重点的社会建设加快推进，民生问题得到重点关注。社会情绪稳定，社会凝聚力加强，政府和民众的沟通渠道增多并出现良性互动，社会和经济协调发展度与社会和谐、社会稳定程度提高。未来河北省社会发展领域需要高度重视的几个问题是：行政运行成本过高问题、政策制定过程中公平公正问题、城乡公共品提供不均衡问题、城乡居民收入水平仍然偏低问题。预测2009年社会发展形势是：金融危机对社会发展领域的影响将在就业、人民生活、教育、社会保障等方面显现；城乡一体化发展将进入提速阶段，农村社会建设出现新的进展，农民增收渠道将拓宽，农民生活将得到新改善，土地流转制度实现新突破。医疗制度改革全面启动。这需要政府切实落实科学发展观，在统筹社会经济协调发展方面，继续解放思想，破除体制障碍，重视城乡均衡的社会建设，解决民生问题的制度建设与政策制定充分体现以群众利益为本位的理念。

《2008～2009 年河北省文化产业形势分析与预测》指出，我省文化产业发展在经历了前两年的高速增长后开始呈现迅速下滑的态势，与周边省市形成鲜明的反差，在全国的总体地位继续处于下游。大型国有文化企业效益普遍开始下滑，综合竞争力进一步下降。文化企业发展的政策出台不少，落实很难；重点项目招商签约不少，落地很难。各地文化产业发展氛围“冷热不均”，重视程度不同，凝聚共识不够，发展速度和水平相差很大。究其原因，主要在认识上没有摆正文化产业的地位，存在“说起来重要，干起来次要，忙起来不要”等问题；在政府推进机制上还不健全，缺乏各部门合力推进文化产业的协同效应；在文化改革路径选择上有偏差，忽视文化单位的内部机制改革，过早地启动体制上的变革；传统的“地区所有制”“部门所有制”“单位所有制”凝固了大量的国有资产，盘活存量存在诸多障碍等。2009 年我省文化产业应尽快部署“九抓”，即抓动员、抓组织、抓培训、抓扶持、抓试点、抓盘活、抓亮点、抓招商、抓载体。

《2008 年河北人才发展报告》以构筑科学发展的强大人才之基为主线，系统总结了我省人才资源开发的新进展、新特点，深入分析了人才队伍建设面临的突出矛盾和问题以及科学发展人才制约的突出问题，提出了破解人才发展难题、突破科学发展人才制约的思路与对策。《报告》指出，人才是科学发展之基、富民强省之本，推进科学发展，实现富民强省，必须大力推进人才资源开发，全面加强人才队伍建设，努力构筑科学发展的强大人才之基。《报告》认为，人才制约是根本性制约，发展中的一切制约都与人才制约相关联，最终都可在人才制约上找到根源，只有突破人才制约，才能从根本上破解其他制约。《报告》强调，突破人才制约必须进一步解放思想，更新观念，创新思路，在转变不适应、不符合人才科学发展的思想观念和思路上取得重要突破，切实把人才发展转入科学发展轨道；必须研究制定促进人才科学发展的新举措、新方略、新规划、新途径、新办法，在拓展科学发展观视野下人才发展的新路子上取得重要突破；必须深化人事人才体制改革，推进政策体系和工作机制创新，着力构建有利于人才科学发展和人才工作服务于科学发展的体制机制，在人才机制体制改革创新上取得重要突破，把人才工作进一步转到服务于科学发展上来。

希望本材料能为各位代表和委员提供有价值的信息资讯，为各级领导决策提供参考，更希望各位代表和委员对我们的研究提出改进意见和建议。

新起点　新希望*

（2009 年 1 月 10 日）

时光荏苒，岁序更替。伴随着新年的钟声，我们送走了极不平凡的2008 年，迎来了充满挑战的 2009 年。值此辞旧迎新之际，我谨代表院党组向辛勤工作在全院各个岗位上的干部职工，向所有离退休的老同志，向默默支持我院发展的广大干部职工家属，向关心和支持我院的各界朋友们致以新年的问候和美好的祝愿！

2008 年是我们伟大祖国发展史上极不平凡的一年。从低温雨雪冰冻到汶川特大地震，全国人民众志成城战胜灾害，谱写了感天动地的英雄凯歌；从举世瞩目的北京奥运会的成功举办到神舟七号载人航天飞行任务的圆满完成，实现了中华民族的百年梦想和我国空间技术发展具有里程碑意义的重大跨越；改革开放 30 周年的成功经验为我们指明了中华民族伟大复兴的必由之路。

过去的一年，是我院深化体制改革、夯实发展基础重要的一年。一年来，各部门以科学发展观为指导，全面落实“三个服务”的办院方针和“三个出”的总体要求，扎实工作，积极进取，和衷共济，携手向前，各方面工作取得了较好进展，在各条工作战线上都取得了良好的成效。

这一年，我们通过解放思想大讨论活动打开了推动各项工作的总阀门，学习实践科学发展观活动的开展，促进了“三个不适应”的重大转变；这

* 本文为周文夫发表的河北省社科院 2009 年新年贺词，刊载于《河北社会科学》2009 年第 1 期。

一年，我们完成岗位设置管理和第四轮全员聘任，为我院的发展提供了重要的组织保证；这一年，我们完成了第二期重点学科和重点扶持学科的评选，学科建设得到了新的加强；这一年，我们启动了省情调研，提高了“三个服务”的质量和水平，锻炼了科研队伍；这一年，我们深化了行政后勤体制改革，理顺了工作职能；这一年，我们第一时间启动为灾区人民捐款捐物活动，全院干部职工倾献爱心。

回首 2008 年，我们倍感欣慰；展望 2009 年，我们任重道远。面对新形势、新任务、新使命，我们要深入贯彻落实科学发展观，充分运用“解放思想大讨论”和“深入学习实践科学发展观”两个活动的积极成果，认真落实院“十一五”发展规划，坚持“三个服务”办院方针和“出成果、出人才、出效益”的总要求，深入推进“四项工程”，求真务实，真抓实干，使各项工作在 2009 年迈上新台阶，向着“省内一流、国内知名”的奋斗目标迈进。

衷心祝愿全院干部职工新年愉快、身体健康、工作学习顺利、阖家幸福！

在院全体干部职工大会上的讲话

（2009 年 2 月 19 日）

这次会议的主要任务是，回顾 2008 年工作，部署 2009 年主要工作，认真总结我院深入开展学习实践科学发展观活动成果，对开展“干部作风建设年”活动进行动员。刚才，世芳同志代表院党组作了《关于 2008 年工作总结和 2009 年工作安排的报告》，全面总结了 2008 年工作，对 2009 年工作进行了部署；继民同志宣读了《2008 年表彰奖励通报》；秀芬同志宣读了我院《关于开展“干部作风建设年”活动的实施方案》，对活动的开展提出了具体工作要求；建华同志做了《院务公开报告》。在这里，我代表院党组对获奖单位和个人再次表示衷心祝贺！向辛勤工作的全院干部职工表示衷心感谢！上述各位领导同志的讲话和宣读的意见都非常重要，会后，各部门要认真抓好贯彻落实。

下面，围绕今天的会议主题，我讲两点意见。

一　深入总结运用学习实践科学发展观活动成果，推进全院各项事业又好又快发展

根据省委统一部署，自 2008 年 9 月至 2009 年 2 月，在省委第四检查指导组的精心指导和帮助下，我院认真开展了深入学习实践科学发展观活动。院党组始终高度重视活动的开展，围绕活动主题和我院实际，突出实践特色，认真组织学习培训，开展专题调研，对照分析检查，认真落实整改，圆

满完成了各项规定任务，收到了良好效果。

活动中，我院还结合自身特点，充分发挥理论引领作用，开展了创新性活动。组织专家为各地各单位进行理论辅导和宣讲，召开专题理论研讨会，提出工作建议，撰写理论文章等，为全省活动的开展提供了理论支持。

通过科学发展观教育，院领导班子和广大党员干部对科学发展观的认识进一步深入，落实科学发展观的自觉性进一步增强，解决实际问题的能力进一步提高，为我院又好又快发展奠定了基础。这次学习实践活动的成果主要体现在六个方面：一是提升了认识，把是否符合科学发展观作为衡量工作的最高标准；二是进一步明确了发展思路，积极破解影响科学发展的突出问题，制约我院发展的“三个不适应”问题得到明显改善；三是科研成果水平有新提高，干部素质和人才结构不断得到优化；四是以制度建设促发展，各项科研创新和保障机制进一步完善；五是更加关注民生，积极创造条件，努力解决群众关心的热点、难点问题，群众观念、务实精神得到进一步增强；六是进一步凝聚了力量，全院干部职工一心一意谋发展的愿望更加强烈，各项工作呈现良好发展态势。活动取得的积极成果对推进我院发展具有重要的现实意义和深远的历史意义，我们要倍加珍惜。

学习实践科学发展观集中活动虽然取得了阶段性成果，但我们必须深刻地认识到，影响和制约我院发展的“三个不适应”问题还没有完全得到解决。深入学习实践科学发展观，始终坚持以科学发展观统领办院，积极运用科学发展观指导科研和管理工作，不断创新科研观念，为河北经济社会发展提供更有力的智力支持，这项任务是长期的。在今后的工作中，我们依然要坚定地按照科学发展观的要求，丰富和发展我们的科学发展观实践，不断排除思想观念上的障碍，破解体制机制建设上的难题，更好解决群众关心的热点、难点问题，进一步推进和实现我院科学发展。

二　认真扎实开展“干部作风建设年”活动，以“求真务实、真抓实干”的优良作风，狠抓全年各项重点工作的落实

省委、省政府决定，2009 年以“深入实际，破解难题，优化发展环境，

推动科学发展，促进社会和谐”为主题，在全省各级干部中开展“干部作风建设年”活动。2 月 13 日，省委、省政府召开了动员大会，我院全体干部职工集中收看了大会电视直播。省委书记张云川同志的动员讲话，直面当前干部队伍作风上存在的实际问题，一针见血，振聋发聩，在全省党员干部中引起强烈反响。2 月 18 日，胡春华省长主持召开省政府第三次全体会议，对政府系统的“干部作风建设年”活动进行了再动员、再部署。“干部作风建设年”活动既是学习实践科学发展观活动的延伸和拓展，也是巩固学习实践活动成果的重要举措。这次活动的主要目的，就是重温“两个务必”，继承优良传统，弘扬西柏坡精神，密切党同人民群众的血肉联系；就是着力解决好我省干部作风方面存在的突出问题，形成风清气正、真抓实干的良好局面；就是进一步振奋精神，积极应对挑战，奋发有为地做好各项工作，推进河北经济社会又好又快发展。

对我院而言，开展“干部作风建设年”活动是我院实现科学发展的有利契机。2009 年，我省正处于改革开放和现代化建设的关键时期，进入了推动科学发展、富民强省关键阶段，面临既要保增长、渡难关，又要调结构、上水平、提效益的双重任务。作为省委、省政府的“思想库”“智囊团”，我院责任重大，任务艰巨，使命光荣。2009 年，也是我院落实“十一五”规划的关键一年，规划确定的 8 项发展目标，要在今年完成上新台阶、见新成效的任务。要不辱使命，切实履行省委、省政府赋予我们的职责，出色完成“十一五”规划既定的目标，实现我院又好又快发展，承担起促进河北省哲学社会科学事业繁荣的重要任务，就必须进一步解放思想、转变观念，增强政治意识、大局观念；就必须进一步转变学风、作风，贴近实际、贴近群众，拿出更多“能用、管用”高质量的精品成果；就必须进一步在全院形成“求真务实、真抓实干”的优良作风。

转变作风，不能坐而论道，要与我们的思想和工作实际结合起来，以工作成果来检验作风建设的成效。

（一）把“干部作风建设年”活动与院“十一五”规划目标任务的落实结合起来

要深入贯彻落实“三个服务”的办院方针和“出成果、出人才、出效益”的总体要求，增强工作执行力，把院“十一五”规划确定的思路变成每位干部职工的实际行动，把贯彻“十一五”规划的实际行动变成实现“省级一流、国内知名”5年奋斗目标的实际成果。

“十一五”规划，是全院集体智慧的结晶，明确了我院的发展思路、奋斗目标和工作举措。实施“十一五”规划的近3年来，全院干部职工在院党组的领导下，坚持以科学发展观统领办院，努力解放思想，深化体制改革，不断推进科研、管理工作机制创新，在科研、队伍建设、学术交流、行政管理、后勤保障和党的建设等方面都取得了新的进展，朝着“省级一流、国内知名”的发展目标迈出了新步伐。但是我们必须清醒地看到，在我院仍然不同程度地存在理论联系实际能力不强、科研创新能力不强、科研成果对现实问题的指导力不够等问题。有些同志作风飘浮，不注重理论与实践的结合，习惯于经验研究、封闭研究，不愿意深入实际、深入基层，提出的对策建议多属泛泛而谈，深度研究、创新性研究不够；有些同志只满足于完成科研工作量，满足于一般性报刊上能发表，领导同志能划圈、签字，不关心成果有用没用，不关心成果转化；有些同志责任心不强，工作拖拉，纪律松懈，等等。这些现象制约着我院“十一五”规划的落实，制约着我院又好又快发展。

2009年，我院要结合“干部作风建设年”活动，按照“十一五”规划任务目标要求，认真组织一次“十一五”规划落实情况的专项督查。把每项任务拉出单子，看看哪些完成了、哪些没完成。还差什么？没完成的原因是什么？采取什么措施？什么时间完成？通过专项督查进一步明确任务，压死责任，使大家变压力为动力，迅速行动起来，确保“十一五”规划中各项工作的落实。

（二）以“干部作风建设年”活动为契机，全力做好今年的重点工作

从抓责任到位、抓工作落实入手，以良好的作风为保障，重点做好三项工作。

一要按照“干部作风建设年”的要求，认真做好《2009年工作要点》

确定的5个方面20项重点工作的责任分工。工作任务确定后，承担任务的院领导和责任部门必须拒绝理由，雷厉风行，狠抓落实。

二要抓大事创精品，以重点工作的突破带动整体工作的提升。今年工作的重中之重是“一个精品，一个品牌”：将“全面落实科学发展观转变河北经济发展方式”重大课题研究做成系列精品课题；将“河北省经济形势分析会”打造成品牌。这两个重大项目，一个是省委领导指定的重大课题，另一个是我院的工作创新点，都是在省里“挂了号”的重点工作。做好这两项工作，不仅是完成两项任务，它还关系到我院工作职能的履行，关系到我院的地位和前途，所以必须全力以赴，出色完成。如何搞好两个重大项目，《2009年工作要点》提出了切实举措。这里，我还要强调几点。第一，要高度重视。各位分管院领导和责任处所主要领导对重大项目的情况必须做到了然于胸，把它作为各项工作的重中之重，要靠前指挥，打破原来做课题、做项目的惯性思维和组织形式，创造性地开展工作。对工作进程出现的问题，要尽心竭力及时协调解决。第二，要精心谋划，认真研究做好每个重大项目的方法和步骤，明确每个阶段抓什么、怎么抓、达到什么目标。第三，要强化责任。要实行工作目标责任制，按每项工作和工作各阶段的既定目标，层层分解任务，责任到人，形成全程无缝隙责任链条，强化督查和责任考核，落实奖惩，确保工作成效不折不扣。第四，要协调联动，合力攻关。每个项目都要建立一个工作团队，吸纳相关方面的优秀人才，组成精干力量，集体攻关。全院各部门要对两大项目提供全方位的支持。

三要抓机制创新，为全年任务的完成提供保障。完善科研成果评价体系，开展科研成果评奖活动，加强科研成果指导性、时效性和可操作性的政策引导，鼓励科研人员多出精品。继续抓好重点（扶持）学科建设，重点做好第二期重点（扶持）学科发展规划和任务目标的细化量化，把学科做大做强。建立调研机制，在全院大兴调研之风，深入开展省情调研，引导科研人员走出书斋，深入实际，深入基层，为河北发展服务。积极探索国家社科基金项目、省社科基金项目和省软科学项目鼓励申报和优化管理的方式，力争增加立项数量，提高研究质量，进一步提升我院科研实力和竞争力。在完成实施岗位设置管理工作的基础上，进一步建立和完善岗位责任制，修订年终考核办法，进一步明确以工作实绩、科研业绩为主要内容的考核指标，不断完善激励约束机制。

（三）紧紧抓住我院作风建设中的突出问题，着力整改，进一步增强科研竞争力和管理效能

各部门要结合实际，认真查找工作作风上的突出问题，切实搞好整改。从转变科研作风入手，注重理论联系实际，力戒浮躁，在提升理论研究的高度和深度上下功夫。重转化，增强研究成果的指导性；重时效，增加研究成果的针对性；重操作，增强研究成果的应用性。从转变管理作风入手，进一步增强政治敏锐性和工作责任心，着力提高管理的执行力，强化纪律的严肃性。

（四）进一步强化政治意识、大局观念，确保全院稳定和可持续发展

前不久，省委办公厅、省政府办公厅下发了《关于调整省委省政府有关直属事业单位（社团机构）设置的通知》（冀办字〔2009〕10 号）。《通知》要求："为更好地促进我省社会科学事业发展，加强邓小平理论、'三个代表'重要思想和科学发展观的研究工作，省委、省政府决定，按照精简、统一、效能的原则，将省委讲师团、省社会科学界联合会并入省社会科学院，省社会科学院挂河北省邓小平理论、'三个代表'重要思想和科学发展观研究中心、中共河北省委讲师团、河北省社会科学界联合会牌子。有关机构编制调整方案由省机构编制部门制定。"

这次进行机构调整，是省委、省政府推进事业单位人事制度改革的一项工作举措。深化事业单位人事制度改革，对于贯彻落实科学发展观，改善体制环境，建设高素质、社会化的专业技术人员队伍，激发人才活力，促进社会和谐具有重要意义。同时，这次机构调整，对于整合我省哲学社会科学研究资源，形成科研合力，更好地发挥社科研究在全省经济社会发展中的推进作用，对于繁荣我省哲学社会科学事业，具有重要的时代意义，必将产生深远影响。

全院干部职工要正确对待这次机构调整，坚决服从省委、省政府决定。要讲党性，注重维护大局稳定，不要把主要精力和注意力放在无端的议论、猜测和听信各种传闻上。要全身心地投入2009年的各项工作中，确保各项工作有序开展，确保调整工作顺利实施。

同志们，面对新形势和新任务，只要我们发扬踏实、坚韧、敬业和奉献精神，以饱满的热情、必胜的信心、创新的精神、求实的作风，乘势而上，排难而进，就一定会取得新的更大的成绩！就一定会开创工作新局面！

在院老教授协会成立大会上的讲话

（2009 年 2 月 26 日）

今天，河北省社会科学院老教授协会隆重成立了！我代表院党组对河北省社科院老教授协会的成立并对金山同志当选为会长，陈耀彬同志、杜荣水同志当选为副会长，王占文同志当选为秘书长，孙宝存等同志当选为理事表示热烈的祝贺！对省老教授协会领导同志莅临会议、指导工作，表示衷心感谢！

河北省老教授协会自 1993 年成立以来，已经 15 个年头，在河北省委、省政府的亲切关怀和具体指导下，省老教授协会充分发挥团结、凝聚老教授的桥梁纽带作用，围绕河北经济社会发展，采取多种方式，组织、推荐老教授、老专家发挥专业特长和优势，在教育、科技、文化、农业、医疗等领域中继续服务于社会，服务于人民，做了大量工作，取得显著成绩。

河北省社科院人才荟萃。2008 年底，全院在职人员中，具有副高职称以上的专业技术人员有 107 名；在 120 名离退休人员中，具有副高职称以上的有 74 名，占离退人员的 61.7%。以往，我院老专家多是以个人会员身份参加省老教授协会活动，入会人数也不多。省社科院老教授协会成立后，我院老专家将以团体会员的新身份，以远超过以往的人数、广泛的学科组织和更具活力的年龄结构，参加省老教授协会活动，在省老教授协会卓有成效的组织、推荐下，必将发挥更大作用。

为更好地支持和开展老教授协会工作，我简要地讲两点意见。

一　重视开发老年高智力人才，积极应对人口老龄化

按国际通用人口类型标准，当一个地区65岁及以上老年人口占总人口比例达到10%以上时，该地区人口结构即进入老龄化。据专家预测，2008年，河北省老龄人口总量为636万人，已占全省总人口的9%，处于老龄化边缘。人口老龄化改变了人口抚养比，加大了劳动人口负担，加大了社会保障体系和公共服务体系的工作压力，还会引起家庭规模和家庭结构的变化、使家庭养老功能弱化。

为应对人口老龄化的挑战，许多国家都在寻求支持、鼓励老年人融入社会，积极参与社会发展的政策。2002年4月，联合国第二届世界老龄大会提出了“积极老龄化战略”，其主要含义：一是主张老年人不是社会的包袱，而是全社会、全人类的宝贵财富，同时是可持续发展的资源；二是倡导老年人自身要以积极健康的姿态参与社会发展。中办发〔2005〕9号文件《关于进一步发挥离退休专业技术人员作用的意见》中提出：要高度重视、充分发挥中国老教授协会等社团组织团结和凝聚老教授的桥梁、纽带作用，鼓励和支持这些社团组织围绕经济社会发展，发挥专业特长和优势，采取多种形式，组织推荐老教授、老专家继续发挥作用。随着人们生活水平的提高和医疗条件的改善，人类寿命已普遍延长。国际医学界认为，一般情况下，人体显著衰老应在80岁以后。按照世界卫生组织的定义：60岁以前为中年人，65~74岁为青年型老年人，75岁至90岁为老年人，90岁以上为高龄老人。所谓“青年型老人”是指那些生活自如，反应敏捷，精力充沛，阅历深广，学识渊博，有成熟判断力，可贡献于社会的老人。进入60岁门槛的“老人”，在10年、20年甚至更多时间内并不意味着“衰老”而是“老练”“老成”，“退休”不等于“衰老”。目前中国人口的预期寿命已由解放初期的39岁提高到72岁，北京市、上海市已达到75岁以上。我国现有一百余万名离退休老教授老专家，其中70%在70岁以下，约70%身体状况较好，能承担工作，约70%愿意继续发挥作用。实施“积极老龄化战略”在我国具有重要现实意义。我国要全面建设小康社会，但同时人才资源短缺，

特别是高层次人才短缺，这是一个很大的矛盾。解决这一矛盾，除了要抓紧培养青年人才和从国外引进人才外，还应十分重视开发利用高智力老年人才。高智力老年人才具备专业知识丰厚、科技含量高、基本不需要培训、上岗就能发挥作用、为社会创造财富的显著特点。另外，老专家群体这个宝藏与地下宝藏不同，地下宝藏一时不挖掘，它还存在，而老专家这个宝藏如得不到及时开发利用，则会随着时间的推移而自然消失，这将是很大的资源浪费。而且，老专家们具有的爱国情怀、敬业精神、优秀的文化传统和科学精神也是无形的精神财富，把这些宝贵的精神财富传给青年一代，也必将促进青年人才更加健康成长，对家庭社会的稳定和经济繁荣、构建社会主义和谐社会也将起到重要作用。

综上所述，我们可以清楚地看到，开发老年高智力人才资源具有重要意义。我院今后在落实本院“十一五”规划过程中，要继续实施好“人才队伍建设工程”，充分发挥老专家作用，按照“三个服务”办院方针，多出成果、多出人才、多出效益，确保实现“省级一流、国内知名”的发展目标。

二　以科学发展观为指导，努力发挥老教授协会作用

今天，我院老教授协会已经成立，下一步就应考虑如何发挥好它的作用。胡锦涛总书记在党的十七大报告中提出，“鼓励哲学社会科学界为党和人民事业发挥思想库作用”。省委书记张云川同志在省委七届三次全会上提出，社会科学界要“多出成果，出好成果”。当前，国内外经济形势的复杂多变和我省经济社会发展，强烈地呼唤社会科学的理论支持，社会科学工作者肩负光荣而又艰巨的使命。结合本院实际，建议院老教授协会从以下方面考虑发挥作用：一是围绕“调整经济结构、创新发展方式、推动河北科学发展”这一主题，组织协会会员，开展“全面落实科学发展观，转变河北经济发展方式研究”“河北城镇化问题研究”“加快河北服务业发展研究”“有河北特色和优势的历史文化研究”“新中国成立60周年专题研究”等。二是按照科学发展观的要求，组织协会会员对本院如何加强科研机制创新，包括进一步完善科研成果评价体系、开展科研成果评奖活动、继续抓好学科

建设和大兴调研之风等建言献策。三是组织一些“老有所学、老有所医、老有所养、老有所乐”活动。力争用“老有所为”来加强“老有所学”、改善“老有所养”、减轻“老有所医”、增加“老有所乐”，使本院老教授协会成为老专家们关爱社会、寻求知音、诉述衷肠、增强凝聚的又一个温馨和谐之家。

为鼓励和支持老教授协会开展活动，院党组在2008年12月18日研究确定：院老教授协会办公室设在老干部处，办公室主任由老干部处处长兼任，老干部处要以老教授协会为平台，进一步发挥部门职能作用，组织好离退休干部工作。根据本院有关规定，老教授协会会员可自愿申报、承担院研究课题，并与在职科研人员一样获得经费资助，还可申报院“优秀科研成果奖”。从2009年起，院里还要为本院老教授协会安排一定活动经费，以资助协会开展工作。

最后，祝河北省社科院老教授协会各位会员在金山同志为会长的理事会领导下，不断学习，与时俱进，开拓进取，更好地融入社会，融入时代潮流，为河北经济社会又好又快发展做出新的贡献！

在院深入学习实践科学发展观活动总结大会上的讲话

（2009 年 2 月 27 日）

按照省委统一部署，自 2008 年 9 月至 2009 年 2 月，我院广泛开展了深入学习实践科学发展观活动。活动期间，省委学习实践活动领导小组对我院的学习实践活动给予了极大的关注，以张素珍同志为组长的第四指导检查组充分发挥工作职能，多次莅临我院参加大会和党组民主生活会，听取活动情况汇报，及时帮助和指导工作，为我院的学习实践活动提供了坚强组织保障。学习实践活动中，院党组始终高度重视，按照省委统一要求，紧密围绕活动主题和我院实际，精心组织，周密部署，扎实推进，注重创新，顺利地完成了学习调研、分析检查和整改落实三个阶段的各项规定任务，真正提高了全院广大党员干部特别是领导干部贯彻落实科学发展观的自觉性和坚定性，切实解决了某些制约我院科学发展的关键问题和群众关心的实际问题，逐步建立健全了促进我院科学发展的体制机制。活动取得的成果得到了全院广大党员和群众的认同，在群众满意度测评中，“满意”和“比较满意”合计达到 98.2%。

现在，我代表院党组对全院学习实践活动总结如下。

一　深化了认识，提高了以科学发展观统领办院的自觉性

通过半年的学习实践活动，我院广大党员干部对科学发展观的认识进一

步深入，落实科学发展观的自觉性进一步增强，解决实际问题的能力进一步提高。从群众满意度测评结果来看，学习实践活动所取得的成效，得到了我院广大党员和群众的充分认可。作为省委、省政府的“思想库”“智囊团”，我院充分意识到了自身的使命，要做好“三个服务”，就必须把是否符合科学发展观作为评价各项工作的最高标准。

一是坚定不移地把科学发展观作为根本指针统领全院工作。始终坚持把事业的繁荣和发展作为第一要务全力推进，领导科学发展的能力有新的增强；始终坚持把人的发展和群众利益的实现作为决策的出发点和工作的落脚点，以人为本的核心理念树立得更加牢固；始终坚持不断解放思想，在解放科研生产力、统筹协调全局、推进各项事业可持续发展方面，创新能力有新的增强，打破制约发展的机制体制“瓶颈”有新的突破。

二是坚定不移地遵循党的十七大对哲学社会科学工作提出的目标要求。党的十七大报告为社会科学工作者提出了明确的目标和要求，即繁荣发展哲学社会科学，推进学科体系、学术观点、科研方法创新，为党和人民的事业发挥思想库作用，推动我国哲学社会科学优秀成果和优秀人才走向世界，营造有利于出精品、出人才、出效益的良好环境。看社会科学领域如何落实科学发展观，就是要看其是否遵循了党的十七大为社会科学工作者提出的这些目标和要求。

三是坚定不移地把服务于我省经济社会又好又快发展作为科研工作的主要任务和主攻方向。省委七届三次全会指出，“哲学社会科学界要多出成果、出好成果”；省委书记张云川同志特别强调，社科研究要“围绕学习贯彻十七大精神，破解制约河北发展的难题，出思路、出办法、出成果”。我院作为省委、省政府直属的社会科学专门研究机构，为省委、省政府决策服务，为全省经济社会又好又快发展服务，是工作的中心任务，其成效是评估工作实绩的重要标准。

二　进一步明确了发展思路，积极破解影响制约我院科学发展的“三个不适应”问题

进入“十一五”时期，院党组根据新形势、新任务和党中央、省委

的新要求，以科学发展观统领办院，重新审视我院的发展思路和工作布局，制定了院“十一五”发展规划，确立了“为省委省政府决策服务、为全省经济社会发展服务、为基层服务”的办院方针，提出了“出成果、出人才、出效益”的总体工作要求和“省级一流、国内知名”的五年奋斗目标。

能否找准影响本院科学发展的突出问题，深入剖析，切实解决，是检验学习实践活动成效的重要标准。院党组在充分征求全院同志意见的基础上，将制约我院发展的主要问题聚焦凝练为“三个不适应”：一是科研成果、人才队伍状况不适应我省经济社会又好又快发展和繁荣哲学社会科学的需要；二是基础设施和科研条件不适应出成果、出人才的需要；三是制度、机制、管理还不适应自身建设的需要。院党组除从客观层面分析了问题的成因以外，还重点从思想观念、学习和工作作风等多方面深刻剖析了原因，认为学习实践科学发展观的自觉性还有待于深化、实化，科学统筹意识不够，开拓创新自谋发展的能力不强。针对查找出来的问题，党组经过认真研究，制定了切实可行的整改落实方案。

三　边查边改，解决突出问题

解决突出问题是搞好学习实践活动的重要目的。在活动中，院党组始终把解决好影响和制约我院科学发展的突出问题作为学习实践科学发展观的出发点和落脚点，坚持边查边改，切实转变不适应、不符合科学发展的思想观念。在边整边改过程中，充分考虑了问题的轻重缓急和难易程度，确定时限和目标，既要有近期目标，又要有中长期安排，较好体现了党中央提出的“四明确一承诺”要求，整改落实项目明确，整改落实目标和时限要求明确，整改落实措施明确，整改落实责任明确，对整改落实做出公开承诺，落实情况向党员、群众通报，自觉接受群众监督。在我院的整改落实方案中，提出的五个影响我院科学发展的问题，作为整改项目，全部做到了“四明确一承诺”。

四 形成了一批思想、理论、实践和制度成果

（一）“三个服务”能力不断提高，促进了我院科学发展

在科研成果方面，一是成果数量明显增加。近三年，我院完成科研成果1425项，优秀成果502项，国家社科基金项目、省社科规划项目、省软科学项目立项41项。2008年共取得科研成果458项，其中著作28部，书稿2部，论文285篇，调研报告68项，其他文章75篇。在燕赵历史文化研究、黑水城汉文文献研究领域主导学术前沿。二是服务渠道更加畅通。“河北发展蓝皮书”的涵盖领域增加，形成了系列品牌；创办了直报省委、省政府主要领导的《决策建议》《决策参考》；组织召开全省经济形势分析会，发布我院相关研究领域的重大成果，为我院科研成果进入省最高决策层搭建了平台。三是服务效能提高。我院专家连续3年在省委理论学习中心组或省委常委集中学习会上做讲座，围绕我省经济社会发展的重大战略性问题向省领导面对面地建言献策。

在人才队伍建设方面，一是实施事业单位岗位设置管理改革，优化了人才结构配置。二是通过第四轮干部竞聘，优化了处所级领导干部的年龄和知识结构，为中层干部队伍注入了新的活力。三是引进和培养人才工作有新进展。

（二）以制度建设促发展，各项科研创新和保障机制渐趋完善

一是完善科研管理制度。出台和修订了优秀科研成果奖励、科研课题和科研成果管理、学术研讨会管理、“学者文库”编辑出版等七项科研管理制度。

二是加强学科建设。圆满完成第一期重点（扶持）学科考核评估工作，评审确立了第二期重点（扶持）学科，加大了对学科建设投入力度。继续在重点学科设立首席专家，为形成品牌学科和发挥首席专家的领军作用积极创造条件。

三是推进开门办院。积极组织开展省情调研，着手建立科研课题项目

库，实现从课题设计到科研成果与经济社会发展实践的全程衔接。同时，积极开展国际学术交流，进一步建立健全院高级专家咨询组和老教授协会活动机制，充分利用院内外科研资源，为活跃学术气氛、提高科研成果创新能力提供了体制机制保障。

四是加强了领导班子制度建设。制定和修订了《院党组议事规则》《院长办公会议制度》《院党组理论学习中心组集中学习制度》等。认真落实领导干部廉洁自律各项规定。建立健全了党风廉政建设责任制，制定了《关于贯彻落实中共中央〈建立健全惩治和预防腐败体系 2008—2012 年工作规划〉的实施意见》，加强了科研队伍政治纪律教育，保证了科研工作的正确政治方向。

（三）注重民生，切实解决了群众急需解决的突出问题

自学习实践活动开展以来，院党组坚持边学边改、边查边改，着力在解决群众反映的突出问题上下功夫，切实让干部群众感受到学习实践活动带来的新变化，真正做到了取信于民，让群众得到了实实在在的实惠，用实际行动落实整改。改造了工农路生活区暖气管道，解决了十几年暖气不热的问题。改善了科研骨干的办公条件，改善科研办公网络，购置 40 万册电子图书。着手操办团购职工住宅。更新改造职工文体活动室。组织开展慰问老党员、困难家庭、特困职工活动。筹措资金 4.3 万元，帮扶 43 名贫困地区白内障盲人实施复明手术。这些工作得到了干部职工的一致拥护。

五　学习实践科学发展观活动的特点及主要做法

自学习实践活动开展以来，我院广大党员干部始终按照党中央和省委的统一部署和要求，以高度的责任感、饱满的热情、务实的态度、创新的精神，积极参与学习实践活动，扎扎实实完成各项规定动作。

（一）思想重视，精心组织

一是认识到位，这是搞好学习实践活动的前提。院党组深刻地认识到，

这次学习实践活动意义重大、十分必要。我省发展正处于调整经济结构、转变发展方式的关键阶段，实现发展方式的转变，关键在于解放思想、凝聚人心、鼓舞斗志。我院肩负着“为省委省政府决策服务、为全省经济社会发展服务、为基层服务”的重要使命，理应成为率先落实科学发展观的典范，理应走在学习实践活动的前列，以优异的实绩为实现“科学发展、富民强省”的目标提供有力支撑。

二是精心组织，这是搞好学习实践活动的重要保障。院党组在认真学习、深入领会党中央和省委有关精神的基础上，立足于本院实际，精心制定了学习实践活动实施方案和工作流程图，扎实做好每一阶段、每一环节的工作，学习实践顺利推进。为加强对学习实践活动的组织领导，我院及时成立了学习实践活动领导小组，抽调相关处所的得力人员组建了办公室。院党组会议多次专题讨论学习实践活动，确定了人、财、物各方面的保障措施。

三是突出重点，这是保证学习实践活动效果的关键。我院在整个活动中始终注重抓住重点，带动全面。在学习调研阶段，把抓好学习作为重点，让全体参与学习的同志真正沉下心来学深学透《实施方案》规定内容，并通过研讨会、座谈会形式相互交流体会，为做好分析检查和整改落实打下良好基础。在分析检查阶段，把聚焦提炼问题、理清科学发展思路作为重点，以此为基础，撰写好领导班子分析检查报告，抓好群众评议工作。在整改落实阶段，将职能范围内影响制约科学发展的突出问题，群众最关心、最直接、最现实的利益问题和思想作风方面存在的突出问题作为重点加以解决。

（二）领导重视，率先垂范

我院处所级以上领导班子和党员领导干部，在学习、调研、宣讲和征求意见等环节做到了“四个带头”，率先垂范，有力地推动了活动的深入开展。

一是带头学习。院领导班子把开展学习作为搞好活动的一项重要工作任务，并贯穿于学习实践活动始终。吸收处所长参加，先后组织了 4 次中心组理论学习。处所级以上党员领导干部都能够认真准备，在会上讲感想、谈体会。活动期间，我院还请来中央党校专家做专题辅导，处所级以上领导积极参加，认真听讲。院党组理论学习中心组成员和处级党员领导干部充分发挥模范带头作用，为进一步推动全院党员干部和群众的学习实践活动起到了很好的组织、引导、示范和促进作用。

二是带头宣讲。活动期间，院领导班子成员在全院或主管处所进行了多次宣讲。处所领导在搞好自身学习的同时，也在处所范围内进行了宣讲，部分处所长还为院全体党员干部做了专题辅导。

三是带头调研。院党组成员立足于“为省委省政府决策服务、为全省经济社会发展服务、为基层服务”，针对制约我院乃至全省科学发展的突出问题确定调研专题，建立了联系点，深入开展调研，还专门制定了《关于开展省情调研活动的实施意见》。活动期间，我院科研人员把省情调研活动与学习实践科学发展观活动紧密结合起来，形成了有情况、有分析、有措施、有深度，操作性、实践性、指导性很强的调研成果 5 篇，省情调研报告 15 篇。

四是带头征求意见。通过设置意见箱、召开座谈会等多种形式将群众的意见搜集起来，并如实反映。领导班子成员之间开诚布公地谈心交心，沟通思想，同时，认真听取所分管部门和群众的意见，结合思想工作实际撰写个人分析材料。为做好群众评议工作，院党组除了将领导班子分析检查报告在互联网上公开发布外，还召开由全院干部职工和部分服务对象参加的“院领导班子分析检查报告群众评议大会”。

（三）突出特色，发挥优势

突出社科特色，发挥自身优势，在搞好自身学习实践活动的同时，积极参与和促进全省活动的开展，这是我院党组从活动之初就明确的工作思路。

一是对外做辅导。我应邀先后为省委组织部、省文化厅、省统计局机关党员干部做专题辅导，以《科学发展、富民强省，走出一条又好又快发展的新路子》为题，从 6 个方面对我省如何实现科学发展进行了诠释和思考。农村经济发展研究所彭建强研究员为省民族宗教厅做学习实践科学发展观、深入贯彻十七届三中全会精神的辅导报告。邓研中心王彦坤研究员为省委统战部讲授《关于深入贯彻落实科学发展观的若干问题》。财贸经济研究所颜廷标研究员为省社科联做学习实践科学发展观有关方面的辅导报告。

二是召开专题理论研讨会。2008 年 11 月 18 日，我院举办“河北省社科界学习实践科学发展观理论研讨会”。出席这次研讨会的有来自省委党校、我院、省委讲师团、石家庄市社科院等单位的专家学者 40 人。与会专家学者紧密结合河北实际，围绕科学发展观的理论前沿问题和河北省学习贯彻科学发展观的实践问题进行了深入探讨。《河北日报》对研讨会进行了报道。这次研讨会为我省学习实践活动造了声势，效果良好。

三是为学习实践活动出谋划策，积极参加“四个征集”活动。10 月 9 日，由我院邓研中心王彦坤、梁跃民撰写的《关于使学习实践科学发展观活动务求成效的几点建议》一文，被省委信息中心学习实践科学发展观活动信息专报第 2 期全文刊载。10 月 9 日，此文又被省深入学习实践科学发展观活动简报特刊第一期全文刊发并加了编者按。

为深化对科学发展观的认识，不断推动学习实践活动的深入开展，全院党员干部把参加“四个征集”活动作为履行社科工作者职责的重要体现。我院共推荐了 50 名专家学者作为省委“四个征集”活动重点征集人选。作为省直 14 个重点征集部门之一，我院报送的“四个征集”活动内容达 2500 多条，多项被《河北日报》和省学习实践活动简报选登。我院社会发展研究所车同侠同志提出的《进一步加强我省金融生态环境建设》荣获河北省“四个征集”活动科学发展群众意愿二等奖。我院历史所报送的作品荣获河北省“四个征集”活动科学发展群众意愿三等奖。

四是撰写理论文章。2008 年 11 月 12 日，省学习实践科学发展观活动简报刊登了我谈《学习实践科学发展观推动河北经济又好又快发展》的体会文章。10 月 13 日，邓研中心梁跃民与省委宣传部农宣处合作撰写理论文章《实现农村科学发展的积极探索》在《人民日报》理论版发表。我院《学习实践科学发展观论文集》即将出版发行。我院充分发挥自身在全省第一批学习实践活动中理论引导、阐释和解疑释惑的主阵地作用，有效地推动了全省的学习实践活动的深入开展。

（四）依靠群众，检验成效

在整个学习活动期间，我院党组坚持走群众路线，吸收群众参与，组织群众评议，并多形式、多途径征求了社会各界的意见和建议。院党组高度重视征求意见工作，采取网上征求、设置意见箱、书面征求、座谈征求等多种方式，广泛征求社会各界的意见建议。院领导班子成员都主动深入主管处所虚心听取专家学者、广大党员和群众的意见建议。在对院领导班子分析检查报告民主评议过程中，为提高评议效果，提前将报告在互联网上公开发布，请参评人员和服务对象提前研读报告，熟悉掌握情况，进行深入思考，积极参与评议。互联网分析检查报告发布栏点击次数共达38420次，参与评议4500余人次，网评满意率达98.8%。院党组对群众意见和建议进行了认真研究，在修改分析检查报告时，采纳了多条群众提出的具体意见和建议。

六　巩固深化活动成果的主要措施

从总体上看，我院学习实践科学发展观活动已取得了阶段性显著成果，得到了干部群众和上级领导普遍认可，但我们必须深刻认识到，影响和制约我院发展的“三个不适应”问题还没有完全得到解决。深入学习实践科学发展观，始终坚持以科学发展观统领办院，积极运用科学发展观指导科研和管理工作，不断创新科研观念，为河北经济社会发展提供更有力的智力支持，这项任务是长期的。在今后的工作中，我们依然要坚定地按照科学发展观的要求，进一步深化和巩固这次学习实践活动成果，不断排除思想观念上的障碍，破解体制机制建设上的难题，更好地解决群众关心的热点、难点问题，进一步推进和实现我院各项事业又好又快发展。今后，要重点在以下四个方面下功夫。

（一）围绕“保增长、扩内需、调结构、促民生”组织好重大课题研究

首先，将“全面落实科学发展观转变河北经济发展方式”重大课题研究做成系列精品课题。力求对省委、省政府领导决策具有重要参考价值，对地方、部门发展具有借鉴意义，对社会能产生积极影响。2009年度要继续加大对该课题的资金支持力度，调整充实课题组研究力量，做好延续性研

究；利用好2008年课题研究成果和省情调研成果，搞好定性定量分析及比较研究；加强与省直综合经济管理部门的合作研究，到江、浙、粤等发达地区调研考察，学习借鉴外地转变发展方式的先进经验，力争推出精品成果。其次，把"河北省经济形势分析会"打造成品牌。将年度经济形势分析会拓展为季度、年度分析会，每季作小型分析，年度作大型分析预测，将分析结果及时上报省委、省政府和有关市、厅（局）参考。同时，精选国家级专家到会做报告，利用好省情蓝皮书和院内科研成果，发挥好本院、本省专家作用，提高分析预测质量。最后，继续加强城镇面貌"三年大变样"、河北服务业和反腐倡廉相关课题的专题研究。搞好纪念新中国成立60周年和纪念李大钊120周年诞辰重大课题研究，举办系列研讨活动。

（二）按照科学发展观要求，加强科研体制机制创新

按照省委"认识再提高再深化，重点再明确再突出，责任再落实再强化"的要求，结合工作实践，进一步破解体制机制障碍，积极筹备开展院内科研成果评奖活动，鼓励科研人员多出精品。继续抓好重点（扶持）学科建设，重点做好第二期重点（扶持）学科发展规划和任务目标的细化量化，把学科做大做强。建立调研机制，在全院大兴调研之风，引导科研人员走出书斋，深入实际，深入基层，为河北发展服务。深入探索国家社科基金项目、省社科基金项目、省软科学项目鼓励申报和优化管理的方式，力争增加立项数量，提高研究质量，进一步提升我院科研实力和竞争力。

（三）加强人才队伍建设

争取政策支持，加大人才引进和培养投入力度。组织好新进人员招聘，确保公开招聘的质量。强化专业技术人员在职培训和继续教育。加强对学术带头人后备力量和青年科研骨干的培养。鼓励优秀科研人员积极申报公派专家出国培训。做好各类专家和人才人选的评选推荐工作。搞好新聘任中层干部综合素质培训。探讨选派科研人员和管理干部到省直厅局或市县挂职锻炼的办法。在完成实施岗位设置管理的基础上，结合聘用合同的签订，建立岗位责任制。修订年终考核办法，进一步明确以工作实绩为主要内容的考核指

标，细化不同类型、不同岗位人员的考核评价标准，严格考核，奖罚分明，不断完善激励约束机制，把考核结果作为竞聘、续聘和解聘的重要依据。

（四）搞好服务保障

细化国有资产管理，杜绝浪费，降低工作运行成本，确保国有资产安全和有效利用。搞好院网络设备的更新改造和数字资源建设，落实好院网建设三年规划，保障信息网络的安全快捷，提高办公自动化程度。增加院职工文体设施配备，组织好职工文体娱乐活动，活跃职工文化生活。按照“三年大变样”的要求，搞好我院临街建筑的美化、庭院整修和绿化。

同志们，已经开展的“干部作风建设年”活动，作为学习实践科学发展观的重要载体，是第一批学习实践活动的拓展和延伸。院党组已对全院作风建设年活动做出全面动员部署，真诚希望同志们用好的作风搞好作风建设，在全院树立起“求真务实、真抓实干”的优良作风，为推动我院各项事业的发展做出新的更大的贡献！谢谢大家！

2008～2009年“河北发展蓝皮书”总序

（2009 年 2 月 28 日）

2008 年是不平凡的一年。这一年，全省各地、各部门深入贯彻落实科学发展观，按照省委、省政府的决策部署，解放思想，真抓实干，在受金融危机和经济结构调整双重因素影响下，全省经济社会总体上保持了平稳较快发展。全省生产总值比上年增长 10% 以上，农业生产再获丰收，各项支农惠农政策促使农业综合生产能力不断提高，投资消费保持较快增长，外资外贸增幅较大，重点领域改革继续推进，节能减排和保护环境取得积极进展，城镇面貌“三年大变样”工作成效明显，民生工作和社会事业发展取得新的成绩。

在看到成绩的同时，我们更应注意到金融危机的不利影响。与往年相比，2008 年经济运行中不确定因素明显增多，经济形势变化快、波动大。随着国际金融危机的快速扩散和蔓延，我省经济社会发展面临的困难进一步凸显，特别是钢铁工业面临非常困难的形势，经济下行压力加大，经济发展的深层次问题亟待解决，全省生产总值增速下降，工业经济增速同比明显回落，财政收入增速大幅减缓。面对经济发展环境的不利局面，河北省委、省政府全面贯彻党的十七大精神和党中央的决策部署，继续解放思想，及时调整工作重点，加强对宏观经济运行的调控，坚持用科学发展观指导河北的现代化建设，出台了一系列转变经济发展方式、推动河北科学发展的重大举措：通过认真落实国家宏观调控措施，扩大内需；通过狠抓节能减排，努力促进经济结构调整和发展方式转变；通过推进城镇面貌“三年大变样”，努力改善人民群众生活；通过大力发展现代服务业，努力增强发展活力，活跃经济全局。这些措施有效地减轻了各种不利因素的影响，有针对性地解决了经济运行中的一些矛盾和问题，取得了显著成效，确保了“扩内需、保增长、调结构、惠民生”各项措施的落实，从而保持了全省经济的平稳较快发展和社会的和谐稳定。

2008年河北的经济发展正如2007～2008年“河北发展蓝皮书”预测的那样，我省在近两年必然要步入经济调整期，按照我省周期波动的规律，在2008年前后应该有下滑的趋势。2007年本课题组就已提出“从周期波动看，2008年是此轮上升期的第6年，向下波动的概率较高”，只是美国引发的金融危机加速或者说加重了这种趋势。这种发展态势目前还没有定论，向更加严重方向发展的可能性还是存在的。但有一点是可以肯定的，美国金融危机的影响还在加深，可能造成持续几年的经济衰退。理性与成功的经济预测能让我们的政府部门更早、更有效地做出反应，发挥其政府职能。以此为出发点，我院科研工作者汲取历年编撰经验，在省直有关部门、相关研究单位的积极配合与大力支持下，继续推出2008～2009年“河北发展蓝皮书”。本套丛书共有五卷本，分别是《2008～2009年河北省经济形势分析与预测》《2008～2009年河北省农村经济形势分析与预测》《2008～2009年河北省社会形势分析与预测》《2008～2009年河北省文化产业形势分析与预测》《2008年河北人才发展报告》。

《2008～2009年河北省经济形势分析与预测》指出，就经济增长演进态势而言，2008年是一个很特殊的年份，呈现前高后低的增长态势，更为特殊的是今年的宏观调控政策变化，上半年的政策调控目标是抑制通货膨胀，而下半年的政策目标是增强信心保增长。在这种特殊的发展环境下，我省实现了较为平稳的增长。从未来发展看，短期看我省步入调整期，需要解决一系列的矛盾和问题，但长期看经济增长环境较好，增长的动力强劲，我省仍有15～20年的快速增长期。预计2009年我省经济增长率为10%左右。明年的政策思路是：调控区域小环境，应对复杂多变的大环境；扩大内需中的内需，为增长提供新的动力；加快结构优化升级，解决增长的路径依赖问题；关注链条式负面影响，及时解决重大社会问题。

《2008～2009年河北省农村经济形势分析与预测》指出，2008年河北农业农村经济总体运行态势良好，全省粮棉油全面增产、供应充足。其中粮食连续6年增产，总产预计为2903.15万吨，接近历史最高水平，单产创历史新高。畜产品价格先升后降，畜牧业生产波动较大。前三季度全省农民现金收入同比增长20%，人均生活消费支出增长13%。受全球金融危机的影响，乡镇企业增长势头受到一定限制，前三季度增加值增幅同比回落3.9个百分点。2009年要按照积极财政政策的要求加大农村基础设施投资力度，优化县乡经济发展布局，审慎灵活地落实土地政策，加强市场监管与调控，努力拓宽农民增收渠道。随着一系列扩大内需、促进经济平稳较快发展政策措施的实施，农村要素市场将不断完善，农村产业结构逐步优化，农民收入仍将保持较快增长。

《2008～2009年河北省社会形势分析与预测》指出：2008年河北省农村社会建设收效明显，农民满意度提高，城镇面貌“三年大变样”对城市发展产生积极影响，自主创业及就业途径增多，就业结构有所优化。环境保护以保障绿色奥运为契机，对全省环境保护的持续发展产生良好影响。四川地震等自然灾害促进社会团结，社会稳定与社会和谐状况良好。三年增资目标初见成效，城乡居民收入继续提高。改革开放30年回顾对全社会产生积极影响。从总体上评价，全省社会发展将继续保持良好态势，以民生为重点的社会建设加快推进，民生问题得到重点关注。社会情绪稳定，社会凝聚力加强，政府和民众的沟通渠道增多并出现良性互动，社会和经济协调发展度与社会和谐、社会稳定程度提高。未来河北省社会发展领域需要高度重视的几个问题是：行政运行成本过高问题，政策制定过程中公平、公正问题，城乡公共品提供不均衡问题，城乡居民收入水平仍然偏低问题。预测2009年社会发展形势是：金融危机对社会发展领域的影响将在就业、人民生活、教育、社会保障等方面显现。城乡一体化发展将进入提速阶段，农村社会建设出现新的进展，农民增收渠道将拓宽，农民生活将得到新改善，土地流转制度实现新突破。医疗制度改革全面启动。

《2008～2009年河北省文化产业形势分析与预测》指出，我省文化产业发展在经历了前两年的高速增长后开始呈现迅速下滑的态势，与周边省市形成鲜明的反差，在全国的总体地位继续处于下游。大型国有文化企业效益普遍开始下滑，综合竞争力进一步下降。文化企业发展的政策出台不少，落实很难；重点项目招商签约不少，落地很难。各地文化产业发展氛围“冷热不均”，重视程度不同，凝聚共识不够，发展速度和水平相差很大。究其原因，主要在于认识上没有摆正文化产业的地位；在政府推进机制上还不健全，缺乏各部门合力推进文化产业的协同效应；在文化改革路径选择上有偏差，忽视文化单位的内部机制改革，过早地启动体制上的变革；传统的“地区所有制”“部门所有制”“单位所有制”凝固了大量的国有资产，盘活存量存在诸多障碍等。2009 年我省文化产业应尽快部署“九抓”，即抓动员、抓组织、抓培训、抓扶持、抓试点、抓盘活、抓亮点、抓招商、抓载体。

《2008 年河北人才发展报告》以构筑科学发展的强大人才之基为主线，系统总结了我省人才资源开发的新进展、新特点，深入分析了人才队伍建设面临的突出矛盾和问题以及科学发展的突出人才制约问题，提出了破解人才发展难题、突破科学发展人才制约的思路与对策。《报告》认为，人才制约是根本性制约，发展中的一切制约都与人才制约相关联，最终都可在人才制约上找到根源，只有突破人才制约，才能从根本上破解其他制约。《报告》强调，突破人才制约必须进一步解放思想，更新观念，创新思路，在转变不适应、不符合人才科学发展的思想观念和思路上取得重要突破，切实把人才发展转入科学发展轨道；必须研究制定促进人才科学发展的新举措、新方略、新规划、新途径、新办法，在拓展科学发展观视野下人才发展的新路子上取得重要突破；必须深化人事人才体制改革，推进政策体系和工作机制创新，着力构建有利于人才科学发展和人才工作服务于科学发展的体制机制，在人才机制体制改革创新上取得重要突破，把人才工作进一步转到服务于科学发展上来。

可以说，我院编撰的“河北发展蓝皮书”从多个角度分析诠释了我省经济、农业经济、社会、文化、人才等不同领域的发展动态。

2008～2009 年“河北发展蓝皮书”的研究成果，深深扎根于我院开展省情调研活动、广泛开展学术交流的沃土之中。2008 年，我院本着“为省委省政府决策服务、为全省经济社会发展服务、为基层服务”的办院方针，积极响应省委、省政府的号召，认真开展解放思想大讨论和深入学习实践科学发展观活动，围绕事关我省经济社会发展的重大课题，进行了较为广泛深入的研究，特别是在金融危机爆发、经济波动较大的情况下，努力把为各级党委、政府科学决策提供可资借鉴的研究成果当作首要任务。2008 年我院启动了省情调研大型活动，分赴天津滨海新区、唐山曹妃甸国家循环经济示范区、沧州渤海新区进行实地调研。通过对全省经济社会发展中现实问题和重大决策实施情况，以及焦点、热点问题和重点区域、重大项目、重要行业以及典型的县、乡、村进行调查，全面地了解省情，提出了一批有针对性、有实践价值的研究课题。同时，我院在“蓝皮书”研究成果的基础上，成功举办了第二届“河北省经济形势分析会”，就国际、国内及我省经济形势进行了广泛深入的研讨，会议成果报省委、省政府主要领导参阅，发挥了应有的作用。

“河北发展蓝皮书”以科学发展观为指导，紧跟时代步伐，以创新的思维、创新的方法推出了一批能够动态反映河北省前进足迹、发展特征的理论创新成果。它作为反映我省年度经济社会情况的分析研究报告，具有系统性、快捷性、综合性的特点，特别是通过对全省经济社会发展态势的分析预测，能够为各级党政领导的决策提供有价值的咨询服务。丛书的出版是我院哲学社会科学工作者在探索如何为社会服务，特别是为党政领导决策服务方面迈出的坚实一步，是我院作为省级科研单位发挥“思想库”作用的直接表现，是我院为实践服务的一种比较重要的途径和方式。我们坚信，本丛书必将在我省经济社会发展中发挥更大的作用。

众所周知，创新是生命长青的关键。“河北发展蓝皮书”丛书也力求每年有所创新，力求以独到的眼光审时度势，科学分析探讨我省的发展状况，提出更具参考价值和借鉴意义的宝贵意见，以供更多的读者决策参考。在此，我院诚邀关注河北发展、关注我院发展的社会各界人士参与合作，共同提高“河北发展蓝皮书”的水平和质量，以求为我省的经济社会发展提供更有价值的决策参考建议。

小城镇·工业区·大作为*

——关于成安县商城镇商城村的调研与思考

（2009 年 3 月 26 日）

按照省委关于干部作风建设年“一把手”蹲点调研的安排，我于 2009 年 3 月 16 日至 20 日，在邯郸市成安县商城镇商城村进行了蹲点调研活动。走村入户到企业，同吃同住同劳动，慰问座谈共交流，找回了 35 年前在村、乡基层工作的感觉，引发了有关小城镇发展与新兴工业区建设的许多思考，收获很大。总的感觉是，推进城镇面貌“三年大变样”为全省新农村建设提供了极好的机遇，建设符合河北实际的现代产业体系为全省新兴工业区发展注入了新的活力，小城镇建设与新兴工业区发展相结合会有大作为，展示了我省社会主义新农村建设的美好前景。

一　基本概况

商城村是邯郸市成安县商城镇的一个行政村，但它却有着三重“身份”。

它是一个自然村落。商城村现有人口 1860 人，530 余户；耕地面积 1100 亩，人均不足 6 分；另有沙荒、林地面积 700 余亩，宅基地和公共占地 700 余亩。该村 2008 年总收入 2067 万元，约占工业区辖村总收入的

* 本文为周文夫在“干部作风建设年”活动中，赴邯郸市成安县商城镇商城村蹲点调研后撰写的调研报告，报送省委主要领导同志。

50%、财政收入的11.5%。由于该村即为镇中心，临街店铺林立，略有几分繁华景象。

它是商城镇政府所在地。商城村位于成安县城西偏北12.5公里处。据考，战国时期有赵长城从这里穿过，此地为赵国边界要塞，边界两侧人士常来贸易经商，久而形成村落，取名商城。如今，它距邯郸市中华大街南端、京珠高速公路、京广铁路、107国道等主要交通枢纽均在5公里以内，邯郸机场近在咫尺，区位优势独特，交通便捷，已成为商城镇经济、交通、行政中心。

它又是商城工业区的“依托”。商城镇是邯郸市成峰工业走廊东起节点，商城村居商城工业区启动区的核心部位。2007年成安县在商城村沙荒地上建起工业区，工业区在村中征地450余亩。同年，商城村划归商城工业区管辖，又成为商城工业区管委会所在地。

本次选择商城村蹲点调研，正是看中了它的区位特色和社会主义新农村建设内在的多重关联因素，具有较强的理论研讨和实践论证价值。希望通过调研，引发出推进新农村建设、小城镇建设和现代产业体系建设，进而破解调整城乡结构“二元”命题的深入思考。

二 发展态势

成就。近年来，商城村在实施科技兴农战略、调整农业产业结构、促进农业增效等方面成绩突出，特别是在新农村建设和小城镇项目园区建设方面具有一定的先进性和典型性。2006年，该村被列为成安县新农村建设试点村，是成安县打造商城小城镇示范区的重点和腹地。2008年，人均年收入达到1.13万元，收入水平是成安县的2倍，是全国的2.37倍。商贸、物流运输业长足发展，私营企业、运输业、商贸店铺收入1778万元，占总收入的86.02%。

问题。伴随着经济的快速发展，一些潜在的问题也逐步凸显。农业逐步萎缩。农业收入偏低，约占总收入的5.75%。工业化程度低。商城村只有8家企业，其中加气砖厂5家、预制板厂3家，都属于低附加值、低产出的企业，企业收入占全村总收入的12.49%。第三产业整体水平低。第三产业以商店、集贸市场、货运、出租车客运为主，收入占全村总收入的73.53%，虽然可称其为商城村的主导产业，但存在规模偏小、集约化程度不高、服务领域不宽、结构不尽合理、服务水平不高等问题，转移和吸纳农业人口能力较弱。城镇化水平低。城镇化滞后于非农化，城镇功能及聚集、载体作用不明显。基础设施和公共设施薄弱，建设水平低，自来水、路灯照明、污水排放、供暖、天然气等设施落后；路面硬化在县财政的支持下完成，但由于缺乏排水设施和基本维护，道路坑洼、积水积污严重。村庄建设缺乏基本规划，自发性、盲目性、无序性突出，布局分散、零乱，乱搭乱建现象严重，土地资源利用效率低。

机遇。近年来，党中央做出关于加快社会主义新农村建设的重大决定，提出把一批有特色产业基础的小城镇，真正培育成区域经济的中心。河北省委、省政府把城镇化确定为经济社会发展主体战略之一，全力推进城镇面貌"三年大变样"工作。尤其是，今年3月，省委、省政府下发了《关于大力推进新民居建设示范工程加快社会主义新农村建设的实施意见》，要求2009年率先启动1000个村开展新民居示范建设，在此基础上，每县每年至少再选择2～3个行政村开展新民居示范建设。商城村列入了选村布点范围，这就为商城村的小城镇建设提供了千载难逢的发展机遇。

近年来，国家还出台了涉及钢铁、装备制造等十大产业的调整振兴规划，我省据此制定了装备制造业调整振兴实施意见，力争用5年时间使装备制造业成为河北继钢铁产业之后又一个支柱产业。2008年，商城工业区被省政府列为全省重点发展的12个装备制造业园区之一，地处工业园区腹地的商城村，迎来了借势发展的难得机遇，具备了跨越发展的内在动力。

前景。实施小城镇带动战略，必将强化商城村的聚集、辐射、带动能力，有效地发挥辐射带动作用，扩大人口规模和容量，实现周边8个村落融入发展辐射圈，促成更多的群众摆脱农民身份，真正融入城镇社会。在加快城镇化步伐的进程中，实现涵盖城镇和乡村的生产生活方式的转变，推进城市文明向农村延伸，向更广泛的农户延伸。商城工业区的发展必将为商城村的城镇化提供持续动力。划入工业区以来，外来企业入驻，带来了资金、技术和先进的经营理念，吸纳了富余劳动力就业，提升了当地企业的竞争力，同时也带动了第二、三产业的发展，从整体上提高商城村的收入水平。

三　调研思考

这次调研始终围绕如何“把商城搞强，把群众搞富”这个主题，同村镇党员干部、村民代表、致富能手平等交流、深入探讨、总结经验、查找问题、寻求对策。解剖“麻雀”，“小题大做”，从商城村蹲点调研中引发的思考确实对农村的城镇化建设、工业化发展提供了不少有益的启示。

（一）小城镇发展是新兴工业区建设的“依托”

小城镇是我国城镇体系的基础，是农村区域性政治、经济、文化中心，处在城乡过渡带、工农连接点上，是农村经济和社会各项事业发展的重要载体，是实现传统社会向现代社会转型，农业文明向城市文明、工业文明迈进的第一环节。加快发展小城镇，对于落实科学发展观，统筹城乡发展，加快农村工业化、城镇化进程，推进社会主义新农村建设具有十分重要的意义。

城镇化一方面要以工业化为前提，另一方面也是工业化的综合载体。商城村有明显的区位优势，已经形成了以服务业为主导的产业雏形，理应扮演好为工业区提供载体和依托的角色，做好服务工业区、实现互动发展的大文章。

优化人居环境。当前，发展环境已成为区域竞争力的第一决定要素，城镇面貌则是发展环境的第一元素。新民居建设是城镇面貌“三年大变样”的延伸，目的是使城镇化比率与城镇化质量同步提升，在增强城镇承载力方面求突破。商城村要把握城镇面貌“三年大变样”的有利契机，完善基础设施，实现水、电、气、路、话、视“六通”皆通；改善城镇环境，变举目皆黄尘为满目郁葱葱；实施“新民居工程”，改善和优化居住条件。工业区近在咫尺，随着园区入驻规模的扩大，专家、职工就近栖身的需求必然骤增，悉心“栽下梧桐树”，必然“引得凤凰来”。

培育主导产业。商城村经济的发展，历史和传统因素主导性强，走的是以农业为基础、以商贸服务业为主导的模式，服务业的发展基本处于原生态和自然发展的阶段。伴随着信息技术和知识经济的发展，同时也为了适应服务工业区的需要，商城村应该确立以现代服务业为主攻方向的发展思路。主要任务是，实现服务业从为农业和当地群众提供一般性的服务向为现代工业、现代生活方式提供相应比较高端服务的转变，用新业态和新服务方式改造传统服务，提供较高附加值、较高层次、较高知识含量的生产服务和生活服务，有效创造需求，引导消费。如发展银行、证券、信托、保险、基金、租赁等现代金融业；开发、建筑、装饰、物业、交易等房地产业；会计、审计、评估、法律服务等中介服务业；移动通信、网络、传媒、咨询等信息服务业；教育培训、会议展览、国际商务、现代物流等新兴行业；更高档次的餐饮、娱乐、文化等传统服务业。深圳蛇口工业区的发展之路对商城村当今的发展具有重要的启示意义。蛇口在发展之初，只有传统服务业，而且也比较原始。就住房而言，很多外商、专家来了要住在很远的市里，每天往返工业区和城市之间。随着工业区的快速发展，应运而生的现代服务业开始发展。蛇口工业区附近的村镇开始了房地产业的开发，建设职工小区，建适于外商和外国专家居住的高档别墅等。高档别墅的房屋设计和内部装修按照客人的个性要求来做，然后将别墅租给企业和个人，当时年租金达到了每栋别墅 3 万美元。房地产的开发，既为客人节约了时间成本，也使周围村镇收入水平大幅度提升。做好服务，发展自己，商城应充分借鉴。

提供人力资源支持。商城镇原是个农业大镇，农业基础非常好，“河北大寨”何横城村当年就有过辉煌的农业成就，得到过毛泽东、周恩来等老一辈党和国家领导人的赞扬，其种粮、种棉经验在全国推广。在商城小城镇发展的大背景下，农村人口不断减少，城镇人口不断增加，第一产业的劳动力不断减少，第二、三产业的劳动力不断增加，这是经济发展的普遍规律。商城村及周边村的一部分劳动力被解放出来，劳动力资源相当丰富。现在，成安县劳动局已会同商城镇和工业区针对解放出来的劳动力，尤其是四五十岁的失地农民，按照区内企业发展需要进行技能培训，使他们能够掌握一定的技能，促成他们从第一产业向第二、三产业转移。商城劳动力价格水平较低，现在劳动力人均工资在 1100 元/月，低于邯郸市 2007 年人均工资

（1500 元/月）水平 26.7 个百分点，低于全国城镇人均工资（2078 元/月）水平 47.1 个百分点。商城的小城镇发展为工业区建设提供了充裕的、廉价的并有一定技能的人力资源。

挖掘土地资源空间。土地储备是财富，有土地储备，才会引来项目。商城村村落占地 700 亩，但“空心村”问题比较突出，如通过土地置换、新农居建设等方式做好土地资源的整合，可腾出土地近 500 亩。土地储备量的增加，将为做好服务工业区的大文章提供相对从容的谋篇布局空间。

（二）工业区建设是小城镇发展的“新引擎”

现代化必然是工业化和城镇化进程的成果积累。具体到商城，城镇化水平发展到今天这个程度，更多的是原发性的自然生成，缺乏工业化的外力驱动。工业区落户商城，且规模日益壮大，无疑为推进商城的城镇化进程注入了“强心剂”，装备了“新引擎”。

促进农民身份转变。在经济危机的大背景下，加快城镇化建设步伐，实属当务之急。全省 2008 年外出就业劳动力数量下降 3.9%，举家外出户减少 32%。截至今年 2 月，全省农民工失业返乡人数已达 56.6 万人。城镇无论大小，都有聚集产业和聚集人才的功能，小城镇的发展具有“海绵效应”，工业区的建设使这一效应得以充分发挥，让农村越来越多的富余劳动力所形成的人口压力转变为发展的动力。按照规划，商城工业区建成后，将完全吸收商城村的富余劳动力。富余劳动力通过在工业区企业中的劳动，逐步转变为掌握一定工业生产技能、具备一定文化知识水平的产业工人，对于增加农民收入、维护社会稳定、促进传统的二元结构向城乡一体化发展具有重要的现实意义。

促进配套产业发展。商城村现只有 8 家企业，其中加气砖厂 5 家、预制板厂 3 家，都属于低附加值、低产出的企业。工业区建设，承接大中城市工业和发达地区产业转移，吸引外地和本区域的优势装备制造业向基地聚集，必将催生为商城工业区企业延伸产业链提供配套服务的企业，既丰富了产业集群，也会加快小城镇的发展进程。

提供第三产业消费主体。工业区的建设必将使产业聚集、小城镇人口增加，工业区的发展和人口的增加也必将加剧对第三产业的需求。因此，工业区的建设将带动商城村第三产业的发展，特别是为工业生产和居民生活服务的现代服务业的发展。第三产业的兴起会创造出更多的就业岗位，吸纳更多的农村剩余劳动力。通过工业区的建设和小城镇发展，将促进商城村整体提升第三产业的层次和服务水平，带动商城村第三产业向现代服务业发展，为工业区的企业、客商、职工提供全方位的服务。

引导城镇高位建设。商城工业区由上海同济城市规划设计院设计，并于2008年6月通过了专家组论证。商城工业区是按“新型工业化标准”设计的，招商门槛高，要求进区企业做到“科技含量高、经济效益好、资源消耗低、环境污染少、人力资源优势得到充分发挥”。工业区总规划面积15平方公里，所占的土地是沙荒地（将扩展到三县区交界地）。工业区的高标准、高环保规划，必然会拉动商城城镇规划和建设的标准升级。比如，园区在招商时特意招来一家能“吃”粉煤灰的企业——邯郸市金雷建材有限公司。邯郸马头发电有限责任公司始建于1958年，至1994年分五期工程建成，总装机容量109万千瓦，是河北南部最大的火力发电企业，为河北省经济建设和社会发展做出了突出贡献。但是，发电所排放的工业废渣——粉煤灰已经堆积了近50年，占用了商城镇3000亩土地，一直无法解决。随着电力工业的发展，马头电厂的粉煤灰排放量逐年增加，大量的粉煤灰不加处理，就会渣尘飞扬，污染大气；若排入水系会造成河流淤塞，而其中的有毒化学物质还会对人体和生物造成危害。金雷公司投资5亿多元，在距粉煤灰存储场500米的工业区建了厂，用粉煤灰生产加气混凝土切块砖，变废为宝。三期扩建完成后，年“吃灰”量将达到960万吨，相当于马头电厂50年总存灰量的7.2%，年产值2.6亿元，年利税3600万元，新增就业岗位2800个。马头电厂粉煤灰存储场将逐步缩小，释放可利用土地面积。通过引进这种环保型大企业既发展了商城经济，增加了就业岗位，加快了工业化的进程，又优化了环境，整合了资源，走循环经济的道路，使商城的小城镇建设增加了动力和活力。

创造经营商城条件。商城村的基础设施建设水平不高，卫生条件差，道路弯曲坑洼，房屋布点零乱、结构陈旧、功能不完善、外观特色不明显、基础设施不配套、人居环境差、缺乏统一规划等问题比较突出，单纯争取政府投资或依靠集体经济改善基础设施的路径单一，且可行性不强。项目建设是资金、技术和人才的最佳结合体，是促进地方经济增长的巨大动力，是工业化和城镇化良性互动的突破口。积极发挥工业区建设的带动作用，以工业区发展推进小城镇发展具有实现的可能。试想，如果一旦出现商城与工业区之间密不可分的交融态势，势必会形成工业区以商城为邻而发展、商城以工业区为伴而升值的良性互动格局，这就为“引资建城—建城招商—招商聚财”的实现创造了条件。下一步，将房地产、物流和商贸等非公用设施项目包装进入市场，运用市场资金进行城镇建设，做到城镇发展与投资收益的双赢，依托重大项目推进工业化和城镇化协同发展。

（三）“小城镇建设”加“工业区发展”会有大作为

工业区发展与小城镇建设良性互动，将实现商城经济跨越式发展。农村劳动力向第三产业转移是世界各国就业结构变动的共同规律，一般应该是，由第一产业转向第二产业，再由第二产业转向第三产业，经历“一二三”“二一三”“二三一”“三二一”四个阶段。当人均国民生产总值达到1500美元时，对大部分国家来说，第二产业所占用的劳动力数量就会超过第一产业。当人均国民生产总值达到5000美元时，第三产业占用的劳动力数量就会接近或超过第一、二产业占用的劳动力数量之和。在以工业区为动力的大商城，要在工业区重点发展第二产业的前提下，大力发展生产服务业、公共服务业，完全能够做到跨越第二产业为主导的阶段，直接实现第三产业的大发展。

小城镇建设和工业区发展互为促进，商城镇的综合承载能力将大幅提升，形成一个人口聚集的重点镇，中心镇的辐射作用将进一步加强。在商城村民代表座谈会上，从前来参加座谈的成安县委书记张臣良同志那里了解到，成安县有个中长期规划，计划在成安城关镇和商城镇搞两个各10万人以上的工业区。到那时，成安镇与商城镇两镇人口相加达到20万人，占成安县40万人口的50%，将使全县的城镇化率提高到50%以上，超过全国和河北省的平均水平，成为成安发展的“两核”“双极”。其中，商城工业区规划建设年限为5年，总规划6000余亩，投资90亿元，是成安县“开放兴县”“工业立县”“惠民强县”的经济主战场，商城工业区完成建设任务后，预计每年税收收入6亿元，是目前成安县财政总收入的3倍，将成为成安经济快速发展的第二增长极。

在实施小城镇和工业区相互依托、共同发展的过程中，有三点特别值得关注。

一要树立“大商城”理念。形成商城村、商城镇和商城工业区“三位一体”的发展模式。对“大商城”要统一规划，注重超前性、协调性。大商城规划必须处理好近期建设和长远发展的关系，在对“大商城”建设定位时，要充分考虑经济社会发展速度及诸多不可预见性。同时，要注意协调经济社会发展和生态环境的关系，协调产业发展与基础设施的关系，协调物质文明与精神文明的关系，量力而行，分步实施，保证整个大商城体系的平衡发展。

二要树立经营理念。总的思路是，通过经营城镇获取城镇建设资金，完善城镇基础设施，扩大城镇规模，提升城镇竞争力和对生产要素的聚集力。城镇经营有两方面内涵，一方面是把城镇资源当作“原材料”，通过科学特色规划、完善城镇基础设施、提升城镇形象等，提高资源价值或使资源的潜在价值显现化；另一方面是把城镇资源当作“产品”，经过整合、包装、宣传，扩大其市场吸引力和竞争力，通过出租、出售等市场方式筹集建设资金。通过这些努力，促进商城城镇建设进入快速持续发展的轨道。

三要整合利用土地资源。沿海地区农民年收入超过3000元时，就开始大规模改造民房和民居设施。商城完全具备改造民居的经济实力，当前面临的突出问题是没有周转空间。村庄现占地700余亩，已无未批宅基地，但村中却有很多老住宅被废弃，空心街、空心户大片出现。在调研之初，我们就发现商城村“空心村”情况比较突出，随后我们建议商城村党支部书记蔡玉红同志对“空心村”情况进行详细调查。通过几天的摸查，蔡玉红同志提供了一个详尽的数据：本村现有空心大街6条、中小街道48条，占地63亩，有20条街道只有3～5户使用；废弃房屋23处，闲置宅基地66处，占地39.2亩；土坑4个，占地22亩；2人居住的院落145处，1人居住的院落 26 处，占地 68.4 亩；已弃用原镇中学校址 15 亩土地。以上总计闲置或可供调剂的土地共 207.6 亩。由此表明该村土地资源效益的发挥有很大空间。另有一笔账更值得算：若把现有民房改造成四层楼房，有 200 亩地足够使用，那么便可置换出 500 亩土地开发利用。

在院专业技术岗位聘用工作会议上的讲话

（2009 年 3 月 30 日）

今天，我们召开全院领导干部和专业技术人员会议，主要是对专业技术岗位聘用工作进行部署。今年 3 月上旬，我院接到省职改办下发的《关于做好全省事业单位专业技术岗位聘用工作的通知》（冀职改办字〔2009〕83 号），这标志着停滞两年多的专业技术岗位聘用工作在大家的热切期盼中正式启动了。这对广大专业技术人员来说是件大好事，对我们全院科研队伍建设也是件大好事！为了把这一政策性强又关系大家切身利益的好事办好，很好地完成聘用工作，下面我讲四点意见。

一　高度重视，加强领导，搞好聘用

专业技术人员岗位聘用管理是事业单位人事制度改革的一个重要组成部分。继我院去年 4 月对行政后勤服务人员实施岗位设置管理之后，这次专业技术人员岗位聘用管理，是我院又一项重大人事制度改革。它事关事业单位收入分配制度改革的顺利实施，事关新型事业单位人事管理制度的全面建立，事关事业单位专业技术人员的切身利益。由此可见，这项工作政策性强涉及面广，情况复杂，关切度高，超过以往。

院党组高度重视专业技术岗位聘用工作。早在一年前开始实施岗位设置管理工作的同时，就把专业技术岗位聘用工作提上议事日程，了解政策，调查研究，摸清情况，组织预测，争取职数。其中，院职改办（科研处）做了大量具体工作。我们先做成了两件关键的事：第一，我院争取到首次聘用需要的岗位职数。近一年多来，经过我们不懈的努力，反复向省职改办介绍我院坚持“三个服务”办院方针的地位和作用，反映我院专业技术人才集中、高层次人才集中、高学历人才集中的现状，得到了省职改办的充分理解、认同和有力支持。经省委、省政府批准，核批给我院较高的岗位控制比例，即争取到能够满足现有各级专业技术人员首次聘用需要的岗位职数，尤其正高比例享受到了全省最为优惠的政策。这样一来，也为我院解决2006年12月31日以来已退休的一些专业技术人员职称聘用问题创造了条件。此外，本次岗位聘用，采取“一次申聘、两次报批”，也为专业技术人员留下较大的岗位聘用空间。这充分体现了省委、省政府对我院广大专业技术人员的关心和厚爱。第二，及时制定出台了《实施意见》。按照省职改办的文件要求，结合我院的实际，在广泛调查研究、多方征求意见的基础上，职改办起草了《专业技术岗位聘用工作实施意见（征求意见稿）》。经院党组讨论研究，下发各个处所征求意见，在综合大家意见后，对实施意见又进行了多处修改。总体上看，《实施意见》符合上级精神，切合我院实际，得到广大专业技术人员的赞成。经院党组会议审定同意，今天就把《实施意见》下发给大家，要求各处所认真组织学习，严格贯彻执行。

聘用工作要在院党组领导下进行。由院聘用工作领导小组及其办公室负责具体组织实施。在去年初，我院就已开始了事业单位人事制度改革工作，院里成立了岗位设置管理工作领导小组及办公室，各处所也专门成立了以处所长为组长的聘用工作领导小组，明确了工作联系人。院党组要求，各处所要把此次聘用当作一项重要工作来抓。按照《实施意见》的要求，要保证专业技术人员的知情权、参与权、监督权，实行阳光聘用。上述院处所各级聘用组织领导机构和人员对本次聘用工作要切实负起责任，保证各单位各阶段工作到位，时间上不拖后腿，力保4月中旬之前完成全院专业技术人员的聘用推荐工作。院党组要求，所有参加竞聘的专业技术人员都要树立大局意识，严格遵守纪律，学习领会政策，按照规定办事，正确对待自己，正确对待同事，以公正、平和的心态对待聘用。要严禁传播小道消息、恶意攻击他人、拉推荐票、无理取闹等违纪行为发生，一经发现要严肃查处，决不姑息迁就。院党组要求，全院上下必须提高认识，加强领导，扎实工作，确保聘用工作顺利进行。

二　掌握政策，吃透精神，稳步推进

首先，要吃透政策精神。中央下发的《深化干部人事制度改革纲要》《关于进一步加强人才工作的决定》都明确提出，事业单位人事制度改革要以推行聘用制度和岗位管理制度为重点，建立符合各类事业单位特点的用人制度，促进由固定用人向合同用人、由身份管理向岗位管理的转变。人事部出台的《事业单位岗位设置管理试行办法》（国人部发〔2006〕70 号）及《实施意见》，是在事业单位建立岗位管理制度，由身份管理向岗位管理迈进的重要一步，是一项制度创新。这项制度第一次从国家层面规范了事业单位的岗位设置管理，提出了岗位设置的政策规定；第一次提出了通用的岗位等级，为事业单位千差万别的岗位设计了通用的等级标准，为人才成长搭建了通道；第一次阐明了岗位设置与岗位聘用的关系，为实现按岗聘用、合同管理创造了条件；第一次明确了按聘用岗位确定岗位工资待遇，为“岗变薪变”提供了政策依据。

其次，要按照政策开展聘用工作。岗位聘用涉及每位专业技术人员，政策性很强，一定要按政策组织聘用。为便于大家了解政策，准确掌握文件精神，我们已把冀职改办字〔2009〕83 号文件《关于做好全省事业单位专业技术岗位聘用工作的通知》挂在院网上，供大家随时查询和遵照执行。按照省职改办文件规定，这次聘用范围包括两部分人：一是截至 2008 年 12 月 31 日以前在册并取得专业技术职务任职资格的专业技术人员；二是 2006 年 12 月 31 日至今已批准退休的专业技术人员。各单位在工作中要坚决贯彻以人为本，平等自愿，公开、公正、竞争、择优的原则，认真听取专业技术人员意见，及时反馈专业技术人员的心声，支持和鼓励每位专业技术人员积极参加竞聘。我们的主观愿望是使每位专业技术人员各得其所，比较满意，但客观上由于每一位专业技术人员的具体情况不同、期望值不同，出现有些同志一时想不通或有一些意见的情况也属正常。这就要求我们各级领导干部和工作人员，要有针对性地做好过细的工作，依靠政策做好思想工作，依靠政策做好解释工作，依靠政策妥善处理聘用过程中可能出现的各种具体问题，使广大专业技术人员能正确对待岗位聘用，积极而又有序地参加到聘用工作中来。

三　明确岗位，严格条件，规范聘用

首先，每位专业技术人员要了解我院专业技术各级岗位设置状况及其依据的条件。一是省职改办核定我院的聘用比例。如，高职小于等于53%，其中正高小于等于22.5%，副高小于等于30.5%；中职小于等于30%；初职大于等于25%。二是关于正副高职、中职、初职岗位内部的等级比例。这个比例有国家规定的标准，是全国统一的。正高二级、三级、四级岗位之间比例为1∶3∶6，副高五级、六级、七级岗位之间比例为2∶4∶4；中职八级、九级、十级岗位之间比例为3∶4∶3；初职十一级、十二级岗位之间比例为5∶5；第十三级是初初职，也就是员级。这些岗位内部的等级比例，任何单位和个人不得变更。对于这两个比例，我们要严格执行，不能突破。三是我院的发展方向、办院方针及专业技术人员实际构成现状。这是在国家和全省事业单位专业技术岗位比例已确定的基础上，我院岗位设置必须考虑的重要因素。第一，要坚持因事设岗，这是一条基本原则。也就是说，我院的专业技术岗位设置，必须有利于坚持“三个服务”的办院方针，必须有利于“出成果、出人才、出效益”的总体要求，必须有利于建立“省级一流、国内知名”社科院的目标。因此，哪里需要岗位，需要什么方面的岗位，需要什么级别的岗位，就设置什么岗位，不需要或者暂不需要就不设置或暂不设置。总之，我院专业技术岗位设置和聘用，要有利于科研中心工作，有利于人才队伍建设，有利于全院事业发展。第二，聘用还要注重业绩、兼顾年资。我们应该清醒地看到，专业技术岗位聘用既是对广大专业技术人员以往辛勤工作和科研成果的肯定，也是对我院今后科研、科辅队伍建设和发展的一个导向，更为今后促进科研工作增添动力。注重业绩，坚持的是

“发展生产力”的观点，是“三个出”的基本要求。为了更加客观、公正地评价专业技术人员的工作业绩，我们注重运用了政府、社会公共评价结果。实际上，每位同志的科研成绩和工作贡献，已经通过日常各个方面的考核、评优、获奖、获取荣誉称号等形式充分表现出来，在大家心目中已有个基本的了解和评价。兼顾年资，则是考虑这次岗位聘用尚属首次及一些历史的原因，尽量多顾及一些人员层面，体现机遇公平。四是尽量让专业技术人员在首次聘用中最大限度地得到实惠和利益。如，在不降低聘用条件前提下，就高不就低，空低岗不空高岗，在同一级别岗位中聘足高档岗位，等等。当然，岗位充足并不意味着可以吃“大锅饭”、搞平均主义，有岗位也不一定都能得到聘任。关键是看你的业绩和平时工作的表现，如果你平常疲疲沓沓，老是完不成科研任务，同志们不给你投赞成票，院里也不能聘用你。

其次，每位专业技术人员要清楚聘用条件。在解决了各级待聘人员岗位前提下，各级岗位内部共十三个档次的聘用就成为这次聘用工作的焦点。解决好这个问题，聘用条件是关键。这次聘用条件的制定主要是依据冀人发〔2007〕76 号文件精神，依据我院的办院方针和总体要求，注重实绩、兼顾年资，充分利用公共评价结果。同时，尽可能地考虑到应用学科和基础学科的差异，也适当考虑科研和科辅、科研和科管等方面的不可比因素，做到公平、公正，使这次聘用真正起到激励先进、鞭策落后、推进事业发展的作用。各个级别各个档次的聘用条件，已经在《专业技术岗位聘用工作实施意见》中做出详细规定，要严格执行。

最后，专业技术人员要按照设定岗位和聘用条件准确选择申聘等级档次。下一步，将进入个人申报、所学术委员会民主推荐并进行资格审查阶段，这个阶段也是聘用工作的重要一环，来不得半点虚假。如果发现有弄虚作假的行为，要坚决实行一票否决，申报人的申聘资格将会被取消，各单位主管领导将承担相应的领导责任。希望全院专业技术人员认真对待，把问题尽量反映在申聘过程中、解决在结果出现之前。欢迎大家互相监督，及时向院职改办、纪检部门及其他相关部门反映问题，确保聘用工作的每一环节都稳妥、扎实，不出纰漏或少出纰漏，不留后遗症。

四　严格程序，循序渐进，按时完成

按照省职改办安排，我院专业技术岗位设置工作总体分四个阶段进行。即动员部署、调研摸底、制定方案、组织实施。全院将按“个人申报、处所资格初审和院民主推荐、学术委员会集中推荐、院党组确定推荐人选、省职改办办理聘用手续”的程序进行。全部聘用推荐工作，要求在2009年4月底前完成。聘用工作时间表和工作内容已经发给各处所，要求各单位严格按时间做好工作。只有大家共同做好了工作，专业技术人员基本满意，我们才能将推荐结果报省职改办，省人力资源与社会保障厅才能审批我院聘用方案，专业技术人员岗位聘用才能早日与工资挂钩。但需要强调的是，时间必须服从聘用推荐工作质量。

审批时间的确定，给大家提出了一个统一的倒计时要求。能否按时保质保量完成首次专业技术人员聘用工作，需要每位专业技术人员和各位工作人员的共同努力。希望大家要有全局观念、有时间观念，严格按《实施意见》中的工作部署和时间安排抓好落实。最后，希望我院专业技术岗位聘用工作能在全院同志共同努力下得以圆满完成！同时，预祝每位专业技术人员能取得比较满意的聘用岗位。谢谢！

提高认识　突出特色　推动科学发展*

（2009 年 3 月 31 日）

在全党开展深入学习实践科学发展观活动，是党的十七大做出的一项重大战略部署，是坚持用马克思主义中国化最新成果武装全党的重大举措，是推动经济社会又好又快发展的迫切需要，是提高党的执政能力、保持和发展党的先进性的必然要求，是顺应人民新期待、进一步密切党同人民群众血肉联系的重要步骤。开展学习实践活动，是我们党又一次大规模的党内集中学习教育活动，是当前和今后一个时期党的政治生活的一件大事和党的建设的重中之重。我们必须正确把握党中央、省委关于开展这项活动的总体部署和要求，紧密结合河北省社会科学院实际，扎实推进学习实践活动深入开展。

一　提高认识，把思想统一到中央和省委的决策部署上来

胡锦涛总书记在全党深入学习实践科学发展观活动动员大会上的重要讲话，习近平、李源潮同志在第一批深入学习实践科学发展观活动工作会议上的重要讲话，张云川同志在全省深入学习实践科学发展观活动动员大会上的讲话，对学习实践活动的重大意义都做了全面深刻的阐述。我们一定要认真

* 本文为周文夫为《科学发展观理论问题探索——河北省社会科学院学习实践科学发展观文集》所做序言，河北人民出版社，2009。

学习好、领会好，真正吃透党中央和省委的精神，切实做到统一思想、提高认识，把思想和行动统一到党中央的重大部署上来，切实增强责任感、使命感，增强开展好这次学习实践活动的决心和信心。

从河北省社会科学院的实际情况看，开展好学习实践活动，有着非常重要的现实意义。2007 年初我们颁布的“十一五”规划，坚持以科学发展观统领办院，确立了河北省社会科学院发展的基本思路，确定了“三个服务”的办院方针，“出成果、出人才、出效益”的总体要求和“省级一流、国内知名”的奋斗目标。两年来，尤其是党的十七大以来，我们为实现这些目标要求，有针对性地开展了一系列重点工作，得到了全院干部职工的热烈响应，在实践中也取得了积极成效。但我们也必须清醒地看到，河北省社会科学院发展面临的突出问题和矛盾，如“科研成果水平、人才队伍状况不适应河北省经济社会又好又快发展和繁荣哲学社会科学的需要；基础设施建设和科研条件不适应出成果、出人才的需要；制度、机制、管理不适应自身建设的需要”等，还没有得到根本性改变，需要不断寻求突破的路径和办法。我们要紧密结合这次学习实践活动，着力解决影响河北省社会科学院改革发展的实际问题，不断增强河北省社会科学院科研发展的实力、活力和竞争力。

开展深入学习实践科学发展观活动，就是要使广大党员干部特别是处级以上领导干部，深刻理解和全面把握科学发展观的科学内涵、精神实质和根本要求，进一步增强贯彻落实科学发展观的自觉性和坚定性，提高各级党组织的执政能力和党员干部的整体素质。应当说，河北省社会科学院各级党组织和党员干部队伍总体上讲是有战斗力的。同志们在各自的岗位上，奋发有为，兢兢业业；在思想上严格要求，廉洁自律，为河北省社会科学院的改革和发展辛勤工作，赢得了省委、省政府的信赖和社会各界的尊重。但我们也应该看到，一些部门和单位在谋划工作、推动工作方面还没有大的起色，与河北省社会科学院的发展和“十一五”规划的目标要求还不相适应、不相符合；一些党员干部的宗旨意识、大局意识淡薄，事业心、责任心、进取心不强。如果这些问题不能得到很好的解决，就会影响“十一五”规划目标的实现。经过前两年打基础，2009 年应是河北省社会科学院加快发展年，要在全面落实“十一五”规划方面迈出关键步伐。我们既面临良好发展机遇，又面临严峻挑战，任务更繁重，工作更艰巨。我们要通过开展学习实践活动，着力解决这些突出问题，使河北省社会科学院处级以上领导班子进一步提高领导科学发展的能力，使广大党员干部进一步解放思想、更新观念，认清使命、提高本领，振奋精神、开拓进取，为贯彻党中央和省委关于繁荣和发展哲学社会科学的重要精神，实现我们“省级一流、国内知名”的目标提供坚实支撑和强有力的保证。

二　紧密结合河北省社会科学院实际，确保学习实践活动取得实效

根据省委要求，院党组制定了《开展深入学习实践科学发展观活动实施方案》，对学习实践活动的指导思想、基本原则、目标任务和方法步骤都提出了明确要求。各部门各单位要结合实际，认真贯彻落实。

要准确把握学习实践活动的指导思想。这次学习实践活动，要全面贯彻党的十七大精神和省委七届三次全会精神，高举中国特色社会主义伟大旗帜，以邓小平理论、“三个代表”重要思想和科学发展观为指导，围绕“转变发展观念、创新发展方式、推动科学发展”这一主题，以院处级以上领导班子和党员领导干部为重点，认真学习实践科学发展观，准确把握并积极贯彻科学发展观的历史地位、科学内涵、精神实质和根本要求。着力转变不适应不符合科学发展要求的思想观念；着力提高推进科学发展、深化改革开放、促进社会和谐的能力；着力解决影响和制约科学发展的突出问题；着力解决群众反映强烈的突出问题；着力构建充满活力、富有效率、更加开放、有利科学发展的体制机制。

要准确把握学习实践活动的基本原则。这次学习实践活动，以院处级以上班子和党员领导干部为重点，思想性、政策性、实践性都很强。在学习实践活动中，一定要把握好四条原则：一是坚持解放思想。继续巩固和深化河北省社会科学院解放思想大讨论的成果，更加自觉地打开解放思想这个“总阀门”。二是突出实践特色。坚持学以致用，注重实践，把学习实践活动与贯彻落实党的十七大精神和省委七届三次全会以来的一系列重要决策部

署结合起来，与加强机关作风建设结合起来，与推动河北省社会科学院发展的各项重点工作任务结合起来，与解决党性党风党纪方面存在的主要问题结合起来，真正做到既要在理论学习上有新收获，更要在解决问题上有新成效。三是贯彻群众路线。要通过深入调查研究、座谈会、民主生活会等方式，广泛听取群众意见，把相信群众、依靠群众、服务群众贯穿于学习实践活动全过程，把群众认可、群众满意作为衡量学习实践活动成效的主要标准。四是正面教育为主。组织党员干部通过认真学习，实现自我教育，联系工作实际，总结经验教训，自觉查找不足，坚持典型引路，明确努力方向，充分调动和保护党员干部推动科学发展的积极性和创造性。

要准确把握学习实践活动的目标要求。省委关于《开展深入学习实践科学发展观活动实施意见》提出，学习实践活动要达到提高思想认识、解决突出问题、创新体制机制、促进科学发展四个方面的目标要求，张云川书记在全省动员大会讲话中提出了“六个新”的主要任务，我们一定要认真学习好、领会好。作为省级社会科学研究机构，我们必须根据自身实际，善于服务全省科学发展、和谐发展，不断研究新情况、新问题，不断探索新思路、新举措，着力提升应用对策研究质量与理论创新水平，为实现河北富民强省的目标提供更加主动、更加有力的理论支持与咨询服务，把河北省社会科学院办成省委、省政府最可信、最管用、最贴心的思想库与智囊团。通过学习实践活动，要努力达到以下四个目标。

第一，思想更加统一。提高对科学发展观的认识，必须把理论武装贯穿学习实践活动的始终，真正做到融会贯通、入心入脑、真懂真信，切实增强贯彻落实的自觉性和坚定性，努力把科学发展观转化为推动科学发展的坚强意志、谋划科学发展的正确思路、领导科学发展的实际本领、促进科学发展的方法措施，转化为增强党性修养、提高思想觉悟的自觉行为。一方面，作为河北省理论工作者和理论先行者，我们必须要先学一步、多学一点、学深一层，做好科学发展观的理论研究和阐释工作，在全省各界的学习实践活动中起到带头和引领作用，回答好学习实践活动中提出的难点和热点问题，为统一思想、更新观念、创新思路做贡献。另一方面，要通过学习实践活动，把全院党员干部的思想统一到落实完成院“十一五”规划上去，统一到实现“省级一流、国内知名”的奋斗目标上去。

第二，行动更加自觉。着力提高应用研究的质量。适应决策咨询研究与服务的新形势和要求，提高履行咨询职能的应急能力。大兴调查研究之风，认真做好省情调研，经常深入基层，向实务工作者了解情况与请教，从活生生的实践中汲取营养，总结经验，升华理论。注重基础研究的理论创新。理论是行动与实践的先导，尤其需要创新。理论创新是哲学社会科学研究的生命与活力所在。只有以新理论、新观点为基础，才能提供适应新情况、新形势的对策建议。开展学习实践活动，就是要充分调动和发挥全院干部职工的积极性和创造性，自觉把行动统一到服务决策、服务发展、服务基层上来。

第三，机制更加完善。不断增强自身建设和管理水平，深化院内分配制度改革，强化激励与约束机制，推动以科研为中心、以管理为基础的各项工作。加强人才与队伍建设。关心青年科研人员与管理人员的成长，努力培养“专业精、观点精、成果精”的学术骨干，努力培养“眼界宽、思路宽、胸襟宽”的管理骨干。从政治与生活上更多地关心老同志。健全管理制度，强化组织意识，增强纪律观念。进一步明确岗位职责，优化岗位考核机制。落实各项责任，加强跟踪与督办，克服议而不决、决而不行、行而不果的问题。行政管理与后勤部门要着力提升办事效率、提高工作质量，增强服务的自觉性与主动性。

第四，发展更加协调。近两年，我们通过制定“十一五”规划，统一了思想认识，明确了发展目标；通过第四轮人员聘用，深化了人事制度改革，处所领导班子结构得到优化；通过科研管理机制的不断完善，科研工作每年都迈上了新的台阶，科研成果的数量和质量逐年提升；通过加大行政后勤工作管理力度，我们的生活环境、工作环境有了较大改善。所有这些，都为河北省社会科学院更好更快发展奠定了坚实的基础。这样的局面来之不易，全院干部职工都付出了辛勤的努力，我们要倍加珍惜。通过学习实践活动，要进一步推动以科研为中心的各项事业的发展，推动科研工作和行政后勤工作共同提高；要使应用研究与基础研究更加相互协调、相互促进、共同发展；要靠学科建设、人才培养来增强发展后劲，推动河北省社会科学院整体繁荣，真正实现出成果、出人才、出效益。

科学发展　富民强省
走出一条又好又快发展的新路子*

（2009年3月31日）

当前，全党同志已兴起学习实践科学发展观活动的热潮。中共河北省委明确提出，“调整经济结构，创新发展方式，推动河北科学发展”是学习实践活动的主题。本文拟围绕这一主题，结合河北实际，就如何实施省委提出的“科学发展，富民强省”总体发展战略目标，谈一些学习体会。

一　坚持科学发展，转变发展方式，走新型工业化道路

1. 转变发展方式的意义

历史告诫人们，人类的经济社会活动不可超越自然生态系统的承载阈值，超过了这个阈值就要遭受大自然的无情报复。在人类文明长河中，一些古老文明国家和地区，以及我国黄河文明的兴盛与衰落，根本原因均在于自然生态系统的繁茂与破坏，这是人类社会发展的一条铁的定律。

实践一再表明，西方发达国家既是工业文明的先行者，又是最大的环境破坏者。工业革命积累了巨大财富，是一次人类的进步；但对生存环境的破坏，却是人类的一次灾难。最早享受工业文明的西方发达国家，在尝到了工

* 本文发表于《科学发展观理论问题探索——河北省社会科学院学习实践科学发展观文集》，河北人民出版社，2009。

业化带来的环境恶化苦果之后，率先反思过去，转换发展方式，步入生态文明时代。由此说明了一条真理：由传统工业文明向生态文明转变，所获得的经济、社会、生态、民生效益，是传统工业化所根本无法比拟与企及的。目前，正处于工业化初期或中期的发展中国家，虽然工业革命迟了一大步，但亦面临严重的生态环境挑战。当务之急是如何避免重蹈发达国家“先污染、后治理”的覆辙，加紧由传统工业文明向生态文明转变，走新型工业化道路。同物质文明相比，我国生态文明建设明显滞后，成为薄弱环节，亟须加大力度，加快建设步伐。

2. 新型工业的内涵

对“新型工业化”的通常表述是：“科技含量高、经济效益好、资源消耗低、环境污染少、人力资源优势得到充分发挥。”如果从结果上看，“新型工业化”与“传统工业化”的区别可以表现在如下几个方面：第一，最容易被关注的是高新技术对传统产业的渗入、融合或改造；第二，产业结构和资源配置的国际化程度显著提高；第三，发展理念和发展战略的转变；第四，是大体相同工业化阶段完成时间的缩短。

3. 新型工业化的路径

（1）节能减排。省委七届三次全会以来，河北省提出对“节能减排双二十”进行承诺考核。目前的重点工作：一是强力推进污染减排；二是着力改善城市大气环境质量；三是突出抓好环境水污染治理；四是切实把住环保准入关；五是努力解决突出的环境问题；六是推进生态省建设。

（2）优化升级。要把存量调强，重点：一是淘汰落后，对那些污染严重、违规建设的企业加大治理力度；二是要鼓励企业进行技术改造，实行清洁生产，发展循环经济；三是加快对现有产业的改组改造，调整升级，强化比较优势，打造产业集群，增强自我发展能力。要把增量调优，加快发展壮大具有高成长性的新兴产业，加强同国内外大企业的合作，创造新的产业优势，打造新的经济增长点。总之，要坚持“好”字优先，实现又好又快发展。

（3）科技创新。着力提高自主创新能力，增强产业核心竞争力，推动河北省高新技术产业实现跨越式发展。一是选择优势领域，实现重点突破；

二是完善创新体系，提高自主创新能力；三是促进产业集聚发展，形成产业规模优势；四是扩大对外开放，加强战略合作。

二　坚持科学发展，增强城市（省会）意识，走新型城市化道路

1. 城市群与新型城市化

所谓城市群，是在特定的区域范围内云集相当数量的不同性质、类型和等级规模的城市，以一个或两个特大城市为中心，依托一定的自然环境和交通条件，城市之间的内在联系不断加强，共同构成一个相对完整的城市“集合体”。城市群是工业化、城市化进程中，区域空间形态的高级现象，能够产生巨大的集聚经济效益，是国民经济快速发展、现代化水平不断提高的标志之一，由此也走出一条新型城市化的道路。

2. 新型城市化道路的内容与定位

城市化道路，是指城市化进程的途径与方式，或指推动城市化进程所采取的某种模式或战略安排。它一般包括三个基本要素，即城市化动力机制、城乡关系、城市发展方针。新型城市化的标准包括三个方面：强调社会发展，突出环境友好，注重资源配置效率。

3. 城市群发展亟须处理好的关系

一是优化经济结构，处理好核心城市扩张与升级的关系。二是发挥龙头带动作用，处理好核心城市各类扩散的协调关系。三是提升城市群整体竞争力，处理好大都市与其他城市分工协同关系。四是促进协调发展，处理好城市群之间竞争与合作关系。

4. 河北新型城市化道路的选择

实施城市化发展战略（中心城市发展战略），推动中心城市及南北城市群建设，统筹城乡经济社会一体化协调发展。利用内地京津区位优势，以城镇面貌“每年一大步，三年大变样”为抓手，打造石家庄、唐山两大省域中心城市，建立南北两大中心城市群和构建中小城市、城镇支撑体系，推动城乡一体化发展和社会主义新农村建设。

首先，必须树立新的发展理念。树立统筹规划与协调发展的新理念，树立资源保护与优化配置的新理念，树立合作与共赢的新理念。

其次，从最关键的事情做起。遵循原则：坚持体制创新，实行规划引导，搞好功能定位。主要工作：强力打造石家庄、唐山两大省域中心城市，突出抓好沿海隆起带建设，坚定不移地壮大城镇体系基础，推动产业分工，实施政策对接。

5. 关注新型城市化道路的重点问题

新型城市化是针对我国目前城市化过程中所存在的问题而提出的，深入研究和解决这些问题是研究新型城市化道路所面临的挑战。目前，城市化主要应当关注的问题：一是生态和环境建设；二是土地问题；三是城市化过程中的公平与效率问题；四是城市化过程中政府的资源配置作用；五是金融问题。

三　坚持科学发展，增强沿海意识，走沿海强省之路

1. 实施沿海强省发展战略

增强沿海意识，率先改革开放。利用外环渤海区位优势，以建设秦唐沧三市四港口及港区经济为抓手，打造沿海经济隆起带，拉动腹地互动发展，带动全省改革开放和经济社会发展。

2. 打造秦唐沧沿海经济隆起带

秦唐沧三地四港区应审时度势，抢抓机遇，整合资源，合理分工，发挥优长，有所作为。首先，要合理发展河北省沿海经济隆起带的重点产业。其次，要合理确定港区功能定位。最后，产业发展要更加注重海洋环境保护。

3. 腹地建设

常言说得好，腹地有多大，港口就能做多大。在密切沿海经济隆起带与腹地的经济联系中，要重点加强以下几方面的工作：一是加强产业分工合作；二是加快拓展和完善由港口伸向腹地的交通网络；三是发展县域经济和民营经济。

四　坚持科学发展，扶持服务业发展，走全民创业之路

实施现代服务业发展战略。调整产业结构，培育新的经济增长极，转变发展方式。利用“两环”优势和产业优势，把发展现代服务业作为重大战略确定下来，作为重点工作部署下去。大力扶持发展服务业，尤其是大力发展生产性服务业、金融业、交通、信息、能源保障储备，以及培育、壮大和激活市场主体，鼓励开展全民创业，增强全省经济实力、活力和竞争力。

五　坚持科学发展，提升文化软实力，走文化强省之路

实施文化强省发展战略。实现文化大发展大繁荣，为建设以实力、活力、竞争力为主要标志的沿海强省提供文化支撑。发展文化事业，用先进文化教育人民，建设社会主义核心价值体系；发展文化产业，推进文化与市场、文化与资本、文化与科技的融合，“发展文化经济，建设经济文化”；发展文化软实力，以文化大繁荣大发展为动力，为做大做强企业、做强做优产业、做优做亮品牌注入文化元素，提供文化支撑，进而不断提升城市和区域软实力和经济竞争力。

六　坚持科学发展，优化发展环境，走环境优先之路

1. 加强党的领导

学习实践科学发展观，搞好各级党组织及党员干部先进性和执政能力建设，加强党对改革开放和全面建设小康社会的领导。以科学发展示范区建设和建立科学发展考核体系为抓手，树立科学的发展观和政绩观，以科学的政绩观引领科学发展观，讲求“真才实学，真抓实干”。

2. 优化发展环境

（1）积极推进综合配套改革。一是深化行政管理体制改革，主要是围绕转变政府职能和整合政府资源展开；二是深化经济管理体制改革，主要是

围绕产权制度的完善和交易费用的降低展开；三是深化社会事业管理体制改革，主要是围绕公共服务供给机制的多样化和事业单位制度创新展开；四是推进社会管理体制改革。

(2) 要努力建设责任、法治、服务、廉洁和高效政府。一是以推进公共服务改革与创新为手段，努力建设服务型政府；二是加强民主法制建设，不断提高政府民主执政和依法执政的能力与水平；三是探索开展政府绩效评估工作，努力建设责任政府；四是加快建设高效政府，着力提高政府工作效率。

(3) 与此同时，要努力搞好市场环境、法制环境、生态环境、人文环境建设。

3. 努力改善民生

改善民生既是发展之目的，又是发展之环境。要着力解决好民生与消费、消费与生产、城市与乡村、富裕与贫穷的关系。

在院干部职工大会上的讲话

（2009 年 4 月 21 日）

刚才，省委宣传部常务副部长杨永山同志宣布了省委关于省社科院新任领导班子的任命决定，省委组织部常务副部长谢计来同志发表了重要讲话。在此，我本人并代表院党组对省委决定和两位部长的讲话表示坚决拥护，要认真贯彻执行；对省委给予我们新一届院领导班子的信任表示衷心感谢；对讲师团、社科联同志能够与社科院同志们一道工作表示热烈欢迎！下面，我代表院党组讲三点意见。

一　坚决拥护省委重大决定

为了更好地促进我省社会科学事业发展，加强邓小平理论、“三个代表”重要思想和科学发展观的研究，省委、省政府决定，按照精简、统一、效能的原则，将省社会科学院、省委讲师团、省社科联整合、重组，社科院挂邓研中心、讲师团、社科联牌子。这次机构设置调整，是省委、省政府在我省哲学社会科学领域贯彻落实科学发展观的新创举，是我省哲学社会科学事业管理体制改革的新突破，是我省推进事业单位（社团机构）人事制度改革的重要组成部分。这一重大举措，必将有利于整合我省哲学社会科学研究、管理资源，形成更为强大的合力；有利于强化马克思主义中国化的最新成果即中国特色社会主义理论体系在哲学社会科学领域的指导地位；有利于发挥哲学社会科学在全省经济社会又好又快发展中的智库作用。因而，也必将有利于优化体制环境，建设高素质、集约化的哲学社会科学队伍，激发人才活力，发挥集团优势，推动我省哲学社会科学事业进一步繁荣发展，具有重要的现实意义和深远的历史意义。

院党组坚决拥护省委、省政府的这一重大决定，认真贯彻执行省委、省政府关于机构设置调整的指示精神，积极协助省机构编制部门做好院内设机构编制调整方案，全力做好机构设置调整的各项工作，带领、团结、依靠全院干部职工，确保实现机构、人员调整平稳过渡，各项既定目标任务圆满完成。

二　努力把握新的发展机遇

这次机构设置调整，形成了以社科研究为基础、以理论宣讲为载体、以社科联合为纽带的“三位一体”新的工作格局，为我省哲学社会科学界在理论武装和“服务决策、服务发展、服务基层”方面发挥更大作用搭建了更为广阔的平台，为今后我省哲学社会科学事业的繁荣发展带来了新的机遇。

河北省社会科学院是省政府直属哲学社会科学综合研究机构，是省委、省政府的“思想库”和“智囊团”。近年来，社科院坚持“为省委省政府决策服务、为全省经济社会发展服务、为基层服务”的办院方针，落实“出成果、出人才、出效益”的总体工作要求，实施服务决策发展、科研机制创新、人才队伍建设、政治思想与行政后勤保障四项工程，在实现“十一五”时期“省级一流、国内知名”奋斗目标进程中不断迈出新步伐，为服务河北又好又快发展、推动河北哲学社会科学事业的繁荣发展发挥了重要作用。

河北省委讲师团是负责全省在职干部马克思主义基本理论学习和政治学习的讲授、辅导机构。近年来，讲师团认真贯彻“三贴近”方针，按照“围绕中心、服务大局、找准位置、发挥优势、有所作为”的工作思路，努力为省委常委中心组学习提供良好的服务，面向党政机关和基层广大干部群众认真开展干部理论教育、理论研究和理论宣传，在全省理论武装工作中发挥了积极作用。

河北省社会科学界联合会是省委、省政府领导下的学术性人民团体，是党和政府联系与团结社会科学工作者的桥梁和纽带，具有管理指导、组织协调、宣传普及等工作职能。近年来，省社科联认真贯彻党中央、省委关于进一步繁荣发展哲学社会科学的大政方针，团结组织全省社会科学工作者，坚持“为人民服务、为社会主义服务”的方向，做了四方面工作：着眼于当代中国马克思主义最新理论成果的宣传研究，加大社科宣传普及力度，推动了理论研究创新；着眼于深入研究河北经济、政治、文化、社会发展的特点和规律，加大成果转化力度，深化了应用对策研究；着眼于建立健全社科评奖机制，培养优秀人才，促进了社科精品生产；着眼于加强社科团体管理，扩大对外交流，进一步发挥了桥梁纽带作用。

三个单位都有各自职能特点，都有很好的工作经验和事业基础，机构调整后，实现了优势互补、职能整合，形成了我省哲学社会科学界的“集团军”。对此，全院同志要倍加珍惜，要以这次机构调整为新的起点，共同打造新的发展平台，共同培育更好的发展环境，在各自的岗位上做出更加出色的业绩，努力实现我院科学发展、和谐发展。

三　全力做好当前各项工作

当前，我们面临着非常繁重的任务，既要实现机构调整的平稳过渡，又要确保年初制定的各项工作目标任务圆满完成。对此，我提三点要求。

一是把握方向，明确任务。思想决定行动，思路决定出路。全院同志要进一步统一思想，不断增强以科学发展观统领办院的自觉性和坚定性。要坚定不移地把科学发展观作为根本指针统领全院工作。始终坚持把事业的繁荣和发展作为第一要务全力推进，不断增强领导科学发展的能力和水平；始终坚持把干部职工的成长发展和利益实现作为决策出发点和工作落脚点，牢固树立以人为本的核心理念；始终坚持不断解放思想，在解放科研生产力、统筹协调全局、推进各项事业可持续发展方面增强创新能力。要坚定不移地遵循党的十七大对哲学社会科学工作提出的目标要求，大力推进学科体系、学术观点、科研方法创新，营造有利于出精品、出人才、出效益的良好环境，推动优秀成果和优秀人才走向世界，努力发挥思想库作用，为繁荣发展哲学社会科学事业做出新贡献。要坚定不移地把服务于我省经济社会又好又快发展作为工作的主要任务，认真落实省委书记张云川同志提出的“哲学社会科学界要多出成果、出好成果”的重要指导意见，着力打造省委、省政府和全省经济社会发展的“新智库”。要坚定不移地贯彻“三个服务”的办院方针和“三个出”的总要求，努力实现全院各项事业新的更大发展。

二是建强班子，带好队伍。三个单位的合并已经完成了“集团军”的组建，下一步的任务是要将“集团军”打造成“主力军”。完成这项任务，关键看班子，主要靠队伍，基础在团结。调整后，面对新的形势和新的任务，院党组和全院同志要以“干部作风建设年”活动为契机，以这次机构调整为切入点，进一步加强班子建设，不断增强领导科学发展的能力、驾驭全局的能力、适应角色转换的能力、担当新重任的能力，打造一个“有真才实学，能真抓实干，又清正廉洁”的坚强领导班子。我作为院主要负责人，要从自身做起，在维护党组团结、贯彻民主集中制、实施党组坚强领导方面努力发挥表率作用。调整前，在座的同志虽然分属不同单位，但同在理论宣传战线和哲学社会科学领域工作，我们有着共同的事业、共同的理想和共同的追求。也就是说调整前我们就是“一家人”，调整后我们更是“一家人”。希望同志们多沟通、多交流，紧密合作、和谐相处，同甘共苦、同舟共济，在新的“大家庭”中，实现人生理想，推动事业发展。

三是突出重点，扎实推进。全院各部门要严格按照省委、省政府的要求，切实把机构调整的各项工作做深、做细、做扎实。要高度重视思想政治工作，从维护全院团结稳定、推动我院又好又快发展大局出发，搞好各项工作的衔接过渡，保证调整任务的圆满完成。要“两手抓、两不误”，一手抓调整，一手抓年初既定的各项任务的落实，特别是要抓好省委、省政府和省委宣传部安排部署的重点工作的落实。要根据年初制定的工作任务，按照既定目标和工作分工，进一步强化责任，制定措施，严格督查，确保如期完成。

同志们，从今天起，省社会科学院、省委讲师团和省社科联三个单位将以一个新的团结奋进的集体展现在人们面前！我们坚信，在省委、省政府的正确领导下，院党组一班人一定能够带领全院干部职工，高举中国特色社会主义理论伟大旗帜，以科学发展观统领办院，认真贯彻落实党的十七大和省委七届三次、四次全会精神，团结拼搏，群策群力，开拓创新，扎实工作，在我省理论武装、服务决策、繁荣发展哲学社会科学的宏伟事业中，不断做出新的更大的贡献！

在院业务工作机制整合创新恳谈会上的讲话

（2009 年 4 月 29 日）

今天，请原社科院、社科联、讲师团部分业务处室的主要负责同志来开一个座谈会，有两个目的：一是听听大家对机构合并后业务处室开展工作的想法，主要想听听大家关于业务机制整合创新的意见和建议；二是按照省委“干部作风建设年”活动的安排部署，开一次恳谈会，同大家谈谈心。三个单位机构合并后，业务工作如何衔接，体制机制如何创新，制度怎样完善，事业朝哪个方向发展，等等，我们面临着很多课题需要研究。我们是学术研究、学术管理单位，是弘扬民主精神的殿堂，所以大家的发言不存在讲得好与不好的问题，会上也不作任何决议，同志们一起说说我们自己的事情，我也想听听大家的心里话。

我感到大家谈得都很好，从不同角度思考问题，从不同侧面谈想法，一些意见和建议值得借鉴和深入研究。一个突出的感觉是，同志们对“三位一体”的提法，在方向上是认同的。“三位一体”的提出，主要是从省委、省政府赋予我们的职责和任务这个角度来考虑的，就是大力加强马克思主义坚强阵地建设，繁荣发展哲学社会科学事业，努力为省委省政府决策服务、为全省经济社会发展服务、为基层服务。这是我们必须坚持的大政方向，也是确立理论武装、服务决策、繁荣发展“三位一体”工作格局的根本依据。大方向明确了，下一步的工作如何开展，路径选择的问题需要同志们一起认真研究和思考。今天的探讨是初步的，会后还需要继续深入思考。大家可以通过不同形式和途径向院党组和我本人反映自己的意见和建议，以便院党组集思广益，做出科学决策，稳步推进合并重组工作，带领全院同志在新的工作格局中，以奋发有为的精神面貌，投身到推进理论武装、服务决策、繁荣发展的宏伟事业中来。

正在开展的“干部作风建设年”活动，对于我院当前工作来说，就是要把机构合并后的调整整合工作作为一个重要的标尺，来检验活动的开展成效。作风建设要动真格的，不能玩虚的。机构合并重组，首先要不误事、干成事、干好事。合并后，如果三个一相加等于三，只能算是及格；相加小于三，那就是失败；相加大于三，才算成功。对于我们来说，只许成功，不许失败。我们是为省委、省政府“出主意”的，如果连自己的事情都弄不清、搞不好，还能给领导出什么高招！把自己的事情办好，把自己的队伍建设好，关乎形象、关乎荣誉，意义非常重大。今天，听了大家的发言，我感到在这一点上大家是有共识的。有了“志同”，就能“道合”，就有了做好下一步工作的共同思想基础和目标指向。

下面，同大家一起探讨几个问题。

首先，“三位一体”，怎样表述更好。三个单位合并前，都有相对独立的工作职能。“三位一体”，从职能上讲，讲师团是理论武装，社科院是服务决策、科学研究，社科联是繁荣发展哲学社会科学；从运行机制上讲，讲师团主要是宣教，社科院是科研，社科联是社科联合；从相互关系上说，科研是基础，宣教为依托，社科联是纽带。所以从组织形式、功能作用、内在机制上综合表述，就是“三位一体”。合并不是简单搭积木，是在共同基础上的重组，是根据不同阶段的任务选择出的最优组织形式，目的是使管理更加科学，运行更加顺畅，作用更加突出，发展更具潜力。听了大家的发言，更加坚定了院党组和我本人进一步做好工作的信心，信心来自我们有共同的发展愿望和工作目标。“三位一体”的思路还需要进一步研究、完善。作为中层的主要负责同志，完全可以在职责范围内组织同志们进一步研究探讨。

其次，关于内设机构问题。最近，召开了机构重组后新的领导班子第一次党组会议，《会议纪要》已印发各处室所中心。院党组根据省委的任命，对班子成员、副巡视员、秘书长的工作分工临时做了调整，对协助院党组工作的综合处室，按照归口统一管理原则，明确了这一时期的职责和任务。在这里讲两句话：一是年初财政预算原则上不变，二是年初确定的工作任务原则上不变。不变是相对的，不是绝对的，因为我们在进行重组改革，需要有一个探索—成熟—决策—调整的过程。行政综合处室要归并，人财物管理要统一领导，业务工作渠道还要保留。按照这个要求，要搞好工作衔接，该请示的问题按照领导分工和程序请示，决不能误事。院内设机构怎么调整比较好，大家要认真思考，有好的意见和建议，可以写个条子交给我，也可以面谈。

最后，关于人员定性问题。原讲师团是省委直属机构，原社科院是省政府直属机构，原社科联是党领导下的社科社团组织管理机构。工作人员有的参公，有的是职员，有的走职称系列，还有工勤人员。对于合并重组后工作人员定性问题，大家应该认真思考研究，院党组将集中大家的意见，形成《三定方案》，向省编办报批。

深入推进大宣讲格局建设
不断开拓理论武装工作新局面

——在2009年全国党委讲师团团长年会上的发言

（2009年5月17日）

2008年，河北省委讲师团以科学发展观为统领，高举中国特色社会主义伟大旗帜，突出学习宣传贯彻科学发展观、推动河北又好又快发展这一主题，充分发挥职能作用，在理论宣传、理论教育、理论研究方面取得了显著的成效。面对新形势、新任务、新要求，我们将继续坚持“围绕中心、服务大局”的思路，不断创新，整合力量，发挥优势，努力作为，着力构建大宣讲格局，更好地发挥理论引导、理论服务的作用，为改革发展提供理论支持。

一　认真履行职责，发挥作用，扎实开展理论武装工作

在省委的领导下，2008年全省讲师团系统扎实工作，在许多领域取得了较大进展和显著成绩。一是大力开展有声势的主题宣讲、专题宣讲活动。围绕党委、政府中心工作，广泛深入地开展“深入学习贯彻党的十七大精神和省委七届三次全会精神”“深入学习贯彻党的十七届三中全会和省委七届四次全会精神”等重大主题宣讲；同时积极开展“进一步解放思想推动

四个创新”“加快推进经济结构调整”“推进节能减排”“推进城镇面貌‘三年大变样’”“推动全民创业”“迎奥运讲文明树新风”等一系列专题宣讲，取得了良好效果。二是构建大宣讲格局工作取得明显进展。在学习宣讲党的十七大精神活动中，我团提出并逐步完善构建大宣讲格局工作规划，2008 年该项工作正式实施。在全省 11 个市建立了基层宣讲工作站；建立省委讲师团理论宣讲专家资源库，聘请近百名省内外知名社科专家为专家资源库成员，定期开列公布宣讲“菜单”，接受“点播”；加强基层理论宣讲骨干的培训，建设基层宣讲队伍；开设网上理论宣讲视频，利用网络开展理论宣传。通过谋划和推进以上工作，较圆满地完成了构建大宣讲工作格局试点工作，为今后进一步深化和完善这一工作积累了经验、奠定了基础。三是积极开展理论服务。为各级党委中心组理论学习搞好服务、辅导，大力培训各级中心组学习秘书；围绕省委中心工作，积极开展各种形式的理论服务。四是深入开展理论研究，推出一批有影响的理论研究成果。有的研究成果得到中央领导的肯定，在《人民日报》发表；有的进入省委、省政府决策，取得了很好的社会效果。

理论武装工作要不断适应新形势、新任务、新要求，就必须不断总结经验，探索创新，改进提高。结合开展深入学习实践科学发展观活动，我们通过调查研究，认真查找出工作中需要改进的问题，其中一个突出问题是理论宣讲在基层的覆盖面和影响力需要进一步扩大。目前，基层理论宣讲工作是理论工作相对薄弱的环节，存在以下几个方面的问题：一是基层宣讲师资队伍力量薄弱，专职教员短缺，后备力量不足，队伍建设缓慢；二是对理论宣讲工作人员的培训不够，县级以下理论宣讲人员参加省以上理论培训的机会较少，获取学习资料与信息的渠道狭窄，宣讲人员的知识储备、理论素养和实践经验不足；三是理论宣讲的针对性、时效性、吸引力、感染力有待进一步增强，在实际宣讲工作中，存在照本宣科的问题，有的宣讲与思想和工作实际相结合的内容较少、深层次思考较少，宣讲效果不理想；四是基层宣讲经费不足，办公设施简陋，理论宣讲工作很难利用现代化的手段展开。在今后的工作中，我们要进一步解放思想，大胆创新，通过着力解决以上问题，把理论武装工作做得更扎实更深入。

二　进一步实现理念、方法、机制创新，保持理论武装工作的生机和活力

创新是扎实做好理论武装工作的前提。推动理论武装工作创新，必须按照科学发展观要求，努力实现工作理念、方法和机制的创新。一是创新理论教育理念。要以和谐理念活化理论工作，以科学理念整合工作资源，以开放理念适应信息技术发展的新形势，以服务理念推进工作的落实。二是改进理论教育方式方法。要坚持以人为本，注重满足多方面、多层次的理论需求。要由传统的照本宣科、说教灌输为主，向潜移默化、渗透感召、以情动人、以理服人转变，通过群众所接受、所喜欢的形式传播理论知识。要进一步把研究宣传省委重大决策部署、干部群众普遍关心的热点问题作为工作的主攻方向，在全面、准确、深入上下功夫，在增强针对性上下功夫，在迅速及时反应、增强时效性上下功夫。三是创新理论教育工作机制。进一步推进干部理论教育工作制度化、规范化，完善相关制度、措施，按照“课题式设计、项目式管理、工程式推进、台账式督查、绩效式考核”工作法要求，建立健全教学科研工作的各项规章制度，抓好科研教学工作的精细化管理，确保多出成果、出精品成果，为事业发展提供保证。

三　深入推进大宣讲格局建设，不断开拓理论武装工作新局面

按照巩固、规范、提高的原则，进一步建立完善我团大宣讲工作格局，打造品牌，形成特色：有效统筹整合社科理论界的力量，以我省现有理论队伍为骨干，以各级宣传文化阵地为依托，以相关行业的知识传播体系为辅助，通过体制机制建设，建立“三位一体”“四级联动”的宣讲体系。“三位一体”，就是通过整合各种资源，形成各级党委和政府领导干部参与、社科专家为主体、群众宣讲员为补充的“三位一体”的宣讲力量。“四级联动”，就是省市县乡四级宣讲队伍上下贯通、协调联动、优势互补、资源共

享，逐步建成覆盖全省的理论宣讲工作网络。一是加强理论宣讲阵地建设。完善基层理论宣讲站工作机制，探索有效运行模式和宣讲形式，充分调动宣讲站工作人员的积极性主动性，更好地发挥其职能作用。二是建立上下协调联动的宣讲工作机制。省委讲师团发挥宣讲专家资源库作用，组织专家开展“菜单式”“点播式”宣讲；加强“送理论下基层”工作，保持活动的持续性、经常化；指导各市委讲师团、县委宣传部，建设以基层宣讲站人员为主、吸收社会资源参与的专兼职相结合的基层宣讲队伍。三是建立基层理论援助机制。制定《基层理论骨干培训制度》，对县级以下理论宣讲人员进行全面理论培训和宣讲知识培训，进一步提高宣讲人员的理论素养、知识水平、宣讲水平，切实增强理论宣讲的针对性、时效性、吸引力、感染力；定期赠送有关学习、宣讲资料，协调解决基层宣讲站实际困难，不断改善基层宣讲工作条件。四是加快网上理论宣传创新。进一步改版河北省干部理论教育网，重点推出燕赵理论大讲堂、理论热点沙龙、名家宣讲超市、热点时评集锦等视频宣讲栏目，打造理论宣讲新平台。五是统筹运用各种媒体密集开展理论宣传，扩大理论宣传的社会影响力。

以科学发展观为指导
全面提升我省学会工作新水平

——在2009年省社科联所属学会秘书长培训工作会议上的讲话

（2009年6月9日）

河北省社科联所属学会秘书长培训工作会议，是一次重要会议。在这次培训工作会议上，同志们将学习有关社团管理文件，听取部分学会工作经验介绍。大家还要围绕文件学习展开讨论、交流经验。我相信，这次培训工作会议时间虽紧，但经过同志们共同努力，一定会开出成效，对于我们进一步做好学会工作将会起到积极的促进作用。

这次学会秘书长培训工作会议，也是我省社科联系统在非常时期召开的一次重要会议。大家知道，今年初，省委、省政府做出决定，省社会科学院、省委讲师团、省社会科学界联合会实行机构设置调整合并。4月，省委宣布了机构重组后的省社会科学院党组及讲师团、社科联领导班子调整的决定。按照精简、统一、效能的原则，省社科院、省委讲师团、省社科联合并重组后，在社科院同时挂省邓研中心、讲师团、社科联的牌子。即实行"一套人马，四块牌子"，牌子不摘，队伍不散，资源整合，职能优化。这是省委、省政府在我省社科领域贯彻落实科学发展观的新创举，是我省社科事业管理体制改革的新突破，也为我省哲学社会科学事业繁荣发展提供了重要机遇。

省社科院、讲师团、社科联实行"一套人马，四块牌子"，客观上形成了理论武装、服务决策、繁荣发展“三位一体”新的工作格局，即以社科研究为基础、以理论宣讲为载体、以社科联合为纽带的新型工作运行机制。这将有利于我省哲学社会科学资源的优化整合、开发利用和繁荣发展，有利于加强中国特色社会主义理论体系在社会科学领域的指导地位，有利于发挥哲学社会科学在全省经济社会又好又快发展中的智库作用，有利于社科队伍建设及体制环境优化。总之，这一切对于我省哲学社会科学界围绕中心、服务大局和自身繁荣发展，都将具有重要的现实意义和深远的历史意义。

面对新的形势和任务，不仅对社科联而言是迎来了发展新机遇，对学会而言也是迎来了发展新机遇。下面，我仅就新形势、新任务下如何抢抓新机遇、应对新挑战、打造新优势，做好学会工作，讲两点意见。

一 要以科学发展观统领办会

当前，哲学社会科学界面临新的发展机遇。中国特色社会主义理论体系的确立，学习实践科学发展观活动的开展，为我们的学会工作、为繁荣发展社会科学事业提供了科学的理论指导与强大的思想武器；党的十七大和省委七届三次全会精神的指引，为繁荣发展社会科学提供了正确的政治方向；党中央和省委、省政府对社会科学的重视和领导，为学会工作和社会科学繁荣发展提供了坚强的政治保证；全面建设小康社会的伟大实践，为繁荣发展社会科学提供了思想源泉；全党全社会对社会科学的关心支持，为繁荣发展社会科学创造了良好的社会环境。

同时，哲学社会科学界也面临着挑战。胡锦涛总书记多次强调，经济工作搞不好，要出大问题；意识形态的工作搞不好，也要出大问题。当前我们面临的国内外形势复杂，国际金融危机对我国及我省经济发展的冲击尚未见底，势必对人们的思想造成各种各样的影响。而且，今年各种社会思想、思潮和重要时间节点也很多，包括西藏民主改革 50 周年、澳门回归 10 周年、新中国成立 60 周年等。社科界是比较敏感的领域，统一思想、增强信心尤为重要。各学会要保持清醒的头脑，要增强政治意识、大局意识，尤其在当前“保增长、保民生、保稳定”的工作大局中，各学会在提供智力支持和理论支撑上要有所作为。总之，要坚定不移地以科学发展观为统领办好学会的事情。

一是要坚持以科学发展观为指导。在学会工作中，坚持用科学发展观统领学会工作，坚持在召开研讨会和开展学术活动前向主管单位进行申报备案；在召开研讨会、开展学术活动时要提前审稿，严格把关；在评审优秀成果时，既要坚持“二为”方针，又要贯彻“双百”方针等。通过这些具体环节，保证用马克思主义中国化的最新理论成果即中国特色社会主义理论体系指导学术活动。

二是要认真学习宣传科学发展观。科学发展观是全党智慧的结晶，实践性是其突出的理论特色。社会科学工作者担负着学习宣传科学发展观的重要任务，必须把科学发展观大众化，才能充分发挥其对实践的指导作用。因此，做好科学发展观的宣传、教育、普及，努力使党的理论创新的最新成果转化成干部群众的思想观念，转化成干部群众的行动指南，转化成干部群众的自觉实践，转化成党和政府的决策依据和参考，是学会工作者的神圣职责。我省第二批学习实践科学发展观活动正在高等院校等单位进行，我们的社科工作者要做到先学一步，对科学发展观做出阐释，为干部群众所理解、所掌握。

三是要深入研究科学发展观。深入开展理论研究，是我们认识世界、探索规律、指导工作的重要前提。要联系实际开展研究，通过研究，引导全省广大干部群众深刻认识科学发展观的科学内涵、精神实质和根本要求，深刻认识科学发展观是必须长期坚持和深入贯彻的重要指导方针和重大战略思想。在研究中，要紧密联系干部群众的思想实际，深入回答在当代中国为什么要坚持马克思主义在意识形态领域的指导地位而不能搞指导思想的多元化，为什么要坚持中国特色社会主义而不能搞资本主义，为什么要坚持人民代表大会制度而不能搞“三权分立”，为什么要坚持中国共产党领导的多党合作和政治协商制度而不能搞西方的多党制等重大问题，从而更好地发挥统一思想、凝聚力量的作用。

四是要善于用科学发展观指导社会科学事业繁荣发展。科学发展观为我们做好学会工作提供了科学的世界观和方法论。广大社科工作者要理清研究思路，拓展研究内容，改进研究方法，在学科体系、学术观点、研究方法上大胆创新，“多出成果、出好成果”，使社科研究始终体现时代性、把握规律性、富于创造性，更好地发挥哲学社会科学“认识世界、传承文明、创新理论、资政育人、服务社会”的作用。

二　要全面加强学会建设

学会是社科联工作的组织基础，学会管理则是社科联工作的基本职能。现在，我省社科联所主管的学会连同会员社团，一共有近百个，这是一支强大的社科队伍。要充分发挥好学会的重要作用，推进我省经济社会发展和实现哲学社会科学事业繁荣，就必须全面加强学会建设。

一要加强学会的党组织建设。党的建设，是做好学会工作的根本保证。作为特殊社会形态的学会，必须在中国共产党的领导下，做好各项工作，为中国特色社会主义建设做贡献。为此，加强学会党的建设，就显得尤为重要。我省学会的党组织建设，从总体上看，目前还处于摸索和起步阶段，在理论和实践上都还存在许多亟待解决的问题。首先是思想认识的偏差。有些同志认为学会本身是松散型的，不必建立党的组织；有的认为现在是市场经济，学会党组织可有可无。其次是学会党组织对开展学会党建活动缺乏针对性和必要措施。党建活动的开展与学会的实际工作联系不够紧密，存在脱节现象。最后是学会党务工作者整体素质有待提高。有的学会党组织的负责人年龄偏大，有的新同志对党建工作不熟悉，党建知识缺乏，思路不清，办法不多，因而难以创造性地开展工作。要解决这些问题，首先要提高在学会中建立党组织的思想认识。党中央和省委多次发文强调，为了保证党对学会的政治领导，保证学会正确的政治方向，把广大社科工作者团结在党的周围，就必须在学会中建立党的组织。其次要理顺学会党组织的隶属关系和加强管理。按照“谁主管，谁负责”的原则，学会的党组织原则上应隶属于业务主管单位。最后要加强对学会党务工作者的学习培训。建立健全学会党的组织，关键是选好配强党组织负责人。要把那些年富力强、政治坚定、作风正派、业务精通、群众基础好的同志，选配到学会党组织负责人的岗位上来。

尤其要采取分类指导和集中培训等途径，加强学会党组织负责人的培训，努力提高他们的政治水平和业务能力。各级学会党的组织，一定要认真履行自己的职责，保证在党的领导下开展各项工作，保证学会所有的活动不偏离党的路线、方针、政策。同时，学会党组织要坚持以会员为本、以专家学者为本，为他们做好服务，指导督促好学会的日常工作，监督学会各级领导做好自己的本职工作。

二要加强学会领导班子建设。学会的领导班子，是学会赖以生存的主体。学会从成立之初，就要选配好领导班子，要选准选好会长、副会长、秘书长和法定代表人，尤其是学会秘书长。学会的日常工作、学会的各项活动、学会的发展规划等，学会秘书长起着重要的作用。学会要切实加强领导班子建设，对不能胜任和不能领导学会开展正常工作的学会领导，坚决予以调换，要把热心社会科学事业、愿为学会工作做贡献的专家学者选拔到学会领导岗位上来，保证学会日常工作健康、有序开展，进而不断开创我省哲学社会科学事业新局面。

三要加强学会制度建设和基础建设。俗话说："没有规矩，不成方圆。"学会要做好各项工作，要不断取得新的发展，就必须建立健全各项规章制度，用规章制度规范学会的各项活动。多年来，我们已经制定了不少这方面的制度，还要不断健全完善，更望大家共同努力遵守。同时还要做好学会的基础建设。基础建设包括学会的办公场所、设施，会员的交流平台、会刊、网站等，学会只有把基础建设好，才能搭建起学会活动平台，充分调动广大会员的积极性，做好学会的各项工作。

四要加强学会的科研工作。学会的科研工作，是学会的生命力所在。我们说某一个学会比较有名，就在于这个学会科研工作做得好，"出成果、出人才、出效益"这"三个出"比较突出。近年来，我们的学会都抓了科研工作，但抓得还很不够。这次会议之后，我们的学会都要做一个科研规划，在抓好用科学发展观武装的同时，要在"服务决策、服务发展、服务基层"方面，根据各自的专业特点，围绕省委、省政府的保增长、保稳定、保民生等重大问题来开展研究工作，努力为解决河北经济社会发展面临的重点、热点、难点问题献计献策。省委提出的城镇面貌"三年大变样"、建立符合河北实际的现代产业体系、文化产业大发展等课题，都需要学会投入力量，加强研究。在重视应用研究的同时，也要强化基础理论研究。基础理论研究课题也很多，如社会主义核心价值体系、燕赵文化研究等，我就不一一举例了。要通过做课题，培养学会科研队伍，培养学会人才。我们各学会的党组织，可以在这个问题上发挥作用，从实践中提出课题、把握课题，特别是要通过做课题，充分发挥中青年学术骨干的积极性、主动性、创造性，进一步营造有利于拔尖人才脱颖而出、有利于人才健康成长、有利于人才发挥才能的良好氛围。通过做课题，学会要给中青年学术骨干交任务、压担子，积极帮助他们解决工作、学习、生活上遇到的实际问题，积极为他们发挥聪明才智创造良好环境。有了一批用马克思主义理论武装起来、立足河北、面向全国、学贯中西的科学技术人才，一批理论功底扎实、勇于开拓创新的学术带头人，一批年富力强、政治业务素质好、积极进取的青年理论骨干，那么，做好学会工作就有了人才队伍保障。

同时，还要做好学会的科普工作，重点要普及宣传好中国特色社会主义理论，要宣传好党在新世纪新阶段的路线、方针、政策，传播新思想，交流新信息，普及新知识。

同志们，我们不可能通过一两次会议就能解决所有问题，但可以肯定地说，通过这次学会秘书长培训会议，大家对如何做好学会工作，会从思想认识上有一定提高，在经验做法上受到启示。只要我们热爱学会工作，虚心学习，勤奋工作，学会工作就一定能上一个新台阶，提升到一个新水平。谢谢大家！

在院专业技术人员岗位聘书颁发大会上的讲话

（2009 年 6 月 16 日）

刚才，继民同志宣读了我院关于薛维君同志等 214 名专业技术人员岗位聘用及原讲师团 4 位同志岗位聘用的通知，院领导为 110 名高级专业技术人员颁发了岗位聘用证书，会后还要由各单位向中初级专业技术人员下发聘书，按省职改办要求更换的新资格证书也会很快发给大家。至此，我院首次专业技术岗位设置管理工作也是我院建院以来第八次专业技术岗位聘用工作圆满结束。在此，我代表院党组向所有这次被聘用的各级专业技术人员表示热烈的祝贺！

这次事业单位专业技术岗位设置管理是在全国范围统一进行的，是新世纪新阶段国家专业技术队伍管理的一项制度创新。这项制度第一次从国家层面规范了事业单位的岗位设置管理，提出了岗位设置的政策规定；第一次提出了通用的岗位等级，为事业单位千差万别的岗位设计了通用的等级标准，为人才成长搭建了通道；第一次阐明了岗位设置与岗位聘用的关系，为实现按岗聘用、合同管理创造了条件；第一次明确了按聘用岗位确定岗位工资待遇，为“岗变薪变”提供了政策依据。这四个第一次充分说明了这项工作的重要现实意义和深远历史意义。

2008 年初，根据全省事业单位岗位设置管理实施意见，我院开展了岗位设置管理工作，全院在编人员都纳入了岗位设置管理中。我们按省职改办的要求，于 2008 年 4 月底前如期完成了管理和工勤两大块的岗位设置。今年3月，省职改办印发了冀职改办〔2009〕83号文件《关于做好全省事业单位专业技术岗位聘用工作的通知》，在省职改办的统一部署下，我院专业技术岗位设置聘用工作正式启动。

专业技术岗位聘用涉及每位专业技术人员的切身利益，受到全院专业技术人员的密切关注。为了把这项工作做好，院党组高度重视，专门成立了岗位设置管理工作领导小组及其办公室，对外对内都做了大量工作。在省委、省政府的关怀下，在省职改办的大力支持下，我们在岗位设置工作中，坚持专业技术岗位设置及聘用有利于“三个服务”的办院方针，有利于“出成果、出人才、出效益”的总体要求，有利于建立“省级一流、国内知名”社科院的目标。总之，就是有利于科研中心工作，有利于人才队伍建设，有利于全院事业发展。同时，我们制定各级各档条件时，首重业绩，兼顾年资，重视运用政府、社会公共评价结果，尽量让专业技术人员在首次聘任中最大限度地得到实惠和利益。在实际工作中，坚持以人为本，平等自愿，公开、公正、竞争、择优的原则，发扬民主，充分发挥院、所两级学术委员会的作用，并加强监督。全院专业技术人员识大体、顾大局、讲竞争、讲团结，体现了我院专业技术人员较高的思想觉悟和整体素质。经过大家的共同努力，我院专业技术岗位设置聘用工作经过“动员部署、调研摸底、制定方案、组织实施”四个阶段，如期完成。4月23日，省职改办审核并批准了我院的聘用方案，214名专业技术人员（含2006年末已批准退休人员正高6人、副高2人、中级1人）分别被聘用到二级至十一级岗位，所有科研人员都得到了岗位聘用，聘用结果得到了科研人员的充分肯定。

本次专业技术岗位设置管理工作首次设立的十三级专业技术岗位，为人才成长搭建了平台，为今后科研工作增添了活力，也为全院专业技术人员坚持“三个服务”的办院方针，坚持“出成果、出人才、出效益”的总体要求，为早日实现创建“省级一流、国内知名”社科院的目标提出了更高的要求。在此，我代表院党组对全院科研人员提四点希望。

第一，全院专业技术人员要以这次岗位聘用为动力，进一步增强做好科研工作的信心和决心。这次聘任工作，绝大多数同志得到满意的工作岗位。希望大家在今后的科研工作中，以这次岗位聘用为动力，增强自豪感、责任感，发扬成绩，创新科研，为科研工作更上一层楼做出自己应有的贡献。个别未能如愿的同志要奋起直追，继续努力，以更加优秀的科研成果为今后的高岗位聘用创造条件。

第二，发扬团队精神，树立精品意识。今年是我院落实“十一五”发展规划的关键一年，科研人员在科研工作中，要发扬团队精神，加强协作和联合，共同做好重大项目的攻关，为服务决策、服务发展、服务基层多出成果，出好成果。

第三，认真抓好今年年初确定的各项工作的落实，确保各项工作圆满完成。今年的时间已经过半，各单位要按照年初党组制定的工作要点，认真谋划，扎实工作，千方百计落实好各项任务。承担我院精品课题、重大课题、重点课题和青年课题的同志，要深入实际，搞好调研，认真做好课题的研究，力争早日拿出高水平的精品力作；经济形势第一季度分析会已经召开，要做好举办第二季度分析会的准备工作；重点学科、重点扶持学科建设要按要求抓紧抓好；蓝皮书要开始启动，搞好内容设计；要高质量完成省委领导交给我院的“构建符合河北实际的现代产业体系”等重大课题的研究，力争早日拿出高质量的研究成果。

第四，按照院党组提出的“三位一体”工作新格局的要求，实现我院的更好更快发展。目前，我院的机构调整正在进行，院党组提出了理论武装、服务决策、繁荣发展“三位一体”新的工作格局。院党组希望全院干部职工，团结奋斗，开拓创新，扎实工作，以科学发展观统领办院，促进我院科研及各项事业的进步，进而为推进我省经济社会又好又快发展和哲学社科事业繁荣做出新的更大的贡献！

在院干部作风建设年活动推进会议上的讲话

（2009 年 6 月 16 日）

6 月 8 日，省委召开省直学习实践活动整改落实暨干部作风建设年活动推进会议，要求省直单位充分发挥好表率和示范作用，认真落实活动各项要求，高标准高质量地落实整改，抓好活动的深入开展。6 月 10 日和 12 日，院活动办、院党组先后召开专门会议，研究当前及今后一个时期我院活动推进工作，形成了贯彻落实省委会议精神，进行再动员、再部署、再推进的实施意见。刚才，秀芬同志已经代表院党组做了传达，会后要全力抓好贯彻落实。下面，我就把握形势、明确任务、推进活动讲三点意见。

一 学习实践活动落实整改成效显著，干部作风建设年活动取得阶段性成果

按照省委统一部署，自今年 2 月我院开展干部作风建设年活动以来，院党组高度重视，不断深化学习实践活动的积极成果，紧密围绕活动主题和我院实际，精心组织，扎实推进。

一是推动及时。2 月 19 日，我院召开全院动员大会，对活动开展做了动员和部署，组建了活动领导小组和工作机构，出台了实施方案。院活动领导小组对整个活动及各阶段任务做了详细安排，制定了活动开展时间表，明确了各个环节的工作责任，提出了活动开展的具体要求。目前，省委规定的

动员部署、集中学习、“一把手”蹲点调研、公开承诺、警示教育、民主恳谈等活动环节和任务均已一一落实，收到了实际效果，达到了预期目的。

二是整改扎实。认真兑现学习实践科学发展观活动整改方案所做的公开承诺，重点推进群众普遍关注问题的解决和体制机制的创新。院党组统一领导，班子成员落实责任，相关部门逐项实施，有力推动了整改工作。特别是省委做出省社科院、省委讲师团、省社科联机构调整的决定，为推动整改提供了新契机。随着工作和机制整合的逐步推进，原有的一些问题顺利得以解决或将在预期内得到解决，如健全和完善决策议事规则，优化讲师团系统课题评审、立项的组织管理工作，解决原社科联干部职工就餐问题等。据统计，整改方案所列 33 个整改项目，已经完成 29 项，有 4 项正在积极推进中，实际整改落实率达 88%，超过了省直单位平均 68% 的水平。从最近《院领导班子民主生活会征求意见调查表》反馈的情况看，全院干部职工对整改工作的满意度达到了 95% 以上。

三是主题突出。我院活动紧紧围绕推动科学发展这个主题展开。干部作风建设年中，恰逢省委、省政府对我院做出机构调整的重大决定。院党组自觉将机构调整与活动开展紧密结合起来，把握新机遇，谋划新发展，以活动开展促进机构调整，以机构调整检验作风建设，以事业发展体现活动成效。通过走访、恳谈、调研，集思广益，认真谋划，在发展问题上全院上下形成了新共识，确立了发展新思路，即以科学发展观统领办院，构建理论武装、服务决策、繁荣发展“三位一体”工作新格局，坚持“为省委省政府决策服务、为全省经济社会发展服务、为基层服务”的办院方针，落实“出成果、出人才、出效益”的总要求，实现“省级一流、国内知名”的办院目标。

四是特色鲜明。一抓科研作风转变。强化政治意识，坚持马克思主义“一元化”指导地位，不断深化马克思主义中国化最新成果的理论和实践研究，在全省理论武装工作中努力发挥先锋作用；培育创新精神，大力推进机构调整中机制体制整合创新，推进学科体系、学术观点、科研方法的创新；弘扬务实作风，将省情调研活动常态化，不断推进课题项目库建设，形成“三个服务”的有力抓手。二抓理论宣传造势。充分发挥科研和理论引领作用，组织专家开展辅导、宣讲，提出活动工作建议，撰写发表理论文章，努力为全省活动的健康开展创造良好的舆论氛围。

总体来看，我院学习实践整改工作和干部作风建设年活动展示出了良好势头，全院上下思想统一，紧扣主题，落实要求，行动迅速，工作推动在“严、细、深、实”上下功夫，活动成果在推动发展、促进调整、发挥职能作用上见实效，为下一步活动的深入开展奠定了良好基础。省委督导组对我院活动开展情况进行督导检查时，肯定了我院工作，认为领导高度重视，活动紧密结合工作实际，富有特色，成效明显。在肯定成绩的同时，我们也应该清楚地看到，伴随着活动的深入推进，一些潜在的问题也日益显现出来，能够突出地感到，有的同志思想认识还不到位，有的部门活动推进还不够扎实。比如，个别部门落实整改工作用力不足，怕担责任，不谋实招，不用真功，不见实效，整改方案至今停留在嘴头上、套牢在文件里，影响了整改大局；有的同志认为，作风建设主要是行政权力部门的事，科研单位搞不搞无关紧要，思想和行动上主动将自己“边缘化”，主动性、自觉性不够，工作较被动；有的部门负责同志，认为活动是做虚功，淡化活动、弱化要求、简化程序、应付检查、敷衍了事，影响了活动开展的质量和效果；有的同志缺乏统筹观念，不能正确处理业务工作与活动开展的关系，认识不到“磨刀不误砍柴工”的基本道理，以业务工作活动代替作风建设活动，活动开展和业务工作都打了折扣。上述种种问题必须引起高度重视，并在下一步的活动开展中有针对性地加以解决。希望全院同志要以更加良好的作风保障作风建设的扎实推进，务求收到更加实实在在的效果。

二 认真落实省委要求，再掀干部作风建设年活动新高潮

当前，学习实践活动整改落实工作已到关键时刻，干部作风建设年活动正处在攻坚阶段。党中央和省委对第一批学习实践活动单位整改落实后续工作高度关注，提出了“两个确保”的目标要求：一是确保进度，在整改方案规定的时限内全部完成整改工作；二是确保质量，坚持高标准、严要求，努力实现突出问题解决彻底、体制机制完备科学、科学发展富有成效、干部

群众普遍满意。对此，云川书记明确要求，进一步坚定打攻坚战和持久战的思想，以更大的决心、更大的力度、更大的声势，把干部作风建设年活动推向深入。认真贯彻落实党中央和省委指示精神，是把我院干部作风建设年活动不断引向深入的方向要求和首要任务。

推进干部作风建设年活动的深入开展，必须与我院正在进行的机构调整工作紧密结合起来。全院同志要把思想进一步统一到省委关于开展干部作风建设年活动重大部署和一系列指示精神上来，统一到省委关于我院机构调整的重大决策上来。要以干部作风建设年活动的深入开展确保调整工作的顺利实施，以机构调整的积极成果衡量和检验活动的实际效果。确保平稳过渡，推进机制整合和创新，实现新的发展，是我院干部作风建设年活动见实效的重要标志。

继续深入推进干部作风建设年活动，必须找准工作的切入点。最近，省纪委、省委组织部等四个部门联合下发了《关于狠刹不良风气的规定》，提出了“十个严禁”。大家应该清楚，“十个严禁”本是党员干部、国家公职人员应当遵循的基本行为规范，省委如此大张旗鼓地抓条规上墙、抓广泛监督、抓明察暗访、抓违纪处理，在全社会引起广泛反响，可见某些单位和个人作风松懈、纪律松弛的问题已经到了令人难以容忍的地步。6 月 4 日，省委做出《关于向姜瑞峰同志学习的决定》，要求全省各级党组织开展向姜瑞峰同志学习的活动，学习他始终把党和人民的利益放在第一位，恪尽职守、无私无畏，求真务实、开拓创新，清正廉洁、一身正气的高贵品格。两个文件，一个是整饬纪律，另一个是树立楷模，体现了省委把作风抓实、把工作做细的决心和信心。全院党员干部职工要认真学习贯彻落实两个文件精神，从我做起，展示良好风貌，发挥模范作用。

三　突出抓好重点环节，推动工作和事业发展

深入开展干部作风建设年活动，要把落脚点放在推动工作、促进发展上。当前，要重点抓好以下五个方面的工作。

一是“回头看”，突出抓整合。机构合并之后，机制、队伍、资源需要

整合，查摆出的问题、解决问题的方案也要整合，一并研究解决。社科院、讲师团、社科联在学习实践科学发展观活动中梳理出的问题，是院新的领导班子和全院同志面临的共同问题。机构调整为落实整改工作创造了更好的条件，有些问题随着调整工作的深入得到了有效解决；同时也应该看到，调整过程中也必然会产生出新的矛盾和问题，这就需要我们认真调查研究，做好分析梳理，搞好综合汇总，研究整改意见，落实工作举措，抓好整改落实。经院党组研究，按照整合的原则，已经对院活动领导小组和活动办做了调整，充实了领导和工作力量。整改工作要落实省委要求，搞好“回头看”。一看进度，将每项整改工作建立起工作台账，一步一步地落实；二看效果，看整改的效果是虚还是实，是停留在纸面和汇报上，还是落到了实处，起到了应有效果，发挥了实际作用；三看群众满意度，看群众对我们的工作是否满意，对整改是否满意。

二是认真查，突出查落实。“十个严禁”既是作风问题，也是纪律问题。所谓认真查，就是要做好自查、督查、查处工作。要查三个层面的情况：一查领导班子和班子成员，给全院干部职工做表率；二查各部门责任落实，树立好的工作作风；三查部门工作人员，杜绝不良行为。纪检组要配合院党组做好这项工作，不走过场、不讲情面，及时纠正错误，对违纪者要严肃处理。

三是下力抓，突出抓成效。当前，我院面临的一项重要任务是做好机构调整工作。这次机构调整，领导关注，社会关注，同行关注，兄弟单位也关注。大家都希望通过机构调整，我院能够走出一条发展新路子，提供一个可资借鉴的发展新模式。从这次院党组民主生活会征求意见的结果看，全院干部职工最关心的问题有两个，一个是内部机制整合问题，另一个是干部职工身份和待遇问题。这两个问题既是事关今后全院事业发展的大问题，也是事关干部职工切身利益的大问题。院党组高度重视机构调整工作，把合并重组作为首要任务列入议事日程，对同志们提出的好的意见和建议，会认真研究采纳。通过一段时间的调研，院党组从推动发展、带好队伍这个大局着眼，形成了整合工作的基本构想。首先，牌子不摘、队伍不散、职能不减；其次，力争人员工作生活待遇就高不就低；最后，“当量”做大，工作标准是：三个一相加小于三就是失败，等于三毫无意义，大于三才算成功。实现这个初衷，关键在机制整合，难点也在机制整合，破解难点要靠解放思想和机制创新。调整后院党组的第一次会议，就已经做了分工，组建了院新的《三定方案》编制工作组、科研机制整合创新工作组、行政后勤整合工作组、议事决策制度整合工作组，分别由分管院领导牵头、职能处室参加，目前正在抓紧进行各项工作，已经收到显著成效。

四是学先进，突出学榜样。姜瑞峰同志模范践行“做党的忠诚卫士、当群众的贴心人”，树立了一面新时期优秀共产党员的光辉旗帜、一面优秀纪检监察干部的光辉旗帜、一面优秀领导干部的光辉旗帜。院党组号召全院同志特别是各级领导干部，以姜瑞峰同志为榜样，做党和人民的好公仆，做攀登科研顶峰的先行者，做事业发展的螺丝钉。机关党委要认真组织好向姜瑞峰同志学习的活动，同时注重挖掘身边的先进典型，特别是机构调整中的典型事例，形成学先进、转作风、促和谐、比奉献、创佳绩的良好风尚，带动全院良好作风和学风的进一步树立和养成。

五是再推动，突出领导力。要进一步加强对干部作风建设年活动的领导。院领导班子和各部门负责同志，要在活动中发挥好模范带头作用，坚持活动组织、业务工作并举并重，抓纪律、抓作风、抓机制、抓发展，把活动切实开展好，把我们共同的事业办好。

建设河北曹妃甸科学发展示范区促进京津冀区域合作共赢

——在北京·中俄第三届社科论坛上的演讲

（2009 年 6 月 22 日）

进入 21 世纪，继我国 20 世纪 80 年代珠江三角洲、90 年代长江三角洲开发发展之后，环渤海经济圈正在崛起，成为我国经济发展的第三增长极。从国际现代化历程看来，各国在此发展阶段都集中力量在滨海地区建设像美国的休斯敦、日本的坂神、韩国的釜山等那样引领工业发展的标志性重化工业区，以优化生产力布局，加速工业化进程，带动腹地经济起飞。而位于环渤海经济圈中心区位的河北省曹妃甸科学发展示范区，以其钻石级国际优良港址和世界级重化工业优良发展基地的“黄金宝地”优势，聚集了世人的目光！

一　开发建设曹妃甸科学发展示范区是促进京津冀区域合作的迫切要求

第一，曹妃甸在京津冀区域具有发展重化工业的比较优势。

曹妃甸拥有发展重化工业的独特自然条件优势。“面向大海有深槽，背靠陆地有浅滩”，曹妃甸是我国少有的深水港址资源，也是渤海湾中唯一不需开挖人工航道和港池、不需疏浚维护即可建设大型深水港的港址，可建设

30 万吨级的大型泊位。曹妃甸岛与陆地之间为大面积潮间带，有 450 平方公里古滦河浅滩与陆地相连，为临港重化工业发展提供了良好的自然条件。世界上发达国家拥有这种自然条件的港口，无一例外都发展成为世界级的重化工业带。

曹妃甸拥有发展重化工业必需的国际性集疏港口的区位优势。曹妃甸所在地区是我国四大经济区的交接地区，是南北东西物资交换量最大的地区；曹妃甸处在渤海湾的顶端部位，具有较低的综合运输成本；曹妃甸距周边中心城市都在 250 公里以内，并有多条国铁干线、高速公路、国省干线公路相连接，构成了便利的交通运输网络；曹妃甸港口腹地是我国煤炭、钢铁、建材、电力、化工最大的消费地和生产地，是我国华北、东北和西北“三北”地区的重要出海通道。

曹妃甸港区拥有发展重化工业所必需的环境与资源支撑能力。曹妃甸港区环境敏感度低，环境容量大，能够支持重化工业基地的开发建设；水资源相对充裕，海水淡化可提高本地可供水量，完全有能力支撑工业区淡水需求；大量未开发的国有滩涂可供利用。本区重化工业发展所依赖资源组合条件好，煤炭、石油、铁矿石、原盐等资源丰富，适合大规模、高密集发展现代重化工业。

曹妃甸港区的自然垄断优势和产业基础派生出一系列市场竞争优势：在大型能源和原材料港口建设重化工业，可以明显地降低能源原材料和产品的物流费用，获得低成本优势；冶金、石化、电力等相关产业在空间上聚集形成产业集群，降低交易成本，提高技术创新能力，大大提高产业竞争力；产业传统的积淀可以提高产业的配套能力、技术工人和其他资源的供给，加快开发建设的速度。

第二，开发建设曹妃甸科学发展示范区是促进环渤海区域协调发展的迫切需要。

开发建设曹妃甸科学发展示范区，是环渤海地区在更大范围、更高层次上利用国际资源的紧迫需要。加入 WTO 后，我国的国际化进程明显加快，能源原材料大进大出的格局，要求我国必须在环渤海地区建设国际性能源和原材料集疏枢纽港，承担原油、铁矿石进口和北煤南运的重要任务，以保证我国经济运行的安全。预计到2020年，我国原油和铁矿石消费总量的一半需要进口，煤炭在环渤海地区港口的年下海外运量将达到5亿吨。目前，环渤海地区由于受多种因素的影响，至今还没有形成具有战略支配地位的深水港口群，与其经济地位和职能分工极不相称。尽快选择区位条件好、发展空间大、支撑能力强、便于参与国际分工合作的区域建设能源原材料集疏枢纽港是当务之急。曹妃甸拥有建设我国北方国际性深水港口群的独特天然条件，又紧临天津滨海新区，因此，开发建设必然提上国家战略高度。

开发建设曹妃甸科学发展示范区，是优化京津冀重大生产力布局、避免新的发展阶段重化工业低水平重复建设的紧迫需要。曹妃甸示范区自然条件优越，发展潜力巨大，与天津滨海新区统筹规划、成组布局后，可以促进我国北方重化工业的聚集和产业的集群化，推动区域分工的合理化，消除我国能源、交通的瓶颈制约，实现京津冀都市圈生产力重心战略东移，避免京津冀地区盲目建设、分散布局、区域内争夺资源的粗放增长和低水平重复建设，它对促进京津冀区域在合理分工基础上联合协作、加速环渤海地区的发展有重大现实意义。

开发建设曹妃甸科学发展示范区，是保障国家经济运行安全和战略物资储备的紧迫需要。能源和原材料加工工业是影响和带动国民经济发展全局的基础性产业，煤炭、石油、天然气、铁矿石等战略资源，历来是世界各国争夺激烈和交换量最大的物资。目前环渤海地区的港口由于受布局、结构和分工等多重因素的影响，明显不适应保障我国经济运行安全和参与国际竞争的需要。开发建设曹妃甸，有利于环渤海地区港口的合理分工，可利用优越的条件进行能源的战略储备，为我国提供战略保障，促进我国区域间战略性物资的供需平衡，提高我国经济社会发展的应急能力和抗干扰能力，对于保证国民经济运行安全具有不可替代的重大作用。

开发建设曹妃甸科学发展示范区，是引领环渤海地区乃至全国的重化工业区发展循环经济的紧迫需要。曹妃甸示范区是亟待开发的处女地，可以按照新的发展理念，走出一条科技含量高、经济效益好、资源消耗低、环境污染少、人力资源优势得到充分发挥的新型工业化道路，是一种全新的重化工业发展模式。将曹妃甸示范区按循环经济理念开发建设，对于推动环渤海地区乃至整个国家的重化工业发展循环经济具有重大示范意义。

二 以建设曹妃甸科学发展示范区为契机，全面推进京津冀区域合作共赢

根据曹妃甸新区产业聚集特点，河北省唐山市加快了与周围地区产业转移和协作发展的进程。继首钢搬迁曹妃甸之后，2007 年 7 月，唐山与天津滨海新区签订战略合作协议，使环渤海区域的“双引擎”真正实现协同作战、共谋发展的局面。2008 年 1 月 22 日，国务院正式批复了《曹妃甸循环经济示范区产业发展总体规划》，标志着曹妃甸循环经济示范区已正式纳入国家战略规划部署之中。以曹妃甸的开发建设为契机，京津冀三方将在众多领域内存在区域合作的广阔前景。

第一，进一步科学合理地确定北京、天津滨海新区与曹妃甸科学发展示范区的功能定位，从而推动京津冀三省市整体上的分工协作。

科学合理地确定京津冀地区重要增长极的战略定位，对于京津冀三方发展至关重要，关系到京津冀生产力布局的调整与区域合作的基础。

北京作为国家首都，已从昔日的“经济中心”的定位中摆脱了出来，其功能定位已日益明确。“国家首都、国际城市、文化名城、宜居城市”，这十六个字鲜明地勾画出北京未来发展的方向和目标。

天津滨海新区的定位是：服务环渤海，辐射“三北”，面向东北亚，建成高水平的现代化制造、研发基地，北方国际航运中心和国际物流中心，成为宜居的生态海滨城区。概括起来，目标就是“一个基地”“两个中心”。

曹妃甸的功能定位为：环渤海地区的国际性能源和原材料集疏枢纽港，世界级重化工产业基地，国家商业性能源储备和调配中心，国家级循环经济示范区，科学发展示范区。

第二，进一步明确京津冀三方产业发展方向，促进产业协调发展。

北京产业发展总的方向和要求是，走高端产业发展之路，把现代服务业发展放在优先位置，大力发展高新技术产业，适度发展现代制造业，显著提

升都市型现代农业水平。

天津滨海新区制造业不发展一般重化工业和一般加工业，重点发展电子信息、精细化工、生物技术、新能源、环保等高附加值产业。积极发展国际物流、国际贸易和国际商品展销等现代服务业，并积极创造条件向自由贸易区转型。加快建设和形成七个产业功能区，即高新技术产业区、现代冶金产业区、空港物流加工区、海洋产业及循环经济示范区、海港物流区、化学工业区和休闲旅游区。

曹妃甸工业区的产业发展是：依托港口与周边及腹地的优势，培育拓展临港产业，建立以港口物流、钢铁、石化、装备制造（造修船）四大产业为主导，电力、临港建材、海水淡化等关联产业成组布局，现代服务业配套发展的生态型重化工业产业体系，形成具有世界先进水平的资金密集和技术密集型临港重化工业产业集群。分为精品钢铁工业区、三化合一的综合化工区、商业仓储及物流区、船舶修造区、临港新型建材工业区、重型机械制造工业区、其他装备制造工业区。

这里特别强调的是，曹妃甸与天津滨海新区的产业定位明显具有互补性：天津滨海新区不发展一般重化工业，而曹妃甸主要是发展具有先进技术特点的循环经济型重化工业，包括大型造船业、重型装备制造业等。在化工方面滨海新区主要是发展石油开采、石油化工、海洋化工、精细化工，而曹妃甸主要是发展石化、盐化和煤化“三化一体”的化学工业体系，与天津具有较大的互补性。冶金方面，滨海新区有一小部分钢铁工业，而曹妃甸是具有世界领先水平的精品钢材，基本上不冲突。在物流业上，天津主要是集装箱和散杂货为主的现代国际物流业，曹妃甸主要形成面向“三北”的进口矿石、原油仓储物流中心和煤炭中转枢纽，两者互补性较强。

第三，进一步完善港口等综合交通运输体系建设，重组京津冀发展新空间。

京津冀区域港口、机场的整合刚刚起步，交通设施网络化程度与加快经济整合的矛盾依然比较突出。交通设施的建设还需要进一步完善。一是港口分工与合作。天津港是 5 万 ~ 15 万吨级的人工港，功能是以集装箱、散货业务为主的现代化港口，北方航运中心，目标是建设成连接欧亚大陆和太平洋的中国北方国际物流中心。曹妃甸港是20万~30万吨级的天然港，主要是国际性能源和原材料集疏枢纽港，建设煤炭、原油、铁矿石专用码头，远期可作为天津的外港，发展集装箱业务。二是港口共建。应当通过打破行政区划的束缚，联合建港用港，加强港口之间及港口与腹地之间的分工与联合，联合利用开放窗口，变沿海优势为区域整体优势，推动本地区的整体开放与外向型经济的发展。三是完善城际交通网络，在京津冀都市圈，应该尽快形成以通勤铁路和高速铁路以及地铁为主的高速轨道交通体系。北京作为环渤海的中心城市，除了要和天津融合加强航运中心和制造业中心建设之外，还应该积极向两翼扩展，从而可以为京津冀都市圈的发展提供更为广阔的空间。通过基础设施（特别是跨行政区交通、通信）的完善与网络化，充分发挥中心城市通过金融、贸易、信息等网络对区域内腹地的辐射功能，并由政府引导和市场竞争相结合来促进区域统一市场的形成。

第四，进一步完善市场开放，逐步建立区域性统一大市场。

京津冀三方应当抓住各自发展的契机，借鉴长三角发展经验，在形成全国统一市场进程中，按照优势互补、整体协调、合理分工与协同共进等原则，逐步建立起对外开放的区域性统一大市场。一是建立统一与开放的区域要素市场，促进生产要素的自由流动与优化组合。树立大商品市场观念、大金融市场观念、大人才市场观念，促成区域内商品、资金和劳动力的自由流动。二是注重市场体制、政策法规等软环境建设，统一协调，制定共同协议和市场规则，优化市场环境，实现商品与要素流动的真正畅通。

第五，进一步加强生态规划，力促京津冀区域可持续发展。

要实现可持续发展，京津冀三方同样必须坚持环境与发展的综合决策，在生态建设方面实现规划和合作。一是将北京与其周边地区作为整体进行规划，在摸清生态环境整治现状的基础上，从流域内上下游地区之间的生态联系、水资源纽带和经济关系入手，提出今后一段时期京津冀都市圈生态环境整治的目标和重点；二是在北京与张家口、承德等地之间建立起比较稳定的政府间经济联系；三是建立以水源保护为主要内容的经济补偿机制；四是加大中央政府对京津冀都市圈生态治理的资金投入，并广泛吸引社会资金的参与。

第六，进一步加强金融业协调合作，为经济发展提供支持。

与浙江等发达的经济区域相比，京津冀三方金融市场发育滞后，金融体制改革较慢。曹妃甸循环经济和科学发展示范区的建设以及天津滨海新区的金融体制改革，对京津冀三方的金融业合作提出更高的要求：一是应加强三方管理层面协作，为金融业合作以及跨区域融资的便利实施扫清障碍；二是应加快推进市场一体化，在现有体制框架下，打破京津冀内部不同区域的市场保护和分割，从而为金融业的健康合作和发展提供沃土，促进资金的自由流动；三是应建立金融发展龙头，建议京津二市提高在金融业方面的合作意识，共同努力打造京津冀都市圈、环渤海城市群乃至全国性的金融中心。

以“干部作风建设年”活动为契机建立健全“三位一体”工作新格局

——在院领导班子民主生活会上的发言

（2009 年 6 月 26 日）

根据中纪委、中组部和省纪委、省委组织部、省委学习实践活动办公室的有关要求，按照院党组《关于 2009 年度院领导班子民主生活会的安排意见》，今天召开院领导班子民主生活会。召开民主生活会是党中央学习实践科学发展观活动和我省“干部作风建设年”活动的一项重要内容，这次民主生活会的主题是：加强领导干部党性修养，树立和弘扬良好作风，推动科学发展。

开展“干部作风建设年”活动是省委、省政府贯彻落实科学发展观的一项重大部署。在活动进行之中，又恰逢省委、省政府做出了对社科院机构进行调整的重大决定。可以说，“干部作风建设年”活动在社科院被赋予了新的含义：机构调整工作是检验我院“干部作风建设年”活动成效的重要标尺，开展“干部作风建设年”活动又是搞好我院机构调整工作的重要保障。因此，我们要以“干部作风建设年”活动为契机，按照科学发展观的要求，进一步明晰发展新思路，构建工作新格局，推动我院在新形势下的科学发展。下面，结合这次民主生活会的主题和对上述问题的思考，谈三点认识。

一　推动科学发展，构建“三位一体”工作新格局

张云川同志在全省“干部作风建设年”活动动员会上的讲话中强调：加强干部队伍作风建设，目的是推动科学发展，促进社会和谐，实现富民强省。我认为，这其中核心目的是“推动科学发展”。推动科学发展是促进社会和谐、实现富民强省的基础和途径。具体到我院，如何在机构调整的新形势下来推动科学发展，是摆在新一届院党组和领导同志面前的首要问题。

推动我院科学发展，首先要解决认识论和方法论问题。要以科学发展观统一思想，准确把握和回答“什么是科学发展”；要以党中央和省委关于哲学社会科学事业发展的一系列指示精神来谋划确立科学发展的思路；要按照哲学社会科学自身的规律来设计实现科学发展的方法和途径。思想作风建设解决的就是认识论和方法论问题。我们要珍惜和把握“干部作风建设年”活动契机，打开解放思想“总阀门”，进一步解决认识问题、观念问题，为推动我院科学发展奠定思想基础。

基于这些基本认识，机构调整后，新一届院党组以“大力加强马克思主义坚强阵地建设，繁荣发展哲学社会科学事业，努力为省委省政府决策服务、为全省经济社会发展服务、为基层服务”为根本依据，在走访、调研、恳谈基础上，集思广益，提出建立理论武装、服务决策、繁荣发展“三位一体”工作新格局。

“三位一体”工作格局，整合了三家单位的职能作用、运行机制和相互关系。从工作职能上讲，讲师团是理论武装，社科院是决策服务、科学研究，社科联是繁荣发展哲学社会科学；从运行机制上讲，讲师团是宣教，社科院是科研，社科联是社科联合；从相互关系上说，科研是基础，宣教是依托，社科联是纽带。所以从组织形式、功能作用、内在机制上综合表述，都是“三位一体”。深入理解和阐释“三位一体”，需要把握三点。

第一点，坚持以发展为核心。这次机构调整不是简单的搭积木，而是在共同基础上的重组，是根据不同阶段的任务选择出的最优组织形式，目的是使管理更加科学，运行更加顺畅，作用更加突出，发展更具潜力。一句话，

是为了推动社科院又好又快发展。实现我院乃至全省哲学社会科学事业的科学发展必须是我们谋划思路、制定大政方针和工作目标的核心任务，是唯一指向。这个发展是建立在新的平台、新的组织结构、新的职能定位上的。推动发展的途径是“为省委省政府决策服务、为全省经济社会发展服务、为基层服务”，实现发展的基本要求和标志是“出成果、出人才、出效益”。

第二点，坚持全面、协调、可持续的基本原则。“三位一体”不是三方面内容的简单并列和叠加，而是有机融合、相互支撑。科研是理论武装和繁荣发展的基础，理论武装和社科联合是科研工作的延续和保障。三方面内容不是那种“你”与“我”相互独立的存在，而是“你中有我，我中有你”的有机整体。“三位一体”讲的是在社科院整体框架下的职能分工，如果说社科院的发展是一盘大棋，那么每项工作都是一个棋子，在这盘大棋中扮演着不同角色，发挥着不同作用。发展是整体的发展，是全面的发展，是同步的发展，是协调的发展。协调出凝聚力，协调出合力，协调出发展。

第三点，把握哲学社会科学工作的目标任务和发展趋势。2002 年 7 月，江泽民同志在考察中国社会科学院时发表的重要讲话强调：我国哲学社会科学界要努力担负起认识世界、传承文明、创新理论、资政育人、服务社会的职责。2004 年 5 月，胡锦涛同志在中央政治局第十三次集体学习会议上强调：哲学社会科学界要大力发扬理论联系实际的优良学风，围绕改革开放和现代化建设亟待解决、广大干部群众普遍关心的重大理论和现实问题，深入调查研究，深入钻研探索，组织协同攻关，努力拿出无愧于时代的成果，更好地为人民服务、为党和政府决策服务。《中共中央关于繁荣发展哲学社会科学的意见》指出，要坚持解放思想、实事求是、与时俱进，积极推进理论创新。要自觉地把思想认识从那些不合时宜的观念、做法和体制的束缚中解放出来，从主观主义和形而上学的桎梏中解放出来。贴近实际、贴近生活、贴近群众，立足当代又继承民族优秀文化传统，立足本国又充分吸收世界文化优秀成果，准确把握当今世界的发展趋势，深刻认识当代中国经济社会发展的规律，努力建设哲学社会科学理论创新体系，积极推动学术观点创新、学科体系创新和科研方法创新。这些讲话和《意见》都提出了哲学社会科学工作的目标和任务。

当前，哲学社会科学面临着三大任务：一是探索共产党执政、社会主义建设和人类社会发展“三大规律”；二是研究时代提出的问题，并作出马克思主义的科学回答；三是促进中国先进文化的发展，弘扬和培育民族精神。在新形势下，哲学社会科学不再是单纯研究“世界应当是什么”的“空对空”“玄学”，而是承担着认识客观规律、解决实践问题、传播科学真理等多重角色。这是哲学社会科学的发展大势。把握这个大趋势，顺应这个大趋势，就会为繁荣哲学社会科学打开新天地。这次机构调整，是省委、省政府贯彻落实科学发展观的重大举措，是顺应哲学社会科学发展大趋势推动我省哲学社会科学事业繁荣发展的重大决策，为社科院的发展提供了有利契机。“三位一体”体现了我们对哲学社会科学目标任务和发展趋势的认识和把握。建立健全“三位一体”工作格局，将能够让我们抓住这一有利契机，顺应发展大势，翻开事业新的一页。

二　以作风建设为抓手，开拓事业新局面

省委、省政府《关于开展“干部作风建设年”活动的意见》要求“干部作风建设年”活动的目标是“五新”：贯彻落实科学发展观的自觉性坚定性有新增强；推进改革创新、破解发展难题的能力有新提高；服务创新创业、促进科学发展的环境有新优化；拒绝理由、雷厉风行、狠抓落实的作风有新改进；应对风险挑战、推进富民强省的实践有新业绩。要开创我院发展的新局面，也必须按照“五新”的要求做好每项工作。

发展的过程就是不断解决问题、破解难题的过程。在机构调整的新形势下，社科院原有的发展模式、运行机制已不再适应机构调整后的新要求。如何建立适应新形势、新要求的新的发展模式、新的运行机制，是我们需要破解的难题。破解难题，实现新的科学发展，必须走改革创新之路。

一是机制求创新。通过机制的整合创新，实现科研和管理资源的合理配置，优化组合，促进科研生产效益的最大化。要合理摆布课题的申报和管理，最大限度地调动社科研究人员的积极性。我院现在管理着三类课题，省社会科学发展研究课题、院级课题、讲师团系统课题。三类课题如何摆布，

要通过机制建设规范下来。要整合成果评价机制，提高成果奖励的科学性。我们有《河北省社会科学奖励办法》和院《优秀科研成果奖励办法》，之间的关系怎么摆？还有科研力量的整合、网络资源的整合，等等。特别是管理职能的整合定位问题，如何做到既充分考虑调整前的各项职能不减不弱，又能够保证今后的工作统一协调。这些都需要我们拿出创新的精神，打破常规思维，提出新的思路、新的办法。

二是工作寻突破。在新的工作平台上，每项工作都面临着创新的任务。决策服务：要在提高服务水平上求突破。研究要紧密联系河北的发展实际，紧密联系省委、省政府的中心工作。成果要有新观点、新举措，注重转化，管用。目前，要高质量完成省委、省政府领导圈定的重大课题。理论武装：要在形成大宣讲格局上求突破。宣讲既要“上天”，又要“落地”。“上天”就是掌握最前沿的理论，把握领导最关心的问题，给省领导做专题讲座；“落地”就是做好基层群众的理论普及工作，把深奥的理论用简单道理、朴素的语言宣讲出去。目前，要抓紧地方宣讲站建设，还要加强队伍建设，提高理论水平，因为，无论是“上天”还是“落地”，都需要坚实的理论根基。社科联合：要在触角延伸上求突破。把联合的触角延伸到全省社科工作的每个角落，最大限度地把全省的社科工作机构和工作者联合起来，把我们的工作平台扩大，把我们可用的社科资源挖掘充分。目前，要注重做好高校社联建设和省社科优秀成果评奖、优秀青年专家评选活动。

三是科研树新风。一要坚持马克思主义一元化的指导地位，用马克思主义的世界观和方法论来指导我们的研究工作。《中共中央关于繁荣发展哲学社会科学的意见》指出：“繁荣发展哲学社会科学必须坚持马克思主义的指导地位。要用马克思列宁主义、毛泽东思想、邓小平理论和‘三个代表’重要思想统领哲学社会科学工作，善于把马克思主义的基本原理同中国具体实际相结合，把马克思主义的立场、观点和方法贯穿到哲学社会科学工作中，用发展着的马克思主义指导哲学社会科学。决不能搞指导思想多元化。”马克思主义是科学的世界观和方法论。只有坚持以马克思主义为指导，我们在哲学社会科学研究中，特别是在涉及社会发展中带有全局性、战略性、前瞻性的重大问题研究中，才能以巨大的马克思主义理论勇气，解放思想，实事求是，与时俱进，勇于探索，敢于突破，正确认识和把握人类社会发展规律和中国特色社会主义建设规律，从而实现好、维护好、发展好最广大人民群众的根本利益。二要培养创新精神。对于社会科学研究来说，创新是核心，是生命，是灵魂。创新是研究的本义，创新是研究必须遵循的基本原则。在研究活动中，创新是具有全方位意义的，包括思想观点、研究方法、材料运用、表达形式等都有一个创新问题。创新还决定着社会科学作用的发挥，决定着社会科学研究存在的价值。一个社会科学工作者应当注重培养创新意识和创新能力。三要培养求真务实的作风。求真务实是马克思主义科学世界观和方法论的本质要求。对科学研究来说，求真务实是其本身内在的含义。科学研究是一项揭示本质、把握规律、创新知识的活动，是一个探求真理的过程。它要求我们必须按照现实世界的本来面目来理解现实世界，必须从事实本身的联系来把握事实。事物的本质、规律不是暴露于表面的，而是内含在复杂的现象之中的，因而只有以求真务实的精神，经过大量的调查并将调查得来的材料经过一番去粗取精、去伪存真、由此及彼、由表及里的加工制作，才能透过现象把握本质，透过偶然把握必然，使认识到达真理的彼岸。要养成求真务实的作风，就必须克服那些不注重理论联系实际而是生搬硬套，不注重调查研究而是闭门造车，不注重科研成果的质量而是片面追求数量，不注意冷静思考而是盲目追风，不注重基础理论的研究而是热衷于搞“短平快”，不注重科学研究的社会效益而是片面地追求经济效益等急功近利、浮躁不实的问题，培养潜心研究、严谨治学的研究态度，培养为了追求真理甘于清苦、甘于献身的意志品质，培养善于理论联系实际的能力，注重调查研究，注重提高科研成果的实用价值。

三　加强党性修养，打牢领导科学发展的坚实基础

张云川同志在“干部作风建设年”活动动员大会上的讲话中谈道：面对新的形势和新的挑战，加强作风建设，主要任务是打造一支“改革创新、真才实学、求真务实、公正廉洁”的高素质干部队伍。

干部队伍建设，特别是领导干部队伍建设是事业发展的保障。对我院而

言，在新形势下加强领导干部队伍建设，显得尤为重要。因为我们面临的是一项崭新的事业，是一个崭新的集体，要开创好这项事业，带领好这个集体，需要一个强有力的领导班子。打铁先要自身硬。

新一届院领导班子应当把加强班子建设、加强班子成员的党性修养放在重要位置。按照胡锦涛总书记在十七届中央纪委第三次全会重要讲话中提出的“六个着力、六个切实”的要求，加强班子建设。一是增强宗旨观念，树立正确政绩观。切实按照科学发展观的要求来谋发展，抓建设。坚持以人为本，在谋划发展的过程中，始终把干部职工的切身利益放在首位，把机构设置和人员定性问题进行统一考虑，争取“双轨制”。二是增强政治意识、大局观念，切实履行党和人民赋予的职责。围绕学习实践科学发展观活动中查找出来的制约我院发展的突出问题，落实整改，办实事，使实招，不断提高“三个服务”水平。三是强化事业心、责任心。在机构合并后，工作职能增加了，责任加大了，不能有丝毫怠慢，要专心致志谋发展，一心一意干事业。四是增强党纪观念。要严格遵守党的纪律，自觉同党中央在思想上、政治上、行动上保持高度一致。要严把选人用人关，严格治理拉票行为，整治用人上的不正之风，营造风清气正选人用人环境。要牢固树立过紧日子的观念，认真落实中央关于党政机关厉行节约的有关规定。要带头管好配偶、子女、亲友和身边工作人员，不允许为本人、配偶、子女或其他亲友借权力之便谋取不正当利益。

同志们，这次民主生活会是新的领导班子组建后召开的第一次生活会，具有十分重要的意义。希望同志们能够精诚团结，协调共事，不断加强党性修养，提高能力，为社科院的新的发展尽自己最大力量，做出应有的贡献。

在2009年度院领导班子民主生活会上的发言

（2009 年 6 月 29 日）

根据省纪委、省委组织部、省委学习实践活动办《关于开好 2009 年度民主生活会的通知》精神及院党组的安排意见，今天召开院领导班子民主生活会，主题是加强领导干部党性修养、树立和弘扬良好作风、推动科学发展。

胡锦涛总书记在十七届中纪委三次全会重要讲话中提出了“六个着力、六个切实”，这是新形势下贯彻落实科学发展观、推动科学发展对领导干部的具体要求，是提高党的执政能力、营造风清气正发展环境的重大举措，事关党和国家事业长远发展，意义重大而深远。《通知》明确提出，将“六个着力、六个切实”作为生活会“三个对照检查”的首要内容，符合干部队伍建设的实际情况，抓住了干部队伍建设的关键，针对性和实效性很强。这次民主生活会，是在我院学习实践活动深化整改落实、“干部作风建设年”活动强力推进、机构调整展开实质性工作的关键时期召开的，我们要珍惜这次机会，认真分析查摆问题，勇于开展批评与自我批评，在加强党性修养、树立良好作风、增强领导和推进事业发展能力方面收到实实在在的效果。

根据《通知》要求，会前院党组通过座谈、问卷等形式，广泛征求了全院同志的意见，为生活会分析查摆问题提供了第一手素材，打下了很好基础。从这次民主生活会征求意见的结果看，在学习实践科学发展观整改方面，满意率为 94.3%；在领导班子建设及其成员廉政建设方面，满意率为

96.2%。这表明，院领导班子在作风建设方面总体是好的，大家一门心思干事业、谋发展，在推进全院事业发展中发挥了关键作用，得到了广泛拥护。主要表现在以下四个方面。

第一，宗旨观念不断增强。坚持把人民群众的根本需要作为工作的方向选择。将为省委省政府决策服务、为全省经济社会发展服务、为基层服务确立为办院方针的主要内容，把服务于我省经济社会又好又快发展作为科研主攻方向，把事业的繁荣和发展作为第一要务全力推进，把解疑释惑社会普遍关注的热点问题作为科研着力点，把省情调研、理论宣讲下基层、社科知识普及活动常态化作为业务工作的有力抓手。宗旨观念在全院工作的整体布局和根本要求中得到了全面体现。

坚持把人的发展和群众的利益实现作为决策出发点和工作落脚点。在机构设置和人员定性问题上，坚持整体事业发展和个人价值实现的协调统一，努力做到“牌子不摘、队伍不散、职能不减”，保证全员享有按政策规定的工作生活待遇。在专业技术岗位聘任中，争取到省内最优惠的聘任政策，实现了按岗全员聘任，广大专业技术人员比较满意。涉及广大干部职工切身利益的政策出台，如《优秀科研成果奖励办法》等，注意听取全院同志意见，凡遇把握不准的问题，往往经过几上几下反复论证。

努力为干部职工解决实际问题。实施优化科研办公网络三年计划，购置40万册电子图书，加强了科研资料的支持力度。实施信息中心楼地下室改建职工活动室工程、科研办公楼楼顶防水改造工程、办公区供暖主管道更换工程。对南家属院1号楼暖气不热的老大难问题进行了重点突破。妥善解决了社科联人员工作餐就餐问题。据统计，院学习实践活动整改方案所列33个整改项目，已完成29项，有4项正在积极推进中，实际整改落实率达88%，超过了省直单位68%的平均水平。

第二，政治意识不断增强。当前，机构调整是院党组和全院同志面临的一项重要政治任务。院领导班子坚决执行省委决定，落实省委主要领导同志关于“抓好班子，带好队伍，多出成果”的要求，“打捆干事”不误事，加快改革，促进发展，表现出高度的政治意识和大局观念。全院上下集思广益，形成了构建理论武装、服务决策、繁荣发展“三位一体”工作新格局的发展共识。

“三位一体”工作新格局体现了以科学发展观统领办院的指导思想。实现我院新的发展总体思路是：坚持以科学发展观统领发展全局，构建理论武装、服务决策、繁荣发展工作新格局，坚持“为省委省政府决策服务、为全省经济社会发展服务、为基层服务”的办院方针，落实“出成果、出人才、出效益”的总体要求，实现“省级一流、国内知名”的奋斗目标。这其中，科学发展观是根本指针，“三个服务”是方向，“三个出”是标志，“三位一体”是平台，最终目的是发展。“三位一体”是在社科院整体框架内的职能分工和目标指向，不是“你”“我”“他”相互独立存在的关系，而是“你中有我”“我中有你”，相互融合、相互支撑的有机整体。发展是整体的发展，全面的发展，同步的发展，协调的发展。协调出凝聚力，协调出合力，协调促发展。

“三位一体”工作新格局体现了贯彻落实省委、省政府重大决策的自觉性和坚定性。这次机构调整，是省委、省政府在我省哲学社会科学领域贯彻落实科学发展观的创举。一套“人马”，挂四块牌子，体现了党中央、省委“精简、统一、效能”的机构调整原则。“三位一体”工作新格局表达了两个明确的概念：一是队伍不散、牌子不摘、职能不减；二是落实省委“打捆干事”的基本要求。所谓“打捆”，就是整合机构、优化机制、聚集力量、抓好班子、带好队伍，拧成“一股绳”；所谓“干事”，就是干我们共同的事业，围绕中心、服务大局，为繁荣我省哲学社会科学事业做出更大贡献。

“三位一体”工作格局体现了对哲学社会科学发展趋势的把握。当代哲学社会科学已不再是“躲进小楼成一统”、在书斋中著书立说的“玄学”，而是具有时代性、开放性、集约性等显著特征的系统工程。建立起符合哲学社会科学工作运行规律的工作机制。既要重视社科研究，也要重视科研成果的转化；既要重视成果的对策应用、论文发表等成果实现形式，也要注重理论宣讲、社科普及等更加泛化的成果实现形式；既要用好社科院本身的研究力量，更要用好全省的社科人才资源。构建“三位一体”工作新格局，打破了“条块”分割、自成一统的旧有工作格局，为新形势下实现科学发展搭建了更为宽广的舞台。

第三，干事创业能力不断提高。调整后的院领导班子对重点工作认真梳理，统一研究，统一部署，强力推进。一是出精品，创品牌。年初，省委、省政府主要领导同志为我院圈定了建立河北现代产业体系、城镇面貌“三年大变样”等方面的研究课题。我院提出了“打造一个系列精品、创出一个品牌”的工作目标。“构建符合河北实际的现代产业体系”和“推进城镇面貌‘三年大变样’”系列精品项目的阶段性成果《构建现代产业体系的河北解读》在《河北日报》发表，引起较好反响。已完成的9项相关成果，分别被省领导批示采纳或在核心期刊发表。为做好品牌项目“河北省经济形势分析会”，针对复杂多变的经济形势，将年度经济形势分析会拓展为季度、年度分析会，每季作小型分析，年度作大型分析预测。3月27日，召开了第一季度分析会，研讨综述报告已及时报省委、省政府和省委宣传部领导参考。今年我院有1项国家社科基金重点项目立项，实现了承担国家级重点项目零的突破。二是构建大宣讲格局，强化理论武装工作。完成了《理论热点20题》《学习贯彻胡锦涛同志“12·18”重要讲话精神宣讲提纲》《当前我省经济形势宣讲提纲》等编写任务。面向广大干部群众开展宣讲，与媒体合作推出形式多样的访谈节目，效果明显。加强基层宣讲站建设，完善了基层宣讲站的工作机制，为基层站订阅一报一刊及有关学习资料，购置光盘和数字化办公设备。努力办好《党委中心组理论学习通讯》，编辑出版“全省干部作风建设年活动专辑”，及时刊发学习动态、推广学习经验。三是强化组织联合，发挥桥梁纽带作用。发挥“河北省社会科学发展研究课题”平台作用，围绕我省重大经济社会问题立项课题300项，加强督导力度，完善奖惩机制。印发《河北省社科联社团管理办法》，突出抓学会年检，奖优惩劣；举办主管学会秘书长培训班，提高业务素质和工作水平。优化《河北省社会科学优秀青年专家评审和管理办法》，借鉴广西等地好经验，完善成果评价激励机制。

第四，党纪观念不断增强。认真抓好领导干部廉洁自律各项规定的贯彻落实，对照“五项规定”认真检查，我本人没有发生违规问题。开展反腐倡廉教育，将“十个严禁”在科研办公楼大厅和电子屏公布并落实督导检查。贯彻落实《关于在党政领导班子后备干部集中调整中加强监督认真治理拉票行为的通知》要求，从自身做起，坚决抵制拉票行为，我本人没有发生违背《通知》精神的问题。带头管好配偶、子女、亲友和身边工作人员，不借权力之便谋取不正当利益。认真贯彻中央《关于党政机关厉行节约若干问题的通知》精神，压缩经费20%，减少因公出国（境）团组和人数，暂缓购置轿车一辆。6月深入开展全国节能宣传周活动，核减会议经费5万元。根据省纪委要求，院纪检组实行了单派驻统一管理，进一步加强了党风廉政建设。

从民主生活会前征求意见情况看，全院干部职工普遍关心的问题有两个：一是机制整合问题；二是干部职工身份和待遇问题。综合分析是发展问题。开创工作新局面，核心要求是创新，重要标志是突破。

第一，机制求创新。调整前三家单位都有各自的职能特点，都有很好的工作经验和事业基础，如何通过机构调整充分实现职能整合、优势互补，达到“三个一相加大于三”的目的，机制创新是关键。一是机构设置、人员定性问题。新的《三定方案》编制工作是机制创新的龙头。新的职能定位，要遵循党的十七大和省委七届三次全会关于哲学社会科学工作的一系列指示精神，全面准确体现党中央和省委提出的“精简、统一、效能”原则和“两办”关于机构调整《通知》的基本精神，在“三位一体”工作新格局的框架内，进行重新审视。总的想法是：特色职能不缺项，交叉职能要合并；机构设置和人员定性，既要符合全院事业发展的总体要求，又要充分考虑到干部职工的切身利益和自身发展，努力做到全局利益和个人利益的协调和统一。要本着对每一位同志负责的精神，兼顾事业发展和个人发展，把最适合的同志放到最合适的岗位上。二是科研机制整合创新问题。重点考虑三个问题：做大做强优势学科，建立起以社科院优势学科为龙头，融全省相关学科力量为一体的优势学科群，真正拥有全省乃至全国相关学科领域更为强势的话语权；优化科研管理手段，充分运用现有不同层次的课题立项、评审，专家成果评选、评奖等宝贵资源，实现科研管理手段的优化组合和科研效益的最大化；合理配置科辅资源，现有的网络、刊物、科研资料信息等资源要合理配置，既要充分发挥功效，又要避免重复建设和功能重叠。三是行政后勤管理职能整合问题。要注意解决眼前工作运行中的实际问题，更要着眼于长远事业发展，实现人财物的统一管理、制度融合和资源整合。当前要做的工作有：认真研究“三位一体”工作新格局下的财务管理、固定资产管理的新情况、新问题，形成较为成熟的管理办法，制定统一的管理制度。重大项目要有充足的经费保障，注意提高资金的使用效率。树立“一盘棋”思想，充分考虑服务对象的不同特点，有针对性地搞好服务。

第二，工作寻突破。社科研究：要在重大项目上求突破。要围绕做好省委、省政府主要领导圈定的重大研究课题，出精品、创品牌。科研工作要突出思想性、指导性、实践性、针对性和可操作性，要从河北省情出发，站位要高，要有超前性，拿出理论上有创新、实践上有指导意义的研究成果，充分发挥“智库”作用。理论宣讲：要在不断增强实际效果上求突破。按照“巩固、规范、提高”的要求，抓好宣讲工作站建设，完善管理运行机制，构建大宣讲格局。增强宣讲实际效果要抓好“两头”，理论宣讲既要“登天”，还要“落地”。“登天”，就是把握领导最关心的问题，运用最前沿的理论，做好理论中心组的学习辅导，在决策层产生重大反响；“落地”，就是做好理论普及工作，把深奥的理论用简单的道理、朴素的语言传递给基层干部群众，入耳入心，实现理论武装工作的向下延伸。真正做到这一点，重要的是加强宣讲队伍建设，提高宣讲人员的理论水平，打下坚实的理论根基，把研究做深，把理论讲活。宣讲工作要注意用好、用足我院自身的研究成果，丰富宣讲内容，促进成果转化。社科联合：要在增强聚合力上求突破。要延伸触角。把联合延伸到全省社科战线的各个角落，不断拓展工作平台，充分挖掘社科资源。目前要抓好高校社联建设和民办社联机构管理，首先要建点立站，之后逐步纳入制度化、规范化管理轨道。要强化抓手。运用好优秀成果评奖、优秀专家评选、学会管理、课题申报等管理手段，以项目促合作，以人才聚队伍，不断开创社科联合工作的新局面。

按照“三个对照”的要求，我作为单位第一责任人，要在以下三个方面做出不懈努力。一要进一步增强机遇意识。机构调整后，面对的是新的发展机遇和全新的发展任务，要进一步破除惯性思维，在机构定编、人员定性等关键性的工作中，把握稍纵即逝的良好机遇，积极争取政策支持，努力争取最好结果，为我院的可持续发展打下良好基础。二要进一步增强统筹观念。在“三位一体”工作新格局中，要从机构调整前单以社科院的视角看问题、做工作的态势中走出来，形成全省社科界的大视角，理论武装、服务决策、繁荣发展的大理念，综合服务全省经济社会又好又快发展的大手笔。三要进一步增强进取精神。调整后的院领导班子担负着省委、省政府的重托，面对着全院同志及全省社科界的期盼，我们要借势发展，尽其全力，开拓进取，紧紧依靠全院干部职工，团结全省社科界同仁，开创社科事业发展的新局面。

抓住机遇乘势而上 努力开创理论武装工作新局面

——在2009年全省党委讲师团工作会议上的讲话

（2009年7月7日）

这次全省党委讲师团工作会议，是经省社科院党组研究、报经省委宣传部同意召开的，也是省委讲师团机构设置调整以后召开的第一次全省性工作会议。今年2月，省委、省政府为更好地促进我省社会科学事业发展，加强邓小平理论、“三个代表”重要思想和科学发展观的研究宣传工作，决定按照精简、统一、效能的原则，将省社会科学院、省委讲师团、省社科联整合、重组，省社科院挂省邓研中心、省委讲师团、省社科联牌子。4月，省委宣布了机构重组后省社科院党组及讲师团、社科联领导班子调整的决定。周文夫同志留任省社会科学院院长、党组书记，兼任省邓研中心主任、省委讲师团主任。孙毅、刘月、张福兴同志转任省社会科学院副院长、党组成员，继续分管讲师团工作。机构重组后，省委讲师团牌子不摘，队伍不散，职能优化，力量壮大，为今后更好地开展干部理论教育工作奠定了组织基础。目前讲师团系统面临的重要任务就是进一步统一思想、把握机遇、明确任务、扎实工作，努力实现我省理论武装工作的新发展。下面围绕这一问题，我讲两点意见。

一　把握新机遇，实现新发展

充分认识新形势下理论武装工作面临的新任务新机遇。当前，我国发展站在了一个新的历史起点上，改革开放和社会主义建设如火如荼，社会主义市场经济体制不断完善，党的思想理论建设不断加强，理论武装工作面临着新的机遇：党的理论创新与时俱进，中国特色社会主义理论体系的创立，为理论武装工作指明了方向，提出了新的任务；深入学习贯彻落实科学发展观、全面建设小康社会、构建和谐社会的生动实践，为理论武装工作提供了丰富内容；广大干部群众对党的创新理论衷心拥护和热情期盼，对于深层次、前瞻性、战略性、现实性思想理论问题关注度越来越高，为理论武装工作提供了强大动力；理论教育、研究、宣传热潮迭起，形式多样，特别是互联网等新兴媒体的广泛运用，为传播、学习、交流党的创新理论提供了新的渠道和手段；马克思主义理论研究和建设工程取得一系列重要成果，为理论武装工作提供了有力支撑。同时，日趋复杂的国内外形势也为理论武装提出了新的要求。世界范围内各种思想文化交流、交融、交锋频繁，国内社会思想文化日趋多元多变多样，各种社会思潮不断涌现，国际金融危机对人们的思想造成各种各样的影响。在这种情况下，提高理论武装水平、打牢共同思想基础的任务非常艰巨；推进党的创新理论大众化，用科学发展观武装党员干部、教育人民群众、促进解放思想、推动科学发展的任务非常艰巨；引导干部群众学习践行社会主义核心价值体系、巩固共同理想信念、提供强大精神动力、培育文明道德风尚的任务非常艰巨。推动河北科学发展的实际也为我省理论武装工作提出新的要求。为深入贯彻落实科学发展观，为积极应对国际金融危机，推动河北科学发展、富民强省，省委、省政府做出“保增长、调结构、惠民生”等一系列重大决策部署，真正落实好这些重大决策部署，实现河北的发展和振兴，关键性的问题就是要提高干部素质、加强干部作风建设，这就给干部理论教育部门提出了紧迫的要求。我们必须紧跟我省经济社会发展步伐，紧扣省委、省政府中心工作，服务河北改革发展大局，充分履行职能，围绕提高干部思想觉悟、理论素质、知识水平、工作能力和转变作风，深入开展有针对性的理论教育、理论研究、理论宣传工作，为应对复杂严峻的经济形势，推动河北的发展稳定提供保障。

要切实把握机构重组为讲师团事业发展提供的新机遇。省委、省政府高度重视理论武装工作，重视加强理论队伍建设。这次机构调整，是省委、省政府在我省哲学社会科学领域贯彻落实科学发展观的新创举，是我省哲学社会科学事业管理体制改革的新突破，为理论武装工作进一步发展提供了新的平台。通过这次机构调整，初步形成了理论武装、服务决策、繁荣发展“三位一体”新的工作格局，形成了以社科研究为基础、以理论宣讲为载体、以社科联合为纽带的新的工作运行机制，为我省哲学社会科学界在理论武装和“服务决策、服务发展、服务基层”方面发挥更大作用搭建了更为广阔的平台。省社科院是省委、省政府的“思想库”和“智囊团”，有着较强的科研能力和较丰富的科研成果；省社科联是省委、省政府联系与团结社会科学工作者的桥梁和纽带，联系渠道多，辐射范围广。三者“强强联合”，可以使社科院、社科联的优势和成果得以在理论武装工作中得到新的体现、实现新的价值，省委讲师团理论武装工作也会在更高水平、更深层次、更广领域发挥作用。

同志们要从战略和全局高度深刻认识所肩负的崇高使命，从大局出发深刻认识这次机构改革的重要意义，把握好新的机遇，运用好新的平台，适应新变化，熟悉新情况，增强责任感、使命感，努力完成好党和人民赋予的光荣任务，推动我省理论武装工作新的发展。在工作中应着重把握以下两点。

第一，突出工作重点，明确工作任务。党的十七大对加强党的思想理论建设做出了重要部署，胡锦涛总书记强调宣传思想工作要高举旗帜、围绕大局、服务人民、改革创新。我们要认真学习贯彻党的十七大精神，学习贯彻胡锦涛总书记重要讲话精神，高举中国特色社会主义伟大旗帜，以邓小平理论和“三个代表”重要思想为指导，深入贯彻落实科学发展观，用科学发展观统领、指导工作。要紧紧围绕用中国特色社会主义理论体系武装全党、教育人民这一战略任务，着力宣传马克思主义中国化最新成果，着力推动社会主义核心价值体系建设，着力回答干部群众关心的重大理论和现实问题；要紧紧围绕推进我省经济社会又好又快发展的大局，着力宣传党的路线、方针、政策和省委的重大决策部署；要坚持贴近实际、贴近生活、贴近群众，不断创新理论教育宣传的内容、形式和方法，努力增强理论工作的说服力、感召力、战斗力，为我省各项事业发展提供强有力的思想保证、精神动力和理论支持。要认真落实省委书记张云川同志提出的“哲学社会科学界要多出成果、出好成果”的重要指导意见，落实“为省委省政府决策服务、为全省经济社会发展服务、为基层服务”的办院方针和“出成果、出人才、出效益”的要求，着力构建理论武装、服务决策、繁荣发展“三位一体”新的工作格局和运行机制，努力实现理论教育事业新的更大发展。

第二，发挥自身优势，勇于开拓进取。省委讲师团有着很好的事业发展的基础。多年来全省讲师团系统充分履行职责，创造性地开展工作，取得了显著成绩，积累了好的工作经验。特别是形成了比较健全的制度体系和工作机制。现在全省讲师团系统体系比较完整、队伍整齐，上下贯通、协调联动，有很好的工作基础。从全国来看，各级党委讲师团都在以高度的政治责任感，满腔热情地开展工作，发展势头好，士气高涨，信心很足。各省市讲师团之间通过年会等形式，形成了互相学习、交流，互相鼓励、支持的机制，为讲师团事业发展营造了一个很好的宏观环境和氛围。这些都是我们的优势。有这样好的客观条件和工作基础，我们对事业发展充满信心。但同时还应该看到，面对新形势、新任务、新要求，讲师团工作还存在一些有待改进、提高的地方。在第一批学习实践科学发展观活动中，省委讲师团经过调查研究、归纳梳理、聚焦提炼，查找出理论宣讲覆盖面和影响力需要进一步扩大，理论研究的针对性、时效性有待进一步增强等突出问题，需要在今后的工作中逐步解决。讲师团工作要适应新的形势任务要求，抓住新机遇，实现新发展，必须不断总结经验，坚持好的传统和做法，保持工作的连续性。同时，还要不断更新观念、拓展思路，进一步解放思想、转变观念、与时俱进，开阔眼界、开阔思路，用开放、统筹的思维谋划、推进工作；还要善于借鉴，勇于开拓，借鉴新的成果，吸纳新的力量，不断探索新的工作规律，开辟新的工作途径；还要积极参与，共同提高，主动参与服务决策、社科联合等工作，增添新的本领，提高理论武装水平。

二　在新格局中扎实做好下半年各项工作

在上半年工作中，省委讲师团充分发挥职能作用，理论宣传、理论教育、理论研究各方面的工作取得了新的进展。各市委讲师团不断创新，积极响应、配合、支持省委讲师团构建大宣讲格局等各项工作，呈现许多亮点，取得显著成绩。下半年要认真贯彻落实前不久召开的全省宣传部长会议精神，完善年初制定的工作规划，按照既定目标和工作分工，进一步强化责任，制定措施，严格督查，确保如期完成。重点做好以下五个方面的工作。

第一，围绕重点做好宣讲工作。讲师团重在“讲”，要把组织和实施宣讲作为首要的任务完成好、作为根基坚持好、作为特色发展好。近年来，中央高度重视理论宣讲工作，面对面宣讲成为新时期传播党的创新理论成果和路线方针政策的有效途径。中宣部最近出版了《中国特色社会主义理论体系学习读本》《社会主义核心价值体系学习读本》《“六个为什么”》三本书，在三本书的学习通知中都明确要求各级党委讲师团要组织好对党员干部和基层群众的宣讲。中宣部理论局张磊副局长在这次北京年会上也重点讲到这个问题。我们要认真落实这些要求，把宣讲职能履行好，把宣讲活动组织好、实施好。要重点围绕以下几个方面的内容展开宣讲。一要着重抓好中国特色社会主义理论体系的宣讲，特别是抓好科学发展观的宣讲。围绕学习实践活动和干部作风建设年活动，广泛深入宣讲科学发展观，这是我们当前重要的政治任务。同时，要注意把理论宣讲同党的路线、方针、政策的宣讲结合起来，把理论讲深、讲透、讲活、讲实。二要做好当前应对金融危机、保持经济平稳较快发展的宣讲。讲金融危机发生的原因、本质，讲受金融危机冲击干部群众面临的困惑和问题，讲金融危机对今后的影响，同时要深入解读党中央、省委采取的重大政策。要坚持以提振信心为主线，主动承担起鼓舞人、启迪人、引导人的作用，用更强的正向引导力，将“信心”和“希望”传递给党员群众、传递给企业、传递给市场。要通过我们的宣讲，让人们看到通过这次金融危机的考验，中国特色社会主义会更加充满生机和活力，在逆势中得到更大的发展。三要做好纪念新中国成立60周年的宣讲。党中央决定要以新中国成立60周年纪念为契机，加强爱国主义宣传教育，这也是我们讲师团宣讲工作的一个重要任务。要宣讲好60年来所取得的成就、建立社会主义制度的重大意义、如何开拓社会主义道路等，抓住这个契机，进一步宣传中国特色社会主义。宣讲纪念60周年这个任务，希望要高度重视。四要围绕学习《“六个为什么”》读本进行宣讲。“六个为什么”问题与社会主义核心价值体系建设密切相关，涉及指导思想、经济制度、政治制度、发展方向等，是关系党和国家事业发展的根本性问题，也是当前干部群众普遍关心的重大理论和实际问题。要紧密联系干部群众的思想实际，开展深入、生动、透彻的宣讲，帮助人们深入理解和正确把握社会主义核心价值体系，进一步引导广大党员干部学习好领会好中国特色社会主义理论体系。

要制订周密宣讲计划，积极整合宣讲资源，周密组织宣讲力量，认真编写宣讲提纲，深入进行集体备课，不断创新宣讲载体，广泛开展各种形式的宣讲活动。要不断增强宣讲的感染力、吸引力、说服力，由“一般宣讲”转为“专家解惑”，使听众入得耳、进得脑、听得懂、传得开，收到实效。

第二，继续推进大宣讲格局建设。构建大宣讲格局工作，是得到省领导认可、工作实践证明行之有效的创新性工作。这项工作的重要内容就是要有效统筹整合社科理论界的力量，壮大宣讲队伍，进一步扩大理论宣讲影响。现在看来，比较适合机构重组整合的实际。一年来，经过省委讲师团和省委宣传部的共同努力，基层宣讲站、宣讲专家资源库、河北省干部理论教育网建设和基层理论骨干培训工作，都有了一定的进展，发挥了很好的作用。我们要继续努力，按照巩固、规范、提高的原则，进一步完善这项工作，打造品牌，形成特色，发挥作用。要重点抓好完善基层宣讲站建设的工作。目前我们已经分别在全省 11 个市建立了 11 个宣讲工作站，并为其专门配备了电脑、打印机等设备，赠订了光盘、报刊等学习资料。下一步，要认真总结宣讲站工作经验，探索有效运行模式和宣讲形式，完善管理和工作机制，更好地发挥其职能作用。这次会议特意安排套开“推进宣讲站建设工作座谈会”，就是要深入交流宣讲站试点工作的经验，研究制定宣讲站工作规范。希望大家围绕理论宣讲工作站工作职责、工作要求、工作形式和途径、队伍建设和管理等问题深入探讨研究，争取制定出符合工作实际、有利于工作发展的制度措施，逐步建立起有效的运行模式和工作机制，更好地发挥其职能作用。

第三，搞好党委中心组学习服务工作。党委中心组学习是各级领导班子和领导干部在职学习的重要组织形式，是加强各级领导班子思想政治建设的重要举措，是学习型政党建设的重要载体，同时也是各级党委讲师团发挥职能作用的一个有效途径。近些年的实践表明，党委讲师团通过有效服务党委中心组学习，在加强领导干部理论学习、推动党的理论武装工作方面发挥了不可替代的重要作用。去年，党中央印发了《关于进一步加强和改进党委（党组）中心组学习的意见》，进一步明确了党委讲师团在党委中心组学习中的地位和作用。要以贯彻落实党中央《意见》为契机，按照省委及省委宣传部要求和部署，协助做好各级中心组理论学习服务工作。同时，继续办好《党委理论中心组学习通讯》，达到沟通情况、交流经验、发现和培树典型、充分发挥典型引领示范作用的目的。下半年，中宣部和中组部可能要对中心组学习的情况进行一些调研，各地讲师团要把自己的位置摆到位，从实际出发，把有关要求落实好，真正把作用发挥好，争取总结出有益的经验。

第四，深入开展理论和实践问题研究。要深化对中国特色社会主义理论体系、我省经济社会发展中的重大理论和实践问题、干部群众关心关注的热点难点问题的研究。要准确把握省委和省政府“科学发展、富民强省”和“保增长、调结构、惠民生”重大决策的深刻内涵，突出围绕城乡面貌“三年大变样”、节能减排、经济结构调整、构建现代产业体系、提升自主创新能力等课题深入开展研究。要把加强科研作为提高工作水平的关键环节，不断创新科研工作机制，下大力气争取课题，保障和鼓励多出成果、出好成果，及时把最新的科研动态、对策建议、调研报告等向省领导和有关部门报送，为领导决策提供有效理论服务，及时把最新的科研成果转化为宣传教育群众的教材，为干部群众解疑释惑。

第五，切实加强队伍建设。要以“干部作风建设年”活动为契机，进一步加强班子和队伍建设，努力打造一支政治强、业务精、作风实、纪律严的理论队伍。政治强，就是要做到政治上清醒坚定，能自觉坚持党的基本理论、基本纲领、基本路线、基本方针，同党中央在政治上保持一致。业务精，就是要有深厚的学术理论功底，同时还要有精湛的演讲技巧、富有感染力的教态、生动活泼的文风以及善于表达的演讲口才。作风实，就是要善于深入实际、深入生活、深入群众，坚持理论联系实际，不指空卖空，不哗众取宠，不尚空谈，言之有物，实事求是。同时，还要做到纪律严，理论宣传宣讲不是个人行为，而是完成政治任务的组织行为，所以理论宣传宣讲者必须做到纪律严，牢记“内部研究无禁区、公开宣传有纪律”，决不信口开河。要自觉遵守党纪国法、中央的大政方针和党的基本理论。要根据变化了的新情况、新实际，进一步完善各项规章制度，靠科学、严格的制度，管理队伍、打造队伍，保持理论队伍的实力、活力。另外，要继续加强全省讲师团系统的业务指导和交流、协作，日常工作常沟通，重大活动搞合作，保持、发挥整体优势，共同开创理论武装新局面。

今年是应对国内外复杂环境和重大挑战、推进党和国家事业实现新发展的关键一年，理论武装工作舞台广阔、任务繁重。省委对我们寄予厚望，我们要坚定信心、振奋精神，更加努力地工作，把理论武装工作提高到一个新水平，为河北科学发展、富民强省做出新的更大的贡献。

完善社科研究成果评价体系
积极推进科研管理创新

——在2009年全国社会科学院院长论坛上的发言

（2009年7月16日）

按照党的十七大提出的“鼓励哲学社会科学界为党和人民事业发挥思想库作用”以及河北省委七届三次全会提出的“哲学社会科学界要多出成果、出好成果”的总体要求，河北省社会科学院制定了“为省委省政府决策服务、为全省经济社会发展服务、为基层服务”（“三个服务”）的办院方针和“出成果、出人才、出效益”（“三个出”）的总体工作要求。几年来，我院按照“十一五”发展规划确定的目标，改革创新，扎实推进，在科研管理方面进行了有益的探索，出台了一系列规章制度，从不同方面健全完善科研成果评价体系，推进科研管理创新，为我院科研工作发展和实现“省级一流、国内知名”的办院目标奠定了坚实的基础，促进社会科学研究事业迈上了新台阶。

一 创新发展理念和服务载体，促进科研管理创新，推动科研工作迈上新台阶

（1）颁布“十一五”发展规划，鼓励科研人员多出成果，出好成果。近年来，我院正视科研成果水平、人才队伍状况、科研条件、制度、机制、

管理等方面存在的不适应自身建设发展需要的实际，以科学发展观统领办院，在广泛讨论的基础上，出台了《河北省社会科学院“十一五”时期（2006—2010）发展规划》，确定了“为省委省政府决策服务、为全省经济社会发展服务、为基层服务”的办院方针，以“出成果、出人才、出效益”为总体工作要求，创新工作思路，着力实施服务决策发展工程、科研机制创新工程、人才队伍建设工程、政治思想与行政后勤保障工程“四大工程”。力图经过几年努力，将我院建设成为“省级一流、国内知名”的地方社会科学院，成为省委、省政府“信得过、用得上”的重要思想库和智囊团。发展规划的颁布和实施，进一步创新了发展思路，统一了认识，为我院的发展奠定了坚实的基础。“十一五”以来，我院共实现科研成果 1520 项，其中著作 75 部、论文 919 篇、调研报告 198 项，获全国及省级以上奖励（政府奖）24 项。2006 ~ 2008 年共承担国家社科基金项目 7 项、省社科规划项目 27 项、省软科学项目 31 项以及其他横向课题、委托课题数百项。

（2）请省领导圈定重大课题，直接服务决策。近年来，我院每年都围绕我省经济社会发展中的重大理论与实践问题，请省委书记、省长等省领导为我院圈定年度重大研究课题，进一步增强了科研工作为决策服务的自觉性，有效推动我院应用对策研究的深入开展。今年省委书记、省长都为我院圈定了多个重大研究课题，主要包括河北建立现代产业体系、城镇面貌“三年大变样”、金融危机下的河北对策研究等，这是省委、省政府对我们的信任，也是交给我们的重大任务。我们组织骨干力量组成专题课题组开展研究，已经取得阶段性成果。这项措施极大地推动了我院应用对策研究的深入开展，直接为决策提供了服务。

（3）鼓励科研人员承办省领导临时交办任务，拓展服务渠道。为鼓励我院科研人员积极贴近省委、省政府决策，我院修订了《关于鼓励院科研人员承办省领导临时交办任务的暂行规定》。办法从经费补偿、成果登记、工作量统计、业绩考核等方面做出了规定，鼓励科研人员积极承办省领导交办的任务。拓宽决策咨询服务渠道，满足新时期为省委、省政府决策服务要求。一是承担为省委常委（扩大）学习会议或理论中心组学习讲座任务。我院有多位专家就“科学发展观与我们建设沿海经济社会发展强省的路径选择”“关于河北省建设社会主义新农村的几个主要问题”“我省加快第三产业发展的路径选择”“关于加快我省城镇化建设步伐的几个重大问题”等重大课题做讲座，受到了省委领导同志的肯定。讲座主要观点在《河北日报》理论版整版刊发，影响广泛。通过讲座的形式，我院的研究成果得以直接与我省最高决策层见面。与此同时，我院的科研人员还为省人大、省政协及省直部门、市县、企业等进行多种形式的讲座，为全省经济社会发展和基层建设提供智力服务。二是宣讲党的方针政策，发挥舆论引导作用。我院专家作为政策宣讲团成员在省内各地进行多次宣讲，有力地促进了党中央和省委一系列重大方针政策的贯彻落实。同时一些专家还应邀在河北电视台制作专题访谈节目，在《河北日报》开辟专家论坛，宣传党的政策及省委全会精神。三是积极完成省领导交办的特殊任务。如承担省党代会报告和省人代会政府工作报告的起草、修改任务，充分发挥了“思想库”和“智囊团”的作用。近期，省委书记张云川同志亲自写信并当面交办重大课题，要求以我院为主开展“加快构建符合河北实际的现代产业体系研究”，这充分说明了省委对我院的信任和希望。我院已成立专项课题组进行研究，形成了初步研究成果。

（4）设立两个直报件，创新服务决策手段。为进一步发挥智囊团、思想库作用，促进优秀科研成果及时转化，我院创办了《决策建议》和《决策参考》两个直报件。通过直报件就我省经济、政治、文化、社会等各个方面的重大理论和实践问题向省委、省政府提出决策建议，供省委、省政府领导同志决策参考。我院设立的应用研究的重大课题、重点课题、青年课题的研究成果，第一时间通过直报件上报，每年通过《决策建议》《决策参考》直报件上报的科研成果 20 多项，大部分得到省领导批示。

（5）开展征集课题活动，增强科研工作的针对性。为了进一步做好决策服务，我院开展了向全省各级党委、政府、省直部门、企事业单位征集我省经济社会发展重大社会科学研究课题的活动。研究课题涵盖了我省经济、社会、农村、文化、法律等各个方面。课题征集活动得到了各级领导和有关单位的高度重视，省委、省人大、省政府、省政协的领导还亲自为我院列出了他们自己认为需要研究的重要课题。其他各级领导也就本地区、本部门经济社会发展的重大问题自列课题。通过征集课题活动，进一步明确了课题研究方向，在安排课题立项时重点对这些课题进行研究，突出了大家普遍关心的焦点、热点问题，进一步增强了我院科研工作的针对性、时效性。

（6）编撰蓝皮书，强化省情研究功能。目前，我院的“河北发展蓝皮书”已从《河北省经济社会发展形势分析与预测》扩展到经济、农村经济、社会、文化、人才五卷本系列丛书。通过蓝皮书的编撰、出版及开展省情调研，促进了科研人员对省情的了解和掌握，拓展了科研工作服务河北经济社会发展的渠道。同时，蓝皮书总报告每年报送河北省人大、政协两会，供会议代表和委员参考，直接发挥了蓝皮书的咨政作用。与此同时，在蓝皮书出版后，加大了推介力度，通过举办新闻发布会和出版座谈会、报纸刊登消息、邀请蓝皮书作者接受媒体采访等形式，进一步扩大了蓝皮书的社会影响。

二　健全科研成果评价体系，完善科研制度，推进管理创新

健全科研成果评价体系，主要围绕强化科研组织管理，搞好课题论证，注重供需对接。从课题立项开始就充分考虑课题的现实针对性和可能产生的社会效益，使选题尽可能与时代发展合拍、与现实需要对路、与党政工作衔接；对科研成果的评价，注重原创性和实际价值，提升应用对策研究的水平，加大实际应用研究成果在科研评价中的分量和比重，把社会评价和实践效果作为成果评价的主要标准；拓宽优秀成果的转化渠道，建立向领导机关呈报制度，拓展政府、企业、社会与研究机构之间的信息交流途径，构建面向决策机关、面向社会和基层的成果转化平台；注重发挥出版资助、成果评奖等激励机制的作用，加大对高水平应用对策研究项目的资金支持和奖励。多措并举，使哲学社会科学研究成果能够更多地、及时地得到转化和应用，发挥更大的作用。

（1）以学科建设为平台，发挥学科建设带头作用，为科研成果评价提供基础支撑。近年来，我院将学科制度建设作为科研机制创新、落实院“十一五”发展规划的重要推动力，不断完善重点学科、重点扶持学科建

设，相继出台和修订了《重点学科、重点扶持学科管理办法》《重点学科、重点扶持学科评估指标量化表》等，针对学科建设这一新生事物在评估指标、申报评审程序等方面出现的一些问题进行了认真的研究和规范，在学术成果转化、人才队伍建设等方面提出了明确要求。同时，在重点学科设立“首席专家”岗位，通过首席专家来带队伍，组织开展重大课题研究，培育合理的人才梯队，并在经费方面进行支持。我院在对第一期三个重点学科、四个重点扶持学科期满考核评估的基础上，2008 年又确立了第二期四个重点学科，即区域经济学、中国特色社会主义理论体系研究、农村经济学、河北地方史与传统历史文化研究；四个重点扶持学科，即当代文化（文学）与河北文化发展研究、人口社会学、马克思主义哲学与现代化、服务经济。通过重点学科建设，进一步提高了我院的科研水平，出版发表了一批有较高学术价值并产生较大社会影响的学术成果，体现了地方社科院的区域特色，培养了地方社科院人才队伍，扩大了我院的社会影响。

（2）修订课题管理制度，推进课题管理创新。为使我院课题管理更加科学化、规范化，根据国家、省有关管理规定和我院实际情况，修订出台了《科研课题管理办法》，对科研课题进行了明细分类，对课题申请、论证、立项、组织实施、总结验收、成果鉴定、资料归档以及课题经费的使用和管理等内容进行了明确规定，使课题管理有章可循，规范有序，保证了课题研究工作的顺利进行。同时，从课题申报、经费使用、成果结项等方面制定了积极的鼓励措施。院内课题经费分研究启动经费和预留精品奖励费。对于申报院外课题，除了在申报环节给予补偿费外，一经立项给予配套研究经费。对立项的国家社科基金项目、省社科规划项目、省软科学项目分别给予不同比例的资助。这些新措施极大地提高了科研人员申报课题和创造精品成果的积极性。

（3）创新科研组织方式，推进科研工作健康发展。一是实行课题主持人负责制。出任课题主持人要求在课题组织、研究框架谋划方面已经具备一定能力，在知识结构和前期研究成果方面具有一定的水平。主持人负责制可以充分发挥课题组成员的主动性，能够聚集全体智慧于一役，从而提升研究成果的水平。二是以课题为纽带，整合科研资源。通过课题这一纽带可以将实际工作部门的实践经验和科研人员的理论知识紧密结合起来，在科研数据和人力资源方面优化整合，创新成果。三是以常设项目为平台组织科研活动。常设科研项目可以将某一领域的研究往深里做、往实里做，从而取得高水平的科研成果，这也是决策研究所必需的。四是规范推荐评审程序，保障学研考评工作公正公平。修订出台了《学术委员会章程》，对专家申报推荐、职称评审推荐、研究课题立项、重点（扶持）学科评估等工作，对议事规则、方式方法做出了明确的规定，保障了科研考评工作的公平公正。

（4）完善科研成果管理及评奖制度，促进精品生产。修订后的《科研成果管理规定》进一步扩大了成果范围，规范了科研成果申报、登统、发布、存档等管理程序。截至目前，我院已经建立了完备的科研成果数据库，从管理系统到科研人员实物成果档案都已经比较完善，并定期发布成果册。科研人员的职称评定、专家称号申报、评奖成果申报等填写的成果范围都以成果册登记内容为准。

同时，为满足新形势下科研生产需要，促进科研精品生产，2009 年我院对《优秀科研成果奖励办法》进行了修订。在原来《中国人文社会科学核心期刊目录》和《中文核心期刊要目总览》一类报刊（A、B）目录和二类报刊目录作为奖励对象的基础上，新的《重要科研成果奖励办法》对重要成果的奖励范围进一步扩大，提高了奖励标准，尤其是较大幅度地扩大了奖励报刊的目录，发表类期刊数量从原来的 89 种增加到 540 多种。同时我院还正在制定《优秀科研成果评奖办法》，计划对重要科研成果每两年评奖一次，分出等次，以更加有效地调动科研人员的积极性，进一步提高科研人员做好“三个服务”和实现“三个出”总体要求的自觉性，鼓励科研人员扎扎实实地做好科研工作，多出成果，出好成果，促进我院科研工作迈上新台阶。

（5）支持基础理论研究，保障学术著作出版。为鼓励科研人员潜心学术，多出有重要社会价值和意义的学术著作，在原有《学术著作出版补贴暂行办法》的基础上，又增加了《“河北省社会科学院学者文库”编辑、出版办法（试行）》，每年资助 6～7 部著作出版，进一步调动基础学科研究人员的积极性。仅在2008年，我院就出版学术著作18部，有力地促进了基础研究的深入。

三　学术交流空前活跃，为科研成果评价系统增添新的活力

（1）出台《学术研讨会管理办法》，鼓励学术交流。为深入了解国内外学术前沿发展动态，提升我院学术水平，鼓励科研人员积极开展学术交流，增强科研主动性，我院出台了《学术研讨会管理办法》。该办法规定，对院所举办学术研讨会、学术报告会等学术交流活动给予不同程度的资助，促进了学术活动的开展。

（2）举办年度经济形势分析会，打造学术成果转化平台。我院自2007年创办年度“河北省经济形势分析会”以来，产生了良好的社会效果。每次分析会，我们都邀请国务院发展研究中心、中国社科院、省内知名专家和省委、省政府领导出席。分析会成果的综述报告报送省委、省政府领导同志后，都及时得到了省委、省政府领导的批示。2009年，根据省委领导指示，我们将经济形势分析会改为季度经济形势分析会和年度经济形势分析会，今年已经举办了两个季度形势分析会。通过分析会，不仅分析了问题，提出了建议，而且加强了我院与省直综合部门的联系，扩大了我院的学术影响，丰富了科研工作服务决策的形式和内容，在理论界和决策层都产生了良好反响。

（3）召开系列重大专题研讨会，为沿海强省建设献计献策。近年来，我院先后主办、联合主办或承办了“环渤海经济圈崛起与建设沿海经济社会发展强省研讨会”“建设沿海强省的文化支撑与新时期河北人文精神学术研讨会”“石家庄内陆港发展与建设沿海强省研讨会”“沧州港城开发建设与沿海内地互动发展研讨会”“建设秦皇岛黄金海岸新区，打造战略增长极研讨会”等多个大型研讨会。这些研讨会都有省委、省政府领导出席并讲话，每个研讨会综述报告都提交省委、省政府主要领导同志供决策参考。研讨会的主要成果在《河北日报》以两个整版的篇幅进行刊登，河北电视台

制作专题节目进行报道，省委办公厅内部刊物刊发并配发专家观点，这些都为推动沿海强省建设发挥了重要的理论支持作用。同时，我们还邀请中国社科院等部门的专家来院做“关于韩国新发现中国史料的几个问题”“黑水城汉文文献与宋夏金元史研究”“纪念黑水城文献发现一百周年学术研讨会”等高层次学术报告会，促进了学术水平的提高。

（4）开展省情调研活动，多出成果，出好成果。省情调研活动是落实我院“十一五”规划“实施服务决策发展工程”的重要举措，是我院实现“三个服务”办院方针和“三个出”总体要求的重要保障。通过省情调研活动，让科研人员深入实际了解国情、省情、县情，使科研成果更加贴近实际。2008 年我院制定了《河北省社会科学院关于开展省情调研活动的实施意见》，科研人员通过深入省内外、企业实地考察，开阔了视野，了解了实际，拓展了研究深度，立项的省情调研课题都拿出了高质量的研究成果。

（5）开展国际学术交流，促进国际合作。近年来，我院采取多种途径组织科研人员走向世界进行学术交流。2007 年 10 月，我率代表团赴日本、加拿大进行考察访问，在日本岩手县立大学做了报告；在多伦多大学，双方围绕中国经济、农业、文化、公共管理、社会保障和科研管理等问题进行了广泛的探讨，并达成一些合作意向；在白求恩故乡，我与格雷温赫斯特市市长克林克先生进行了会谈，并与纪念馆负责人进行了座谈交流。2007 年 10 月，美国加州州立大学圣伯纳迪诺分校泰皮·罗姆教授、林明宪博士代表团一行 6 人来我院访问。2008 年 6 月，我率社科研究代表团访问了俄罗斯科学院东方学所；作为贵宾出席日本岩手县立大学建校十周年庆典活动，参加岩手县立大学举办的国际学术研讨会并发表了专题演讲。2008 年 9 月，俄罗斯科学院远东研究所副所长欧安德教授一行应邀来我院进行学术交流。2008 年 10 月，日本骏河台大学教授、日中友好协会顾问、支持中国人战争受害者（索赔）要求会委员长井上久士先生一行来我院访问。2008 年 11 月，日本岩手县立大学佐佐木副校长一行 5 人访问我院。2009 年 6 月，我应邀参加了由中国社会科学院主办的“第三届中俄社会科学论坛”，并以《建设河北曹妃甸科学发展示范区，促进京津冀区域合作共赢》为题发表演讲，受到与会中俄学者的高度评价。

据不完全统计，近三年我院先后接待了来自日本、美国、加拿大、澳大利亚、俄罗斯、巴基斯坦、韩国、英国等国家和中国香港、台湾地区的专家学者共 18 批 42 人次；组织大中型学术报告会 10 次；组织外宾赴有关市、县和乡村参观考察 38 人次。安排出访团组 10 批 48 人次，选派高级访问学者赴国外研修学习 8 批次。这些交流与合作，对双方的定期互访、建立长期学术联系、资料交换以及在优势领域进行课题合作研究等方面有着重要意义，促进了我院与国内外学术界的交流与合作。

2009 年 2 月，省委、省政府决定，按照精简、统一、效能的原则，将省委讲师团、省社会科学界联合会并入省社会科学院，省社会科学院挂河北省邓小平理论“三个代表”重要思想和科学发展观研究中心、中共河北省委讲师团、河北省社会科学界联合会牌子。目前，我院的机构调整还在进行之中，新一届院党组提出了构建理论武装、服务决策、繁荣发展“三位一体”工作格局的新思路。我们相信，随着机构改革的完成，我院的科研及各项事业将会迎来更加灿烂的明天！

华北地区社科联2009年协作会暨河北省社科联工作年会开幕词

（2009 年 7 月 27 日）

今天，在著名历史文化名城、风景优美秀丽的避暑胜地承德，华北地区社科联 2009 年协作会暨河北省社科联工作年会经过与会各方的共同努力和紧张筹备，如期召开了。除华北五省区市社科联代表以外，山东、辽宁社科联的领导和同志们也远道而来，传经送宝。在此，我代表中共河北省委常委、宣传部部长、省社科联主席聂辰席同志，代表河北省社科联，对光临会议的各位代表、朋友和同志们，表示热烈的欢迎！对中共承德市委、市人民政府及市社科联对本次会议给予的支持和帮助表示衷心的感谢！

华北地区社科联协作会始于 20 世纪 90 年代初，中间有中断，2007 年恢复，由五省区市社科联轮流承办。2007 年由北京市社科联承办，2008 年由天津市社科联承办，这两届协作会办得都非常出色，取得了很好的效果，对加强华北地区各省区市社科联之间的工作交流，推进社科联工作的深化，促进各省区市经济社会发展和社会科学事业的繁荣，产生了积极作用。

我们这次协作会是在两个特定的背景下召开的：一是全党深入开展学习实践科学发展观活动。科学发展观是马克思主义中国化的最新理论成果，是当代中国的马克思主义。深入开展学习实践科学发展观活动，就要求哲学社会科学界充分发挥党和人民思想库的作用，加强科学发展观的宣传普及，加强科学发展观的研究，要求社科联以科学发展观为指导推动工作体制机制创新。二是庆祝新中国成立 60 周年。哲学社会科学界和社科联组织要发挥理论优势，加强舆论引导，总结成功经验，宣传伟大成就，鼓舞广大群众在党的领导下全面建设小康社会的信心和决心。基于上述两个背景，我们这次协作会的主题确定为“创新社科联工作体制机制，更好地发挥社科联职能作用”。会议将围绕这一主题，以科学发展观为统领，联系各地社科联工作实际，交流探讨近年来各地社科联在开展决策服务、理论调研、社科普及、学会及民办社科研究机构管理、成果评奖等工作的主要做法和经验，探索开展合作、协同发展的思路和途径。据了解，大家围绕这一主题，进行了认真的准备，并提交了高质量的大会交流材料，希望与会同志在探讨社科联工作体制机制创新方面，提出真知灼见，交流宝贵经验，取得积极成效。

河北省社科联工作年会是我省社科联加强对各设区市社科联工作指导，推动省、市社科联协调沟通、工作交流的常规工作机制。之所以安排省年会与华北会一起开，也是为各市社科联的同志们创造一个学习经验、开阔视野、提高水平的机会。希望各市的同志们把握机会，多学习，多请教，也希望兄弟省区市的领导、同志们多传授好经验、好做法。

承蒙华北各兄弟省区市社科联的信任和厚爱，这次协作会由我省社科联承办。借此机会向同仁们通报一个重要信息：今年 2 月，中共河北省委、省政府做出决定，本着“精简、统一、效能”的改革原则，河北省社科院、省委讲师团、省社科联实行机构设置调整合并，实行“一套人马、四块牌子”，客观上形成了理论武装、服务决策、繁荣发展“三位一体”新的工作格局，即以社科研究为基础、以理论宣讲为载体、以社科联合为纽带的新型工作运行机制。同时强调牌子不摘、队伍不散、资源整合、职能优化。调整后的河北省社科联领导班子对筹备本次会议非常重视，希望通过承办这次会议进一步展示我省社科联新的精神风貌，也衷心希望各位同仁对我们今后的工作给予支持和指导。

虽然参与本次会议筹备工作的同志尽了心力，但是由于我们水平和条件有限，安排和服务方面肯定有不周之处。因此，希望大家多提宝贵意见，以利于我们改进工作，提高服务水平。

最后，预祝大会圆满成功！祝各位同志和朋友在承德研讨和考察期间心情愉快、事事如意！谢谢各位！

华北地区社科联2009年协作会暨河北省社科联工作年会闭幕词

（2009 年 7 月 27 日）

在与会同志的共同努力下，经过一天的紧张工作，华北协作会和河北工作年会的研讨活动达到了预期目的，取得了显著成果。大家本着学习的态度和探索的精神，踊跃发言，认真聆听，广泛探讨，深入交流，既收获了知识和经验，也收获了友谊和快乐，为整个协作会的成功做出积极有效的努力。在此，我代表河北省社科联对与会各位代表付出的辛劳和努力表示衷心的感谢。下面，我做一下简要总结。

一　研讨活动的特点

一是主题突出。研讨活动以科学发展观为统领，紧紧围绕“创新社科联工作体制机制，更好地发挥社科联职能作用”这一主题，紧密结合各地实际和工作实践，突出了理论性、实践性、应用性。发言虽然各有侧重，但是主题突出，观点鲜明，具有很强的针对性和可操作性。

二是准备充分。本次会议收到论文、交流材料、大会发言近 20 篇，这些都是与会代表潜心研究的成果，说明与会者准备是充分的，大家是有备而来。会前，我们还提前辑印了大会论文集，方便了大家互相学习，为会议丰富了学术资源。

三是交流广泛。本次协作会研讨活动内容丰富，话题广泛，形式活泼，注重效果。与会的领导和代表从各自社科联工作实际出发，交流探讨了近年来各地社科联在开展决策服务、理论调研、社科普及、学会及民办社科研究机构管理、成果评奖等工作的主要做法和经验，探索了开展合作、协同发展的思路和途径。

四是研讨深入。因为时间紧凑，研讨的问题不可能面面俱到、点点皆深。但与会者大都长期从事社科联工作，对某些问题深有研究。大家将研究成果带到会上，把研讨活动引向深入，很多观点有见地、有新意，能引发大家的深入思考，这也是本次研讨活动的一大特色。

二　研讨活动的收获

一是通过研讨交流，对坚持以科学发展观统领社科联工作有了更深刻的理解。在学习实践科学发展观活动中，各地社科联进一步深化了对科学发展观的理解，深化了在新形势下运用科学发展观指导社科联工作重要性的认识，深化了以科学发展观为指导、推动社科联科学发展的规律性认识。大家把这些新的认识、好的经验和成功的做法在会上进行了交流，起到了提高认识、推动工作的目的。

二是通过研讨交流，增强了在新形势下创新社科联工作机制的紧迫感。大家一致认为，党的十七大明确提出社会科学界要发挥党和人民思想库的作用，社科联必须发挥好桥梁纽带、组织协调、咨询服务、宣传普及四大作用，通过社科联工作体制机制的创新，认真履行社科联的职能，积极发挥社科联的作用，加快社科联的科学发展。

三是通过研讨交流，进一步加深了了解，增进了友谊，深化了合作。在研讨活动中，大家有理论的探讨，更多的还是工作的交流、情况的介绍以及信息的沟通。大家相互学习，共同提高，都毫不保留地把各自的成果拿出来让大家分享。这种广泛深入的协作交流，必将会积极促进华北地区社科联工作的整体水平。

四是河北省各市社科联通过与同行交流，学到了许多有益的东西，明确了今后工作的方向，对于各市社科联创新工作体制机制、全面提升整体水平必将起到积极的推动作用。

三　研讨活动的共识

其一，协作会是一种地区性交流合作的有效平台。华北地区社科联协作会自举办以来，对加强各地社科联之间的交流、学习发挥了重要作用，受到各地社科联的广泛重视。社科联许多好的机制和做法，都是通过协作会得到了交流，促进了各地社科联的共同发展。

其二，区域间的协作需要进一步深化。随着各地社科联工作发展、地位提升和作用增强，相互之间实质性的交流、协作变得更加重要，尤其在全国性行业指导和规范不够的情况下，更需要利用协作会进行相互间的协调、协作。所以，协作会本身要进一步加强职能、提高规格、规范程序，以促进各地社科联工作上水平、上台阶，为社科联工作空间的不断拓展创造条件。

其三，各市社科联工作年会要突出主题、突出创新。今后，工作年会不能仅限于一般性的工作交流，要向华北地区社科联协作会的水准看齐。在这方面，还希望各市的同志们多提建议，力争明年的工作年会在各方面都有新的提高。

各位领导、同志们，本次协作会暨工作年会研讨部分就要结束了。如果留下一些不足和遗憾，希望能在下一届协作会上得以弥补。刚才，下一届协作会承办单位山西省社科联的领导向大家发出了热情的邀请，我们有理由相信，下一届协作会一定会办得更加精彩、更加成功！在接下来的两天里，会议安排大家实地考察，希望同志们在考察中更深入地了解河北的历史文化和风土人情，喜欢河北，宣传河北，为河北的经济社会发展多献良策。

祝同志们、朋友们旅途愉快！

在院“干部作风建设年”活动再动员再部署大会上的讲话

（2009 年 8 月 27 日）

这次会议是按照省委要求由院党组决定召开的。会议的主要任务是：对我院“干部作风建设年”活动进行再动员再部署，以“干部作风建设年”活动为抓手，推动下半年及今后重点工作的进一步落实。刚才，世芳同志宣读了《院“干部作风建设年”活动领导小组关于下一步工作的安排意见》，希望院属各部门按照《意见》要求，认真抓好落实。下面，根据会议主题，我讲两点意见。

一　认真学习贯彻省委会议精神，再掀我院“干部作风建设年”活动新高潮

目前，全省“干部作风建设年”活动时间已经过半，为实现既定目标，推进全省干部作风建设取得更大突破、更大成效，8 月 17 日，省委召开了“干部作风建设年”活动再动员再部署大会，对再掀活动新高潮进行动员部署。会议传达，胡锦涛总书记最近在北戴河听取河北工作汇报时，对我省开展的“干部作风建设年”活动给予充分肯定，做出重要指示。一个多月来，省委书记张云川同志在几次省委重要会议上，都对“干部作风建设年”活动提出更加明确和严格的要求。会议指出，各级各部门要认真学习领会党中央和省委主要领导同志重要指示精神，对开展此次活动的重大意义进行再认

识、再提高，把思想和行动进一步统一到省委决策部署上来，强化组织领导，采取更有力措施，再掀活动新高潮，以更大的成效迎接新中国成立60周年。

会上，省委副书记、省“干部作风建设年”活动领导小组组长车俊同志在讲话中指出，要进一步把活动向广度深度推进，再掀新高潮。一是必须真正打好“攻坚战”和“持久战”。要围绕深化活动，列出几项重点难点问题，集中力量，集中时间，明确责任，明确目标，强化措施，实施攻坚突破。二是必须紧紧围绕当前中心工作切实提高干部的执行力。活动的首要任务是，围绕“保增长、调结构、促改革、惠民生”，继续深化正在开展的“为企业解难题、为群众送服务”活动；围绕新中国成立60周年安全保卫工作，组织开展“万名干部包点包案保稳定”活动。三是必须坚持以人民群众和市场主体的评判为主要标准，对经不起群众评议和考核的干部，要调整“位子”、摘去“帽子”。四是必须从实际出发，突出特色，力求实效。各地各单位要把各自具有特色的好做法继续坚持下去，重在持之以恒，重在解决问题，重在突出实效。

为贯彻落实好省委会议精神，8月25日，院党组专门对我院近期“干部作风建设年”活动进行了研究，明确下阶段活动总的要求是：以科学发展观为指导，认真贯彻落实全省干部作风建设年活动再动员再部署大会精神，围绕应对金融危机，围绕“保增长、保民生、保稳定”，围绕城镇面貌“三年大变样”，结合我院机构调整的实际，着重提高全院干部职工的凝聚力、执行力和工作效率，为构建理论武装、服务决策、繁荣发展“三位一体”工作新格局和新中国成立60周年创造良好环境。我院“干部作风建设年”活动领导小组关于下一步工作的安排意见，任务和要求已经十分明确，下一步要围绕重点工作抓好落实。

首先，要加强领导。各部门主要负责同志要把“干部作风建设年”活动作为一项重要工作紧紧抓在手上，亲自谋划，亲自部署，亲自解决主要问题，亲自督导检查、推动落实。这次会后，各部门主要负责同志要亲自召集会议，对“干部作风建设年”活动如何在本部门再掀新高潮集中研究，提出更强的措施和更严的要求。院活动办要在9月初对各部门主要领导抓

“干部作风建设年”活动情况进行检查和通报。

其次，要加强督查。院活动办要切实抓好对活动的组织谋划，加强沟通协调，加强对活动总体开展情况特别是重点工作的督查。要改进督查方式，强化明察暗访，及时发现存在的不足和问题，跟踪问效。纪检监察部门要畅通渠道，重点针对群众议论多、影响大的不良作风进行整治。

最后，要建立台账，重点督办。院“干部作风建设年”活动领导小组要对下一步工作任务进行责任分解，明确牵头单位、责任单位和责任人。各部门要按照工作意见和责任分工，结合本部门实际，认真制定具体推进方案。院活动办对院安排的八项重点工作要逐项建立台账，一个月一汇总，一个月一通报，确保下一阶段各项工作任务的落实。

总之，全院各部门要按照再掀新高潮的要求，进一步加大领导力度、工作力度，确保整个活动向广度深度推进，取得实实在在的成效。

二　以奋发有为的精神和求真务实的作风，构建“三位一体”工作新格局，开拓社科事业发展新局面

开展“干部作风建设年”活动，要立足于解决实际问题，核心要求是创新，重要标志是突破。我院要以“干部作风建设年”活动为契机，以奋发有为的精神和求真务实的作风，在理论武装、服务决策、繁荣发展“三位一体”工作新格局中不断开创社科事业发展新局面。

今年以来，我院各项工作异常繁重。在省委、省政府正确领导下，在兄弟厅局关心支持下，院党组一班人团结带领全院干部职工努力工作，确保了我院前 8 个月各项工作进展顺利，成效显著。

——机构调整工作有了新进展。近期，新的院《三定方案》已经省编委会讨论通过，即将下达。暑期，省委组织部专门派人来院调研，目前各项工作正在积极推进中。

——“三位一体”工作格局形成新共识。随着机构调整深入，我院客观上形成了理论武装、服务决策、繁荣发展“三位一体”工作新格局，院

党组由此而提出新的工作思路，得到了省委、省政府领导的支持，得到了省直有关部门的认同，得到了全院上下的拥护，在省内外社会科学界及社会上也引起了积极反响。

——服务决策又上新水平。由过去找领导同志圈定课题和报送科研成果，转变为现在领导直接找我院交办课题和下达研究任务。这说明我院科研服务决策的能力和水平在不断提高，越来越得到省委、省政府的信任。据一些老同志讲，今年初省委书记直接向我院交办科研课题，要求我院参与谋划全省中心工作，这在我院的历史上还是第一次。根据交办指示，我院上报的《构筑我省现代产业体系的总体思路、主体框架和对策措施研究》成果，得到了张云川书记的肯定，批示在今年暑期省委理论中心组北戴河学习会议上印发参阅，会上引起了很好的反响。胡春华省长称赞我院报送的材料是这次会上最好的参阅材料，并当即批示请每一位与会人员认真读一读这份材料，还提出要在更大范围印发参阅。此外，我院提交的《河北省城镇面貌“三年大变样”前期成效分析与思考》研究报告，被主管副省长宋恩华同志批示，作为参阅材料印发全省城镇化建设工作会议。这一切，使我院朝着建设省委、省政府“信得过、用得上、离不开”的新智库目标，迈出坚实的一步。

——宣讲工作呈现良好势头。围绕《中国特色社会主义理论体系学习读本》《社会主义核心价值体系学习读本》《“六个为什么”》三本书内容，围绕新中国成立60周年，积极组织了理论宣讲，收到良好的效果。在宣讲站的建立上，做了大量工作，推动宣讲站建设向县级延伸，大宣讲格局已初步形成。

——社科联重点任务如期完成。成功举办了华北地区社科联2009年协作会，进一步加强了与兄弟社科联的合作交流，增进了友谊。让青年专家承担课题，探索评用相结合的评审制度，使青年专家评审工作取得了较好效果，龙庄伟副省长参加了评审活动并对评审工作予以肯定。高校建立社科联试点工作正在积极推进，前景广阔。

——全院“干部作风建设年”活动扎实推进。活动开展以来，我院两次获得省委督导组的表扬。活动中，突出抓学习实践科学发展观活动和“干部作风建设年”活动的衔接，立足于解决群众关心的热点难点问题以及我院发展中的突出问题，以干部作风建设年活动的积极成果推动当前机构改革工作，取得明显成效。

——院街面整饰工程加紧施工。按照城镇面貌“三年大变样”的要求，着力推动院办公区沿街美化工程，争取资金150万元，已落实到位。整饰工程已经开工，进展顺利，初见成效。

上述成绩的取得，饱含着同志们的辛劳。在此，我代表院党组对全院干部职工表示衷心感谢！

同志们，今年下半年我院任务依然艰巨。暑期召开了几个重要会议。省委、省政府召开了领导干部会议、省委理论学习中心组北戴河学习会议，以及前面谈到的全省“干部作风建设年”活动再动员再部署会议；华北地区社科系统召开了社科院院长联席会和社科联协作会及我省社科联工作年会。这些重要会议，对当前工作做出安排部署，为我院今后工作提供了思想性、实践性和针对性都很强的指导性意见，对我院更好地谋划工作有很重要的指导和借鉴意义。

下半年及今后我院的重点工作如下。

(1) 抓改革，重点整合创新工作机制。一是机构调整和新《三定方案》的贯彻实施。遵循党的十七大和省委七届三次全会关于哲学社会科学工作的一系列指示精神，全面准确体现党中央和省委提出的“精简、统一、效能”的原则，以及省委办公厅、省政府办公厅《关于调整省委省政府有关直属事业单位（社团机构）设置的通知》的基本精神，认真实施社科院新的《三定方案》。通过新《三定方案》的落实，实现我院职能整合、优势互补和“三个一相加大于三”的改革效应。二是进行科研机制整合创新。做大做强优势学科，建立起以社科院优势学科为龙头、融全省相关学科力量为一体的优势学科群，真正拥有全省乃至全国相关学科领域更为强势的话语权；优化科研管理手段，充分运用现有不同层次的课题立项评审、专家成果评选评奖等宝贵资源，实现科研管理手段的优化组合和科研效益的最大化；合理配置科辅资源，现有的网络、刊物、科研资料信息等资源要配置合理，既要充分发挥功效，又要避免重复建设和功能重叠。三是进行行政后勤管理职能整合。注意解决眼前工作运行中实际问题的同时，着眼于长远的事业发展，实现人财物统一管理、制度融合和资源整合，不搞“大而全、小而全”。

（2）抓科研，出精品、创品牌。河北正站在新的历史起点上，调整产业结构和调整城乡结构是我省面临的两大主题。科研工作要围绕当前两大主题，不断提高研究质量，在重质量、成系列、多维度、求深入、再细化上下大功夫，拿出系列精品成果，为加快我省产业结构调整、推进城镇化建设提供智力支持。要针对复杂多变的经济形势，围绕应对金融危机，围绕“调结构、保稳定、惠民生”，围绕城镇面貌“三年大变样”等热点、难点问题，搞好季度、年度经济形势分析会，提高分析预测质量，增强分析和预测的针对性和时效性，将“河北省经济形势分析会”打造成品牌。

（3）抓宣教，构建大宣讲格局。理论宣讲工作要突出重点内容，重点抓好中国特色社会主义理论体系的宣讲，抓好当前应对金融危机保持经济平稳较快发展的宣讲，抓好纪念新中国成立60周年的宣讲，抓好我省调整产业结构和调整城乡结构两大主题的宣讲，抓好《“六个为什么”》的宣讲，要周密安排和部署，再贴近，早动手，争取主动，不断增强宣讲工作的实际效果。宣讲工作既要重视“向上”，也要重视“向下”。“向上”就是要在大报大刊上多发文章，“向下”就是要在县级建点立站，搞好试点，出台办法，整体推进。要为党委（党组）中心组理论学习做好服务。把握领导最关心的问题，运用最前沿的理论，做好理论中心组的学习辅导，在领导决策层产生重大反响；办好《党委中心组理论学习通讯》，推动各级党委中心组理论学习经常化、规范化。

（4）抓社联，强化桥梁纽带作用。要围绕中心，服务大局，创新社科联工作体制机制，加强社科联合工作，更好地发挥社科联的桥梁纽带、组织协调、咨询服务、宣传普及等职能作用。民生调研要进一步深化，特别是在成果转化上做文章，要精选一批好的成果，进行再加工再浓缩，通过直报件直报省领导，力争在成果转化上有新突破。高校建社科联组织的试点工作，要抓住不放，一抓到底，积极推广。

（5）抓开放，拓展对外交流合作领域。把握京津冀一体化发展大势，与我省科协，京、津社科联联合举办京津冀经济社会发展研讨会，进行深层次合作，探索社会科学与自然科学联手服务经济社会又好又快发展的新方式新途径。积极开展国际学术交流，加强与日、俄、美、加、英等国家及中国香港、台湾地区的大学和科研机构的学术交流与互访，建立长期稳定的合作关系，推动我院优秀人才和优秀成果走向世界。

（6）抓稳定，围绕新中国成立60周年做好宣传和维稳工作。今年是新中国成立60周年。8月25日，孙继民副院长列席省委宣传部部务会。会议传达学习了全国维护稳定暨信访工作电视电话会议及省委常委会精神，研究贯彻落实意见，并就新中国成立60周年庆祝活动有关工作进行了研究部署。昨天，又召开了全省深入开展民族团结宣传教育活动电视电话会议。两次重要会议，省委常委、宣传部部长聂辰席同志均出席并做了重要讲话。他强调，全省宣传思想文化战线要切实增强政治敏锐性和政治鉴别力，进一步强化政治意识、大局意识、责任意识，把思想和行动统一到党中央和省委的部署要求上来，大力加强宣传舆论工作，为维护稳定、维护民族团结营造良好的氛围。要坚持围绕中心、服务大局，切实做好主题宣传、成就宣传、典型宣传以及各项庆祝活动的宣传。宣传文化系统各单位要严把导向，严明纪律，落实责任，明确任务，抓住关键环节、关键部位，全面做好维稳宣传和单位内部安全稳定工作。按照部务会的要求，我们要做好两方面的工作。一是组织好纪念新中国成立60周年理论研讨会、爱国主义主题宣讲、以“弘扬爱国主义，共建美好河北”为主题的第五届河北省社会科学普及周、“祖国在我心中”河北省社会科学界书法邀请展等活动，为庆祝新中国成立60周年营造氛围。二是维护好我院内部的稳定和安全。各部门主要领导要做好本部门职工的教育管理工作，做好安全保卫工作，注意发现和消除稳定安全上存在的隐患苗头，保证不出任何问题。

同志们，我院已经站在了新的事业发展起点上，让我们坚持以科学发展观统领办院，更加紧密地团结起来，以奋发有为的精神风貌和求真务实的良好作风，紧紧抓住机构调整的发展新机遇，扎实推进构建理论武装、服务决策、繁荣发展“三位一体”工作新格局，铸就我院各项事业的新辉煌，向新中国成立60周年献上厚礼！

以奋发有为的精神和求真务实的作风构建理论武装、服务决策、繁荣发展“三位一体”工作新格局*

（2009 年 8 月 28 日）

开展“干部作风建设年”活动是省委、省政府深入贯彻落实科学发展观的重大举措。在活动进行之中，恰逢省委、省政府做出了对省社科院、省委讲师团、省社科联进行机构调整的重大决定，从而为我院“干部作风建设年”活动赋予了新的内容。机构调整成效是检验我院“干部作风建设年”活动成果的重要标尺，开展“干部作风建设年”活动又是搞好我院机构调整工作的重要保证。院党组坚持以干部作风建设年活动为契机，以科学发展观为统领，抓住机构调整新机遇，明确发展新思路，谋求全院“宣教、科研、社联”各项事业新发展。

一　认真执行省委、省政府重大决定，构建“三位一体”工作新格局

省委书记张云川同志在全省“干部作风建设年”活动动员大会上强调：加强干部队伍作风建设，目的是推动科学发展、促进社会和谐、实现富民强

* 本文刊载于《党委中心组理论学习通讯》2009 年第 17 期。

省。这其中核心是“推动科学发展”。具体到我院，如何在机构调整的新形势下实现科学发展，是机构调整中院党组面临的首要问题。

推动科学发展，首先要加强思想作风建设，从认识论和方法论上解决问题。要准确把握和正确回答“什么是科学发展”“怎样实现科学发展”，把党中央和省委、省政府关于哲学社会科学工作的一系列指示精神落到实处，按照哲学社会科学自身的规律设计实现科学发展的方法和途径。

机构调整中，院党组集中时间和精力走访、恳谈、调研，在广泛征求意见、深入研究探讨的基础上，集思广益，形成共识，提出构建理论武装、服务决策、繁荣发展“三位一体”工作新格局的发展思路。

所谓“三位一体”工作新格局，有三层含义：在职能上，涵盖了理论武装、服务决策、社科联合等基本要素；在运行机制上，涵盖了社科产品生产、社科成果转化、社科力量整合等工作环节；在相互关系上，体现了以科研为基础、宣教为依托、社联为纽带等力量统筹。三个机构的整合，目的和任务是为了推动我省哲学社会科学事业新的繁荣和更大发展，进而为我省经济社会又好又快发展提供理论支撑和智力支持。认识和把握“三位一体”工作新格局，需要把握三个基本点。

第一，“三位一体”工作新格局体现了以科学发展观统领办院的指导思想。坚持“发展是第一要义”。机构调整后，实现我院新的发展总体思路是：坚持以科学发展观统领发展全局，构建理论武装、服务决策、繁荣发展“三位一体”工作新格局，坚持“为省委省政府决策服务、为全省经济社会发展服务、为基层服务”的办院方针，落实“出成果、出人才、出效益”的总体要求，实现“省级一流、国内知名”的奋斗目标。这其中，科学发展观是根本指针，“三个服务”是方向，“三个出”是标志，“三位一体”是平台，最终目的是科学发展。

坚持“全面、协调、可持续”的发展基本原则。我院“三位一体”工作新格局不是三方面内容的简单并列和叠加，而是相互融合、相互支撑的有机整体。发展是整体的发展、全面的发展、同步的发展、协调的发展，协调出凝聚力，协调出合力，协调促发展。

第二，“三位一体”工作新格局体现了贯彻落实省委、省政府重大决策的自觉性和坚定性。这次我院机构调整，是省委、省政府在我省社科领域贯彻落实科学发展观的新创举，是我省社科事业管理体制改革的新突破。机构调整不是简单的搭积木，而是在共同事业基础上的重组，是根据新形势、新任务对我省社科资源所做的优化组合。目的是使社科机构和社科资源管理更加科学，运行更加顺畅，作用更加突出，发展更具潜力。

我们理解，构建“三位一体”工作新格局有两个主要方面的目标指向。一是深化改革。落实张云川同志关于“全省哲学社会科学事业要繁荣发展”“要抓好班子，带好队伍，多出成果，多出成果就搞活了”的指示精神，坚持“精简、统一、效能”的改革原则，“打捆干事”不误事，加快改革促发展。二是确保稳定发展。“三位一体”，牌子不摘、队伍不散、职能不减，保证全员享有按政策规定的工作生活待遇；推动整合，人财物集中统一管理，制度政策衔接配套，实现社科资源和机制的优化组合；借势发展，取得“三个一相加大于三”的改革效应。

第三，“三位一体”工作新格局体现了对哲学社会科学时代任务和发展趋势的把握。当前，哲学社会科学界面临着三大任务：一是探索人类社会发展、社会主义建设和共产党执政的“三大规律”；二是研究时代提出的重要理论和现实问题，并做出马克思主义的科学回答；三是促进中国先进文化的发展，培育和弘扬反映时代精神和民族精神的社会主义核心价值体系。胡锦涛同志强调，哲学社会科学界要大力发扬理论联系实际的优良学风，围绕改革开放和现代化建设亟待解决、广大干部群众关心的重大理论和实践问题，深入调查研究，深入钻研探索，组织协同攻关，努力拿出无愧于时代的成果，更好地为人民服务、为党和政府决策服务。党的十七大提出，哲学社会科学界要为党和人民事业发挥好“思想库”作用。中共河北省委七届三次全会明确提出，全省社科界“要多出成果，出好成果”。这一切，是时代的呼唤，是党和人民的期望。

新形势、新任务对哲学社会科学提出了新的更高的要求。“三位一体”工作新格局，意味着必须建立健全符合哲学社会科学规律的工作机制。既要重视基础研究工作，又要重视科研成果的转化；既要重视对策应用、论文发表等成果实现形式，又要重视理论宣讲、社科普及等更为广泛的成果实现形式；既要用好社科院本身的专业研究力量，又要开发利用好全省的社科人才资源，实现更大的作为。构建“三位一体”工作新格局，体现了对哲学社会科学时代性任务和未来发展趋势的认识和把握，为新形势下实现哲学社会科学繁荣发展搭建了更为宽广的舞台。

二　以“干部作风建设年”活动为抓手，开拓社会科学事业新局面

开展“干部作风建设年”活动，要立足于解决实际问题，核心要求是创新，重要标志是突破。我院要以“干部作风建设年”活动为契机，以奋发有为的精神和求真务实的作风，在“三位一体”工作新格局中不断开创社科事业发展的新局面。

（1）改革重在整合创新工作机制。抓内设机构设置。遵循党的十七大和省委七届三次全会关于哲学社会科学工作的一系列指示精神，全面准确体现党中央和省委提出的“精简、统一、效能”的原则，以及省委办公厅、省政府办公厅《关于调整省委省政府有关直属事业单位（社团机构）设置的通知》的基本精神，认真实施社科院新的《三定方案》，实现职能整合、优势互补和“三个一相加大于三”的改革效应。抓科研机制整合创新。做大做强优势学科，建立起以社科院优势学科为龙头、融全省相关学科力量为一体的优势学科群，真正拥有全省乃至全国相关学科领域更为强势的话语权；优化科研管理手段，充分运用现有不同层次的课题立项评审、专家成果评选评奖等宝贵资源，实现科研管理手段的优化组合和科研效益的最大化；合理配置科辅资源，现有的网络、刊物、科研资料信息等资源要配置合理，既要充分发挥功效，又要避免重复建设和功能重叠。抓行政后勤管理职能整合。在注意解决眼前工作运行中实际问题的同时，着眼于长远的事业发展，实现人财物统一管理，制度融合和资源整合，不搞“大而全、小而全”。

（2）宣教注重构建大宣讲格局。完善全省宣讲网络体系，将基层宣讲站进一步向县级延伸，宣讲专家资源库进一步向全省社科界和实际工作部门延伸，宣讲培训工作进一步向基层骨干延伸。重点抓好中国特色社会主义理

论体系的宣讲，抓好当前应对金融危机保持经济平稳较快发展的宣讲，抓好纪念新中国成立60周年的宣讲，抓好《“六个为什么”》的宣讲，不断增强宣讲工作的实际效果。为党委（党组）中心组理论学习做好服务。把握领导最关心的问题，运用最前沿的理论，做好理论中心组的学习辅导，在领导决策层产生重大反响；办好《党委中心组理论学习通讯》，推动各级党委中心组理论学习经常化、规范化。

（3）科研下力出精品、创品牌。河北站在新的历史起点上，调整产业结构和调整城乡结构是我省面临的两大主题。我院要围绕这两大主题，高质量地完成省委、省政府主要领导圈定的“构建符合河北实际的现代产业体系”和“推进城镇面貌‘三年大变样’”重大课题研究，拿出系列精品成果，为加快我省产业结构调整、推进城镇化建设提供智力支持。要针对复杂多变的经济形势，围绕应对金融危机，围绕“调结构、促改革、惠民生”，围绕城镇面貌“三年大变样”等热点、难点问题，搞好季度、年度经济形势分析会，精选参会专家，注重运用院内科研成果，提高分析预测质量，增强分析和预测的针对性和时效性，将“河北省经济形势分析会”打造成品牌。

（4）社联强化桥梁纽带作用。在高校中建立社科联组织，加强民办社联机构管理，拓展社科联合的覆盖面。优化《河北省社会科学优秀青年专家评审和管理办法》，与青年专家签订合作协议，落实“评”“用”结合，强化社科联合的有效抓手。

（5）对外拓展交流合作领域。把握京津冀一体化发展大势，与我省科协和京津社科联、科协联合举办京津冀经济社会发展研讨会，进行深层次合作，探索社会科学与自然科学联手服务经济社会又好又快发展的新方式新途径。积极开展国际学术交流，加强与日、俄、美、加、英等国家及中国香港、台湾地区的大学和科研机构的交流，建立长期稳定的合作关系，推动优秀人才和优秀科研成果走向世界。

以改革创新促智库建设

——在2009年全国社科院院长论坛上的发言

（2009年9月9日）

最近看到一份材料讲："中国拥有智库2000家，在数量上超过美国，但仅有70多家被国际认可，许多机构缺乏独创研究，滞后于经济社会发展。近期一批中央级的智库机构正通过改革，把脉国家发展前沿问题，力图带动中国智库水平的提升。"（香港《大公报》2009年7月25日）由此可见，本次院长论坛主题确定为"以改革创新精神推进智库建设"，十分准确，十分紧迫。

下面围绕论坛主题，汇报河北院近期两项工作。

一　沿海强省呼唤智库建设

中共河北省第七次代表大会提出了"建设沿海经济社会发展强省"的战略目标。党的十七大召开后，省委七届三次全会进而提出，建设具有实力、活力和竞争力的沿海强省，调整经济结构，推进节能减排"双三十"，走新型工业化道路；调整城乡结构，推进城镇面貌"三年大变样"，走新型城市化道路。河北省新的发展命题，为我省哲学社会科学新智库建设提供了广阔舞台。省委书记张云川同志要求，哲学社会科学工作要"多出成果，出好成果"。据此，我院提出了"为省委省政府决策服务、为全省经济社会发展服务、为基层服务"的办院方针，提出了"出成果、出人才、出效益"

的总体工作要求和“省级一流、国内知名”的办院目标，力求更好地发挥省委、省政府思想库作用，为实现建设沿海经济社会发展强省提供更加有效的智力支撑。

二　机构调整提升智库水平

今年2月，省委、省政府决定，将省委讲师团、省社科联并入省社科院，院加挂省邓研中心、省委讲师团、省社科联牌子。4月，省委宣布了省社科院领导班子的任命决定，按照并入的原则调整了院党组，我留任省社科院院长、党组书记，任省社科联副主席（主席由省委领导同志兼任），兼任省邓研中心主任、省委讲师团主任。

近一个时期以来，院党组主要抓了四个方面的工作。

一是构建理论武装、服务决策、繁荣发展“三位一体”工作新格局。“三位一体”的基本含义是：在职能上，涵盖了理论武装、服务决策、组织联合等基本要素；在运行机制上，涵盖了社科产品生产、社科成果转化、社科力量整合等工作环节；在相互关系上，科研是坚实基础，宣教是重要依托，联合是力量保障。整合的基本思路是：落实省委领导同志“抓好班子，带好队伍，多出成果”的指示精神，“打捆干事”不误事，加快改革促发展；确保稳定，做到牌子不摘、队伍不散、职能不减，力保全员享有按政策规定的工作和生活待遇；推动整合，人财物实行集中统一管理；借势发展，实现“三个一相加大于三”的改革效应。目前，新的《三定方案》已经省编委讨论通过，即将下达，科研人员走专业技术职务系列、行政管理人员参公的“双轨制”格局基本确立。

二是科研成果出精品、创品牌。今年，省委、省政府主要领导共同为我院圈定了重点课题研究方向。此后，省委书记亲自给我写信，要求我院结合省委谋划2010年重点工作，开展“加快构建符合河北实际的现代产业体系研究”。我院提出了“打造一个系列精品，创出一个品牌”的科研工作目标，将“构建符合河北实际的现代产业体系”和“推进城镇面貌‘三年大变样’”做成系列精品课题，将河北省经济社会形势分析会打造成品牌。目前工作进展顺利，成果显著。转变经济发展方式阶段性研究成果在暑期省委理论学习中心组学习会上印发参阅，省委、省政府主要领导批示肯定，被誉为所有参阅件中最有价值的一份。

三是加强交流合作。利用社科联“河北省社科发展研究课题”平台，立项课题300项，组织联合全省社科界力量开展研究。构建大宣讲格局，在县建立宣讲站，把研究和宣传的触角向基层延伸。与俄、日、美、加、英等国家和中国香港、台湾地区的大学和科研机构建设了长期稳定的合作伙伴关系。我今年应邀出席了纪念中俄建交60周年“北京·中俄第三届社科论坛”并做主题演讲，进一步扩大了我院的影响。

四是优化管理。完成了首次专业技术岗位设置管理及人员聘用工作，争取优惠政策，运用政府和社会公共评价结果，兼顾各个层面，体现机遇公平。聘用工作顺利，聘用结果皆大欢喜，为进一步发挥专业技术人员的积极性、创造性奠定了良好基础。

谢谢大家！

沿海强省与智库建设*

（2009 年 9 月 9 日）

建设社会主义新智库，是地方社科院贯彻落实党的十七大关于哲学社会科学工作一系列指示精神、主动服务本地经济社会又好又快发展的客观要求，也是地方社科院适应形势发展、发挥自身优势、彰显地位作用的必然选择。近年来，围绕服务河北“建设沿海经济社会发展强省”的战略目标，我院不断解放思想，推动创新，调整发展思路，创新科研工作机制，推进人事制度改革，营造求真务实作风，在加强智库建设、履行智库职责方面进行了积极探索，在推进河北建设沿海强省的实践中发挥了积极作用，各项事业也取得了新的发展。

一　打造新智库，是河北省沿海强省建设的时代呼唤

河北省地处环渤海地区中央位置，环抱京津两大都市。中共河北省第七次代表大会提出了“建设沿海经济社会发展强省”的战略目标：到 2010 年，完成“十一五”规划，经济上一个大的台阶，为建设沿海经济社会发展强省奠定坚实基础；到 2015 年前后，经济社会发展全面提速提质，提前完成我省全面建设小康社会的主要任务；到 2020 年前后，经济社会发展主

* 本文为周文夫向 2009 年全国社科院院长联席会议（院长论坛）提交的交流材料，收入会议辑印的材料汇编。

要指标跨入全国先进行列，基本完成工业化的任务，实现建设沿海经济社会发展强省的目标。

建设沿海经济社会发展强省，是河北顺应环渤海地区加速崛起的战略抉择，是对河北省十几年来发展思路的深刻反思，是河北省在环渤海经济圈、京津冀都市圈加快发展的大环境下的重新定位。建设沿海经济社会发展强省主要途径有如下几条。(1) 打造沿海经济隆起带。一是合理发展重点产业：核心产业——现代物流业；支柱产业——现代制造业、冶金、重化工业、现代服务业等；关联产业——休闲娱乐服务业、旅游业、中介服务、家政服务等；基础产业——政府公共教育培训、社会服务等。二是对唐山港曹妃甸港区、唐山港京唐港区和黄骅港港区、秦皇岛港区及相对应的工业区、经济区进行科学合理的功能定位。三是大力发展循环经济，注重海洋环境保护。(2) 走新型工业化道路。一是节能减排。强力推进污染减排，着力改善城市大气环境质量，突出抓好环境水污染治理，切实把住环保准入关，努力解决环境问题，推进生态省建设。二是调强调优。淘汰污染严重的企业，鼓励企业技术改造，加快对现有产业的改组。三是科技创新。重点加快发展电子信息、生物、新材料、新能源等优势产业；积极完善以企业为主导、市场为导向、大学和科研院所为依托、科技中介服务机构为纽带、产学研有机结合的技术创新体系；重点培育和发展一批高新技术产业基础园区，促进产业集聚发展；扩大对外开放，加强战略合作。(3) 走新型城市化道路。一是在国家宏观政策大的背景之下，妥善处理好与京津之间的自主与依托、竞争与合作、分工与协作的发展关系，坚持走自主成长道路，以自立谋地位。二是强力打造石家庄、唐山两个省域中心城市；以曹妃甸和沧州渤海新区开发建设为着力点，突出抓好沿海隆起带建设；全面提升河北省 8 市经济社会发展水平与和谐发展能力，壮大城镇体系；打造秦唐沧外向型临港经济区、京津冀国家示范性生态经济区、京石保廊集约型精致经济区，优化产业分工。(4) 外联京津，内塑省魂。一是建立京津冀区域一体化合作机制，主要包括：区域共增机制，形成区域经济的互补性、规模经济和交易成本的区域协调和内在动力；区域传递机制，在区域间或区域内部地区间构建衔接、传输、传导功能，促进经济发展的某些因素相互波及、影响而使区域结构发生变化，实现区域内部性的外部化和区域外部性的内部化；区域利益协调机制，从区域整体利益出发，实现区域内各次区域或地区间分工合作中经济利益的有效协调。二是大力培育弘扬和谐文化和以“坚韧质朴、重信尚义、宽厚包容、求实创新”为主要内容的新时期河北人文精神，激发全社会振兴河北的创新精神和创业热情。综上所述，实施建设沿海经济社会发展强省战略，意味着河北将在经济社会发展中推动一次深刻的大变革，各领域都将面临新的课题、新的挑战，这就为我省哲学社会科学的新智库建设提供了广阔舞台。

建设沿海经济社会发展强省，不仅要靠经济的快速增长和社会事业的长足进步来体现，也要靠哲学社会科学事业的繁荣发展这一先进文化建设的重要成果来体现。实现建设沿海经济社会发展强省的宏伟目标，需要哲学社会社科工作者不断加强重大理论和实际问题的研究，为省委、省政府提供科学的决策支持，为全省发展和基层工作提供优质高效的理论服务和客观实用的政策解读。实现建设沿海经济社会发展强省的宏伟目标，需要哲学社会科学工作者深入研究我省经济社会发展中长期积累的一些深层次矛盾和问题，如经济结构不合理、增长方式粗放、改革开放相对滞后、城市化水平低、就业再就业形势严峻、社会保障任务艰巨等，拿出令人信服的破解答案。总之，要认真贯彻落实省委书记张云川同志对哲学社会科学工作提出的“多出成果、出好成果”指示精神，充分发挥省委、省政府“智库”作用，为实现“建设沿海经济社会发展强省”提供智力支撑。

二　把握新机遇，推动智库建设再上新水平

今年 2 月，为了更好地促进我省社会科学事业发展，加强邓小平理论、“三个代表”重要思想和科学发展观研究，河北省委、省政府决定，按照精简、统一、效能的原则，将省委讲师团、省社科联并入省社科院，院加挂河北省邓研中心、省委讲师团、省社科联牌子。4 月 21 日，省委宣布了关于省社科院领导班子的任命决定，周文夫同志留任省社会科学院院长、党组书记，省社会科学界联合会副主席（主席由省委常委、宣传部部长聂辰席

同志兼任），兼任省邓小平理论“三个代表”重要思想和科学发展观研究中心主任、省委讲师团主任。这次机构调整，是省委、省政府推进事业单位人事制度改革的一项工作举措，对于贯彻落实科学发展观，改善体制环境，建设高素质、社会化的专业技术人员队伍，激发人才活力，促进社会和谐具有重要意义。同时，这次机构调整，对于整合我省哲学社会科学研究资源，形成科研合力，更好地发挥社科研究在全省经济社会发展中的推进作用，繁荣我省哲学社会科学事业，具有重要意义和深远影响。我院要以机构调整为契机，调整发展思路，完善体制机制，强化工作举措，推动智库建设再上新水平。

（一）构建“三位一体”工作新格局，进一步完善智库功能

机构调整后的院党组，通过走访、恳谈、调研，集思广益，形成共识，确定了发展新思路：以科学发展观统领办院，构建理论武装、服务决策、繁荣发展“三位一体”工作新格局，坚持“为省委省政府决策服务、为全省经济社会发展服务、为基层服务”的办院方针，落实“出成果、出人才、出效益”的总要求，实现“省级一流、国内知名”的办院目标。这其中，科学发展观是根本指针，“三个服务”是方向，“三个出”是标志，“三位一体”是平台，最终目的是发展。

理论武装、服务决策、繁荣发展“三位一体”工作新格局有三层含义：在职能上，涵盖了理论武装、服务决策、组织联合等基本要素；在运行机制上，涵盖了社科产品生产、社科成果转化、社科力量整合等工作环节；在相互关系上，科研是坚实基础，宣教是重要依托，联合是力量保障。三个单位的整合，目的和任务是推动全省哲学社会科学事业新的繁荣和更大发展。

“三位一体”工作新格局，体现了以科学发展观统领办院的指导思想，体现了贯彻落实省委、省政府重大决策的自觉性和坚定性，体现了对哲学社会科学工作任务和发展趋势的把握。当代哲学社会科学已不再是“躲进小楼成一统”、在书斋中著书立说的“玄学”，而是具有时代性、开放性、集约性等显著特征的系统工程。我院需要建立符合哲学社会科学运行规律的工作机制，既要重视研究工作，又要重视科研成果的转化；既要重视成果的对

策应用、论文发表等成果实现形式，又要注重理论宣讲、社科普及等更加广泛的成果实现形式；既要用好社科院本身的研究力量，又要用好全省的社科人才资源，实现更大的作为。构建“三位一体”工作新格局，体现了对哲学社会科学任务和发展趋势的认识和把握，为新形势下实现科学发展搭建了更为宽广的舞台。

为构建“三位一体”工作新格局，院党组集全院同志智慧，形成了整合工作的基本构想。总体要求：落实省委领导同志关于“抓好班子，带好队伍，多出成果”的要求，坚持“精简、统一、效能”的改革原则，“打捆干事”不误事，加快改革促发展。工作构想：确保稳定，牌子不摘，队伍不散，职能不减，保证全员享有按政策规定的工作生活待遇；推动整合，人财物集中统一管理，制度政策衔接配套，实现资源和机制的有机整合；借势发展，实现“三个一相加大于三”的改革效应。工作举措：组建院新的《三定方案》编制工作组、科研机制整合创新工作组、行政后勤整合工作组、议事决策制度整合工作组，分别由分管院领导牵头、职能处室参加。目前正抓紧各项工作，已经收到显著成效。

（二）以作为争地位，进一步扩大智库影响

抓重大科研项目，提高服务效能。将省委、省政府主要领导为院圈定的重大研究课题做成“精品”课题。今年 2 月，省委书记张云川、省长胡春华、常务副省长付志方分别对我院上报的《关于请省领导圈定 2009 年重大研究课题的请示》作了圈定，省委、省政府主要领导共同为我院圈定重点课题研究方向尚属首次。今年，省委书记张云川同志亲自给我院党组书记、院长周文夫同志写信，要求我院结合省委谋划 2010 年重点工作，开展“加快构建符合河北实际的现代产业体系研究”。我院将这些课题作为重大或重点课题立项，提出了“打造一个系列精品、创出一个品牌”的工作目标：将“构建符合河北实际的现代产业体系”和“推进城镇面貌‘三年大变样’”等重大课题研究做成系列精品课题；将“河北省经济形势分析会”打造成品牌。通过“精品”和“品牌”，提升研究成果的思想性、指导性、实践性、针对性和可操作性，使科研更加贴近河北省情，有高站位、超前性，

在理论上有创新，在实践上有指导意义。目前，《构建现代产业体系的河北解读》《加快构建现代农业产业体系》《我省经济率先回暖将是窄U字型走势，城镇化和发展现代产业是科学发展的关键》《构建我省现代产业体系的金融支持政策研究》《关于推进南堡盐场与曹妃甸新区合作开发及一体化发展的建议》等一批成果分别被省领导批示采纳或在核心期刊发表，产生了较好影响。年初，我院针对复杂多变的经济形势，将年度经济形势分析会拓展为季度、年度分析会，每季度作小型分析，年度作大型分析预测，增强了分析和预测的针对性和时效性。3月27日、6月30日，组织召开了2009年第一季度和第二季度“河北省经济形势分析会”，研讨成果综述报告已及时报省委、省政府及省委宣传部领导参考。今年2月，省委常委会进行第九次集体学习（扩大）会议，省委书记张云川主持，孙世芳副院长就“关于加快我省城镇化建设步伐的几个重大问题”进行了讲座，受到省委书记等领导同志的充分肯定。至此，我院专家已连续三年在省委理论学习中心组或省委常委集中学习会上做讲座，围绕我省经济社会发展的重大战略性问题向省领导面对面地建言献策，决策影响力不断加强。

我院积极拓展应用对策研究服务领域，与省纪委联合开展了“惩治和预防腐败体系研究”，承担了省委组织部牵头的“全省人才队伍建设中长期规划纲要”编制工作主要任务，省科技厅“环京津高新技术产业带发展规划”编制工作等。今年我院有1项国家社科基金重点项目立项，实现了承担重点项目零的突破。

强化桥梁纽带作用，集中优势科研资源。利用“河北省社会科学发展研究课题”这一平台，围绕我省重大经济社会问题确定了立项课题300项，组织力量开展研究，明确责任和时限要求，加强督导力度，完善奖惩机制，努力推动研究成果质量的提高。开展大型民生调研活动。在对2008年调研成果提炼总结的基础上，以“保障和改善民生，推进社会建设”为主题，聚焦重点热点，确定了120项申报课题作为2009年“河北民生调研活动”的选题，组织省内1000余名专家学者和实务工作者联合调研攻关，整体活动进展顺利，第一批成果6月推出，以专报等形式上报省领导和有关部门决策参考。进行社科联所属学会调查摸底和分类指导，印发了《河北省社科联社团管理办法》《河北省社科联关于加强学会作风建设的通知》，学会管理的规范化和可操作性大大增强。突出抓学会年检工作，举办主管学会秘书长培训班，提高业务素质和工作水平。改进完善社科成果评价激励机制。深入省内重点高校、社科单位和省委、省政府研究部门听取意见建议，完善了工作思路。优化河北省社会科学优秀青年专家评审和管理办法，评审中增加了“答辩”环节，管理上签订合作协议，落实“评”“用”结合，效果较好。

构建大宣讲格局，拓展成果转化领域。利用省内外有关研究成果，组织编写了《理论热点 20 题》《学习贯彻胡锦涛同志“12·18”重要讲话精神宣讲提纲》《当前我省经济形势宣讲提纲》《“新农村、新政策”知识竞赛辅导》和科普读物《谈发展　讲哲学》。宣讲人员深入地市和省直部门，面向广大干部群众开展面对面宣讲；通过与电视台、电台等媒体的合作，推出形式多样的访谈节目，效果明显。加强基层宣讲站建设，为基层宣讲站订阅了一报一刊及其他有关学习资料，购置了光盘和数字化办公设备；通过调研和征求意见，进一步完善了基层宣讲站的工作机制。为各级党委中心组理论学习搞好服务，努力办好《党委中心组理论学习通讯》，编辑出版“全省干部作风建设年活动专辑”，及时刊发学习动态、学习体会和学习经验，推动各级党委中心组理论学习经常化、规范化。

（三）加强交流与合作，建设开放性新智库

积极组织开展省情调研，着手建立科研课题项目库，实现从课题设计到科研成果与经济社会发展实践的全程衔接。由院领导带队的院省情调研考察团 160 人，分两批赴天津滨海新区、唐山曹妃甸国家循环经济示范区、沧州渤海新区进行实地调研。科研人员围绕全省经济社会发展重大决策实施情况，重点区域、重大项目、重要行业以及县、乡、村发展中的焦点问题，形成了 15 篇有针对性、有实践指导意义的调研报告。

积极拓展对外学术交流渠道。我院代表团赴俄罗斯、日本访问，签署了《中国河北省社会科学院和俄罗斯科学院远东所学术交流意向书》，双方就人员互访、资料交换以及在共同优势研究领域进行合作研究等问题达成共

识。我院代表团出席了日本岩手县立大学建校十周年庆典活动，参加了岩手县立大学举办的国际学术研讨会，周文夫院长发表专题演讲；双方就人员互访、课题研究合作、选派研究生进行研修等方面达成意向。俄科学院东方学所副所长欧安德、日本岩手县立大学代表团当年回访我院。今年 5 月，英国密德萨斯大学访问团访问我院，开辟了我院对欧洲交流的重要渠道。今年 6 月，周文夫院长还应邀出席了纪念中俄建交 60 周年“北京·中俄第三届社科论坛”，并发表了题为《建设河北曹妃甸科学发展示范区，促进京津冀区域合作共赢》的演讲。目前，我院已与日、俄、美、加、英等国家及中国香港、台湾地区的大学和科研机构建立起了长期稳定的合作伙伴关系，为推动优秀科研、管理人才走向世界搭建了平台。

与各地社科院的合作交流更加密切。今年以来，已有上海、福建、江西、广东、江苏等地社科院来我院访问，与我院在科研机制建设、行政后勤管理、人事制度改革等方面问题进行专门探讨和交流。

（四）优化管理练内功，进一步增强智库活力

完善科研管理制度。新修订了《科研成果管理规定》，对重要成果的奖励范围进一步扩大，提高了奖励标准，尤其是较大幅度地扩大了奖励报刊的目录，发表类期刊数量从原来的 89 种增加到 540 多种。经过修订《优秀科研成果奖励办法》，制定《优秀科研成果评奖办法》，形成《重要科研成果奖励办法》，进一步完善了科研成果管理和科研成果评价机制。

加强学科建设。修订出台了《重点学科、重点扶持学科评估管理办法》，在对第一期 3 个重点学科、4 个重点扶持学科进行评估考核的基础上，完成了第二期重点学科和重点扶持学科的评选，确定区域经济学、中国特色社会主义理论体系研究、农村经济学、河北地方史与传统历史文化研究为第二期重点学科，当代文化（文学）与河北文化发展研究、人口社会学、马克思主义哲学与现代化、服务经济为第二期重点扶持学科，聘任 4 个重点学科的第一学科带头人为首席专家，落实了学科建设经费和首席专家岗位补贴。

完成首次专业技术岗位设置管理及人员聘用工作。按照省职改办《关

于做好全省事业单位专业技术岗位聘用工作的通知》精神，争取政策支持，运用政府、社会公共评价结果，兼顾各个层面，体现机遇公平，顺利完成了专业技术岗位聘用工作。6 月 16 日召开院高职人员聘书颁发仪式，院领导为高职人员颁发了聘书。专业技术人员普遍对聘用结果比较满意，为进一步发挥积极性、创造性奠定了良好基础。

在院学习贯彻党的十七届四中全会和省委七届五次全会精神会议上的讲话

（2009 年 10 月 12 日）

今天，召开全院中层领导干部和高职人员会议，主要任务是：传达学习贯彻党的十七届四中全会和省委七届五次全会精神，结合做好我院当前工作，把党中央和省委全会精神落到实处。最近，省委宣传部召开宣传文化系统各部门主要负责同志会议，辰席同志做了重要讲话，做出了贯彻落实党中央和省委全会精神的安排和部署。刚才，保刚同志传达了党的十七届四中全会和省委七届五次全会精神。下面，按照党中央和省委要求，经院党组研究，我就全院学习贯彻党中央和省委全会精神讲两方面意见。

一　认真学习贯彻党的十七届四中全会和省委七届五次全会精神是我院当前的首要政治任务

党的十七届四中全会是在国际形势继续发生深刻变化、我国处在进一步发展的重要战略机遇期召开的一次重要会议。全会总结了建党 88 年、新中国成立 60 年、改革开放 30 年的光辉历程和基本经验，为全党指明了前进方向和奋斗目标，对于全面贯彻党的十七大精神，以邓小平理论和“三个代表”重要思想为指导，深入贯彻落实科学发展观，有效应对国际金融危机冲击，保持经济平稳较快发展，夺取全面建设小康社会新胜利，开创中国特色社会主义事业新局面，具有重大而深远的意义。

省委七届五次全会是在我省改革发展进入关键阶段召开的一次重要会议。会议深刻总结了省委七届四次全会以来，我省改革发展所取得的成就和经验，明确了今后一个时期推动我省科学发展的大政方针，对于紧扣党中央和省委决策部署统一思想，深入学习实践科学发展观，加快“科学发展、富民强省”步伐，开创我省各项事业新局面，具有十分重要的意义。

哲学社会科学工作者是科学理论的先行者，是经济社会发展规律的探索者，肩负着带头和引导全社会学习贯彻党中央和省委全会精神的神圣使命。全院同志要以高度的政治热情和强烈的政治责任感，把深入学习宣传贯彻党中央和省委全会精神作为首要任务、头等大事，深刻领会精神实质，全力做好学习研究和宣传工作，在推动全省贯彻落实全会精神中发挥应有作用。

一要掀起学习热潮，把思想统一到党中央和省委全会精神上来。院党组理论学习中心组要组织专题学习研讨；院领导班子成员和处室所部的领导干部要做学习的表率，先学一步，学深学透；广大科研和宣讲工作者要在全面学习领会全会精神的基础上，结合科研选题和宣讲主题，搞好专题学习和研究，用全会精神武装自己，推动全省的理论武装工作；机关党委和各党支部要制订学习计划，集中时间、集中精力，认真扎实地抓好学习，在进一步增强学习效果上求创新求突破。

二要掀起研究热潮，发挥好理论引领作用。围绕党中央提出的新观点、新论断，结合省委提出的“科学发展、富民强省”目标和“保增长、调结构、促改革、惠民生”工作要求，深入基层，深入群众，开展调查研究，运用科学理论、科学方法，实事求是、富有成效地进行研究和阐释，使科研工作更具时代性、规律性和创造性，使全省党员干部更好地领会和把握全会精神，在统一思想、解疑释惑上见成效。

三要掀起宣传热潮，营造强势舆论氛围。组织专家学者发表文章、参加访谈，积极参与新闻媒体的宣传工作；发挥好各级协会、学会的组织作用，组织全省哲学社会科学工作者开展全会精神的学习、座谈、研讨活动；组织宣讲工作组，深入基层宣讲站，深入农村社区，采取灵活多样、生动活泼的方式开展群众性宣讲活动，让广大群众听得懂、记得住、学得会、用得上。

二 紧紧围绕“科学发展、富民强省”中心任务提升智库建设新水平

省委书记张云川同志在向省委七届五次全会所做的报告中要求“围绕全省重点工作，加强社科理论研究”。他指出，要“深入开展中国特色社会主义理论体系宣传普及活动，推进社会主义核心价值体系建设，加强思想道德建设和思想政治工作，在全省大力弘扬以爱国主义为核心的民族精神和以改革创新为核心的时代精神”，“为科学发展、富民强省提供思想保证、精神动力、舆论支持和文化条件”。云川同志一系列指示精神，既是对我们以往工作的肯定，更是对今后工作提出的新要求。

近几年来，全国地方社科院都围绕如何更好地发挥党和政府思想库、智囊团作用进行功能转型，在新智库建设方面进行了诸多有益的探索。从9月召开的全国社科院院长联席会议上了解到：各院都努力站在构建发展软实力的高度推进新智库建设，智库建设的指导思想更加清晰，服务理念不断提升；各院努力贴近决策，贴近实践，在服务各地经济社会发展中“重要决策都有社科院声音”的可喜态势基本形成。

我院作为省委、省政府直属的哲学社会科学专业研究机构，必须紧紧围绕省委、省政府的迫切需要，不断转变服务理念，调整服务方向，推进功能转型，担当智库职能。智库是发展软实力的创新来源。从这个意义上讲，我们应该在发展的关键时刻，在实践的基础上进行深入的研究探讨，适时提出具有前瞻性和可操作性的重大理论概念、重大的战略对策和政策设计。省委全会要求，继续用有力度、有成效的工作，巩固和发展当前企稳向好的势头，确保实现全年经济社会发展的目标任务。我院要紧紧围绕省委的要求，研究和破解当前形势下全省经济社会发展面临的两大矛盾，为推动经济社会平稳较快发展发挥好智库作用。

（一）破解发展难题，增强智库针对性

省委七届五次全会对全省当前工作做出了部署，提出了我省实现科学发

展面临的主要任务，这些问题都是我们当前需要研究的重点问题。主要有，在党的建设上，从我省实际工作看，如何实现党的建设与时俱进，提高贯彻科学发展观的执行力。在经济和社会发展上，如何解决好经济结构不合理、城乡结构不合理两个制约我省科学发展的主要矛盾；如何抓住工业化和城市化两大引擎，构建现代产业体系，提高城市现代化水平，加快河北现代化建设进程；如何应对金融危机的冲击，加快转变发展方式，实现“三个转变”；如何按照“六个更加”要求，完成保增长任务；如何把保增长最终体现在经济实力的提高上，体现在民生的改善上；如何把扩内需落实到扩大生产资料和生活资料的消费上，落实到项目的筹划实施上；如何利用好国家宏观政策，促进一批大项目好项目列入国家盘子，不错过扩大投资这班车；建立现代产业体系如何抓好科技创新、打好“产品牌”；节能减排工作如何制定落后产能的退出机制、配套政策等。科研处及院属各研究宣讲部门，要根据这些问题，研究调整我院科研、宣讲工作的主攻方向，发挥“三位一体”工作格局带来的新优势，科学整合力量，拿出高质量的研究和宣讲成果，为省委、省政府科学决策和全省经济社会又好又快发展交出一份满意的答卷。

（二）抓好机构调整，提升智库建设水平

要以机构调整、构建“三位一体”工作新格局为契机，不断深化内部改革，加快智库转型步伐。目前，省编办已下达了我院新《三定方案》，为我院“三位一体”工作新格局的确立，明确了基本框架。下一步要抓好《三定方案》的组织实施。要把握新智库建设的客观要求，遵循新智库的运行规律，以“三个一相加大于三”的最终目标，实现人财物的集中统一管理和优化组合，在理论武装、服务决策、社科联合方面产生最大效益，使我院的机构和资源管理更加科学，运行更加顺畅，作用更加突出，发展更具潜力。要进一步完善机制建设，按照新智库的定位和功能，推动机制创新，进一步形成以学术创新和社会进步贡献率为标尺的成果评价机制，形成以竞争力指标为重要依据的所级和学科考核机制，促进科研软实力的提升和优势学科的壮大，增强智库可持续发展能力。要进一步拓展“三位一体”工作格局的外延，建立起以院优势学科为龙头、融全省相关学科力量为一体的优势

学科群；优化科研组织管理手段，充分运用不同层次的课题立项评审、专家成果评选评奖等资源，实现优化组合和科研效益的最大化。要全力落实全员享有按政策规定的工作和生活待遇，将人员管理实行“双轨制”的政策落到实处，更好地调动全院干部职工的工作积极性。要抓好绩效工资相关政策的落实，改革考核办法，形成以成果质量论高低、以工作效能论短长的考核机制。

（三）转变思想观念，推动智库致力创新

正在全省开展的干部作风建设年活动已进入攻坚阶段，省委在两节前召开会议对活动进行了再动员再部署，要求打好持久战，再掀活动新高潮。对我院而言，把活动向纵深推进，取得更大的突破和成效，关键在于把良好的作风固化在谋划工作的思路上、推进工作的举措上、实现工作突破的成效上。一是弘扬务实作风，推动科研贴近实际。自觉和主动围绕省委七届五次全会提出的主要任务和重点工作，围绕重大决策实施和群众关心的热点难点问题，积极开展调查研究、对策建议和理论宣讲。云川书记在省委七届五次全会的报告中提出，“保增长，要最终体现在经济实力的提高上，体现在民生的改善上”，“要始终把保障和改善民生放在突出位置来抓，切实解决人民群众生产生活中的实际困难。保民生是保增长的目的，也是保稳定的基础”。我院要进一步开展民生调研，围绕全会精神，聚焦重点难点问题，对确定的120项调研选题进行充实和调整，组织全省专家学者和实际工作者联合调研攻关。要在成果转化上做文章，精选一批好的成果，进行再加工、再浓缩，通过直报件报送省委、省政府，力争在成果转化上有新突破，把活动进一步推向深入。二是打牢服务理念，推动宣讲深入基层。要把党中央和省委全会精神的宣讲纳入工作日程，重点围绕学习贯彻《中共中央关于加强和改进新形势下党的建设若干重大问题的决定》、胡锦涛同志的重要讲话和《中共河北省委关于认真学习贯彻党的十七届四中全会精神的决议》、张云川同志的讲话精神等，编写宣讲提纲，制订宣讲计划，尽快组织实施。要进一步发挥县级宣讲站的作用，把宣讲工作不断向基层延伸，扩大宣讲的覆盖面。

（四）抓重大科研项目，扩大智库影响力

要全面领会全会的基本精神，特别是云川书记的两个重要讲话，在学习中要有针对性地对当前经济社会发展中面临的问题进行科学梳理，找出牵一发而动全身的关键问题，作为我们科研工作的主攻方向，谋划出一到两个院重大课题，拿出高水平的研究成果，以这些课题为龙头，打造社科院的品牌，带动全院工作水平的提升。在推进重大项目的研究进程中，要不断创新科研组织方式，打破原有的科研组织路径依赖，建立科研快速反应机制，提高打快仗、打硬仗能力；积极探索建立以重大课题为纽带的虚拟研究中心，吸纳院内外、省内外的高端人才，进行集群式研究，形成互补、合成、高效的研究优势，做优做强重大项目成果。要实行重大科研项目目标责任制，由项目组组长负总责，落实科研全过程动态管理，落实院内无障碍人才配置和资金全力保障机制，加大奖励经费配套，确保刚性科研任务的完成。要进一步解放思想，树立与新的科研组织方式相适应的科研理念和价值取向，克服仅仅以所谓“纯学术”的传统思维来判断科研价值的固有观念，打消智库导向会使某些学科边缘化的思想顾虑，自觉地树立全院“一盘棋”思想，积极投身到“三个服务”的实践中去，为实现“省级一流、国内知名”建院目标做出积极努力，为全省经济社会又好又快发展做出新的贡献！

在河北省纪念李大钊诞辰120周年学术研讨会上的讲话*

（2009 年 10 月 26 日）

金秋十月，秋高气爽。在这收获的季节，我们怀着十分崇敬的心情，聚集一堂，在这里隆重召开河北省纪念李大钊诞辰 120 周年学术研讨会，这是一件可喜可贺的事情。这次会议，是由河北省委宣传部、河北省委党史研究室、唐山市委、河北省社会科学院、河北省李大钊研究会等单位联合举办的。来自省内外的专家学者一起深切缅怀李大钊同志为民族独立、社会解放所建立的丰功伟绩，学习他的光辉思想、崇高品德和革命风范，这对于我们学习贯彻党的十七届四中全会精神和省委七届五次全会精神，进一步解放思想，坚持改革开放，推动科学发展，促进社会和谐建设，具有重要的现实意义。在此，我代表主办单位对这次会议的召开表示热烈祝贺，向与会专家、学者表示热烈的欢迎和诚挚的问候！

李大钊同志是中国共产主义运动的先驱、伟大的马克思主义者、杰出的无产阶级革命家、中国共产党的主要创始人之一，同时他还是北京大学的著名教授，一位学贯中西的学者，一位文化名人、思想巨匠，在中国近现代思

---

* 本文为时任河北省李大钊研究会会长，省社科院党组书记、院长周文夫，于 2009 年 10 月 26 日，在李大钊故里河北乐亭召开河北省纪念李大钊诞辰 120 周年学术研讨会上的讲话。2009 年 10 月 28 日，中共中央在北京人民大会堂举行纪念李大钊诞辰 120 周年座谈会。时任中央政治局常委、国家副主席习近平出席并发表重要讲话，河北省委书记张云川和周文夫参加座谈会。

想文化史上占有重要的历史地位。2006年，在时任省委常委、宣传部部长赵勇同志的支持下，省社科院承担了“影响中国历史进程的河北名人”的评选活动，李大钊被评选为河北的十大名人之一。在今年由中宣部、中组部等部门联合组织开展评选的“双百”活动中，李大钊被选为“100位为新中国成立做出突出贡献的英雄模范人物”之一。记得一位名人曾经说过：评判一个国家的品格，不仅要看它培养了什么样的人民，还要看它的人民选择对什么样的人致敬、对什么样的人缅怀。李大钊就是这样一位值得致敬和缅怀的人，他的光辉业绩、崇高风范、高尚品德，将永远铭记在全党同志和全国各族人民心中。

河北省一直高度重视李大钊的研究和宣传工作。为了纪念李大钊诞辰120周年，今年河北省委有几项重大活动：一是河北省委宣传部、唐山市委等单位联合制作重大革命历史题材的电视剧《李大钊》；二是乐亭李大钊纪念馆改陈，近日举行改陈仪式并正式对公众开放；同时，河北省委、省政府在乐亭李大钊纪念馆召开纪念李大钊诞辰120周年座谈会；此外，还有本次与北京大学等单位联合主办的学术研讨会的召开，把纪念李大钊的工作推向高潮。希望通过这些活动，能够掀起全社会学习李大钊、研究李大钊、宣传李大钊的热潮，把大钊精神进一步发扬光大，并以此为契机，打造进一步推进李大钊研究工作的重要平台。

我们这次会议是在党的十七届四中全会和省委七届五次全会闭幕不久、全省上下正在掀起学习贯彻党的十七届四中全会和省委七届五次全会精神的热潮的背景下召开的，是在举国共庆共和国六十华诞的喜庆氛围下召开的，具有非常重要的现实意义。

纪念李大钊，就要学习和宣传他的和谐理念和宽容精神，为构建和谐社会提供精神动力和智力支持。

作为调和思想的一名重要学者，李大钊早年在阐释调和思想方面做了很多工作，可以说贡献卓著。例如，李大钊在1917年秋到1918年秋这一年左右的时间里，先后发表了一系列有关“调和论”的文章，如《甲寅之新生命》《调和之美》《调和之法则》《辟伪调和》《调和剩言》等。尽管李大钊的调和思想如有的论者所说还存在某些不足，但其中所蕴含的辩证思想却与我们在构建和谐社会过程中所倡导的“和谐”理念有着某种程度的契合。

李大钊强调世间万物应以和谐为美，于矛盾对抗中求和谐；强调世间万物应以和谐为进步，于斗争中求和谐发展；强调中西文化应互容并包，于对立中求和谐共进、协同发展。他主张调和的生活，提出“美者，调和之产物；而调和者，美之母也”的论断。同时主张文化的“调和”与“融会”要以“容纳”为上，强调互容并包、相得益彰。

李大钊良好的认知品格及开放性的思维方式，使得他有“容人并存的雅量”和“自信独守的坚操”，而这又促使他在探究社会理论和方法中能够取百家之长。在思想领域，承认多种思想、思潮并存的客观事实；在人际关系中，承认个体、群体、派别并存的客观事实。正因为他有宽广的胸怀，容人的雅量，使其不计个人得失，团结一切可以团结的人。因此他在学术界、教育界、文艺界、新闻界乃至国会议员中、军界里都有许多朋友，因此在学术上、工作上乃至他从事的革命活动中得到了很多人的帮助，并且对其人格推崇备至。宽容是和谐的基础，没有宽容就没有和谐。历史发展的实践也充分证明：李大钊调和思想所表现出的开放意识和兼容并包的民主精神是中国共产党的制胜法宝。在努力构建社会主义和谐社会的今天，倡导李大钊的宽容精神，不无裨益。

纪念李大钊，就要学习和宣传他的解放思想、与时俱进的精神，为今天的思想解放提供借鉴。

李大钊是中国近现代思想史上一个重要的历史人物。在他一生的思想发展轨迹中，贯穿着一条思想解放、追求真理的主线。从参加过立宪请愿运动到拥护资产阶级民主共和制，到最终选择马克思主义，这种思想认识过程，既不能说他的思想反复无常，也不能视为模棱两可，而恰恰是他思想解放、与时俱进的一个明证。

创新是思想解放的必然要求，也是思想解放的目的。李大钊具有强烈的创新意识，在他看来，“人生最有趣味的事情，就是送旧迎新，因为人类最高的欲求，是在时时创造新生活”。思想解放的真谛，并非简单的抛弃、完全的否定，而是合理的扬弃、辩证的否定。只有通过否定的环节，才能达到解放思想、更新观念的目的。思想解放、思想发展必须不断总结人类社会发展的历史经验，并且顺应时代潮流，根据实践发展的需要而不断取舍、扬弃。

实事求是、解放思想、与时俱进是我们党在不同历史时期条件下所获得的思想智慧精华，是总结长期革命和建设经验的宝贵精神财富，体现了我们认识世界和改造世界的根本要求，是我们探索改革开放和社会主义现代化建设规律中必须遵循的思想认识方法和原则。只有坚持解放思想、实事求是、与时俱进，我们才能寻求新突破，开创新局面，实现新发展。

党的十七届四中全会提出坚持解放思想、实事求是、与时俱进，不断研究党的建设面临的新情况新问题，不断推进党的建设的实践创新、理论创新、制度创新，坚持用时代发展要求审视自己，使党的建设不断适应党的事业的发展要求。

纪念李大钊，我们要学习和宣传他的建党思想，不断加强党的执政能力的建设。

李大钊对建设什么样的政党和怎样建设党都有过具体的论述，并初步形成了他的马克思主义建党思想，对处于幼年时期的中国共产党曾起到了很大的指导作用。早在民国初期，李大钊就十分关注政党问题，并结合现实进行研究探索，形成了自己的政党观。李大钊强调，政党是为人民谋福利的，政党要排除“私心党见”，造福于国家，造福于人民，反对政党的特权；政党要适应世界潮流，要能代表先进的文化，而且要有民众的支持；强调一切革命政党只有代表人民利益，才能做到密切联系群众。此外，他还很重视一个政党的“党风”“党德”问题。在理论研究和实践过程中，李大钊的政党观也不断发展，最终形成了自己的马克思主义的政党观。李大钊的一系列关于在政治上、思想上、组织上、作风上建党的思想无疑对中国共产党的建立起了重要的作用。在马克思主义、毛泽东思想指引下，中国共产党经过艰苦卓绝的斗争，赢得了执政党地位，这是历史的选择，人民的选择。

为谁执政，靠谁执政，怎样执政——这是中国共产党60年执政实践中始终面临、不断探索并努力回答的一个重大战略课题，这也是关系中国社会主义事业兴衰成败、关系中华民族前途命运、关系党的生死存亡和国家长治久安的重大战略课题。党的十七届四中全会审议通过了《中共中央关于加强和改进新形势下党的建设若干重大问题的决定》，主题鲜明、立意高远，内涵丰富、重点突出，具有很强的思想性、针对性和指导性，是对马克思主义执政党建设规律认识的深化，是对马克思主义党建理论的创新，是加强和改进新形势下党的建设的纲领性文献。研究李大钊的建党思想，一定会促进理论界对执政理论的研究，有力地推动党的执政能力建设。

当前，我国改革发展正处在关键时期，我们肩负的使命神圣而重大，我们承担的任务光荣而艰巨。我们一定要全面贯彻党的十七届四中全会精神和省委七届五次全会精神，高举中国特色社会主义伟大旗帜，以邓小平理论和“三个代表”重要思想为指导，深入贯彻落实科学发展观，继续解放思想，坚持改革开放，推动科学发展，促进社会和谐，为全面建设小康社会、实现中华民族伟大复兴而继续奋斗！

祝大会圆满成功。谢谢！

构建“三位一体”新格局 促进社科事业新发展*

（2009 年 12 月 1 日）

2009 年 2 月，河北省委、省政府决定，将省委讲师团、省社科联并入省社会科学院；4 月，省委宣布了关于调整省社科院领导班子的任命决定。同时，省委书记张云川向省社科院提出了“抓好班子、带好队伍、多出成果”的总体要求。如此重大的机构调整，是全省社科理论界的一件大事情。而河北省社会科学院是如何进行机构调整和资源整合的呢？近日，本报记者采访了省社科院党组书记、院长，省委讲师团主任，省社科联副主席周文夫教授。

记者：今年 2 月，省委、省政府做出了将省委讲师团、省社科联并入省社科院的决定，请您谈谈这次机构调整合并的重要意义以及改革的进展情况。

周文夫：今年 2 月，省委、省政府决定，将省委讲师团、省社科联并入省社科院；4 月 21 日，省委宣布了关于调整省社科院领导班子的任命决定。这次机构调整将省社会科学院、省委讲师团、省社科联及省邓小平理论、“三个代表”重要思想和科学发展观研究中心合成一个机构，挂四块牌子，是省委、省政府在我省哲学社会科学领域贯彻落实科学发展观的一大创举，目的和任务是深入学习、研究、贯彻中国特色社会主义理论，进一步繁荣发展我省哲学社会科学事业。省委、省政府这一重要决定，将成为我省哲学社

---

* 本文刊载于《河北党校报》2009 年 12 月 1 日。

会科学事业发展史上的一个重要转折点，对我省哲学社会科学资源整合和研究水平的提高具有强大的推动作用，能够极大地增强应用研究的针对性，增强基础研究的地方特色。

今年以来，机构调整成为我院党组和全院同志面临的一项重大任务。院党组高度重视、坚决执行省委决定，按照云川书记对我院提出的“抓好班子、带好队伍、多出成果”的要求，将机构调整工作列入重要议事日程。院党组通过走访、恳谈、调研，集思广益，在发展问题上形成了新共识，提出了以科学发展观统领办院，构建理论武装、服务决策、繁荣发展“三位一体”工作新格局的总体工作思路，并及时成立了编制院新的《三定方案》、业务工作机制整合创新、财务后勤工作机制整合、决策议事规则修订四个工作小组，积极推进各项工作，确保牌子不摘、队伍不散、职能不减，实现社科资源和机制优化组合，达到“三个一相加大于三”的改革效应。

“三位一体”工作新格局的总体思路得到了省委、省政府领导的支持，得到了省直有关部门的认同，得到了全院上下的拥护，在省内外社科界乃至社会上引起积极反响。《河北省干部作风建设年活动办公室简报》出专刊，以《以“三位一体”工作新格局展示干部作风建设新成果》为题，刊载我院经验。目前，省编委已下达了我院新的《三定方案》，把我院确定为省委、省政府直属事业单位，为我院“三位一体”工作新格局的确立明确了基本框架。我们相信，在省委、省政府的正确领导下，在省直有关部门的大力支持下，院党组和全院干部职工一定能够把这次机构调整合并工作做好，进一步促进我省社科事业的繁荣与发展。

记者：机构合并后，你们从实际出发，提出了理论武装、服务决策、繁荣发展“三位一体”工作新格局的工作思路，很有创新性，请您具体谈谈是如何准确把握“三位一体”工作新格局的？

周文夫：理论武装、服务决策、繁荣发展“三位一体”工作新格局具体包括三层含义：一是在职能上，涵盖了理论武装、服务决策、组织联合等基本要素；二是在运行机制上，涵盖了社科产品生产、社科成果转化、社科力量整合等工作环节；三是在相互关系上，科研是坚实基础，宣教是重要依托，联合是力量保障。机构调整后，全院各项事业迎来了新的机遇和挑战，准确把握“三位一体”工作新格局，需要把握三个基本点。

第一，“三位一体”工作新格局体现了以科学发展观统领办院的指导思想。机构调整后，我院新的总体发展思路是：坚持以科学发展观统领办院，构建理论武装、服务决策、繁荣发展“三位一体”工作新格局，坚持“为省委省政府决策服务，为全省经济社会发展服务，为基层服务”的办院方针，落实“出成果、出人才、出效益”的总体要求，实现“省级一流、国内知名”的奋斗目标。这其中，科学发展观是根本指针，“三个服务”是方向，“三个出”是标志，“三位一体”是平台。坚持“三位一体”不是三方面内容的简单并列和叠加，而是相互融合、相互支撑的有机整体，体现了全面、协调、可持续的科学发展基本原则。

第二，“三位一体”工作新格局体现了贯彻落实省委、省政府重大决策的自觉性和坚定性。“三位一体”工作新格局表达了两个明确的概念，一是队伍不散、牌子不摘、职能不减；二是落实省委“打捆干事”的基本要求。“打捆”，就是整合机构、优化机制、聚集力量、建强班子、带好队伍，拧成“一股绳”；“干事”，就是实现社科院又好又快发展，为繁荣我省哲学社会科学事业做出更大贡献，当好省委、省政府“信得过、用得上、能管用”的思想库和智囊团。

第三，“三位一体”工作新格局体现了对哲学社会科学工作任务和发展趋势的把握。新形势、新任务对哲学社会科学提出了新要求，我院既要重视研究工作，又要重视科研成果的转化；既要重视成果的对策应用、论文发表等成果实现形式，又要注重理论宣讲、社科普及等更为泛化的成果实现形式；既要用好社科院本身的研究力量，又要用好全省的社科人才资源，有更大的作为。

记者：省社科院作为我省重要的综合性社科研究机构，近年来为我省经济社会发展服务建言献策发挥了重要作用，请您具体谈谈你们是如何做的？

周文夫：我院坚持把“服务决策、服务发展、服务基层”作为科研工作的主要任务和主攻方向，围绕破解制约河北科学发展的突出矛盾和问题，出思路、出办法、出成果。近三年来，我院共完成科研成果 1217 项，其中含著作 62 部、书稿 8 部、论文 729 篇、调研报告 157 项，81 项得到省领导批示，57 项在核心及重要期刊发表。在坚持“三个服务”、落实“三个出”、促进全省经济社会发展方面，我们主要抓了以下三方面工作。

第一，拓展服务渠道，提高服务水平。一是围绕我省经济社会发展中的重大理论与实践问题，请省领导为我院圈定年度重大研究课题，直接服务决策。特别是今年 2 月，省委书记张云川、省长胡春华、常务副省长付志方分别为我院圈定了重大研究课题。今年 4 月，张云川书记亲自给我院交办科研任务，要求结合省委谋划 2010 年重点工作，开展“加快构建符合河北实际的现代产业体系研究”。省委、省政府主要领导同志共同为我院圈定重点课题和直接交办科研任务，在我院历史上尚属首次。这表明，我院科研工作开始实现由过去找领导同志圈定课题和报送科研成果，向领导直接交办课题和下达科研任务的重要转变，说明我院科研服务决策的能力和水平在不断提高，愈来愈得到省委、省政府的信赖。为落实省委、省政府领导交办的任务，院党组及时提出了“打造精品、创出品牌”新的更高的工作目标，将“构建符合河北实际的现代产业体系”和“推进城镇面貌‘三年大变样’”等重大课题做成系列精品。经过院课题组的努力，我院研究成果《构筑我省现代产业体系的总体思路、主体框架和对策措施研究》，得到了云川书记和春华省长的批示肯定，在 2009 年暑期省委理论学习中心组北戴河学习会议上作为参阅材料全文印发，并以省政府办公厅《内部通报》形式印发全省。《河北省城镇面貌“三年大变样”前期成效分析与思考》得到副省长宋恩华批示肯定，并印发全省城镇面貌“三年大变样”调度工作会参考。二是召开经济形势分析会，对经济形势进行分析预测。我院连续三年组织召开全省年度经济形势分析会，省委常委、宣传部部长聂辰席均到会并发表重要讲话。尤其是 2009 年，围绕应对国际金融危机等热点、难点问题，将年度分析会变成季度、年度召开，季度做阶段性分析，年底做形势预测，研讨成果及时报省委、省政府及省直部门参阅，产生了重要的社会影响。三是发挥咨询优势，当好决策参谋。我院院领导和专家连续 4 年在省委理论学习中心组或省委常委集中学习会上做专题讲座，围绕我省经济社会发展的重大战略性问题向省领导面对面地建言建策，研究成果直接接触到了我省最高决策层。我院编撰的《河北省经济社会发展形势分析与预测》蓝皮书已扩展为经济、农村经济、社会、文化、人才五卷本系列丛书。蓝皮书总报告每年送省人大、省政协两会参考，单卷本送省直有关部门和各市县主要领导同志参阅。还参与主编了中宣部、新闻出版总署“纪念改革开放30周年百种重点图书”之一《见证辉煌——河北省改革开放30年》。四是创办直报件，疏通成果转化渠道。我院通过《决策建议》《决策参考》直报件，就我省经济、政治、文化、社会等方面重大理论和实践问题，向省委、省政府领导直接提出决策建议。平均每年数十项成果得到省委、省政府主要领导和分管领导批示肯定，予以采纳。五是举办专题研讨会，为“富民强省”献计献策。近年来，我院先后主办或联合举办了“环渤海经济圈崛起与建设沿海经济社会强省研讨会”“建设沿海强省的文化支撑与新时期河北人文精神研讨会”“石家庄内陆港发展与建设沿海强省研讨会”“沧州港城开发建设与沿海内地互动发展研讨会”“建设秦皇岛黄金海岸新区，打造战略增长极研讨会”“省社科界纪念改革开放30年理论研讨会”“河北省纪念李大钊诞辰120周年研讨会”“省社科界庆祝新中国成立60周年理论研讨会”等多个大型研讨会，为推动我省经济社会又好又快发展和繁荣发展我省哲学社会科学事业做出了应有的贡献。六是基础学科研究学术水平和影响力有新的提升。我院主办“黑水城汉文文献与宋夏金元史研究”学术研讨会，确立了这一研究领域在省内国内的主导地位。出版《中国哲学精神》《元曲名家精粹》《中国古曲诗的探索历程》《兼济堂文集点校》《李大钊全传》《先秦社祀研究》等著作，展示了治学实力。

第二，推动机制创新，增强服务能力。一是完善科研管理制度。出台或修订了优秀科研成果奖励、科研课题和科研成果管理、学术研讨会管理、“学者文库”编辑出版等科研管理制度。二是加强学科建设。圆满完成第一期重点（扶持）学科考核评估工作，评审确立了第二期重点（扶持）学科，加大了对学科建设投入力度。继续在重点学科设立首席专家，为形成品牌学科和发挥首席专家的领军作用积极创造条件。三是推进开门办院。启动省情调研、民生调研和科研课题项目库建设工程。积极开展国际学术交流。我本人今年应邀出席了纪念中俄建交60周年“北京·中俄第三届社科论坛”，并发表了专题演讲。我院与日、俄、加、美、澳、英等国家及中国香港、台湾地区的大学、科研机构建立了较为稳固的学术交流合作关系，开展了实质性的学术交流与合作，前景广阔。

第三，丰富服务手段，扩大服务领域。一是加强理论宣讲工作。组织实施“深入学习贯彻党的十七大精神”“深入学习实践科学发展观”“努力学习实践社会主义核心价值体系”“深入学习贯彻党的十七届三中、四中全会精神”等一系列重大宣讲和专题辅导。发布《全省讲师团系统课题研究指南》，积极承担中宣部、中组部、省委、省政府委托课题，累计完成300余项课题研究，一批成果在《人民日报》《光明日报》《求是》等报刊发表。建立11个县级宣讲站，组成“送理论下基层”工作队，大宣讲格局初步形成。二是推进社科普及。连续几年开展社科普及周活动。出版“社会主义核心价值体系丛书”“讲科学　谈发展丛书”等系列科普读物。三是加强组织联合。建立健全规章制度，不断改进学会管理工作。利用河北省社科优秀青年专家评审、河北省社科优秀成果评奖等抓手，组织和凝聚全省哲学社会科学工作者为服务河北经济社会又好又快发展和推动我省哲学社会科学事业繁荣发展贡献力量。副省长龙庄伟亲临评审会议，予以指导。

记者：从您的介绍中可以看出，机构调整后，你们的改革和整合工作取得明显成效，请您谈谈今后有哪些新的设想呢？

周文夫：机构调整后，建立健全“三位一体”工作新格局，是我院在新的发展中面临的新问题，解决发展中的新问题就要有新思路、新办法、新举措。为充分实现职能整合、优势互补，达到“三个一相加大于三”的改革效应，要从三个方面着手。

第一，机制求创新。通过机构调整，充分实现职能整合、优势互补，机制创新是关键。一是机构设置、人员定性。社科院新的职能定位，应当遵循党的十七大和省委七届三次全会关于哲学社会科学工作的一系列指示精神，全面准确体现党中央和省委提出的“精简、统一、效能”的改革原则和省委、省政府两办《通知》关于机构调整的基本要求，在“三位一体”工作新格局的框架内，进行重新认识和思考。总体构想是：确保稳定，做到牌子不摘、队伍不散、职能不减，保证全员按政策规定有较高的工作生活待遇；推动整合，人财物集中统一管理，制度政策衔接配套，实现资源和机制的有机整合；借势发展，实现“三个一相加大于三”的改革效应。二是科研机制整合创新。体现在三个方面：做大做强优势学科，建立起以社科院优势学科为龙头、融全省相关学科力量为一体的优势学科群，真正拥有全省乃至全国相关学科领域更为强势的话语权；优化科研管理手段，充分运用现有不同层次的课题立项评审、专家成果评选评奖、社科人员职称评审等宝贵资源，实现科研管理手段的优化组合和科研效益的最大化；合理配置科辅资源，现有的网络、刊物、科研资料信息等科辅资源要合理配置，既要充分发挥功效，又要避免重复建设和功能重叠。三是行政后勤管理职能整合。着眼于长远的事业发展，实现人财物统一管理，制度融合和资源整合。

第二，工作寻突破。在新的工作平台上，每项工作都面临创新任务。社科研究：在重大项目上求突破。继续围绕做好省委、省政府主要领导圈定的“构建符合河北实际的现代产业体系”“推进城镇面貌‘三年大变样’”等重大研究课题，做成系列精品研究成果，将“河北省经济形势分析会”打造成知名品牌。研究成果力求突出思想性、指导性、实践性、针对性和可操作性，从河北省情出发，多出理论上有创新、实践上有指导意义的研究成果，加强成果转化工作，为决策发展提供强有力的智力支持和理论保障，更好地发挥“智库”作用。理论宣讲：在不断增强实际效果上求突破。不断加强中国特色社会主义理论武装工作。按照“巩固、规范、提高”的要求，抓好宣讲工作站建设，完善管理运行机制，构建大宣讲格局。抓好“两头”，既要能“登天”，还要能“落地”。“登天”，就是把握各级党委最关心的问题，运用最前沿的理论，做好党委理论中心组的学习辅导，在领导决策层产生重大反响；“落地”，就是做好理论普及工作，把深奥的理论用简单的道理、朴素的语言传递给基层群众，入耳入心，实现理论武装工作的向下延伸。加强宣讲队伍建设，提高理论工作者的理论水平，打下坚实的理论根基，把研究做深，把理论用活。注意用好、用足我院自身的研究成果，丰富宣讲内容，促进成果转化。社科联合：在增强聚合力上求突破。延伸触角，把联合延伸到全省社科战线的各个层面，充分挖掘社科资源，不断拓展工作平台。抓好高校学科基地建设和民办社联机构管理，建点立站，扩充体系，纳入制度化、规范化管理轨道。强化抓手，运用好优秀成果评奖、优秀专家评选、学会管理、课题申报等管理手段，以项目促合作，以人才聚队伍，不断开创社科联合工作的新局面。

第三，科研树新风。紧密结合我院工作实际和科研特点，开展“干部作风建设年”活动。转变作风，重在转变科研作风、转变学风。一是增强政治意识。坚持马克思主义“一元化”的指导地位，用马克思主义的世界观和方法论指导科研，用科学发展观统领科研工作。二是培育创新精神。把培养创新意识和创新能力放在突出位置。基础学科研究强调原创性，离不开创新；应用研究要解决发展中遇到的实际问题，同样需要创新。在研究活动中，创新是具有全方位意义的，包括思想观点、研究方法、材料运用、表达形式等都有一个创新问题。同时，在课题设计、选题立项方面也需要创新。三是弘扬务实作风。求真，就是追求真理。追求真理，就是不唯书、不唯上、只唯真。求真是为了务实。所谓务实，对科研来讲就是理论联系实际。务实精神的培养应当落实到具体的科研组织工作中。通过省情调研，进一步增强研究的针对性。通过课题项目库建设，使科研选题贴近实际发展的需要。出台院《关于加强和改进科研作风的规定》，把科研作风建设、学风建设融入科研管理当中，真正促进科研工作再上新台阶，为我省社会科学事业繁荣发展做出更大的贡献。

金融危机下构建河北现代产业体系战略选择

——在北京第二届环渤海区域合作发展高层论坛上的演讲

（2009 年 12 月 5 日）

当前金融危机对世界经济的冲击继续显现，全球经济进入调整期，预示全球经济环境的深刻变化，国际分工也将随之发生重大变化。本文拟分析金融危机和国际产业分工变化对河北省的影响，探讨河北省利用环渤海区域合作促进现代产业体系建设的战略选择。

金融危机和国际产业分工变化对河北的影响

金融危机的本质是资本主义经济危机的现代表现，金融危机爆发的根本原因是经济周期与产业革命周期叠加的结果。伴随国际金融危机的爆发，国际产业分工和产业体系也会发生深刻的变化。

从目前情况看，第三次产业革命爆发式的技术进步阶段已经结束，信息技术、生物技术、纳米技术等新技术产品已在全球普及，新技术产品正从产品研发创新逐步进入生产工艺优化和满足个性化需求阶段。同时，新技术已经充分应用于传统产业改造，依靠新技术的运用提升传统产业生产效率的空间已经不大。因此，以美国为代表的发达国家和地区的产业优势必然会减弱，新兴工业国家在国际产业分工中的地位将有所提高。

虽然金融危机对河北经济造成了很多不利影响，但对河北省来说，金融危机和国际产业分工变化带来更多的是机遇。

河北的钢铁、石化、装备制造业已经具备一定规模，新能源、电子信息、生物医药等新兴产业发展也已经具有一定基础。从产业分工上来看，河北省的高新技术产业主要集中在生产制造环节，这一领域即将成为高新技术产业创新的主战场和产业发展的重心。河北省凭借生产规模的优势，依靠与生产环节相结合的技术创新提高生产效率，通过成本优势和产品的多样化可全面提升在高新技术产业的竞争力。河北省支柱产业是钢铁、石化、装备制造等传统产业，在这些行业河北省具有资源和劳动力成本的优势，产业配套体系也比较成熟，产业规模已经相当可观。今后，随着传统行业对外生性技术进步的依赖减弱，竞争将更多地依靠资源、成本、规模和配套体系等内生因素，这对于河北省发展这些行业非常有利。尽管在创新能力方面，我省排名还比较靠后，但只要我们能充分依靠河北省已经形成的产业规模和产业传统的基础，抓住产业创新主战场转移的机遇，借助军民结合创新体系的构建，大力提升河北省的创新能力，依靠产业传统与创新的结合提高现有产业的生产效率，必将全面提升河北省的产业竞争优势。

构建河北现代产业体系的重点思路

面对金融危机和国际产业分工调整这一新的形势，构建既符合河北实际又具有竞争力的现代产业体系是河北省当前经济发展最主要的任务。

从河北省产业体系现状来看，河北省目前整体上已进入工业化中期阶段。农业经过对传统生产方式的改造，生产能力、效益和竞争力日益提高，不断向现代农业过渡；工业呈现加速发展的态势，为增强全省经济实力提供了有力的支撑；服务业正在成为拉动全省经济增长的又一驱动力，服务规模、种类都呈扩张之势，发展层次日趋上升。总的来看，河北产业体系日渐丰富和完善，已经具备构建现代产业体系的基础和实力。但同时也要看到，目前河北省产业体系还存在很多问题。从产业结构角度看，重工业占比偏高，传统行业比重大，新兴产业培育滞后于发达省市和周边地区；从产业链和价值链流程看，产业处于价值低端，链短、附加值不高；从产业体系建设角度看，各产业之间和各产业部门内部尚未形成具有一定高度的专业分工和发达的经济联系；从竞争实力看，综合竞争力一般，企业竞争力较弱，缺乏在国际上有一定竞争力、影响力的企业品牌；从可持续发展角度看，资源竞争力不突出、环境竞争力弱，未来增长面临资源和环境巨大压力。

结合河北实际分析，建设河北现代产业体系应重点考虑如下几个方面。

其一，借助国际产业分工调整机遇发展高新技术产业。

金融危机爆发后，发达国家“货币发行式”的研发获利机制已经彻底改变，现有机制不具备保持持续研发优势的资金投入能力。因此，技术进步和创新的主要领域已由研发环节向生产、制造环节转移。在此情况下，发达国家和地区的产业优势已不十分明显，而新技术产品的制造环节正在成为创新和技术进步的主战场。利用规模经济、产业配套程度的提高来降低产品的成本也将成为传统产业竞争的主要领域。

河北省制造业具备一定规模，劳动力成本低廉，同时又具有环京津的区位优势。虽然我省的创新能力排名靠后，但生产环节的技术创新更重要的是要有一定的生产规模作为基础。我省要抓住高新技术产业创新主战场转移的机遇，依靠与生产环节相结合的技术创新提高生产效率，借助军民结合创新体系的建立发展自主创新力量，同时引导京津创新力量融入我省生产环节。在高新技术产品制造环节这一“创新的主战场”上必会大有作为。

其二，充分利用产业传统和规模经济的效率优势发展传统产业。

钢铁、石化、能源、建材等传统产业是我省的重要产业，我省在这些行业已经形成了一定的规模，也具备了完整的产业配套体系，从而具有一定的传统优势。我国工业化进程还没完成，这些行业还有很大的发展空间。另外，随着传统行业对外生性技术进步的依赖减弱，竞争将更多地依靠资源、成本、规模和配套体系等内生因素，这对于河北省来说十分有利。我省这些行业经历了长期的发展过程，已经形成了一些产业传统的优势。在规模经济的情况下，这些行业生产管理的不断成熟和生产技术的不断完善可形成成本上的优势。这一成本上的优势不是依靠资源和廉价劳动力形成的比较优势，而是依靠管理规范、技术成熟，在规模经济影响下形成的效率优势，是一种可持续的优势。河北省应充分发挥传统产业规模、成熟的优势，形成传统行业产品生产效率上的优势。

其三，完善产业支撑体系的建设。

产业支撑体系是构建现代产业体系的基础条件。有了强大的支撑系统，优化的产业结构、动力强大的主导产业、竞争力强的产业组织才能形成。河北省完善产业支撑体系的建设，主要是要提高三大支撑能力：一是提高区域创新能力。要解决主导产业的关键技术瓶颈、节能减排技术瓶颈、高新技术产业发展的技术瓶颈。重点建立健全标志产业和支柱产业创新体系，通过自主创新能力提升，为现代产业发展提供引领和支撑。二是提高区域融资能力。要积极完善河北省金融体系建设和金融生态建设。提高直接和间接融资能力，借助外部资本加快我省现代产业体系的构建。同时，促进产业发展与金融资源在空间上的协调，在产业密集区增加金融机构数量，提高管理级别。三是提高城市承载能力。城市是现代产业的主要载体，有了现代化的城市，才会形成现代产业体系。要以城市面貌“三年大变样”为契机，积极推进城市基础设施建设；完善公共服务体系建设，降低企业经营成本和提高地方产业网络的整体效率；加强城市的精细化管理，为城市化提供高质量的公共产品和发展环境；加强城市的科学规划，突出产业集聚功能；加强城市人口的发展，提供高质量的人力资本。

在区域合作中促进现代产业体系建立

参与环渤海地区的区域合作，充分利用“两环”优势，可以促进河北省现代产业体系的建立。面对金融危机和国际产业分工调整的新情况，河北省参与环渤海区域合作的战略也要做出相应调整。

总体战略——以竞争促合作求发展。

在以往京津冀区域合作中，京津地区凭借其在科技创新、人才、交通、市场和基础设施等方面的优势，在高新技术产业、现代服务业、现代物流业等产业形成了较强竞争力，在京津冀区域合作中占据了主导地位。由于公共服务和发展机会的不均等，在同一区域内河北省在吸引投资项目、人才和资金的竞争中处于下风。20 多年来，河北省一直比较重视环京津战略，但事实上效果并不十分明显。究其原因，主要是京津地区对与河北的合作重视不够。京津地区优势突出，虽然与河北省进行产业合作可以降低一些成本，但与其自身具备的优势相比，降低的成本在市场竞争中并不能显现出多少优势，诱惑力不大。另外，京津地区的郊区与市中心发展水平相差较大，在劳动力、土地的成本方面与河北周边差距也不十分明显，京津两地优势产业的生产环节和配套产业大多建设在远郊的一些开发区里，向辖区外扩散的较少。这就导致京津冀合作中河北“一头热”的现象。京津冀产业合作缺乏，京津冀地区的产业配套程度低于珠三角和长三角地区。

金融危机爆发和国际分工格局的变化为河北省带来机遇，高新技术产业中的制造环节将成为创新的主战场，规模、资源和完善的产业体系形成的成本因素将成为传统行业竞争的主要领域。河北省优势产业在产业链中的作用越来越重要，这使得河北省有机会提高自身在京津冀区域合作中的地位。

河北省要依靠自身优势，抓住发展机遇，采取自主发展战略，以竞争者的姿态在多领域进军京津地区的优势产业，以竞争促进合作，在合作中求发展。

实践证明，只有在市场竞争压力下，发达地区的优势产业才会将一些生产环节转移到最适合产业发展的区域。例如，在长三角地区，上海市作为中心城市具备引领区域产业发展的优势。为防止产业扩散，上海市在周边远郊建立了多个产业园区，想通过产业在辖区内的分散缓解产业转移的矛盾，但实施效果却不理想。这些园区经历一段时间后并没有发展起来，产业还是转移到了苏南地区。根本原因就是上海地区优势行业的企业在市场中感受到了来自苏南地区同类企业强有力的竞争。迫于降低成本的压力，上海地区优势行业的企业不得不将某些生产环节转移到苏南地区。苏南地区通过与上海优势产业的竞争促进了上海与苏南地区的产业合作。

目前，金融危机和国际产业分工变化已经给河北的产业发展带来机遇。交通事业发展和基础设施对接将使河北省在空间上缩小与京津地区的距离。随着城市面貌“三年大变样”的推进，城市承载能力增强和公共服务环境改善，河北在地区发展水平上将缩小与京津地区的差距。京津地区在交通、信息、科技和市场方面的优势已逐渐与河北所共有，而河北在自然资源、产业传统方面的优势在京津冀地区却为河北所独有。因此，从发展的深度和广度来看，河北省在未来京津冀区域合作中将逐渐起到主导者的作用。

以竞争促进合作，在合作中求得共赢，应该成为未来河北省在京津冀区域合作中的总体战略。具体来讲，要在以下三个方面实行战略的调整。

第一，产业合作上变“产业链错位发展”为“产业链延伸竞争”。

由于京津地区具备较强的创新能力，在高新技术产业竞争中占据优势地位，以往河北省环京津地区在发展高新技术产业时，一直实行差异化的发展策略，实施错位发展，发展高新技术产业的制造环节。

如前文所述，国际产业分工调整将使高新技术产业的竞争格局发生大的变化。在市场竞争中，产品研发创新的作用将日趋下降，生产效率的提高和满足个性化需求将成为高新技术产业的重点竞争领域。这种情况下，京津地区创新能力对高新技术产业发展的优势将有所下降。河北省凭借高新技术产业制造环节的规模和产业配套体系，在高新技术产业的竞争力将提高。另外，高新技术产业的生产环节将成为创新的主战场，高新技术产业的创新活动将更具体、更多地与生产结合，也使河北省自身的创新力量能更多地参与进来。河北省可以借助军民结合创新体系的建立大力发展自主创新力量，通过自主创新与引入科技、人才要素结合，通过制造环节的优势逐渐向研发渗透，将产业链向上游延伸，直接与京津地区产业链形成高端竞争。

第二，合作方式上变“产业转移”为“要素转移”。

在京津冀合作方式上，以往强调更多的是产业转移，河北省也大都在承接产业转移上做文章。其实，随着京津冀区域基础设施一体化的深入发展，产业转移的概念只适用于当前及今后一个时期内京津冀区域的合作，而未来的发展趋势京津冀将是在同一区域一体化的产业分工上合作。

京津冀区域一体化的深入，将使京津地区的信息、科技、交通等优势与河北所共有，要素将在三地快速流动，甚至很快就可以建立一体化的市场。因此，在合作方式上，河北考虑更多的，应是如何吸引三地中资金、科技、人才等生产要素和如何更多地占有共同的市场。河北将与京津地区共同竞争这些生产要素。例如：北京地区的主要优势之一就是科技和人才的优势，但在北京的大部分高水平研究机构、高校，只是因为地利的原因更多地参与了北京的经济建设。在一体化的将来，河北必将更多地与这些科研机构合作。

第三，区域发展上变“中心依附”为“中心替代”。

受各方面条件的限制，多年来河北省实施的环京津战略一直为依附战略。在产业上与京津地区“错位”发展，发展京津地区优势产业的配套产业。在区域发展方面，在规划、建设上也一直以京津地区为中心，为京津地区服务。这样的发展虽然在一定程度上借助了京津地区的优势，但客观上也增加了对京津地区的依赖性。

随着交通事业发展和基础设施接轨，河北更多城市将进入京津地区“一小时”经济圈，与京津的基础设施对接逐渐加强，从空间上缩短了与京津地区的距离。另外，随着河北省城市面貌“三年大变样”的开展，河北省的城市承载能力增强、公共服务环境改善，在发展水平上减少了与京津地区的差距。这些条件的改变，使廊坊、唐山等地区具有了与京津地区相近的投资环境，而低廉的土地和劳动力成本又使河北这些地区具有更为明显的优势。

在这一情况下，河北在环京津地区的发展上要实行战略调整，变“中心依附”战略为“中心替代”战略。在唐山、廊坊和石家庄等有条件的城市发展信息产业、现代服务业等京津地区的优势产业，凭借成本优势与京津地区开展竞争与合作。例如在唐山、廊坊发展总部经济、中心商贸，在石家庄发展金融服务中心和区域金融中心等。

学习贯彻党中央和省委全会精神
不断提升智库建设水平*

（2009 年 12 月 20 日）

一 认真学习贯彻党的十七届四中全会和省委七届五次全会精神是当前的首要政治任务

哲学社会科学工作者是科学理论的先行者，是经济社会发展规律的探索者，肩负着带领和引导全社会学习贯彻党中央和省委全会精神的神圣使命，要以高度的政治热情和强烈的政治责任感，把深入学习宣传贯彻党中央和省委全会精神作为首要任务、头等大事，深刻领会精神实质，全力做好学习研究和宣传工作，在推动全省贯彻落实全会精神中发挥应有作用。

一是掀起学习热潮，把思想统一到党中央和省委全会精神上来。广大科研和宣讲工作者要在全面学习领会全会精神的基础上，结合科研选题和宣讲主题，搞好专题学习和研究，用全会精神武装自己，推动全省的理论武装工作。

二是掀起研究热潮，发挥好理论引领作用。围绕党中央提出的新观点、新论断，结合省委提出的"科学发展、富民强省"目标和"保增长、调结构、促改革、惠民生"工作要求，深入基层，深入群众，开展调查研究，

---

* 本文发表于《河北机关建设》2009 年第 12 期。

运用科学理论、科学方法，实事求是、富有成效地进行研究和阐释，使科研工作更具有时代性、规律性和创造性，使全省党员干部更好地领会和把握全会精神，在统一思想、解疑释惑上见成效。

三是掀起宣传热潮，营造强势舆论氛围。组织专家学者发表文章、参加访谈，积极参与新闻媒体的宣传工作，发挥好各级协会、学会的组织作用，组织全省哲学社会科学工作者开展全会精神的学习、座谈、研讨活动；组织宣讲工作组，深入基层宣讲站，深入农村、社区，采取灵活多样、生动活泼的方式开展群众性宣讲活动，让广大群众听得懂、记得住、学得会、用得上。

二　紧紧围绕“科学发展、富民强省”中心任务提升智库建设新水平

省委书记张云川在向省委七届五次全会所做的报告中要求：“围绕全省重点工作，加强社科理论研究。”他指出，要“深入开展中国特色社会主义理论体系宣传普及活动，推进社会主义核心价值体系建设，加强思想道德建设和思想政治工作，在全省大力弘扬以爱国主义为核心的民族精神和以改革创新为核心的时代精神”，“为科学发展、富民强省提供思想保证、精神动力、舆论支持和文化条件”。云川书记一系列指示精神，既是对哲学社会科学工作的肯定，更是对今后工作提出的新要求。

近几年来，全国地方社科院都围绕如何更好地发挥党和政府思想库、智囊团作用进行功能转型，在新智库建设方面进行了诸多有益的探索。从今年9月召开的全国社科院院长联席会议上了解到，各院都努力站在构建发展软实力的高度推进新智库建设，智库建设的指导思想更加清晰，服务理念不断提升，各院努力贴近决策、贴近实践，在服务各地经济社会发展中“重要决策都有社科院声音”的可喜态势基本形成。

今年2月，省委、省政府决定，将省委讲师团，省社科联并入省社科院；4月21日，省委宣布了关于调整省社科院领导班子的任命决定。至此，机构调整成为院党组和全院同志面临的一项重大任务。院党组坚决执行省委决定，按照云川书记对省社科院提出的“抓好班子、带好队伍、多出成果”

的要求，将机构调整工作列入重要议事日程，通过走访、恳谈、调研，集思广益，在发展问题上形成了新共识，提出构建理论武装、服务决策、繁荣发展“三位一体”工作新格局的总体工作思路，并及时成立了编制院新《三定方案》、业务工作机制整合创新、财务后勤工作机制整合、决策议事规则修订四个工作小组，积极推进各项工作，确保牌子不摘、队伍不散、职能不减，实现社科资源和机制优化组合，达到“三个一相加大于三”的改革效应。“三位一体”工作思路得到了省委、省政府领导的支持，得到了省直有关部门的认同，得到了全院上下的拥护，在省内外社科界乃至社会上引起积极反响。

省社科院作为省委、省政府直属的哲学社会科学专业研究机构，紧紧围绕省委、省政府的迫切需要，不断转变服务理念，调整服务方向，推动功能转型，担当智库职能。智库是发展软实力的创新来源。从这个意义上讲，我们应该在发展的关键时刻，在实践的基础上进行深入的研究探讨，适时提出具有前瞻性和可操作性的重大理论概念、重大的战略对策和政策设计。省委全会要求，继续有力度有成效地工作，巩固和发展当前企稳向好的势头，确保实现全年经济社会发展的目标任务。省社科院紧紧围绕省委的要求，研究和破解当前形势下全省经济社会发展面临的两大矛盾，为推动经济社会平稳较快发展发挥智库作用。

（1）破解发展难题，增强智库针对性。省委七届五次全会对全省当前工作做出了部署，提出了我省实现科学发展面临的主要任务，这些问题都是我们当前需要研究的重点问题。主要有：在党的建设上，从我省实际工作看，如何实现党的建设与时俱进、提高贯彻科学发展观的执行力。在经济和社会发展上，如何解决好经济结构不合理、城乡结构不合理两个制约我省科学发展的主要矛盾；如何抓住工业化和城市化两大引擎，构建现代产业体系，提高城市现代化水平，加快河北现代化建设进程；如何应对金融危机的冲击，加快转变发展方式，实现“三个转变”；如何按照“六个更加”要求，完成保增长任务；如何把保增长最终体现在经济实力的提高上，体现在民生的改善上；如何把扩内需落实到扩大生产资料和生活资料的消费上，落实到项目的筹划实施上；如何利用好国家宏观政策，促进一批大项目好项目列入国家盘子，不错过扩大投资这班车；建立现代产业体系如何抓好科技创新、打好“产品牌”；节能减排工作如何制定落后产能的退出机制、配套政策等。根据这些问题，研究调整省社科院科研、宣讲工作的主攻方向，发挥“三位一体”工作格局带来的新优势，科学整合力量，力争拿出高质量的研究和宣讲成果，为省委、省政府科学决策和全省经济社会又好又快发展交出一份满意的答卷。

（2）抓好机构调整，提升智库建设水平。以机构调整、构建“三位一体”工作新格局为契机，不断深化内部改革，加快智库转型步伐。目前，省编办已下达了省社科院新《三定方案》，为省社科院“三位一体”工作新格局的确立，明确了基本框架。紧紧把握新智库建设的客观要求，遵循新智库的运行规律，以“三个一相加大于三”的最终目标，实现人财物的集中统一管理和优化组合，在理论武装、服务决策、社科联合方面产生最大效益，使省社科院的机构和资源管理更加科学，运行更加顺畅，作用更加突出，发展更具潜力。进一步完善机制建设，按照新智库的定位和功能，推动机制创新，进一步形成以学术发展和社会进步贡献率为标尺的成果评价机制，形成以竞争力指标为重要依据的所级和学科考核机制，促进科研软实力的提升和优势学科的壮大，增强智库可持续发展能力。进一步拓展“三位一体”工作格局的外延，建立起以院优势学科为龙头、融全省相关学科力量为一体的优势学科群；优化科研组织管理手段，充分运用不同层次的课题立项评审、专家成果评选评奖等资源，实现优化组合和科研效益的最大化。

（3）转变思想观念，推动智库致力创新。正在全省开展的干部作风建设年活动已进入攻坚阶段，省委在“两节”前召开会议对活动进行了再动员再部署，要求打好持久战，再掀活动新高潮。对省社科院而言，把活动向纵深推进，取得更大的突破和成效，关键在于把良好的作风固化在谋划工作的思路上、推进工作的举措上、实现工作突破的成效上。一是弘扬务实作风，推动科研贴近实际。自觉和主动围绕省委七届五次全会提出的主要任务和重点工作，围绕重大决策实施和群众关心的热点难点问题，积极开展调查研究、对策建议和理论宣讲。云川书记在省委七届五次全会的报告中提出，“保增长，要最终体现在经济实力的提高上，体现在民生的改善上”，“要始终把保障和改善民生放在突出位置来抓，切实解决人民群众生产生活中的实际困难。保民生是保增长的目的，也是保稳定的基础”。省社科院进一步开展民生调研，围绕全会精神，聚焦重点、难点问题，对确定的120项调研选题进行充实和调整，组织全省专家学者和实际工作者联合调研攻关。在成果转化上做文章，精选一批好的成果，进行再加工再浓缩，通过直报件报送省委、省政府，力争在成果转化上有新突破，把活动进一步推向深入。二是打牢服务理念，推动宣讲深入基层。把党中央和省委全会精神的宣讲纳入工作日程，重点围绕学习贯彻《中共中央关于加强和改进新形势下党的建设若干重大问题的决定》、胡锦涛总书记的重要讲话和《中共河北省委关于认真学习贯彻党的十七届四中全会精神的决议》、张云川书记的讲话精神等，编写宣讲提纲，制订宣讲计划，认真组织实施。进一步发挥县级宣讲站的作用，把宣讲工作不断向基层延伸，扩大宣讲的覆盖面。

（4）抓重大科研项目，扩大智库影响力。全面领会全会的基本精神，特别是云川书记的两个重要讲话，在学习中有针对性地对当前经济社会发展中面临的问题进行科学梳理，找出牵一发而动全身的关键问题，作为我们科研工作的主攻方向。谋划出一到两个院重大课题，拿出高水平的研究成果，以这些课题为龙头，打造社科院的品牌，带动全院工作水平的提升。在推进重大项目的研究过程中，不断创新科研组织方式，打破原有的科研组织路径依赖，建立科研快速反应机制，提高打快仗、打硬仗能力。积极探索建立以重大课题为纽带的虚拟研究中心，吸纳院内外、省内外的高端人才，进行集群式研究，形成互补、合成、高效的研究优势，做优做强重大项目成果。实行重大科研项目目标管理责任制，项目组组长负总责，落实科研全过程动态管理，落实院内无障碍人才配置和资金全力保障机制，加大奖励经费配套，确保刚性科研任务的完成。进一步解放思想，树立与新的科研组织方式相适应的科研理念和价值取向，克服仅仅以所谓“纯学术”的传统思维来判断科研价值的固有观念，打消智库导向会使某些学科边缘化的思想顾虑，自觉地树立全院“一盘棋”思想，积极投身到为省委省政府决策服务、为全省经济社会发展服务、为基层服务的实践中去，为实现“省级一流、国内知名”建院目标做出积极努力，为全省经济社会又好又快发展做出新的贡献。

在省直宣传系统理论工作调研座谈会上的发言

（2009 年 12 月 21 日）

按照《通知》要求，将我院有关工作情况做一汇报。

一　2009年工作情况

2009 年，我院围绕省委、省政府的工作部署和全省宣传文化系统的工作重点，按照年初制定的工作目标，积极努力推动各项工作，取得明显成效。

（一）坚决执行省委决定，构建“三位一体”工作新格局

今年 2 月，省委、省政府决定，将省委讲师团、省社科联并入省社科院。院党组坚决执行省委决定，按照云川书记对我院提出的“抓好班子、带好队伍、多出成果”的要求，将机构调整工作列入重要议事日程。通过走访、恳谈、调研，集思广益，在发展问题上形成了新共识，提出构建理论武装、服务决策、繁荣发展“三位一体”工作新格局的总体工作思路，并及时成立了编制院新《三定方案》、业务工作机制整合创新、财务后勤工作机制整合、决策议事规则修订四个工作小组，积极推进各项工作，确保牌子不摘、队伍不散、职能不减，实现社科资源和机制优化组合，达到“三个一相加大于三”的改革效应。

“三位一体”工作思路得到了省委、省政府领导的支持，得到了省直有

关部门的认同，得到了全院上下的拥护，在省内外社科界乃至社会上引起积极反响。《河北省干部作风建设年活动办公室简报》出专刊，以《省社科院以“三位一体”工作新格局展示干部作风建设新成果》为题刊载我院经验。从 11 月 2 日开始，省委省直机关第一巡视组对我院调整后的领导班子开展了巡视工作，一个月的阶段性巡视工作顺利完成。

目前，省编办已下达了我院新的《三定方案》，把我院确定为省委、省政府直属事业单位，为我院“三位一体”工作新格局的确立明确了基本框架。

（二）围绕中心，服务大局，努力发挥省委、省政府“智库”作用

我院坚持把“服务决策、服务发展、服务基层”作为科研工作的主要任务和主攻方向，围绕破解制约河北科学发展的突出矛盾和问题，出思路、出办法、出成果。

1. 打造精品，创出品牌，提高服务水平

围绕我省经济社会发展中的重大理论与实践问题，请省领导为我院圈定年度重大研究课题，直接服务决策。特别是今年 2 月，省委书记张云川、省长胡春华、常务副省长付志方分别为我院圈定了重大课题。今年 4 月，省委书记张云川亲自给我院交办科研任务，要求结合省委谋划 2010 年重点工作，开展“加快构建符合河北实际的现代产业体系研究”。省委、省政府主要领导同志共同为我院圈定重点课题和直接交办科研任务，在我院历史上尚属首次。这表明，我院科研工作开始实现由过去找领导同志圈定课题和报送科研成果，向领导直接交办课题和下达科研任务的重要转变，说明我院科研服务决策的能力和水平在不断提高，愈来愈得到省委、省政府的信赖。为落实省委、省政府领导交办的任务，院党组及时提出了“打造精品、创出品牌”新的更高的工作目标，将“构建符合河北实际的现代产业体系”和“推进城镇面貌‘三年大变样’”等重大课题做成系列精品，将“河北省经济形势分析会”打造成知名品牌。经过院课题组的艰辛努力，我院研究成果《构筑我省现代产业体系的总体思路、主体框架和对策措施研究》，得到了云川书记和春华省长的批示肯定，在 2009 年暑期省委理论学习中心组北戴河学习会议上作为参阅材料全文印发，并以省政府办公厅《内部通报》

形式印发全省。《河北省城镇面貌“三年大变样”前期成效分析与思考》得到副省长宋恩华批示肯定，并印发全省城镇面貌“三年大变样”调度工作会参考。2009 年，围绕应对国际金融危机等热点、难点问题，将年度经济形势分析会变为季度、年度召开，季度做阶段性分析，年底做形势预测，研讨成果及时报省委、省政府及省直部门参阅。聂辰席部长每年都亲临年度分析会，并做重要讲话，对做好分析预测工作提出重要指导意见，极大地推动了工作。

2. 丰富手段，扩大领域，构建大宣讲格局

组织开展“深入学习贯彻党的十七届四中全会和省委七届五次全会精神”“应对金融危机，保持经济平稳较快发展”“纪念建国六十周年，加强爱国主义宣传教育”等重大主题宣讲活动，组织撰写宣讲提纲，采取报告会、辅导讲座、座谈会等形式，配合深入学习实践科学发展观和作风建设年活动，开展专题宣讲。组织小分队分赴 11 个县（市、区）理论宣讲工作站开展“送理论下基层”集中宣讲活动。编写《2009 理论热点 20 题》《从〈共产党宣言〉到科学发展观》《“新农村、新政策”知识竞赛辅导》等，提供给基层党员干部学习使用。推动网站工作服务大宣讲格局建设，制作了“燕赵理论大讲堂”“理论热点沙龙”“名家宣讲超市”“热点时评集锦”等视频宣传栏目，为广大干部群众提供了面对面交流的机会，产生了良好反响。规范基层理论宣讲站运行机制，制定并下发了《关于进一步规范理论宣讲工作站运行机制的意见》，将宣讲工作站进一步向县级延伸，为基层宣讲站提供宣讲辅导报告、学习参考资料、报纸杂志等 1000 余份。

3. 强化抓手，创新形式，推进组织联合

开展大型民生调研活动，针对我省就业与创业、城乡社会保障体系建设等八大类涉及民生的问题，设立调研课题 100 余项。截至目前已完成课题 90 余项，其中，7 项调研成果得到省委书记张云川等省领导的批示，20 余项成果被相关部门采纳，40 余项成果刊物发表。组织全省社科界开展庆祝新中国成立 60 周年系列活动，举办“祖国在我心中”书画邀请展、知识竞赛、大学生诗歌朗诵及校园短剧大赛和“深入开展民族团结教育，促进社会和谐发展”专家座谈会。举办省第五届社会科学普及周，开展专题活动

126个，直接服务人群35万人次。编写《讲科学 谈发展》系列科普读物。修订发布了《省社科联社团管理办法》，不断改进学会管理工作。举办“河北省第八届社科优秀青年专家”评选活动、“河北省第二届社会科学博士论坛”、“燕赵文化论坛（2009）”，加强年度省社会科学发展研究课题管理和考评工作，凝聚全省哲学社会科学工作者服务河北经济社会又好又快发展，为我省哲学社会科学事业繁荣贡献力量。

（三）创新机制，优化管理，不断增强可持续发展能力

制定了《优秀科研成果奖励办法》，修订了《重要科研成果奖励办法》《科研成果管理规定》，进一步完善了科研成果管理和科研成果评价机制。

修订了《重点学科、重点扶持学科评估管理办法》，在对第一期重点学科、重点扶持学科进行评估考核的基础上，完成了第二期重点学科和重点扶持学科的评选，确定区域经济学、中国特色社会主义理论体系研究、农村经济学、河北地方史与传统历史文化研究为第二期重点学科，当代文化（文学）与河北文化发展研究、人口社会学、马克思主义哲学与现代化、服务经济为第二期重点扶持学科，聘任4个重点学科的第一学科带头人为首席专家，落实了学科建设经费和首席专家岗位补贴。

按照省职办《关于做好全省事业单位专业技术岗位聘用工作的通知》精神，院党组积极争取政策支持，经过多方努力，使我院高职聘用比例享受到全省最高优惠政策，顺利完成了事业单位专业技术岗位聘用工作，并且解决了一些历史遗留问题，为进一步发挥专业技术人员的积极性、创造性奠定了良好的人才队伍基础。

二 2010年总体思路和重点工作

2010年，我院总体工作思路是：高举中国特色社会主义伟大旗帜，深入学习贯彻党的十七届四中全会和省委七届五次全会精神，结合河北实际，努力在建设学习型政党，推进马克思主义中国化、时代化、大众化实践中承担重要使命，努力在实现“科学发展、富民强省”的奋斗进程中发挥智库

作用，建立健全理论武装、服务决策、繁荣发展“三位一体”工作新格局，以奋发有为的精神和求真务实的作风，为推动我省经济社会又好又快发展和繁荣发展哲学社会科学事业做出新的更大的贡献。

重点工作包括如下几个方面。

（一）深入开展理论武装工作，形成面向基层的大宣讲格局

组织全院理论研究和宣讲工作者先学一步、学深一层，深入学习领会中央全会精神。围绕“五个讲清楚”，开展理论宣讲，做好理论阐释。统筹组织省委讲师团及各市委讲师团、各宣讲工作站的宣讲力量，针对不同阶层和群体，采取专题宣讲、交流互动等方式，让全会精神深入基层、深入人心。组织和联合全省哲学社会科学界专家学者撰写解读文章，在有广泛影响力的新闻媒体刊发播出。按照巩固、规范、提高的原则，在已经建立11个县级宣讲站的基础上，完善管理和工作机制，进一步抓好重点基层宣讲站的建设和推广。更加重视和充分利用宣讲工作的网络化趋势，不断推动宣讲向基层延伸、向广泛拓展，促进大宣讲格局的进一步形成。

（二）紧紧围绕“科学发展、富民强省”，提升智库水平

围绕省委七届五次全会提出的我省实现科学发展面临的主要任务开展科研工作，推出精品，打造品牌。一是将“构建符合河北实际的现代产业体系”和“推进城镇面貌‘三年大变样’”系列研究，作为科研工作的主攻方向，拿出高水平的研究成果，打造系列精品；二是落实辰席部长在“2009～2010年河北省经济形势分析会”上提出的新要求，不断提高“河北省经济形势分析会”质量，打造品牌。打破原有科研组织路径依赖，建立科研快速反应机制，提高打快仗、打硬仗能力。积极探索建立以重大课题为纽带的虚拟研究中心，吸纳院内外、省内外高端人才，开展集群式研究，形成互补、合成、高效的研究优势。实行重大科研项目目标管理责任制，项目组组长负总责，落实科研全过程动态管理，建立院内无障碍人才配置和资金全力保障机制，加大奖励经费配套力度，确保刚性科研任务的完成。

（三）立足“三位一体”工作新格局，开创社科联合工作新局面

继续组织开展2010年大型民生调研活动，初步确定以城镇化、新农村建设、医疗卫生及社会保障、节能减排等为选题开展调研。编写《讲科学谈发展（二）》系列科普读物。加强对各市社科联的工作指导，组织举办2010年各市社科联工作年会，开展好工作交流。加强学会管理，搞好社团年检工作，做好接管、发展民办社科研究机构的工作，实现主管学会和民办社科研究机构管理的标准化、规范化。组织河北省社科优秀成果评奖，推进河北省哲学社会科学研究基地建设，做好省社科联重点学术成果资助工作，举办社会科学博士论坛、社会科学学术年会、社会科学普及周、燕赵文化论坛，参与组织京津冀协调发展学术研讨会。

（四）加快“三位一体”工作新格局构建步伐，显现改革积极效应

以机构调整、构建“三位一体”工作新格局为契机，不断深化内部改革。抓好新《三定方案》的组织实施，以“三个一相加大于三”为最终目标，实现人财物的集中统一管理和优化组合，在理论武装、服务决策、社科联合方面产生最大效益，使内设机构和资源管理更加科学，运行更加顺畅，作用更加突出，发展更具潜力。推动机制完善和创新，建立健全以学术发展和社会进步贡献率为标尺的成果评价机制，形成以竞争力指标为重要依据的考核机制，促进科研软实力的提升和优势学科的壮大。拓展“三位一体”工作格局的外延，建立起以院优势学科为龙头、融全省相关学科力量为一体的优势学科群。优化科研组织管理手段，充分运用不同层次的课题立项评审、专家成果评选评奖等资源，实现优化组合和科研效益的最大化。抓好绩效工资相关政策的落实，改革考核办法，形成以成果质量论高低、以工作效能论短长的考核机制。

《2009～2010年河北发展蓝皮书总报告》前言

（2009年12月28日）

今天，呈现在各位代表和委员面前的《2009～2010年河北发展蓝皮书总报告》，选自河北省社会科学院推出的“河北发展蓝皮书”系列丛书《2009～2010年河北省经济形势分析与预测》《2009～2010年河北省农村经济形势分析与预测》《2009～2010年河北省社会形势分析与预测》《2009～2010年河北省文化产业形势分析与预测》《2009年河北人才发展报告》。为了方便代表和委员们阅读，特编印各卷的总报告。各卷总报告分析了2009年的全省经济社会运行态势，并对2010年形势进行了预测。

《2009～2010年河北省经济形势分析与预测》指出，2009年我省经济增长完成“保九”任务已无悬念，但增速在全国经济复苏进程中居第21位，与周边省市相比仍显落后；工业经济增长呈现轻微的“W”型格局，“经济谷底”终于显现，当前已步入艰难的“爬陡坡”阶段；“保增长”的动力格局变化不大，“投资趋强、消费趋弱、出口无力”的特征十分突出；“扩内需”效应有所体现，但受限于工资性收入增长的弱势和政策受益面的狭窄；“调结构”效果喜忧参半，产能、产品、产业及工业内部结构调整仍然任重道远；相对较快的经济增长支撑了逐步向好的就业形势，并没有出现令人担忧的失业潮。从宏观上看，我省复苏进程中需要关注如下问题：一是世界经济形势仍然存在“二次探底”的可能，要重视制定着眼于激活内需的复苏之策；二是城镇基础设施投资增长冲高后将面临回落，中央投资有放缓迹象，依赖投资保持增长的压力加大；三是效益增长与经济增长反差较大，“有活干、没钱赚”现象严重；四是消费增长趋向乏力，且有限的消费增长不能充分转化为经济增长；五是财政弱势没有显著改善，难以发挥引导投资、促进消费的效用；六是投融资“短板”和地方金融政策创新不足进一步压低了投资意愿；七是企业自主发展能力影响应对金融危机和风险的能力。

《2009～2010 年河北省农村经济形势分析与预测》指出，2009 年，我省农业农村经济发展经受住了国际金融危机影响加深的考验，农业生产保持稳定，乡镇企业复苏迹象显现，农民外出务工形势趋稳，农民现金收入和生活消费支出增速逐季加快，总体形势企稳向好。2009 年，全省粮食产量 2910.17 万吨，实现了连续 6 年增产；蔬菜总产量在连续 2 年增长的基础上再创历史新高；棉花、油料总产量均有不同程度的下降。前三季度，全省农民人均现金收入 4633 元，比上年同期增加 328 元，增长 7.6%；其中工资性收入增加 158 元，对现金收入增长的贡献率达 48.2%，成为农民增收的第一动因。目前，我省正处于保增长的关键阶段，企业经济效益下滑状况有所改善，经济增速逐季加快，GDP 增速超过全国 1.9 个百分点，经济运行中的积极因素不断增多。但也应当看到，国内外不稳定、不确定因素很多，制约农村发展的深层次问题并没有得到解决，农村发展面临的挑战和困难依然较多。展望 2010 年，随着国家及我省经济刺激计划的相继实施，投资拉动效应将更加明显，产业结构更加优化升级，内需市场更加活跃，经济回升的基础更加牢固。如果不发生重大自然灾害和外部冲击，河北省农村经济发展速度将进一步回升，形势应好于 2009 年。

《2009～2010 年河北省社会形势分析与预测》指出，保民生是 2009 年河北省的工作重点，一年来改善民生工作出现了一些新的突破：一是从就业、社会保障、收入等基本民生向普遍的卫生医疗、住房、人居环境改善等方面拓展；二是政府对改善民生的自觉意识、责任意识增强，民生逐步从任务型、救急型民生向制度型、可持续民生转变；三是社会投入有了明显增加；四是初步形成了改善民生的政策体系。这些新的突破有效促进了河北民生形势的变化：城乡居民收入明显上升，恩格尔系数也出现增长趋势，人民生活水平显著提高，生活质量进一步改善；城镇面貌“三年大变样”促进城镇基础设施建设，人居环境得到明显改善；受金融危机影响的就业形势忧中有喜，积极的就业政策效果良好；社会保障在扩大基本保障面的基础上，在城乡社会保障一体化方面有了新的进展；住房政策向弱势群体倾斜，保障性住房建设规模扩大；公众未来预期良好，社会心理趋于稳定。但同时，受经济急速发展、社会深刻转型、改革进一步深入、观念深刻变化的影响，人民群众的民生需求增加，新老民生问题交织，改善民生面临更多的新问题和新压力。展望未来，改善民生是一项没有终点的工作。一要树立新的民生观，处理好增长与分配、生产与消费的关系，改善民生需要经济的持续发展，经济发展也将从民生改善中获得持续动力。二要有制度的保证，要增加社会投入比例，要与区域经济发展水平相适应。三要有科学的考核体系。

《2009～2010年河北省文化产业形势分析与预测》指出，与国际金融危机下文化产业逆势上行的一般规律不同，2009年我省文化产业发展态势延续下行趋势，各地文化产业发展基本面比较沉闷，"维持现状、缺乏亮点、开放不足、步伐不快"成为区域发展的总体特征。但是，国际金融危机对我省影响总体有限，我省迎来了有史以来文化产业发展最好的政策机遇；城镇面貌"三年大变样"的强力推进也为我省城市文化产业大发展提供了空间，增添了发展新动力。从总体上看，我省文化产业发展存在七大问题：一是动力结构没有改善；二是行业发展重"形式"轻"内容"，园区发展重"形态"轻"业态"；三是与城市建设"大变样"不合拍、不匹配、不协调；四是谋划的项目大多土气、俗气和虚空，落地较难；五是企业发展文化产业的内生动力十分缺乏；六是融资环境有较大差距；七是人才短板仍是重要制约因素。未来应采取以下几点对策：一是适应新形势发展需要，抓紧谋划"十二五"文化产业发展思路与重大项目；二是以文化产业园区作为城市展示载体来统筹布局城市改造和新城建设；三是用文化创意改造提升县域特色产业，延长产业链条；四是抓好数字化引领、结构化升级工程；五是优化"人才＋资本"的创业环境。

《2009年河北人才发展报告》全面展示了我省各类人才队伍的新发展，深入分析了人才队伍建设面临的问题，创新性地提出了进一步推进人才队伍建设的思路与对策，并指出我省人才队伍现状的基本特征：总体规模较大与人才质量、水平较低并存，结构欠优与分布不协调并存，总量相对过剩与部分严重短缺并存，尤其是科技创新人才不足、高层次科技创新人才严重缺乏，成为制约我省提高自主创新能力、转变发展方式、构建现代产业体系、构建和谐河北、实现科学发展、富民强省的突出瓶颈。《报告》还认为，进一步加大人才资源开发力度，加强各类人才队伍建设，大力推进由人力资源大省向人才强省的转变，加快提高我省人才实力、活力、创新力和竞争力，是实现科学发展、富民强省战略目标的关键和根本所在，是我省发展战略的核心问题，是关系发展全局、长远和根本的重大战略任务。《报告》提出，必须加快实现人才发展由重数量轻质量的规模扩张型向数量与质量统一型、结构优化型、分布协调型的根本转变，必须把发展高层次科技创新人才和高技能人才作为人才队伍建设的战略重点，必须把构筑与河北现代产业体系构建相适应的人才支撑体系作为今后一个时期的重大战略任务，必须把深入推进人才体制机制改革创新和加强人才创新创业平台、环境建设创新作为人才工作的着力点。

希望本材料能为各位代表和委员提供有价值的信息资讯，为各级领导决策提供参考，更希望各位代表和委员对我们的研究提出改进意见和建议。

《构建符合河北实际现代产业体系研究》序言

（2009 年 12 月 28 日）

构建符合河北实际的现代产业体系，是今年初由中共河北省委书记张云川同志为河北省社会科学院亲自圈定、直接交办的重大研究课题，时任河北省省长胡春华同志对本课题研究给予极大的关心和指示。本书正是这一重大研究课题的阶段性成果。

进入 21 世纪，河北站在经济社会发展新的历史起点上。党的十七大和省委七届三次、四次、五次全会以来，河北省委带领全省党员干部开展深入学习实践科学发展观活动，打开解放思想的“总阀门”，对全省经济社会发展形势做出新的分析、判断和概括：经济结构不合理、城乡结构不合理，是制约我省科学发展的两大主要矛盾，加快河北经济社会建设进程，必须紧紧抓住工业化和城镇化两大引擎。在城镇化方面，2008 年省委、省政府做出推进城镇面貌“三年大变样”的战略部署，两年来已经取得显著成就，全省城镇化进程明显加快，城市面貌焕然一新，承载能力大大提高。虽然目前的改造建设属于整治性的，但无疑为进入上水平、出品位、生财富的建设性阶段开创了道路，奠定了基础。与城镇化的显著成就相比，我省的产业结构矛盾、产业竞争力较低、资源环境约束加大等工业化中的矛盾更加突出，问题更加凸显。为此，2009 年 12 月全省经济工作会议提出，2010 年经济工作要以构建河北现代产业体系为方向和目标，强力推进结构调整的各项工作。这是省委、省政府继推进城镇面貌“三年大变样”战略决策之后做出的又一重大战略部署。

构建符合河北实际的现代产业体系对河北更具有特殊重大意义。自党的十七大提出构建现代产业体系之后，各省市都提出了构建本区域的现代产业体系，但构建现代产业体系对不同的区域有不同的含义。河北省总体上看是一个经济总量较大但产业结构偏重、产业层次不高、竞争力不强的省份，面临产业结构优化升级、转变经济发展方式、实现又好又快发展的重大战略任务。构建符合河北省实际的现代产业体系，意味着将我省产业发展目标、发展战略、技术路线确定下来，将有限的发展资源优化配置到科学发展战略上；意味着加快培育和发展战略性新兴产业，加快用高新技术改造传统产业，形成以高新技术产业为先导、以先进制造业和现代服务业为主体、现代农业为基础、有竞争力的产业体系；意味着加快提升区域创新能力，以科技创新促进产业优化升级，加快产品向优质和高附加值提升；意味着转变过度依赖资源、对环境负面影响较大的发展方式，形成绿色化的产业发展格局。加快构建符合河北实际的现代产业体系，这是我省进一步贯彻落实科学发展观的重大举措，集多项重任于一身，在我省工业化进程中具有承前启后、承载未来的历史意义，是事关我省经济社会发展全局的重大战略问题。

如何加快构建符合河北省实际的现代产业体系？张云川同志给出了现代产业体系的科学内涵：所谓现代产业体系，就是能够通过有效条件、支撑和保障，研发、制造（生产）、经营比较普遍的优质或高附加值产品的产业体系。其中，科技创新是根本，优质或高附加值、具有竞争力的产品是主要标志。对我省来讲，就是要研究如何做大做强传统支柱产业，如何培育发展战略性新兴产业，如何大力发展现代服务业。同时，推进节能减排，加快淘汰落后产能，严禁新上高耗能、高排放项目，实现发展方式的根本性转变。

要完成如此艰巨的任务，首要的是加强构建现代产业体系的调查研究，特别是要研究发达国家的一般规律，借鉴兄弟省区市的先进经验，立足河北省的客观实际，在此基础上来推进我省的现代产业体系建设。本书就是在承担省委主要领导交办研究课题基础上，经过进一步深化研究而形成的，目的是为我省构建现代产业体系提供理论支撑和智力支持。应当说明的是，因为现代产业体系是一个全新的概念，尚没有现成的理论可供遵循，特别是没有在一个省域建立现代产业体系的理论框架，需要根据相关理论进行总结和概括；又因为在我省这样一个处于工业化中期、人口多、产业层次不高、结构优化度较低的省份如何构建现代产业体系是一个全新的实践，实践上也没有明确的标准可供学习。所以，我们的研究是探索性的，在修改定稿中我们更注重的是多视角、多元化的探讨，以期给读者更多的思考空间，目的是在研究与思考中使我省构建现代产业体系的方向与目标更加合理，方法与路径更加科学，政策与措施更加有效管用。因此，本书研究从思路、内容到观点，可能更发散些，研究性更强些，也存在不少问题，敬请读者批评指正。

河北经济社会发展迎来黄金期*

（2010 年 1 月 6 日）

展望即将进入的“十二五”时期，仍是我国的重要战略机遇期，也将是河北经济社会发展的黄金期。因为，这一时期是河北省实现全面建设小康社会奋斗目标承上启下的关键时期，是深入贯彻落实科学发展观、构建社会主义和谐社会的重要时期。做好“十二五”规划，是深入实践科学发展观、全面落实党的十七大提出的新发展要求的新举措，是积极适应发展形势新变化、妥善应对经济社会发展新挑战、全面落实建设小康社会的新要求，对于保持河北省经济社会持续稳定协调发展具有十分重要的意义。

制定河北省“十二五”规划，要重点研究考虑如何扩大投资和消费需求，保持经济平稳较快发展；如何提高自主创新能力，构建现代产业体系；如何推进城镇化和新农村建设，实现城乡统筹发展；如何培育经济增长极，促进区域协调发展；如何强化节能减排和环境保护，提高可持续发展能力；如何深化改革和扩大开放，为发展提供体制机制保障；如何加强公共服务和社会管理，促进社会进步和谐。

“十二五”规划涉及的全局性、战略性重大问题很多，河北应重点关注四个问题。一是要切实转变经济发展方式。把主要依靠投资拉动经济增长转到花大力气调整和优化经济结构、转变经济发展方式上来。要把握推进城镇化和加快构建符合河北实际的现代产业体系两大主题，抓住工业化和城镇化

* 本文刊载于《科学时报》2010 年 1 月 6 日。

加快推进的有利时机，促进产业结构优化升级，提高城镇化水平，提升河北的整体竞争力。二是要体现创新引领。把改革创新作为推动科学发展的根本动力，加快科技创新体系建设，提高自主创新能力，培育发展竞争新优势，实现科技创新与制度创新、管理创新相统一，建设创新型河北。三是要体现协调发展。把增强发展的可持续性摆在突出位置，大力发展循环经济、绿色经济和低碳经济，实现经济效益与社会效益、生态效益有机统一。要重点打造唐山曹妃甸循环经济示范区，重点加强与京津的联系合作。四是要体现共建共享。要特别关注民生，解决好人民群众最关心最直接最现实的利益问题，建立发展成果由人民共享的体制机制，促进社会公平正义，实现富民与强省相统一，发展与和谐相促进。

历史经验证明，每一次经济危机之后都会酝酿世界经济新一轮的增长。因此，河北“十二五”规划要站在新一轮经济增长的起点上，不仅要关注五年的规划期，眼光还要放得更长远些。“十二五”时期要继续解放思想，冲破惯性思维束缚和体制性障碍，实现新的突破；要适当放缓经济增速，把主要精力用在提高增长的质量和效益上；把优化结构放在更加突出的位置，稳定增长和改善结构两方面兼顾；要深化改革，为经济社会发展提供良好环境。

在院群众评议机关作风工作动员大会上的讲话

（2010 年 1 月 7 日）

这次全院群众评议机关作风工作动员大会，是院党组研究决定召开的一次重要会议。主要任务是：贯彻落实 2009 年 12 月 8 日全省群众评议机关作风工作会议精神，按照全省“干部作风建设年”活动的总体部署和我院活动《实施方案》的安排，对我院群众评议机关作风工作进行动员部署。刚才，思远同志宣读了《河北省社会科学院群众评议领导班子、院属部门作风工作实施方案》。会后，希望各处室所部认真抓好贯彻落实。下面，我讲四点意见。

一　我院“干部作风建设年”活动取得阶段性成果

按照省委的统一部署，自 2009 年 2 月起，院党组围绕“深入实际，破解难题，优化发展环境，推动科学发展，促进社会和谐”的主题，在全院深入开展了“干部作风建设年”活动。通过近 11 个月的活动，全院干部职工在增强宗旨意识、提高办事效率、改进科研和工作作风等方面都取得了明显成效。活动期间，省“干部作风建设年”活动督导组、省委宣传部督导组先后 4 次到我院进行督导检查，对活动开展情况给予充分肯定，认为我院的活动能够始终按照省委的要求扎实推进，领导重视，目标明确，亮点突出，特色明显，有效促进了思想、工作、科研作风的转变。《河北省干部作风建设年活动办公室简报》出专刊，以《省社科院以“三位一体”工作新格局展示干部作风建设新成果》为题刊载我院经验。

突出特色，服务全省干部作风建设年活动开展。从活动之初，我院就注重发挥社科研究机构的优势，在做好本院组织发动工作的同时，组织专家学者围绕“干部作风建设年”的目标、要求、方法及应着重解决的问题，以撰写文章、开展网络互动、主持或参与省报省台专栏节目和基层宣讲等方式，为全省“干部作风建设年”活动的开展营造氛围，提供理论支撑和舆论引导，取得了良好的社会反响。

立足科研，圆满完成公开承诺事项。围绕破解发展难题，研究提出服务发展、服务群众的10项公开承诺事项，现已全部完成。其中，《构筑我省现代产业体系的总体思路、主体框架和对策措施研究》课题成果，得到省委书记张云川、时任省长胡春华的肯定，并在2009年暑期省委理论中心组北戴河学习会议上全文印发参阅，以省政府办公厅通报形式印发全省。《河北省城镇面貌“三年大变样”前期成效分析与思考》研究报告，被主管副省长宋恩华同志批示，作为参阅材料印发全省城镇化建设工作会议。2009年，围绕应对金融危机等热点、难点问题，将年度经济形势分析会变为季度、年度经济形势分析会，为我省应对金融危机、建立现代产业体系、实现产业结构调整和优化提供了政策依据。省委常委、宣传部部长聂辰席出席会议并发表重要讲话，研究成果已报省委、省政府领导和相关部门参阅。

发挥优势，深入开展“两为”活动。发挥科研、宣讲和社科联合优势，深入企业、深入基层“解难题、送服务”，取得显著成效。一是开展省情调研和民生调研活动。聚焦重点难点问题，确定120项调研选题，组织全省专家学者和实务工作者联合调研攻关。二是开展理论下基层活动，组织编写有河北特色的通俗理论读物，为基层党员干部群众提供精神食粮。截至12月底，已组建宣讲小分队4个，宣讲400多场次，受教育干部群众达20多万人次，收到了良好的社会效果。三是举办全省社会科学普及周活动。以“弘扬爱国主义，建设美好家园”为主题，通过举办知识竞赛、演讲比赛、科普活动日等形式，让基层干部群众更多地了解我省哲学社会科学工作。

防堵查结合，严格执行“十个严禁”。认真落实领导责任，把执行“十个严禁”纳入党风廉政建设责任制，实行党组统一领导、主要领导负总责、分管领导直接抓、纪检组监察室和院“干部作风建设年”活动领导小组办公室协调监督的领导体制和工作机制，为落实“十个严禁”提供了坚强组织保障。院党组围绕贯彻“十个严禁”的要求，在全院突出抓了学习宣传、自查自纠、加强整改、健全制度四个环节的工作，要求院“干部作风建设年”活动领导小组办公室和纪检组监察室明察暗访，强化监督检查，有效推动了全院干部作风的好转。

抓住机遇，着力建立健全长效机制。坚持以“干部作风建设年”活动为契机，抓住机构调整新机遇，积极推进体制机制建设，以理论武装、服务决策、繁荣发展“三位一体”工作新格局，塑造新型省委、省政府“思想库”“智囊团”。修订和出台了《院党组议事规则》《院长办公会议制度》等七项制度，有效促进了我院作风建设的常态化、规范化和制度化。

二　充分认识开展群众评议机关作风工作的重要意义

开展群众评议机关作风工作，是全省“干部作风建设年”活动的重要内容。2009 年 12 月 8 日，省委召开全省群众评议机关作风工作会议，省委副书记车俊同志做了重要讲话，省委常委、宣传部部长聂辰席同志宣读了《河北省群众评议省级机关作风工作方案》，会上还印发了《省级机关作风群众满意度测评操作办法》。车俊同志在讲话中，对全省群众评议机关作风工作进行动员和部署，明确了工作目标和要求。他强调，在全省范围内广泛开展群众评议活动，是开展作风建设年活动的一项重要内容，“干部作风建设年”活动的各项工作要根据群众的意愿来改进，活动成效交给群众来评判。对我院而言，开展群众评议机关作风工作，有着更加重要的意义。

（1）开展群众评议机关作风工作，是检验我院干部作风建设年活动成效的重要举措。机关作风从某种意义上来说是关系到我们事业成败的一个重要因素。机关作风好不好，群众看得最清楚，群众最有发言权。开展群众评议工作既贯彻了党的群众路线的要求，也是对我院作风建设来一次大检查、大“会诊”。要通过评议把活动的成效向社会展示，向群众汇报，让群众评判，进一步调动全院干部职工参与支持作风建设的积极性，激发大家干事业的热情，促进科研和工作作风的不断改善，在全院真正形成“想干事、干成事”的良好风气。

（2）开展群众评议机关作风工作，是进一步推进构建“三位一体”工作新格局的强大动力。目前，我院正按照省编办下达的新《三定方案》，抓好组织实施。开展群众评议机关作风活动，就是要进一步听民声、察民意、问民需、集民智，按照群众的意愿推动机构整合平稳过渡，以“三个一相加大于三”为目标，实现人财物的集中统一管理和优化组合，在理论武装、服务决策、组织联合方面产生最大效益，使我院的机构和资源管理更加科学，运行更加顺畅，作用更加突出，发展更具潜力。

（3）开展群众评议机关作风工作，是建立完善干部作风建设长效机制的创新实践。作风建设是一项长期而艰巨的任务，转变作风根本靠制度，好的作风要有好的制度来保证。加强机关作风建设，要把制度建设作为治本之策。云川书记在“干部作风建设年”动员讲话中指出，狠刹不正之风，关键是建章立制，加强约束。健全考核评议制，是“干部作风建设年”活动着力抓好的“五项机制”之一。开展群众评议，是探索作风建设长效机制的一次有益实践。我们要通过开展群众评议发现问题、积累经验、完善制度，逐步形成用民意引导作风建设、用民意推进作风建设、用民意检验作风建设的机制。

三　准确把握群众评议机关作风工作的基本要求

这次评议机关作风工作的主要内容是：贯彻落实省委、省政府和院党组关于开展“干部作风建设年”活动的部署，围绕“三个服务”的办院方针和“三个出”的总要求，深化改革，提高效能，规范行为，强化监督，完善制度，解决存在的突出问题，加强和改进作风建设。围绕上述目标任务，在评议中要注重做好以下四个方面工作。

（1）注重客观性。院属各处室所部在提交参评报告、召开民主恳谈会时，要按照评议方案提出的5项评议要素，坚持实事求是，全面客观，讲成绩不夸大，讲问题不回避。与群众平等交流，把群众对机关作风最真实的评价和意见收集上来，使民主评议的过程成为深入查找问题的过程，成为接受群众监督的过程。

（2）注重广泛性。这次我院参加评议人员 260 人，分为 4 个层面，有院领导、处所级领导和副高级以上专业技术人员、群众代表及老干部代表，充分体现了广泛性和代表性。被评议单位的参评报告经审核，将在院网公布，广泛征集群众意见和建议。

（3）注重严密性。只有在评议工作的操作上做到严肃、严密、严谨，才能保证评议结果准确可信，被评议单位和干部群众才能信服。院人事部门承担着参评人的选取，评议表的发放领取、组织填写和回收上报等工作。大家要切实把握好有关要求，认真做好承担的工作。院纪检监察部门要全程监督，确保评议结果的真实和有效。

（4）注重有效性。要把群众评议结果作为考核班子、评价干部的重要依据，坚持实事求是、奖优罚劣。院党组研究决定，要依据这次评议结果，对被评议部门中群众满意度列前 3 名的通报表彰；对被评议部门中群众满意度列后 3 名的，取消部门评选先进党支部资格和主要负责同志的评优资格，并对主要负责同志进行整改谈话。

四　加强群众评议机关作风工作的组织领导

机关作风重在建设，贵在坚持。全院上下要按照院党组的统一部署，高度重视，精心组织，周密安排，确保评议工作不走过场、不搞形式，确保取得实实在在的效果。

一要端正态度，提高认识。全院同志要把思想统一到省委的要求上来，充分认识群众评议机关作风工作的重要意义，正确对待和积极参与这项工作。要把群众评议机关作风的过程作为真心实意地听取群众意见、接受群众监督的过程，充分发挥群众在作风建设中的作用。

二要加强领导，精心组织。这次群众评议结果将与各部门年度目标工作考核结合起来，与评优评先挂钩，意义大、分量重。因此，各级各部门都要切实把评议工作摆上重要位置，精心组织，周密安排。全院的群众评议机关作风工作由院“干部作风建设年”活动领导小组负责。各部门也必须由主要领导亲自抓、分管领导具体抓，形成一级抓一级、层层抓落实的格局。

三要操作规范，确保公平公正。评议机关作风工作，要严格按照方案和操作办法进行，不得自行其是、随意变通，拿不准的要及时请示。要严格评议工作纪律，加强监督检查，确保评议工作顺利进行。对评议工作中发现的违反纪律行为，一经查实要严肃处理。

四要广泛宣传，营造氛围。院报院网要继续把“干部作风建设年”活动作为重点内容，配合群众评议工作的开展，突出对活动整体效果的宣传，突出对重点工作的宣传，突出对先进典型的宣传，调动群众参与评议的热情。各部门要做好机关党员干部的思想发动工作，增强接受群众评议的意识，形成人人重视群众评议、虚心接受群众评议、自觉改进工作作风的良好氛围。

同志们，群众评议机关作风工作即将展开，我们要认真落实省委、省政府的决策部署，迅速行动起来，以作风的转变推动事业的发展，为构建理论武装、服务决策、繁荣发展“三位一体”工作新格局，实现我院各项事业的新成绩做出更大贡献！

在马克思主义中国化时代化大众化及学习型党组织建设座谈会上的讲话

（2010 年 1 月 22 日）

今天召开座谈会，听听大家的意见和建议，目的是围绕推进马克思主义中国化、时代化、大众化及学习型党组织建设，进一步统一思想，更好地开展理论武装工作。

党的十七届四中全会和省委七届五次全会，对理论宣讲战线的工作提出明确要求。四中全会的主题是加强和改进党的建设，其中的重要内容，就是建设学习型政党，用中国特色社会主义理论武装全党、教育人民。马克思主义中国化、时代化、大众化，建设学习型政党，是当前重要的政治任务，同时也应该是讲师团工作面临的首要任务。

刚才，大家从做好理论武装工作的时代要求、方法创新、机制建设等方面做了发言，谈得很好。从 2009 年全国党委讲师团团长年会上了解到，我省讲师团的工作在 31 个省份中处于较好水平，有些工作是超前的，值得肯定，这就为今后开拓工作新局面打下了良好基础。

下面我谈四点感受和体会，与同志们一同交流。

一　理论武装在“三位一体”工作格局中处于首要位置

去年年初，省委、省政府做出机构调整的决定。这次机构调整，省委的意图很明确，首先是为了深入学习宣传贯彻邓小平理论、“三个代表”重要思想，贯彻落实科学发展观。中国特色社会主义理论是马克思主义中国化的最新成果，是党的创新理论。只有坚持中国特色社会主义理论“一元化”指导地位，用中国特色社会主义理论武装全党，才能形成全党的统一意志，团结带领全国各族人民，推动中国特色社会主义伟大事业不断前进。讲师团作为党委的喉舌，必须坚持中国特色社会主义理论“一元化”指导地位，必须建设成为马克思主义的坚强阵地。只有坚持正确的政治方向，才能把握理论研究、理论宣讲的主攻方向，开展好宣传、教育和引导工作。

机构调整后，院党组提出了构建“三位一体”工作格局的总体思路。应该认识到，无论是理论宣讲工作，还是社科研究、组织联合工作，政治方向是头等大事，理论武装是首要问题。要把理论武装摆在“三位一体”工作格局的首位，以科学发展观统领办院，总揽全局，抓好落实，推动发展。

二　必须放眼世情、立足省情、贴近基层

当前，理论武装工作任务异常繁重。党中央提出建立学习型党组织，这绝非一项具体工作安排，而是审时度势，站在全党、全国工作大局上做出的战略性部署。认识这个问题，做好理论武装工作，要有世情、党情、国情、省情的眼光和视野。

第一，放眼世界看问题。世界离我们很近。随着市场经济范围的扩大、国际贸易的加强，特别是网络、通信、交通现代化水平的不断提高，地球相对变小了。一个金融市场上出现的问题就可以影响到整个世界经济发展格局，虚拟资本出现问题就可能影响到实体经济，直到影响我们的生活。美国次贷危机引发的金融危机就危及我国的经济发展，甚至直接影响我省。“不谋全局者，不足谋一域”，没有世界的眼光，不站在世情上考虑问题，就没办法搞清楚自己、发展自己。作为决策研究、理论宣讲部门，如果不能站在全局的高度思考问题，就拿不出超前性、前瞻性的成果，理论引领作用便无从谈起。

第二，立足国情是根本。从历史发展阶段看，我国处在社会主义初级阶段；从现实发展情况看，中国特色社会主义社会处在转型期。从党情看，中

国共产党把20世纪的三大任务带入了21世纪。基于这个时代前提，胡锦涛总书记提出，要研究人类发展规律、社会主义建设规律、共产党执政规律。当今党和国家一切路线、方针、政策的制定，都是源于对世情、国情、党情的深刻认识和把握。只有充分认识这个问题，我们的研究、宣讲才能把握时代脉搏，找准工作基调，发挥引领作用，产生实在效果。

第三，方法论很重要。对世情、国情、党情的认识，超前或滞后都将是危险的。走得太快，就会脱离现实，出现偏激；滞后于现实，就会阻碍发展，滋生消极。脱离现实或站在群众后面的政党，很难成为一个先进的政党。大到国家、政党，小到社会的某个组织机构和领导者，都是如此。只有审时度势，把握局势，才能站到队伍的前面恰如其分地领导和指挥，发挥积极的引领作用。

我们是省委的理论宣讲机构，必须站在省委的工作层面上谋划自己的工作，境界要高，站位要高。从这个意义上讲，理论宣讲不仅仅是一项具体的工作，工作成效一定会在全省党员干部政治立场、思维方式、思想境界、理论素养、导向性思潮等方面显现出来，是一项具有战略性的重要工作。做好宣讲工作，发挥好引领作用，责任重大。

宣讲要贴近现实，贴近基层。如果讲的内容已经过时、陈旧了，群众不会愿意听，宣讲效果就不会好；如果讲的内容距离现实很远、距离群众很远，“乌托邦”的感觉，即使是正确的理论，也是苍白空洞的，干部群众不会买你的账。只有立足实际，贴近基层，位站得高，理讲得透，才会有感召力、号召力。

刚才有同志发言讲，“深入不易，浅出更难”。这是客观实际。深入就要下功夫，深入进去之后自己才能搞得懂；在这基础上，还要让受众也搞得懂，让别人信服你，这就更难。我们的工作就是要让理论具有感召力，一旦群众掌握了科学的理论，就会产生无穷的力量。解决这个问题，至少有两个方面的工作要做。一是要对马克思主义理论，特别是中国特色社会主义理论体系，深入地学习和研究。搞宣讲工作的同志要读“马恩列斯毛”的著作。大家一直搞理论工作，可能都读了不少，但还需要系统地读、深入地读、有针对性地读。在第一线工作的同志，时间和精力大多放在具体工作上，大量地读原著可能不太现实，但我们还是要去读，要去研究，要搞清楚中国特色社会主义理论的来龙去脉，这是我们的本职工作。这次国际金融危机，为什么有人提出重读《资本论》？这是在印证马克思主义的观点，从中寻找化解危机的有效办法，揭示当前世界经济发展变化的规律。2007 年，我在中央党校学习了半年时间，从马克思主义的原著开始读起，确实感觉不一样，收获很大。希望同志们在学习上要下功夫，多读原著，多读经典著作，同时抓好中国特色社会主义理论的系统学习和研究，培厚我们的理论功底。二要面向实际。接触实际较少，是研究和宣讲工作中存在的又一个实际问题。尽管我们做了很多努力，下去调研，出去进修、学习、挂职等，但相对来说下去的还是少。要认真总结以往好的做法，借鉴其他单位的好经验，努力形成广泛接触实际的良好机制。理论工作者的看家本领是调查研究，一定要用好。多深入基层，多接触群众，多观察和思考现实问题，只要做个有心人，就会有大收获。“干部作风建设年”活动中，我去农村住了几天搞调研，吃住在村镇，体会就是不一样。大家长期在机关工作，下去走一走非常必要，带着问题搞调研，走马观花比不去要好，下马观花比走马观花要好，挂虚职比不挂职要好，挂实职比挂虚职要好。

三　理论联系实际，掌握话语权

什么是创新？理论联系实际就是创新。有深厚的理论功底，对下情也了解得透彻，两个方面结合起来，出来的“招儿”既有理论深度，又能解决问题，这才是“高招儿”“实招儿”。做到这点，无论是搞对策研究，还是搞理论宣讲，都会上水平。

要重视备课。备课要理论联系实际地研究问题。如果没有研究，搞报纸、文件摘抄，然后照本宣科，就没有创造，宣讲的效果不会好。尤其专题性宣讲，要求解决实际问题，更需要创造。

理论联系实际同创新是一脉相通的。有宽广视野加上好的方法，工作就会上台阶、上水平。在座的都是专家，从事宣讲工作多年，有些同志在省内有较高的知名度，相信大家在这个方面会继续努力，一定能够做得更好的。

要掌握话语权。一要掌握对群众宣讲中国特色社会主义理论、党的创新理论和党的路线、方针、政策的话语权；二要掌握客观公正地评价社会现象和事物、引导社会思潮健康发展、化解社会矛盾的话语权。社科院、讲师团作为党领导下的研究和宣讲工作队伍，要进一步增强政治敏锐性、工作自觉性和主动性，做先进理论的传播者、社会思潮的引领者。

四　抓住学习型党组织建设新机遇，推进当前工作

马克思主义中国化，就是坚持把马克思主义基本原理与中国社会主义现代化建设实际相结合，不断丰富和发展中国特色社会主义理论成果；马克思主义时代化，就是要把握时代特征，站在世界发展潮头，赋予中国特色社会主义理论鲜明的时代精神；马克思主义大众化，就是要让科学理论深入人心，使中国特色社会主义理论成为中华民族迈向繁荣富强的伟大旗帜。我们担负着推进马克思主义中国化、时代化、大众化的神圣使命，中国特色社会主义理论需要我们去解读、去宣讲、去弘扬，把主渠道、主力军作用发挥好。

“三位一体”工作新格局的确立，意味着三个方面的工作已经融为一体，相互间不再是协作、协同的关系，理论武装工作是全院的共同任务。搞好理论宣讲，要有人才队伍做支撑，要把全院力量组织好，搞好专家库、题库建设。宣讲工作要紧密联系河北实际，瞄准省委、省政府中心工作，围绕中心、服务大局，为“科学发展、富民强省”做贡献。比如，2010 年全省经济工作的目标任务是什么？什么是调整结构、优化升级、构建河北现代产业体系？广大干部群众是否有疑惑？要做到心中有数，有针对性地开展宣讲；“三年大变样”，群众的认识怎样？要从发展规律上讲清道理，展示美好前景。要重视理论研究，力争在大报大刊多发理论文章。要围绕中国共产党成立 90 周年、迎接党的十八大等谋划好宣讲工作，营造浓厚氛围。

集体备课和试讲制度非常好，要坚持。利用网络开展宣讲是个重要课题，要充分利用好这个资源，具体方式方法需要进一步研究，努力创出亮点。

以上发言，供同志们参考。

新春致词*

（2010 年 2 月 3 日）

值此新年到来之际，我谨代表院党组向全省哲学社会科学和理论工作者，向全院干部职工、离退休老同志及家属，向所有关心和支持我院工作的各界朋友们致以新年的祝福和诚挚的问候！

刚刚过去的 2009 年，是我院发展进程中具有里程碑意义的一年。年初，省委、省政府决定，将省委讲师团、省社科联并入省社科院。院党组坚决执行省委决定，按照张云川书记“抓好班子、带好队伍、多出成果”的要求，提出了构建理论武装、服务决策、繁荣发展“三位一体”工作新格局的总体工作思路。机构合并是我省社科理论界的一项大事，“三位一体”工作新格局的确立为我省哲学社会科学研究和理论宣讲工作提供了更为广阔的空间和更高的平台。

2009 年，我院的科研工作围绕学科前沿、省委和省政府决策前沿及破解制约河北科学发展的突出矛盾和问题，出思路、出办法、出成果，打造精品、创出品牌，充分发挥了省委、省政府“智库”作用。我院的宣讲工作紧紧围绕宣传党的十七届四中全会和省委七届五次全会精神，不断丰富手段、扩大领域，积极构建大宣讲格局。我院的社科联合工作围绕凝聚全省哲学社会科学工作者服务河北经济社会又好又快发展，强化抓手，创新形式，

---

* 本文是周文夫所做的河北省社会科学院 2010 年新春贺词，刊载于《河北社会科学》2010 年第 1 期。

努力为我省哲学社会科学事业繁荣发展贡献力量。我院的班子建设和行政后勤工作水平也在不断提高，全院正在“三位一体”工作新格局中踏着坚定的步伐，朝着“省级一流、国内知名”的目标迈进！

2010 年，是我院实施“十一五”规划的最后一年。在新的一年里，我们将坚定不移地高举中国特色社会主义伟大旗帜，以邓小平理论和“三个代表”重要思想为指导，坚持以科学发展观统领办院，深入学习贯彻党的十七大、十七届四中全会和省委七届五次全会精神，结合河北实际，努力在推进学习型党组织建设和推进马克思主义中国化、时代化、大众化实践中担当重任，在实现“科学发展、富民强省”的奋斗进程中更好地发挥智库作用，在深化内部体制改革上取得新的突破。建立健全理论武装、服务决策、繁荣发展“三位一体”工作新格局，把握新机遇，担负新使命，应对新挑战，以奋发有为的精神和求真务实的作风，为推动我省经济社会又好又快发展和繁荣发展哲学社会科学事业做出新的更大的贡献！

同志们，伫立岁首，回望 2009 年累累的硕果，我们满怀喜悦自豪；翘首 2010 年喷薄的朝阳，我们更知任重道远。让我们团结一心，振奋精神，锐意进取，描绘出我院更加绚烂多彩的锦绣新篇！

在全省讲师团主任会议上的讲话

（2010 年 2 月 4 日）

这次全省讲师团主任会议，是按照党的十七届四中全会和省委七届五次全会精神以及全省宣传部长会议要求，经省社科院党组研究决定召开的。会议的主要任务是：总结 2009 年干部理论教育工作，安排部署 2010 年任务。下面，我讲三个问题。

一　2009年的工作，重点突出，扎实推进，取得显著成效

2009 年，省委讲师团按照省委及省委宣传部要求，高举旗帜，服务大局，充分发挥职能作用，深入学习宣传贯彻党的十七大、十七届四中全会和省委七届五次全会精神，宣传贯彻省委、省政府重大决策部署，认真贯彻落实省委关于机构改革的决定，在理论武装、服务决策、繁荣发展“三位一体”工作新格局下，积极开展各项工作。全省讲师团系统工作主题鲜明，任务明确，重点突出，落实得力，圆满完成全年各项任务。

（1）理论宣讲活动主题突出。精心组织开展了“深入学习贯彻党的十七届四中全会和省委七届五次全会精神”“深入学习中国特色社会主义理论体系”“应对金融危机，保持经济平稳较快发展”“纪念建国六十周年，加强爱国主义宣传教育”“深入学习社会主义核心价值体系”等重大主题宣讲活动；配合第二、三批深入学习实践科学发展观活动和作风建设年活动，开

展系列专题宣讲。全省宣讲活动节奏紧、声势大，紧跟党的理论创新步伐，紧扣党委、政府中心工作，内容丰富，联系实际，具体生动，在全省干部群众中产生了很好的影响。

（2）理论普及活动扎实深入。初步形成全省宣传部门与讲师团协调配合、分工负责的“送理论下基层”工作机制，精心谋划开展了全省“深入开展爱国主义教育，送理论下基层集中宣讲活动”。省委讲师团联合各市委宣传部、讲师团，组织理论骨干分赴11个县（市、区）理论宣讲工作站，开展理论服务工作和“送理论下基层”活动。通过集中授课辅导、开展理论咨询、召开理论座谈会、发放宣传资料等形式，进行了广泛宣讲。同时，配合形势教育，积极组织编写通俗理论读物，省、市讲师团推出《2009理论热点20题》等一大批有河北特色、联系各市实际、适合干部群众学习的通俗理论读本和参考资料。

（3）理论宣传活动丰富多彩。联合媒体开展理论宣传和政策解读。省委讲师团围绕学习实践科学发展观活动，与《河北日报》联合开展征文活动；围绕“干部作风建设年”活动、学习贯彻党的十七届四中全会和省委七届五次全会精神等专题，在省电视台、省电台举办访谈节目100多期；撰写《以“五化”推动“大众化”》等文章在《人民日报》《经济日报》《河北日报》等报刊发表。各市委讲师团也开展了大量各具特色的媒体理论宣传，取得良好的效果。

（4）大宣讲格局建设继续推进。加大对基层宣讲站的支持力度，不断改善基层宣讲站硬件设施。在充分调研的基础上，制定下发《关于进一步规范理论宣讲工作站运行机制的意见》，促进宣讲站工作规范化。各宣讲站发挥独特优势，面向基层，服务基层，工作卓有成效。加强全省理论网站建设，改版河北省干部理论教育网，支持各市讲师团网站建设，加强网站相互间的链接、联合，推进栏目内容创新，全省干部理论教育网影响日益增大。

（5）理论服务及时有效。始终把为党委中心组学习服务作为工作重点，有针对性地做好专题辅导。办好《党委中心组理论学习通讯》刊物，及时刊发学习动态、学习体会，推广学习经验、学习典型，指导和带动领导干部的理论学习。办好《理论信息》刊物，及时为干部群众传递最新的理论信息。与省委宣传部共同举办“党的十七届四中全会和省委七届五次全会精神研修培训班”，通过集体学习培训，培养和健全了中心组学习服务网络和队伍，加强了与各市县委中心组、宣传部、理论工作机构的联系。充分发挥讲师团机动性强、人员精干的优势，根据党委、政府安排，积极承担各种应急任务，全省讲师团系统为深入学习实践科学发展观和全省“干部作风建设年”等活动提供了大量高质量的理论服务。

（6）理论研究紧密结合实际。一是积极开展重点课题研究。发布 2009 年度全省讲师团系统课题指南，围绕重大理论和现实问题进行研究。目前各项课题研究已陆续结项。二是积极承担省社科规划课题和有关委托课题。省委讲师团参与完成国家课题“转轨时期我国政府俘获的新变化与政府规制改革”，完成中宣部“党的执政能力的推进要求不断提高宣传思想文化工作能力”等课题，参与承担省党建研究会、省委组织部等相关领域课题研究。三是组织参与一系列有影响的理论研讨会，组织专家学者围绕学习贯彻党的十七届四中全会和省委七届五次全会精神等专题，展开深入理论研讨。

2009 年，各市委讲师团充分发挥职能作用，不断开拓创新，整合宣讲资源，开展宣讲示范，开拓宣讲平台，广泛开展宣讲。同时在构建大宣讲格局、为市委中心组学习做好服务、深入开展理论研究、积极开展网络宣传、加强自身队伍建设等方面也都体现了工作特色，取得较大成绩。

同志们，2009 年，全省讲师团系统各项工作取得了显著成效，这是我们始终坚持高举旗帜、服务大局，服务基层、服务群众，不断创新、系统协作的结果，是讲师团系统全体同志团结奋斗、辛勤工作的结果。在此，我代表院党组向同志们表示衷心的感谢！

二　新一年工作要紧紧围绕推进马克思主义中国化、时代化、大众化和学习型党组织建设，谋划好、开展好、落实好各项理论武装工作

推进马克思主义中国化、时代化、大众化和建设马克思主义学习型政党，是党的十七届四中全会深刻总结历史经验，科学分析当前形势，着眼于

提高党的执政能力、保持和发展党的先进性提出的一项重大战略任务。认真学习贯彻全会精神，积极推进学习型党组织建设，是当前全党重要的政治任务，是讲师团工作面临的首要任务。

党的十七届四中全会结束不久，中宣部在北京举办了学习贯彻全会精神研讨班。深入学习贯彻全会精神，总结交流宣讲经验，培训宣讲骨干，对做好全会精神宣讲工作做出部署。中央宣传文化系统各单位负责同志，各省区市党委宣传部副部长、讲师团团长参加了会议。中央政治局委员、中央书记处书记、中宣部部长刘云山出席研讨班座谈会并发表重要讲话。

为认真学习贯彻党的十七届四中全会精神，河北省委召开七届五次全会，审议通过了关于认真学习贯彻中央全会精神的《决议》，对理论武装工作提出新的任务。最近召开的全省宣传部部长会议要求理论武装战线大力推进马克思主义中国化、时代化、大众化，更好地用中国特色社会主义理论体系武装干部、教育人民；着力构建宣讲服务体系，深入开展理论普及；加强重大理论和实践问题研究，更好地服务省委、省政府科学决策。

省社科院党组认真学习贯彻党中央和省委全会精神，专门听取了省委讲师团的工作总结，研究了 2010 年理论宣讲工作要点，要求省委讲师团和全省讲师团系统，要把思想和行动统一到党中央和省委对理论武装工作提出的新要求、做出的新部署上来，抓住机遇，不负重托，切实发挥理论武装主渠道、主力军作用，创造性地谋划好、开展好各项工作。

2010 年，省委讲师团总体工作思路是：高举中国特色社会主义伟大旗帜，以邓小平理论和“三个代表”重要思想为指导，以科学发展观为统领，深入学习贯彻党的十七大、十七届四中全会和省委七届五次全会精神；在理论武装、服务决策、繁荣发展“三位一体”工作新格局下，结合河北实际，创造性开展理论武装工作，着力构建大宣讲工作格局，努力在推进学习型党组织建设和马克思主义中国化、时代化、大众化实践中担当重任；在宣传贯彻省委和省政府重大决策部署、服务省委和省政府中心工作中取得新成效，为保持我省经济社会平稳较快发展，加快“科学发展、富民强省”进程提供理论支持，做出新的贡献。

（1）深入开展理论宣讲，增强理论宣讲的针对性、实效性。一是深入宣讲中国特色社会主义理论体系特别是科学发展观重大战略思想。引导党员干部准确掌握科学发展观的科学内涵、精神实质、根本要求；准确掌握贯穿其中的马克思主义立场、观点和方法，进一步转化为推动科学发展、促进社会和谐的实际行动。总结近年来的宣讲经验，配合学习实践科学发展观活动，不断把科学发展观的学习宣讲活动推向深入。二是深入宣讲党的十七届四中全会和省委七届五次全会精神。要继续把党的十七届四中全会精神的学习宣传摆在突出位置，精心安排部署，形成声势，形成规模，形成热潮。深入浅出地向干部群众宣讲全会精神，注意梳理干部群众在学习贯彻过程中普遍关心的问题，有针对性地进行回答。重点围绕全会提出的划清“四个重大界限”，加强理论阐释，引导党员干部增强政治敏锐性和政治鉴别力。三是面向基层干部群众，深入开展形势政策教育。今年是夺取应对国际金融危机冲击全面胜利、实现经济平稳较快发展、完成“十一五”规划的关键之年，也是形势复杂、任务艰巨的一年。今年我省经济工作的核心是，既要保持经济平稳较快发展，又要在转变发展方式上取得突破。省委、省政府将继续深入推进重大项目建设、改善民生扩大内需、推进城镇面貌“三年大变样”、构建现代产业体系优化产业升级等重点工作，继续深化学习实践科学发展观活动和深入开展干部作风建设。我们的宣讲工作必须把握这一大局、服务这一大局，发挥快速反应优势，把省委、省政府决策部署及时、全面、准确地传播出去，阐释明白，深化共识，凝聚力量。

（2）加强宣讲服务网络建设，整合宣讲资源，丰富宣讲手段。最近，《人民日报》介绍了北京市委讲师团“以‘大宣讲’推进‘大众化’”的做法。辰席部长专门做出批示，要求我们仔细研读，认真学习。北京市委讲师团创造需求，以需定讲，整合资源，内外联动，努力实现理论宣讲“大覆盖”，打造理论宣讲“大平台”等做法，对于我们的工作的确有很大启发和促进。我们要积极借鉴北京市委讲师团的好做法、好经验，进一步完善、推进我团“大宣讲”格局建设。一是按照巩固、规范、提高的原则，继续加强基层宣讲站建设。今年计划在全省再选择 11 个县（市、区）建立理论宣讲工作站，不断完善理论宣讲工作站管理运行机制，进一步充实基层理论宣讲员队伍，加大理论骨干培训力度。二是聚集省属大专院校和社科理论部门宣讲资源，加大对市县两级宣讲骨干的培训、选拔力度，加强与中央及国家有关部门宣讲人才的沟通联系，完善宣讲专家资源库。三是积极开展“点播式”“菜单式”宣讲。在加强调研和理论研究的基础上，找准宣讲的结合点，针对我省经济社会发展中的现实问题和干部群众关心关注的热点问题，建立宣讲主题（专题）资源库，公布宣讲“菜单”，接受“点播”，为干部群众提供多样化的理论产品。

（3）广泛开展理论宣传，形成立体式宣传格局。一是广泛利用大众传媒，开展理论宣传。主动参与电视台、电台理论专题节目的策划、制作，通过专家点评、理论访谈等形式，开展解疑释惑、政策传播。积极参与重点党报党刊的理论宣传，加强与省内重点党报的合作，根据需要开设理论宣传专栏；组织好《人民日报》《光明日报》《求是》杂志等中央大报大刊重点理论文章的撰写工作。无论在数量上和质量上，今年都要争取有新的突破。二是组织开展好“送理论下基层”活动。协调、联合市县宣传部，组织市委讲师团、基层宣讲站，在全省范围内深入开展内容丰富、形式多样的“送理论下基层”活动，努力形成声势、打造品牌、发挥作用。三是编写通俗理论读物。组织撰写出版《马克思主义中国化、时代化、大众化党员干部读本》《理论热点20题·2010》等通俗理论读物，提高读物质量，做到图文并茂、雅俗共赏，为各级领导和基层党员干部群众提供喜爱、易懂的学习资料。

（4）搞好党委中心组理论学习服务，不断提高服务质量和水平。推进学习型党组织建设，是一项系统工程，我省将认真落实中央有关要求，制定有关实施方案，建立学习的评价考核体系，加强学习的指导、检查和服务，多措并举，推进这项活动。我们要按照省委要求，主动参与、积极完成赋予我们的各项任务。要重点做好各级党委中心组理论学习服务工作，开展市委中心组理论学习的联络和辅导工作，办好《党委中心组理论学习通讯》和《理论信息》，搞好中心组学习秘书和基层理论骨干的培训。重视加强网络教育，不断创新网络教育内容、形式，重点办好视频宣讲，推出马克思主义基础理论讲座，完善马克思主义基本理论文库，办好党委中心组理论学习专栏，努力把网站办成有影响的党委中心组理论学习阵地。

（5）发挥系统优势，搞好理论研究。继续组织开展讲师团系统课题研究，发布2010年全省讲师团系统课题研究指南，列出重点选题，组织全省讲师团系统科研骨干开展研究，推出一批有影响的研究成果。一是深化对中国特色社会主义理论体系及其最新成果的研究和阐释，当前特别是要加强对党的十七届四中全会精神的研究。全会提出了一系列创新性观点和举措，是对党的建设理论的丰富和发展。比如，如何坚持和运用好我们党作为马克思主义执政党加强自身建设的基本经验，如何推进马克思主义中国化、时代化、大众化，如何推进马克思主义学习型政党建设，如何提高党的建设科学化水平，如何坚持和健全民主集中制、积极发展党内民主，如何夯实党执政的组织基础和群众基础，如何加快推进惩治和预防腐败体系建设，如何建立健全党建工作长效机制，等等。这些都是党的建设实践中提出的重大课题，需要从理论和实践的结合上做出深入研究和科学回答。我们要紧紧围绕这些新思想新论断，列出一批重点选题，进行深入研究，努力为学习贯彻四中全会精神提供有力的理论支撑。二是深入研究我省经济社会发展中的重大理论和现实问题。按照社科院科研工作部署，积极参与“构建符合河北实际的现代产业体系”和“推进城镇面貌‘三年大变样’”系列研究，为省委、省政府科学决策提供服务，为理论宣讲提供有力支撑。

（6）加强队伍建设，打造学习型、高素质的宣讲团队。一是按照省委要求和院党组安排，开展创建学习型党组织活动，打造学习型班子、学习型团队。二是深化学习实践科学发展观活动和干部作风建设年活动成果，完善作风建设长效机制，把“有真才实学、能真抓实干、提高干部素质、提高工作效能”活动不断引向深入，努力提高做好新形势下理论武装工作的本领，着力培养造就一支高素质的、能够担当起推进当代马克思主义中国化时代化大众化历史任务的理论队伍。

三　强化学习，创新意识，以良好的工作作风和奋发有为的精神状态，积极完成好全年理论武装各项任务

新形势、新任务为理论武装工作提供了新的机遇，也提出了新的目标和

更高的要求。我们必须进一步强化学习意识、责任意识、创新意识、管理意识，不断提高自身素质和能力，以良好的工作作风和奋发有为的精神状态，高站位、高标准、高质量地做好理论教育、研究和宣讲工作。

强化学习意识，全面提升理论宣讲干部素质。理论工作者自身理论清醒、信仰坚定是帮助别人理论清醒、信仰坚定的前提；理论要说服人，必须有充分的依据，有足够的知识含量。讲师团干部要真正在推进学习型党组织建设和马克思主义中国化、时代化、大众化实践中担当重任，就必须增强学习的自觉性和紧迫感，不断提升政治素质、理论素质、文化素质，这是基本要求。要认真学习马列主义基本原理和毛泽东思想，认真学习中国特色社会主义理论体系。要广泛学习经济、政治、法律、文化、科技、社会和国际等方面的知识，学习反映当代世界发展趋势的现代市场经济、现代国际关系、现代管理和现代信息技术等方面的知识，努力拓宽学习领域，不断地扩大自己的知识面。要充分了解世情、国情、党情，了解省情、市情、县情，认真开展调查研究，深入实践，在学习实践中全面提升理论宣传素质。

讲师团的工作又是和广大干部群众面对面交流、沟通的工作，理论工作者必须目中有人，心中有人，了解对象，知道他们的需求和困惑，懂得如何与干部群众沟通。因此，讲师团的干部还必须形成一流的理论宣讲和辅导能力。要学会运用群众语言说话，把理论还原到生活中去；要运用群众喜闻乐见的形式，拉近理论与生活的距离；要运用群众身边的典型事例，增强说服力和感染力；要学会运用现代科技手段，使用多媒体教学，增强宣讲的生动性。

强化责任意识，增强工作的积极性、主动性。去年以来，在省委、省政府的坚强领导下，省社科院、省委讲师团和省社科联机构调整工作进展顺利。机构重组后，省委讲师团实现了牌子不摘、队伍不散、职能优化、力量壮大，为今后更好地开展干部理论教育工作奠定了良好的组织基础。按照省委、省政府的决策部署，省社科院党组提出并着力构建理论武装、服务决策、繁荣发展“三位一体”工作新格局，形成以社科研究为基础、以理论宣讲为载体、以社科联合为纽带的新的工作运行机制，得到省委、省政府领导的认可和省直有关部门的大力支持，在全国社科理论界引起了积极的反响。在“三位一体”工作格局中，无论是理论宣讲工作，还是社科研究、组织联合工作，政治方向是头等大事。理论武装是摆在“三位一体”工作格局首位的。社科院、社科联的资源、成果、优势要在理论武装工作中得到新的体现、实现新的价值，省委讲师团理论武装工作也会在更高水平、更深层次、更广领域发挥作用。所以，全省讲师团系统要切实把握这次机构改革带来的新机遇，把握推进学习型党组织建设和马克思主义中国化、时代化、大众化任务给讲师团带来的新机遇，履行职责，扎实工作，努力开创我省理论武装工作新局面，实现新发展。

强化创新意识，保持理论工作的旺盛活力。在新的时代背景下，人们学习的路径、方式、心态都发生了很大的变化，理论教育工作面临的环境、对象、领域也都发生深刻变化。面对推进学习型党组织建设和马克思主义中国化、时代化、大众化的新任务、新要求，理论教育应该把握这些转变，以开阔的眼光和辩证的思维，推动理论教育工作在发展中创新、在创新中发展。全省宣传部长会议提出，宣传思想文化工作只有不断解放思想、更新理念、勇于创新，才能充满活力，才能出亮点、出特色、出效益。今年要在全省宣传文化系统开展“对标创优”行动，各方面工作都要选准学习标杆，对准先进标尺，查找自身不足，学习先进经验，创优本职工作。讲师团工作要贯彻好这一要求，要找准标杆、虚心学习、保持优势。去年，我参加了在北京召开的全国讲师团团长年会，在会上了解到，我省讲师团的工作在 31 个省区市中处于较好水平，有些工作是超前的。但是在理论武装大好的形势下，全国各讲师团热情高涨，工作精彩纷呈，我们不进则退。大家一定要认识到这一点，要有紧迫感，要虚心向先进学习，取长补短，发扬长处。要保持优势，就要勇于开拓、勇于创新。创新理念、改进方法、完善机制，从而不断创出广大干部群众欢迎的理论精品。

强化管理意识，增强工作的实际效果。随着理论教育和研究工作领域不断拓展，阵地不断扩大，传播手段不断多样化，理论宣讲队伍也在不断壮大，加强和完善管理的要求更为紧迫。要积极探索新形势下理论武装工作的内在规律，加强和改进管理工作。一是加强教学科研管理工作，实施精细化管理，进一步完善教学科研工作的各项规章制度。二是坚守自己的阵地，管好自己的队伍。要坚持正确的政治方向、理论方向、科研方向，遵守宣传纪律，确保全省讲师团成为一支省委、市委“拉得出、用得上、可信赖”的理论宣讲队伍。

同志们，做好今年理论武装工作使命光荣、任务艰巨，我们要紧紧围绕推进马克思主义中国化、时代化、大众化和学习型党组织建设，紧紧围绕服务省委、省政府中心工作，找准位置和优势，创新思路和方法，激发勇气和活力，更加扎实有效地工作，不断开创理论武装工作新的局面，为全力推进河北“科学发展、富民强省”进程做出新的更大的贡献！

2009~2010年“河北发展蓝皮书”总序

（2010年2月28日）

刚刚过去的2009年，是21世纪以来我省经济社会发展遇到困难最多、挑战最大的一年。面对国际金融危机的严重冲击，全省各地各部门在河北省委、省政府的坚强领导下，以开展深入学习实践科学发展观和干部作风建设年活动为动力，紧紧围绕“保增长、调结构、促改革、惠民生”的工作主线，坚决贯彻落实了中央应对危机的一揽子计划和政策措施。全年生产总值增长10%，财政收入增长10.6%，保持了经济平稳较快发展的良好势头。粮食总产量达到2910万吨，连续6年获得丰收。城镇面貌“三年大变样”成绩显著，城镇面貌焕然一新，城镇化进程明显加快，承载能力大大提升。全省改革开放不断深化，产业结构调整进一步推进，人民生活继续改善，社会事业取得新的进步。

2010年是“十一五”规划的最后一年，也是应对金融危机冲击、保持经济平稳较快发展、为实施“十二五”规划奠定良好基础的关键一年。综观国内外形势，国际金融市场渐趋稳定，世界经济有望恢复性增长，国内经济回升向好的基础逐步巩固，中央继续实施积极的财政政策和适度宽松的货币政策，保持宏观经济政策的连续性、稳定性，扩大内需和改善民生的政策效应将进一步显现。我省正处于工业化、城镇化加速发展阶段，有着广阔的市场和丰富的资源，发展潜力很大。但是也要清醒地看到我省经济社会发展面临的严峻挑战。国外经济环境不确定不稳定因素很多，世界经济复苏将经历缓慢复杂曲折的过程；国内进一步扩大需求存在较大制约，经济增长的内在动力依然不足；区域之间的竞争日趋激烈，全国各地都在抢抓机遇、竞相发展，竞争压力更加突出；省内经济结构调整压力加大，城乡发展不协调，财政收支矛盾突出，外贸出口持续下滑的局面尚未根本扭转，节能减排和生态环境保护的任务艰巨；劳动就业、收入分配、社会保障等方面还存在一些亟待解决的问题。总之，2010 年，我们要审时度势，始终保持清醒头脑，在新一轮竞争和发展中抢占先机、赢得主动，不断加快“科学发展、富民强省”的进程。

2009 年，也是我院不平凡的一年。省委、省政府决定，将省委讲师团、省社科联并入我院，构建理论武装、服务决策、繁荣发展“三位一体”工作新格局。同时，我院还继续本着“服务决策、服务发展、服务基层”的办院方针，围绕我省经济社会发展中的重大理论与实践问题，请省领导为我院圈定年度重大研究课题。2009 年 2 月，省委书记张云川、省长胡春华、常务副省长付志方分别为我院圈定了重大课题。4 月，省委书记张云川亲自给我院交办科研任务，要求结合省委谋划 2010 年重点工作，开展“加快构建符合河北实际的现代产业体系研究”。省委、省政府主要领导直接向我院交办课题和下达科研任务，证明了我院科研服务决策的能力和水平在不断提高，愈来愈得到省委、省政府的信任。为落实省委、省政府领导交办的任务，院党组及时提出了“打造精品、创出品牌”新的更高的工作目标，将“构建符合河北实际的现代产业体系”和“推进城镇面貌‘三年大变样’”等重大课题做成系列精品；将“河北省经济形势分析会”打造成知名品牌。研究成果《构筑我省现代产业体系的总体思路、主体框架和对策措施研究》，得到了省委书记张云川和省长胡春华的批示的肯定，在 2009 年暑期省委理论学习中心组北戴河学习会议上作为参阅材料全文印发，并以省政府办公厅《内部通报》形式印发全省。《河北省城镇面貌“三年大变样”前期成效分析与思考》得到副省长宋恩华批示肯定，并印发全省城镇面貌“三年大变样”调度工作会参考。围绕应对国际金融危机等热点、难点问题，将年度经济形势分析会变为季度、年度召开，季度做阶段性分析，年底做形势预测，相继召开了 2009 年季度“经济形势分析会”和“2009～2010 年河北省经济形势分析会”，得到了省委常委、宣传部部长聂辰席的肯定，研讨成果及时报省委、省政府及省直部门参阅，为推动我省经济社会又好又快发展和繁荣发展我省哲学社会科学事业做出了应有的贡献。最后，在我院科研人员全年系统综合研究成果基础之上，在省直有关部门、相关研究单位的积极配合与大力支持下，形成了2009～2010年“河北发展蓝皮书”五卷本，即《2009～2010年河北省经济形势分析与预测》《2009～2010年河北省农村经济形势分析与预测》《2009～2010年河北省社会形势分析与预测》《2009～2010年河北省文化产业形势分析与预测》《2009年河北人才发展报告》。

《2009～2010年河北省经济形势分析与预测》指出，2009年我省经济增长完成“保九”任务已无悬念，但在全国经济复苏进程中位居第21位，与周边地区相比仍显落后；工业经济增长呈现轻微的“W”型格局，“经济谷底”终于显现，当前已步入艰难的“爬陡坡”阶段；“保增长”的动力格局变化不大，“投资趋强、消费趋弱、出口无力”的特征十分突出；“扩内需”效应有所体现，但受限于工资性收入增长的弱势和政策受益面的狭窄；“调结构”效果喜忧参半，产能、产品、产业及工业内部结构调整仍然任重道远；相对较快的经济增长支撑了逐步向好的就业形势，并没有出现令人担忧的失业潮。从宏观上看，我省复苏进程中需要关注如下问题：一是世界经济形势仍然存在“二次探底”的可能，要重视制定着眼于激活内需的复苏之策；二是城镇基础设施投资增长冲高后将面临回落，中央投资有放缓迹象，依赖投资保持增长的压力加大；三是效益增长与经济增长反差较大，“有活干、没钱赚”现象严重；四是消费增长趋向乏力，且有限的消费增长不能充分转化为经济增长；五是财政弱势没有显著改善，难以发挥引导投资、促进消费的效用；六是投融资“短板”和地方金融政策创新不足进一步压低了投资意愿；七是企业自主发展能力影响应对经济危机和风险的能力。

《2009～2010年河北省农村经济形势分析与预测》指出，2009年，我省农业农村经济发展经受住了国际金融危机影响加深的考验，农业生产保持稳定，乡镇企业复苏迹象显现，农民外出务工形势趋稳，农民现金收入和生活消费支出增速逐季加快，总体形势企稳向好。2009年，全省粮食产量2910.17万吨，实现了连续6年增产；蔬菜总产量在连续2年增长的基础上再创历史新高；棉花、油料总产量则有不同程度的下降。前三季度，全省农民人均现金收入4633元，比上年同期增加328元，增长7.6%；其中工资性收入增加158元，对现金收入增长的贡献率达48.2%，成为农民增收的第一动因。目前，我省正处于保增长的关键阶段，企业经济效益下滑状况有所改善，经济增速逐季加快，GDP增速超过全国1.9个百分点，经济运行中的积极因素不断增多。但也应当看到，国内外不稳定、不确定因素很多，制约农村发展的深层次问题并没有得到解决，发展面临的挑战和困难依然较多。展望2010年，随着国家及我省经济刺激计划的相继实施，投资拉动效应将更加明显，产业结构更加优化升级，内需市场更加活跃，经济回升的基础更加牢固。如果不发生重大自然灾害和外部冲击，河北省农村经济发展速度将进一步回升，形势好于今年。

《2009～2010年河北省社会形势分析与预测》指出，保民生是2009年河北省的工作重点，一年来改善民生工作出现了一些新的突破：一是从就业、社会保障、收入等基本民生向普遍的卫生医疗、住房、人居环境改善等方面拓展；二是政府对改善民生的自觉意识、责任意识增强。民生逐步从任务型、救急型向制度型、可持续性转变；三是社会投入有了明显增加；四是形成了初步的改善民生的政策体系。这些新的突破有效促进了河北民生形势的变化：城乡居民收入明显上升，恩格尔系数也出现增长趋势，人民生活水平显著提高，生活质量进一步改善；城镇面貌“三年大变样”促进城镇基础设施建设，人居环境得到明显改善；受金融危机影响的就业形势忧中有喜，积极的就业政策效果良好；社会保障在扩大基本保障面的基础上，在城乡社会保障一体化方面有了新的进展；住房政策向弱势群体倾斜，保障性住房建设规模扩大；公众未来预期良好、社会心理趋于稳定。但同时，受经济急速发展、社会深刻转型、改革进一步深入、观念深刻变化的影响，人民群众的民生需求增加，新老民生问题交织，改善民生面临更多的新问题和新压力。展望未来，改善民生是一项没有终点的工作。一要树立新的民生观，处理好增长和分配、生产和消费的关系，改善民生需要经济的持续发展，经济发展也将从民生改善中获得持续动力。二要有制度的保证，要增加社会投入比例，要与区域经济发展水平相适应。三要有科学的考核体系。

《2009～2010年河北省文化产业形势分析与预测》指出，与国际金融危机下文化产业逆势上行的一般趋势不同，2009年我省文化产业发展态势延续下行的趋势，各地文化产业发展基本面比较沉闷，“维持现状、缺乏亮点、开放不足、步伐不快”成为区域发展的总体特征。但是，国际金融危机对我省影响总体有限，我省迎来了有史以来文化产业发展最好的政策机遇；城镇面貌“三年大变样”的强力推进也为我省城市文化产业大发展提供了空间，增添了发展新动力。从总体上看，我省文化产业发展存在七大问题：一是动力结构没有改善；二是行业发展重“形式”轻“内容”，园区发展重“形态”轻“业态”；三是与城市建设大变样不合拍、不匹配、不协调；四是谋划的项目大多土气、俗气和虚空，落地较难；五是企业发展文化产业的内生动力十分缺乏；六是融资环境有较大差距；七是人才短板仍是重要制约因素。未来应采取以下几点对策：一是适应新形势发展需要，抓紧谋划“十二五”文化产业发展思路与重大项目；二是以文化产业园区作为城市展示载体来统筹布局城市改造和新城建设；三是用文化创意改造提升县域特色产业，延长产业链条；四是抓好数字化引领、结构化升级工程；五是优化“人才＋资本”的创业环境。

《2009年河北人才发展报告》全面展示了我省各类人才队伍的新发展，深入分析了人才队伍建设面临的问题，创新性地提出了进一步推进人才队伍建设的思路与对策，并指出我省人才队伍现状的基本特征：总体规模较大与总体质量、水平较低并存，结构欠优与分布不协调并存，总量相对过剩与部分严重短缺并存，尤其是科技创新人才不足、高层次科技创新人才严重缺乏，成为制约我省提高自主创新能力、转变发展方式、构建现代产业体系、构建和谐河北、实现“科学发展、富民强省”的突出瓶颈。《报告》还认为，进一步加大人才资源开发力度，加强各类人才队伍建设，大力推进由人力资源大省向人才强省的转变，加快提高我省人才实力、活力、创新力和竞争力，是实现“科学发展、富民强省”战略目标的关键和根本所在，是我省发展战略的核心问题，是关系发展全局、长远和根本的重大战略任务。《报告》提出，必须加快实现人才发展由重数量轻质量的规模扩张型向数量与质量统一型、结构优化型、分布协调型的根本转变，必须把发展高层次科技创新人才和高技能人才作为人才队伍建设的战略重点，必须把构筑与河北现代产业体系构建相适应的人才支撑体系作为今后一个时期的重大战略任务，必须把深入推进人才体制机制改革创新和加强人才创新创业平台、环境建设创新作为人才工作的着力点。

2009～2010年“河北发展蓝皮书”认真贯彻了科学发展观的指导思想，紧密围绕2009年国内外经济形势出现的新情况、新变化，结合省情实际，在广泛调研、深入分析当前形势和矛盾的基础上，指出了影响我省发展的不确定、不稳定因素，并就如何更好地应对挑战、把握机遇，提出了具有前瞻性、可操作性的对策建议。

2009～2010年“河北发展蓝皮书”，为热爱河北、关心河北的社会各界人士提供了决策参考，希望大家多提宝贵意见，以期今后的“河北发展蓝皮书”能够为促进“科学发展、富民强省”提供更多更好的理论支撑和智力支持。

在院2009年度总结表彰大会上的讲话

（2010 年 3 月 19 日）

这次会议是经院党组研究决定召开的，主要任务是：贯彻落实党的十七大、十七届四中全会精神和省委七届五次全会精神，总结去年工作，表彰先进，部署任务。刚才，志平同志代表院党组做了工作报告，系统总结了 2009 年全院工作，并对 2010 年工作进行了安排部署，希望院属各部门和全院同志，按照分解的任务，认真抓好落实。借此机会，我代表院党组对在 2009 年度工作中做出突出贡献、受到表彰的部门和同志表示衷心祝贺，并向辛勤工作的全院干部职工表示衷心感谢！

下面，我就做好今年工作讲三点意见。

一　坚持以科学发展观统领办院，开拓进取，扎实工作，全面完成理论武装、服务决策、繁荣发展各项任务

2009 年，是省社科院发展史上具有重要意义的一年，省委、省政府做出机构调整决定，将省委讲师团、省社科联并入省社科院，将我院确定为省委、省政府直属事业单位。这次机构调整，是我省贯彻落实科学发展观的重大举措，体现了省委、省政府对哲学社会科学事业的高度重视，为我院实现“省级一流、国内知名”目标提供了难得机遇，也为我院今后的工作提出了新的更高的要求。

2009年，我院贯彻落实省委、省政府重大决策和工作部署，坚持以科学发展观统领办院，以深入学习实践科学发展观活动和干部作风建设年活动为契机，抓住机构调整新机遇，创新发展思路，推动体制机制改革，强化工作举措，提升智库建设水平，在围绕省委、省政府中心工作、服务全省经济社会又好又快发展上取得明显成效。理论宣讲工作重点突出、扎实推进；社科研究工作积极主动，成果丰硕；组织联合工作有声有色，成绩突出，全院各项工作呈现稳步提升的良好态势。2010年，是我国夺取应对金融危机冲击全面胜利、保持经济平稳较快发展的重要一年，是我省推动“科学发展、富民强省”关键之年，也是我院构建“三位一体”工作新格局、推进全院事业发展的开拓之年。今年的工作任务繁重，责任重大，我们必须要有深刻和清醒的认识，要有打大仗、打硬仗的充分准备。

（1）要把握新形势。从去年下半年到今年3月中旬，中央、省委、省政府以及省委宣传部相继召开了重要会议。党的十七届四中全会做出《中共中央关于加强和改进新形势下党的建设若干重大问题的决定》，确立了建设马克思主义学习型政党的建党目标，提出了推进马克思主义中国化、时代化、大众化的重大历史任务。中央召开全国经济工作会议，为2010年中国经济发展定下基调：在保持宏观经济政策连续性和稳定性的同时，经济增长“将重点在促进发展方式转变上下功夫”。在“保增长”取得显著成效的基础上，“促转变”已成为2010年经济工作的主线。省委召开七届五次全会、省委常委扩大会议、全省经济工作会议，对河北贯彻落实党的十七届四中全会和中央经济工作会议精神做出了部署。在党建工作方面，坚持以科学发展观为指导，切实加强和改进新形势下党的建设，以党建工作的新成效，为全省经济社会发展提供坚强保证。在经济工作方面，既要保持经济平稳较快发展，又要在转变发展方式上取得突破。年初召开的全省宣传部长会议，对2010年全省宣传思想文化战线的工作做出部署，要求把握大局、服从大局、融入大局、服务大局，“实现与全省中心工作同频共振”。中央和省委召开的一系列会议，站在党和国家以及全省工作全局的高度，对形势做出科学判断、对工作思路做出深刻阐述，对当前工作做出全面安排。我院作为省委、省政府的“思想库”“智囊团”，要全面深刻地领会中央和省委、省政府精神，进一步统一思想，明确目标，在推动理论武装、服务决策、繁荣发展各项工作中认真贯彻落实。

（2）要明确新目标。根据新形势、新任务，院党组研究提出了2010年工作指导思想和重点任务，概括为三个重要方面。

第一，在推进马克思主义中国化、时代化、大众化和学习型党组织建设的实践中担当重要任务。理论武装和哲学社会科学研究是党的意识形态领域的重要组成部分，我院的第一定位必须是马克思主义的坚强阵地，着力推进马克思主义学习型政党建设，推进马克思主义中国化、时代化、大众化，是我院义不容辞的首要任务。要强化理论研究。研究马克思主义中国化、时代化、大众化的科学内涵、重大意义和重大成果，研究推进马克思主义中国化、时代化、大众化的途径及需要解决的重大问题，研究马克思主义学习型政党和学习型党组织建设的理论问题和实际问题，研究河北学习实践科学发展观的新实践、新探索、新成绩、新经验，推出一批高质量的理论研究成果。要抓好理论宣讲。增强宣讲工作的针对性、时效性，打破惯性思维，促进思想解放。要着力创新宣讲方式方法，把深刻的理论用群众喜闻乐见的方式说明白、讲生动，使抽象的理论逻辑转变为形象的生活逻辑，成为广大党员干部普遍信仰、人民大众普遍认同的强大思想武器。要加强自身建设。用马克思主义理论武装全院干部职工，用马克思主义的立场观点方法指导社科理论工作，做建设学习型党组织的表率和先锋。

第二，在实现“科学发展、富民强省”的奋斗进程中发挥智库作用。要围绕加快河北经济发展方式转变，有针对性地开展科研工作。将“构建符合河北实际的现代产业体系”和“推进城镇面貌‘三年大变样’”重大课题研究打造成系列精品课题，将“河北省经济形势分析会”打造成知名品牌论坛。要整合专家力量，提高调研水平，创新组织形式，加强与媒体合作，为省委、省政府科学决策提供更有价值的参考。要加强社科联合，组织联合全省社科界围绕“贯彻落实科学发展观，加快经济发展方式转变”，开展好调查研究、舆论引导、教育普及等方面的工作。

第三，在深化内部体制改革上取得新突破。完成机构调整和新《三定方案》的组织实施，推动机制创新，推进学科建设，优化资源配置，顺畅工作运转，加快“三位一体”工作格局构建步伐，实现“三个一相加大于三”的效率目标。院属各部门和全院干部职工都要按照院党组提出的总体工作思路和重点任务，谋划具体工作，培育工作亮点，确保全院各项目标任务的圆满完成。

（3）要落实新举措。今年的工作任务繁重，责任重大，需要全院同志不断深化并充分运用学习实践科学发展观活动和干部作风建设年活动的积极成果，以奋发有为的精神和求真务实的作风，推动各项工作的落实。要加强学习。全院干部职工特别是领导干部要自觉养成研究形势、学习政策的习惯。做好理论武装、社科研究工作，必须要有世情、党情、国情、省情的眼光和视野。如果不能站在全局的高度思考问题，就拿不出超前性、前瞻性的成果，理论引领作用便无从谈起。胡锦涛总书记提出，建设中国特色社会主义，要研究人类发展规律、社会主义建设规律、共产党执政规律。当今党和国家一切路线、方针、政策的制定，都是源于对世情、国情、党情的深刻认识和准确把握。只有充分认识这个问题，我们的研究、宣讲才能把握时代脉搏，找准工作基调，发挥引领作用，产生实在效果。要建立责任制。根据院 2010 年工作要点，院党组已对全院重点工作进行了分解，明确了责任领导、责任部门和目标要求。院属各部门要根据所承担的任务，进一步细化责任目标，一步一个脚印地扎实推进。每项工作的责任部门都要建立工作台账，主管院领导要时刻关注分管工作进展情况，注意协调解决推进工作中出现的实际问题，有关职能部门要加强监督管理。要加强班子建设。领导班子是一个部门的核心力量，有了一流的班子，才能带出一流的队伍，创出一流的业绩。院各级领导班子要进一步加强团结，强化大局观念，维护集体决策，确保政令畅通，齐心协力抓好工作。要勇于担当，注重依靠和充分发挥干部职工的主动性和能动性，职责内的工作不推拖，遇到困难不回避，碰到矛盾不上交，独当一面地开展工作。要讲求方法。每项工作都要有目标，有时间观念和质量观念，善于发现疑点，把握重点，突破难点，抓出亮点，能够举一反三，不断完善工作机制，推动工作创新。

二　构建“三位一体”工作新格局，改革创新，积极推进，全面实现机构调整各项工作目标

目前，我院机构调整工作进展顺利。2009 年 8 月，省机构编制委员会下发了《河北省社会科学院机构编制方案》，对原省社科院行政管理人员的管理问题提出了另行研究的意见。此后，经与省领导、省委组织部、省编办、省人力资源和社会保障厅及省公务员局汇报、沟通，对我院整合重组后人员管理模式实行“一院两制”已达成普遍共识，即院行政管理人员参照《公务员法》管理（简称参公），科研、科辅人员继续按事业单位专业技术职称系列管理。目前，此项工作已取得实质性进展，并正在积极推进中。与此相适应，我院财政政策已实行“一个文本、两项内容”，即由过去的“财政基本保障事业单位”改为“财政拨款事业单位”。这意味着，行政参公人员经费执行公务员标准；科研科辅人员执行事业单位管理标准。2010 年省财政预算已按上述制度安排下达到我院。

今年，要根据省委、省政府的决定，按照“精简、统一、效能”的改革原则，进一步搞好内设机构的优化调整。重点做好以下工作：明确和落实各部门职能及人员编制，实现职能整合、优势互补；调配好院属部门领导班子，实现干部职数设置、干部职工岗位设置科学合理，保持全院干部职工思想稳定，充分体现“牌子不摘、职能不减、队伍不散”的改革初衷；继续推进行政管理人员参公，实行“一院两制”；建立健全统一、规范、高效的管理运行机制，完成行政后勤工作统一管理，建立财务管理、固定资产管理、物业管理等方面的统一制度，使职责更加清晰、运转更加顺畅、行为更加规范、办事更加高效，基本完成机构调整和改革任务。完成上述各项机构调整和改革目标任务，需要院党组和全院同志的共同努力。

要加强组织领导。机构调整改革事关我院发展稳定大局，情况复杂，任务艰巨，为确保顺利进行，必须统一认识，加强领导。院人事处是实施内设机构调整改革的职能部门，要继续集中精力，攻坚克难，按照省委、省政府关于我院机构调整改革有关精神，抓好各项工作的落实。纪检组要加强对机

构调整改革工作的全程监督，确保工作积极、稳妥、规范、有序地进行。各部门负责同志要牢固树立政治意识、大局意识和责任意识。部门“一把手”作为第一责任人，要带头贯彻执行院党组的工作部署，正确对待机构调整中可能出现的岗位变化和职务调整，坚决服从工作需要和组织安排，经得起组织考验，保持良好的精神状态和工作状态，以足够的精力，严肃认真、积极主动地抓好各项工作落实。

要加强思想政治工作。机构调整改革必然会涉及部分同志的岗位调整，直接关系到职工的切身利益，难免引起部分干部职工的思想波动。因此，各级领导干部必须注意掌握干部职工的思想动态，有的放矢地做好思想政治工作。对改革中涉及的敏感问题，要通过组织程序反映，不得随意扩散，干扰正常工作。要教育广大干部职工，从大局着眼认识改革、参与改革。改革是事业发展的需要，对事不对人，无论是留在原部门，还是合并到新组建部门，都是改革的需要。要认真分析和解决好工作推进中一些同志的认识困惑和思想疑虑，坚持用政策解疑释惑，用道理化解矛盾，用公平调整心态，用感情凝聚力量。充分调动广大干部职工支持改革、参与改革的积极性，为改革营造良好的氛围，增添强大的动力。

要严肃组织纪律。机构调整改革政策性很强，是一项非常严肃的政治任务，必须以组织原则为准绳，以党纪政纪作保证，做到令行禁止。院党组要认真贯彻执行民主集中制原则，严肃组织纪律，凡涉及重大问题，必须坚持集体讨论决定。各部门负责同志要强化责任意识，坚持“守土有责”，管好自己的人，办好自己的事，坚守岗位，恪尽职守，确保思想不散、秩序不乱、工作不断。全院同志要强化组织纪律观念，使改革良好有序地推进。

三　着眼建设中国特色社会主义“新智库”，总结经验，开拓未来，认真谋划院“十二五”发展规划

“十二五”时期，是我院实现又好又快发展、向着更高目标迈进的重要战略机遇期，科学谋划院“十二五”发展规划，任务艰巨，意义重大。院“十二五”规划要全面总结“十一五”时期全院各项事业发展的成功经验及

存在的突出问题，深入分析“十二五”时期我院发展面临的内外部环境和发展趋势，认真研究事关我院长远发展的重大战略问题，明确未来5年发展的思路、目标、举措、重点。规划编制中要注意把握以下三点。

一要以贯彻落实党的十七大、十七届四中全会精神和省委、省政府对哲学社会科学工作提出的要求为根本依据。党的十七大报告指出：“繁荣发展哲学社会科学，推进学科体系、学术观点、科研方法的创新，鼓励哲学社会科学界为党和人民的事业发挥思想库作用。”省委七届三次全会指出，“哲学社会科学界要多出成果、出好成果”，围绕破解制约河北发展的难题，“出思路、出办法、出成果”。党中央和省委的指示精神是我院制定“十二五”规划的根本指导思想和任务目标。“十二五”规划要进一步明确社科院“思想库”定位，在促进“多出成果、出好成果”方面提出更有针对性、可操作性的目标和举措。

二要以建设中国特色社会主义“新智库”为核心要求。“智库”，是生产智力智慧智能，提供决策咨询服务，促进科研生产力转变为社会生产力，参与服务经济、政治、文化、社会全面发展的专家平台和科研组织。建设中国特色社会主义“新智库”，是河北省社科院贯彻落实党的十七大关于哲学社会科学一系列指示精神、主动服务本地经济社会又好又快发展的客观要求，也是河北省社科院适应形势发展、发挥自身优势、彰显地位作用的必然选择。中国特色社会主义“新智库”应当具有明确的价值取向，具有鲜明的政治立场，立足于服务党和政府，推动经济社会科学发展。中国特色社会主义“新智库”建设的定位应当是：高举中国特色社会主义伟大旗帜，全面贯彻落实科学发展观，以哲学社会科学理论创新为基础，以研究重大战略问题、现实问题、政策问题为重点，以团队研究为特征，以科学探索为载体，以前瞻性与创新研究为目标，以服务党委、政府决策与经济社会发展为己任，真正成为党和政府的“思想库”和“智囊团”。“十二五”时期，我院要按照“新智库”的战略定位努力实现两个转变：由单纯的研究机构向综合性智囊机构转变，由以个体研究为特征向以集团交叉研究为特征的集约化研究方式转变。努力打造提供信息贮存与加工的“信息库”、资源优化配置与再造的“研发库”、来自实践而又指导实践的“原创库”、将智力成果广泛运用于经济社会发展的“推广库”、学术大家不断生长的“专家库”。在领域拓展、力量整合、学科建设、人才培养、机制创新等方面再上新台阶，建立起适应省委和省政府需要、与国际接轨的智库运行模式，不断提高我院社科研究和理论宣传的竞争力和影响力，不断提升我院“省级一流、国内知名”强院的信誉度和美誉度。

三要继续坚持“三个服务”的办院方针。“十一五”时期的实践表明，贯彻“三个服务”的办院方针极大地推动了全院各项事业的发展。“十二五”时期，要继续坚持“三个服务”的办院方针，并使其不断拓展和深化。这是因为，“三个服务”是认真履行中央和省委、省政府确定的地方社科院主要职责的具体体现。我院的机构调整，是省委、省政府根据中央关于行政机构改革的要求做出的一项重大决策部署。机构调整后，省委、省政府给我院的体制机构定位为省委、省政府直属事业单位，主要职责是：组织开展邓小平理论、“三个代表”重要思想和科学发展观理论与实践问题研究，河北省经济社会发展中重大理论与实践问题研究，河北历史文化研究，为省委、省政府科学决策和全省经济社会又好又快发展提供理论支撑和咨询服务。只有坚持“三个服务”，才能更好地承担起这个职责。“三个服务”是哲学社会科学自身发展的客观要求。哲学社会科学最显著的特性就是它的社会性和实践性。它以人类社会及其发展规律为研究对象，它的正确理论来源于实践，并接受实践的检验，只有在人类社会的实践过程中才能体现出其社会意义和价值判断。哲学社会科学无论哪个领域、哪门学科，都不能脱离社会，脱离实际，脱离生活。因此，哲学社会科学工作机构和从业者理应把握时代脉搏、倾听时代声音，深入社会，深入实际，坚持理论联系实际，探讨现代化建设中遇到的重大实践课题和理论课题，给予科学准确的回答，提出切实可行的对策。“三个服务”是我院实现科学发展的实际需要。近几年，省委、省政府在政策、资金上给予了我院大力的支持。比如，在专业技术岗位设置和人员聘用指标上给予了我院全省最优惠的高职比例；认真解决我院行政后勤人员参公问题；在财政资金十分紧张的情况下，为我院科研办公大楼和科研服务楼的维修改建工程拨出专项资金。这些，充分体现了省委、省政府和省直有关部门对我省社科事业和我院工作的高度重视、极大关怀。在一定意义上讲，也是因为我院在“三个服务”上做出了自己应有的贡献，发挥出越来越大的作用，也就越来越得到省委、省政府和有关部门的重视和信任，社科院是不可或缺的，是能堪大用的。总之，有为才能有位。“三个服务”是解决社科研究突出问题、提高科研工作水平的必然选择。目前，与全国社科界一样，在我院科研工作中“自娱自乐”的情况依然不同程度地存在。一些成果严重脱离实际，自说自话，在用于申请立项、申报奖项、评定职称之后，就再没有其他用途，成果转化率极低。不难设想，作为社科人，大家何尝不企盼“精品力作”？何尝不翘首“大家名家”？严肃的现实给出的答案是，倘若仅止于此，不服务于国家，不服务于社会，不服务于人民，脱离实际能出“精品力作”吗？脱离社会能成为知名社会科学家吗？长此以往，不仅会贻误社会科学事业繁荣，也会贻误研究人员个人的发展。只有按照“三个服务”的办院方针，进一步完善成果评价体系，进一步弘扬理论联系实际、求真务实的学风，我们社会科学事业的繁荣发展和我们的人才、专家队伍的成长壮大才能获得可持续发展的不竭动力。“三个服务”是构建“三位一体”工作新格局、建设新智库的内在要求。构建“三位一体”工作新格局、建设中国特色社会主义新智库的目的是实现我院在新时期的科学发展，“三个服务”既是我院实现科学发展的立足点，也是促进我院实现科学发展的重要手段。我们的工作只有投入“三个服务”之中，才能显现出自身的重要价值，才能获得强大的生命力。

同志们，回顾过去，我们充满自豪；展望未来，我们信心满怀！院党组坚信，坚持科学发展观统领办院，有省委、省政府的坚强领导，有省直部门的大力支持，有全院同志的团结拼搏，全院的工作一定能够取得新业绩，全院的事业一定能够谱写新篇章！

调整经济结构是转变发展方式的首要任务*

（2010年3月31日）

胡锦涛总书记在省部级主要领导干部深入贯彻落实科学发展观、加快经济发展方式转变专题研讨班上要求，加快推进经济结构调整，把调整经济结构作为转变经济发展方式的战略重点。对河北来讲，调整经济结构是转变经济发展方式的首要任务，且更具有针对性、战略性和紧迫性。

抓住关键，调整经济结构是转变经济发展方式的战略重点

其一，从理论上看，调整经济结构是转变经济发展方式的核心内容。经济结构是国民经济各组成部分的地位和相互比例关系。从宏观看，包括社会总需求结构、所有制结构、分配结构、产业结构、区域经济结构等；从微观看，包括企业组织结构、产品结构等。调整经济结构的实质是通过结构的变动，使同等数量的要素和资源投入，获得更大的产出。转变经济发展方式，就是要转变过多地依赖要素和资源投入推动经济增长的模式，转变过多地关注经济规模的扩张而忽视经济增长质量的做法，转变过多地关注经济增长速度而忽视社会协调发展的行为，更加注重经济质量和效益的提高，更加注重

---

* 本文刊载于《河北日报》2010年3月31日。

资源的节约、环境的改善，更加注重区域差距、城乡差距的缩小，更加注重人民生活水平的提高。从本质上看，这些都是结构的调整和优化。所以，调整经济结构是转变经济发展方式的重要内容和必要条件，是转变经济发展方式的战略重点。

其二，从现实看，我省目前若干深层矛盾集中指向经济结构不合理。改革开放以来，在经济快速增长的同时，我省发展中的矛盾也日益突出：经济规模快速扩张但增长质量不高，目前我省经济总量排名居全国第6位，但产业竞争力、区域创新能力等居中下水平；产业发展较快但处于低层次，形成了以能源、原材料为主的产业结构，产业结构层次低，高新技术产业规模小，现代服务业比重小，服务业发展长期徘徊不前；工业化快速推进但城镇化滞后，城市既不能有效吸纳和积聚高端产业，也不能有效吸纳和转移农民入城，城乡差距进一步拉大；产业发展较快但资源环境约束进一步凸显，单位 GDP 能耗高于全国平均水平，工业废气、固体废弃物、工业废水排放量分别居全国第 2、4、8 位，节能减排任务艰巨；各区域发展不平衡，给区域经济协调发展带来困难；经济动力结构不平衡，过多依靠投资驱动，消费对经济增长的贡献率明显偏低。深入分析这些矛盾和问题，不难发现，经济结构不合理才是症结所在。因而，转变我省经济发展方式，重点是调整经济结构。

其三，从历史经验看，发达国家工业化过程也经历了经济转型的重要阶段。工业化是推动经济社会现代化的基本途径，但工业化也是一把双刃剑。从发达国家和地区的经验来看，工业化中期在经济高速增长的同时，一般都出现了突出的矛盾：一是经济增长与资源、生态环境的矛盾。美、欧、日、韩等发达国家和地区的共同特征是：在工业化中期前半阶段，其经济的高速增长都是以大量消耗自然资源，以污染环境、破坏生态为代价的；在工业化中期的后半阶段，各国都注重通过调整经济结构，实现经济增长。二是经济增长与社会发展的矛盾，主要体现在收入分配、教育、就业机会等方面。由于受国情、经济体制、社会制度等因素的影响，世界各国在社会协调发展方面的差别较大，但在工业化中期都有趋向平等、差距缩小趋势。可见，转变经济发展方式是经济社会发展的必然要求。

转换思路，务求在“加快”上取得突破

调整经济结构是一个不断变化、不断调整的动态过程。在新形势下推动经济结构调整，关键要在“加快”上下功夫。对我省而言，要实现三个转变。

一是由以前局部的结构调整向全方位的结构调整转变。过去经济结构调整，主要是关注产业结构、区域结构、所有制结构的调整，这当然是应当关注和要解决的重点。但此次调整经济结构是从新形势、新环境、新矛盾角度提出的，是以增强经济发展的稳定性、协调性和可持续性为目标的，要解决的是当前经济发展中存在的突出矛盾和结构问题，所以要将国民收入分配结构、城乡结构、国土开发空间结构、需求结构、供给结构、要素投入结构等纳入经济结构调整的范围，进行全方位的经济结构调整，同时推进各类经济结构的协调优化。

二是由过去关注一两个重点环节向关注整个结构调整链条转变。过去经济结构调整，关注更多的是制定经济结构调整政策，但制定政策后的实施情况并不理想，出现了“久调不动”的现象。此次经济结构调整，是适应国内外新形势而提出的，也是解决我省经济结构矛盾的良好机遇，所以要准确把握胡锦涛总书记提出的“加快调整经济结构”的深刻含义，由过去关注一两个环节，向关注包括调研、制定政策、组织实施、业绩考核、反馈调整等在内的经济结构调整整体链条转变。这就要求我们，坚持研究与规划先行，明确结构调整的目标、要求、布局和措施；加强对结构调整运行的监测分析，及时发布政府对结构调整的预期目标、主要政策和发展趋势等信息，引导全社会经济活动；把经济结构调整纳入政府绩效评估体系和考核机制，强化激励和约束措施，调动积极性和创造性，使经济结构调整取得实际成效。

三是经济结构调整的实施主体由政府为主向全社会协调联动转变。经济结构调整是由政府发动组织的，但实施过程应当是全社会参与的。所以，经济结构调整能否取得成效取决于两方面因素：其一，政府能否制定有效的宏观政策，这是促进经济结构优化的前提；其二，政府的政策能否形成强烈的

市场信号，推动企业、中介、个人等积极响应，形成市场的自动调整机制。从这一角度看，经济结构调整要取得实质性成效，政府要研究政策、经济杠杆的有效性和有用性，由过去关注出台政策向关注政策和经济杠杆调解能否形成有效的市场信号转变，形成政府引导、全社会协调联动的优化经济结构的良好格局。

统一认识，形成调整经济结构的合力

加快调整经济结构，推进我省经济发展方式转变，必须澄清一些认识误区。

其一，将调整经济结构与经济增长对立起来，认为调整经济结构必然影响经济增长。这一错误认识，反映到现实中，表现为在发展中等待观望，调整经济结构的动力不足。其实，结构调整是生产要素的重新排列组合，也是实现经济增长的一种方式。过去依靠自然资源和其他要素的大量投入获得经济的快速增长是一种经济增长方式；通过结构的调整、优化配置各类资源，则是另一种更为合理、有效的经济增长方式，可以更好地推动经济增长。从这一角度讲，目前进行结构调整，是实现长期稳定增长的必然选择。从长期来看，不但不会影响经济增长速度，还会使经济实现又快又好的增长，达到速度与质量、速度与效益的统一。

其二，认为在 20 世纪 80 年代末我们就提出过经济结构调整，现在又提出经济结构调整，没有什么新意。其实，此次党中央强调的经济结构调整与以往有实质性的差异。第一，它不是暂时性的调整，而是面向未来的战略性调整。这次调整要摒弃传统经济发展方式的惯性，是以新技术革命为带动、对经济全面和长远发展具有重大影响的战略性调整，目标是使我国经济社会步入健康发展的轨道。所以，我们既要有效缓解近期突出矛盾，更要立足长远，着力解决深层次问题，使近期调整有利于促进长期结构优化。第二，它不是局部性的调整，而是全面性的、涉及结构各个方面的调整。这次调整既涉及产业结构、区域结构、城乡结构，又涉及供给结构、需求结构、生产要素结构等，目标是实现经济、社会、环境和资源的协调发展，实现社会的和谐。第三，它不是简单地调整一下比例关系，而是要实现发展方式的根本性转变。从经济增长角度看，是促进经济增长由主要依靠投资、出口拉动向依靠消费、投资、出口协调拉动转变，由主要依靠第二产业带动向依靠第一、第二、第三产业协同带动转变，由主要依靠增加物质资源消耗向主要依靠科技进步、劳动者素质提高、管理创新转变。所以，此次经济结构调整大有新意，大有深意，事关未来，事关全局，事关现代化建设的成败，我们必须充分认识其重要性，全力加快推进。

其三，认为经济结构演进是市场自动完成的，政府利用政策大力推进经济结构调整是政府职能的错位。这种认识是不正确的，也是有害的。在市场经济条件下，市场在实现资源优化配置方面发挥着积极的作用，我们要借鉴发达国家的经验，充分发挥市场机制在结构调整和资源配置中的基础性作用。但由于市场调节存在自发性、盲目性、滞后性等固有弊端，如果仅靠市场自发调节，会导致资源配置效率低下、资源浪费、收入差距拉大，甚至导致严重的两极分化。国际金融危机也证明，完全由市场自发调节不可能实现经济社会的协调发展，现代市场经济的健康发展离不开政府的有效调控。另外，一些结构问题本身就属于公共政策范畴，如区域结构、城乡结构的调整，需要通过政府的转移支付来缩小地区差距、城乡差距，让不同区域、城乡生活水平的差距不至于过大，享受到大体相当的公共服务。所以，政府推动经济结构的调整不是职能的错位，而是政府宏观调控的应有之义。政府应该也必须适时根据市场的变化，运用经济、法律和必要的行政手段，调控经济结构调整的方向，以利于实现经济社会全面协调可持续发展，实现人与自然的和谐共处。

在学习贯彻李长春同志视察河北时讲话精神座谈会上的发言

（2010 年 4 月 3 日）

3 月 28 日至 31 日，李长春同志到我省就贯彻落实全国两会精神、加快经济发展方式转变、深化文化体制改革、大力发展文化事业和文化产业进行视察调研，对我省当前和今后一个时期的工作做出了重要指示。李长春同志的讲话涉及经济、社会、政治、文化、生态等各个方面，对我省加快经济发展方式转变、积极推进自主创新、大力发展新兴产业、加快传统产业改造升级、全力推动经济社会又好又快发展具有很强的针对性和指导性。我们应该认真学习、全面领会、深入贯彻，下面谈两点个人的学习体会。

一　发挥我省区位优势，努力做好环京津这篇大文章

环京津地区的区位特色明显，是我省经济发展的重要成长区，加快环京津地区与京津的对接融合，事关全省区域和产业发展全局，影响巨大，意义深远。

一是有利于推进京津冀区域经济一体化，提高我省国际竞争力。环京津区域是我省与京津一体化发展的前沿地区，在推进与京津的联合与协作中理应发挥示范作用。顺应国际区域经济一体化的趋势，加快发展环京津区域，主动接轨京津，参与京津产业分工与合作，对于加快京津冀都市圈一体化进程、更好地实现与京津产业对接和互动、扩大对外开放的层次和领域、提升

整体经济素质具有重要意义。

二是有利于借力借势调整经济结构，构建符合河北实际的现代产业体系。环京津区域是我省推进产业结构调整的重点地区，在全省经济和产业发展方式转变中，具有重要的引领作用。加快该区域产业发展，对于我省借力借势打造新兴增长极、调整生产力空间布局、增强自主创新能力、构建“两型”社会、更好更快地实现发展方式转变具有重要意义。

三是有利于消除环京津贫困带，促进京津冀都市圈和谐稳定发展。环京津区域是京津的水源地和生态屏障，是经济发展的敏感地区。加快该区域产业发展，对于依托京津辐射带动贫困地区、缩小与京津发展差距、消除城乡二元结构、促进京津与周边地区互动共赢发展具有重要的意义。

当前，加快环京津地区的发展，促进与京津的融合，面临难得的机遇和严峻的挑战。

从机遇上看，随着经济全球化深度发展，国际产业向我国和京津冀地区转移的趋势不断加强，区域合作的广度和深度将进一步拓展，为环京津地区产业发展提供了更加广阔的空间；中央一系列扩大内需、投资和促进区域经济发展的政策措施出台，特别是京津冀都市圈区域配套支持政策的实施，将为环京津地区产业发展提供更加有利的政策环境；国家区域经济发展重心的北移，新一轮沿海发展战略的实施，京津冀区域合作的不断深化，为环京津地区产业发展创造了优越的条件；国家主体功能区规划即将实施，国家级重点和优化开发区地位的确立，为环京津地区大规模进行城市化工业化开发提供了重要的先决条件。

从挑战来看，偏重的产业结构刚性、资源型产业的惯性增长，使环京津地区产业发展面临重大资源环境压力；京津双核心城市功能的定位和对周边持续扩大的资源环境需求，使环京津地区与京津的发展差距不断拉大，产业对接互动面临诸多技术和环境障碍，区域发展不平衡和产业发展不协调的矛盾日益突出；京津城市规模的扩大、要素集聚能力的增强、区域功能地位的强化，使作为其腹地的环京津地区的城市化进程的提速、要素集聚能力的增强、产业规模的扩张和层次的提升持续受到影响与挑战；区域有限的自主创新能力和不断强化的产业升级压力形成了尖锐矛盾，使环京津地区产业结构优化升级和发展方式转变持续面临巨大挑战；产业发展新区和聚集区跨行政区发展，与既有的区域行政管理体制形成突出矛盾，产业发展活力受到体制的限制和制约。

无论抢抓机遇还是迎接挑战，都迫切需要理清与京津互动发展的思路，围绕“如何把京津的技术、人才、科研成果、经济实体最大限度地引入河北，为河北经济社会发展服务”这个鲜明的主题开展深入研究。社科院作为全省应用经济研究的重点机构，在深入学习领会长春同志讲话精神的同时，将进一步加强京津冀区域经济一体化方向的研究，深入开展调查研究，透彻分析京津冀合作的趋势、产业转移的特点、企业发展的需求等问题，提出具有针对性和可操作性的政策措施建议，为增强河北对产业转移的承接力和对经济主体的吸引力提供智力咨询和决策参考。

二　加快改革创新步伐，为推动我省文化事业和文化产业发展创造环境

文化是国家和区域的“软实力”，是推动经济社会发展的重要支撑，是综合实力的重要组成部分，同时也代表着一个区域的文明程度、发展水平与高度。当今世界，文化与经济、政治相互交融，在综合竞争力中的地位和作用越来越突出。文化体制改革是贯彻落实科学发展观的一件大事，是社会主义文化建设的一件大事，是宣传思想战线围绕中心、服务大局的一件大事。对于加快发展我省文化事业和文化产业，推进社会主义先进文化建设，促进文化建设与经济建设、政治建设、社会建设全面协调发展，具有极其重要的意义。

深刻领会李长春同志关于中国特色社会主义文化建设规律的论述，结合我省实际，我认为，当前需要把突破关键环节作为文化体制改革的着力点，在发展中把体制改革引向深入，稳步推进。

一是注重围绕打破束缚这条主线推进改革。民营经济是发展文化产业的主力军。与先进省市不同，我省的民营经济在文化产业发展中所占比重还较小，对文化产业的贡献还不大，主要集中在文化旅游和文化产品制售领域。

引导民营资本投资文化产业需要进一步打破所有制束缚，放手让民营经济盘活国有文化资源，同时配套实施扶持政策，才能营造出民营经济投资和创业环境。要把打破束缚和政策扶持作为激励民营资本投资文化产业的两个“轮子”，强力驱动。

二是要注重内部机制改革与创新。我省的文化体制改革难点较多、任务较重，文化单位的经营机制、管理机制还不能适应市场化需要。因此，遵循先易后难的原则，对已经转为事业集团企业化经营的单位，要通过内部机制改革，逐步实现与市场机制的接轨；绝大多数未转制的文化事业单位可先实行企业化管理，一部分条件成熟的文化集团可先行试点身份转换、彻底转企。

三是要认真贯彻中共中央、国务院《关于深化文化体制改革的若干意见》，积极推进经营性文化事业单位转制。对已经转企改制的单位，要完善法人治理机构，建立健全现代企业制度，塑造合格的市场主体。对未转制的出版社、电影发行放映等单位，要尽快完成转企改制。

社科院作为理论思想战线的关键部门，将进一步加强对文化体制改革、文化产业发展的研究，积极宣传讲解文化体制改革过程中的方针政策，在学术研究领域推出一批有分量的成果，在宣传思想领域为我省文化体制改革深入推进做出应有的贡献。

院领导班子2009年度述职述廉报告

（2010 年 4 月 20 日）

按照省委关于省管干部年度考核的要求，我代表院党组做述职述廉报告。

2009 年，我院坚持以科学发展观统领办院，全面贯彻党的十七届四中全会和省委七届五次全会精神，以干部作风建设年活动为动力，努力构建理论武装、服务决策、繁荣发展“三位一体”工作新格局，深入落实“为省委省政府决策服务、为全省经济社会发展服务、为基层服务”的办院方针和“出成果、出人才、出效益”的总体要求，进一步解放思想，转变作风，全院各项工作和党风廉政建设取得了新进展。

一　围绕中心，服务大局，推进理论武装、服务决策、繁荣发展各项工作

2009 年，我院紧紧围绕省委、省政府重大工作部署，以机构调整为契机，整合社科研究、管理与理论宣讲资源，形成合力，担当重任，在服务全省经济社会又好又快发展上取得新成效。

理论武装有新突破。组织开展“深入学习贯彻党的十七届四中全会和省委七届五次全会精神”“应对金融危机保持经济平稳较快发展”“纪念建国六十周年，加强爱国主义宣传教育”等重大主题宣讲活动。配合学习实践科学发展观活动和干部作风建设年活动的深入开展，撰写《我省经济形

势宣讲提纲》等，采取报告会、辅导讲座、座谈会等形式开展专题宣讲。建立“送理论下基层”长效工作机制，组织小分队分赴 11 个县（市、区），开展集中宣讲活动。制定并下发了《关于进一步规范理论宣讲工作站运行机制的意见》，将宣讲工作站建设进一步向县级延伸，推动大宣讲格局形成。围绕深入学习贯彻党的十七届四中全会和省委七届五次全会精神，举办研修培训班。围绕河北发展实际，确立了 17 项全省讲师团系统年度科研课题，组织力量开展研究。完成了中宣部下达的 3 项课题研究。

服务决策水平有新提升。2009 年，全院完成科研成果共计 564 项（著作 36 部、论文 383 篇、调研报告 81 项、书稿 8 部、其他文章 56 篇），其中 258 项成果达到院重要科研成果奖励标准。科研工作围绕破解制约河北科学发展的突出矛盾和问题出思路、出办法、出成果，努力站在学术最前沿，提高学术研究水平。一是抓精品、创品牌。2009 年 2 月，省委、省政府主要领导张云川、胡春华和付志方同志分别为我院圈定了重大课题；4 月，张云川同志亲自给我院交办科研任务，要求结合省委谋划 2010 年重点工作，开展“加快构建符合河北实际的现代产业体系研究”。为落实省委、省政府领导交办任务，院党组提出了“打造精品、创出品牌”的工作目标：将“构建符合河北实际的现代产业体系”和“推进城镇面貌‘三年大变样’”等重大课题做成系列精品，将“河北省经济形势分析会”打造成知名品牌。院领导亲自抓科研组织工作，经过课题组的艰辛努力，研究成果《构筑我省现代产业体系的总体思路、主体框架和对策措施研究》得到了张云川、胡春华同志批示肯定，在 2009 年暑期省委理论学习中心组北戴河学习会议上作为参阅材料全文印发，并以省政府办公厅《内部通报》形式印发全省。《构建符合河北实际现代产业体系研究》一书出版，在省两会期间送省市县领导和会议代表、委员参阅，受到广泛好评。《河北省城镇面貌“三年大变样”前期成效分析与思考》得到宋恩华副省长批示肯定，并印发全省城镇面貌“三年大变样”调度工作会参阅。参与主持完成了“河北省人才发展中长期规划”编制工作。围绕我省应对国际金融危机等热点、难点问题，将年度经济形势分析会调整为季度、年度召开。研讨成果及时报省委、省政府并向省直部门反馈，供决策和工作参考。省委常委、宣传部部长聂辰席同志出席了年度分析会并做重要讲话。二是强优势、扩影响。出版2008～2009年“河北发展蓝皮书”，在省内强势媒体宣传蓝皮书成果，影响力进一步扩大。我院专家为省委常委会第九次集体学习（扩大）会议做“关于加快我省城镇化建设步伐的几个重大问题”讲座，得到省领导肯定。《决策参考》完善组稿方式，增强针对性，多项成果得到省委、省政府主要领导的肯定。受唐山市委、市政府委托，组织我院专家参与并完成了《中共唐山市委关于科学执政民主执政依法执政实施纲要》和《关于推进南堡盐场与曹妃甸新区合作开发及一体化发展的建议》等重大课题研究，得到省委、省政府领导和唐山市委、市政府的肯定，并分别转化应用，进而对“科研服务基层”进行了有益的探索。今年4月6日，新华社长篇通稿《直挂云帆济沧海——全党深入学习实践科学发展观活动纪实》中写道：“唐山市委出台了一份文件让人耳目一新……《实施纲要》被形象地称为科学发展‘导航仪’。”三是固基础、显特色。完成了专著《俄藏黑水城所出〈宋西北边境军政文书〉整理与研究》等一批有学术影响力的成果。2009年，获1项国家社科基金重点项目立项，实现了承担重点项目零的突破；获5项省社科基金项目立项，承担了省社科规划办设立的重大委托课题“河北省建立现代产业体系大型调研”20项子课题中的6项，推出一批重要科研成果。

社科联合展现新局面。一是组织庆祝新中国成立60周年系列活动。举办“深入开展民族团结教育，促进社会和谐发展”专家座谈会、“祖国在我心中”知识竞赛、省社科界书画邀请展、大学生诗歌朗诵及校园短剧大赛。二是开展大型民生调研。重点围绕就业与创业、城乡社会保障体系建设等民生问题，设立110余项调研课题，组织开展调研活动；12项成果得到省领导批示肯定，其中《提高河北存贷比对策研究》《扮靓城市建筑第五立面、建造利国惠民精品工程——提升省会平改坡改造水平之探讨》得到张云川书记的批示肯定，20余项成果被相关部门采纳。三是开展主题社科活动。举办河北省第五届社会科学普及周，组织专题活动126个，直接服务对象35万人次。编写《讲科学 谈发展》系列科普读物。顺利完成了河北省第八届社科优秀青年专家评选工作。组织第四届河北省社会科学学术年会，举办“河北省第二届社会科学博士论坛”。四是加强社联组织建设。召开2009

年河北省各设区市社科联工作年会；修订《社团管理办法》，组织社团秘书长培训。

二　坚决贯彻省委、省政府重大工作部署，全院领导班子和领导干部的执行力进一步增强

2009年2月，省委、省政府做出决定，将省委讲师团、省社科联并入省社科院。这次机构调整，是全省社科理论界的一件大事，成为院党组和全院同志面临的一项重大政治任务。院党组坚决执行省委决定，按照张云川书记对我院提出的“抓好班子、带好队伍、多出成果”的要求，将机构调整工作列入重要议事日程。通过走访、恳谈、调研，集思广益，在发展问题上形成了新共识，提出了构建理论武装、服务决策、繁荣发展“三位一体”工作新格局的总体工作思路，及时成立了编制院新《三定方案》、业务工作机制整合创新、财务后勤工作机制整合、决策议事规则修订四个专门工作小组，积极推进工作落实，确保“牌子不摘、职能不减、队伍不散”，实现社科资源和机制优化组合，达到“三个一相加大于三”的改革效应。

“三位一体”工作思路得到了省委、省政府领导的支持，得到了省直有关部门的认同，得到了全院上下的拥护，在省内外社科界乃至社会上引起积极反响。《河北省干部作风建设年活动办公室简报》出专刊，以《省社科院以“三位一体”工作新格局展示干部作风建设新成果》为题刊载我院经验。

目前，我院机构调整工作进展顺利。经向省领导、省委组织部、省编办、省人力资源和社会保障厅及省公务员局多方汇报，我院整合重组后人员管理模式实行“一院两制”已达成普遍共识，即院行政管理人员参照《公务员法》管理（简称参公），科研、科辅人员继续按事业单位专业技术职称系列管理。此项工作已取得实质性进展，正在运行程序中积极推进。与此相适应，我院财政预算已实行“一个文本、两项内容”，即由过去的“财政基本保障事业单位”改为“财政拨款事业单位”。这意味着，行政参公人员经费执行公务员标准；科研科辅人员执行事业单位管理标准。2010年省财政预算已按上述制度安排下达到我院。

庆祝新中国成立60周年是2009年我国政治生活中的一件大事，院领导班子以高度的政治责任感，精心组织，靠前指挥，落实省委、省政府工作要求，规范了行政值班制度，落实信息舆情“零报告”制度，严格执行宣讲、科研、讲座等业务工作中的政治纪律，加强学会管理，发挥科研宣讲优势，营造浓厚舆论氛围，圆满完成保稳定各项任务。我院被评为国庆期间全省网络与信息安全保障工作先进单位。

三　扎实开展干部作风建设年活动，牢固树立奋发有为精神和求真务实作风

我院干部作风建设年活动紧紧围绕推动科学发展这个主题，不断强化作风、学风建设，收到实际效果。

大兴调研之风。按照省委干部作风建设年活动开好领导班子民主生活会的要求，发放调查问卷，开展谈心交心活动，召开不同层次的座谈会，深入分析制约我院科学发展的突出问题，收集意见建议90余条，为开好领导班子民主生活会、促进全院事业科学发展提供了重要依据。按照省委干部作风建设年活动“一把手”蹲点调研的要求，我本人赴邯郸市成安县商城镇商城村蹲点一个星期，与村民同吃同住同劳动，了解基层实际情况，谋划县乡村发展思路，撰写了《小城镇 · 工业区 · 大作为——关于成安县商城镇商城村的调研与思考》的调研报告，为县乡村经济社会发展提供了重要参考，并报省委主要领导参阅。该调研报告成为干部作风建设年活动省直第一督导小组指导“一把手”蹲点调研工作的范本。

突出活动特色。活动开展紧密结合社科研究、理论宣讲、社科联合等业务工作。组织专家学者围绕干部作风建设年活动的目标、要求、方法及应着重解决的问题，以撰写文章、开展网络互动、主持或参与省级媒体专栏节目和基层宣讲等方式，为全省干部作风建设年活动的开展营造氛围，提供理论支撑和舆论引导，取得了良好的效果。向社会公开承诺“一个精品、一个品牌”等10项公开承诺事项，现已全部完成。通过民生调研、送理论下基层、社科普及周等活动，把“解难题、送服务”落到实处。

加强制度建设。修订了《院党组议事规则》《院长办公会议制度》《省社科联驻会主席办公会议制度》《院党组理论学习中心组学习制度》等，领导班子表率作用、凝聚力和战斗力得到了进一步加强。

推动机制创新。制定了《优秀科研成果奖励办法》，修订了《重要科研成果奖励办法》《科研成果管理规定》等，进一步完善科研成果管理和科研成果评价机制。出台了《在职工作人员年度考核实施办法》《科研人员业绩考核记分标准》《关于加强工作纪律的修订补充规定》《关于请销假及因公外出管理的暂行规定》等，进一步完善考核管理体系。

活动期间，省委及省委宣传部活动督导组先后四次来我院检查督导活动开展情况，给予充分肯定，认为我院活动开展亮点突出，特色明显，有声有色，有效促进了思想、工作、科研作风的转变。2009 年底，省委巡视组对我院领导班子进行巡视后，对我院的整体工作给予较好评价。全院干部职工对我院干部作风建设年活动开展情况满意度较高，对整改工作满意率为 94.3%，对领导班子建设及其成员廉政建设方面满意率为 96.2%；在干部作风建设年活动中群众评议院领导班子作风建设满意度得分 94.65 分。

四　认真落实“一岗双责”，不断加强党风廉政建设

院党组把党风廉政建设纳入全院工作总体规划，列入重要议事日程，作为首要政治任务来抓。根据院机构调整和领导班子成员分工变化，及时将党风廉政建设责任分解落实到领导班子各位成员及具体分管工作中，坚持主要领导负总责，分管领导实施“一岗双责”，既抓分管工作，又抓分管部门党风廉政建设，一级抓一级，层层抓落实。加强对业务工作的政治纪律教育，制发了《关于贯彻落实省纪委三次全会精神维护党的政治纪律的意见》，恪守“研究无禁区，宣传有纪律”。在实施岗位设置管理、院学术委员会换届改选、职称评聘、成果评奖及奖励、经费分配等重点工作中，积极支持纪检组实施全程监督，确保公平、公正。在干部聘任、职称评聘等工作中把政治合格作为首要条件，严把政治关口。强调领导干部带头做表率，要求别人做到的自己首先做到，禁止别人做的自己坚决不做。迄今，未发现班子成员违

法违纪问题。

我本人作为院主要负责人，努力发挥“班长”的带头作用，始终把贯彻落实科学发展观作为第一要务统领全院工作，坚持马克思主义在哲学社会科学领域的一元化指导地位，不断增强贯彻落实科学发展观的执行力，始终在政治上同党中央保持高度一致，全力贯彻落实省委、省政府的重大决策部署。认真贯彻落实党的民主集中制，注意调动和发挥班子成员工作积极性，善于听取不同意见，打造领导和推动全院各项事业科学发展的坚强领导集体。立足全局，谋划发展，顺应机构调整的新形势，进一步打开解放思想的“总阀门”，贯彻党的十七大对哲学社会科学提出的新要求，把握哲学社会科学发展的客观规律，创新发展理念，及时提出、确立并实施构建理论武装、服务决策、繁荣发展“三位一体”工作新格局的发展思路，为实现可持续发展奠定坚实基础。紧贴省委、省政府中心工作，不断提高社科研究、理论宣讲和社科联合的工作水平，牵头并组织实施了“抓精品、创品牌”等重大科研工作，努力发挥省委、省政府思想库、智囊团作用。认真履行院党风廉政建设第一责任人的岗位职责，坚持以身作则、严于律己，对配偶、子女和身边工作人员严格管理，无违法违纪问题发生。

一年来，在省委、省政府的正确领导下，院领导班子团结、依靠和带领全院广大干部职工，谋事干事，求实创新，奋力拼搏，全院各项事业和整体工作有了新的进步。在此，我对院领导班子全体同志和全院干部职工表示衷心的感谢！

2010 年，是我国夺取应对金融危机冲击全面胜利、保持经济平稳较快发展的重要一年，是我省“调结构、转方式”进而推动“科学发展、富民强省”的关键之年，也是我院构建“三位一体”工作新格局、推进全院事业繁荣发展的开拓之年。希望院领导班子和全院同志站在新的起点之上，努力在推动学习型党组织建设和马克思主义中国化、时代化、大众化实践中担当重任，在实现“科学发展、富民强省”的奋斗进程中发挥智库作用，在深化内部体制改革上取得新的突破，以奋发有为的精神和求真务实的作风，为推动我省经济社会又好又快发展和繁荣哲学社会科学事业做出新的更大的贡献。

谢谢大家！

在省委省直机关第一巡视组反馈意见会议上的发言

（2010年4月26日）

按照省委统一安排，2009年11月，鲍继宏组长带领省委省直机关第一巡视组对我院进行了为期一个月的集中巡视，这充分体现了省委对我院的关怀和重视。巡视期间，巡视组的领导和同志们通过座谈交流、参加会议等多种形式，认真听取我院干部职工意见，深入了解我院工作开展情况，提出了重要的指导意见，极大地推动和促进了我院各项工作。巡视组的同志讲党性、讲原则，坚持实事求是，工作深入扎实，树立了良好形象，给我们留下了深刻印象。

今天，巡视组全体同志又亲临我院，专门反馈省委巡视意见，为我们总结经验、查找不足、改进工作提供了重要契机。在此，我代表院领导班子，对省委的关怀表示衷心感谢！并向鲍继宏组长及巡视组全体同志表示崇高敬意！

刚才，鲍继宏组长代表巡视组传达了省委巡视工作反馈意见及省纪委臧胜业书记对我院的指示精神，实事求是，客观中肯，抓住了当前我院工作中存在的关键性问题，对今后一个时期实现我院科学发展具有十分重要的指导意义。院领导班子和全院同志一定要认真学习、深刻领会、全面贯彻，切实把各项整改要求落到实处。

一要进一步加强智库建设。继续坚持“为省委省政府决策服务、为全省经济社会发展服务、为基层服务”的办院方针和“出成果、出人才、出效益”的总要求，充分发挥理论武装、服务决策、繁荣发展“三位一体”

工作格局的新优势，重点围绕加快河北经济发展方式转变，解难题、出思路、出办法、出成果。将“构建符合河北实际的现代产业体系”和“推进城镇面貌‘三年大变样’”等重大课题打造成系列精品课题，将“河北省经济形势分析会”打造成知名品牌论坛，为省委、省政府科学决策提供更有价值的参考。

进一步创新科研思路和举措。以哲学社会科学理论创新为基础，以研究重大战略问题、现实问题、政策问题为重点，以团队研究为依托，以科学探索为载体，以前瞻性与创新性研究为目标，以服务省委、省政府决策与全省经济社会发展为己任，努力实现由单纯的研究机构向综合性智囊机构转变，由以个体研究向集团交叉研究的集约化研究方式转变，打造提供信息贮存与加工的“信息库”、资源优化配置与再造的“研发库”、来自实践又指导实践的“原创库”、将智力成果广泛运用于经济社会发展的“推广库”、学术大家不断生长的“专家库”，在领域拓展、力量整合、学科建设、人才培养、机制创新等方面再上新台阶，真正成为党和政府信得过、用得上的“思想库”和“智囊团”。

二要进一步加强廉政建设。认真贯彻落实《中国共产党党员领导干部廉洁从政若干准则》和省委《关于认真学习贯彻〈中国共产党党员领导干部廉洁从政若干准则〉的意见》，进一步明确新形势、新任务对党员领导干部廉洁从政提出的新要求，切实把学习贯彻《廉政准则》作为当前的一项紧迫任务抓紧抓好。要把学习《廉政准则》列入院党组理论学习中心组重要学习内容，把贯彻落实工作摆上重要日程，细化目标、明确职责、加强督查。院领导班子要严格对照《廉政准则》，特别是 8 个方面、52 个“不准”的规定，着力查找和解决廉洁自律方面的突出问题，自觉接受干部职工监督。要求下级做到的，领导必须首先做到；要求别人做到的，自己首先做到。要进一步加强制度建设，强化责任和制度的严肃性、约束力。根据院机构调整和领导班子成员分工变化，将党风廉政建设责任分解落实到班子各位成员及具体分管工作中，坚持“一把手”负总责，分管领导实施“一岗双责”，既抓分管业务工作，又抓分管部门党风廉政建设，一级抓一级，层层抓落实。我作为院党风廉政建设责任制第一责任人，要带头学习、带头执行，努力做廉洁从政的表率。

三要进一步加强班子团结。去年，省委做出省社科院、省委讲师团、省社科联机构合并的决定，并对院领导班子进行了调整。建强班子、带好队伍成为院党组面临的一项重要任务。开创“三位一体”工作新格局，实现我院科学发展，关键看班子，主要靠队伍，基础在团结。要更加重视搞好班子建设和班子团结，不断增强院党组领导科学发展的能力、驾驭全局的能力、适应角色转换的能力、担当新重任的能力，打造一个“有真才实学，能真抓实干，又清正廉洁”的坚强领导集体。机构调整前，在座的各位院领导虽然分属不同单位，但同在理论宣传战线和哲学社会科学领域工作，每位同志都有自己的长处，何况我们有着共同的事业、共同的理想和共同的追求。调整前我们是“一家人”，调整后我们更是“一家人”。在今后的工作中，班子成员之间要更多地沟通、更多地交流，紧密合作、优势互补、和谐相处、同舟共济，在新的“大家庭”中，实现人生理想，推动事业发展，不辜负云川书记“抓好班子，带好队伍，多出成果”的殷切期望，履行好“‘打捆干事’不误事，加快改革促进发展”的工作职责。我作为院主要负责人，要从自身做起，在维护党组团结、贯彻民主集中制、实施党组坚强领导方面努力发挥表率作用。

进一步贯彻落实好民主集中制。坚持院党组集体领导下的个人分工负责制。院党组会议、院长办公会议所形成的决议决策，特别是重大事项决策、大额度资金使用、干部调整任免等方面的决策，要认真听取班子成员的意见，调动和发挥班子成员工作积极性，坚持沟通在会议之前，决策在会议之中，落实在会议之后。今后，要把党的组织原则、党的工作纪律、全院同志的期望以制度的形式规定下来，并持之以恒地坚持下去，打造领导和推动全院各项事业科学发展的坚强领导集体。

进一步增强统筹观念。每一位领导干部都要自觉融入“三位一体”工作新格局，从机构调整前社科院、讲师团、社科联不同的视角看问题、做工作的态势中走出来，形成全省社科界的大视角，理论武装、服务决策、繁荣发展的大理念，综合服务全省经济社会又好又快发展的大手笔。

四要进一步加强财务管理。适应机构调整的新形势、新要求，建立符合

“三位一体”工作新格局要求的财务管理机制，探索符合社科理论研究工作运行规律的财务管理体制，落实以法律法规为准绳的财务监管制度，形成靠制度管事、按制度办事、运转规范、廉洁高效的财务工作新局面。

要重点解决好原省社科联财务“账实不符”问题。在前期做了大量思想工作的基础上，经院党组会议、院长办公会议研究决定，建议院纪检组责成院监察室立案调查，努力促使相关责任人转变态度，提高认识，弥补过失，追回亏盘现金，确保国有资产安全。目前，相关责任人已停职接受组织审查，立案调查工作取得重大进展。

各位领导、各位同志，院党组及我本人将以省委巡视工作为动力，严格履行职责，坚持勤政廉政，扎实抓好整改，团结和带领全院干部职工，凝心聚力，竭诚尽智，为实现我院科学发展做出不懈的努力！

在院领导干部会议上的讲话

（2010 年 6 月 13 日）

今天召开的全院领导干部会议，主要任务是安排部署我院内设机构和人员调整工作。刚才，保刚同志宣读了《河北省社会科学院内设机构和人员调整工作实施办法》，会后，各部门要认真抓好工作落实。下面，我就做好这项工作再讲三点意见。

一　全院内设机构及人员调整工作时机已经成熟

大家知道，2009 年 2 月，省委办公厅下发了《关于调整省委省政府有关直属事业单位（社团机构）设置的通知》，将省委讲师团、省社科联并入省社会科学院。4 月 21 日，省委组织部、宣传部有关领导同志在院干部职工大会上宣布省委关于整合重组后的省社会科学院领导班子任命决定。这标志着院机构调整工作正式启动。

2009 年 4 月 24 日，召开了院领导班子调整后第一次院党组会议，对班子成员工作分工做出临时调整。院党组提出，建立以社科研究为基础、理论宣讲为载体、社科联合为纽带“三位一体”新格局的基本工作思路，要求做好工作交接，尽快完成工作整合，实现平稳过渡。同时决定，成立院编制新《三定方案》工作组、业务工作机制整合创新工作组、财务后勤工作机制整合工作组、决策议事规则修订工作组。院内设机构调整工作全面展开。

2009 年 5 月，院修订出台了《院党组议事规则》《院长办公会议制度》

《省社科联驻会主席办公会议制度》，院领导体制运行框架基本搭建完成。2009 年 6 月 21 日，我院上报了《关于河北省社会科学院主要职责、内设机构和人员编制方案的建议》。8 月 24 日，省机构编制委员会印发了《河北省社会科学院机构编制方案》，明确河北省社会科学院（同时挂省邓研中心、省委讲师团、省社科联牌子）为省委、省政府直属事业单位，是社会科学综合研究、理论宣传机构和社团机构。同时，确定了内设机构、人员编制及领导职数。2010 年 1 月，省财政按照“一个文本、两项内容”的政策下达了我院预算文本，原省社科院、省委讲师团、省社科联财务实现集中统一管理。院机构整合工作迈出实质性步伐。

在机构整合工作中，人员定性及管理体制问题成为整合工作进一步深化的关键。在去年 8 月下达的编制方案中，留下一个问题，即“原省社会科学院行政管理人员的管理问题另行研究”。此后，历经八九个月的时间，与省委、省政府相关领导，省委组织部、省委宣传部、省编办、省公务员局、省人社厅等部门先后三轮、几十次反复沟通，就此问题已基本达成共识，原则同意原社科院人事管理实行“一院两制”，即行政管理处室参照《公务员法》管理，其他科研、科辅单位仍按事业单位管理。2010 年 3 月 11 日，院党组制定印发了《院内设机构主要职责》。2010 年 4 月 16 日，常务副省长付志方批示：“可按‘一院两制’模式界定机构编制性质，履行审核程序。”至此，院内设机构调整工作取得关键性突破。前后经过一年多的不懈努力，院内设机构及人员调整工作已经具备实质性操作的前提条件，工作展开水到渠成。

年初，按照省委、省政府的工作部署，院下发了 2010 年工作要点，确定了 18 项重点工作，每项重点工作都已落实到牵头领导和责任处室。目前，已近 6 月中旬，落实各项工作任务已进入关键时期，把内设机构整合好，把人员配备好，进一步理顺关系、明晰职能，对于完成全年工作任务意义重大，加紧实施内设机构及人员调整工作迫在眉睫。

二　把握院内设机构及人员调整工作的基本要求

院内设机构和人员调整工作的总体要求是：落实中央“精简、统一、效能”原则和省委主要领导“抓好班子、带好队伍、多出成果”的指示精神，继续坚持“为省委省政府决策服务、为全省经济社会发展服务、为基层服务”的办院方针和“出成果、出人才、出效益”的总要求，在理论武装、服务决策、繁荣发展工作新格局框架内，实现“一院两制”及人、财、物集中统一管理，达到“牌子不摘、职能不减、队伍不散”的改革初衷和“三个一相加大于三”的改革效率目标。

在这里，有个问题首先要和大家讲清楚，即原省社科院、讲师团、社科联三家机构合并之后，单位法人冠名是河北省社会科学院。由此决定，我院内设处室所机构名称和干部任职或聘职名称，均必须在单位法人冠名下设置和使用，这也是对历史、对处室、对同志负责。当然，在省内外业务工作系统交流、交往中，可根据实际需要和对口惯例，选择使用“四块牌子”及其属下处室的名称，希望同志们能正确理解和合理掌握。

做好内设机构及人员调整工作要注意把握好以下几个方面的政策基点。关于内设机构调整，要严格执行省编办下达的《三定方案》关于内设机构的有关规定，不得擅自增设机构数量，不得擅自变更机构职能和性质。对院现有内设机构，视不同情况，以“合、撤、转、更”的方式进行调整。即在“三位一体”工作新格局下，对职能重复的机构加以合并，对不再具有相应职能的部门予以撤销，对赋予新的工作要求的部门进行职能转换，对称谓不明晰或不规范的部门予以更名。这次机构调整有19个部门予以保留，有15个部门涉及更名和职能调整。关于人员调整，按照“一院两制”的原则，原省委讲师团和省社科联的参公人员继续参照公务员管理，原省社科院符合条件的行政管理人员参照公务员管理，科研科辅人员按事业单位管理。坚持以职能定编制、以编制定人员，“人随事走”，按照工作实际需要科学设岗，按照工作人员素质和能力量才使用。人员的调配，第一位要考虑到工作需要，同时要兼顾个人意愿，力求实现组织需要和个人发展的和谐统一。在人员调配的政策设计上，坚持以社科研究、理论宣讲为中心，鼓励有真才实学的行政管理人员向科研宣讲第一线业务岗位顺向流动，防止和杜绝没有职能划转和政策依据的在编在岗专业技术人员向参公编制岗位的流动。在人员调配的运作程序上，按照先处级、再科级、后一般人员的顺序进行；机构变动部门的工作人员先整合，下一步根据工作实际需要再逐步调整到位。考虑到目前人事管理体制的现状，行政管理岗位上不具备参公审核条件的人员，作为过渡，可继续按事业单位相关序列管理。

三　抓好院内设机构及人员调整工作的组织实施

这次内设机构和人员调整工作是一项原则性、政策性、政治性很强的工作，要在院党组统一领导下进行。院党组要牢牢把握党管干部的总要求，认真落实民主集中制，遵循“集体领导、民主集中、个别酝酿、会议决定”的选人用人程序，防止个别人或少数人说了算；每一位院党组成员和处所级领导干部，都要在其位、谋其政、尽其责，研究政策、坚持原则、履行程序，不搞无原则地迁就照顾，不当不讲原则、怕得罪人、一味迎合的“老好人”。要按照“注重品行、崇尚实干、群众公认”的要求，把“有真才实学、能真抓实干”的干部和人员调配到关键岗位。要防止在机构及人员调整工作中的不正之风，院党组要理直气壮地主持公道，不让老实人吃亏，不让投机钻营者得利。要尊重广大干部群众的主体地位，保障其充分享有知情权、参与权，增强工作的透明度和公开性。

这次院内设机构和人员调整，特别是部门撤并和人员分流直接关系到部分干部职工的切身利益，难免会引起思想波动。因此，机关党委、各部门领导要注意掌握干部职工的思想动态，有的放矢地做好思想政治工作。领导干部要以身作则，当好表率，讲政治、讲党性，识大体、顾大局，正确看待和处理个人的调整，凡是院党组决定的组织人事问题，要不折不扣地执行，不能与组织讲价钱。要做好工作的交接，保持机构调整后工作的连续性。

要严格执行组织纪律。全院干部职工要从讲政治的高度，坚决贯彻院党组的工作部署，按照“思想不散、工作不松、秩序不乱”的要求切实抓好各项工作任务的落实。要严格履行工作程序。调整工作中涉及的历史遗留问题和其他相关问题，要通过组织程序向职能部门反映，由职能部门向分管院领导反映。政策明确的按政策办，制度明确的按制度办，政策和制度不明确的，由职能部门在深入调查和认真研究的基础上，按相关政策和程序进行研究，形成处理意见或解决办法，报院党组集体决定。

同志们，做好内设机构和人员调整工作是一项事关全局、事关长远的重要工作。全院同志要在院党组的统一领导下，进一步提高认识，统一思想，扎实工作，确保机构和人员调整工作圆满完成，为建立健全理论武装、服务决策、繁荣发展“三位一体”工作新格局，促进全院各项事业的繁荣发展做出新的贡献！

积极推进学习型党组织建设
努力实现“省级一流、国内知名”目标

——在院党组理论学习中心组学习会议上的讲话

（2010 年 6 月 17 日）

建设学习型党组织是党的十七届四中全会提出的一项重大战略任务，是建设马克思主义学习型政党的基础工程，是新形势下加强党的建设、保持和发展党的先进性、提高党的执政能力的重大举措，也是深化理论武装工作、提高全党思想政治素养的重要契机。为此，党中央印发了《关于推进学习型党组织建设的意见》，省委也印发了《关于推进学习型党组织建设的实施意见》并成立了建设学习型党组织工作协调小组。为了切实推进这项工作，5 月 20 日，院党组专门召开会议审议通过了《关于建设学习型党组织的实施意见》，并成立院推进学习型党组织建设协调小组，以院党组文件的形式印发院属各支部。各单位、各支部要按照实施意见要求，结合实际认真贯彻。为落实院党组《关于建设学习型党组织的实施意见》和理论学习中心组学习制度，院党组决定，利用今天下午半天时间组织一次集中理论学习。

刚才，彦坤同志和来福同志分别就马克思主义中国化、时代化、大众化和学习型党组织建设给大家做专题辅导报告。他们的报告准备充分、内容全面、重点突出，对于我们深刻理解马克思主义中国化、时代化、大众化和学习型党组织建设的重要意义提供了很好的启示。下面，我就推进全院学习型党组织建设工作讲三点意见。

一　深刻认识建设学习型党组织的重要意义，形成浓厚的学习氛围

建设马克思主义学习型政党，是十七届四中全会从全面推进中国特色社会主义事业和党的建设新的伟大工程的全局出发，提出的一项重大而紧迫的战略任务。高度重视学习，是我们党的宝贵经验。胡锦涛总书记在十七届四中全会上深刻指出："不断学习、善于学习，努力掌握和运用一切科学的新思想、新知识、新经验，是党始终走在时代前列引领中国发展进步的决定性因素，直接关系巩固党的执政地位、实现党的执政使命。"建设学习型党组织，是贯彻党的十七届四中全会的具体步骤，是建设马克思主义学习型政党的必然要求。省委《实施意见》明确提出："建设学习型党组织，创优工作作风，创新工作水平。"我院作为省委和省政府的思想库、智囊团，担负着研究宣传中国特色社会主义理论体系，科学回答重大理论和现实问题，为省委省政府决策服务、为全省经济社会发展服务、为基层服务的重要使命。科研和管理人员的素质、能力和作风，关系到我们能否担负这些重要使命，关系到"省级一流、国内知名"奋斗目标的实现，关系到我院各项事业的发展。因此，我们不仅要创建一般意义上的学习型党组织，而且要创建学习型的科研单位，通过全院同志的自主学习、团队学习和终身学习，不断提升自身素质和知识更新，实现自我超越，跟上时代的要求和步伐，完成担负的职责和使命。

建设学习型党组织，要全院上下广泛发动，提高认识，统一思想。只有人人都领悟到学习理论的真谛，切实把学习当作唯一持久的竞争力，形成浓厚的学习氛围，学习型党组织的创建才有坚实的基础。几年来，我院通过开展学习实践科学发展观、解放思想大讨论、干部作风年教育等活动，大力加强思想、组织、作风和制度建设，干部队伍的整体素质有了提高，以科研为中心的各项工作取得了一定成绩。我们一直强调学习的重要性，并且也能成为绝大部分同志的口头共识，但是否真正认识到并做得很好，仍值得考虑。社科院的学者都有自己的研究领域和专业所长，搞业务是行家里手，但个人

支配时间和单独活动多，参与单位集体活动少，集中学习有限。政治意识强的同志，马克思主义基本理论学习自觉性就高，否则就可能不注意、不重视、不自觉甚至不理解，就可能出现对中央的大政方针理解不深不透、对重大现实问题把握得不好。长此以往，就有可能导致学术视野不宽、认识问题不清、把握问题不准、应对能力不强等问题。这些问题的存在，在一定程度上影响了名家、精品的形成，从而减缓了实现“省级一流、国内知名”目标的步伐，必须引起高度重视，切实加以解决。希望各单位、各支部要按照我院《实施意见》要求，引导大家通过学习，努力拓宽知识面，积极培育世界眼光和全局观念，适应新形势和新任务的需要，跟上理论创新的步伐。要切实增强建设学习型党组织的责任感和紧迫感，把这项工作作为当前和今后一个时期加强机关党的建设和干部队伍建设的一项重要任务，常抓不懈，务求取得实效。

二　建设学习型党组织，必须下功夫学习中国特色社会主义理论体系，学习有关专业知识

党中央强调，建设学习型党组织要以提高全党思想政治水平为基本目标，努力掌握和运用一切科学的新思想、新知识、新经验，在提升理论水平、加强党性修养、增强工作本领上取得新突破。在推进学习型党组织建设进程中，全院各级党组织和广大党员干部要牢牢把握这个方向目标，进一步突出学习重点，丰富学习内容，提高学习质量，增强学习效果，全面提高自己的思想水平、工作能力和综合素质。

作为哲学社会科学研究工作者，首先，要在系统掌握中国特色社会主义理论体系上下功夫。要突出理论武装这一首要任务，善于把马克思主义的立场、观点、方法贯穿到哲学社会科学研究工作中去，用发展着的马克思主义指导哲学社会科学研究。这就要求我们深入地系统地学习马克思主义基本原理，用发展着的马克思主义武装头脑，指导科研实践，引领学术研究。只有这样，才能充分认识哲学社会科学研究工作在意识形态建设中的重要地位和作用，义不容辞地担负起推进马克思主义理论研究和建设伟大工程，用中国

特色社会主义理论武装党员、教育群众、科学回答重大理论和现实问题，引导社会舆论；才能坚持正确的科研方向，坚定不移地坚持正确的理论导向，有效防止“非主流思潮”的渗透和影响；才能把我院建成“政治坚定、业务精通、团结进取、务实高效、勤政廉政、社会满意”的服务型单位。其次，必须认真地学习本专业和相关专业的基础理论知识。要老老实实地多读大家、名家的书，要进得去、还要能出得来。“进得去”就是要把握其精髓，“出得来”就是要用中国特色社会主义理论体系去分析、判断，为我所用。科研人员创新能力的高低，取决于他所掌握的知识的多少。因此，对于科研人员来讲，学习不仅是一种修养，更是一种求生存、求适应的基本手段。通过学习，要在全院造就一批具有较高理论素养、较强创新能力，勤于思考、善于分析、敏于实践的哲学社会科学研究复合型人才。最后，要倡导开展学术研讨活动。学术研讨是繁荣学术的一个重要手段。没有学术研讨，没有不同学术观点的相互切磋，没有对学术研究中不良倾向的批评，学术繁荣就是一句空话。开展学术研讨不是针对某一个人的，而是针对学术观点、学术方法、研究内容的，学术研讨的目的就是要取长补短，不断提高学术水平。

全院同志都要通过学习政治理论知识，提高思想政治素质和政策水平，增强业务能力和爱岗敬业的奉献精神；学习现代科学和管理知识，提高科研和行政管理水平；要不断拓宽视野，拓展学习领域，精通本职业务，紧密结合工作实际抓学习，提倡学用结合、理论联系实际，在学以致用上下功夫，要把学习与运用相结合、与工作创新相结合，与做人、做事、做学问相结合。

三　率先垂范，加强对建设学习型党组织的领导

建设学习型党组织既是一项长期任务，又是一个系统工程，必须切实加强组织领导，摆上重要议事日程，持之以恒地抓下去。院党组成员和处级领导干部要把学习当作一种政治责任、一种人生追求、一种高尚情趣，带头树立和推行全新的学习理念和管理方式，先学一步，学深一步，做学习型领导，带学习型队伍，创学习型处所室，实现全院创建学习型党组织的目标。

各部门要根据各自职能，找准结合点，开展形式多样的学习、交流、研讨活动，充分发挥自身作用，把创建工作搞得生动活泼、丰富多彩。每个同志可根据自身不同情况和不同需要，选择不同的学习内容和学习方法，制定个人的学习计划。要在创建实践中逐步建立一整套学习制度、良性运行机制和检查考评标准，健全完善具有相对稳定性、连续性的学习制度保障体系，使我院学习型党组织建设工作不断迈上新台阶。

不断深化建设学习型党组织的规律性认识*

（2010年6月22日）

建设学习型党组织是一项内涵丰富的系统工程。在实践中，应着眼于武装头脑、指导实践、推动工作，不断深化规律性认识，切实推动学习型党组织建设取得成效。

始终坚持用党的创新理论引领方向。鲜明的政治性是学习型党组织与一般学习型组织的本质区别。建设学习型党组织，首先要用具有鲜明实践特色、民族特色、时代特色的当代中国马克思主义武装全党，着力提高广大党员、干部的思想政治水平，确保学习型党组织建设的正确方向。为此，应引导党员、干部把学习中国特色社会主义理论体系同学习马克思列宁主义、毛泽东思想结合起来，同认真总结党的历史经验特别是领导改革开放的经验结合起来，从理论和实践、历史和逻辑的统一上深化对马克思主义的理解，切实掌握马克思主义的世界观和方法论；认真总结开展深入学习实践科学发展观活动的成功经验，进一步引导党员、干部准确把握科学发展观的科学内涵、精神实质及对各方面工作提出的新要求，自觉把促进科学发展作为价值追求和执政理念，

着力转变不适应不符合科学发展观要求的思想观念，夯实推动经济社会又好又快发展的思想基础；广泛开展社会主义核心价值体系学习教育活动，

---

* 本文发表于《人民日报》2010年6月22日。

引导党员、干部不断增强宗旨意识、执政意识、大局意识、责任意识，牢固树立正确的世界观、人生观、价值观，在重大问题上始终保持头脑清醒。

充分发挥党委中心组学习的龙头带动作用。党委中心组学习是各级党政领导干部在职学习的基本组织形式，是学习型党组织建设的有力抓手和载体。在建设学习型党组织的过程中，应充分发挥党委中心组学习的龙头带动作用。具体地说，需要做到“三同”：坚持学习同建设相结合，既抓好各级党政领导干部的学习，又建立健全党员、干部促学制度，制定党员、干部学习指标体系，做到以学习带建设、以建设促学习；坚持学习同工作相结合，既学习借鉴人类社会所创造的一切文明成果，又善于把知识的增长、认识的深化、观念的转变体现到推动工作中，以科学理论引领工作、指导实践；坚持规范同创新相结合，既强化党委中心组学习制度建设，规范学习内容、学习形式以及考评办法，又积极探索与组织特征相一致的新的学习方法，通过研究式、开放式、反思式等多种学习方法强化党委中心组学习，积极探求解决实际问题的途径和办法，推动工作创新。

不断探索行之有效的学习方式和学习途径。建设学习型党组织，在引导广大党员、干部端正学习态度的同时，努力在学习方式和学习途径上进行新的探索，做到四个“善于”：一是善于向书本学习。按照“用什么、学什么，缺什么、补什么”的原则，认真学习改革开放和现代化建设所需要的经济、法律、文化、科技、社会等各方面知识，特别是反映当代世界发展趋势的现代市场经济、现代国际关系、现代社会管理和现代信息技术等知识，拓宽知识领域，改善知识结构，以适应多领域、多层次、多岗位的需要。二是善于向实践学习。牢固树立实践第一的观点，深入实际调查研究，及时总结改革开放和现代化建设的经验教训，不断深化对经济社会发展规律的认识、对党中央提出的一系列重大战略思想和政策措施的认识，在创造性地贯彻执行党的路线方针政策、推动科学发展、促进社会和谐中经受锻炼、增长才干。三是善于向群众学习。尊重群众的首创精神，积极问政于民、问需于民、问计于民，努力把群众的聪明才智凝聚起来，形成推动科学发展的强大合力。四是善于向外界学习。既立足本地区、本部门、本单位实际，又不断增强开放意识，以开阔的视野和开放的思维借用外脑，加强同兄弟地区、部门、单位的交流和合作，实现学习上的共同进步。

大力弘扬理论联系实际的马克思主义学风。建设学习型党组织，最重要的是学以致用，不断提高理论学习成果的转化能力，提高分析和解决问题的实际能力，进一步推动本地区、本部门、本单位的各项工作。应紧密联系党和国家事业发展的要求来进行学习和思考，理清发展思路，从政策、体制、机制、措施等层面研究新情况，解决新问题，增强工作的预见性、主动性和创造性；深入改革和建设的第一线，以开阔的眼界、全局的观念思考经济结构调整、发展方式转变、人事制度改革、工作作风转变等重大理论和实际问题，切实转变发展观念、提高发展本领、推动科学发展；千方百计把就业、住房、收入分配、社会保障、文化教育、医疗卫生、治安防控、突发事件、社会管理等问题抓紧抓好，真正做到知民所思、想民所虑、察民所忧、解民所困，促进民生改善，让人民群众共享发展成果；认真查找和解决影响党群干群关系的官僚主义、形式主义等问题，在坚决惩治腐败的同时加大教育、监督、改革和制度创新的力度，不断以反腐倡廉建设的新成效取信于民，真正把学习型党组织建设的成效体现到指导实践、推动工作上。

始终坚持统筹兼顾这个深入贯彻落实科学发展观的根本方法*

（2010 年 6 月 23 日）

在中国特色社会主义事业进入新的发展阶段的关键时刻，深入贯彻落实科学发展观成为我们党承担的空前艰巨的战略任务，也是需要动员全国人民参与的庞大复杂的系统工程。完成这样空前艰巨的战略任务，实施这样庞大复杂的系统工程，我们必须始终坚持统筹兼顾这个根本方法，以高超的领导艺术和科学的工作方法，将科学发展观由发展的科学理念变成发展的正确实践，实现社会全面协调可持续发展。

深入贯彻落实科学发展观，必须坚持统筹兼顾这个根本方法

众所周知，社会主义社会是一个经济、政治、文化和社会全面发展的社会，社会主义现代化是经济、政治、文化和社会的全面现代化。因此社会主义社会就是经济、政治、文化和社会建设全面协调推进的社会。我们又都知道，社会主义社会的发展仍然是生产力与生产关系、经济基础与上层建筑的矛盾运动。但是，这个矛盾运动，绝不是完全自发的运动，而是由生产力中

* 本文提交第 13 届全国社会科学院院长联席会议暨院长论坛（甘肃兰州 2009 年 9 月），经修订编入论文集《科学发展观与西部和谐社会建设》一书，由甘肃省社科院于 2010 年 6 月辑印。

最活跃的因素即具有社会意识的人来推动，也就是掌握了社会主义思想意识的劳动者来推动。这样，社会主义社会的发展进程，取决于人民群众奋斗的结果，取决于社会主义国家执政党发展方略的正确和执政方法的科学。

考察我们党89年来的历史，就会发现，统筹兼顾，是我们党处理全局和战略问题一贯倡导的科学工作方法。我们党的三代领导核心毛泽东、邓小平、江泽民都是统筹全局、运筹帷幄、兼顾各方、长袖善舞的大师，既有许多精辟的论述，又有许多成功的经验。早在新民主主义革命时期，毛泽东同志就指出："领导人员依照每一具体地区的历史条件和环境条件，统筹全局，正确地决定每一时期的工作重心和工作秩序，并把这种决定坚持地贯彻下去，务必得到一定的结果，这是一种领导艺术。"他把统筹兼顾形象地比喻为"弹钢琴"，"要产生好的音乐，十个指头的动作要有节奏，要相互配合。党委要抓紧中心工作，又要围绕中心工作同时开展其他方面的工作"。谆谆告诫"党委的同志必须学会'弹钢琴'"，各方面"都要照顾到，不能只注意一部分问题而把别的丢掉"。《论十大关系》《关于正确处理人民内部矛盾的问题》，是毛泽东探索中国社会主义建设道路的代表作，体现了毛泽东关于社会主义建设的辩证法，而这两篇文献所着重阐述的一个基本思想就是统筹兼顾。在《论十大关系》中，毛泽东围绕着调动一切积极因素、建设社会主义现代化强国这个基本方针，集中论述和突出强调了统筹兼顾的基本思想，提出理顺兼顾社会主义建设中各种关系，不能只顾一方面而不顾另一方面。在《关于正确处理人民内部矛盾的问题》中，毛泽东专用一节深入阐发了统筹兼顾、适当安排的思想。他指出："这里所说的统筹兼顾，是指对于六亿人口的统筹兼顾。我们做计划、办事、想问题，都要从我国有六亿人口这一点出发，千万不要忘记这一点。"他还说："我们的方针是统筹兼顾，适当安排。"无论什么问题，"都要从对全体人民的统筹兼顾这个观点出发，就当时当地的实际可能条件，同各方面的人协商，做出各种适当的安排"。毛泽东在这一时期把统筹兼顾、适当安排上升到方法论的重要地位，不仅作为调动一切积极因素、建设社会主义强国的重要方针，而且作为解决社会主义社会矛盾的重要观点和基本方法。在改革开放和社会主义现代化建设的新时期，以邓小平和江泽民为核心的党中央第二代、第三代领导集体关于两手抓、两手都要硬，关于正确处理改革、发展、稳定的关系等许多论述，都渗透和体现了统筹兼顾的思想。邓小平同志强调："我们必须按照统筹兼顾的原则来调节各种利益的相互关系。"我们的全部工作，我们的一切方针、政策、计划、措施，都必须立足于统筹安排，把各方面的积极性都充分调动起来。

科学发展观，是中国共产党为加快社会主义发展而制定的正确方略和科学理念。然而，深入贯彻落实科学发展观，实现经济社会的全面协调可持续发展，是一个庞大复杂的系统工程。从宏观角度讲，它涉及社会发展的经济、政治、文化和社会建设的各个方面，涉及各个区域、产业、阶层的利益得失，涉及各个方面发展程度的协调平衡，涉及整个社会发展速度和社会的稳定和谐，甚至涉及人与自然、社会与自然的和谐平衡，涉及人类社会发展的未来。从微观角度说，涉及我们这个社会每一个的人衣食住行，涉及每一个人在社会中物质文化生活需求的满足程度，更涉及每一个人在社会中人生价值的实现程度和发展程度。而且，在我们这个社会全面深刻转型、改革进入攻坚阶段、社会利益关系错综复杂、社会矛盾显现的今天，落实科学发展观，更是环境空前复杂、任务空前艰巨，新情况、新问题和新矛盾数不胜数，其涉及的社会广度和深度，是历史上任何时候都无法比拟的。

面对当代中国社会发展这样庞大的复杂的社会系统工程，我们需要高超的领导艺术和科学的工作方法。我们既不能顾此失彼，只顾一方面的发展，而弃另一方面的发展而不顾；也不能厚此薄彼，只照顾某一方面的利益，而不兼顾其他方面的利益。必须统筹谋划，全面推进，实现经济社会的全面协调可持续发展。正是由于社会主义社会发展是个系统工程，经济、政治、文化和社会建设相互促进和制约，任何一方面发展滞后，必然制约和影响其他方面的发展。所以，必须兼顾各个方面的发展，协调各方面的关系特别是利益关系，实现经济社会各方面的平衡、和谐包括人与自然的和谐，才能实现经济社会协调和可持续发展。因此，党的十七大就强调"科学发展观……根本方法是统筹兼顾"，表明坚持统筹兼顾，是很好落实科学发展观、实现经济社会的全面协调可持续发展、推进中国特色社会主义事业发展的题中应有之义，也是中国共产党在执政实践中必然选择的根本方法。

始终坚持统筹兼顾，必须切忌顾此失彼、厚此薄彼

统筹兼顾，顾名思义，就是统一筹划，同时照顾几个方面。引申到党的执政活动，统筹兼顾就是总揽全局，运筹谋划各方面的工作，协调促进经济社会各方面的发展，顾及经济社会的方方面面，平衡理顺经济社会各方面的关系，促进经济社会全面进步和人的全面发展。党的十七大提出统筹兼顾是科学发展观的根本方法，反映了新世纪新阶段中国共产党人关于发展的理论自觉，反映了面对新形势、新任务中国共产党人坚持统筹兼顾方法论的自觉，这就使统筹兼顾的方法论意义更加凸显。我们必须总结我们党统筹兼顾的历史经验，从我们今天世情国情出发，始终很好坚持统筹兼顾的根本方法，用科学发展观统领经济社会发展全局，用总揽全局、运筹帷幄、平衡关系、协调各方的领导艺术促进经济社会和人的全面发展。

——从全局和长远出发，统筹谋划，适当安排，整体推进，力戒顾此失彼。在社会发展中，我们要把各方面的发展和各项工作放在适当的位置，投入适当的精力，实现整体协调推进，决不能过分关注一方面的发展，忽视甚至阻碍另一方面的发展。今天，在经济社会发展中坚持统筹，就具体体现为统筹城乡发展、统筹区域发展、统筹经济社会发展、统筹国内发展和对外开放、统筹人与自然和谐发展这五个统筹。在继续推进城市建设和发展的同时，关注农村、关注农业、关注农民，实现城市支持农村、工业反哺农业。努力推进社会主义新农村建设，在继续支持和鼓励发达地区率先实现全面小康的同时，支持经济薄弱地区尽快发展起来；在继续鼓励一部分人先富起来的同时，解决不同利益群体不协调的矛盾，注意帮助弱势群体解决生存发展问题；在继续促进经济快速持续健康发展的同时，加快各项社会事业的发展；在实现人的全面发展的同时，注重对资源、生态和环境的保护。通过统筹谋划和整体推进，实现社会的全面进步和人的全面发展。

——从社会公平与正义出发，兼顾社会各方面的利益需求，实现社会公平公正，力戒厚此薄彼。我们必须站在现代化建设、改革开放的全局，尽可能考虑方方面面的需求和因素，兼顾各方面的利益关系，尽最大可能满足社

会各个阶层之间及阶层内部利益要求，决不能厚此薄彼，过分关注一方面的利益而忽视甚至损害另一方面的利益。正确处理改革、发展、稳定的关系，协调好改革和发展中的各种利益关系，初次分配和再分配都要处理好效率和公平的关系，再分配更加注重公平，特别是兼顾国家、集体与个人的利益关系，兼顾发展能力强与弱的利益关系，兼顾改革中得益较多与较少、先富与后富和不同行业群体的利益关系。同时，坚持从社会主义初级阶段的实际出发，充分考虑各阶层和群体对利益协调的承受能力。在利益协调上既尽力而为，又量力而行；既高度重视，又不超越阶段。既顾及方方面面，各项改革措施都必须使人民总体受益，使全体社会成员都能分享经济和社会发展的成果，不断满足人民的多方面需求和促进人的全面发展；又要注重突出重点，切实解决经济社会发展中的薄弱环节，关注对社会困难群体和特殊利益群体的保护。逐步建立包括权利公平、机会公平、规则公平、分配公平等在内的社会公平保障体系，使全体人民公平竞争、机会均等、各得其所。

意识·能力·导向·实效：坚持统筹兼顾的基本保障

统筹兼顾是科学的领导艺术和工作方法。要很好做到统筹兼顾，仅仅有良好的愿望是远远不够的，必须增强统筹兼顾的意识，提高统筹兼顾的能力，确立统筹兼顾的导向，追求统筹兼顾的实效。

——在理论学习中学会辩证地观察和分析问题，增强统筹兼顾的意识。我们要很好贯彻统筹兼顾的原则，首先要努力学习马克思主义基本理论，准确理解和把握辩证唯物主义和历史唯物主义的基本原理，养成用全面发展和相互联系的观点观察、分析和解决问题的意识；养成在抓住和解决主要矛盾的同时不忘抓住和解决次要矛盾、在着重关注矛盾主要方面的同时不忘以适当的注意力关注矛盾次要方面的意识；养成用全局的观念、战略的高度、开阔的视野和系统的思维观察所处环境，展望未来趋势，分析现实问题，谋划各项工作的意识，使自己统筹兼顾的意识在社会的全面发展中逐步增强。

——在工作实践中学会“弹钢琴”，提高统筹兼顾的能力。我们要很好地贯彻统筹兼顾的原则，就必须学会“弹钢琴”，在实际工作中坚持全面推进和重点突破相结合。坚持统筹兼顾并不是平均用力、没有重点。因为各个方面工作的轻重缓急并不是完全同等的，重要性在不同时期、不同的地方又是不断变化的。统筹兼顾，要求既坚持全面推进，又重点突破，既顾及方方面面，又突出重点，要求将各方面的工作和各种利益关系放在适当的位置，给予适当的关注，使用适当的力量解决，主次有别，轻重不同，缓急有序，各得其所。在工作实践中，我们要注意总结经验，探索规律，准确判断明晰各项工作的重要程度及其相互关系，注意适当把握各项工作的力度，突出重点，以点带面，使总揽全局、科学筹划、协调发展、兼顾各方的领导艺术在实践中更好地体现出来。

——在体制改革中完善政绩考核评价和奖惩任用机制，形成统筹兼顾的导向。这些年来，一些党政机关和领导干部之所以不能很好地在经济社会发展中坚持统筹兼顾，特别是不能正确处理以经济建设为中心与坚持经济社会全面发展的关系。除了意识和能力的原因外，就是在对干部的考核评价中，过分强调经济增长指标特别是GDP的权重，常常是以单项工作“一票否决”的方式论政绩，又以单项政绩论英雄、论人才，以此为依据奖惩任用干部。这样的制度导向往往促使干部以单项工作为唯一目标，将经济建设这个中心为“唯一”，忽视其他工作，忽视社会非经济方面的发展。因此，我们要进一步健全完善科学的政绩考核评价和奖惩任用机制，强调政绩评价的综合性和科学性，合理确定各项工作成绩的合理权重，以群众公认的政绩奖惩任用干部，从而从制度上、机制上引导、激励和督促各级党组织和领导干部在经济社会发展的实践中很好地坚持统筹兼顾，切实实现经济社会的全面协调可持续发展。最近，河北省委组织部出台《设区市党政机关和主要领导干部工作实绩综合考核评价实施办法》。这个《办法》列举的考核内容涉及经济社会发展的方方面面。这样的评价体系，就能从制度上激励约束各级党政机关和领导干部在实际工作中很好地坚持统筹兼顾，创造促进科学发展的实实在在的成绩。

——在科学发展中坚持一切从实际和人民的利益出发，追求统筹兼顾的实效。在科学发展实践中，检验我们是不是很好地坚持了统筹兼顾的标准，就是要看我们是不是实现了经济社会全面协调可持续发展。而能不能达到这样的实效，又取决于我们坚持统筹兼顾是不是真正一切从实际出发。也就是说，我们观察局势、考察环境、分析问题、谋划工作，是不是从我们的世情、国情出发，是不是从我们本地区、本单位的实际情况出发，是不是从人民群众的意愿和需要出发，是不是从经济社会发展的需要出发。因此，我们要在实际工作中努力贴近实际，贴近生活，贴近群众，真正深入实际调查研究，深入生活权衡利弊，深入群众体察民情，从而能够真正把经济、政治、文化和社会建设摆在适当的位置，在坚持以经济建设为中心的同时把社会发展放到更加重要的地位，在继续坚持效率优先的同时把社会公平放在更加突出的位置，在继续鼓励一部分地区、一般人先富的同时以更大的力量关注弱势群体的生存发展，在促进当代人生存发展的同时更加注重后代子孙的可持续发展。只有这样，我们才能追求到统筹兼顾的最佳实效，我们才能很好地使科学发展观从中国特色社会主义社会发展和中国共产党执政的科学理念，变成全党同志和全国人民的伟大实践，变成社会主义中国富强、民主、文明与和谐的未来。

调结构　促创新　优环境
加快推进我省经济发展方式转变*

（2010 年 7 月 21 日）

自党的十七大明确提出加快转变经济发展方式的战略任务以来，河北省委对全省经济社会发展做出新的分析、判断和概括：经济结构不合理、城乡结构不合理是制约我省科学发展的两大主要矛盾。解决制约经济发展的结构性矛盾，提高经济运行质量和效益，必须把加快经济发展方式转变作为工作主线，务求不断取得新突破。据此，近几年，省委、省政府做出节能减排“双三十”，推进城镇面貌“三年大变样”，钢铁、能源及港口集团重组，构建现代产业体系，行业对标活动等一系列重大决策部署，全力推进实施，取得显著成效。然而，我省经济结构不合理的深层次矛盾和问题属于长期形成和长期存在的，所以调结构、转方式的任务异常艰巨，任重道远。

经济发展方式有着十分丰富的内涵。转变经济发展方式，既要体现经济领域中数量的变化，又要寻求经济运行质量提升和结构优化，更是人们由经济数量型扩张向质量型发展理念的升华。

同时，因为各省区市的基础条件不同，增长模式各异，所以转变经济发

---

* 本文是周文夫在省委理论学习中心组北戴河学习会议上的发言。省委书记张云川主持学习会议，省委副书记、省长陈全国等省委常委及省人大、政府、政协有关领导同志出席。该文以《加快推进河北经济发展方式转变》为题刊载于《河北日报》2010 年 8 月 8 日，转载于《河北发展》2010 年第 9 期。周文夫就此题于 2010 年 9 月 3 日在全国社会科学院院长高层论坛（黑龙江）发表演讲。

展方式对各地有着不同的内涵和要求。比如，广东省以新视野调结构建立现代产业体系，推进产业转型升级和区域协调发展；江苏省进一步优化全省生产力布局，实施新一轮高新技术产业“双倍增”计划，推动经济增长与转型升级互动并进；上海经济转型的路径与目标选择是加快形成服务经济为主的经济结构，紧密围绕经济、金融、航运、贸易“四个中心”逐步展开；北京以产业技术创新战略联盟覆盖全市主要产业，加快推进标准产业化；天津以高水平的大项目、好项目为载体，构建高端化、高质化、高新化产业结构，踏上转型与振兴的崭新征程；浙江转型升级不只局限于经济结构内部，而是以优化社会环境、提高执政能力促进经济转型升级，将可持续发展落到实处。

由此可见，加快推进河北经济发展方式转变，既要遵循经济发展方式转变的一般规律，又要借鉴先进地区的经验和做法，更要把握我省的实际情况，比较优势巧定位，着力解决经济发展中的主要矛盾和特殊问题，这是加快转变我省经济发展方式的关键。

我省经济发展有哪些特殊性？至少有两大独到之处：其一，“两环”自然地理条件的特殊，这是天然形成的。我省外环渤海、内环京津，11 个设区市全部与外省市相邻，深山、坝上、丘陵、平原、近海兼备。这些对我省利用外部要素的重点、生产力布局方向、城镇化结构、各市产业发展重点等都有重要影响。其二，多年来形成的速度效益型增长模式独特，这是后天形成的。如从增长动力看，我省是以投资为主导的增长模式，外贸拉动力不高；从要素配置看，我省是低层次要素为主体、高等级要素缺乏的要素结构，创新能力不高；从产业发展体系看，我省是以能源原材料为主体的产业结构，产业层次不高。我省有“先天”和“后天”的突出特点，必然要求我们选择转变发展方式的模式、路径及突破口、载体、动力等，与处于后工业化阶段的北京、上海，及处于工业化后期的长三角、珠三角等省市有所不同，进而决定了我省转变经济发展方式的逻辑次序和重点任务。

一　以调整优化经济结构为核心内容

从理论上讲，经济结构是国民经济各组成部分的地位和相互比例关系，宏观上包括社会总需求结构、所有制结构、分配结构、产业结构、区域经济结构等，微观上包括企业组织结构、产品结构等。调整经济结构的实质是通过结构的变动，使同等数量甚至更少数量的要素和资源投入，获得更大的产出。转变经济发展方式，就是转变传统的过多地依赖要素和资源投入推动经济增长的模式，转变过多地关注经济规模的扩张而忽视经济增长质量的做法，转变过多地关注经济增长而忽视经济社会协调发展和与环境资源和谐的倾向。就是要更加注重经济质量和效益的提高，更加关注资源的节约、环境的改善，更加关注区域差距、城乡差距的缩小，更加关注人民生活水平的提高。转变经济发展方式的上述要求，从本质上看，都是结构的调整和优化。所以，调整经济结构是转变经济发展方式的核心内容，结构是否优化升级也是表征经济发展方式转变是否取得成效的主要标志。

从现实来看，我省目前经济发展的主要矛盾是经济结构尤其是产业结构不合理和发展方式不适应新形势要求。改革开放以来，在经济快速增长的同时，我省发展中的矛盾也日益突出：经济规模快速扩张但增长质量不高，多年来我省经济总量排名居全国第 6 位，人均 GDP 居全国第 12 位，而产业竞争力、区域创新能力等处于第 20 位左右的中下水平，人均地方财政收入、第三产业增加值等处于第 25 位以后。资源环境约束进一步凸显，单位 GDP 能耗高于全国平均水平，工业废气、固体废弃物、工业废水排放量分别居全国第 2、4、8 位，节能减排任务艰巨，经济发展不可持续。深入分析这些矛盾和问题，都集中指向结构问题，如增长质量不高，是因为主要依赖资源驱动而不是创新驱动；产业竞争力不高，是产业结构、产品结构不合理和技术水平低；城乡差距过大，是城乡结构不合理和城镇化水平不高等。所以，我省应以调整结构为核心内容、以结构优化为主要目标来推动发展方式转变。

其一，以产业结构调整为重点，带动经济结构全方位调整优化。产业结构合理与否，关系到我省的获利能力，是解决收入分配结构、城乡结构、区域结构、需求结构等不合理问题的重要经济基础。所以，要将产业结构调整作为重中之重。同时，要从目前的新形势、新环境、新矛盾出发，以产业结构调整带动国民收入分配结构、城乡结构、国土开发空间结构、需求结构、供给结构、要素投入结构调整，增强经济发展的稳定性、协调性和可持续性。产业结构的调整，特别是要以产业结构调整的关键环节为重点，带动结构调整全环节、全过程联动。产业结构调整过程，包括调查研究、制定政策、组织实施、业绩考核、反馈调整等全过程，只有全过程良好衔接，才能取得实效。从我省来分析，多年来比较关注制定结构调整政策，但有些政策制定后的实施并不理想。制定政策时下了很大气力，但组织实施不力，根据形势变化调整不及时、不到位，所以总是“久调不动”。我们认为，此次产业结构调整，要抓住政策实施这个关键环节强力推动，带动全过程。这样就要求我们，坚持研究与规划先行，明确结构调整的目标、要求、布局和措施；加强对结构调整运行的监测分析，及时发布政府对结构调整的预期目标、主要政策和发展趋势等信息，引导全社会经济活动；把经济结构调整纳入政府绩效评估体系和考核机制，强化激励和约束措施，调动各方面的积极性和创造性。

其二，继续加快推进城镇化，带动城乡矛盾的加快解决。从我省城镇化方面来讲，有明显的特殊性：一是我省城镇化明显滞后于工业化。从 1960 年、1970 年、1980 年、1990 年、2000 年、2008 年、2009 年 7 个年份的截面数据看，工业化率分别是 37.6%、31.33%、48.29%、43.23%、49.86%、52.82%、52.1%，而城市化率分别是 12.73%、8.37%、12.9%、21.2%、29.7%、41.25%、43.4%，城市化始终滞后于工业化。按照钱纳里等在《发展的格局》中提出的标准，目前有 8.7 个百分点的差距。虽然我省近几年城镇化进程明显加快，但城镇化率仍明显低于全国平均水平 3 个百分点左右。二是省域内有两个国际性大都市，对我省城镇化有明显影响。难以形成首位度高的省域中心城市，省会对全省的带动力明显较弱，但邻近京津也可以充分利用京津优质资源、高等级要素来发展我省。

加快推进城镇化是转变我省发展方式的重要内容之一。加快推进城镇化可以缩小城乡差距和区域差距，带动收入差距缩小；加快推进城镇化意味着城市经济的扩大，提高了产业层次和第三产业所占比重；通过推进城镇面貌“三年大变样”，从整体上优化了产业布局，使产业发展更为合理。

在当前情况下如何进一步推进城镇化？一是从整体上优化城镇布局，建议根据我省内环京津、外环渤海的特殊自然地理条件，构建“三群、两带”

城镇布局体系。“三群”即冀东城市群、环京津城市群和冀中南城市群，“两带”即沿海城市带、山前城市带，“三群”是我省城镇化的重要增长极，“两带”是链接“三群”的重要纽带。二是创新推动工业化与城镇化融合、促进城乡一体化发展。比如，选择工业化城镇化基础好的县（市），以新民居建设、园区聚集、城镇化布局调整为重点内容，进行工业化与城镇化协调融合试点，既可以实现产业的园区化聚集发展，又可以实现城镇化的加速，还可以实现土地的有效置换。三是继续推进城镇面貌“三年大变样”，进行中心城区布局的调整优化。如，可以通过设立新区（如保定的白洋淀新区、石家庄的滹沱新区等）的形式实现城市的优化，为提高城市承载能力、聚集产业和优化产业结构等提供支撑。

其三，重视政府政策对全社会的引导作用。经济结构调整是由政府发动组织的，但实施过程应当是全社会参与的。所以，经济结构调整能否取得成效包含两个方面重要内容：一方面，政府能否制定有效的宏观政策，这是促进经济结构优化的前提；另一方面，政府的政策能否形成有效的市场信号，推动企业、中介、个人等积极响应，形成市场的自动调整机制。因此，政府要研究政策、经济杠杆的有效性和有用性，关注政策和经济杠杆调解能否形成有效的市场信号，形成政府引导、全社会协调联动的优化经济结构良好格局。

二　以提高科技创新能力为突破口

转变发展方式是一项系统工程，涉及诸多方面的深刻变革，不仅包括产业结构、需求结构和投入结构等的调整，而且涉及经济、社会、文化、教育、科技、城乡关系等各个方面。选好一个突破口既可以使转变发展方式快速展开，又带动其他方面的工作有效推进。我们认为：自主创新是转变发展方式的突破口。因为，区域创新能力较低，是我省发展中若干矛盾的集中指向。比如，调整产业结构是我省的老问题，优化的方向是产业的高端化和品牌化，核心是技术创新；又如，区域差距问题，恰恰反映出各区域创新能力不强，过多依赖资源实现发展，所以资源少、交通不便等就成为发展的瓶颈；还如协调城乡发展问题，其实是意味着将少量的城市空间经营好，将大多数人迁移到城市中，而其前提是拥有具有竞争力的产业，也是技术创新问题，等等。所以，通过产业技术创新能力提升，加快推进发展方式转变，可以带动产业竞争力提升，可以减少能耗、降低排放，可以提高财政收入和居民收入水平，可以解决区域和城乡发展不平衡问题，可以带动多项重点工作全面深入开展。

在目前条件下，如何加快提高我省的创新能力？主要是针对我省特殊省情和比较优势展开。

一是充分利用京津提高我省创新能力。我省国家级大院大所少，重点高校少，这是特殊的省情，但内环京津是我省最大的优势。北京是我国最重要的政治、经济、文化与科技中心，科学技术学科体系门类广博，拥有 79 家中央转制院所和 59 所高等院校，是我国创新资源最丰富的地区；天津是我国北方经济中心和现代制造中心，创新能力较强，在科技投入、科技产出等方面均位居全国前列。但京津高新技术产业发展受到土地、商务成本等因素的制约，创新要素和高新技术产业呈现向外转移扩散的趋势。我省特别是我省环京津区域拥有相对丰裕的土地资源、较低的商务成本，吸引京津创新要素和产业转移，提升我省产业档次，是我省提高创新能力的最短路线，是一条捷径。目前我省正在进行的产业规划、高新技术产业规划等都有这方面的重要内容。

二是政府进行超常规、高强度科技投入。从全国区域创新能力评价来看，我省的科技投入强度不及全国平均水平，2009 年研发投入占 GDP 比重为 0.76%，仅为全国平均值的一半。国际一般做法与先进省市经验表明，只有高强度科技投入，才能使区域创新能力迅速提高。所以，最近几年政府要高强度地进行科技投入，并带动全社会研发水平的快速提高，形成政府高强度投入带动全社会增加科技投入的良好局面，尽快使我省研发投入占 GDP 比重达到全国平均水平以上。

三是加强企业创新能力。从近期看，要进一步落实鼓励企业投入的政策，使企业研发投入达到较高水平；建立以企业为主体的创新体系，解决研究课题在企业外空转问题；重点支持战略性新兴产业发展，特别是已经有一定优势的保定电谷、石家庄生物谷、秦皇岛数谷等发展；打造高水平的创新平台，包括产业化基地、重点实验室、工程技术研究中心、产业技术战略联盟、高新技术园区、产业链条等。

三　以节能减排和行业对标活动为重要抓手

任何一项战略的推进，要有良好的载体才能有效推进。从我省特殊性来分析，转变经济发展方式除了强化结构调整、积极推进城镇化外，还应重点抓好以下几个载体。

其一，节能减排。节能减排是从约束角度推进发展方式转变的主要载体。因为我省是能源原材料大省，产业结构偏重，资源性传统产品占1/2，而全国平均为1/3，由此造成我省能源消耗大，环境污染较重。将我省单位GDP能耗数值换算成可进行国际比较单位，我省每千美元GDP能耗为1.29吨标准煤，这与英国、美国、日本工业化加速时期所达到的能耗峰值相比，分别高出0.29吨、0.39吨和0.99吨。也就是说，目前我省的工业化中期资源与环境矛盾的峰值，比英国、美国、日本等发达国家工业化中期的峰值还高，矛盾还要突出。从今年上半年来看，能源消耗有上升趋势。因为我省产业结构过度依赖资源，所以发展速度一快，节能减排任务就面临巨大压力。

节能减排基本途径有三：一是淘汰落后的产能。我省力度已经很大，但还应继续加大力度，并注意回弹现象。二是节能技术和循环经济技术的开发应用。这是发展的重点，我省应当针对重点行业的节能问题展开技术攻关。三是开发出新的、较少依赖资源、对环境影响小的产品。这是未来发展的方向，以节能减排的视角推动技术升级，是转变发展方式的重要内容。

其二，生产力布局调整。根据自然地理条件、产业基础和特点、资源环境状况等进行生产力布局调整，是充分发挥比较优势、降低资源消耗、减小环境影响、推动发展方式转变的重要载体之一。受多种原因影响，我省生产力布局已存在若干矛盾和冲突：城区重化工业布局过多，对城市发展、城市环境影响较大；有着487公里的海岸线，但开发利用不足；由于没有设立主体功能区和环境补偿机制，张承地区本应承担着环境保护重任，但因财政和民生需要加快发展，与主体功能相矛盾的产业难以调整。转变发展方式必须改变这种状况。

生产力布局调整的重点有四：一是充分发挥我省沿海优势，推动大型重化工业向沿海聚集；二是继续推动城市工业企业向园区聚集，形成聚集效应；三是在城市中心区谋划发展高端服务业，提高产业竞争力；四是充分利用环京津优势，在环京津区域规划建设国家高新技术产业带。

其三，行业对标行动。我省技术水平低、产品竞争力不强是产业发展的主要矛盾，怎样提升？我省正在进行的行业对标行动是解决这一问题的强力举措。通过行业对标行动，可以推动企业在技术上不断升级，节能减排上向行业标杆看齐，在管理上不断现代化，最终结果是产生一批现代化的企业，一批技术水平高、市场竞争力强的产品，带动我省产业结构的优化，朝着构建符合河北实际的现代产业体系的方向和目标迈出坚实步伐，进而推动发展方式的根本性转变。

从进一步推动对标行动来看，一是瞄准行业的科技对标进一步下功夫，因为科技创新是企业发展的核心；二是推动企业持之以恒地进行行业对标活动，因为企业技术水平的提升、产业附加值的提高、能耗的降低等，不是一时之功。行业对标的重大意义在于，让企业明确自己的目标和努力方向，持续努力，从而产生一批现代化的企业。

四　以体制机制创新为主要动力

我省结构矛盾突出，也出台了调整政策，之所以存在“久推难转”“转而不快”的问题，最大症结在于体制不顺、机制不活。从我省现实来看，存在“两高”。

一是国有经济比重高。我省的大型企业绝大部分是国有企业，因国有经济改革没有完全到位，所以体制机制不适应当前市场竞争需要，这与浙江等省市有很大不同。如国有企业的决策者一般不敢冒大风险、采取过于稳妥的决策，所以难以很好适应市场竞争需要；国有企业社会职能过重，政府干预较多，难以在国际市场上平等竞争；等等。

二是行政成本高。我省相比其他省一个特殊之处是，我省的行政成本过高。从近几年的数据分析，我省公共管理和社会组织占服务业增加值比重达到10%左右，比全国平均高2个百分点，比江苏、山东等省高更多。这意味着比较小的经济基础承载着较大的上层建筑，更重要的是庞大的政府机构产生过多的体制性障碍，这是必须尽快解决的。

以体制机制创新推动经济发展方式转变，是从深层矛盾的破解入手，是一种低成本、见效快的路子，但体制机制的创新需要有战略眼光和魄力。今后一个时期的重点如下。

其一，以提高执行力为重点，推进体制机制改革。我省推进城镇面貌"三年大变样"取得重大成效，关键是在战略决策明确之后，抓住了工作链条中的薄弱环节，强化执行力，形成了注重执行的机制。我省不乏好的战略、好的思路、好的政策，但常常不能取得实质性成效，主要是因为在战略、思路、政策的落实上打了折扣，总是"差一把火"。所以，要以提高执行力为重点，推进体制机制改革，把发展战略、工作思路转化为工作举措、政策和具体的制度，增强可操作性，将任务和目标分解落实到具体的工作中。有了强的执行力，就能够把发展战略、规划、政策转化成为效益和成果。人们常说"思路决定出路"，其实还应加上一句"执行力决定成败"。

其二，与推进发展方式转变相适应，完善组织领导机制。比如，创新是我省推进发展方式转变的突破口，也是我省现代化的重要引擎，要有相适应的组织领导机制。所以，要建立起主要领导抓创新的组织，形成主要领导抓科技这个第一生产力的体制机制；建立市场经济体制下创新人才培育、引进、涵养、激励、约束等制度，按照创新人才特点进行管理；针对目前我省区域创新能力低的现实情况，在科技体制、高层次人才队伍培育壮大、重大项目攻关等方面，采取超常规的重大决策，以实现超常规的发展。

五　以优化创新发展环境为根本保障

环境就是生产力。从发展资源上看，因为我省内环京津，受其影响，高层次发展要素多流向京津，并且国家在我省布局的大院大所、重点大学少，所以我省总体上呈现一般性发展要素较多但高层次要素短缺的特点。只有通过塑造良好的软环境，才能从外部吸引和聚集高层次要素，这是由我省内环京津的特殊区位决定的。但现实却不尽如人意。

一是我省还没有形成发展要素聚集的良地。从吸引来的企业看，一般性企业、大公司的生产环节多，但高端产业、高端环节、高端人才少。有些大公司的高端环节（技术研发基地等）来了，也因为环境问题而进展较慢或另谋他地。从本土企业看，也出现了总部外迁、高端人才外流的现象。

二是还未形成全民创业的良好环境。我省各市县一般都列出重点保护企业名单，说明发展环境问题很突出。重点企业得到保护，意味着还有大量的企业得不到保护，这是我省民营企业发展较慢、没有大型民营企业的重要原因。只有形成全民创业的良好环境，才能形成政府推动、全社会行动的良好氛围。

以高级创新型人才为主的高层次要素对经济发展影响大、带动力强，甚至一个领军人才就能兴起一个产业。但创新型人才对环境敏感度极高，需要各级各层面共同努力，长期维护。从目前来讲，主要应该做到如下几点。

一是加强宣传引导，树立发展环境就是生产力的意识。通过宣传引导，使各级干部群众真正认识到软环境建设对推动经济社会发展的巨大作用，增强“人人都是城市形象，人人都是发展环境”的意识，形成各级各层面、干部群众人人争先、共同优化发展环境的合力。

二是推动政府转型。尽管我省政府有关部门为职能转变做了许多有效工作，但在转变过程中，仍然在一定程度上存在重审批、轻服务的现象，认为服务就是管理，服务就是审批，服务就是执法，政府权力部门化，部门权力利益化。要下气力改变审核环节仍然过多、机械地理解政策规章、审批以我为主等现象，以为企业、为投资者办成事为政府服务的最终目的。建议通过建立软环境建设考核与跟踪测评体系来破除环境建设中的障碍。

三是建立良好的信誉体系。要着力解决政府的“失信”问题，特别是在领导变动、重新规划等方面，协调解决好一些连续性的政策问题，不能因“失信”而损害政府形象。不断完善诚信体系，解决一些企业的失信问题。有些企业相对规模小、档次低，竞争力较弱，在与外界竞争中往往处于不利地位，使得少数企业常以“失信”来维护自己的“既得利益”。政府要加快建立诚信体系和行业规则，加大失信的代价和惩戒力度。

四是以吸引创新型人才为重点，创新方式方法，吸引外部创新要素大规模流入。要针对高层次创新型人才的需求，进一步优化软环境，形成劳动光荣、知识崇高、人才宝贵、创新伟大和尊重知识、尊重人才的社会风尚；特别是提高企业、科研机构中高层次人才的各种待遇，采取市场化的、与先进省市相比有竞争力的年薪，形成与先进省市大体相当的人才报酬；减少行政性收费干扰，优化政务、法制环境，加快区域文化的塑造提升，形成全民创业的良好社会氛围。

构建“三位一体”工作新格局 推动复合型新智库建设*

（2010 年 7 月 22 日）

2009 年以来，我院在机构调整新形势下，坚持以科学发展观为统领，不断解放思想，推动创新，努力构建理论武装、服务决策、繁荣发展“三位一体”工作新格局，在履行智库职责方面进行了积极探索，在推进河北经济社会又好又快发展的实践中发挥了积极作用，各项事业取得了新的发展。

一　把握机构调整机遇，确立复合型智库建设新目标

2009 年 2 月，为了更好地促进河北省社会科学事业发展，加强邓小平理论、“三个代表”重要思想和科学发展观研究，河北省委、省政府决定，按照“精简、统一、效能”的原则，将中共河北省委讲师团、河北省社会科学界联合会并入我院，院加挂河北省邓小平理论“三个代表”重要思想和科学发展观研究中心，中共河北省委讲师团，河北省社会科学界联合会牌子。2009 年 4 月，省委宣布了关于院领导班子的任命决定。这次机构调整，对于整合河北省哲学社会科学研究资源，形成科研合力，更好地发挥社科研究在全省经济社会发展中的推进作用，繁荣河北省哲学社会科学事业，具有

* 本文是周文夫向第 14 届全国社会科学院院长联席会议暨院长论坛（吉林长春）提交的工作经验交流文章。

重要意义和深远影响。

机构调整后的院党组确定了发展新思路：以科学发展观统领办院，构建理论武装、服务决策、繁荣发展“三位一体”工作新格局，继续坚持“为省委省政府决策服务、为全省经济社会发展服务、为基层服务”的办院方针，落实“出成果、出人才、出效益”的总要求，实现“省级一流、国内知名”的办院目标。“三位一体”工作新格局在职能上，涵盖了理论武装、服务决策、组织联合等基本要素；在运行机制上，涵盖了社科产品生产、社科成果转化、社科力量整合等工作环节；在相互关系上，科研是坚实基础，宣教是重要依托，联合是力量保障。“三位一体”工作新格局，体现了以科学发展观统领办院的指导思想，体现了贯彻落实省委、省政府重大决策的自觉性和坚定性，体现了对哲学社会科学工作任务和发展趋势的把握。“三位一体”工作思路得到了省委、省政府领导的支持，得到了省直有关部门的认同，得到了全院上下的拥护，在省内外社科理论界乃至社会上引起积极反响，为我院在新形势下建设复合型新智库搭建了更为宽广的舞台。

二　实行“一院两制”，突破复合型智库建设体制障碍

为做好机构调整，院党组提出机构调整工作的总要求：落实中央“精简、统一、效能”原则和省委“抓好班子、带好队伍、多出成果”的指示精神，在“三位一体”工作新格局框架内，实现“一院两制”及人、财、物集中统一管理，达到“牌子不摘、职能不减、队伍不散”的改革初衷和“三个一相加大于三”的改革效率目标。

在机构调整之初，院成立编制新《三定方案》工作组、业务工作机制整合创新工作组、财务后勤工作机制整合工作组、决策议事规则修订工作组，按照建设复合型新智库要求，全面展开了院机构调整工作。

2009 年 5 月，院修订出台了《院党组议事规则》《院长办公会议制度》《省社科联驻会主席办公会议制度》，院领导体制运行框架基本搭建完成。2009 年 6 月，我院上报了《关于河北省社会科学院主要职责、内设机构和

人员编制方案的建议》。8 月，省机构编制委员会印发了《河北省社会科学院机构编制方案》，明确河北省社会科学院为省委、省政府直属事业单位，是社会科学综合研究、理论宣传机构和社团机构。同时，确定了内设机构、人员编制及领导职数。2010 年 1 月，省财政按照“一个文本、两项内容”的政策下达了我院预算文本，原省社科院、省委讲师团、省社科联财务实现集中统一管理。院机构整合工作迈出实质性步伐。

在机构整合工作中，人员定性及管理体制问题成为整合工作进一步深化的关键。在去年 8 月下达的编制方案中，留下一个问题，即“原省社会科学院行政管理人员的管理问题另行研究”。此后，历经八九个月的时间，与省委、省政府及相关部门反复沟通，就此问题已达成基本共识。原则同意原社科院人事管理实行“一院两制”，即行政管理处室参照《公务员法》管理，其他教学科研、辅助单位仍按事业单位管理。2010 年 4 月，省委、省政府主管领导做出批示，同意我院按照“一院两制”模式界定机构编制，履行审核程序。院内设机构调整工作取得关键性突破。

目前，我院的内设机构及人员调整工作已正式启动。在内设机构调整上，按照省编办下达的《三定方案》对院现有内设机构，视不同情况，以“合、撤、转、更”的方式进行调整。即在“三位一体”工作新格局下，对职能重复的机构加以合并，对不再具有相应职能的部门予以撤销，对赋予新的工作要求的部门进行职能转换，对称谓不够明晰或不够规范的部门予以更名。在人员调整上，按照“一院两制”的原则，坚持以职能定编制、以编制定人员，“人随事走”，按照工作实际需要科学设岗，按照工作人员素质和能力量才使用。在人员调配的政策设计上，坚持以社科研究、理论宣讲为中心，鼓励有真才实学的行政管理人员向科研宣讲第一线业务岗位的顺向流动。在人员调配的运作程序上，按照先处级、再科级、后一般人员的顺序进行；机构变动部门的工作人员先整合，下一步根据工作实际需要再逐步调整到位。行政管理岗位上不具备参公审核条件的人员，作为过渡，可继续按事业单位相关序列管理。

“一院两制”的实行，为人员的合理流动创造了条件，有力推动了原社科院、省委讲师团、省社科联工作体制、机制和人员的进一步融合。

三　发挥优势，创新机制，不断健全复合型智库功能

在推进新智库建设中，我院注重发挥机构调整的新优势，努力实现由机构调整前单纯的研究机构向机构调整后以社科研究为基础、理论宣讲为载体、社科联合为纽带“三位一体”复合型“智库”的转变。

一是推进机制创新，搭建智库新平台。把科研管理制度建设作为重点，进一步完善科研成果评奖、科研成果评估、职称评定、科研业绩考核等管理办法，形成围绕中心、服务大局、“注重立大项、研究大课题、产生大成果”的政策导向。机构调整以来，先后制定了《优秀科研成果奖励办法》《横向课题经费报销管理办法》，修订了《重要科研成果奖励办法》《科研成果管理规定》，进一步完善科研成果管理和科研成果评价机制。顺利完成了专业技术岗位聘用工作，出台了《在职工作人员年度考核实施办法》《科研人员业绩考核记分标准》《关于加强工作纪律的修订补充规定》《关于请销假及因公外出管理的暂行规定》等，不断完善考核管理体系。从信息工作整合入手，修订了《信息工作管理规定》，将全省讲师团、社科联所属社科理论研究、宣讲单位纳入院信息工作体系，及时掌握工作动态，推动了全省社科理论工作一体化进程。对原省社科院、省委讲师团、省社科联三家单位的网络资源进行整合，河北省社会科学院网、干部理论教育网、河北社会科学网法人合一，域名保留；科学谋划三个网站的功能定位，统筹布局，合理分工，搭建统一的全省社科理论工作展示窗口和全省社科理论工作者交流互动的网络平台、理论论坛。

二是充分运用管理资源，增强智库运转效能。运用我院的课题立项评审、专家成果评选评奖等资源，实现优化组合和科研效益的最大化。发挥组织联合优势，组织全省社科理论工作者和实务工作者在全省范围内开展大型民生调研活动。2009 年组织全省 40 多个研究单位、高校和省市有关部门的 1400 多名理论和实务工作者参加了 100 余项调研课题。一大批成果得到省领导批示，被转化应用。2010 年围绕省委、省政府中心工作，又立项 180 项民生课题、组织 2000 人参加调研活动。以省社会科学发展研究课题立项

工作为抓手，进一步增强我院在全省社科研究领域的权威性。2009 年全省有 80 多个单位的 100 余项课题参加投标，立项 310 项。2010 年有 100 多个单位的 1800 项课题参加投标，立项 419 项。强化省社科优秀青年专家评选工作，引进动态管理机制，与当选青年专家签署有关科研工作协议，对其工作情况进行考核，未完成的不再具有评优资格，激励青年专家更好地发挥作用。

三是建立虚拟研究中心，聚合智库智力优势。以院重大系列精品课题为载体，以我院优势学科为龙头，联合全省社科研究力量，开展课题联合攻关，形成互补、合成、高效的研究优势。2009 年，省委书记张云川亲自给我院交办科研任务，要求结合省委谋划 2010 年重点工作，开展“加快构建符合河北实际的现代产业体系研究”。为落实省委、省政府领导交办任务，院党组提出了“打造精品”工作目标，即将“构建符合河北实际的现代产业体系”和“推进城镇面貌‘三年大变样’”等重大课题做成系列精品课题。在“打造精品”工作中，我院将其列入院重大委托课题，以招标形式向全省进行了课题招标，组建了精干课题组，还建立了由院主要领导、分管院领导和全省相关专家参加的课题管理机构，对课题进行适时指导。经过艰辛努力，研究成果《构筑我省现代产业体系的总体思路、主体框架和对策措施研究》，得到了张云川书记和时任省长胡春华同志批示肯定，在 2009 年暑期省委理论学习中心组北戴河学习会议上作为参阅材料全文印发，并以省政府办公厅《内部通报》形式印发全省。由周文夫主编的《构建符合河北实际现代产业体系研究》一书出版，在 2010 年省两会期间送省市县领导和会议代表、委员参阅，受到广泛好评。《河北省城镇面貌“三年大变样”前期成效分析与思考》得到主管副省长宋恩华同志批示肯定，并印发全省城镇面貌“三年大变样”调度工作会参阅。

四是延伸触角，拓展智库工作空间。围绕省委、省政府中心工作和重大部署，以 22 个县级宣讲站为依托，建立基层调研基地，组织社科理论工作者深入调研，增强宣讲工作的针对性和科研成果的操作性。探索符合社科研究工作规律的人才使用和管理办法，对急需的高端人才“不求所有，但求所用”，建立“外挂”型人才库，增强人才使用和管理效能。组织开展省哲学社会科学研究基地试点工作。2009 年我院与河北理工大学共建首家省哲学社会科学研究基地，在加强重大课题研究，加快成果转化和人才高地建设上迈出重要一步。抓住建设环渤海经济圈机遇，今年将通过举办京津冀协调发展学术研讨会等形式，加强与京津社科研究理论宣讲工作机构的联系，努力实现人才和科研成果的共享，提高我省复合型新智库建设水平。我院加强与日、俄、美、加、英等国家及中国香港、台湾地区大学和科研机构的合作交流，建立起了长期稳定的合作伙伴关系。

在全国社会科学院院长联席会议暨院长论坛闭幕式上的致词*

（2010 年 7 月 23 日）

承蒙本届全国社会科学院院长联席会议各位代表及东道主吉林社会科学院的信任与支持，河北省社会科学院非常荣幸地获得了下一届全国社会科学院院长联席会议的承办权。我代表出席本次会议的河北院代表团和我院全体干部职工向各位领导、各位同仁表示衷心感谢，并诚挚地邀请大家 2011 年在河北齐聚一堂，为进一步繁荣发展哲学社会科学事业献计献策。

作为承办方，我们对开好明年的全国社会科学院院长联席会议有三个方面的期待。

一是以承办联席会议为契机，进一步推进环渤海经济圈的崛起。环渤海经济圈连接东北、华北和华东，被经济学家誉为继珠三角、长三角之后引领中国经济增长的“第三极”，是我国经济由东向西扩散、由南向北梯次推移的过渡板块，在我国参与全球经济协作及促进南北协调发展中占据着越来越重要的位置。它的迅速崛起，对中西部乃至全国的经济协调发展具有重要的影响。

国家发展战略将环渤海地区列为全国开放开发的重点区域之一。河北在

---

* 2010 年 7 月 22 日至 23 日，在吉林省长春市召开的第 14 届全国社会科学院院长联席会议暨院长论坛上，河北省社会科学院获得第 15 届全国社会科学院院长联席会议暨院长论坛承办权。本文是周文夫在第 14 届全国社会科学院院长联席会议暨院长论坛闭幕式上的致词。

环渤海经济圈中举足轻重，近年来积极顺应环渤海地区加速崛起的战略抉择，推动沿海发展战略，以唐山曹妃甸新区为龙头推进沿海经济带建设，加强与区域内各方经济、科技、教育、市场等全方位合作，展示出良好的发展态势。我院希望通过承办下届全国社会科学院院长联席会议，增强各地方社科院对环渤海经济圈发展的关注，为推进环渤海经济圈发展提出富有建设性的意见、建议。

二是以承办联席会议为契机，进一步推进中国特色社会主义新智库建设。近几年，各地方社科院在推进新智库建设上进行了积极探索。明年恰逢我院主办华北地区社科院第二十八届科研管理联席会议，我们希望将两个会议合并召开。在更为宽阔的平台上展示华北地区社科院新智库建设成果，加强与全国各省市社科院在新智库建设方面的工作交流，为推动中国特色社会主义新智库建设提供有益参考。

三是以承办联席会议为契机，进一步探讨社科院未来走势和发展途径。2011 年是河北省社会科学院建院 30 周年，也是“十二五”时期的开局之年。30 年来，我院同全国各地方社科院一样，走过了一段充满奋斗艰辛和成功喜悦的发展之路，有许多值得总结的经验。我们希望通过承办全国社科院院长联席会议，站在“十二五”时期新的历史起点之上，深入探讨发挥自身优势将事业做大做强的路径选择，为繁荣发展哲学社会科学事业做出新贡献。

河北是京畿之地、沿海大省，总面积 18.8 万平方公里，人口 7000 万人。近年来，河北积极推进经济发展方式转变。2009 年，全省生产总值 17026.6 亿元，居全国第 6 位；全部财政收入 2018.1 亿元，规模以上工业增加值完成 6310.2 亿元，实现利润总额 1256.2 亿元；城镇居民人均可支配收入 14718.3 元。河北是中华文明的发祥地之一，200 多万年前，人类就开始在河北阳原的泥河湾繁衍生息；5000 多年前，黄帝、炎帝和蚩尤就在河北涿鹿由征战到融合，开启了中华民族五千年的文明史；2000 多年前，位于河北地域的燕国、赵国称雄诸侯，河北至今仍有“燕赵”之称。燕赵大地历史人物群星璀璨，涌现出战国时期的廉颇、蔺相如，汉朝的董仲舒，三国时的刘备，宋代开国皇帝赵匡胤等一批著名的政治家、军事家、思想家。

南北朝的数学家祖冲之，地理学家、散文家郦道元，元代科学家郭守敬，则是科学技术领域的杰出代表。《史记·货殖列传》《汉书·地理志下》对河北之民风有如下描述："丈夫相聚游戏，悲歌慷慨"，"其俗愚悍少虑，轻薄无威，亦有所长，敢于急人"，浓缩了燕赵大地大气坦诚、重信守义的人文情结，兼容并蓄、海纳百川的人文气度。

在此，我代表承办方河北省社会科学院全体同仁向各位代表郑重承诺：我们将不遗余力、尽其所能将全国社科院院长联席会议组织好、承办好，让与会代表在河北度过一段愉快而难忘的美好时光；我们将借鉴历次全国社科院院长联席会议特别是本次会议的成功经验，为出席明年会议的各位代表搭建一个更好的交流平台，书写一段全国社科院院长联席会议发展史上的新篇章。

最后，我代表出席本次会议的河北院代表团祝贺本次会议圆满成功，对承办方的热情接待、周密组织、悉心关照，向郦正院长及全体会务工作人员表示衷心感谢!

谢谢大家，明年河北再相聚。

通过完善制度推进学习型党组织建设*

（2010 年 9 月 1 日）

学习型党组织建设作为党的建设中的一项系统工程，离不开制度的保障。完善学习制度，推进党员干部学习教育科学化、制度化、规范化，对于扎实推进学习型党组织建设具有重要意义。当前，通过完善学习制度推进学习型党组织建设，关键是在学习制度的制定、执行、监督等方面严格要求、力求实效。

科学制定学习制度是前提条件。是否有科学完备、行之有效的学习制度，是衡量一个党组织是不是学习型党组织的重要标准。当前，一些地方和部门在制定学习制度时仍然存在一些问题，影响了学习型党组织建设。比如，有的学习制度过于陈旧老套，照搬照抄很多年前的制度，没有变化和改进，不符合时代发展的要求，不能激发党员干部学习的积极性；有的学习制度多是一些原则性要求，缺乏针对性和可操作性，致使党员干部无所适从，又缺乏必要的约束力，最终导致制度执行不严、落实不力。事实上，在长期的奋斗历程中，我们党形成了一系列较为科学的学习制度，包括个人自学制度、集体学习制度、干部培训制度、调查研究制度、主题教育制度、学习考核制度、述学评学奖学制度等，对提高党员干部能力素质、加强党的建设发挥了重要作用。当前，要使学习制度更加科学合理、可行管用，就应以此为基础，从不同地方和部门的实际出发，结合时代特征和党员需求，积极创

---

* 本文发表于《人民日报》2010 年 9 月 1 日。

新，不断完善。对于符合学习型党组织建设要求并行之有效的制度，应继续执行；对不适应新形势、不便执行的制度，应及时补充修订。同时，对于各级党组织在学习型党组织建设中创造的新做法、新经验要不断总结，及时用制度的形式固定下来，并在实践中不断丰富和完善；对于实践中急需但目前还属于空白的，应在充分调研论证的基础上尽快制定相应制度。

认真执行学习制度是关键环节。对于任何一项制度来讲，制定是基础，执行是关键。只有人人执行学习制度，学习制度的效用才能彰显，学习型党组织建设才能取得实效。在认真执行学习制度方面，领导干部身处重要位置、肩负重要职责、具有重要影响，而且往往是学习制度的制定者，所以更要以身作则、严于律己。一方面，要发挥率先垂范的作用。牢固树立制度面前没有特权、制度约束没有例外的意识，带头严格执行学习制度，自觉维护学习制度。只有这样，才能树立学习制度的严肃性、权威性，促使广大党员干部认真执行学习制度。当前，各级党组织已经建立起中心组学习制度等。领导干部应按照有关要求，踏踏实实搞好学习，以实际行动影响和带动广大党员干部开展学习。另一方面，要发挥组织领导的作用。建设学习型党组织是加强和改进新形势下党的建设的一项重大任务，领导干部责无旁贷，必须提高思想认识，把学习型党组织建设摆在突出位置、列入重要议事日程抓紧抓好。这其中就包括抓好本地区本部门学习制度的执行。比如，在学习制度制定之后，要通过广泛深入的宣传教育，使广大党员干部加深对学习制度的认识和理解，逐渐使学习成为自觉行为；要为学习制度的执行提供必要的人力、物力、财力支持，为广大党员干部开展学习创造良好环境和条件。

有效监督学习制度的落实是重要保证。制度执行要靠自觉，更要靠监督。缺乏必要的监督机制，学习制度仍然有可能形同虚设。只有通过建立健全监督机制，对各级党组织和广大党员干部的学习行为进行有效规范和监督，才能使学习制度得到有效落实并长期坚持下去。加强对学习制度落实情况的监督，一方面要形成监督网络。努力形成党内监督、群众监督和舆论监督等各种监督的合力，对学习制度贯彻执行情况进行全方位、多侧面、深层次的监督。上级部门应经常了解下属部门和单位党组织的学习情况，定期对下级党组织学习制度的落实情况进行督促检查，针对存在的问题和不足提出加强和改进的具体要求。党组织要经常了解广大党员干部的学习情况，把抓学习制度落实作为加强党员队伍建设的重要手段。另一方面要严格责任追究。目前，在一些党组织和党员干部的观念中，学习仍然被看成“软任务”，学习制度仍然被当作“软约束”，因而时常出现违反学习制度而无人追究的情况。改变这种状况，就应树立党的学习制度同其他方面制度同等重要的观念，对不落实学习制度的党组织和党员干部严格追究责任。

以培育学习文化为抓手 推进学习型党组织建设*

（2010 年 9 月 7 日）

学习型党组织不仅重视和善于学习，更重要的是实现学习文化上的重塑和再造，培育和形成学习文化。建设学习型党组织，各级党组织要以学习文化建设为重要抓手，在全党各级党组织中着力培育一种新型的学习文化，使党的各级组织在学习文化上实现一次重要革新。

第一，进一步突出学习型党组织的马克思主义政治属性。政治属性是政党的根本属性。强调学习型党组织的马克思主义政治属性，是有着重大政治和战略考量的。马克思主义是中国共产党人的指导思想和价值追求，是全党统一思想、凝聚力量的思想基础和政治保证。建设学习型党组织，要把马克思主义这一本质属性作为学习型党组织学习文化建设的第一要义，围绕这一根本属性展开学习文化建设，使各级党组织和全体党员在这个重大问题上统一思想、统一意志、统一行动，确保党始终成为领导中国特色社会主义建设伟大事业的坚强核心。这就要求在实际工作中，必须坚持把思想理论建设放在首要位置，一是坚持把推进马克思主义中国化、时代化、大众化作为首要任务，教育引导各级党组织和广大党员运用马克思主义立场、观点、方法，准确把握我国社会主义初级阶段基本国情，准确把握时代发展要求和时代发展趋势，准确把握广大群众的思想、愿望和诉求，不断提高研究解决重大理

* 本文发表于《光明日报》2010 年 9 月 7 日。

论和实际问题的能力。二是坚持把用中国特色社会主义理论体系武装全党作为建设学习型党组织的长期战略任务，引导各级党组织和广大党员加强对中国特色社会主义理论体系的系统学习，努力提高马克思主义理论水平，做到真学真懂真信真用，使党的理论创新成果日益深入人心，更好地发挥指导作用。三是坚持把开展社会主义核心价值体系学习教育作为建设学习型党组织的重要任务，引导各级党组织和广大党员坚定理想信念，筑牢思想防线，增强政治敏锐性和政治鉴别力，增强贯彻党的基本理论、基本路线、基本纲领、基本经验的自觉性和坚定性，增强走中国特色社会主义道路、为党和人民事业不懈奋斗的自觉性和坚定性。

第二，进一步在全党和各级党组织中营造浓郁的学习氛围。浓郁的学习氛围是学习型党组织的显著标志。学习型党组织的要义在于把整个组织视为一个有生命力的系统，通过组织化地学习，使整个系统自我更新、自我创造、自我发展，以适应形势和任务的变化。因此，要把培育浓郁学习氛围作为学习型党组织学习文化建设的重要环节，积极营造一种讲学、比学、崇学的氛围，迅速形成一种重视学习、崇尚学习、坚持学习的学习环境。一是加强宣传引导，发现和挖掘党内学习的各类先进典型特别是集体典型，总结和推出各级党组织加强学习、改进学习的成功经验。二是发挥好各级领导干部的表率作用。党的各级领导干部和各级党组织的负责同志，要自觉承担建设学习型党组织的“第一责任人”责任，把学习当成一种生活态度、一种工作责任、一种精神追求，做到愿学、勤学、真学、深学、善学，通过先学一步，有力地影响和带动其他党员。三是强化注重学习的用人导向。进一步完善落实述学、评学、奖学制度，将党员干部学习情况、学习能力作为考核领导班子和选拔任用领导干部的重要依据，注重选拔那些理论素养高、学习能力强、学用结合好、善于解决实际问题的干部，通过正确的用人导向，引导广大党员干部真正把兴趣、心思、精力放在学习上。四是积极组织形式多样的学习交流活动。要运用多种手段，为广大党员有组织地开展学习搭建更多更好的平台，通过各种学习主题实践活动推动学习氛围的形成。

第三，进一步在全党树立先进学习理念。学习理念是学习型党组织的灵魂。马克思主义学习型党组织，不仅是对党的优良学习传统的再继承和再发扬，更重要的是要适应新的形势和新的需要，在学习理念上实现又一次革命性更新。要进一步在全党强化学习本身就是一项重要工作、重要任务的意识，各级党组织要像安排中心工作一样安排学习任务，使学习和工作同安排、同落实、同监督、同考核。要着力解决学习与工作脱节问题，注意把学习和工作统一起来、结合起来，在工作中学习，在工作中提高，使每一项工作都成为一次学习的机会和过程。具体来说，要做到以下四点。一是树立终身学习理念。把学习坚持到终身，把学习融入政治生命，把学习作为崇高使命，让学习成为终身习惯，自觉做到学以立德、学以增智、学以创业。二是树立全员学习理念。从党委负责人到普通共产党员，都要全身心投入学习。三是树立全过程学习理念。每一名党员都要将学习贯穿于工作的各个环节和全部过程，做到工作学习化、学习工作化，时时学习、处处学习。四是树立团队学习理念。团队学习即组织化的学习，是以党的各级组织作为学习的基本主体和基本单元，而不只是以党员个体为学习主体和学习单元；是把党的各级组织建设成坚持集体学习、致力实现共同愿景的坚强堡垒，而不只是党员个人学习绩效的简单叠加。

第四，进一步创新各级党组织的学习方法。学习方法是学习型政党学习文化的重要内容。建设学习型党组织，党员个人学习是基础，有组织地开展学习是关键。要大胆借鉴和运用学习型组织建设理论，进一步创新党组织推动学习的方式，把党的各级组织变成一个促进、保障和实现学习的组织，把学习作为党员践行自身角色、履行党员义务、开展党内活动的一种基本手段，作为党的组织开展工作的一种基本方式，突出党的活动学习化特征。一是推进党员学习制度化和经常化。进一步加强和改进集体学习制度，研究创新领导干部发挥表率作用以带动基层党组织学习的具体方法和工作模式。充分认识党支部在组织学习中的特殊地位和作用，将其打造成团队学习的有效载体和坚强堡垒。对基层党支部书记进行学习型党组织建设相关知识的专项培训，丰富学习的内容和方法，提升学习的实效。二是推进学习工作化和工作学习化。要紧紧围绕中央重大决策部署和本地本部门本阶段的中心工作以及重点、难点工作，积极组建攻关小组、会诊团队、献策群体，加强工作中的交流与协作，加强对重点难点工作经验教训的总结和反思，提高学习的针对性和实效性。三是推进学习手段和方式方法科学化、现代化。加强党内尤其是党的基层组织间的学习交流，倡导无界化、扁平化的组织学习。健全学习培训体系，形成多层次的组织学习网络，实现学习教育的全覆盖。运用数字技术提升组织学习力，加强党员干部远程教育、电化教育和数字图书馆、出版物等建设，深入推进文化信息资源共享工程，不断提高党员干部学习教育的信息化水平。

在院第九届学术委员会第十一次委员（扩大）会议上的讲话

（2010 年 9 月 8 日）

今天我们召开院学术委员会第九届第十一次扩大会议，推荐 2010 年度职称申报参评人员。下面，我讲五点意见。

一 指导思想

2010 年我省职称工作的指导思想是：坚持以党的十七大和十七届四中全会精神为指导，深入贯彻落实科学发展观及科学人才观，按照人力资源和社会保障部深化职称制度改革“调整功能定位，健全分类体系，完善评价机制，实现科学管理”的总体思路，以及全省人力资源和社会保障工作会议提出的“重点有突破，整体上水平”的要求，不断推进专业技术人才评价、使用、管理工作的改革创新，加快建立“按岗申报、公正评价、择优聘用、政府指导监督”的工作运行机制和以能力、业绩为导向，重在社会、业内认可的人才评价机制，改革完善专业技术职务聘用制度，建立有利于优秀人才脱颖而出的选人用人机制，努力形成一个结构合理、流动有序、充满活力的专业技术人才队伍，为我省全面建设小康社会提供坚强的人才支撑。

二 进一步规范申报工作，从源头保障人才评价的客观公正性

专业技术职务任职资格申报推荐是评审的基础性工作，是确保人才队伍质量的关键一环。今年在职称申报中，我们坚持标准，认真组织，重点做了四方面的工作。一是政策宣传到位，更新了院网上的职称文件，对申报人员提出的问题耐心解释。二是经过几个月的调研及广泛征求意见，对我院社科研究专业、图书资料专业、出版编辑专业的高、中级申报人员量化计分表进行了统一修订、完善，在三个专业各自申报评审条件的框架内，充分吸收各有关部门的建议和意见，给予了大致相当的加分项目，为更加公平地计分打下良好基础。三是采纳了学术委员的建议，增加了提前一个多月在网上集中展示申报高级职称人员代表作的环节，以便各位学术委员有更充足的时间了解申报人的学术水平。四是坚持公示制度，我们于 8 月 24 日至 9 月 3 日在院内将中职以上申报人的主要业绩摘录表和量化表进行了公示，未收到有异议的意见。

三 坚持各项推荐原则，确保职称申报工作顺利进行

申报推荐中，我们坚持了以下原则。一是坚持全程公开、阳光操作的原则，把职称政策、申报条件、申报程序等在今年冀社科发〔2010〕19 号文件《河北省社会科学院关于 2010 年职称申报工作的安排意见》中进行了全面通告，省职改办下发的各种文件和新修订的量化计分表都附在文件后面，使有关专业技术人员对现行政策有个全面了解。二是坚持公平推荐的原则，所有专业技术人员，不论在科研或科辅部门，依据各自的申报评审条件，均享受同一岗位比例待遇，只要业绩突出，无论在哪个部门都会脱颖而出；严格量化计分，计分中遇到相同情况统一掌握，一碗水端平。三是坚持真实诚信的原则，今年省职改办专门实行了申报推荐工作双承诺书，申报人提供的一切材料必须经过各级审核、各部门负责同志签字盖章后才能提交，材料一

定要真实可靠，这点我院一直做得很好，没有弄虚作假事件发生。四是坚持权责统一的原则，各部门在行使推荐权力的同时也履行监督和担保职责，不负责任推荐的要受到批评，情节严重的一定要追究。

四 保持政策连续性，继续实行差额推荐和五五权重推荐法

今年职称工作在政策层面上没做大的调整。今年也是正、副高级、中级实行差额推荐的第三年。前两年的差额推荐运行良好，我们根据省职改办的要求，结合我院实际，仍采取差额推荐的这一做法。今年正高推荐 4 人、副高推荐 6 人、中职推荐 4 人，确保推荐人选是好中取优，真正达到不断提升专业技术队伍素质的目的。近两年实行的对申报人的量化计分结果与院学术委员会投票结果分别赋予五五权重的办法，得到了较好的反响，受到科研人员的认同。今年在进一步修订各专业量化表的基础上，再次实行这一办法，符合公平公正推荐原则。

五 需要说明的问题

1. 申报条件中突出个人业绩能力的问题

目前我院使用的量化计分表是在省职改办下发的各专业申报评审条件的范围内、在符合申报基本条件基础上设计的。省职改办下发的申报评审条件，也是在总结归纳了多年来全省申报中的经验教训后制定的，目的是从提高每个专业技术人员素质入手，为全省培养一支高质量专业技术人才队伍。因此，申报条件中很明确地规定了作者位次，我院不能随意变更，量化表的计分范围若离开了文件规定的范围，省职改办不会审批，我们的量化分数再高也是无意义的。从今年使用情况看，还是达到了统一修订、统一标准、统一掌握的目的。若政策不变，明年量化表不会做大的调整，会有一些微调，使量化表更加合理。对以上情况，请各位回去多做解释。

2. 已聘人员转系列不占推荐比例问题

经过这几年实施差额申报推荐，我院职称推荐工作进一步规范，每年也在不断总结经验和改进完善。特别是 2009 年首次岗位设置聘用工作以来，按需设岗，按岗聘用，待聘人员全部聘用，全院专业技术人员都各得其岗。经请示省职改办，根据设岗聘用现状，对于已经被聘用、由于岗位变化需要转职称系列的同志，如果符合所转系列申报评审条件，达到申报人员量化计分平均分数 80% 以上，并获与会学术委员超半数推荐票推荐，可以不再占我院推荐比例向有关评审会推荐。

3. 学术委员投票与量化计分的关系问题

近两年我院实行的量化计分与学术委员会投票的五五权重推荐办法，应该说在公平推荐上又进了一步。目前看来两者不能互替。量化计分中存在的问题是，量化表只是相对合理，核心期刊的质量也是参差不齐，个别核心期刊只要交钱就能登的现象专业技术人员也有反映，应用学科在成果采用上也存在质量高低问题，这在应用学科内部也是有共识的。鉴于这些客观情况，我们仍保持了院学术委员会推荐的环节。多年来院学术委员会担负着职称申报推荐工作，各位委员认真坚持了公平公正的原则。近两年，我们听取了委员和专业技术人员们的建议，在推荐中向客观评价倾斜，同时也减轻各位委员负担，采取了五五权重的推荐方法。推荐方法不断改进，但量化计分与学术委员会投票两者目前还不可互代。如果仅量化计分就能决定推荐结果，我们就没有必要再召开学术委员会了，存在就有它存在的必要，就要负起存在的责任。因此，学术委员要更加注重申报人实际学术水平，认真进行学术水平答辩。学术委员投票绝不是简单的对量化计分分数的重复或者加持，应该是相互纠偏、相互补充的关系。

最后强调的是，在座的各学术委员一定要站在全院的角度进行推荐，本着对我院科研队伍负责、对每个申报人负责的态度，公平、公正地行使权力。特别是希望各学术委员能在申报人答辩时有针对性地积极提出问题，把答辩过程变为学术交流的过程，变成各学科互相学习的过程，产生浓厚的答辩氛围，也让申报人能充分展示自己的学术水平，真正做到优中选优，择优推荐。

不断加强作风建设
开创全院“三位一体”工作新局面

——在院党组民主生活会上的发言

（2010 年 9 月 28 日）

根据中央纪委、中央组织部《关于以“贯彻落实〈党员领导干部廉洁从政若干准则〉切实加强领导干部作风建设”为主题开好县以上党和国家机关党员领导干部民主生活会的通知》（以下简称《通知》）精神和院党组的安排意见，今天召开院领导班子民主生活会。遵照《通知》要求，这次民主生活会要紧紧围绕“贯彻落实《党员领导干部廉洁从政若干准则》切实加强领导干部作风建设”这个主题，严格按照党中央关于加强领导干部作风建设、廉洁从政的规定和要求，重点对照《廉政准则》规定的 52 个“不准”和党政领导干部选拔任用工作四项监督制度，逐条进行检查，联系思想工作实际，认真开展党性分析，对群众普遍关心、反映强烈和民主生活会上查找出来的问题，提出切实有效的整改措施，并上报省纪委、省委组织部和省直工委。

当前，我院正处在加快发展的关键时期。“十一五”规划目标任务即将完成，“三位一体”工作新格局基本确立，“为决策服务、为发展服务、为基层服务”取得丰硕成果。明年是“十二五”的开局之年，机构改革面临着进一步深化的任务，建设中国特色社会主义新智库成为新的时代要求，我院发展面临着新机遇。希望同志们以这次民主生活会为契机，深入贯彻落实科学发展观，进一步明晰发展思路，推动我院新形势下的科学发展。下面，结合会议主题谈四点认识。

一 深入领会贯彻落实《廉政准则》的重大意义，促进全院科学发展

一是充分认识和深刻领会《廉政准则》实施的重大意义。党员领导干部廉洁从政是党的性质和宗旨的基本要求，是全面贯彻党的路线方针政策的重要保障，也是正确行使权力、履行职责的重要基础。《廉政准则》是反腐倡廉建设的一项重要基础性党内法规，贯彻实施《廉政准则》、促进党员领导干部廉洁从政，是新形势下坚持党要管党、从严治党，加强对党员领导干部教育、管理、监督的现实需要，是加强反腐倡廉制度建设、完善惩治和预防腐败体系的重要举措，是加强和改进新形势下党的建设、夺取全面建设小康社会新胜利的重要保证。《廉政准则》实施以来，院党组专门下发文件，要求全院各级领导干部认真学习、全面把握《廉政准则》的基本精神和主要内容，严格按照《廉政准则》进一步规范党员领导干部从政行为，着力解决涉及领导干部廉洁自律的突出问题。从前一阶段全院情况看，各级领导干部自觉遵守《廉政准则》的各项规定，积极投身于党的理论宣传和社科研究事业，努力构建理论武装、服务决策、繁荣发展"三位一体"新格局，展现出良好的精神风貌。

二是全力推动党风廉政建设责任制的贯彻落实。院党组高度重视党风廉政建设，纳入全院工作总体规划，列入重要议事日程，作为首要政治任务来抓。根据院机构调整和领导班子成员分工变化，及时将党风廉政建设责任分解落实到分管工作中，坚持主要领导负总责，分管领导和处所领导班子实施"一岗双责"。坚持党风廉政建设与业务工作齐抓共管，形成了一级抓一级、层层抓落实的良好态势。在工作中，不断加大监督考核力度，将抓党风廉政建设的情况列入处级以上领导干部述职述廉和年终考核的重要内容，强化了党风廉政责任制的贯彻落实。

三是在思想认识和工作实践中高度重视党风廉政建设工作。作为"一

班之长”，我始终将党风廉政建设作为事关全院科学发展的重点工作来抓，将确保干部廉洁从政摆在全院工作的突出位置。今年上半年，院党组五次听取纪检工作专题汇报，三次就认真贯彻落实省纪委七届六次全会、省政府廉政工作会议以及贯彻实施四项监督制度进一步提高选人用人公信度视频会议等一系列会议精神做出专门安排部署。在日常工作中，高度关注纪检监察工作，关心纪检组监察室干部队伍建设，落实办案经费，批阅专题报告等。对原省社科联干部田志明党纪政纪处理问题和原省社科联会计伍宏懿、出纳霍健现金亏空问题调查处理多次做出批示，提出指导性意见，经常听取调查组的专题汇报并与调查组沟通和交换意见，积极协调各相关处室配合纪检组的调查工作。目前，田志明案件已基本结案，伍宏懿、霍健现金亏空问题调查处理取得了阶段性进展，正在进一步处理之中，力争尽快处理清楚，将负面影响降到最低，确保国有资产不流失。

二　紧紧把握工作特点和关键环节，将党风廉政监督工作贯穿工作全过程

一是突出特点，加强监控机制建设。认真查找廉政风险点，研究制定防范措施。针对我院行业特点和工作实际，本着提高效率、方便群众、有利监督的原则，依据职权范围，以处室为主体，以岗位为重点，全面开展了廉政风险分析。经过集体会审、院党组研究同意，确定院内机关各项内部权力全部纳入廉政风险预防范围，制定并下发了《院廉政风险等级目录》。其中，对重大决策、政治纪律、干部人事、职称评定、财务管理、工程建设等共18个风险点确定为A级等次，制定了具体的防范措施，由院主要领导进行直接管理，加强监督监控；确定了27个B级廉政风险点和5个C级廉政风险点，确定相关部门负责人和相关主管同志为责任人，加大了风险防范和监控力度。优化行政权力运行流程，规范权力运行。根据机构整合实际，出台了《院内设机构主要职责》，将原社科院、社科联、讲师团的职权重新梳理，界定职能定位，合理划分院处级领导干部工作分工，明确工作职责，优化工作程序，完善内部管理制度，形成领导之间、部门之间相互协调、运转

有序的工作机制，使责任更加清晰，监督更加有力，流程更加严密，工作更加高效。坚持把公开透明原则贯穿到行政权力运行各个环节，建立权力程序化和公开透明机制。将政务公开作为加强监督、强化管理的重要措施，对院重点工作适时进行公开，如信息楼一楼会议室改造、设备采购工程等信息在全院进行了公开。在公开方法上，充分利用院网站、电子屏幕等形式，及时、有效地公开院内重大事项，接受广大干部职工的监督。

二是突出重点，强化对重点领域和关键环节的监督。加强对维护政治纪律情况的监督检查。我院作为我省思想、理论宣传战线的一个重要部门，院党组一直十分重视维护政治纪律。院党组认真贯彻执行《关于贯彻落实省纪委三次全会精神维护党的政治纪律的意见》，做到维护政治纪律与科研、行政工作同部署同检查，严格落实第一责任人的责任，要求科研宣讲人员在科研、讲课、发表文章、接受采访等各项活动中，恪守“研究无禁区，宣传有纪律”的原则，加强举办学术论坛活动的审批管理，确保思想上、政治上、行动上同党中央保持高度一致。院党组支持纪检组监察室不定期地抽查研究所（中心）、杂志社理论文章和编辑成果，收集相关媒体和社会各界的情况反映，发现问题及时采取补救措施予以纠正。在干部聘任、职称评定等工作中，把政治合格作为首要条件，严格把好政治关口。加强对财务的监督管理。为规范财务管理，在总结近年来财务管理经验教训的基础上，院党组责成财务处不断完善财务管理相关制度，堵塞监督管理存在的漏洞，推动财务监督关口前移，确保经费管理使用不出现问题。加强对业务管理工作的有效监控。在院学术委员会换届改选和委员调整、重点学科和重点扶持学科的确定、科研课题评选、成果评比和评奖、科研经费的分配、成果奖励经费使用以及学风建设、遵守科研道德等工作中，院党组要求纪检组监察室通过开展调查研究、参加有关会议、建言献策、跟踪参与相关活动等方式，把监督触角延伸到业务工作的深层领域，为业务工作保驾护航。

三是落实制度，规范党员领导干部从政行为。院党组自觉把制度建设贯穿于惩治和预防腐败体系建设的各项工作之中，确保权力在制度的轨道上规范运行。以制度建设为先导，不断完善党风廉政建设制度体系。今年上半年，针对机构改革和整合之后的新情况，在《院党组关于贯彻落实中共中央〈建立健全惩治和预防腐败体系2008—2012年工作规划〉的实施意见》和《院党组成员廉洁自律规定》基础上，按照谁主管、谁负责的原则，依据院领导班子成员的新的工作分工，对我院《院党风廉政建设责任制实施细则》《院级领导干部党风廉政建设责任制目标分解》进行了修订并发布实施，以党组文件的形式制定下发了《院领导接访制度》和《院廉政风险等级目录》等规范性文件。在“十二五”规划之中，院党组仍将党风廉政建设作为重要工作之一，列入“十二五”主要任务目标，目前已安排纪检组相关同志对这个问题进行研究并提出建议。严格执行“十个严禁”相关规定，着力建立长效机制。针对社科院工作职能和容易出现腐败现象的重点部位及关键环节，在继续抓好党中央和省委关于党员领导干部廉洁自律各项规定贯彻落实的基础上，把执行“十个严禁”纳入党风廉政建设责任制，实行党组统一领导、主要领导负总责、分管领导直接抓，纪检组监察室为落实“十个严禁”提供坚强组织保障。院党组围绕贯彻“十个严禁”要求，在全院突出抓了学习宣传、自查自纠、加强整改、健全制度四个环节的工作，纪检组监察室明察暗访，强化监督检查，有效促进了我院作风建设的常态化、规范化和制度化。狠抓落实，增强制度的执行力。一方面，加大宣传教育力度，教育院领导班子成员和处级以上领导干部充分认识和履行自身在制度建设中的重要职责，自觉遵守制度，维护制度权威，做模范执行制度的带头人。另一方面，加强督促检查，严肃追究违反制度的行为。党组支持纪检组监察室采取明察暗访形式，不定期地开展对制度执行情况的监督检查，开展提醒教育，及时发现和纠正问题苗头，维护制度的严肃性。

三　科学决策，民主决策，认真落实民主集中制

一是坚持院党组集体领导下的个人分工负责制。对于院党组会议、院长办公会议所形成的决议决策，特别是重大事项决策、大额度资金使用、干部调整任免等方面的决策，坚持沟通在会议之前，决策在会议之中，落实在会议之后。重大决策特别是涉及广大干部职工切身利益的政策出台，注意广泛听取全院同志意见，把公开、公平、公正原则落在实处。注重把党的组织原

则、党的工作纪律、全院同志的期望以制度的形式固定下来，并持之以恒地坚持下去。根据机构整合的实际情况，先后修订了《院党组议事规则》《院长办公会议制度》《省社科联驻会主席办公会议制度》、《院党组理论学习中心组学习制度》等，院领导体制运行框架基本搭建完成，决策体制趋于科学、完善。

二是严格遵守干部人事制度选拔和专业技术人员聘任有关规定，把好选人用人关。院党组在干部选调和职称评定等工作中，认真遵循《党政领导干部选拔任用工作条例》和《关于做好全省事业单位专业技术岗位聘用工作的通知》精神，严格落实制度规定的程序和步骤，注意并阶段性地研究和处理工作中出现的苗头性问题，扩大群众的知情权、选择权、参与权和监督权。干部职工普遍反映良好，均没有发生违纪问题。

三是努力推动机制创新，不断完善考核制度。先后制定了《优秀科研成果奖励办法》，修订了《重要科研成果奖励办法》《科研成果管理规定》等，进一步完善科研成果管理和科研成果评价机制。出台了《在职工作人员年度考核实施办法》《科研人员业绩考核记分标准》《关于加强工作纪律的修订补充规定》《关于请销假及因公外出管理的暂行规定》等，进一步完善考核管理体系。

四　树立良好工作作风，谋大事、抓大事，促进全院工作不断上台阶

认真贯彻落实《廉政准则》，政治立场、大局观念、责任意识、开拓精神得到了进一步增强，院处级领导班子一门心思干事业、谋发展，在推进全院事业发展中发挥了重要领导作用。

院党组扎实推进“一院两制”的落实，机构调整工作进展顺利。年初，为进一步做好机构调整，院党组提出机构调整工作的总要求：落实中央“精简、统一、效能”原则和省委“抓好班子、带好队伍、多出成果”的指示精神，在“三位一体”工作新格局框架内，实现“一院两制”及人、财、物集中统一管理，达到“牌子不摘、职能不减、队伍不散”的改革初衷和

“三个一相加大于三”的改革效率目标。今年1月，省财政按照“一个文本、两项内容”的政策下达了我院预算文本，原省社科院、省委讲师团、省社科联财务实现集中统一管理。经与省委、省政府及相关部门反复沟通，原则同意原社科院人事管理实行“一院两制”，即行政管理处室参照《公务员法》管理，其他教学科研、辅助单位仍按事业单位管理。今年4月，省委、省政府主管领导做出批示，同意我院按照“一院两制”模式界定机构编制，履行审核程序，院内设机构调整工作取得关键性突破。“一院两制”的实行，为人员的合理流动创造了条件，有力推动了原社科院、原省委讲师团、原省社科联工作体制、机制和人员的进一步融合。

紧贴省委、省政府中心工作，不断加强新智库建设。结合我省2010年重点工作，为落实省委、省政府领导交办的任务，牵头并组织实施了系列精品工程，推进重大课题研究，将“构建符合河北实际的现代产业体系”和“推进城镇面貌‘三年大变样’”等重大课题做成系列精品课题。目前，已取得了可喜研究成果。由我主编的《构建符合河北实际现代产业体系研究》一书出版，在今年省两会期间送省市县领导和会议代表、委员参阅，受到广泛好评。今年7月21日，我在省委理论学习中心组北戴河学习会议上做了题为《调结构促创新优环境加快推进我省经济发展方式转变》的发言，受到省委、省政府主要领导同志的充分肯定。

认真落实第一责任人职责，努力发挥“班长”的带头作用。本人始终把贯彻落实科学发展观作为第一要务统领全院工作，坚持马克思主义在哲学社会科学领域的一元化指导地位，不断增强贯彻落实科学发展观的执行力。始终在政治上同党中央保持高度一致，全力贯彻落实省委、省政府的重大决策部署。认真贯彻落实党的民主集中制，注意调动和发挥班子成员工作积极性，善于听取不同意见，打造领导和推动全院各项事业科学发展的坚强领导集体。认真履行院党风廉政建设第一责任人的岗位职责，坚持以身作则、严于律己，对配偶、子女和身边工作人员从严要求，严格遵守《廉政准则》的有关规定，无违法违纪问题发生。转变工作作风，密切联系群众。2009年，我本人赴邯郸市成安县商城镇商城村蹲点一个星期，与村民同吃同住同劳动，了解基层实际情况，谋划县乡村发展思路，撰写了《小城镇·工业区·大作为——关于成安县商城镇商城村的调研与思考》的调研报告，为县乡村经济社会发展提供了重要参考，并报省委主要领导参阅。该调研报告成为干部作风建设年活动省直第一督导小组指导“一把手”蹲点调研工作的范本。今年5月11日至5月13日，到沧州市肃宁县蹲点调研理论宣讲站暨学习型党组织建设工作，并且选派专家为当地党员干部集中讲授党课，受到党员干部的普遍欢迎。

对照《廉政准则》的规定和要求，紧密联系我院的工作实际，作为院班子的班长和主要负责人，今后，要在五个方面做出不懈努力。一是带头学习理论，把握发展方向。坚决贯彻执行党的路线、方针、政策，注重用理论学习的成果解决发展中遇到的实际问题，正确分析形势，把握工作大局，民主科学决策，全力推进事业发展。二是注重班子建设，调动大家工作的积极性。继续坚持勤沟通、多商量，广开言路，集思广益，善于听取不同意见，及时修正和完善工作思路。三是不断提高党性修养，严格要求自己。作为党风廉政建设第一责任人，认真学习领会党中央、省纪委重要文件精神，认真贯彻落实《廉政准则》，规范从政行为。严格执行民主集中制，不搞“一言堂”，主动接受班子成员和广大干部职工的监督。遵守各项廉洁规定，在提拔和使用干部上严把程序关。严管子女、家属和身边工作人员，确保无违法违纪问题发生。四是坚持领导干部报告个人有关事项制度，主动接受监督。坚决执行党中央关于领导干部报告个人有关事项的规定，如实填报。五是坚持不断创新，谋大事、抓大事。今年，原社科院行政人员参公问题基本解决，这是我院的一件大事，也是全院上下都非常关注的焦点问题，要确保积极、稳妥完成各项后续具体工作。立足创先争优，开创全院“三位一体”工作新局面。

同志们，希望大家以这次民主生活会为契机，不断加强党性修养，提高贯彻落实科学发展观的执行能力，提高实现全院各项事业科学发展的领导能力，精诚团结，协作共事，克己奉公，廉洁从政，为我院新的发展做出应有的贡献！

适应“三位一体”新格局 推动社科联工作新发展

——在2010年全国社科联工作会议上的发言

（2010年10月12日）

一年来，河北省社科联紧紧抓住机构调整的新机遇，顺应经济社会发展的新需要，围绕“联合”做文章，丰富活动内容，创新工作方式，提升工作能力和服务水平，进一步推进了河北省社科联各项工作，发挥出“思想库”“智囊团”的应有作用。

一　以机构调整为契机，推动“三位一体”新格局的构建

2009年2月，河北省委、省政府从改革大局出发，立足河北实际和社科资源整合，决定将省委讲师团、省社科联并入省社科院。这次机构调整，是全省社科理论界的一件大事。院党组按照省委书记张云川同志提出的“抓好班子、带好队伍、多出成果”的要求，通过走访、恳谈、调研，集思广益，在发展问题上形成了新共识，及时提出了构建理论武装、服务决策、繁荣发展“三位一体”新格局的总体工作思路，确保牌子不摘、队伍不散、职能不减，实现社科资源和机制优化组合，达到“三个一相加大于三”的改革效应。“三位一体”工作思路得到了省委、省政府的支持和省内广大社科工作者的认同。目前，机构调整工作进展顺利。整合重组后，在人员管理

上，实行“一院两制”模式，行政管理人员参照《公务员法》管理，科研、科辅人员按事业单位专业技术职称系列管理。在财政预算上，实行“一个文本、两项内容”，由“财政基本保障事业单位”改为“财政拨款事业单位”。行政参公人员经费执行公务员标准，科研科辅人员执行事业单位管理标准。在中层管理岗位的人员选任上，行政部门管理人员实行任命制，科研部门管理人员实行聘用制。“三位一体”工作新格局为社科联的发展提供了新的机遇，工作业务更加明确，活动空间不断拓展，体制机制得到理顺，功能作用进一步增强。

二　以社科活动为纽带，增强社科界的凝聚力和社科联的影响力

去年以来，河北省社科联坚持以社科活动为纽带，把组织重大活动作为“联”的主线之一，取得了明显的效果。

一是坚持“三贴近”，扩大宣传，突出效果，举办了“河北省第五届社会科学普及周”活动。组织全省 11 个市社科联，400 多家社科单位、社科团体和有关高校，近万名社科专家和社科工作志愿者开展社会科学走进企业、走进社区、走进农村、走进基层的“四走进”专项活动。举办专题活动 126 个，组织下社区、下农村社科小分队近百支，散发宣传材料 30 余万份，赠送书刊 2 万余册，直接服务人群达 35 万人次，在一个时段内形成了社会科学普及的热潮。今年的第六届社会科学普及周在总结经验的基础上，以“低碳生活，绿色消费”为主题开展活动。

二是营造氛围，体现特色，发挥阵地作用，组织了全省社科界庆祝新中国成立 60 周年系列活动。其中“祖国在我心中”全省社科界书画邀请展，收到书法、绘画、硬笔书法作品近 400 幅；与河北日报共同举办的知识竞赛，共收到全省 90 多个单位和 86000 余人的答卷；与团省委、省学联开展的全省大学生诗歌朗诵及校园短剧大赛，报送节目 200 多个，60 多所高校的 1400 余名大学生参加了表演。这些活动和作品反映了社科界贴近生活、健康向上的精神面貌，讴歌了改革开放和社会主义建设的伟大成就，引起了

很好的社会反响。

三是培养人才，推介成果，加强信息沟通，组织了系列学术活动。举办河北省第四届社会科学学术年会，收到论文240余篇，入选174篇。与会专家教授和青年学者围绕富民强省建设和我省经济社会发展中的突出问题，开展理论研讨和学术交流，为省委、省政府科学决策提供理论和智力支持。举办“河北省第二届社会科学博士论坛”，组织省内高校、科研单位及省直相关部门的百余名博士以“繁荣发展哲学社会科学，推进河北现代产业体系建设”为主题进行了研讨，《光明日报》等报刊进行了报道。举办“2009燕赵文化论坛”，来自全省的社科专家学者、高校师生、社会各界人士近300人围绕“发展文化产业，提升河北文化实力”，就全省文化产业发展深入研究。这些学术活动较好地发挥了党和政府沟通社科工作者的桥梁作用，引导了全省社会科学界服务省委、省政府中心工作的科研方向。

三　以课题研究为导向，提高社科界服务决策、服务发展、服务基层的能力

河北社科联在工作中，坚持以课题研究为纽带，通过社科联合，实现社会科学研究最大的社会价值。

一是组织开展“保障和改善民生，推进社会建设”大型调研活动。这项活动从2008年开始组织，得到了省委、省政府领导的肯定，取得了很好的社会效果，优秀成果汇编成《河北民生报告（2009）》公开出版，成为社科联的一项品牌工作。2010年，我们继续组织动员全省社科力量，针对我省就业与创业、城乡社会保障体系建设等八大类涉及民生的问题，紧密结合全省各地情况，分专题深入基层开展调研。共设立调研课题110余项，其中，10余项调研成果得到省委书记张云川等省领导的批示，20余项成果获得相关部门研究与采纳，40余项成果在省部级以上刊物发表。这项工作从研究方向的确定到调研方案的实施，到成果的完成以至转化，都由社科联组织的专家组和调研办公室对全过程进行督导和管理，确保了研究方向准，调研过程实，成果质量高，转化效果好。

二是开展河北省社会科学发展研究课题的立项工作。2008 年，经省职改办同意，省社科联组织的社会科学发展研究课题定为省级研究课题，成为全省社科界非常关注、参与度很高的一项活动。2010 年，共收到 82 个单位和部门的申报课题 2000 余项，最终确定 429 项立项课题。在课题管理中，我们改变了课题资助的传统做法，坚持以水平看高低，以质量论短长，将课题资助改为成果奖励，成果完成后进行评级评优，将奖励同成果质量挂钩，奖优汰劣，大大提高了科研人员的责任感和事业心。此外，为配合落实国家和省委、省政府大力发展文化产业的工作部署，我们组织开展了“河北省文化产业发展研究”，确定了 17 项研究课题，推出了一批有分量、有价值、关注河北实际的研究成果，得到了有关领导和职能部门的肯定。

三是开展河北省社会科学重要学术著作出版资助工作。这是省社科联扶持精品生产、推出重大研究成果的新举措。2009 年资助的 8 部著作，一经问世，就引起了省内外学术界的广泛关注。其中，中国先秦史学会副会长沈长云教授完成的《中国古代国家的起源与形成》一书，在中国古代国家起源形成问题上得出了一系列具有创新意义的认识，对中国古代史具有重要的学科理论意义；陈山榜教授等完成的《颜李学派文库》，为研究颜李学派提供了丰富的学术资料；程志华教授的《牟宗三哲学研究——道德形上之可能》，在“现象与物自身”“圆善论”“独体论”等方面提出独到的理论见解。这项工作对推动全省社会科学基础学科建设和区域特色文化研究，具有较强的示范和引领作用。

四　以平台建设为抓手，加强社科队伍建设，提高资源整合的水平

平台建设是实现社科联工作职能的有效途径，是延伸工作触角、提升智库建设水平的重要手段，有利于社科人才的培养管理和社科资源的最佳配置。

一是改进社科专家和社科成果评选工作。2009 年组织举办的“第八届河北省社科优秀青年专家”评选活动，评出社科优秀青年专家 10 名，评委会特别提名奖 20 名。在总结经验的基础上，从第八届开始，省社科联开始

尝试与当选青年专家签订合作协议，明确青年专家的责任和义务，增强了青年专家服务经济社会发展的使命感和责任心，受到了社科青年专家的欢迎。今年组织的全省第十二届社会科学优秀成果评奖中，一等奖实行按申报等级评审、落选直接淘汰的办法，有效降低了申报人在申报等级上的盲目性，提高了评委会的评审效率，收到了好的效果。

二是开展河北省哲学社会科学研究基地试点工作。河北省社科联具体做法是：首先对全省社科研究现状进行全面考察，综合评估，然后提出设点方案，与相关高校或单位取得共识后，签订共建协议。社科联对研究基地进行业务指导并提供 5 万元年度经费，在学术活动、成果转化、委托立项等方面给予支持。协议单位进行具体管理并按不低于 1∶1 比例提供配套资金。研究成果由两家共享。目前，我们在河北理工大学建立了第一家社会科学研究基地，双方签署了期限为 3 年的共建协议。今后我们计划再建 5～10 家，逐步形成布局合理、特色鲜明、带动力强、成效明显的学科研究体系。

三是组织编写社会科学年鉴和科普读物。社科联组织编撰《河北社会科学年鉴》已持续 3 年，为保证这项工作的连续性和高标准，依据每位撰稿人和资料员的整体表现情况，及时做出调整，保留骨干力量，充实新生力量，形成了一支以中青年专家为骨干、人员相对稳定、具有较高素质的撰稿人队伍和一支以各高校科研处为主要依靠力量的资料员队伍。2009 年，省社科联还组织编写了《讲科学　谈发展》科普系列丛书，2010 年组织编写了《低碳生活 100 问》科普读物。在作者选择上，坚持将专家型干部和实践型学者相结合，二者各有所长，互有所补，相得益彰。在形式和内容上，提出“语言通俗、道理清晰、内容有趣”的要求，通过科普读物这种群众喜闻乐见的形式，给基层群众和社会公众传播优秀的“精神食粮”，并在科普读物的编写过程中，培养一支可靠的科普作者队伍。

五　在深化“联合”上做文章，谋划组织好近期工作

一是围绕中国共产党成立 90 周年、辛亥革命 100 周年和迎接党的十八大等主题，提前谋划，营造良好氛围，组织各团体会员发挥优势，开展研讨

宣传活动。

二是抓好我省推进城镇面貌“三年大变样”、新农村建设、社会保障、医疗卫生、节能减排等150余项民生调研课题和400余项河北省社会科学发展课题，落实督导工作，组织力量开展专题调研，力争推出一批有价值、有分量的研究成果。

三是搞好社会科学普及工作，举办河北省第六届社会科学普及周，举办燕赵文化论坛，编写《讲科学　谈发展（二）》等一系列科普丛书，与京津等地社科联、科协联合组织参加京津冀协调发展学术研讨会。

四是加强对团体会员的管理和指导，组织举办2010年各市社科联工作年会，对主管学会分批试行标准化、规范化管理，做好新形势下的新社会组织的党建工作，加强对主管学会所办会刊、网站的管理与指导，加强对主管学会举办报告会、研讨会等活动的管理。

五是搞好成果评优、项目资助、基地建设等工作，做好省社科联2010年度重点学术成果资助工作，加强河北省哲学社会科学研究基地的管理和建设，编写《河北社会科学年鉴2010》。

六是加强已有社科平台的建设，办好第三届河北省社会科学博士论坛，组织举办河北省第五届社会科学学术年会等。

在院参照《公务员法》管理工作动员大会上的讲话

（2010 年 10 月 20 日）

根据省长陈全国、时任常务副省长付志方和副省长宋恩华三位省领导对省人社厅《关于省直部分事业单位列入参照公务员法管理范围的报告》批示精神，省公务员局于 2010 年 8 月 20 日召开了省直部分事业单位参照《公务员法》管理实施工作会议，明确将我院行政管理处室列入参照《公务员法》管理范围，按照《公务员法》及其配套政策法规的规定，对工作人员进行登记，确定职务与级别，套改工资，全面实施公务员各项管理制度。这是我院发展史上的一件大事、喜事、实事，是省委、省政府对我们支持和重视的结果，也是院党组和人事处及相关职能部门不懈努力的结果，也是全院干部职工辛勤工作“有为有位”的结果。可以说历经艰辛，来之不易。从 2009 年 4 月开始，直至 2010 年 8 月，先后几十次与省委、省政府相关领导和省委组织部、省委宣传部、省编办、省公务员局、省人社厅等部门反复沟通和全力艰难争取，终于使我院参公管理的推进工作取得了重大成效。一是把省编办原定只有管理人、财、物的 5 个综合管理部门才有参公管理资格，变成了全部 9 个行政管理部门都可列入参公管理范围。为达此目的，先后给 3 个院属内设机构改换名称，为 4 个院属内设机构修订了主要职能，增加和强化了各自的综合管理职能，为院所有行政管理处室参照《公务员法》管理打下了基础。二是把省编办原定的 40 个参公管理指标，变成了对 101 名行政管理人员按照法定程序进行资格审查，凡具备条件的全部可以进行公务员登记，有效避免了因同类岗位不同身份造成的负面影响。据了解，这次省领导一同批复了省直15个参公管理单位，绝大部分是经过了三年以上的努力争取，而我院只用了不到一年半的时间。今天我院召开行政管理处室工作人员大会，主要任务是按照省直部分事业单位参照《公务员法》管理实施工作会议要求，安排部署本院行政管理处室参照《公务员法》管理实施工作。刚才，福兴同志宣读了《院行政管理处室参照公务员法管理工作实施方案》，各部门要认真抓好贯彻落实。下面，我就做好这项工作讲三点意见。

一　充分认识参照《公务员法》管理的重要性，进一步增强工作的责任感和使命感

《公务员法》是我国干部人事管理的第一部具有总章程性质的法律。贯彻实施《公务员法》的主要目的，就是要通过完善和创新公务员制度，加强对公务员的管理监督和激励保障，促进勤政廉政，提高工作效率，建设一支高素质、高效率、专业化的公务员队伍。《公务员法》以法律形式明确规定了公务员的条件、权利、义务、纪律和法律责任，规范了公务员管理的基本原则、基本制度和基本办法，为科学、民主、依法管理公务员队伍提供了重要依据，为广大公务员提高依法行政、依法办事能力，正确履行义务，正确行使权利，促进廉政勤政，不断提高工作水平和效能，提供了法律保障。具有公共管理职能的事业单位参照《公务员法》管理，是贯彻实施《公务员法》的一项重要工作。我院行政管理处室参照《公务员法》管理，是推进内设机构和人员调整工作的关键步骤，是机构整合重组后进一步理顺管理体制的内在要求，也是我院人事管理实行“一院两制”顺利入轨运行的重要保证。对于进一步深化我院干部人事制度改革，提高行政管理队伍的综合素质和工作效能，增强行政管理队伍的积极性和创造性，为促进我院各项事业又好又快发展提供人才和组织保证，具有重要意义。做好各项实施工作既是院党组的一项重要工作部署，又是一项复杂、细致的系统工程，关系到行政管理队伍的建设，关系到大局的稳定，也关系到每个行政管理人员的切身利益。各行政管理处室一定要充分认识参照《公务员法》管理的重要性，把

思想统一到省委、省政府决策部署和院党组的具体要求上来，增强责任感和使命感，注重思想引导，夯实工作基础，确保参公管理实施工作的顺利进行。

二　突出重点，全面做好实施参照《公务员法》管理的各项工作

实施参照《公务员法》管理是一项牵一发而动全身的工作，政策性强，敏感度高，各方关注。为搞好这项工作，院党组制定了具体实施方案，并下发执行。总的原则是：坚持依法办事、严格把握，实事求是、慎重处理，层层把关、逐级负责。在具体实施工作中，要突出抓好以下几项工作。

（1）认真做好公务员法律知识的学习培训工作。学好公务员法律知识是实施参公管理的前提和保证。我们刚刚开始向公务员大门迈进，必须打好学习的根基。要在认真学习《公务员法》《行政机关公务员处分条例》《国家公务员行为规范》《公务员考核规定（试行）》上下功夫，尽快熟悉和掌握履行公务员岗位职责所需要的知识和能力，切实增强责任意识、勤政廉政意识和依法办事意识，不断提高胜任本职工作的能力，尽快完成角色转变，努力做一名合格的公务员。公务员法律知识内涵十分丰富，规定十分具体，必须原原本本地学习，深入系统地钻研，决不能浅尝辄止，满足于一知半解。行政管理处室的领导干部要成为学习公务员法律知识的模范，以此带动和促进广大职工的学习。人事部门的干部，要先学一步，深学一步，真正成为精通公务员法律知识的行家里手。根据省公务员局的要求，在实施参公管理的过程中，要对符合登记条件的处级以下工作人员进行公务员法律知识测试。各行政管理处室要抓紧做出安排，采取集中学习与个人自学相结合的方式，组织好学习培训和迎考，确保参考人员全部合格。

（2）合理确定职务与级别。这是我院实施参公管理的重要环节。要在省人社厅正式给我院发文批复并进行公务员法律知识测试合格的基础上，严格按照《公务员职务与级别管理规定》和《综合管理类公务员非领导职务设置管理办法》等文件要求，严格掌握职数限额。要在编制和职数限额内，合理设置职位。要在规定的领导和非领导职务职数内，合理确定拟登记人员

的职务与级别。由于确定干部的职务层级情况比较复杂，人事处要认真研读文件，及时拿出方案，经院党组集体研究审定后，报省公务员局职位管理与任免处审批。

（3）积极稳妥地做好公务员登记工作。公务员登记是实施参公管理的基础性工作，是实施工作的关键环节。因此，要高度重视，认真做好。登记中要把握好以下三点。一是要严格掌握登记标准和条件。参公管理人员登记，必须符合《公务员法》规定的基本条件，要在规定范围内，严格参照《河北省公务员登记实施方案》的要求进行。对登记工作中一时难以明确的问题，要区分不同情况，边研究，边请示，边解决，不宜简单处理。二是要认真核查整理干部人事档案。干部人事档案是干部成长经历的真实反映，是做好公务员登记的重要依据。这项工作人事处已提前组织专门力量进行核查整理。目前，还需要继续做好档案整理的完善工作，确保档案材料整理规范，信息准确和手续完备。三是要按照规定的程序进行登记。要按照干部管理权限，对符合登记条件的工作人员，经院党组集体研究并公示后，由人事处填写《参照管理机关（单位）工作人员登记表》和《参照管理机关（单位）工作人员登记备案表》，报省公务员局审批和备案。

（4）进行公务员工资套改。在完成上述规定的程序后，要根据工作人员的职务和级别，做好工资套改工作，执行相应的公务员职务工资和级别工资标准，以及相应的规范津贴补贴。

三　切实加强领导，确保参照《公务员法》管理实施工作稳步推进

实施参照《公务员法》管理是一项全新的工作任务，我们要按照省公务员局的要求，集中力量，精心组织，把实施工作落到实处。

（1）加强领导，严密组织。实施参照《公务员法》管理步骤明确，环环相扣，我们必须做到思想到位、组织到位、措施到位。人事处要在院党组的统一领导下，认真做好组织、协调、把关和督办等工作，确保实施工作规范、有序、稳妥地进行。各行政管理处室要积极支持，主要负责同志要亲自

抓，负总责，加强协调，密切配合，形成合力，共同把实施参照《公务员法》管理工作做好。

（2）依法办事，稳步推进。法律是制度化的政策，参照《公务员法》管理中的每项制度性规定，都具有很强的政策性。我们在具体实施过程中，要坚决维护法律、政策的严肃性和权威性，严格按法律和政策办事。要敢于迎难而上，妥善解决工作中遇到的问题。对一些问题的处理，要深入研究，把工作做细。特别是对按规定不能登记的人员，要把政策、规定讲清楚。不能登记人员或资格不够人员，要继续走事业职员系列作为过渡，待遇不减。不能登记人员或资格不够人员要正确对待，放开眼量，勤奋学习，努力工作，不断完善自己，寻求新的进步，有为有位。要有针对性地做深入细致的思想政治工作，确保思想不散、秩序不乱、工作顺利推进。

（3）加强监督，严明纪律。各部门要严格执行工作纪律和各项规定，做到有令必行、有禁必止，确保政令畅通。整体工作要统一政策口径，统一工作标准，统一操作程序。人事处作为主管部门，要自觉做到坚持原则不动摇，执行标准不走样，履行程序不变通。要坚持公开、公平、公正，提高实施工作的透明度。纪检组要加强对参公管理工作的全过程监督，及时发现和查处各种违规违纪行为。对于违反政策规定或弄虚作假的，要严格按照有关规定依法严肃处理，该教育的教育，该通报的通报，该处分的处分，该追究法律责任的要依法处理，决不姑息迁就。

同志们，实施参照《公务员法》管理任务艰巨、责任重大、影响深远。我们要在省委、省政府的领导下，以高度的政治责任感，以饱满的工作热情，以扎实的工作，顺利完成实施参照《公务员法》管理的各项任务，为促进我院各项事业的繁荣发展做出新的更大的贡献！

在院人才工作十年规划编制工作安排部署会议上的讲话

（2010 年 10 月 21 日）

今天召开院人才工作十年规划编制工作会议，主要任务是根据国家和全省人才工作会议精神，为贯彻落实《国家中长期人才发展规划纲要（2010—2020 年）》和《河北省中长期人才发展规划纲要（2010—2020 年）》，结合我院实际，对院人才工作十年规划编制工作进行安排部署。刚才，孙毅同志宣读了《河北省社会科学院人才工作十年规划编制方案》，望院属有关部门按照分工要求，认真抓好贯彻落实。下面，我讲三点意见。

一　充分认识编制我院人才工作十年规划的重要性和必要性

人才是经济社会发展的第一资源，人才优势是最具潜力、最需开发、最可依靠的优势。随着世界多极化、经济全球化深入发展，科技进步日新月异，人才竞争越来越成为综合实力竞争的关键。5 月 25 日至 26 日，中共中央、国务院召开了全国人才工作会议，胡锦涛总书记、温家宝总理在会上发表了重要讲话。9 月 7 日，省委、省政府召开了全省人才工作会议，张云川书记、陈全国省长在会上做了重要讲话。中央和省领导同志的重要讲话以及分别印发的人才规划明确提出了许多新思想、新要求、新举措，为我院进一步做好人才工作指明了方向。根据省委组织部和院党组的统一要求，今年下半年要完成院人才工作十年规划的编制任务，并与院“十二五”发展规划相衔接。未来十年是我国人才事业发展的重要战略机遇期，也是我院整合重组后改革发展的关键时期。能否实现科学发展、再上新台阶，人才是基础和根本。因此，搞好人才工作十年规划，不仅对于加强我院人才队伍建设、促进人才事业发展具有重要的作用，而且对于加快我院各项事业发展，早日实现“省级一流、国内知名”的奋斗目标也具有十分重要的意义。多年来，院党组高度重视人才工作，坚持以“人才强院”为推动力，不断加强人才队伍建设，人才工作取得了一定的成绩。人才队伍素质明显提高，人才结构不断得到改善，干部人事制度改革取得新进展，人才发展的环境不断优化。但是也必须看到，目前我院人才队伍建设的现状，还不能完全适应新形势、新任务的需要。一是人才总量相对不足，特别是高层次人才数量明显不足；二是人才分布不尽合理，结构性短缺现象突出，尤其是复合型优秀青年人才后继乏人；三是人才竞争激励机制尚未完全形成，等等。这些问题如果不能得到解决，势必影响我院各项事业的发展。因此，做好十年规划编制工作，加强对人才工作和人才队伍建设的宏观指导，促进我院人才资源开发和人才队伍建设全面、协调、健康发展十分必要。

编制院人才工作十年规划是贯彻落实国家、全省人才工作会议精神和国家、全省中长期人才发展规划纲要的重要举措，是我院实施人才强院战略的客观要求，也是院党组今年下半年确定的一项重要工作任务。没有规划就不会有科学发展。“凡事预则立，不预则废”，我们必须站在全院改革发展的全局和战略的高度，从长远上、从根本上充分认识做好人才规划编制工作的重要性和必要性，按照“为省委省政府决策服务、为全省经济社会发展服务、为基层服务”的办院方针和“出成果、出人才、出效益”的总体要求，围绕中心，结合实际，以改革创新精神科学规划好今后一个时期我院人才工作的战略目标、重点任务和对策措施，着力加强党政管理人员、社科研究人员、科研辅助人员、理论宣讲人员、工勤技能人员五支队伍建设，本着对各项事业高度负责的态度做好这项工作，为推进构建理论武装、服务决策、繁荣发展“三位一体”工作新格局，促进我院繁荣发展提供人才保证和智力支持。

二　正确把握编制人才工作十年规划的关键环节

规划编制工作是一项系统工程，要坚持整体推进，重点突破。这次会议，我们印发了《河北省社会科学院人才工作十年规划编制方案》，明确了《规划》编制工作的指导思想和编制原则、主要任务和工作内容、编制时限和工作进程。在具体编制工作中，要重点抓好三个关键环节。

一要抓好人才队伍现状统计分析这个基础。要通过这次规划编制工作，把全院人才队伍的现状和需求摸清楚，在此基础上进行科学分析和预测，为规划编制奠定基础。各专题研究责任人要全面开展调研，及时收集相关资料，统计相关数据，准确摸清人才基本现状。

二要抓好专题研究这个先导。这次我院共设置了加强党政人才队伍建设等 9 个专题研究课题，基本覆盖人才工作和人才队伍建设的各个方面，其研究成果是编制规划的重要依据。要把课题研究作为编制规划的前期重点工作来抓，加强对当前存在的战略性问题和重大“瓶颈”问题的深入研究，提出发展目标和推进工作、解决问题的思路与举措，形成高质量的专题研究报告。课题研究由人力资源研究所主持，人事处等有关部门的 14 名同志为课题组成员。人事处要搞好统筹协调，及时解决研究过程中遇到的突出问题，确保工作的顺利推进。

三要抓好编制规划这个核心。要全面把握好编制规划的总体要求，认真总结我院人才队伍建设经验，充分借鉴兄弟省区市社科院的有益做法，突出规划的全局性、创新性、指导性和可操作性。要遵循人才发展规律，在充分吸收课题研究成果精华的基础上，做好《规划》的起草工作。要创新人才工作体制机制，坚持解放思想、改革创新，统筹推进人才培养开发、选拔聘用、考核评价、激励约束四大机制建设，努力形成育才、引才、聚才、用才的良好环境，激发人才干事创业的活力和热情。

三　切实加强对规划编制工作的领导

规划编制工作涉及面广、时间紧、任务重、要求高，各有关部门要切实加强组织领导，充分发挥主观能动作用，以高度负责的精神、严肃认真的态度、严谨细致的作风，扎扎实实地做好每一项工作，确保规划编制工作的圆满完成。

一要加强领导，协调配合。《规划》编制工作在院党组的统一领导下进行，由人事处牵头负责，人力资源研究所参加。成立《规划》编制工作领导小组，领导小组办公室设在人事处，并与人力资源研究所一起负责《规划》的总体设计、统筹协调和规划编制等工作。参与专题研究的各成员部门责任人都要高度重视，通力协作，认真按照规划编制工作安排，按时高质量完成好交办的任务。

二要整合力量，集思广益。《规划》编制工作是事关我院长远发展的一件大事，要充分发挥院属各部门和专家的作用，广泛听取各方面的意见，达到集思广益、形成共识的目的。特别是在调查研究阶段，每个专题凡是涉及的有关部门，都要积极配合，协助完成好专题调研任务。要注意吸收兄弟省区市社科院（讲师团、社科联）的先进经验做法，确保规划编制工作一开始就站在一个较高的起点上。

三要认真学习，提高素质。《规划》编制工作是一项新任务、新课题，需要参与此项工作的同志们认真学习、认真研究。要学习好中央、省委、省政府的政策文件和规划编制工作的专业知识，进一步明确规划编制的总体要求，全面了解国内外人才开发现状和未来发展趋势，把握人才成长规律、人才资源开发规律和人才工作规律，掌握好规划编制工作的科学方法和基本要求，着力提高战略思维能力、宏观谋划能力、科学预测能力，为编制好规划奠定坚实的基础。

同志们，我院人才工作十年规划是一个全新的规划，是一项创造性、开拓性的工作，对我院今后一个时期人才队伍建设有着重大影响。我们肩负的任务光荣而艰巨。只要我们共同努力，集中智慧，团结协作，开拓创新，就一定能编制好我院十年人才工作规划，为实现我院“省级一流、国内知名”奋斗目标、建设新智库奠定有力的人才基础！

学习宣传贯彻十七届五中全会精神 推进社会主义新智库建设

——在学习宣传贯彻党的十七届五中全会精神院党组（扩大）会议上的讲话

（2010 年 10 月 22 日）

刚刚闭幕的党的十七届五中全会是在全面建设小康社会的关键时期，在深化改革开放、加快经济发展方式转变的攻坚时期召开的一次十分重要的会议。全会系统总结了我国“十一五”时期经济社会发展的巨大成就和宝贵经验，科学分析了面临的战略机遇和风险挑战，勾画了今后五年我国发展的宏伟蓝图。

今天召开院党组（扩大）会议，主要任务是：传达学习党的十七届五中全会精神，研究制定具体举措，掀起全院学习贯彻落实全会精神的热潮。下面，我讲两个方面的意见。

一 党的十七届五中全会精神及党中央、省委学习贯彻意见

党的十七届五中全会于 2010 年 10 月 15 日至 18 日在北京举行。全会由中央政治局主持。中央委员会总书记胡锦涛做了重要讲话。

全会听取和讨论了胡锦涛受中央政治局委托所做的工作报告，审议通过

了《中共中央关于制定国民经济和社会发展第十二个五年规划的建议》。温家宝就《建议（讨论稿）》向全会做了说明。

全会充分肯定党的十七届四中全会以来中央政治局的工作。一致认为，面对国际金融危机带来的严重影响和国内外环境的深刻变化，中央政治局全面贯彻党的十七大和十七届一中、二中、三中、四中全会精神，高举中国特色社会主义伟大旗帜，以邓小平理论和“三个代表”重要思想为指导，深入贯彻落实科学发展观，团结带领全党全军全国各族人民，隆重庆祝中华人民共和国成立60周年，有效实施应对国际金融危机冲击的一揽子计划，有针对性地加强和改善宏观调控，巩固和发展应对国际金融危机冲击的成效，加快转变经济发展方式，保持经济平稳较快发展，着力保障和改善民生，有力应对玉树强烈地震、舟曲特大山洪泥石流等严重自然灾害，胜利完成全党深入学习实践科学发展观活动，成功举办上海世博会，党和国家各项事业和各项工作取得新的显著进展。

全会认为，“十二五”时期是全面建设小康社会的关键时期，是深化改革开放、加快转变经济发展方式的攻坚时期。深刻认识并准确把握国内外形势新变化新特点，科学制定“十二五”规划，对于继续抓住和用好我国发展的重要战略机遇期、促进经济长期平稳较快发展，对于夺取全面建设小康社会新胜利、推进中国特色社会主义伟大事业，具有十分重要的意义。

10月19日，中宣部召开专题视频会议，就学习宣传贯彻党的十七届五中全会精神和胡锦涛总书记重要讲话精神做出部署。中央政治局委员、中央书记处书记、中宣部部长刘云山出席会议并讲话，中宣部常务副部长雒树刚主持了会议。中央宣传文化系统各单位负责同志，各省区市和新疆生产建设兵团、各计划单列市党委宣传部、宣传文化单位的负责同志，分别参加了主会场和分会场的会议。

刘云山指出，刚刚闭幕的党的十七届五中全会是一次总结过去、规划未来、明确发展方向和奋斗目标的重要会议。全会通过的《中共中央关于制定国民经济和社会发展第十二个五年规划的建议》，是未来五年经济社会发展的基本遵循和行动纲领。学习领会全会精神，要坚持以邓小平理论和“三个代表”重要思想为指导，深入贯彻落实科学发展观，准确把握科学发展的主题，把握加快转变经济发展方式的主线，把握今后五年发展的总体思路和目标任务，切实把思想统一到中央对形势的基本判断上来，统一到中央关于“十二五”时期经济社会发展的战略部署上来。

刘云山指出，推动全会精神的贯彻落实，需要进行广泛深入的宣传动员，需要强有力的思想舆论支持。各级宣传部门和新闻单位要精心组织、周密安排，利用多种形式、多种渠道，集中深入地宣传全会精神。要全面把握、突出重点，做好深度报道、深度解读，进行专题分析、专题阐释，深入宣传过去五年经济社会发展取得的巨大成就和宝贵经验，宣传“十二五”规划建议的指导思想、发展目标和主要任务，宣传各地各部门贯彻全会精神的具体举措和实际行动，大力营造抓住重要战略机遇期、推动科学发展、加快转变经济发展方式的浓厚氛围。要加强形势政策宣传教育，广泛开展面向基层、面向群众的宣讲活动，使全会精神深入人心。要深入研究阐释全会提出的重大理论和现实问题，为“十二五”时期经济社会发展提供有力的理论支撑。

刘云山强调，推动文化大发展大繁荣、提升国家文化软实力，是全会提出的一项重要任务。学习贯彻全会精神，要增强加快文化改革发展的紧迫感，坚持社会主义先进文化前进方向，加快文化体制机制改革创新，加快构建公共文化服务体系，加快文化产业发展，加强对文化产品创作生产的引导，充分发挥文化引导社会、教育人民、推动发展的功能。要围绕中央关于文化改革发展的总体要求，注重战略性、前瞻性、指导性，编制一个反映人民意愿、符合当前实际的文化改革发展规划纲要，促进文化建设与经济、政治、社会建设协调发展。

10 月 20 日，省委常委会召开扩大会议，传达学习党的十七届五中全会精神。省委书记张云川主持会议并讲话。省委常委、副省级以上党员领导同志、省军区及部分驻冀部队领导参加会议。

会议认为，胡锦涛总书记所做的中央政治局工作报告，系统总结了十七届四中全会以来的工作，全面反映了一年来我国经济社会发展和党的建设取得的新进步与新成就。全会审议通过的“十二五”规划建议，描绘了我国未来五年经济社会发展的宏伟蓝图，符合国情，符合时代要求，是动员全党全国各族人民全面建设小康社会、加快推进社会主义现代化的纲领性文件。胡锦涛总书记在全会结束时所做的重要讲话，总揽全局、立意高远，就贯彻全会精神、做好当前工作提出了明确要求，有着很强的思想性、针对性和指导性。

会议强调，全省各级党组织要把学习贯彻党的十七届五中全会精神作为当前的一项重要政治任务来抓，组织各级干部和广大党员认真学习、深刻领会全会精神。要充分认识中央政治局一年来的工作成绩，充分认识过去五年我国现代化建设取得的巨大成就，增强推进各项事业又好又快发展的信心。要进一步认清我国经济社会发展面临的新形势，抓住用好推进发展的重要战略机遇期。要准确把握科学发展的主题和加快转变经济发展方式的主线，更好地贯穿于经济社会发展的全过程和各领域，努力在发展中促转变、在转变中谋发展。要认真领会“十二五”时期经济社会发展的主要目标和重大举措，谋划好我省今后一个时期的主要工作。要通过深入系统的学习，切实把思想统一到中央全会精神上来，把行动统一到落实中央的重大决策部署上来。

会议强调，学习贯彻中央全会精神，领导干部要发挥带头作用，认真领会全会的新思想、新观点、新要求，加强对重大问题的思考和研究，把全会精神贯彻落实到实际工作中。要广泛深入宣传全会精神，使广大党员和干部群众全面了解和把握我国发展的前进方向、奋斗目标、美好前景，团结一心为完成“十二五”时期经济社会发展任务而努力奋斗。

10 月 20 日下午，省委宣传部召开专题视频会议，就学习宣传贯彻党的十七届五中全会精神和省委常委扩大会议精神做出部署。省委常委、宣传部部长聂辰席强调，全省宣传思想文化战线要把学习宣传贯彻党的十七届五中全会精神作为当前和今后一个时期的重要任务，高度重视，集中精力，迅速在全省兴起学习宣传贯彻全会精神的热潮。

聂辰席指出，全省宣传思想文化战线要深入学习领会全会精神，特别是全会提出的一系列新观点、新思想、新举措、新要求。要坚持把中央精神与河北实际紧密结合，突出科学发展这一主题，围绕加快转变经济发展方式这条主线，紧扣省委、省政府中心工作，做好深度报道、深度解读，深入宣传

“十一五”时期的巨大成就和宝贵经验，宣传“十二五”规划建议的指导思想、发展目标和主要任务，宣传全省各地学习贯彻全会精神的思路举措和进展成效，努力为全面完成“十一五”各项目标任务、推进“十二五”又好又快发展营造浓厚氛围。

聂辰席强调，各级宣传部门要紧密联系形势发展的新变化，紧密联系干部群众思想的新特点，准确把握不同层面、不同受众的关注点和兴奋点，创新理念、创新内容、创新形式，多用事实说话、典型说话、数字说话，努力增强宣传的针对性、实效性和吸引力、感染力。要深入开展形势政策宣传教育，切实加强理论研究阐释，充分发挥思想政治工作、精神文明创建工作、文化艺术工作的作用，努力形成全方位、立体式的宣传格局。要深入贯彻落实全会精神，扎实做好我省“十二五”时期文化体制改革和发展专项规划的调研编制工作，着力推动文化大发展大繁荣。

省直宣传文化系统各单位负责同志，各市委宣传部、市直宣传文化系统单位的负责同志分别参加了主会场和分会场的会议。

二　迅速掀起学习宣传贯彻党的十七届五中全会精神的热潮

全院各级各部门，要深刻领会党中央和省委精神，把学习宣传贯彻党的十七届五中全会精神作为当前和今后一个时期的重要任务，高度重视，集中精力，迅速掀起学习贯彻落实十七届五中全会精神的热潮。重点做好三项工作。

（一）深入学习领会，把握精神实质，把思想和行动统一到全会精神上来

十七届五中全会主题重大，内容丰富，涉及党和国家长远发展，涉及经济社会发展的方方面面。学习的重点内容有以下几点。

一是深刻学习领会全会对形势的分析判断。要充分认识“十一五”时期我国、我省改革开放全面建设小康社会取得的巨大成就，充分认识我省加快经济发展方式转变、保持经济平稳较快发展、推进城镇面貌“三年大变样”取得的巨大成绩，增强改革发展的自信心。要正确认识我国仍处于可

以大有作为的重要战略机遇期，正确认识我省正处于工业化、城镇化加速发展阶段，面临着难得的发展机遇，从而更加自觉地抓住机遇，用好机遇，推动我省经济社会又好又快发展。要清醒地认识我们面临的风险和挑战，调整经济结构、转变发展方式的任务很重，时刻保持清醒头脑，增强忧患意识，不动摇、不懈怠、不折腾，坚定不移地朝着既定的目标迈进。

二是深刻学习领会全会确定的“十二五”总体思路和目标任务。要深刻理解制定“十二五”规划的指导思想。着重把握好四个方面：准确把握科学发展这个主题，准确把握加快转变经济发展方式这条主线，准确把握今后五年经济社会发展的主要目标，准确把握“十二五”时期发展的重大举措。

三是深刻学习领会全会提出的实现“十二五”奋斗目标的基本保障。要充分认识加强党的执政能力建设和先进性建设的新要求，充分认识加强和改进新形势下群众工作的新要求，充分认识发扬党的优良传统、保持良好精神状态的新要求。以昂扬向上的工作精神，百折不挠的意志品质，积极作为的工作态度，真抓实干，兢兢业业，认真落实全会提出的各项任务。

四是深刻学习领会全会关于文化建设的系列要求部署。全会提出，文化是一个民族的精神和灵魂，是国家发展和民族振兴的强大力量。要推动文化大发展大繁荣、提升国家文化软实力；坚持社会主义先进文化前进方向，提高全民族文明素质；推进文化创新，深化文化体制改革，增强文化发展活力，繁荣发展文化事业和文化产业；满足人民群众不断增长的精神文化需求，基本建成公共文化服务体系，推动文化产业成为国民经济支柱产业；充分发挥文化引导社会、教育人民、推动发展的功能，建设中华民族共有精神家园，增强民族凝聚力和创造力。这一系列要求部署为今后五年文化改革发展指明了方向、提供了遵循。我们要认真学习领会，把握精神实质，以高度的文化自信和文化自觉深入推动文化大发展大繁荣。

院党组及各党支部要贯彻落实省委要求，把学习贯彻全会精神作为当务之急，作为学习型党组织建设的重要内容。院党组理论学习中心组要根据省委安排做好今后的学习组织工作。院机关党委要对全院的学习做出安排，对学习提出具体要求，并抓好督导落实，保证学习内容、学习时间、学习人员、学习效果四落实。各党支部要召开支部专题学习会，组织党员干部认真学习。院各级领导干部要争做学习表率，带头学习，带头运用，学深学透，融会贯通。特别要认真领会胡锦涛总书记重要讲话精神和温家宝总理所做的说明，把握新形势下发展的新思路新要求，加强对重大问题的思考和研究，把全会精神贯彻落实到实际工作中。

（二）发挥职能作用，加强宣传研究，为推动全省全会精神的学习宣传做贡献

我院作为理论研究和理论宣讲机构，在抓好自身学习的同时，还肩负着理论研究阐释，宣传教育群众的重要职责。近期要做好六项具体工作。

一是围绕学习贯彻全会精神，组织好宣讲教育活动。以省委讲师团的名义向各市委讲师团及基层宣讲站发文，就如何学习宣讲好全会精神提出具体要求，指导各市委讲师团开展好集中宣讲活动。组织精干力量围绕党的十七届五中全会的时代背景、主要精神及新思想、新举措撰写宣讲提纲，为宣讲提供参考依据。组织省内社科理论专家召开座谈会，对全会的精神实质、重大意义以及部署要求等进行座谈研讨，引领和推动我省对全会精神的学习贯彻。举办全会精神培训班，对理论宣讲骨干进行培训，为宣讲工作打好基础。《中心组理论学习通讯》《理论信息》各出一期增刊，刊发学习情况，对全会精神进行解读。与河北日报及电台、电视台等媒体联合开辟“学习信箱”专栏，组织专家学者撰写解读文章，进一步深化宣传效果。在干部理论教育网开辟“党的十七届五中全会宣传”专栏，提供文字、音频和视频等多种形式的学习资料，并精心选择宣讲主题，列出“菜单”，开展有针对性的“点播式”“菜单式”宣讲。

二是围绕全会的理论创新成果，开展研究阐释工作。党的十七届五中全会提出了一系列新思想、新观点、新论断，反映了党的理论创新的最新成果，需要我们认真研究。要深入研究宣传河北解放思想、开拓创新、攻难克坚、努力实现经济社会又好又快发展的成功经验，深入研究宣传继续抓住和用好我国发展重要战略机遇期的重大意义，深入研究宣传河北经济社会发展面临的新形势，深入研究宣传河北推动科学发展、加快转变经济发展方式的新课题，深入研究宣传河北调整优化产业结构、加快推进城镇化建设、保障和改善民生、深化文化体制改革和加快文化事业产业发展等重点工作、重点任务，深入研究宣传适应发展要求不断深化改革开放的新举措，深入研究宣传新形势下做好群众工作、促进社会和谐稳定的新要求。要确定重点研究方向，发挥各层次重点课题的导向作用，组织专家集中攻关，在大报大刊推出一批高水平的理论文章，使深化研究的过程成为学习贯彻全会精神的过程，成为加强理论武装、深化认识、凝聚共识的过程。

三是围绕破解“十二五”规划实施中的难题，加大科研攻关力度。从当前河北经济社会发展的主要矛盾和问题入手，在健全市场机制提高经济活力、调整收入分配格局理顺收入分配关系、破除城乡二元体制加快推进城镇化等方面选择若干重点问题进行深入研究。选好研究方向，组织精干力量，加大资金支持，推出系列精品。

四是围绕促进我省文化大发展大繁荣，发挥积极作用。贯彻全会要求，紧密结合河北实际，加强文化体制改革、文化产业发展和河北地方文化研究，提出具有前瞻性、可操作性的意见建议。完成《人文燕赵》《壮美长城》《燕赵思想家研究》等反映河北历史文化图书的编撰出版；加强社会主义核心价值体系研究宣传，制作核心价值体系电子通俗读物。

五是认真总结“十一五”，科学谋划“十二五”。认真落实全会要求，“以科学发展为主题，以加快转变经济发展方式为主线”，认真总结“十一五”发展经验，明确未来五年发展方向，把全会主要精神，特别是关于加强文化建设的各项要求，全面体现和贯穿到工作中去。“十二五”时期，要在领域拓展、力量整合、学科建设、人才培养、机制创新等方面再上新台阶，建立起适应省委和省政府需要、与国际接轨的智库运行模式，不断提高社科研究和理论宣传的竞争力和影响力，不断提升我院“省级一流、国内知名”强院的信誉度和美誉度。

六是完成机构调整任务，为我院的新智库建设打下基础。根据省关于省直部分事业单位列入参照《公务员法》管理范围的工作部署，从现在开始到 11 月底前，组织实施并完成原社科院行政管理人员参公管理工作。

（三）加强组织领导，推动学习宣传贯彻全会精神各项工作的落实

当前，学习宣传贯彻全会精神是全院工作的头等大事，各级各部门务必高度重视，增强政治意识、大局意识、责任意识，切实加强工作领导，精心组织安排，务求实效。

一是进一步强化领导责任。院属各部门的主要领导要亲自抓、负总责，分管院领导要做好分管部门的学习指导和工作督导。每一项重点工作都要建立完整责任链，做到事事有人管、件件有着落。

二是加强统筹形成合力。在学习宣传贯彻落实中，要统筹理论宣讲、科学研究、社科联合各方面的工作，注重联合全省社科研究、理论宣讲工作力量，加强与省委宣传部沟通，加强与新闻媒体的联系，协调联动，相互配合，形成工作合力。

三是改进作风确保工作落实。党的十七届五中全会精神的学习宣传贯彻，政治性、政策性强，工作标准和要求高，任务繁重。要不断加强和改进作风，增强政治观念，强化奉献精神，提高精细意识，规范工作流程，严肃宣传纪律，以真抓实干的精神和求真务实的作风，确保各项工作落到实处、见到实效。

在全省社科研究专业高级职称评审委员会上的讲话

（2010年10月25日）

我们全省社科研究专业高级评审委员会在这里召开2010年度职称评审会议，按照省职改办的要求，我讲五点意见。

一　准确把握做好今年职称工作的基本思路

2010年我省职称工作的指导思想是：坚持以党的十七大和十七届四中、五中全会精神为指导，深入贯彻落实科学发展观及科学人才观，按照人力资源和社会保障部深化职称制度改革“调整功能定位，健全分类体系，完善评价机制，实现科学管理”的总体思路，和全省人才资源和社会保障工作会议提出的“重点有突破，整体上水平”的要求，不断推进专业技术人才评价、使用、管理工作的改革创新。加快建立“按岗申报、公正评价、择优聘用、政府指导监督”的工作运行机制和以能力、业绩为导向，重在社会、业内认可的人才评价机制，改革完善专业技术职务聘用制度，建立有利于优秀人才脱颖而出的选人用人机制，努力形成一个结构合理、流动有序、充满活力的专业技术人才队伍，为我省全面建设小康社会提供坚强的人才支撑。

二　坚持标准，不断提高职称评审质量

今年，我省的职称工作在政策上没有做大的调整，社科研究专业的评审

工作是在省职改办下发的《2010 年度全省职称工作意见》和《关于做好 2010 年职称评审工作的通知》两个文件精神的指导下进行的。在评审工作中，我们要以评审条件为基础，进一步贯彻重水平、重业绩、重创新的评价原则，以严格的评审纪律作为保证，努力提高评审质量，把评审各个环节的工作做细、做实、做到位。

评审中我们要注意两点。一是严格评审标准。这次我们评委会共接收全省社科研究申报材料 84 份，其中正高 30 份、副高 54 份。在这 84 名申报人员中，正常晋升的 42 名，从不允许参评单位到允许参评单位的 7 名，引进人才 1 名，转系列 34 名。在评审中我们既要重视学历、资历、论文等基本条件，更要重视实际专业水平和业务工作能力，注重工作实绩和贡献，重水平、重业绩、重创新，在同等条件下兼顾年资。要坚持“两个一票否决”，申报材料中有弄虚作假行为的和答辩不合格的，都要一票否决。为做好评审工作，省职改办刘朝俊主任、杨金凤处长今天亲临现场指导，说明省职改办高度重视评审工作，高度重视社科研究队伍建设，为我们做好今年职称评审工作奠定了坚实的基础。我们院职改办的同志，事先做了大量的准备。在 5 月全省职称工作业务培训会上，我们就将修改后的全省社科研究专业的量化表交有关主管单位，并通过主管单位传达到全省；9 月下旬接收经过省职改办审批的全省社科研究专业人员材料后，按照省职改办的要求，依据社科研究专业的评审条件，制定了社科研究专业的量化标准，对每个申报人的材料进行了初步的量化，努力为顺利评审打下基础。这个量化标准是给评委们的一个参考，也仅仅是个参考。因为这个做法今年是首次实施，因此，无论是量化标准还是具体做法上都还存在这样和那样的不足。希望评委在具体评审中提出针对性的建议，以便今后进一步完善。对不完全符合入门条件的申报人员，各位专家可根据业绩成果和答辩等其他条件综合考察申报人的能力。二是严格按评审程序办事。依据《河北省专业技术职务任职资格评审委员会管理办法》的规定，按照审阅材料、量化计分、组织答辩、民主评议、投票表决的步骤组织实施，对有不同意见的报卷，各学科评审组要集体分析讨论，各评委在看卷过程中，要详细地记录申报人的各项情况，留档备查。因此，请各位委员严格按条件评审，评审结果要确保对申报人负责，确保评审高质量，要经受得住时间的检验。

三　完善答辩方式，提高答辩水平

按省职改办统一要求，高职申报实行全员答辩。根据评委的建议，今年我们对副高申报人的答辩，由答辩公共题改为答辩专业题；对正高申报人答辩还是要进行公共题和专业题的双答辩。我们从2007年开始建立了公共答辩题库，目的是从源头上提升我省社科队伍的整体素质，使我省社科研究界及有志于加入社科研究行列的人员，对社科研究的基础知识有个基本的认识，要打下具备进行深层次研究、出高水平科研成果、培养知名社科专家的基础。我们的公共题库起到了一定的促进作用，许多申报人员就认真学习了很多马列主义、毛泽东思想、邓小平理论、“三个代表”重要思想、科学发展观等社科方面的书籍和有关文章，进一步提高了自己的理论素养。在肯定这一做法的同时，我们在实施过程中也发现一些问题。如个别同志不是踏踏实实地学习，掌握基础知识，而是一门心思走捷径，抽到题后不及时答题，通过找人在网上找答案。这与我们设立公共题库的初衷是相悖的，也达不到学习提高的目的。针对这种情况，今年我们将进一步完善公共题的抽题办法，采取在各考核组答辩现场抽公共题的做法，每位申报人的答辩时间由各组长根据本组情况在规定时间内自行掌握。同时我们也根据评委建议和题库实施状况，每年对公共题库都不断进行修改和完善，保障公共题答辩能够健康顺利进行。

四　坚持淘汰制度，确保优上弱下

坚持淘汰率对于加强整个社科专业队伍建设、保持良好的评审质量是一种有效的措施。按省职改办要求，针对正、副高职量化计分表的分值不同，我们实行浮动淘汰率，在不低于20%的基础上，上不封顶，条件弱的坚决淘汰。这就要求每个评审组，用量化分数说话，坚持末位淘汰，对本组申报人要预评出拟淘汰者，待小组长碰头会和大评委会推荐时再进行横评，层层把关，确保评审质量。对拟淘汰者的材料，各考核组要集体讨论，一定要给出书面淘汰意见，并为被淘汰者指出今后明确的努力方向。事实证明，以往被淘汰者，经过一两年的努力，都会有很大的进步，申报材料充实很多，答辩水平明显提高。

从另一种意义上说，淘汰是个导向。通过评审的淘汰制度，给从事社科研究事业的专业技术人员一个明确的信号：社科研究事业是为领导决策服务的、为整个经济社会发展服务的大事业，是必须要具备比一般专业还要高的研究能力、水平且具有一定研究成果才能进入的专业。只有把住评审这个关，才能使社科研究事业不断发展，才能成为全省学术上的权威。否则社科专业最终会自评自损自灭，这是我们所不希望看到的。因此，从现在起，从我们每个评委做起，就要承担起捍卫社科事业学术尊严的责任，为社科研究事业健康快速发展而努力。

五　严明评审工作纪律，加强评委会自身建设

今年全省职称工作会议上，省人力资源和社会保障厅赵新喜副厅长强调：专业技术职务任职资格评审委员会及其专业学科组成员应遵守评审纪律，认真审阅申报人员各项材料，严格按照规定对申报人员做出科学、客观、公正的评价，不得有对弄虚作假材料知情不报、为申报人员游说拉票等行为。违反规定者，取消其评委资格；情节严重的，给予党纪政纪处分。在评审期间，评委和相关工作人员要严格遵守评审工作纪律，自觉抵制不正之风；评审期间和评审结束后，均不得以任何形式和理由泄露评委会评论、评议情况。各评委要严格要求自己，恪尽职守，坚持原则，熟练掌握职称工作的政策、规定，做到正确运用，认真按照冀职改办字〔2001〕146 号文件《河北省专业技术职务任职资格评审委员会管理办法（试行）》执行，最大限度地体现公平、公正的评审原则，确保评审结果的客观公正。

我院纪检组派专人对这次评审会进行全程监督，纪检组的房间是二号楼 2102 房，有什么问题各位委员可以直接向纪检组的同志反映。

同志们，我们一定要充分认识职称评审工作对于全省人才工作的重要性，一定要站在为经济社会发展大局服务的高度，从繁荣发展社会科学的高度，从壮大专业技术人才队伍的大局出发，以高度负责的精神，使“公开、公正、择优”的原则在评审中更好地得到落实。同时也希望各位委员在紧张的评审工作中注意身体，保持旺盛的工作精力，圆满地完成好这次评审任务。

祝大家会议期间工作愉快，生活快乐。

谢谢大家！

关键时期要有更大作为*

（2010 年 11 月 10 日）

实现“十二五”目标，河北省有良好的基础

记者：省委七届六次全会刚刚闭幕，社会各界反响强烈，作为长期研究河北省经济发展的专家，您对这次全会有何感受？

周文夫：省委七届六次全会，是站在“十一五”和“十二五”两个五年规划的交替点上、在全面建设小康社会的关键时期召开的一次十分重要的会议，影响深远，意义重大。全会系统总结了“十一五”时期河北省经济社会发展取得的不凡成就，深入分析了当前及今后一个时期河北省经济社会发展面临的新形势，审议通过了《中共河北省委关于制定国民经济和社会发展第十二个五年规划的建议》，明确提出了“十二五”规划的指导思想、主要目标和战略重点，描绘了河北省未来五年经济社会发展的蓝图。这次会议对于我们更加深刻地认识和准确把握国内外形势的新变化、新特点，科学制定“十二五”规划，推进河北省改革开放和现代化建设，实现科学发展、富民强省，具有巨大的推动作用。

记者：广大干部群众非常关注“十二五”规划，对其寄予了很高的期

* 本文为《河北日报》记者吴宏爱、顾赞良对周文夫的专访，刊登于《河北日报》2011 年 11 月 10 日。

望，从各界反映看，大家对建设一个更加富饶、更加秀美、更加幸福的新河北信心很足。

周文夫：我们应该有这个信心。因为，实现“十二五”目标我们具备良好的基础条件。改革开放以来，河北省综合经济实力有了新的提升。特别是“十一五”期间，全省生产总值增长七成以上，财政收入增长超过一倍，预计今年全省生产总值将达到2万亿元，全部财政收入达到2339亿元；调整产业结构、转变经济发展方式工作不断深入推进，节能减排、淘汰落后产能、改造传统产业、发展新兴产业等方面取得新成效，涌现了一大批前景好、后劲足、带动能力强的大项目、好项目；城镇化步伐不断加快，城乡面貌发生积极变化，中心城市承载能力和聚集功能明显增强，城市化率由2005年的38.8%提高到了目前的45.5%……所有这些，都将为河北省实现“十二五”目标提供有力支撑。

不仅如此，河北省还拥有难得的发展机遇。利用好这些机遇，河北省必将在未来发展中赢得主动和优势。

河北省发展仍处于可以大有作为的重要战略机遇期

记者：谋划和推动“十二五”时期的工作，首先要对我们当前所面临的形势有一个清醒的认识和把握，您对河北省当前形势如何认识？

周文夫：概括地说，“十二五”时期，河北省发展仍处于可以大有作为的重要战略机遇期。重要战略机遇期是党的十六大提出来的，实践证明这是一个非常正确的判断。河北省紧紧抓住这一战略机遇期，积极作为，在“十五”“十一五”期间实现了经济社会快速发展。比如，“十一五”时期，尽管遭遇了国际金融危机的冲击，但我们抓住各种机遇，积极应对，城乡居民收入不断提高，城镇居民年可支配收入由9107元提高到了16100元，农民年人均纯收入由3482元提高到了5510元。为“十二五”时期跨上新台阶奠定了坚实的基础。而且，今后一个时期，河北省发展仍将处于这样一个可以大有作为的重要战略机遇期。

记者：能不能具体分析一下？

周文夫：这可以在国内外发展的大背景下来分析。从国际环境看，和平发展合作仍是当今世界的时代潮流，世界多极化和经济全球化深入发展，新科技革命浪潮迅速兴起，国际产业结构调整加速，有利于河北更大范围地利用国际资本、资源、技术和市场。从国内环境看，我国改革开放和社会主义现代化建设深入推进，工业化、信息化、城镇化、市场化深入发展，市场需求潜力巨大，劳动力资源丰富，资金供给充裕，科技创新能力不断完善，经济转型加快，各方面体制机制不断完善，社会政治大局稳定，这些都为河北加快发展提供了广阔空间。需要强调的是，未来五年河北的发展还拥有独特的优势：国家京津冀区域规划即将出台、秦唐沧沿海地区发展规划有望纳入国家发展战略。再有，国内“东企西移”“南资北移”加速、国家大力发展战略性新兴产业、国家积极鼓励和引导民间投资等，这些都为河北省科学发展、实现跨越发展提供了不可多得的良机。

记者：机遇与挑战往往是并存的，我们还面临哪些风险和挑战？

周文夫：的确如此，当前我们面临的挑战也不少。党中央和省委都在强调，“十二五”时期是全面建设小康社会的关键时期，是深化改革开放、加快转变经济发展方式的攻坚时期。从国际上看，金融危机影响深远，国际竞争激烈，气候变化、能源资源安全、公共卫生安全等全球性问题更加突出，外部环境更加复杂。从国内形势看，发展中长期积累的深层次矛盾凸显，资源环境约束强化，投资消费关系失衡，收入分配差距较大，社会矛盾明显增多，转变经济发展方式刻不容缓，河北省经济社会发展步入以转型促发展的重要阶段。尤其是对河北省来讲，产业结构调整的压力非常大，任务繁重。不过总体来看，虽然面临严峻挑战，但机遇大于挑战。“十二五”时期，只要我们抢抓机遇，乘势而上，积极作为，就能在大有作为的重要发展时期创造出更加辉煌的业绩。

牢牢把握加快转变经济发展方式这一主线，争取更大作为

记者：机遇可遇而不可求，稍纵即逝。全会要求我们进一步增强责任意

识和忧患意识，抢抓新机遇，增创新优势。您认为“十二五”时期河北省应如何抓住机遇加快发展？

周文夫：机遇是客观存在的，但总是青睐那些有准备的人。可以说，抓住机遇关键在行动。首先，我们要认真贯彻落实党的十七届五中全会和省委七届六次全会的重大战略部署，坚持以科学发展观统领全局，不断强化机遇意识和责任意识，以加快转变经济发展方式为主线，认真推动各项工作落实。其次，要统筹兼顾，重点突破。要按照省委“四个一”的重点战略部署，着力推进六方面工作，即着力调整经济结构，着力推进新型工业化、新型城镇化和农业现代化，着力保障和改善民生，着力改善生态环境，着力提高创新能力，着力深化改革开放。这其中，关键问题和重中之重是加快转变经济发展方式，这是贯穿河北省“十二五”时期的工作主线，也是河北省赢得未来、实现跨越发展的新契机。如果不能在调整产业结构、转变发展方式上实现大的突破，整个经济运行的质量和效益就很难保证，最终发展目标也难以实现，最大的机遇就会失去。

记者：“四个一”战略重点的提出很是振奋人心，是否可以这样认为，抓好“四个一”战略重点将有力地带动河北省经济全局，形成一个新的发展格局？

周文夫：的确如此。“四个一”战略重点的提出，具有很强的战略意义。“四个一”：一圈，即加快建设环首都经济圈；一带，即加快建设沿海经济隆起带；一区，即加快发展冀中南经济区；一批，即加快培育一批千亿元级工业聚集区和大型企业集团。“四个一”战略重点从城市化布局、产业集聚着手，突出河北省的区域环境优势和县域经济发展优势，通过重点突破，将有力地推动全省形成区域竞相发展、协调发展的新格局。“四个一”战略重点的提出是对省情和科学发展认识的进一步深化，是从全新的角度对河北省“十二五”发展做出的战略指引。

记者：对实施“四个一”战略重点，您有什么好的建议？

周文夫：我认为，在今后的工作中，抓好“四个一”战略重点要注意这样几个问题：一圈建设，要遵循规律，树立服务、合作、竞争、共赢意识，加强与北京相关规划的对接，错位发展，明晰河北省产业承接方向及发展重点。一带隆起，关键是要在港区平台建设和大型项目引进上下功夫，着力优化产业空间布局，以项目凝聚要素，夯实沿海经济带隆起的基础。一区发展，要与区域中心城市建设和一带发展相呼应，提升冀中南区域经济的对外开放水平和综合竞争实力。一批培育，要突出技术创新和管理创新，加强创新平台建设和核心关键技术的攻关，通过自主创新，加快经济发展方式的转变。

第三届河北省社会科学博士论坛开幕词

（2010 年 11 月 11 日）

在全省上下认真学习贯彻党的十七届五中全会和省委七届六次全会精神的重要时刻，在即将迎来河北省社会科学界联合会成立 30 周年的喜庆气氛中，第三届河北省社会科学博士论坛在河北师范大学校园隆重开幕了。在此，我谨代表河北省社科院、河北省社科联，向出席今天开幕式的各位领导、专家学者、博士代表、新闻单位的记者以及河北师范大学的教师和同学们表示热烈的欢迎！向为承办本届论坛做了大量工作、付出辛勤劳动的河北师范大学的同志们表示衷心感谢！

河北省社会科学博士论坛，是应广大社科博士要求，为有效整合社科高端人才、培养队伍、更好地服务于我省经济社会发展而搭建的一个科研交流、思想沟通、服务社会的学术平台。论坛自 2008 年创办以来，始终坚持围绕中心、服务大局的正确方向，牢牢把握“联合、联系、联谊”的基本宗旨，努力适应理论武装、服务决策、繁荣发展“三位一体”工作的新格局，在优化整合社会科学资源、繁荣发展河北社会科学事业、服从服务于河北经济社会又好又快发展等方面，发挥了积极有效的作用、产生了良好的社会效益。论坛已成为对广大文科博士有凝聚力、对决策层有影响力、对新闻媒体有吸引力、在社会上有知名度的品牌活动；成为河北省社科院、河北省社科联联系广大社会科学工作者的新的桥梁和纽带，推动工作出特色、上水平的重要抓手。

本届论坛以“推动文化传承创新，促进经济社会和谐发展”为主题，聚焦热点，贴近现实，立意深远。当今世界，文化不仅是一个民族文明进步的象征，更是一个国家软实力的重要体现。文化可以创造生产力、提高竞争力、增强吸引力、形成凝聚力，已被实践所证明并成为社会的普遍共识。河北是中华文明的发祥地之一，历史悠久、文化丰厚，培育并形成了特色鲜明、内涵丰富的河北人文精神。当前，我省文化体制改革正扎实推进、不断深化，同时也面临着一些亟待研究解决的理论和实践上的难点和热点问题。希望全体与会代表要以我省文化事业发展的大局为重，真正负起责任，紧密围绕论坛主题，深入开展研讨交流，积极建言献策，努力破解难题。切实为传承和弘扬河北历史文化，推进河北文化事业、文化产业发展，深化河北文化体制改革，加快文化强省建设步伐，提供强有力的理论保证、精神动力和智力支持。我相信，通过与会代表们的交流合作与共同努力，本届论坛一定会达到预期目的，取得丰硕成果。

祝第三届河北省社会科学博士论坛圆满成功！

谢谢大家！

在院第六次党代会上的讲话

（2010 年 12 月 3 日）

在我们认真学习贯彻党的十七届五中全会和省委七届六次全会精神之际，在全党建设学习型党组织和开展创先争优活动的热潮中，我院召开第六次党代表大会，选举出了新一届机关党委，具有特别重要的意义。在这里，我代表院党组向新一届院机关党委表示热烈祝贺！并向辛勤工作在各个岗位上的全院党员和党务工作者表示诚挚问候！刚才，世芳同志代表院机关党委做了工作报告，对上一次党代会以来我院机关党委的工作进行了总结，并对今后工作做出部署，希望认真抓好贯彻落实。下面，我代表院党组就当前我院党建工作讲三点意见。

一　认真学习贯彻党中央和省委全会精神，坚持以科学发展观统领办院，全面推进理论武装、服务决策、繁荣发展各项工作

党的十七届五中全会和省委七届六次全会是在我国我省即将完成“十一五”规划、进入全面建设小康社会的关键时期召开的十分重要的会议，勾画了今后五年我国我省发展的宏伟蓝图。全院各级各部门，要高度重视，集中精力，把学习宣传贯彻党的十七届五中全会和省委七届六次全会精神作为当前和今后一个时期的重要任务。

第一，正确把握新形势，切实把思想和行动统一到全会的要求和部署上

来。党的十七届五中全会系统总结了我国“十一五”时期经济社会发展的巨大成就和宝贵经验，科学分析了面临的战略机遇和风险挑战，明确提出“十二五”时期要适应国内外形势新变化，顺应各族人民过上更好生活新期待，以科学发展为主题，以加快转变经济发展方式为主线，深化改革开放，保障和改善民生，巩固和扩大应对国际金融危机冲击成果，促进经济长期平稳较快发展和社会和谐稳定，为全面建成小康社会打下具有决定性意义的基础。省委七届六次全会审议通过的河北省“十二五”规划建议，紧密结合河北实际，提出以加快转变经济发展方式为主线，围绕加快发展和加速转型双重任务，构筑环首都经济圈，壮大沿海经济隆起带，打造冀中南经济区，培育一批千亿元级工业聚集区和大型企业集团，着力调整经济结构，着力推进新型工业化、新型城镇化和农业现代化，着力保障和改善民生，着力改善生态环境，着力提高创新能力，着力深化改革开放，加快科学发展、富民强省进程，努力实现从经济大省向经济强省跨越、从文化资源大省向文化强省跨越，建设更加富饶、更加秀美、更加幸福的新河北。党中央和省委全会，站在党和国家以及全省工作全局的高度，对形势做出科学判断，对工作思路做出深刻阐述，对当前工作做出全面安排。我院作为省委、省政府“思想库”“智囊团”，要全面深刻地领会党中央和省委全会精神，进一步统一思想、明确目标，在推动理论武装、服务决策、繁荣发展各项工作中认真贯彻落实。

第二，明确目标任务，在加快科学发展、富民强省进程中发挥智库作用。一要落实省委要求，组织好宣讲教育活动。通过集中宣讲、专家研讨、骨干培训、撰写文章等方式，对党中央和省委全会精神实质、重大意义及部署要求等进行解读宣传，引领和推动我省对全会精神的学习宣传贯彻。二要围绕全会的理论创新成果，开展研究阐释工作。围绕全会提出的一系列新思想、新观点、新论断，深入研究，组织攻关，在大报大刊推出一批高水平的理论文章。三要围绕破解“十二五”规划实施中的难题，加大科研攻关力度。要确定重点研究方向，发挥各层次重点课题的导向作用，从当前河北经济社会发展的主要矛盾和难点问题入手，在健全市场机制提高经济活力、调整收入分配格局理顺收入分配关系、破除城乡二元体制加快推进城镇化等方面选择若干重点问题进行深入研究，组织精干力量，加大资金支持，推出系列精品。四要围绕促进我省文化大发展大繁荣，发挥积极作用。加强文化体制改革、文化事业、产业发展和河北地方文化研究，完成《人文燕赵》《壮美长城》《燕赵思想家研究》等反映河北历史文化图书的编撰出版任务。加强社会主义核心价值体系研究宣传，制作出版电子通俗读物。

第三，认真总结“十一五”，科学谋划“十二五”。按照党中央和省委全会精神，以科学发展为主题，认真总结我院“十一五”发展经验，明确未来五年发展目标，努力推进以中国特色社会主义理论为指导，为省委省政府决策服务、为全省经济社会发展服务、为基层服务，与国际运行模式接轨的智库建设，不断提高社科研究和理论宣传的竞争力和影响力，不断提升我院的信誉度和美誉度，在领域拓展、力量整合、学科建设、人才培养、机制创新等方面再上新台阶。

二　扎实推进学习型党组织建设和创先争优活动，充分发挥党支部的战斗堡垒作用和党员先锋模范作用

建设学习型党组织和开展创先争优活动，是党中央和省委部署的重大战略任务，是学习实践科学发展观活动的继续、延展和深化。有效开展这两项活动，对于提高全院党员思想政治素养、发挥先锋模范作用，对于加强全院党的基层组织建设、发挥党支部的战斗堡垒作用，对于推动理论武装、服务决策、繁荣发展各项工作上水平提供了强大动力和有力保障。

第一，推进学习型党组织建设，提高工作水平和工作实效。总的来看，我院建设学习型党组织活动正在有序展开，各部门按照院党组的部署和要求，采取了一系列有效措施加以推动，取得了较好的效果。近日，中央协调办公室对我院学习型党组织建设情况发了一期简报，中央各大新闻媒体和省内主要媒体对我院学习型党组织建设集中进行了报道，院内外反响都很好。但也必须看到，建设学习型党组织是一项长期的政治任务，需要我们以更高

的政治自觉去推进，以改革创新的精神去谋划，以卓有成效的工作去落实。一要自觉增强推进学习型党组织建设的责任感。深入推进加快经济发展方式转变，有大量新情况需要把握，有大量新问题需要研究，有大量新矛盾需要解决，我们只有通过推进学习型党组织建设，进一步统一全院广大党员干部思想，才能真正在加快经济发展方式转变上达成共识、形成合力、取得突破，为推动我省经济发展方式转变做出社会科学工作应有的贡献。二要坚持学研结合，创新学习形式，提高学习效果。按照党组《实施意见》要求，以“三大工程”为抓手，开展研究性、开放性、服务性学习。关注学术前沿问题，带着研究的目的进行学习，在学习中找到研究方法、研究内容和研究主题。通过大调研活动走向基层，走向社会，丰富学习内容。关注河北经济社会发展中的重点、热点问题，为省委省政府决策服务、为全省经济社会发展服务、为基层服务。三要加强理论武装工作。引导全院党员干部正确认清形势，增强政治意识、大局意识和责任意识，把做好本职工作与推进我院事业发展紧密联系起来。这次党委、支部换届工作，一些长期从事科研、教学业务工作的同志被选拔担任党委委员、支部书记。这些同志的知识化、专业化水平很高，但是缺乏管理工作和党务工作的实践经验及相关知识。应该随着角色的转换，按照干什么学什么、缺什么补什么的要求，加强有关党的知识和党建工作的学习，使自己的知识结构和工作能力尽快适应新的角色需要，担负起新的岗位职责。

第二，以创先争优活动为契机，激发党支部和广大党员做好工作的内在动力。我院有 31 个基层党支部、379 名党员，分布在各条战线、各个岗位。开展创先争优活动，最根本的是要把基层党支部和广大党员的积极性调动起来，在平时工作中深入学习和长期实践科学发展观，在完成中心任务上创先进，在干好本职工作上争优秀，努力做出一流业绩。这项活动开展以来，我院各部门高度重视，立足实际，创新载体，积极营造争先进、创佳绩、上水平的良好氛围。只要我们坚持不懈地抓下去，其作用和效果就会充分显现出来。要借鉴和运用学习实践活动的经验，突出实践特色，注重实际效果，推动创先争优活动更加深入地开展起来。一要与落实“新智库”建设的重点工作部署结合起来。“十二五”时期，我院要按照“新智库”的战略定位努力实现两个转变：由单纯的研究机构向综合性智囊机构转变，由以个体研究为特征的粗放型研究方式向以集团交叉研究为特征的集约化研究方式转变。这两个转变事关我院的全局和长远发展，牵动着各条战线、各个岗位的实际工作，每个单位、每个岗位都可以有所作为。要引导党支部和广大党员围绕中心、服务大局，尤其是结合本职工作选准切入点和突破口，以攻坚克难的精神和创先争优的行动，把推动“新智库”建设的各项部署落到实处，把各项工作提高到一个新水平。二要与深入推进干部作风建设结合起来。要进一步加强党员干部队伍作风建设。近年来，党中央、省委就加强各级党员领导干部的作风建设发出了一系列重要指示，我院在加强领导干部和机关作风建设方面也出台了一系列重要举措，并且已经初见成效。但是，作风建设是一项长期任务，不可能一蹴而就，还要继续努力。这两年，我们抓干部作风建设是有震动、有成效的，但好作风的养成不是一时之功，特别是有些问题稍一放松就会反弹。为此，我们要在打好攻坚战的基础上打好持久战，大力弘扬求真务实、奋发有为的优良作风。要注重体制机制建设，推动干部作风建设的常态化、规范化，以创先争优的实际行动促进干部作风的明显转变，以干部作风的明显转变检验创先争优的实际成效。三要在“争”和“创”上下功夫。我们衡量一个党支部和党员是不是先进和优秀，最重要的是看他能不能模范地学习实践科学发展观，在推动“三个服务”上做出突出成绩。各单位要结合本职工作，制定先进和优秀的具体标准，明确争创的方向和目标，不要急于评先摆优，而要把精力放在“争”和“创”上，使创先争优的过程成为后进变先进、先进更先进的过程，成为推动各项工作上水平的过程。四要全面加强党的基层组织建设。开展创先争优活动的一项重要目标，是加强基层组织。要抓住开展创先争优活动的有利时机，把党支部建设作为基础性工程来抓，着力解决工作中存在的突出问题，切实增强党组织的创造力、凝聚力和战斗力。认真进行对标活动，发现差距和不足，采取更加实际、更有实效的措施，提高党建工作水平。推动群团组织广泛开展各具特色的创先争优活动，在全院形成创先争优的浓厚氛围。要加强党支部书记和支委的培训工作，大力宣传有创新支部工作思路和典型经验的党支部。

三 认真落实党建工作责任制，全面加强我院党的建设

抓好我院各级党组织的建设工作，是构建理论武装、服务决策、繁荣发展“三位一体”工作新格局的重要组织保证。把握正确的政治方向、确保合格的科研质量、打造省委省政府新智库，党组织的作用是不可缺少、不可替代的。因此，适应新形势、新任务的需要，以改革创新精神进一步加强我院党的建设工作，是摆在全院各级党组织面前的一项紧迫而又艰巨的任务。

以改革创新精神加强我院党的建设工作，关键在各级领导干部的高度重视和真抓实干。院党组和院属各部门领导班子要把党的建设工作纳入工作议程，注意抓好落实。院领导班子成员要自觉落实“一岗双责”要求，既要以普通党员身份积极参加所在支部的统一活动，又要加强对所在支部党建工作的领导。加强各部门党的建设工作，不仅是支部书记的重要职责，而且是整个领导班子的共同责任。要建立健全党建工作考核评价体系，把抓党建工作的情况和成效，作为评价领导班子和领导干部实绩的重要指标。要鼓励各支部积极创新党建工作的方式方法，注意及时总结推广党建工作的典型经验，加大宣传力度，完善经费保障机制，为加强和改进我院党建工作创造良好的工作条件。

同志们，加强全院党的建设工作是一项非常重要和光荣的工作，希望全院各级领导干部、党务干部、广大党员共同关心和支持党的建设工作，群策群力、集思广益，努力为开创我院党的建设工作新局面做出更大的贡献。

在院厅级干部会议上的讲话

（2010 年 12 月 8 日）

刚才，朱政学同志宣布了省委关于院党组成员、省纪委派驻省社科院纪检组组长胡银山同志的任职决定，商黎光同志讲了重要指导意见，胡银山同志也做了发言。我代表院党组，坚决拥护省委做出的决定。加强党的干部队伍建设，尤其是领导班子建设，是省委贯彻落实科学发展观、不断增强科学发展执行力的重大举措。院党组要站在推动全省科学发展的战略高度，讲大局、讲政治，把省委的工作部署执行好、落实好。今天，省纪委、省委组织部、省委宣传部的领导和相关部门负责同志亲临我院，代表省委把胡银山同志送上岗，我代表院党组对各位同志的到来并对你们长期以来对我院工作给予的关注和支持表示衷心感谢！

省社科院（同时挂河北省邓小平理论“三个代表”重要思想和科学发展观研究中心、中共河北省委讲师团、河北省社会科学界联合会牌子）为省委、省政府直属事业单位，是我省社会科学综合研究、理论宣传机构和社团机构。主要担负三项职责：一是组织开展邓小平理论、“三个代表”重要思想和科学发展观理论与实践问题研究、河北省经济社会发展中的重大理论与实践问题研究、河北历史文化研究，为省委、省政府科学决策和全省经济社会又好又快发展提供理论支撑和咨询服务。二是开展理论宣传、理论教育，组织实施公务员队伍的理论和形势政策教育及培训等宣讲活动，为各级党委中心组提供学习服务，指导各市委讲师团的业务工作。三是发挥省委、省政府联系全省社会科学工作者的桥梁和纽带作用，组织、指导、管理、协调全省社科联所属团体会员和全省民办社会科学研究机构的工作；组织学术活动与交流，普及社会科学知识；负责省级社会科学优秀成果的奖励和管理工作。2009 年 2 月，省委做出决定，将省委讲师团、省社科联并入省社科院，院党组顺应机构调整的新形势和新任务，提出了新的发展思路：以科学发展观统领办院，构建理论武装、服务决策、繁荣发展“三位一体”工作新格局，继续坚持“为省委省政府决策服务、为全省经济社会发展服务、为基层服务”的办院方针，落实“出成果、出人才、出效益”的总要求，实现“省级一流、国内知名”的办院目标。一年多来，在省委、省政府的正确领导下，院党组团结带领全院干部职工积极推动工作，取得了新的成绩。

当前，围绕省委、省政府的工作部署，院党组正着力推进三个方面的工作。一是认真贯彻落实党的十七届五中全会和省委七届六次全会精神。我院专家已组成宣讲小分队深入市、县基层宣讲站开展宣讲工作。按照省委、省政府领导同志的要求，围绕环首都经济圈和沿海经济隆起带建设，我院作为环首都经济圈建设领导小组专家组的牵头单位，就“一圈、一带”两个重大项目开展重大课题研究，并参与我省沿海地区总体规划编制工作，努力为“一圈、一带”建设提供智力支持。二是继续深入开展学习型党组织建设。我院结合职能特点，紧密联系工作实际，积极倡导新的学习理念，组织实施党组中心组引领工程、服务决策发展能力提高工程、全员学习队伍建设工程，取得了良好成效。中央建设学习型党组织工作协调小组办公室《简报》第 58 期以《河北省社会科学院以学习型党组织建设为契机积极打造学习型社科院所》为题，介绍了我院的做法。近期，新华社、人民日报、中央人民广播电台、中央电视台、光明日报、经济日报及所属网站、中国文明网、河北日报、河北电台、河北电视台等重要媒体，集中报道了我院学习型党组织建设工作成果。下一阶段，我院要认真贯彻落实全省学习型党组织建设工作暨宣传部长座谈会精神，继续深入推进学习型党组织建设工作，在总结经验的基础上，不断创新方法、创新载体、加强机制建设，在提高学习能力和实践能力上下功夫，真正实现学习由“软任务”向“硬约束”转变、由“抓活动”向“促常态”转变。三是加紧实施院机构调整工作。按照省委关于机构整合的统一部署，修订出台了《院党组议事规则》《院长办公会议制度》《省社科联驻会主席办公会议制度》，确立了新的领导运行机制。在人员管理方面，机构调整工作正在“一院两制”的框架内稳步推进，行政管理处室参照《公务员法》管理，其他教学科研、辅助单位仍按事业单位管理。处级机构和中层干部调整已经基本完成，内设机构及人员调整工作也已启动。“一院两制”的实行，为人员的合理流动创造了条件，有力推动了原省社科院、省委讲师团、省社科联工作体制、机制和人员的进一步融合，为全院各项事业的持续发展奠定了良好基础。

近年来，院党组高度重视纪检监察工作，按照省纪委要求，认真贯彻落实《中国共产党党员领导干部廉洁从政若干准则》，规范从政行为，恪守廉政准则，落实党风廉政建设责任制，初步形成用制度规范行政行为、按制度办事、靠制度管人的长效机制。院党组根据院机构调整和领导班子成员分工变化，将党风廉政建设责任分解落实到分管工作中，主要领导负总责，分管领导和处所领导班子实施“一岗双责”，形成了一级抓一级、层层抓落实的良好态势。院党组支持纪检组在重大基建工程、科研项目、职称评聘、人员聘用、干部提拔等重点工作环节和重点工作部位，开展全程纪检监督，使纪检工作发挥了保驾护航作用。

胡银山同志长期从事党务工作，有丰富的工作经验和较强的工作能力。省委决定胡银山同志到我院任党组成员、纪检组长，为院领导班子输送了新鲜血液，为我院的纪检工作增添了新的活力。院党组将全力支持胡银山同志的工作，按照云川同志“抓好班子、带好队伍、多出成果”的要求，更加紧密地团结起来，以奋发有为的精神和求真务实的作风，不断解放思想，开拓进取，努力推进我院中国特色社会主义新智库建设，在服务河北科学发展、富民强省的进程中做出更大贡献。

省社科联成立30周年庆祝大会暨成果奖励、学术年会开幕词

（2010 年 12 月 9 日）

在全省上下深入开展学习宣传贯彻党的十七届五中全会和河北省委七届六次全会精神，为推动科学发展、实现富民强省而努力奋斗的重要阶段，河北省社会科学界联合会成立 30 周年庆祝大会暨河北省社会科学成果奖励大会、第五届河北省社会科学学术年会隆重开幕了。

今年是河北省社会科学界联合会成立 30 周年。我们在这里举办此次庆祝活动，主要目的是回顾总结省社科联 30 年的发展历程和工作经验，研究探索在新的历史起点上如何开创我省哲学社会科学事业新局面，为全面推动河北经济社会又好又快发展发挥好思想库和智囊团作用。出席本次会议的代表近 200 名，有各市社科联专职主席及部门负责同志，有省内社会科学单位负责人，有优秀成果获奖代表，有第五届学术年会论文作者。在此，请允许我代表省社科院、省社科联，向莅临大会且长期关心、领导和支持社科工作的省委常委、宣传部部长、省社科联主席聂辰席同志，省政府副省长龙庄伟同志和省委老书记叶连松同志表示崇高的敬意和衷心的感谢！向各位专家学者，向应邀出席大会的社科联委员代表，向新闻界的朋友们表示热烈的欢迎和诚挚的谢意！

三十年来，在省委、省政府的正确领导下，省社科联坚持以马列主义、毛泽东思想、邓小平理论和“三个代表”重要思想为指导，深入贯彻落实科学发展观，坚持“二为”方向和“双百”方针，团结带领全省社科工作

者，紧紧围绕党中央和省委、省政府的中心工作，围绕改革开放和现代化建设实际，积极组织开展理论研究、学术交流、社科宣传普及和咨询服务，有力地发挥了“认识世界、传承文明、创新理论、资政育人、服务社会”的作用，为促进我省哲学社会科学的繁荣与发展，为推动我省经济、政治、文化、社会建设做出了积极贡献。

30 年来，省社科联走过了不平凡的历程。尤其是 2009 年，是省社科联发展史上具有重要意义的一年，省委、省政府做出了将省委讲师团、省社科联并入省社科院的决定。这次机构调整，是我省贯彻落实科学发展观的重大举措，体现了省委、省政府对哲学社会科学事业的高度重视。一年多的实践充分证明，机构调整实现了社科资源和运行管理机制的优化组合，充分体现了“三个一相加大于三”的改革效应。

明年是“十二五”的开局之年。站在新的历史起点上，省社科院、省社科联将继续坚持以科学发展观统领办院，贯彻“为省委省政府决策服务、为全省经济社会发展服务、为基层服务”的办院（会）方针和“出成果、出人才、出效益”的总要求，在理论武装、服务决策、繁荣发展“三位一体”工作新格局下，切实把思想、行动统一到党中央和省委的要求上来，进一步解放思想、实事求是、与时俱进，积极服务于经济社会发展，推进理论创新，发挥党和人民事业“思想库”“智囊团”的作用，努力开创我省社科工作新局面，为顺利实现我省国民经济和社会发展“十二五”规划目标提供理论支持和智力保证，为夺取全面建设小康社会新胜利，实现科学发展、富民强省宏伟目标做出新的更大的贡献。

预祝大会取得圆满成功！

总结经验　创新发展
推动社科联工作实现新跨越

——在2010年河北省各设区市社科联工作年会上的讲话

（2010年12月9日）

2009年河北省各设区市社科联工作年会是去年7月在承德市召开的。一年多来，各市社科联围绕中心，服务大局，认真履行工作职能，充分发挥“桥梁纽带、组织协调、咨询服务、宣传普及”的作用，做了大量卓有成效的工作，取得了可喜的成绩。

回顾一年来各市社科联的工作，概括起来就是组织社科活动有特色，开展决策咨询有效果，宣传普及群众有声势，加强社团建设有章法。比如，张家口市开展首届社会科学优秀青年专家评选活动，开拓了工作新领域；唐山市围绕科学发展示范区和人民群众幸福之都建设组织社科专家开展献计献策活动，为领导决策提供了智力支持；承德市围绕“构建大避暑山庄，建设文化大市”“建设国际旅游城市”组织征文活动，受到了广泛关注；秦皇岛市举办“渤海大讲堂”，广邀名家大师为地方经济社会发展助力，受到欢迎；廊坊市开展社会科学优秀成果评奖活动，调动了社科工作者的积极性；保定市承担了多项国家级、省级课题，提升了社科理论研究的水平；沧州市开展社会科学普及宣传活动，有声势，有影响；衡水市围绕打造现代“水市湖城”公开招标重点课题，开展针对性研究，取得明显效果；石家庄市举办的“燕赵讲坛”已经成为石家庄市乃至河北省知名的文化品牌；邢台市举办的太行山文化论坛，围绕“弘扬太行精神、传承太行文化、发展太行经济”做文章，得到市委、市政府的肯定；邯郸市探索出的“四抓一促”工作方法，推动市社科联各项工作良好发展。这些都是各地社科联开展工作创新的成果，无不凝结着社科联同志们的积极探索和无私奉献，应该得到充分肯定和高度称赞。这些经验也必将成为我们今后创新工作、推动发展的牢固基础和动力源泉。我相信，只要同志们坚持创新不懈怠，推动工作不放松，就一定会创造出更大的工作成绩。

下面，我就当前和今后一个时期社科联的工作讲三点意见。

一　把学习贯彻党的十七届五中全会和省委七届六次全会精神作为全省社科联组织的一项重要政治任务

前不久，党的十七届五中全会和省委七届六次全会相继召开，这是政治生活中的大事。辰席部长在河北省社科联成立 30 周年庆祝大会的讲话中，就全省社会科学界如何学习、宣传、研究党中央和省委全会精神提出了明确的要求。我们一定要按照这些要求，把学习宣传党中央和省委全会精神作为全省社科联组织首要的政治任务，认真落实。

（1）深入学习，深刻认识党中央和省委全会对全面建设小康社会的重要意义。要通过深入学习，充分认识过去五年我国和我省现代化建设取得的巨大成就，进一步认清我国和我省经济社会发展面临的新形势，准确把握科学发展的主题和加快转变经济发展方式的主线，认真领会“十二五”经济社会发展的目标任务和重大举措。

（2）大力宣传，让党中央和省委全会精神深入人心。要采取多种形式，充分利用社科普及的手段和工具，运用政策解读、理论阐释、专家访谈、专题讲座等形式，集中开展形势政策教育活动。要把宣传的重点放在基层，多用大众化、通俗化的语言，多用群众喜闻乐见的方式，多用新媒体、新阵地和新的传播手段，扩大社科界在学习宣传全会精神中的影响力。

（3）深入研究，发挥社会科学对实施“十二五”规划的助推作用。要充分发挥社会科学的理论优势，开展对现实问题的研究，尤其要围绕我省加快发展和加速转型的双重任务，围绕“一圈一带一区一批”的战略重点开展对策研究，抓紧推出一批结合实际紧、针对性强、指导作用大的研究成果，不断提高社科研究对我省经济社会发展的贡献力。

二 联系各地社科联工作实际，贯彻落实省领导讲话精神，积极推动工作创新

在省社科联成立30周年庆祝大会上，省委常委、宣传部部长聂辰席，省政府副省长龙庄伟分别代表省委、省政府发表了重要讲话。在充分肯定省社科联30年来取得的巨大成绩的同时，对在新形势下进一步加强社科联自身建设，切实提高工作能力和服务水平，提出了非常重要的意见。全省社科联组织一定要在工作中认真贯彻。

（1）创建学习型机关，推进能力建设。2010年，省社科院党组在开展学习型党组织建设活动中积极组织实施“三大工程”，即党组理论学习中心组引领工程、服务决策发展提高工程、全员学习队伍建设工程，取得了显著效果。新华社、人民日报、中央电视台、光明日报，以及河北日报、河北电台、河北电视台等20多家中央和省内外重要媒体做了集中报道。各市社科联也要结合各自实际，在深入开展创先争优和建设学习型机关活动中，提出切实可行的目标和举措，提高组织活力和人员素质，把社科联组织建设成有坚强战斗力的集体。

（2）创新体制机制，履行工作职能。要积极适应新形势和新任务，不断健全社科联组织科学高效的运行机制、管理机制和发展机制，履行好党委和政府联系广大社会科学工作者的桥梁和纽带作用，切实担负起社科界组织、联络、协调的责任，多为社会科学工作者提供施展才华的平台和优质高效的服务。

（3）发挥联合优势，实现资源整合和最佳配置。要积极探索加强联合的新模式、新方式，优化学术资源配置，提高资源利用效率。加强理论研究单位与实际工作部门、社会科学和自然科学之间的协作，不断提升研究能力和研究水平。要切实发挥“组织协调”的功能，组织专家就党委和政府关

注的重大现实问题进行调研、论证、咨询，抓住重点课题联合组织攻关，深入推动党委和政府重大决策部署的顺利实施。

（4）加强人才队伍建设，推动社科事业可持续发展。要抓住培养人才、吸引人才、用好人才三个环节，提高社科工作者的理论研究水平和科学普及能力。通过组织积极有效的社会科学活动，培养一批德才兼备、视野开阔、思维敏锐、具有高度社会责任感和优良学术道德的学科带头人和理论骨干，造就一支团结协作、开拓创新、朝气蓬勃的人才队伍。

三　突出活动重点，相互支持配合，做好2011年社科联的各项工作

2011 年是我省实施“十二五”规划的开局之年，又逢建党 90 周年，全省社科联组织一定要把握活动重点，认真超前谋划，狠抓工作落实，突出实际效果。

（1）围绕建党 90 周年，组织社科界的多种活动。在中国共产党建党 90 周年之际，党中央和省委将就纪念活动做出安排部署。各级社科联组织要发挥自身优势，按照党中央和省委的要求，组织所属学会、协会、研究会开展有意义的纪念活动。要深入研究建党 90 年来的奋斗历程，深刻总结党的建设和执政的成功经验，深入宣传党的路线方针政策，进一步坚定广大干部群众走中国特色社会主义道路的信心和决心，为全面建设小康社会提供精神动力和智力支持。

（2）立足当前，谋划社科联工作未来的发展。去年，省委、省政府根据我省经济社会发展的需要和社会科学工作的新变化，决定将省委讲师团、省社科联并入省社科院。院党组及时提出构建理论武装、服务决策、繁荣发展“三位一体”工作新格局，真正做到了牌子不摘，职能不减，队伍不散，工作不断。目前，院“十二五”发展规划正在编制之中。各市社科联是社科联系统的重要力量，是我省社会科学事业的有机组成部分。希望各市社科联的同志们积极参与院“十二五”规划的制定，围绕如何创新优化“三位一体”工作机制，更好地服务决策、服务发展、服务基层，努力实现“省

级一流、国内知名”的奋斗目标献计献策。各市社科联在认真搞好当前工作的同时，还要根据地方党委、政府的要求和自身实际，对本市社会科学的长远发展、可持续发展做出谋划。

（3）加强省、市社科联的协调联动，开展建院30周年庆祝活动。今年我们围绕省社科联成立30周年组织了系列庆祝活动，明年又恰逢河北省社科院成立30周年。这不仅是社科院自身的一件大事，也是全省社会科学界的一件大事。对此我们已经进行了安排布置，力争办成一个全省社科界的共同节庆。省社科联要加强与各市社科联以及所属学会、协会、研究会的联系沟通，积极参加到院庆的各种活动中来，通过联合、联动等方式，充分体现“全省社科工作者之家”的特色，推动全省社会科学工作实现新跨越。

同志们，明年是我省实施“十二五”规划的开局之年，各级社科联组织肩负着艰巨的工作任务，希望大家通过此次年会，总结先进经验，明确工作目标，推动社科联各项工作再上新台阶，以优异的成绩向建党90周年献礼。

在院实施绩效工资工作会议上的讲话

（2010 年 12 月 10 日）

今天召开院实施绩效工资工作会议，主要任务是根据全省事业单位实施绩效工资工作电视电话会议精神，为贯彻落实好《河北省事业单位实施绩效工资意见（暂行）》和省委、省政府的部署，结合我院实际，对院实施绩效工资工作进行安排部署。刚才，董葆华同志就事业单位实施绩效工资的相关政策和我院实施绩效工资的具体情况做了说明。下面，我再讲三点意见。

一　统一思想，充分认识我院实施绩效工资的重要意义

实施绩效工资是我院事业单位收入分配制度改革的重要内容，对于进一步深化我院干部人事制度改革，加大内部管理力度，完善岗位设置、岗位聘任制度，充分调动工作人员的积极性、创造性和主动性，促进各项事业发展，提高工作效能和服务水平，都具有十分重要的意义。党中央、国务院和省委、省政府高度重视事业单位绩效工资实施工作。2009 年国务院决定事业单位实施绩效工资分三步展开。第一步从 2009 年 1 月 1 日起先在义务教育学校实施；第二步从 2009 年 10 月 1 日起，在疾病预防控制、健康教育、妇幼保健等专业公共卫生机构和基层医疗卫生事业单位实施；第三步从 2010 年 1 月 1 日起，在其他事业单位实施。我院属于第三批实施绩效工资的范围。在事业单位实施绩效工资的同时，对离退休人员发放生活补贴。今年 11 月 25 日省政府又召开了事业单位实施绩效工资专题电视电话会议，明

确我省除义务教育学校、公共卫生、基层医疗卫生以外的其他事业单位，按国家规定执行事业单位绩效工资制度的单位正式工作人员，从 2010 年 1 月 1 日起实施绩效工资。这是党中央、国务院与省委、省政府从深入贯彻落实科学发展观和构建社会主义和谐社会的要求出发做出的重大决策，是维护社会公平的具体行动。这充分体现了党中央、国务院和省委、省政府对广大事业单位干部职工的关怀。

（1）实施绩效工资是深化我院收入分配制度改革的迫切需要。2006 年，国务院决定在事业单位实行岗位绩效工资制度，建立起符合事业单位特点、体现岗位绩效和分级分类管理的收入分配制度，在制度形式和运行机制上与公务员工资制度脱钩。由于事业单位分类等配套改革尚未到位，改革步骤上采取了基本工资制度改革先行、逐步实施绩效工资政策的办法。绩效工资是事业单位工作人员收入的重要组成部分，在基本工资外设置绩效工资，主要是为了体现事业单位的特点，加大事业单位搞活内部分配力度，使工作人员收入与岗位职责、工作业绩和实际贡献相联系，以充分调动工作人员的积极性、创造性，促进各项事业更好发展。我院实施绩效工资，建立健全工作人员分配激励机制，是我院收入分配制度的进一步深化，是分配激励机制的实质性突破。对于进一步规范我院收入分配秩序，理顺分配关系，构建公正、科学、规范的竞争、激励机制，都将起到重要的促进作用。

（2）实施绩效工资是保持我院人才队伍稳定的重要举措。时势造就人才，人才推进事业。谁拥有人才优势，谁就拥有了竞争优势。我院要落实“为省委省政府决策服务、为全省经济社会发展服务、为基层服务”的办院方针和“出成果、出人才、出效益”的总体要求，努力构建理论武装、服务决策、繁荣发展“三位一体”工作新格局，全面推进各项事业科学发展，早日实现“省级一流、国内知名”的奋斗目标，不仅需要一支政治素质好、工作作风优良、学术水平高、专业素质过硬的高素质人才队伍，更需要这支人才队伍的稳定和发展。实施绩效工资，统筹考虑并解决好工作人员待遇水平，就是稳定人才队伍的一项有效措施。目前，我院工作人员工资的总体水平还比较低，尤其是 2006 年我国工资制度改革以来，公务员逐步规范了津贴补贴，收入水平大幅提高，事业单位因情况比较复杂，绩效工资迟迟没有落实。2007 年省里虽然为事业单位落实了预发工资性补贴，在一定程度上提高了我院干部职工的收入水平，但与省直同级别公务员相比，还存在较大差距。这在一定程度上影响着我院人才队伍的稳定，已成为制约我院发展的重要因素。经人事处仔细测算，此次实施绩效工资制度后，我院事业单位三类人员的工资水平与公务员已基本持平，这有利于吸引和鼓励各类优秀人才到我院安心本职工作，有利于合理配置人才资源，稳定人才队伍，优化人才结构，提高工作质量，促进我院各项事业更好更快发展。

（3）实施绩效工资是增强我院活力的重要内容。根据国家和省关于深化事业单位人事制度改革的有关要求，事业单位要不断改革人事制度，建立健全科学的评价体系，建立有效的激励机制。事业单位实施绩效工资制度也要求通过建立科学的绩效考核机制，引导工作人员努力提高公益服务水平和效率，体现多劳多得、优绩优酬的分配原则。我院绩效工资的实施，使建立科学有效的激励机制这一人事制度改革的重点和难点得到了实质性的突破。

二　建立机制，稳慎推进我院绩效工资改革

国务院关于事业单位实行绩效工资制度的方针十分明确，即“分类指导、分步实施、因地制宜、稳慎推进”，提出要在规范津贴补贴的同时实施绩效工资，逐步形成合理的绩效工资水平决定机制、完善的分配激励机制和健全的分配宏观调控机制。《河北省事业单位实施绩效工资意见（暂行）》，对改革的原则、政策都做了详细规定，是实施绩效工资的指导性文件。我们要认真贯彻落实国家和省里的决策部署，准确把握实施绩效工资的基本原则，完善制度，建立机制，确保顺利推进。

（1）清理津贴补贴，规范收入分配秩序。“开前门必须先关后门”，清理规范津贴补贴，是实施绩效工资的基本前提。我院已按规定集中力量全面清理核查了本院的津贴补贴、奖金项目和标准，合法合规的纳入绩效工资统一管理，不合法不合规的坚决取消。文件明确规定，要严肃分配纪律，清理规范后，任何部门均不得在规定之外，发放任何名目、任何形式的津贴补贴和奖金。

（2）建立科学的绩效考核机制。实施绩效工资，不能简单地理解为涨工资，而是建立全新的分配机制，其关键在于建立健全科学合理的绩效考核分配办法。既要拉开收入分配差距，体现绩效工资的激励作用，又要防止分配不公或差距过大，尽可能减少矛盾。为保证分配的公平、公正、合理、透明，我院奖励性绩效工资分配办法将由人事处牵头，会同相关部门共同起草，经职工代表大会充分讨论、院党组集体研究，省人社厅、财政厅备案，在全院公示后实施。

（3）建立与我院人事制度改革同步推进机制。按照省里的统一要求，我院事业部门将在完成岗位设置管理工作的基础上，全面推行聘用制度。实施绩效工资，要符合事业单位改革方向，并与人事制度改革相结合、相衔接，不断完善绩效工资措施，做到同步推进、相互促进。

三　加强领导，认真做好绩效工资的实施工作

我院实施绩效工资事关广大职工的切身利益，政策性强，工作环节多，时间紧，任务重。特别是在当前年终岁尾我院内设机构改革、社科研究、理论宣讲和社科联合等各项工作都十分繁重的情况下，我们更要统筹兼顾，落实责任，精心组织，确保各项政策落到实处，真正把好事做好。

（1）严格落实责任。院党组要把这项事关改革发展稳定的工作列入重要议事日程，加强组织领导。人事处要发挥牵头作用，全力抓好我院绩效工资实施工作；财务处要积极做好经费的筹措与保障工作，确保资金及时足额落实到位；纪检组、监察室要强化监督检查，严厉查处违纪违规行为。各有关部门都要从大局出发，密切配合，形成工作合力。根据省人社厅的要求，院人事处严格按照规定的绩效工资标准，加班加点、精心测算，顺利报批了我院的绩效工资方案，这在省直事业单位中是比较早的。2011 年 1 月将把增加与补发的基础绩效工资打到每一名干部职工工资卡内。

（2）把握工作重点。我们要把握绩效工资实施中的关键环节，做好绩效考核分配办法的制定以利于奖励性绩效工资的合理发放。对实施中遇到的具体问题，要依据相关政策，会同有关部门及时进行研究，有针对性地提出

解决措施，确保不影响工作质量和工作进度。

（3）全力维护稳定。我院实施绩效工资涉及面广，情况复杂，敏感度高。各部门要牢固树立大局意识，密切配合院里做好政策解释工作，切实使广大职工了解政策、领会精神，以此为契机激发大家的工作积极性。要做过细的思想政治工作，对绩效工资实施中职工的诉求和反映的问题，要认真对待并采取对应措施认真研究，确保绩效工资平稳审慎实施，确保全院和谐稳定。

同志们，实施绩效工资是一件大事、好事，意义重大，影响深远。我们一定要贯彻落实好省委、省政府的重大决策及部署，扎实工作，团结协作，执行政策，严肃纪律，确保这项事关全院多数干部职工切身利益的分配制度改革顺利实施，为推进我院各项事业又好又快发展做出新的更大的贡献。

建立“三位一体”新格局
做强社科联合新智库

——在庆祝广东省社科联成立50周年大会上的致词

（2010 年 12 月 23 日）

亚运使广州更美丽！在举国上下沉浸在成功举办广州亚运会的欢乐日子里，我们迎来了广东省社科联成立50周年华诞。我谨代表河北省社会科学院、河北省社科联，向田丰主席及广东社科联同仁表示热烈的祝贺和诚挚的问候！

50年风风雨雨，50年成就辉煌。广东省社科联充分发挥桥梁纽带作用，从“联”入手，推动广东学术强省建设，大社科、大作为带来社科事业大繁荣、大发展。尤其令人难忘的是，由田丰主席亲自组织谱写的一曲《社科联之歌》，唱响了全国社科联主席协作会议，唱出了社科工作者的共同心声！广东社科联的工作，为我们树立了学习的榜样。

今天，出席广东社科联庆典活动，我十分感谢田丰主席的盛情邀请，也十分感谢大会给我提供发言的机会。我是来祝贺的，也是来学习的。我很愿意介绍一下河北省社科联近两年的工作情况，和同仁们做个交流。我发言的题目是：建立“三位一体”新格局，做强社科联合新智库。

党的十七大指出：“繁荣发展哲学社会科学，推进学科体系、学术观点、科研方法的创新，鼓励哲学社会科学界为党和人民的事业发挥思想库作用。”为了深入贯彻落实党的十七大精神，按照党中央关于“精简、统一、效能”的机构改革要求，河北省委、省政府从本省实际出发，于 2009 年 2 月做出决定，将省委讲师团、省社科联并入省社科院，院挂河北省邓研中心、省委讲师团、省社科联牌子。这是河北省委、省政府在社科理论战线深入贯彻落实科学发展观的重大举措，体现了对哲学社会科学事业的高度重视，也为河北社会科学事业大繁荣大发展提供了千载难逢的机遇。

河北院党组把握新机遇，迎接新挑战，深入调研，集思广益，形成了新的发展共识，提出了以科学发展观统领办院办会，构建理论武装、服务决策、繁荣发展“三位一体”工作新格局和行政管理人员及原讲师团、社科联人员参公管理，科研科辅人员按事业管理的“一院两制”新体制的总体改革思路。经过一年多的不懈努力，“三位一体”工作新格局和“一院两制”新体制框架已经初步形成。34 个内设处所室工作职能进行了重新确定，院（会）内部机构设置、处级干部调整全部到位，原社科院行政管理人员参公的问题基本解决，“一院两制”的新体制已经形成。

实践证明，“三位一体”工作新格局的形成，为河北社科联更好地发挥“联”的职能创造了有利条件，为工作的深入开展提供了更大的空间和更丰富的资源；“一院两制”的确立，增强了社科联工作的新动力、新活力。从社科联看合并，比较过去有了自己的专业研究队伍；从社科院看合并，比从前有了联系全省社科力量的纽带和桥梁；从社科联、社科院合起来看合并，比以前有了一个充满生机和活力的“一院两制”好体制。

首先，机构调整实现了社科资源优化配置和管理机制优化组合。本着“精简、统一、效能”原则和“牌子不摘、队伍不散、职能不减”及“三个一相加大于三”的改革初衷，院党组采取有力措施，积极推进社科联合新智库建设。一是调整机构。按照省编办下达的《三定方案》，院党组视不同情况，以“合、撤、转、更”的方式对内设机构进行了调整。经调整，原社科联不仅处室数量没有减少，而且加强了工作职能，新设立了秘书处和社团（学会）党建工作处。二是整合资源。机构合并后，实行了原社科院、讲师团、社科联的人、财、物集中统一管理，建立院内无障碍资金保障机制，使社科联重大项目资金更有保障；从根本上打破了人员管理的身份“瓶颈”，为人员合理流动创造了条件，激发了全体人员的工作积极性。三是壮大力量。增加了一支专业化的社科研究队伍和理论宣讲队伍。在“三位一体”格局下，明确提出在全省范围内构建以社科研究为龙头，以理论武装、社科联合为依托，以社科团体、各市和县（区）社科联和基层宣讲站为基础，带动社会科学研究和普及新发展的工作思路，把全省社科联系统、社科院系统、讲师团系统的社会科学力量整合起来，形成推动社会科学事业繁荣发展的强大合力。

其次，“三位一体”社科联合新智库建设成果显著。由于机构合并调整，全省社科研究和社科普及的管理职能，如课题立项、研究、评审、结项、评奖、评职称、评青年优秀专家和成果转换等“成龙配套”，极大地增强了社科联工作的号召力、组织力、吸引力和凝聚力，壮大了社科研究力量，开始显现优化组合和科研效益的最大化。组织社科研究。围绕省委、省政府中心工作选题立项，组织科研人员对沿海强省建设、推进城镇面貌“三年大变样”、构建现代产业体系、调整经济结构转变发展方式、环首都经济圈与环渤海隆起带建设等重大课题，开展深入研究，取得多项成果，被省委、省政府采纳。其中，立项 180 项的民生调研课题，有 2000 多名全省社科理论和实际工作者参加调研活动。1 项成果《关键是筑牢员工思想上的安全防线》得到中央政治局委员、国务院副总理张德江同志批示肯定，多项调研成果得到省领导批示。开展科普活动。组织了以“低碳生活，生态家园”为主题的全省第六届社会科学普及周活动，3000 多名理论工作者深入社区、农村进行主题宣传。2009 年至今，还组织编写了《讲科学　谈发展》科普系列丛书和《低碳生活 100 问》科普读物。举办社科论坛。以“推动文化传承创新，促进经济社会和谐发展”为主题，举办了第三届省社会科学博士论坛；以“加快转变经济发展方式推进河北文化产业发展”为主题，举办了 2010 年燕赵文化论坛；联合京津两市社科联和科协举办京津冀协作论坛，尝试了社会科学与自然科学的联盟与合作。突出评奖导向。通过评奖活动，把全省社会科学的主攻方向和社科工作者的注意力聚焦到为全省经济社会发展服务上来，提高了社会科学对领导决策和经济社会发展的贡献力和推动力。共建研究基地。目前，我们在河北大学、燕山大学等 6 所高校（学会）建立了社会科学研究基地，今后将逐步形成布局合理、特色鲜明、带动力强、成效明显的学科研究体系。发挥学会作用。通过学会管理，引导学会的科研取向，提高学会的工作水平和科研活动质量，发挥学会在本学科研究、普及的“智库”作用，壮大河北省社会科学联合新智库力量。与此同时，河北院党组认真抓了院、会机关学习型党组织建设工作，取得明显成效。今年 11 月，中央学习型党组织建设协调办公室发了河北省社科院（会）的专期简报，新华社发了通稿，人民日报、光明日报、经济日报、中央人民广播电台、中央电视台及所属网站等重要媒体，集中报道了河北省社科院、社科联学习型党组织建设的工作成果。这对我们是一个很大的鼓舞！

以上是我汇报的河北社科联近两年的工作简况，欢迎大家指正。

各位同仁、各位朋友，我国正处在全面建设小康社会的关键时期，正处在改革开放和现代化建设的攻坚时期，这也正是我们社会科学界可以大有作为的重要时期。值此盛会，我衷心祝愿广东省社科联的工作更加大有作为！衷心祝愿我国社科事业大繁荣大发展的明天早日到来！谢谢。

一部探索沿海强省的力作*

（2010 年 12 月 26 日）

吕传赞主笔的《转型·创新·崛起——关于建设沿海强省的探索》一书最近由红旗出版社正式出版了。阅读全书，探究主旨，深感这是一种基于厚重基础之上的宝贵探索。

第一，本书研究基础厚重。其一，主笔人是一位典型的学者型领导。不仅具有扎实的理论功底，而且具有丰富的实践经验。吕传赞同志早在 1953 年就进入中国人民大学学习政治经济学，1957 年毕业后又在北京石油学院担任了 8 年的专任教师，而且是教研室的负责人。1978 年他来河北工作后，作为副教授曾在河北建设学院任教，并担任马列教研室主任。1983 ~ 1993 年的 10 年间，他先后担任了中共河北省委常委、省委秘书长、省委副书记等职务；1993 ~ 2002 年又先后担任河北省人大常委会主任和河北省政协主席。参与本书写作的其他几位作者也都是有一定理论修养和实践经验的学者或学者型部门领导干部，他们对某一领域的研究均有建树。以这样的研究团队，总结河北的发展经验，探索河北建设沿海强省的路径，不能不给人以厚重的感觉。其二，选题立论源于大量调查研究。为进一步把握省情，自 2007 年初组成课题组之后，主笔人和其他几位作者在 2 年多的时间里，足迹遍布河北省的 11 个设区市、近 40 个县、130 多个大中小企业、市场、工

* 本文系周文夫为吕传赞主笔新书《转型·创新·崛起——关于建设沿海强省的探索》撰写的书评。

业园区和村庄，通过实地考察和召开各种座谈会，对河北省各市、县、企业、农村经济发展现状、生产力布局、经济结构、发展方式、企业困境及出路、城市化及城镇化进程及问题、县域经济发展及“三农”问题、城乡二元结构、就业及农民工、人才培养和吸纳、社会保障、社会事业及党的建设等多方面情况有了全新的了解，积累了大量信息和资料。在调研过程中，部分阶段性成果先后在河北省级报刊上发表了5篇文章，并引起了社会有关方面的关注。其三，主笔人及其同仁对本书的写作付出了艰辛的努力。在3年多的时间里，主笔人虽年过古稀，但几乎每天都在办公室伏案阅读和写作；不仅提出写作大纲，还对各章节的写作提出了很多具体的指导意见；不仅自己动笔写了书中的总论及第3章、第13章、第14章、第15章、第16章，还对其他许多章节进行了仔细修改和润色。主笔人的超常投入无疑增加了本书的厚重感。在此基础上，主笔人和其他几位作者又详细修改写作提纲，最终形成了以总论为纲领、包含7个篇目21章、共计约50万字的书稿。总之，这不是一部赶任务的草就之作，而是经过艰难探索和深思熟虑的厚重之作。

第二，成果富有真知灼见。本书围绕建设沿海强省提出了许多立足省情又面向未来的发展思路。例如，书中提出要优化河北省生产力空间布局，重点包括打造沿海经济隆起带以拉动全省经济和社会跨越式崛起；重振山前经济带，推进沿海、山前两带互动发展；承接京津产业转移，构建河北环京津经济圈；建设全省南北两大物流通衢，构建新亚欧大陆桥河北桥头堡等思路。书中还特别强调培育河北省强有力的经济增长极是建设沿海经济社会强省实现跨越式发展的着力点，打造沿海隆起带是优化河北省生产力布局的重中之重，是经济增长极的龙头。再如，书中还就构建河北现代产业体系、实现产业结构调整和经济转型进行了深入分析，提出了产业结构调整的主攻方向是建立符合河北省情和现代化方向的三次产业结构，构建起以高新技术为先导，以基础产业、制造业为支撑，服务业全面发展的现代产业体系。还有，书中提出的实现城镇化和城乡一体化发展、走河北特色的新型城镇化之路；大力发展县域经济，夯实强盛基础；全面加强社会建设，力促经济、社会协调发展等思路和对策。特别是在书中的最后一章，作者在客观分析新中国成立60年河北党建的辉煌成就、河北广大共产党员发挥先锋模范作用的基础上，强调实现河北省经济社会的转型、创新和崛起，关键是不断加强和改善河北省党的领导和党的建设，这是富民强省的政治保证。上述思路和观点，对河北省科学制定和实施“十二五”规划，加快建设沿海强省的步伐，无疑具有重要的参考价值。

总之，这是一部值得致力于沿海强省建设的同志认真一读的力作。

在2011年社科普及工作座谈会上的讲话

（2011 年 1 月 17 日）

这次科普工作会是经院党组研究决定召开的。会议的主要内容是，进一步学习贯彻党的十七届五中全会和省委七届六次全会精神，认真总结 2010 年社科普及工作，安排部署 2011 年的工作，使我省的社科普及工作在新的一年里取得新突破，更上一层楼。刚才，省委研究室、省金融办、河北大学、河北经贸大学的部分专家、领导分别就民生调研课题研究介绍了经验，谈了体会，提了建议。大家讲得都很好，听后非常受启发。我们应该看到，我省社科普及工作之所以有今天的成就，是与大家积极热情、勤奋努力地工作分不开的。借此机会，我代表省社科院党组和省社科联，向长期从事和支持社科事业的广大社科工作者，各职能部门、社会各界的同志们和朋友们致以崇高的敬意和衷心的感谢！

回顾 2010 年，院党组带领全院干部职工，紧紧围绕省委、省政府中心工作，牢牢把握新机遇，迎接新挑战，经过不懈努力，形成了理论武装、服务决策、繁荣发展“三位一体”工作新格局，构建了参公管理和事业管理并存的“一院两制”新体制，各项工作成效显著，得到领导和社会的普遍好评。一是理论武装取得新成绩。既注重围绕学习型党组织建设、学习贯彻党的十七届五中全会和省委七届六中全会精神等战略性重大工作，广泛深入地开展各类宣讲、培训等全局性活动，同时也注重扎实推进基层理论武装队伍和基础设施的建设，积极夯实组织基础，理论武装呈现新局面。二是服务决策取得新成果。众多应用研究成果被各级党委、政府纳入决策，其中有些成果被中央领导和省委、省政府主要领导、分管领导批示采用；理论研究成果以河北省中国特色社会主义理论研究中心的名义在人民日报、光明日报、新华网等全国性重要媒体连续发表，展示了河北社科研究的实力，提升了河北的知名度，社科研究焕发出新活力。三是繁荣发展取得新成效。开展科普活动、举办社科论坛、兴建研究基地、加强学会建设、突出评奖作用、开展民生调研，各类社科活动互促互进，生动活泼，社科事业发展呈现新态势。四是建章立制取得新进展。根据新的工作格局和新的工作机制，院党组创新管理机制，搭建工作新平台，先后修改完善出台了成果评奖评估、职称评定、业绩考核、财务管理、网络建设等方面十多项管理办法、规定和标准，社科管理呈现新气象。五是班子队伍建设呈现新面貌。院党组高度重视班子队伍建设和党风廉政建设，注意廉洁从政、高效从政，落实党风廉政建设责任制，团结一致向前看，一心一意谋发展，形成了坚强和谐的领导集体，各项工作稳步扎实地向前推进。院领导班子和干部职工队伍呈现齐心协力谋事干事的新风貌。一年多的机构调整，我们不仅达到了“牌子不摘、队伍不散、职能不减”的改革要求，实现了“三个一相加大于三”的改革初衷，而且为河北社科事业的新发展创造了更加有利的条件，提供了更为广阔的空间，向省委、省政府交了一份合格的答卷。在刚刚闭幕的省人代会和省政协会上，省委书记张云川同志发表了重要讲话，对社科理论工作者提出了进一步的要求，特别是对社科普及工作也提出了新的要求。省社科院党组建设学习型党组织工作取得显著成效，最近中央学习型党组织建设协调小组专门下发了专题简报，新华社播发了通稿，人民日报、光明日报、中央人民广播电台、中央电视台和各大新闻媒体都编发了河北省社会科学院党组建设学习型党组织的消息。

具体到我们的社科普及工作，在院党组的领导下，在同志们的支持下，科普处的同志们大胆创新、积极工作，社科普及工作取得了长足的进展，以新的成绩为全院和全省社科事业增了光、添了彩。一是大型民生调研活动扎实推进。2010 年大型民生调研活动共完成调研课题 190 多项。其中，省委政策研究室副巡视员张建国同志完成的《关键是筑牢员工思想上的安全防线——冀中能源峰峰集团新三矿调查》获得中央政治局委员、国务院副总理张德江同志的批示肯定。另有13项成果得到省领导的批示，7项成果被有关文件及会议采用，77项成果获省直厅局、市县领导肯定性批示或工作采用和参考，2项成果纳入县经济发展规划，50余项成果在国家、省级报刊发表。二是科普周影响逐步扩大。省委常委、宣传部部长、省社科联主席聂辰席同志，省人大常委会副主任马兰翠同志出席了科普周开幕式。中科院院士、中科院理论物理研究所研究员何祚庥先生应邀专程出席，并做题为《京津冀区域发展低碳经济的必由之路》的专题学术报告。社科普及周期间，省、市社科界300余个会员单位的3000余名专家学者与实际工作者，深入社区、企业、农村、学校，开展专家咨询和社科普及读物送基层活动、举办社科普及知识讲座，受到广泛欢迎。面对社会大众举办的“低碳知识竞赛”活动，共收到河北、上海、安徽、四川等省市的参赛答卷13万多份。各市县的130多个单位组织学习低碳知识和集体答卷活动，促进了广大干部、群众对低碳知识的学习与实践活动。三是科普读物推陈出新。从阐释科学发展观和当今社会热点问题入手，2010年省社科联组织编写了《讲科学　谈发展》和《低碳知识百问（一）》。与以往编写的社科普及读物相比，这两套读物密切结合社会实际，具有较强的科学性、知识性和引导功能，语言通俗易懂，形式生动活泼，图文并茂，好看、好懂。省市社科联联手开展了“科普读物下基层”活动，以多种形式把科普读物送到农村、社区、企业、机关、学校，实现了对党的路线方针政策的阐释、社会热点问题的剖析与广大群众面对面，破解难题，解疑释惑。应当说这些都是科普工作中新的成功尝试。四是学术交流活动开展活跃。贯彻落实党中央和省委精神，以“加快转变经济发展方式推进河北文化产业发展”为主题，举办了2010年度燕赵文化论坛。论坛紧紧围绕“推动文化大发展大繁荣”的战略决策，围绕河北文化产业发展的实际与未来，进行了深层次的理论研讨。全省各界人士、专家学者约300人参加。省政协赵文鹤副主席出席论坛，并做主题报告。本届论坛还强化了成果转化宣传工作，利用网络媒体、成果专报、成果综述报道、编印成果集等多种手段，强化了研究的宣传应用，提高了成果的转化率，为河北文化产业发展提供了有效的服务。首次与企业联合举办“燕赵文化论坛”，既得到社会对社科研究的理解与支持，也扩大了论坛的社会影响和品牌声誉。联合京津两市社科联和科协举办京津冀区域协作论坛，我省社科界向论坛提交学术论文40余篇，共有12名专家学者出席论坛参加交流。河北经贸大学教授于刃刚、省委政策研究室副巡视员张建国做主题发言。论坛实现了三地社会科学和自然科学的交流与合作，使科学理论能够更好地服务建设中国特色社会主义这个大局，步伐矫健地走向更加美好的未来。

总的来看，2010年的社科普及工作思路开阔，方法创新，成绩突出。但还存在一些不足和问题。比如民生调研成果的质量还需要进一步提高；论坛成果的转化工作需要进一步强化；科普读物的宣传推介不够，远不能满足社会和民众的需求；各项科普活动管理的规范化、制度化工作还处于“爬坡”阶段。所有这些都需要我们在新的一年里高度重视，不断加以纠正、完善和提高。

2011年是“十二五”开局之年。根据新的形势和新的任务，我就2011年如何开展社科普及工作讲几点意见。

第一，坚持正确方向，明确指导思想，把党的十七届五中全会和省委七届六次全会精神贯穿于各项社科普及工作的始终。

党的十七届五中全会对当前乃至“十二五”期间的发展提出了明确要求。省委七届六次全会深入贯彻落实中央全会精神，在深刻把握省情基础上，提出了我省“十二五”时期经济社会发展的主要目标和思路举措。最近，省委书记张云川同志再一次指出，我们要深入学习贯彻党的十七届五中全会和中央经济工作会议精神，按照全省经济工作会议的部署，以科学发展为主题，以加快转变经济发展方式为主线，切实做好稳增长、调结构、控物价、惠民生的工作，推动经济社会又好又快发展。“十二五”时期是我国全面建设小康社会的关键时期，人民群众对衣食住行、就业、教育、医疗卫生、环境等方面的质量要求会更高，多样化、多层次的公共服务需求将全面快速增长。这就要求我们在促进经济长期平稳较快发展的过程中更加注重以人为本，更加重视把保障和改善民生作为根本出发点和落脚点，更加重视做好改善民生的工作，让发展更好地为改善民生服务，人民群众生活质量有新的提升，促进社会的和谐稳定。认真学习、准确领会党中央和省委会议精神，坚持正确方向，明确指导思想，对于开局之年做好社科普及工作具有决定性意义。因此，要密切结合科普工作的特征、功能，把学习贯彻党的十七届五中全会和省委七届六次全会精神作为首要的政治任务来抓。一是继续加大学习力度，深刻认识党中央和省委全会对全面建设小康社会的重要意义；二是进一步加大宣传力度，在党中央和省委全会精神的学习实践活动中，要把基本精神送到千家万户；三是不断加强研究力度，充分发挥社会科学对实施“十二五”规划的助推作用。我们常讲，社会科学工作要服从大局、服务大局。什么是大局？当前和今后一个时期，贯彻落实党的十七届五中全会和省委七届六次全会精神就是大局；坚持科学发展的主题，坚持加快转变经济发展方式的主线就是大局；实现科学发展，富民强省的战略目标就是大局。社科研究、社科普及、社科事业的发展繁荣，都离不开这些大局。坚持正确的发展方向，坚持正确的指导思想，就是要牢固树立大局意识，从大局出发，规整、梳理我们的社科普及活动。要始终坚持“十二五”时期的主题与主线，紧紧围绕主题、主线的要求，确立工作思路，设计研究课题，组织科普活动，把科普工作推上新的高度。要始终坚持“以人为本”这个核心，密切关注、深入研究如何更好地保障和改善民生，多出、快出破解民生难点、热点问题，有较高价值的研究成果。

全省社科界的同志要深入领会省委提出的一系列发展战略和奋斗目标，联系河北在“十二五”时期发展所面临的新情况、新问题、新矛盾，按照科学发展观的要求，以更开阔的视野，更积极的姿态，不断创新社科普及思路，加强与自然科学普及的融合，探索社科普及工作的新形式、新途径，进一步丰富科普的内涵，扩大社科普及的影响，努力开创2011年工作新局面。

第二，凝心聚力，努力工作，实现社科普及工作新突破。

按照职责分工，我们所说的社科普及工作主要包括：大型民生调研活动；撰写社科普及读物；举办社会科学知识普及周及各类学术交流活动。2011年度社科普及工作应当认真做到如下几点。

其一，推出一批高质量的民生调研成果。党的十七届五中全会把保障和改善民生提升到一个新的高度，是党中央立足当前、谋划长远做出的重大战略部署。全会提出的制定“十二五”规划的指导思想、工作重点和发展目标中，都突出强调了保障和改善民生的重要性，并提出了多方面的明确要求。省委、省政府把保障和改善民生放在突出的位置，提出实施以扩大就业、增收富民、教育提升、医疗健康、安居保障、社保扩面、食品药品放心、蓝天碧水、平安河北、社会管理创新等为主要内容的民生十大“幸福工程”。新形势、新任务、新变化对今年的民生调研提出了更高的要求。这就需要我们更有针对性地组织好专题性调研，更准确地聚焦于改善民生的重大部署，切实为各级党委、政府科学决策服务。为更好地实现为基层服务，院党组同意组织各市社科联围绕各地民生开展民生调研活动；为促进民生调研成果的转化，院党组批准经省级以上领导批示并纳入决策的民生调研成果，实行随时报批、随时奖励的管理办法。今年要进一步加强对民生调研课题管理机制的研究和梳理，适当时机将推出科学规范的民生课题管理制度，使民生调研工作纳入制度化轨道。

其二，推出一批高质量的科普读物。优秀的社科普及读物是社会科学传播的载体，是社会科学连接广大人民群众的桥梁和纽带。富于科学性、时代性、知识性和老百姓喜闻乐见的社科普及读物，能够对传承文明，提升公众人文科学素质，满足大众日益增长的文化需求发挥积极作用。省委书记张云川同志对省社科院的工作指示中，专门提出要组织编写一批优秀的社科普及读物。我们认为，编写科普读物要注意“点”“面”结合。“点”就是省委、省政府的重大战略部署和重点工作，比如河北省“十二五”规划纲要中提出的“四个一”——一圈（即加快建设环首都经济圈）、一带（即加快建设沿海经济隆起带）、一区（即加快发展冀中南经济区）、一批（即加快培育一批千亿元开发区、工业聚集区和大型企业集团）的重点工作，实际上是重点发展战略。我们的视角应聚集在这些“点”上，要注意突出服务大局、服务决策。同时也要关注到“面”。“面”就是社会的热点、难点问题。因为这些问题往往涉及全社会的方方面面，有的影响到经济社会的健康发展，有的是知识性的问题。社会不断进步、发展，许多新知识不断涌现，形成社会思潮；这些新知识往往代表了社会发展的新趋向，比如低碳问题。所有这些都需要面向社会、面向大众，及时加以教育引导。因此，科普读物也要贯彻服务决策、服务发展、服务基层的原则。

编写科普读物，最关键的是要组织起一支高水平的写作队伍。但客观地讲，我省的社会科学普及读物创作还没有形成一支高质量的专业作者队伍，这里面既有体制机制方面的原因，也有通俗读物得不到应有重视的原因。社科界很多专家学者往往热衷于高深的学术研究，而社科普及读物创作并不能带来更多的学术荣誉，还需要花费很多的时间和精力，这是个客观的情况。我们召开这次会议，目的之一就是希望通过各高校、各市社科联，在全省范围内推荐选拔一批学术功底深厚、乐于奉献的专家学者来参与社科普及读物的创作，同时希望大家在社科普及读物选题、协同攻关等方面建言献策，力争完成和推出一批有影响、有新意、社会大众喜闻乐见的好作品。

其三，推出一批高质量的科普活动。今年将迎来建党 90 周年。党中央、省委对积极开展多种类型的庆祝活动已经提出要求。社科普及工作要认真组织，积极落实。各市社科联和所属团体会员要结合宣传的主题，认真组织开展社会影响大、宣传成效好的活动，充分发挥应有的作用。第七届社科普及周活动要在深入研究、科学论证的基础上，确定好活动主题，着眼于满足干部群众的实际需要，开展形式多样、内容丰富的社科知识普及活动，使广大受众能够便捷地享受到丰美的精神文化大餐。2011 年的京津冀区域协作论坛将由河北省社科联承办。经过院党组认真研究，初步选定了石家庄、唐山、廊坊、保定四个城市作为备选举办地。如果大家对承办京津冀区域协作论坛有哪些好的想法和建议，也可以提出来，以便我们能够更好地完成论坛的筹备工作，把本届论坛办好、办出特色、办得有实效，为三地党委、政府提供有价值的对策建议。几年来，燕赵文化论坛牢牢抓住文化产业，开展了持久性研究，形成了自己的特色，应当坚持下来，持续不断地为我省文化产业乃至整个文化建设事业出谋划策。当前，要切实注意不断提高论坛的理论水平和实际运用效能，力争创出富有特色的文化论坛品牌。

同志们，当前和今后几年是我国全面推进科学发展、构建和谐社会的关键时期，也是我省实现“科学发展、富民强省”宏伟目标的关键阶段。在这样一个重要的历史时期，社会科学的前景会更加广阔，社科战线的工作可以大有作为。我们一定要抓住机遇，开拓创新，同心同德，顽强拼搏，为繁荣和发展我省社会科学事业，为推动我省经济社会又好又快发展，做出新的更大的贡献。

转变观念打造亮点
推动理论武装工作再上新台阶

——在2011年全省党委讲师团主任会议暨理论宣讲工作站工作座谈会议上的讲话

（2011年1月18日）

这次全省党委讲师团主任会议暨理论宣讲工作站工作座谈会，是经省社科院党组决定并报请省委宣传部同意召开的。会议的主要任务是：深入贯彻落实党的十七届五中全会精神和省委七届六次全会精神，总结2010年理论武装工作，安排部署2011年工作任务。下面我讲三点意见。

一 凝心聚力，2010年理论武装工作取得新进展

2010年，省委讲师团按照省委及省委宣传部的工作部署，在院党组领导下，按照理论武装、服务决策、繁荣发展“三位一体”工作新格局要求，认真贯彻落实党的十七届四中、五中全会和省委七届五次、六次全会精神，围绕中心，服务大局，充分发挥职能作用，积极开展各项工作，取得了较好成绩。

——理论宣讲主题鲜明、内容丰富、形式多样。围绕学习型党组织建设、马克思主义中国化时代化大众化、党的十七届五中全会和省委七届六次全会精神以及中央和我省经济工作会议精神，利用多种形式广泛开展主题宣

讲和专题宣讲。一是针对我省经济社会发展中的重大理论和现实问题、广大干部群众关心关注的热点问题，组织宣讲专家资源库专家备课，开列宣讲“菜单”，在河北省干部理论教育网发布，开展“菜单式”“点播式”宣讲。一年来，应邀为省公安厅、省法院、省国资委、省委宣传部高校理论教员培训班、灵寿县、肃宁县、邯郸丛台区等50多个省直单位和市县开展了专题理论辅导。二是组织开展主题宣讲。围绕学习型党组织建设、党的十七届五中全会和省委七届六次全会精神等中心任务的学习宣传，组织省市讲师团教学骨干和宣讲站理论宣讲员深入县（市、区）和社区开展主题宣讲活动。据不完全统计，全省讲师团系统2010年开展集中宣讲及重大主题宣讲2400多场，直接受众近80余万人次。三是围绕党委、政府中心工作开展主题宣讲。比如，承德市委讲师团围绕承德市建设国际旅游城市这一中心工作，组织千人宣讲团开展了声势浩大的“统一思想，真抓实干，加快建设国际旅游城市”主题宣讲活动；衡水市委讲师团围绕科学发展观与建设生态宜居的“北方湖城”的规划等内容加强形势政策主题宣讲等。

——理论研究在成果转化上下功夫，推出一批有影响的成果。一是以河北省中国特色社会主义理论研究中心名义在《人民日报》《光明日报》等大报大刊上发表《不断深化建设学习型党组织的规律性认识》《通过完善制度推进学习型党组织建设》等多篇理论文章；二是发布课题指南，积极开展讲师团系统课题研究，研究课题进一步向解决经济社会发展重大现实问题的应用对策类研究倾斜；三是围绕我省经济社会发展重大理论和现实问题开展研究，积极承担中央和省内重大课题，承担河北省十二五规划前期重大问题研究课题，承担中宣部、省委宣传部、省党建研究会等部门和机构的课题调研工作；四是举办一系列有影响力的研讨活动，组织专家学者围绕“马克思主义中国化时代化大众化”“党的十七届五中全会精神”等主题组织开展理论研讨。据不完全统计，全省讲师团系统全年完成研究成果300余项，这些成果有的在省级及省级以上报刊发表，部分成果被省直和市直部门参考采用，有的以内部参阅形式报中央部门领导参阅。理论研究的广泛开展，不仅提升了我们的理论宣讲水平，也进一步扩大了我省讲师团系统的影响力。

——多媒体、多渠道开展理论和形势政策宣传。省委讲师团积极沟通谋划，联合媒体开展专题理论宣传。围绕省委七届六次全会精神的亮点，与河北日报联合开辟专栏进行解读；围绕省委、省政府中心工作，在省电台、电视台、网络等媒体举行访谈节目近百期；充分发挥河北省干部理论教育网的宣传功能，积极改版扩大容量，丰富栏目，增加高端视频辅导报告精品超市等内容，满足不同层次受众需求。

各市委讲师团充分发挥主观能动作用，积极创新宣传载体，通过网站、刊物、学术论坛和社科讲坛等，扩大理论宣传覆盖面和影响力。比如廊坊市委讲师团坚持发挥“廊坊干部理论教育网”的舆论导向作用，邯郸市委讲师团充分利用“邯郸网络学堂”的学习、服务和监督功能，及时刊登中央、省、市重要会议精神和主要领导讲话，及时介绍各地学习动态、典型做法和最新理论成果，及时开展专家解读和专题阐释，进一步夯实了理论宣传的重要阵地，增强了干部群众学习的主动性和积极性；秦皇岛市委讲师团举办的“渤海大讲堂”、石家庄市委讲师团举办的“燕赵讲坛”，作为当地知名文化品牌常抓不懈，在省内具有较高的知名度和影响力。

——进一步强化对党委中心组理论学习服务职能。充分发挥《党委中心组理论学习通讯》和《理论信息》两个刊物的作用，及时刊登各级党委中心组学习动态，交流学习经验和学习体会，摘选针对我国及我省经济社会发展中面临的重大理论和现实问题的研究成果，指导干部的理论学习；为了充分发挥党委中心组学习联络员和辅导员的职能作用，我们与省委宣传部联合举办了“全省党委中心组秘书、讲师团主任和基层理论骨干学习十七届五中全会精神培训班”；探索建立党委（党组）中心组网络学习平台，进一步创新和丰富为党委中心组理论学习服务的方式和载体。

——多途径推进干部在职理论教育。充分发挥讲师团的职能特点，与省委宣传部联合举办“建设学习型党组织百题竞赛”活动，并承担省推进学习型党组织建设协调小组办公室的日常工作；围绕学习型党组织建设和经济社会发展中干部群众关心的热点难点问题编写了《学习型党组织建设》系列丛书、《理论热点 20 题·2010》等通俗理论读物，下发全省广大基层干部供学习使用。

——构建大宣讲格局工作持续推进。在进一步规范完善第一批理论宣讲工作站宣讲机制的基础上，培训了基层理论宣讲员骨干，各宣讲站根据宣讲工作需要，完善了相关工作制度，进一步充实了基层理论宣讲员队伍。各理论宣讲工作站充分发挥贴近基层、贴近实际、贴近群众的优势，通过多种途径和形式，针对基层干部群众的理论需求，卓有成效地开展理论宣讲。去年，我们又建立了第二批理论宣讲工作站，省级理论宣讲工作站的数量达到了 22 个。各市委讲师团也在参照省团的做法，逐步建立市级理论宣讲工作站。第一批建站单位，也正在将宣讲阵地向乡、村两级延伸。据了解，保定、唐山两市基本上覆盖了所有县（市、区），邯郸、廊坊等地也正在积极探索。这说明，在基层建立理论宣讲工作站，以此为平台向基层干部群众提供各个层次的理论服务，是符合马克思主义大众化的规律的，是理论服务基层的有效手段和载体。目前我们正在根据学习宣讲党的十七届五中全会和省委七届六次全会精神的需要，派遣小分队进站宣讲并进行工作指导。

——加强自身建设，打造新智库。省社科院（省委讲师团）党组根据职能特点，紧密联系工作实际，积极倡导先进学习理念，大力组织实施“三项工程”，即党组理论学习中心组引领工程、服务决策发展能力提高工程和全员学习队伍建设工程，在推进学习型党组织建设中积极打造学习型社科院所。通过集中开展务虚学习、积极倡导开展学术研讨活动、广泛开展主题学习教育活动和教育培训，建立起较为完备的学科体系和人才队伍，造就了一批具有较高理论素养和较强创新能力、勤于思考、善于分析、敏于实践的社会科学研究复合型人才，为省委、省政府决策提供一大批有价值的调研成果和政策建议，充分履行智库功能，发挥智囊作用。11 月中旬，中央建设学习型党组织协调小组《工作简报》介绍了我院的做法。11 月 26 日至 28 日，新华社发了通稿，人民日报、光明日报、经济日报、中央人民广播电台、中央电视台及所属网站，中国文明网、河北日报、河北电台、河北电视台等都报道了我院学习型党组织建设取得的积极成果。

过去的一年，各市委讲师团围绕省委、省政府和当地党委、政府的中心工作，围绕本地经济社会发展大局，积极进取、开拓创新，精心组织开展系列主题宣讲和理论咨询活动，为党委中心组学习提供了扎实有效的理论服务。全省党委讲师团系统各项工作成效显著、成绩喜人，应该得到充分的肯定和高度的赞扬。在此，我代表院党组对同志们一年以来的辛勤工作表示衷心的感谢！

二　明确重点，扎实做好新形势下的理论武装工作

（一）围绕2011年党委和政府中心工作搞好宣讲和服务

（1）大力推进马克思主义中国化时代化大众化，用马克思主义中国化最新成果武装党员干部头脑。推进马克思主义中国化时代化大众化，是党的思想理论建设的一项重要内容，是开辟事业新局面的重要法宝，也是党委讲师团的重要职责。在当前经济、文化多元化的复杂背景下，用马克思主义特别是马克思主义中国化的最新成果武装党员干部、教育人民，巩固马克思主义在意识形态领域的指导地位，就显得更加重要和紧迫。对此，我们必须增强紧迫感、责任感和使命感，通过我们的努力工作，增强马克思主义的影响力和感召力。

一是要切实加强对马克思主义基本原理的学习和研究。推进马克思主义中国化时代化大众化，必须建立在对马克思主义及其中国化最新成果基本内涵的深刻认识和理解的基础上，建立在对国情民情的准确把握和深入了解的基础上，通过运用理论阐释、分析并解决实际问题，把理论和实际有机地结合起来，才能使干部群众认识到理论的重要作用，进而对理论产生兴趣和需求。因此，作为党的理论武装工作者，必须深入学习和研究马克思主义的基本原理，深入学习和研究马克思主义的经典著作。要立足我国我省改革开放和社会主义现代化建设的实践，着眼于马克思主义创新理论的指导和运用，着眼于对实际问题的理论思考，着眼于新的形势、新的实践和新的发展，把马克思主义理论与中国国情、时代特征结合起来。以理论联系实际的马克思主义学风为指导，深入研究我省经济、政治、文化、社会建设以及生态文明建设和党的建设等方面全局性、战略性、前瞻性的问题，深入研究我省经济社会发展中的重大理论和实践课题，尤其是要围绕我省“十二五”规划中“四个一”战略重点开展系统理论研究，增强理论宣讲的针对性，为更好推

进马克思主义中国化时代化大众化提供理论支撑。省委讲师团从 2004 年开始建立全省讲师团系统研究课题，“三位一体”的工作格局建立以后，仍然保留了这项工作，而且还要通过各方面措施加强这项工作，目的就在于此。二是要做好宣讲普及工作。满足广大干部群众的理论需求，帮助他们运用科学理论分析和解决问题，从而更好地指导社会主义现代化建设实践，是马克思主义中国化时代化大众化的目的所在。各地要紧密结合本地区学习型党组织建设、创先争优等活动的开展，把社会主义核心价值体系的宣传与经济、政治、文化和社会建设的各个方面结合起来，融入干部群众的实际生活中。加大“六个为什么”、划清“四个重大界限”、“七个怎么看”等深层次理论和现实问题的宣传力度，引导广大干部群众澄清模糊认识、分清重大是非界限。引导广大干部群众把思想统一到党的理论和路线方针政策上来，在深化理论武装工作、深入指导实践中推进马克思主义中国化时代化大众化。

（2）深入学习宣讲党的十七届五中全会、省委七届六次全会、中央和我省经济工作会议精神及“十二五”规划纲要，为“十二五”规划的顺利实施营造良好的舆论氛围。党的十七届五中全会和省委七届六次全会是在我国即将完成“十一五”规划、进入全面建设小康社会的关键时期召开的一次十分重要的会议，是总结过去、规划未来、明确发展方向和奋斗目标的重要会议。全面深入学习贯彻党的十七届五中全会和省委七届六次全会精神，是当前和今后一个时期我省广大党员干部的首要政治任务，也是理论工作者必须担当的职责。前不久，党中央组织了宣讲团赴全国开展五中全会精神的宣讲。随后，我省又组织了省委宣讲团，我团三位同志作为宣讲团成员到唐山市等地作了辅导。按照党中央的部署，一直到今年“五一”前后，各地要围绕学习贯彻十七届五中全会精神和“十二五”规划纲要集中开展形势政策宣传教育活动，这是党中央为贯彻落实全会精神、统一全党思想、凝聚力量采取的重大举措，也为党委讲师团充分发挥职能作用提供了广阔的舞台。

我们应当明确，党委讲师团系统作为我省理论武装工作战线的一支重要力量，要勇于担当、恪尽职守，要勤勉踏实、事不避难，要精心组织、认真谋划。紧密联系我省及本地实际，紧密结合党中央、省委和各地的工作部署。通过形势政策宣传教育活动，引导党员干部和广大群众深刻领会党中央对国内外形势的科学判断，即我国发展机遇与挑战并存，仍处于可以大有作为的重要战略机遇期。帮助广大干部群众珍惜机遇、把握机遇、用好机遇。深刻领会科学发展这一主题，深入理解科学发展是时代的要求、是深化改革开放和加快现代化建设的必由之路。深刻领会加快转变经济发展方式这一主线，深入理解这一主线符合我国基本国情和发展的阶段性新特征、是我省赢得未来、实现跨越发展的新契机。深刻领会我省“十二五”时期“一圈、一带、一区、一批”四大战略重点的决策部署，深入理解“四个一”战略重点的提出是对省情和科学发展认识的进一步深化，是从全新的角度对我省“十二五”发展做出的战略指引。

（3）进一步加强理论服务，推动我省学习型党组织建设深入开展。建设学习型党组织，是党的十七届四中全会根据党的十七大的战略部署向全党提出的重大任务和明确要求，是我们党对新形势下党的建设规律的进一步认识和深化。善于学习、重视学习是我们党在长期实践中取得的宝贵经验，在党和国家事业发展的每一个重要历史关头都推动我们的事业取得新的发展。广泛深入地开展学习型党组织建设是一项长期的战略任务，全省讲师团系统要把学习型党组织建设作为一项重要工作抓紧抓好。要把推进学习型党组织建设与学习贯彻党的十七届五中全会和省委七届六次全会精神结合起来，与创先争优活动结合起来，通过广泛开展理论宣讲、提供理论学习资料和通俗理论读物、培训党委中心组学习秘书、交流和推广学习型党组织建设经验等途径，帮助广大党员干部进一步深化对学习型党组织建设的认识，增强学习的自觉性和主动性，不断提升自身的学习能力、理论素养和业务水平。省委讲师团正在探索利用网络开展为党委中心组理论学习服务的新途径，目前还在内部试运行阶段，如果效果比较理想，再进一步向各市县和省直部门推介。

（4）围绕建党 90 周年和辛亥革命 100 周年做好主题宣讲和理论研讨活动。今年是中国共产党成立 90 周年和辛亥革命 100 周年。党中央和省委将围绕这两个主题组织开展一系列的纪念活动。注重学习历史特别是党的历史、总结党的领导经验并从中汲取智慧、获得力量，是我们党的一条重要经验。全省党委讲师团系统要通过开展主题宣讲和理论研讨活动，引领广大干部群众深入学习我们党领导中国人民进行革命、建设和改革的光荣历史和所取得的光辉成就，深入学习我党在长期奋斗中形成的优良传统、取得的宝贵经验，进一步坚定全省广大干部群众在党的领导下实现我省经济社会又好又快发展的信心。

随着时代条件、社会环境、生活方式、党组织和党员队伍状况的深刻变化，人们获取知识的途径越来越多样、越来越广阔，加上党员干部尤其是基层党员干部工作的复杂繁重，对学习的自主性、即时性、便利性的要求明显增强。这就要求我们理论武装工作者，必须主动适应理论武装工作面临的新形势，积极探索理论武装工作的新途径，努力推进理论武装工作的新成效。一要根据广大党员干部的工作需要以及群众的生产、生活需求，丰富拓展理论宣讲、理论教育和理论服务的内容，大力宣讲干部群众生产建设活动所需的党的理论知识、方针政策以及所需的科学技术。二要针对干部群众工作繁重的实际情况，创新理论宣讲、理论教育、理论服务的形式和载体，积极采用互动式、研究式、共享式等教学方法，在学习方式、学习时间上要做到因地制宜、因时制宜，充分发挥好中心组学习服务、理论讲坛、形势政策报告会、读书学习活动的作用，充分运用好党员活动室、社区活动中心、乡镇文化活动中心、农村文化大院等贴近群众的平台，充分利用好网络、手机等新兴媒体，构建多层次、覆盖全面的宣讲网络、教育网络、学习网络。今年省委讲师团建立的党委中心组学习系统平台试运行成功，我们也会逐步配合党委主管部门推进县以上党委中心组学习网络平台建设。

（二）继续推进大宣讲格局建设

基层理论宣讲工作站是构建大宣讲格局的重要组成部分。目前，我们在全省 11 个设区市建立了 22 个县（市、区）理论宣讲工作站，经过各方努力，理论宣讲工作站在硬件建设和机制建设方面取得了重要进展。宣讲站的同志们积极围绕党的创新理论和党委、政府的重大工作部署努力开展理论宣讲，通过多种形式和途径，深入浅出地回答广大干部群众关心的热点难点问题，宣传普及经济社会发展和干部群众实际生产生活所需的科学知识，充分发挥了理论工作者联系广大基层干部群众的桥梁和纽带作用，对深化理论武装工作、推动马克思主义中国化时代化大众化做出了应有的贡献。

2011年，我们将通过进站服务加大对各理论宣讲工作站的指导和扶持力度，建立和完善考核评价体系及基层理论宣讲员评优评先制度，通过组织交流观摩活动，加强各理论宣讲工作站之间的联系，推广介绍一些好的经验做法，把马克思主义大众化的新平台建设好，充分发挥好其职能作用。同时，我们还将积极探索建立宣讲站的新途径，不断扩大宣讲站的覆盖面；积极探索试点宣讲站发挥作用的形式和途径，进一步推进全省大宣讲格局建设。

（三）加强队伍建设，打造一支高素质的理论宣讲队伍

2010年，我院在“三位一体”工作新格局下，充分把握机构整合的新机遇，充分发挥自身优势，着力完善理论宣讲专家队伍建设。在原有基础上，充分吸收业务水平精湛的省市社科院、讲师团及省内外社科界专家学者，建立了多层次的理论宣讲专家队伍；通过广泛吸收吸纳热爱党的宣传事业的同志，我们也建立了一支可靠的、业务水平较高的、专兼职结合的基层理论宣讲员队伍。两支队伍的建设，为我们做好理论宣讲工作打下了坚实的基础。今后，省委讲师团将继续加大对理论宣讲人才的培养和支持力度，将会吸纳更多优秀的理论教员和基层理论宣讲员充实到理论专家资源库中来，同时有计划地组织大家开展集中调研和较高层次的培训，为大家提供更好的学习交流平台。

今年，我院编制了人才工作十年规划，这是贯彻落实国家、全省人才工作会议精神和国家、全省中长期人才发展规划纲要的重要举措，也是把握机构调整后事业发展重要机遇的一项客观要求。作为规划的一个重要部分，我们针对我省理论宣讲人才队伍建设现状以及存在的主要问题，深入系统地进行了原因对策分析，明确制定了我院理论宣讲人才队伍建设的目标。能否实现科学发展、再上新台阶，人才是基础和根本。各市要充分认识做好队伍建设的重要性、必要性和紧迫性，加强组织领导，科学制定制度措施，实现人才队伍的专业结构、学历结构、年龄结构、知识能力结构的优化，力争推出一批有较高知名度的理论宣讲专家，打造一支高素质的理论宣讲队伍。

三　开拓创新，为我省“十二五”规划纲要实施提供有力的理论支持

（一）树立“开放合作”理念，做到开门办团

树立“开放合作”的理念，是做好理论武装工作、实现哲学社会科学大繁荣大发展的客观要求。树立“开放合作”理念，要求我们必须打破画地为牢的狭隘意识，充分发挥我们的组织优势，整合各方面力量为我所用。省社会科学院、省委讲师团和省社科联的机构改革，打破了旧有的条条框框的限制和束缚，两年多来，在“三位一体”工作新格局下，我院在科研、宣教、社会科学普及等方面取得了很大成效。这充分表明，开门办院、开门办团符合哲学社会科学发展的客观规律，是取得更大作为的有效举措。从各市讲师团目前情况看，有许多形式，有的与社科联在一起，有的与党校在一起，有的与宣传部在一起，邯郸市委讲师团是独立设置。不管采取怎样的组织形式，只要我们发挥主观能动作用，是可以充分整合各方面资源、广泛开展理论宣讲工作的。希望同志们以广阔的胸怀、宽广的视野，从做好党的理论武装事业出发，加强纵向和横向的联系与沟通，通过建立工作协调机制等措施，把一切可以利用的社会资源整合到理论武装工作中来，把我们的事业不断推向前进。

（二）树立“主动服务”理念，积极主动谋划服务中心工作的途径和手段

经济社会发展实践需要理论提供指导，理论只有更好地服务于决策和经济社会发展才能指导实践。从以往的实际经验看，只有积极面向社会实践，找准理论服务实践的结合点，通过我们卓有成效的工作，不断把握理论需求，才能不断开拓理论武装工作的新局面。在这方面我们有一些比较成熟的做法和好的经验。比如“菜单式”“点播式”宣讲，围绕中心工作开列主题，通过多种途径向社会发布，走出去主动开列“菜单”，迎进来主动接受“点播”。再一个就是通过建立理论宣讲工作站为“送理论下基层”活动提

供平台。“送理论下基层”是我省满足基层群众理论需求的一个品牌，为了更好地将这项工作开展好，我们需要一个直接面向基层的阵地，于是我们建立了理论宣讲工作站。理论宣讲工作站的建立，为我们主动服务基层提供了桥梁和手段。前面提到的建立党委中心组网络学习平台，也可以说是我们主动服务党委中心组理论学习的一个新举措。只要我们找准自身的优势和定位，积极主动去谋划，党委讲师团能够发挥作用的空间很大，关键在于我们必须积极主动去发现和创造新的服务结合点。

（三）树立“精品”理念，继续推出新亮点

一是打造宣讲品牌。各市委讲师团和理论宣讲工作站，在以往的工作中创造了许多新亮点，形成了品牌效应，开创了理论武装工作新局面。比如秦皇岛的“渤海大讲堂”、石家庄的“燕赵讲坛”，在省内产生了较高的知名度和影响力；迁安理论宣讲工作站开办的“理论政策进基层”大讲堂，也在基层干部群众中产生了较大影响。做好理论武装工作，打造我们独特的宣讲品牌是一个有效途径，要把过去行之有效的做法和形式长期坚持下去，做出影响，形成知名品牌。

二是提供特色服务。服务党委中心组理论学习是我们的一项重要职能，在这方面也要突出特色。全省的社会科学资源掌握在我们手中，也可以通过这些资源联系到更高层级的专家学者，这是我们的优势所在。我们要充分利用这一优势，为党委中心组理论学习提供特色服务。省委讲师团正在建立党委中心组网络学习平台，力求通过网络为党委中心组成员提供高层次讲座，甚至可以根据每位成员关注的不同问题提供差异化的特定服务。各市委讲师团和宣讲站也要注意在这方面下功夫，比如，可以根据中心组成员的独特需求在提供相应的学习资料上做文章，也可以在理论服务基层的形式和平台上下功夫，以更加精致的形式和内容服务于党委和政府决策、服务于经济社会发展、服务于基层干部群众。

今年是“十二五”开局的一年，希望同志们以高度的政治自觉，强烈的使命感、责任感，以昂扬的斗志和饱满的热情，围绕中心、服务大局，为我省经济社会科学发展、和谐发展再谱新篇章，做出新贡献！

新春致词*

（2011 年 1 月 25 日）

再过几天，就是 2011 年农历春节。我和院领导班子全体同志给大家拜年，同志们过年好！

刚刚过去的 2010 年，是我国、我省发展进程中极不平凡的一年。面对极为复杂的国内外环境、极为严峻的各种挑战和极为繁重的改革发展任务，全省上下深入贯彻科学发展观，坚决落实党中央、国务院和省委、省政府的重大决策部署，努力保持经济平稳较快发展，着力转变经济发展方式，各项事业取得新的巨大成就。

刚刚过去的 2010 年，也是我院收获的一年。理论武装、服务决策、繁荣发展各项工作有了新的进展，“三位一体”工作新格局和“一院两制”新体制已经形成，行政后勤保障工作更为有力，学习型党组织建设及基层党建工作成就显著。这些成绩的取得是省委、省政府正确领导的结果，是全院同志团结协作、恪尽职守、辛勤努力的结果。在此，我代表院党组，向全院干部职工、向离退休老同志、向全院职工家属和关心支持社科院建设的所有领导和同志，表示衷心的感谢和崇高的敬意！

2011 年是“十二五”的开局之年，是中国共产党成立 90 周年，也是我院建院 30 周年，是我院承办第 15 届全国社科院院长联席会议的重要一年，我院又站在一个新的起点上。我们将深入贯彻落实党的十七届五中全会和省

* 本文是周文夫在 2011 年全院春节联欢会上的致词。

委七届六次全会精神，以科学发展为主题，以加快转变经济发展方式为主线，服务“十二五”，打造新智库，深化理论武装、服务决策、繁荣发展的工作职能，不断提升“服务决策、服务发展、服务基层”的能力和水平，努力做到“出精品、出人才、出效益”，为我省经济社会又好又快发展提供强有力的理论支撑和智力支持，为推动我省科学发展、富民强省和繁荣发展哲学社会科学事业做出新的更大的贡献，以优异的成绩向中国共产党成立90周年献礼！

最后，祝大家在新的一年里工作顺利，事业有成，阖家欢乐，万事如意！

服务“十二五”打造新智库 推动我院2011年各项工作再上新台阶

——在院2010年度总结表彰大会上的讲话

（2011年3月10日）

这次会议是经院党组研究决定召开的。主要任务是：深入贯彻党的十七届五中全会和省委七届六次全会精神，全面总结我院2010年各项工作，部署推动2011年的重点工作，同时对2010年度的先进集体和个人进行表彰。

在此，我代表院党组对受到表彰的先进集体和个人表示热烈祝贺，对同志们一年来的辛勤工作表示衷心感谢！希望受到表彰的同志继续发挥模范带头作用，也希望全院干部职工以这些同志为标杆，不断提升工作能力和水平，努力开创我院各项工作新局面。

同志们，刚才志平同志代表院党组对我院去年的工作做了总结。过去的一年，是我院各项事业取得重大进展的一年。在省委、省政府的领导和支持下，我院“三位一体”工作新格局和“一院两制”新体制已经形成，体制和机制活力进一步显现，整合和带动能力进一步增强；在院党组和全院干部职工的共同努力下，如期完成了年初确定的各项重点工作，大大提高了我院的办院水平和社会影响，提高了我院在全省经济社会发展中的地位和作用，提高了我院在全国同行中的知名度和美誉度。目前，我院发展呈现蓬勃向上的良好态势，大家的信心更强了，劲头更足了，希望更大了。

2010年，是“十一五”收官之年。2006年5月，我院着手制定“十一五”发展规划。院党组组织开展了“同心谋划‘十一五’，我为发展献一策”的活动，汇聚民意，集中民智，共谋发展大计；在规划制定中，院党组同时注意抓住服务决策、学科建设、科研创新等项重点工作实施推进。2007 年 1 月，院全面颁布和实施《河北省社会科学院“十一五”时期（2006—2010）发展规划》，翻开了我院发展的新篇章。转眼五年过去了，我们回过头来，盘点五年来的工作成绩，梳理五年来的发展历程，总结五年来的宝贵经验，对于我们进一步认识办院规律，推动工作创新，实现更大发展，具有十分重要的意义。

过去五年，我院实现了办院方针的重大调整，“三个服务”成为科研工作的自觉遵循。“十一五”之初，我院按照党中央和省委对哲学社会科学工作的新要求和我省经济社会发展的新需要，提出了“为省委省政府决策服务、为全省经济社会发展服务、为基层服务”的办院方针，使我院科研工作的指向更加明确，与省委、省政府的中心工作贴得更紧，服务全省经济社会发展的大局变得更实，为基层服务的意识树得更牢。通过“三个服务”的实践，我院的发展更快了，影响更大了，队伍更强了。五年的发展历程证明，遵循“三个服务”，是实现我院科学发展的重大举措和必由之路。这一正确的办院方针，得到了省委、省政府的充分肯定，得到全院上下的高度认同，得到社会各界的普遍赞扬，已经成为我院科学发展的宝贵经验。“十二五”时期，我们要进一步深化提升，锲而不舍地坚持下去。

过去五年，我院提出的“出成果、出人才、出效益”的办院总要求得到了进一步落实。五年来，我院确立了“省级一流、国内知名”的办院目标，始终抓住“出成果、出人才、出效益”不放松，把“立大项目、研究大课题、产生大成果”作为科研的主攻方向，推出了一大批结合实际紧、指导作用大、针对性强、社会效果好的优秀成果，推出了一大批带动能力强、整合效应明显、社会影响广泛的学术品牌活动。省委、省政府制定的每一项重大发展战略，我院的科研人员都积极参与调研论证；省委、省政府出台的每一项重大决策，我院的科研人员都努力提供咨询服务。通过卓有成效的科研活动，我院的课题立项出现了可喜变化。过去是我们单向跑课题、找任务，现在是党委、政府及有关部门主动交办任务、主动给我们圈定课题。

我们在科研工作中更加主动，与党委、政府的互动更加顺畅，研究的针对性更强，成果的影响力更大，科研的价值得到了充分体现。培养锻炼了一大批科研骨干，全院的人才结构趋向合理，学科建设不断加强，人才素质得到提升，研究能力和水平普遍提高。省委、省政府及有关部门对我院的地位和作用更加重视，在职称待遇、行政人员参公、经费划拨等方面，都给予了充分的理解和支持。这些方面固然体现出上级领导和有关部门对社科院工作的关心，但更为重要的是，我们做出了成绩，得到了肯定，有为有位。实践证明，“出成果、出人才、出效益”的总要求切合了党委、政府对社科工作的要求和希望，切合了我省经济社会发展和基层群众的期待和需求，也符合我院发展的客观实际，我们必须坚持不懈地抓下去。

过去五年，我们实现了体制机制的重大调整，“三位一体”工作新格局和“一院两制”新体制已经形成。2009 年 2 月，省委、省政府从我省改革发展的大局出发，决定将省委讲师团、省社科联并入省社科院，实现全省社科资源的优化整合。院党组坚持以科学发展观统领办院，认真贯彻落实省委、省政府的决策部署，积极构建理论武装、服务决策、繁荣发展“三位一体”工作新格局，做到“牌子不摘、职能不减、队伍不散”，努力实现“三个一相加大于三”的改革目标。经过一年又十个月的不懈努力，“三位一体”的工作新格局和“一院两制”的新体制框架终于形成。社科院、讲师团、社科联三支队伍在整合中实现了繁荣发展，社科院有了组织全省社科研究团体、广大科研人员开展社科理论研究的纽带和桥梁，讲师团壮大了自己的理论宣讲力量，社科联增加了一支属于自己的专业科研队伍。在全省范围内初步形成的以理论武装为龙头，以社科研究、社科联合为依托，以省社科团体、各市讲师团、社科联和县（区）基层宣讲站为基础，带动社科研究和普及发展的工作新机制，为我院的深入发展增添了新的动力和活力，提供了更大的空间和更广泛的资源。机构调整加快了开门办院的步伐，我院与日本、俄罗斯、英国、法国、意大利、美国、加拿大、韩国等国家及中国香港、台湾地区的一批科研院所和高等院校建立起比较稳定的学术交流与合作关系。

过去五年，全院的思想政治工作和行政后勤保障工作迈上新的台阶。院党组以加强领导班子建设为切入点，按照党中央和省委的部署，在全院开展了深入学习实践科学发展观活动、干部作风建设年活动、学习型党组织建设活动和创先争优活动，发挥了领导核心作用，带动了院机关党的思想、组织、纪律和作风建设。这些活动取得了扎扎实实的效果，为推动我院科学发展上水平提供了坚强的政治思想保障。五年来，全院科研办公大楼、会议室、办公区环境等办公设施条件有了很大改善，行政后勤服务能力明显提高，为我院的又好又快发展提供了坚实的保障。

总之，过去五年，我院的理论宣讲、社科研究和社科联合取得了长足的发展，在全省理论武装、服务决策、繁荣发展等方面发挥了重要作用。“十一五”的发展成就为我院“十二五”的科学发展积累了经验，深化了认识，奠定了基础，提供了动力。

“十二五”时期是全面建设小康社会的关键时期，是深化改革开放、加快经济发展方式转变的攻坚时期，也是我省科学发展、加速转型的重要时期。党的十七届五中全会对“十二五”时期的发展提出了明确要求，省委七届六次全会深入贯彻落实中央全会精神，在深刻把握省情基础上，提出了我省今后五年经济社会发展的主要目标和思路举措，为未来的发展指明了方向。这就要求我院要真正担负起党和人民“思想库”的重要职责，着力加强新“智库”建设，认真搞好“三个服务”，切实发挥好对全省经济社会发展的助推作用。

今年春节期间，胡锦涛总书记来河北考察工作，对河北的工作给予了充分肯定，并提出了“四个着力”的重要指示：“着力加快转变经济发展方式，着力做好农业农村农民工作，着力加强社会建设和社会管理创新，着力加强和改进党的建设。”最近，省委书记张云川同志再一次强调，我们要深入学习贯彻党的十七届五中全会和中央经济工作会议精神，按照全省经济工作会议的部署，以科学发展为主题，以加快转变经济发展方式为主线，切实做好稳增长、调结构、控物价、惠民生的工程，推动全省经济社会又好又快发展。近日，张云川书记等省委、省政府领导同志又为我院圈定了研究课题，要求我院围绕一些重大课题开展调研。胡锦涛总书记和省委、省政府领导同志，为我们指明了今年社科研究的选题方向。广大社科工作者要认真贯彻党中央和省委领导讲话精神，要深入研究重大理论和现实问题，不断拿出有价值、有影响的研究成果，为省委、省政府科学决策提供依据，为实现我省由经济大省向经济强省、由文化资源大省向文化强省跨越提供思想保证和智力支持。

今年是“十二五”开局之年。全院工作总的指导思想是：以邓小平理论和“三个代表”重要思想为指导，以科学发展观统领办院，全面贯彻党的十七大和十七届三中、四中、五中全会精神及省委七届六次全会精神，坚持“为决策服务、为发展服务、为基层服务”的办院方针，落实“出精品、出人才、出效益”总要求，把建设服务河北科学发展新“智库”作为主要任务，以学习型党组织建设和创先争优活动为引领，健全理论武装、服务决策、繁荣发展“三位一体”工作新格局和“一院两制”新体制，进一步加强马克思主义坚强阵地建设，进一步提高服务“科学发展、富民强省”智力支持能力，进一步促进我省哲学社会科学事业繁荣发展，为实现我院“十二五”时期科学发展开好局、起好步。为此，要突出抓好六个方面的重点工作。

第一，加强理论宣讲工作，用科学理论武装干部群众。要深入宣讲中国特色社会主义理论体系特别是科学发展观等重大战略思想，深入宣讲党中央和省委重要会议精神和重大工作部署。围绕党的十七届五中全会和胡锦涛总书记在河北考察时的重要讲话精神，围绕省委七届六次全会精神，围绕“十二五”规划实施，组织集中宣讲和辅导；针对我省经济社会发展中的重大理论和现实问题，开展“菜单式”“点播式”宣讲，开展“送理论下基层”活动，组织编写系列通俗理论读物；加强对市级讲师团的工作指导，加强理论宣讲站建设，加强理论宣讲专家资源库建设和管理；配合省委宣传部做好“千名书记讲党课”活动等相关工作。要创新服务方式，提高《党委中心组理论学习通讯》和《理论信息》办刊水平，做好各级党委中心组理论学习服务工作；加大对党委中心组学习秘书和基层理论骨干的培训力度；加强党委中心组网络学习平台建设。

第二，围绕我省“十二五”发展目标，加强对策研究和决策服务。一是深化理论应用研究。紧紧围绕学习宣传中国特色社会主义理论体系、深入贯彻落实科学发展观，围绕党中央和省委全会的重大决策部署，推出一批有影响的研究成果。二是组织重大课题研究。要把云川书记等省委、省政府领导圈定的课题作为重中之重，下大力搞好研究，为领导决策提供重要参考；要以加快转变经济发展方式为主线，围绕加快转型升级、“四个一”战略重点、“三农”工作、统筹城乡发展等全省中心任务，组织课题研究；重点开展“环首都经济圈”和“沿海经济隆起带”研究，打造系列精品成果。召开环首都经济圈建设座谈会，邀请全国知名专家献计献策；召开环首都经济圈建设及沿海经济隆起带建设研讨会，在大报大刊推出研究成果，进一步扩大“一圈”“一带”建设在全国的影响。三是切实提高“河北省经济形势分析会”的质量。要精心谋划主题，在搞好宏观经济形势分析预测的同时，关注全省经济社会热点问题；有针对性地扩大邀请专家和参会人员的范围，加强与重要媒体合作，增强分析会的时效性、应用性、权威性。四是进一步深化大型民生调研活动。要以保障和改善民生为重点调研选题，同时将选题范围向全省各市县（区）的具体问题延伸，服务当地党委、政府决策。进一步完善课题管理方法，提高调研成果对领导决策的贡献率。五是推进学科建设。做好第二期重点学科、重点扶持学科的总结考核和第三期重点学科、重点扶持学科的申报评审工作，扎实推进重点学科、重点扶持学科建设。以重点学科和重点扶持学科为龙头，加强学术带头人的培养，加强经济社会发展急需和新兴学科的培育，带动各学科全面发展。六是加强社会管理研究。按照胡锦涛总书记视察我省时的重要指示和云川书记为我院圈定的课题，加强社会建设与社会管理问题的研究，加强舆情研判和形势分析，为提高我省社会管理科学化水平做好服务。

第三，加强社科联合工作，促进全省社科事业繁荣发展。一是加强组织建设和管理。强化对各市社科联的工作指导，密切省与市间的联系协作；开展学会创建标准化试点工作，推动学会工作水平整体提升；加强社团党建工作，通过举办社团党组织骨干培训班、读书会等活动，提高学会党组织的凝聚力和战斗力；加强所属社团举办学术报告会、研讨会、讲座、论坛等活动的管理，确保正确的政治方向。二是提升全省级社科活动的效果和影响。加强河北省社会科学发展研究课题的组织管理，举办第七届河北省社会科学普及周活动和第四届河北省社会科学博士论坛，组织召开河北省第六届社会科学学术年会及2011年燕赵文化论坛，做好第九届河北省社会科学优秀青年专家评选和第三届河北省社会科学重要学术著作项目资助评审工作。做好《河北社会科学年鉴》组织编撰和社科普及读物的编写出版工作。由京津冀三地社科联、科协联合主办的京津冀区域发展论坛今年将由我院承办，要精心组织谋划，办出特色，办出水平，扩大影响。三是继续推动省社科研究基地建设。抓好基地队伍建设，出台管理办法，实现规范化管理。

第四，抓紧制定实施我院“十二五”发展规划。要紧紧围绕打造服务河北科学发展“新智库”的工作目标，以大力推进马克思主义理论武装工程、服务河北科学发展智囊建设工程、繁荣河北哲学社会科学事业引领工程为重点，实现我院由大院向强院的新跨越。要继续坚持“三个服务”的办院方针，落实“出精品、出人才、出效益”的总要求，深化“三位一体”新格局和“一院两制”新体制，并使之进一步融入全院发展和工作的每一个环节。《规划》的制定要充分走群众路线，要通过多种途径各种方式倾听有关专家和干部职工的意见建议，把《规划》制定的过程变为反映民意、集中民智的过程，变为统一认识、宣传普及的过程，变为优化提升、全面推进的过程，为《规划》的顺利实施奠定坚实的思想基础和群众基础。

第五，围绕纪念建党90周年和辛亥革命100周年组织社科活动。按照省委决定，今年4月，我院将与省委宣传部、唐山市委共同主办“河北省纪念中国共产党成立90周年——李大钊与中国共产党”座谈会，拉开我省庆祝中国共产党成立90周年系列活动的序幕。我院作为承办单位，一定要精心组织，确保座谈会圆满成功。同时，要将我院编写的《李大钊与早期中国共产党》打造成精品图书，为建党90周年献上一份厚礼。要积极参与全国和全省的纪念活动，举办好社科界纪念建党90周年理论研讨会，开展“庆祝中国共产党成立90周年知识竞赛”等，进一步营造浓厚庆祝氛围。

第六，积极筹办建院30周年庆祝活动，承办全国社科院院长联席会议暨院长论坛。一是搞好院庆的筹备组织工作。今年是我院成立30周年。要通过庆祝活动，充分展示30年走过的光辉历程和取得的丰硕成果，展示“三位一体”新格局和“一院两制”新体制带来的新变化，为“十二五”发展创造良好环境和氛围。二是承办好全国社科院院长联席会议和华北地区社科院科研管理联席会议。以“建设新智库，服务‘十二五’”为主题组织系列研讨活动。通过这次活动，进一步增强各地方社科院对环渤海经济圈发展的关注，为推进环渤海经济圈发展提出富有建设性的意见、建议，服务河北的发展；通过这次活动，展示我院新智库的建设成果，加强与全国各省份社科院的工作交流，推动中国特色社会主义新智库的建设。30 年院庆活动将同全国社科院院长联席会议暨院长论坛一并组织召开。届时将邀请 30 个省级社科院和 20 多个计划单列市、省会城市等城市院共 50 多个单位约 150 人左右出席院庆活动，全院干部职工都要参加相应的活动。各处室所尤其是科研管理部门的负责同志要参加院长论坛，行政后勤部门要做好服务，全力保障。院已经成立了活动筹备领导小组，下设办公室，办公室建立了 10 个工作组。工作已经展开，各部门要积极做好配合。这次活动同时受到了各省、自治区、直辖市社科院和国际合作单位的广泛关注，已经陆续接到各单位发来的贺电、贺信。我们将本着节俭、喜庆、热烈、隆重的原则，办好这次活动。

同志们，做好今年的各项工作对于推动我院“十二五”的发展至关重要。大家一定要解放思想，不断创新，在提高效能上下功夫，在强化服务上多给力，力争把既定的目标完成好。

一是进一步优化发展环境。要积极弘扬团结协作的精神，不断增进团结，珍视团结，做团结的模范，做团结的表率，以团结求发展，以和谐促发展，这一点在机构调整的新形势下显得尤为重要。要大力加强学习型党组织建设，积极倡导以学习带动思想统一、带动机构调整、带动事业发展的“三个带动”学习理念，落实强化机遇意识、强化规律把握、强化使命担当的“三个强化”学习要求，坚持学术观点创新、学科体系创新、科研方法创新的“三个创新”学习目标。全院干部职工特别是各级领导干部要不断加强学习，自觉养成研究形势、学习政策的习惯；要不断深化并充分运用学习型党组织建设的积极成果，不断加强全体人员的学习能力、研究能力、工作能力、服务能力。要深入开展创先争优活动。大力营造要干事、能干事、干成事、干大事的积极氛围，让每一位同志都能在推动整体事业发展中体现自身价值，找到自己位置。要积极营造人才成长的环境。从制度、机制入手，完善人才引进和培养机制，抓好培养人才、吸引人才、用好人才三个环节，培养一批德才兼备、视野开阔、思维敏锐、具有高度社会责任感和优良学术道德的学术带头人，造就一支团结协作、能干实干、朝气蓬勃的人才队伍。

二是进一步推进工作创新。当前，我院发展正站在新的历史起点上，面对的新情况、新问题、新课题很多，必须通过不断创新来解决和化解发展中出现的各种矛盾和问题。在机制优化上，要深入研究在“三位一体”新格局和“一院两制”新体制下，实现“三个一相加大于三”的具体途径和方法；要进一步深化改革，院党组将积极争取上级的政策支持，将在落实大的政策条件下，逐步有效地推进历史遗留问题的解决，尽最大努力为同志们争取应得利益；有关职能部门要认真听取群众意见，做好政策解释工作，理顺情绪，当好院党组的参谋。在科研工作中，要不断强化精品意识，积极鼓励学术创新，不断推出有深度、有分量、有价值的研究成果。在活动组织上，要认真谋划一批高水平的学术交流活动，积极促进社科理论工作与全省中心工作、实际工作的结合，促进社科理论工作者与自然科学理论工作者的结合，促进社科理论工作者与企业、社会、市场主体的结合。要积极开展“对标”活动，与先进发达地区的兄弟社科院、讲师团、社科联比，与省委、省政府的新要求比，与社会的新需要、群众的新期待比。通过对标看差距，找位置，树目标，以更加积极有为的姿态，在创新中赢得主动，实现我院乃至我省社会科学事业的大繁荣大发展。

三是进一步推动工作落实。各级领导干部要强化大局观念，自觉维护集体决策，确保政令畅通，齐心协力抓好工作。院领导班子成员要注意抓好分管工作，统筹协调，整体推进。部门领导要敢于担当，专门强调这个问题很必要，该是自己的职责要负起责任来，对职责内的工作不推托，遇到困难不回避，碰到矛盾不上交，不断提高领导艺术和办事水平。要细化责任目标，建立工作台账，做到事事有人做、事事有人管。要坚持顶层设计，不留余地，坚持最高标准。有关职能处室要各负其责，加强督导检查，进一步落实季度督导、半年推进、年终评估的工作督查机制，切实将责任落到实处。要充分调动全体人员的工作积极性，狠抓工作纪律，增强时间观念，提高工作效率；要切实增强质量意识、服务意识，不断提高工作效能；要深入做好思想政治工作，多为群众解决实际问题，让大家心情舒畅、精神愉快地投入工作中去。

同志们，让我们在省委、省政府的正确领导下，以科学发展观统领办院，齐心协力，创新发展，共同开创全院工作新局面，为河北实现科学发展、富民强省的奋斗目标贡献全院的智慧和力量！

谢谢大家！

在院实施“十二五”发展规划部署动员大会上的讲话

（2011 年 3 月 31 日）

在院党组的领导下，经过全院上下的共同努力，《河北省社会科学院“十二五”时期（2011—2015）发展规划》终于制定完成，从今天开始正式颁布实施了。这部《规划》是我院今后五年科学发展、加速发展的纲领性文件，是推动全院各项事业实现新跨越的重要指南，对于我院当前和未来的发展意义重大，影响深远。因此，我们必须勠力同心、强力推进，确保各项目标任务如期完成。

刚才，继民同志就院“十二五”发展规划做了说明，相信同志们听了以后，对于《规划》制定的过程、遵循的原则等有了更深入的了解和认识，对于《规划》提出的指导思想、目标任务有了更深刻的理解和把握。对于大家统一思想认识，增强工作的主动性、自觉性，将会产生积极的推动作用。会后，《规划》将正式印发全院实行。下面，我着重就社会主义新智库建设谈点认识，并对如何抓好《规划》的贯彻落实讲些意见。

一 “十二五”时期新机遇、新任务呼唤加快社会主义新智库建设

我院“十二五”发展规划自始至终贯穿了一个主题：“以科学发展观统领办院，建设新智库，服务‘十二五’。”可以说，建设服务河北科学发展

的社会主义新智库，是我院未来五年甚至更长一个时期加强自身建设的主旋律。为什么要提出“建设新智库”，它的意义何在呢？应该说，它的提出是使命使然，是现实的要求，是发展的共识。

为什么说是使命使然？党的十七大提出，鼓励哲学社会科学界为党和人民事业发挥思想库作用。从我院的发展历程来看，建院30年来，特别是党的十七大以来，经过院“十一五”规划的实施，我院的学科体系不断完善，人才队伍逐步壮大，发展格局趋向合理，发展环境更趋优化，职能作用日益增强，社会地位和影响力快速提升，“为决策服务、为发展服务、为基层服务”成为全院的自觉遵循，“出精品、出人才、出效益”的总要求得到有效落实，“三位一体”工作新格局和“一院两制”新体制初步形成，“省级一流、国内知名”的阶段性目标已经实现。但是，过去先进不等于现在先进，现在先进不等于永远先进。要想继续保持“省级一流、国内知名”不掉队、不落伍，就要时刻保持清醒头脑和忧患意识，就必须确立更高的追求，实现更大的跨越。建设新智库，立足于本国思想库基础，学习借鉴国际先进经验，以便更好地服务决策服务发展，正是历史使命为我们做出的抉择。

为什么说是现实的要求？当前，我国处于全面建设小康社会的关键时期和深化改革开放、加快经济发展方式转变的攻坚时期，处于大有可为的重要战略机遇期。同时也处于社会转型期，经济体制深刻变革，社会结构深刻变动，利益格局深刻调整，思想观念深刻变化。改革发展进程中遇到的新情况、新问题更多更复杂，解决处理的难度也更大。在这样的背景下，如何实现省委、省政府提出的“科学发展、富民强省”的奋斗目标和“加快发展、加速转型”的双重任务，考验着各级党委、政府的决策智慧。党的十七届四中全会提出，要“提高科学决策、民主决策、依法决策水平，加强党委决策咨询工作，做好重大问题前瞻性、对策性研究，发挥咨询研究机构、专家学者、社会听证在决策过程中的作用”。从中央到地方，各级党委、政府现在对哲学社会科学工作的重视程度前所未有，与之相对应，对社会科学工作提出的要求更高，任务更艰巨。从自身来讲，制约我院发展的“三个不适应”还没有根本改变，需要进一步强化效果、提高效率、增进效益，需要进一步增强活力、激发创造力、提升影响力。因此，无论是履行使命还是自身发展，社会主义新智库建设都刻不容缓。

为什么说是发展的共识？需要说明的是，建设社会主义新智库，是各地方社科院共同面临的任务，是新的历史条件下社科院发展的大势所趋，也成为近年来全国社科院院长论坛集中探讨的议题。比如，上海、湖南等地的社科院已经先行先试，做了大量探索性工作，并取得了初步效果。因此，我们必须紧紧抓住建设社会主义新智库不放松，迎头赶上，实现超越。正是基于以上考虑，院党组站在我院新的发展起点上，着眼长远发展，经过深思熟虑，审慎而果断地提出把我院建成服务河北科学发展的社会主义新智库的发展任务。

“智库”（Think Tank）又称“思想库”，国内外学者赋予各种内涵，国外“智库”有着多种存在类型。可以说，社会主义新智库是一个新生事物，各地都在积极探索之中。科学理解社会主义新智库的内涵、外延，准确把握它的特征、要求，非常必要。借鉴国内外取得的经验和成果，结合我院的工作实践，可以做这样的初步解读：所谓智库，就是指由多学科专家组成，为决策者在处理经济、政治、文化、社会、科技等重大问题方面出谋划策，提供最佳方法、思想、理论、策略、咨询设计等的研究机构，是一种特殊的生产知识和思想的组织。它的主要作用，一是积累思想，成为凝聚一切合理有用思想的思想库。因为没有思想积累就不可能产生出新的思想，就不能称为智库。二是创造思想，成为思想的工厂。因为没有原创思想也不能称为智库。三是贡献思想，做先进理念的倡导者，提高素质，武装群众；做先进思想的引领者，引导社会，推动发展；做先进方法的提供者，为党委、政府决策提供依据和论证。因此，在国外智库还号称是继立法、行政、司法以及媒体之后的“第五种权力”和“大脑集中营”。

进一步讲，社会主义新智库的内涵，可以概括为六个方面。其一，高举中国特色社会主义伟大旗帜，以探讨改革开放和社会主义现代化建设重大问题为己任。作为中国特色社会主义民主政治的重要组成部分，为解决全面建设小康社会进程中的重大理论和现实问题服务，并将随着党委、政府的决策科学化民主化程度不断提高而发挥越来越重要的作用；其二，是国家软力量的创新来源，对制度、理论和战略的创新具有不可替代的功能，在国家发展的关键时刻能够提出重大理论概念和重大战略对策；其三，是对外思想交流和文化交流的重要通道，是开展学术外交、文化外宣和掌握国际话语权的重要平台，是国家形象的重要塑造者；其四，是中国化马克思主义理论体系的研究者和宣传者，是社会主义经济建设、政治建设、文化建设、社会建设和生态文明建设的推动者，是社会主义核心价值体系的塑造者和普及者；其五，是政策方案和高端人才的储备库，具有跨学科、跨部门、跨地区的组合优势，能够形成解决复杂尖端课题的开放式的研究团队；其六，新智库应该得到足够的资源投入，以保证其基础设施和人力资源始终处于先进水平。

社会主义新智库还应该具备六个方面的鲜明特性：一是战略性，要有长远眼光和全局视野；二是前瞻性，要有超前眼光和前沿视野；三是应用性，要有强烈的服务意识和脚踏实地的务实作风；四是时代性，要有与时俱进的品格和深刻的洞察力；五是创新性，要有创新思维和新思想、新方法的生产力；六是公众性，要有公正的立场和引导大众理性思考的能力。我院的社会主义新智库建设，要突出河北特点，体现我院特色。要紧密结合省委、省政府的工作大局，紧密结合我省经济社会发展的重大理论和现实问题，紧密结合基层群众、企业、市场主体的需求。要充分体现我院特有的“三位一体”工作新格局和“一院两制”新体制的制度优势，要充分体现我院对全省社科资源的整合功能和龙头带动效应，要充分体现我院开放办院、办大院的气魄和决心。

我院“十二五”规划从通篇来看，无论在指导思想、基本原则上，还是目标任务、保障措施上，都紧紧围绕建设服务河北科学发展新智库展开。并提出了建设新智库所实施的“四项工程”，即大力推进中国特色社会主义理论武装工程，大力推进服务河北能力提升工程，大力推进全省哲学社会科学龙头带动工程，大力推进创新型人才智力聚合工程。“四项工程”既是对新智库建设任务的细化分解，又为新智库建设提供了有效的实现途径和具体的方法步骤。只有把“十二五”规划的各项任务指标落实好，我院的新智库建设才能达到预期的效果。

二　切实增强使命感、责任感，确保院“十二五”发展规划的目标任务落到实处

院“十二五”发展规划，为我院今后的发展明确了方向、目标、任务，制定了实现目标的方法、步骤、措施。蓝图已经绘就，目标已经明确，关键是心无旁骛抓落实，同心协力开新局。胡锦涛总书记在党的十七届五中全会上强调：“全党同志特别是各级领导干部要发扬真抓实干的精神，改进工作作风，建立健全抓工作、抓落实的责任制，切实把各项工作抓出成效。”习近平同志在今年中央党校春季学期开学典礼上的讲话，题目就是《关键在于落实》。他指出：“我们的所有成就，都是干出来的。这里的关键就是始终注重抓落实。如果落实工作抓得不好，再好的方针政策措施也会落空，再伟大的目标任务也实现不了。”中央领导关于抓落实的重要论述切中要害，意义重大。我们一定要深入贯彻中央领导的讲话精神，在院“十二五”规划实施过程中，抓住落实这个环节不放松，切实抓紧抓好抓出成效。

第一，抓落实必须坚持领导干部带动。“正确的路线确定之后，干部就是决定的因素”，抓落实是领导工作中一个极为重要的环节，是衡量领导干部世界观和党性的一个重要标志，是对领导干部工作能力的重要检验。在落实院“十二五”规划中，院、处、所、室各级领导干部不仅要具备较高的决策能力，还要有坚强的执行能力，要不断强化全局意识，加强组织观念，坚持统筹协调，确保政令畅通。院领导班子成员既要注意抓好分管工作，又要树立全院“一盘棋”思想，妥善处理好整体与局部的关系；处所领导要认真谋划职责内的工作，敢于担当，把该落实的工作落实好。每一位党员干部都要深刻认识到，组织上把领导的重担放在我们肩上，这是一种信任和责任。我们要把这种信任和责任看得比泰山还重，要始终以饱满的热情投身工作，找准榜样看差距，对照先进学经验，争创一流业绩，不断开创各项工作新局面。要进一步确立正确的政绩观，树立“功成不必在我任期”的理念和境界，多干打基础、利长远的事。要把抓落实的出发点放在为党尽责、为民造福上，把抓落实的落脚点放在办实事、求实效上，把抓落实的重点放在

立足现实、着眼长远、打好基础上。各级领导干部还要增强工作的预见性，及时发现并尽早解决矛盾和问题，在克服困难、化解矛盾、解决问题中抓落实、出实绩。

第二，抓落实必须做好思想发动。人民群众是历史的创造者，是各项工作的推动者。院“十二五”规划是否顺利实施，能否取得实效，关键要看群众的认可程度、参与程度。群众工作做得好不好，体现了工作水平和领导艺术，体现了领导的威信和群众的信任。当前，要把院“十二五”规划的宣传作为实施“十二五”规划的首要任务。在这个过程中，领导干部首先要学深吃透，全面掌握，不能以其昏昏，使人昭昭。要条分缕析，解疑释惑，做明白人，说明白话，干明白事。全院干部职工都要以“院兴我荣、院衰我耻”的主人翁意识学习宣传规划，推动规划落实。每一位同志无论在什么工作岗位，都要自觉找位置，树坐标，明责任，定措施。各级党团组织、工会要把宣传规划作为重要的工作内容。院报、网站要开辟宣传栏目，组织解读文章，刊登工作建议，推动宣传深化。要通过规划宣传，把广大干部职工的思想和行动统一到院党组的重大决策上来，统一到院“十二五”规划的安排部署上来，把规划宣传的过程变成统一认识、普及深化的过程，变为整体推进、加速实施的过程，为规划的顺利实施奠定坚实的思想基础和群众基础。团结全院力量，凝聚所有智慧，激发一切活力，向着院“十二五”规划确定的目标大步迈进。

第三，抓落实必须强化作风建设。一是要敢于碰硬。要有知难而进、锲而不舍的奋斗精神。抓落实的过程，必然会遇到许多矛盾和问题，只有努力解决好各种矛盾和问题，才能把落实工作真正抓好、抓出成效。因此，不要怕遇到矛盾和问题，要敢于正视矛盾和问题。不要绕着矛盾和问题走，而要千方百计去求得矛盾和问题的及时正确解决。如果回避矛盾，遇到困难绕道走，见到难题就躲避，有了矛盾推责任，出了问题往后拖，那么抓落实就成了一句空话。二是要持之以恒。工作确定以后，要经常抓、反复抓、持久抓。目标确定了，任务明确了，就要咬定青山不放松，不达目的不罢休。如果抓一阵子松一阵子，热一阵子冷一阵子，不能一抓到底，任何规划也只能是一纸空文。三是要求“实”抓“细”。要发扬求真务实、真抓实干的优良作风，对规划中的每一项任务都必须抓得具体，抓得细致，抓得扎实。要坚决克服工作粗放、作风飘浮的不良习惯。在重大决策和部署做出之后，要研究具体办法，明确具体责任，一环扣一环地去抓，这样才能确保各项目标任务的全面落实。

第四，抓落实必须确保措施到位。要制定有力的组织措施、考核措施、激励措施，健全抓落实的工作机制。特别是要健全人人负责、层层负责、环环相扣、科学合理、行之有效的工作责任制。要科学进行责任分解，把目标任务分解到部门、具体到项目、落实到岗位、量化到个人，以责任制促落实、以责任制保成效，形成一级抓一级、层层抓落实的工作局面。要进一步完善检查督导制度、信息反馈制度、情况通报制度、责任追究制度，及时掌握工作进展情况，及时发现带有苗头性、倾向性的问题，及时找出薄弱环节，及时采取有针对性的措施，及时排除工作中的障碍和困难。要完善考核评价机制，对干与不干、干多干少、干好干坏要有明确的区分。奖优惩劣，奖勤罚懒，努力营造崇尚实干、恪尽职守、勇于奉献的工作氛围。

第五，抓落实要与推动当前工作结合起来。今年是“十二五”开局之年，今年的重点工作，在前些天全院总结表彰大会上已做出全面部署，也是“十二五”规划的重要组成部分。因此，在认真做好今年各项工作的同时，要进一步加强年度工作与五年规划的有效衔接，为实施“十二五”规划开好局，起好步。当前，要继续深化学习型党组织建设，持续推动党组中心组引领工程、服务决策发展能力提高工程、全员学习队伍建设工程，要积极倡导以学习带动思想统一、带动机构调整、带动事业发展的学习理念，落实强化机遇意识、强化规律把握、强化使命担当的学习要求，坚持学术观点创新、学科体系创新、科研方法创新的学习目标，为顺利实施“十二五”规划提供坚强的思想保证。要继续开展创先争优活动，全面推动全院党组织的思想建设、组织建设、作风建设、制度建设和反腐倡廉建设，增强党组织的创造力、凝聚力和战斗力，为“十二五”规划的顺利实施提供坚强的组织保证。要大力开展哲学社会科学创新工程。刚刚颁布的国家“十二五”规划纲要，首次把“实施哲学社会科学创新工程，繁荣发展哲学社会科学”列入其中，这对于中国的哲学社会科学界是一件鼓舞人心的大事。目前，包括中国社科院在内的各级社会科学研究机构，都正在着手谋划或启动开展哲学社会科学的创新工程。我院也要以实施哲学社会科学创新工程为重要载体，努力使之成为实施院“十二五”规划的重要推动力量。

同志们，经过“十一五”的不懈奋斗，我院已经站在又一个新的历史起点之上。“十二五”规划为我院的发展描绘了更加灿烂的图景，使命光荣，任务艰巨。让我们在省委、省政府的正确领导下，以科学发展观统领办院，在院党组的带领下，上下一心，同心同德，真抓实干，为全面完成院“十二五”规划确定的目标任务而努力奋斗！

谢谢大家！

国家三大战略解读：打造首都经济圈对河北影响深远*

（2011 年 4 月 18 日）

国家“十二五”规划纲要，明确提出了“打造首都经济圈”战略。这标志着“首都经济圈”已成为国家层面的发展战略。我省作为首都经济圈的重要组成部分，面临着重大的历史发展机遇。

打造首都经济圈，符合发展规律，是必然选择

“无论是从城市化发展的普遍规律、区域经济发展的大势，还是从缓解北京城市病来看，打造首都经济圈，都是必然的选择。”省社会科学院院长周文夫说。

周文夫认为，打造首都经济圈是世界城市化发展的普遍规律和必然选择。世界城市的发展有两条基本规律。一是世界城市的形成依赖于城市区域发展体系的强大支撑，而不是孤立地发展。如东京、伦敦、首尔都是如此，而现在北京城市辐射力所及的京津冀、环渤海区域发展相对滞后，没有形成一个强力支撑世界级城市发展的区域，迫切需要将首都与周边地区作为一个整体来考虑，提升区域体系的支撑作用。二是首都经济圈作为优质生产要素富集的特殊载体，已成为当今世界最活跃的区域经济中心。从伦敦、巴黎、

* 本文是《河北日报》向周文夫的约稿，发表于《河北日报》2011 年 4 月 18 日。

东京、首尔等城市的发展历程看，没有一个是孤零零的城市，都是在其周围形成了一个庞大的城市圈和产业圈。目前，许多国家的首都经济圈创造的生产总值占国家的三分之一以上，而京津冀三省市 2009 年 GDP 占全国的比重仅为 10.9%，发展潜力巨大。

“环渤海地区的快速崛起迫切需要发挥首都经济圈的核心动力和引领带动的龙头作用。”周文夫说，目前环渤海区域发展落后于长三角和珠三角，究其原因，最为根本的一点就是环渤海区域内各地之间缺乏整合，没有在区域融合基础上形成向心力，没有形成能够带动整个区域可持续发展的核心动力区。所以，打造首都经济圈，进一步放大首都的优势和辐射效应，在落实推进京津冀区域经济一体化发展战略中发挥出龙头作用，将有利于推动京津冀发展水平的大幅跃升，进而带动环渤海地区的快速崛起。

打造首都经济圈，对于建设创新型国家具有重大意义。国家“十二五”规划中提出“把北京中关村逐步建设成为具有全球影响力的科技创新中心”。目前北京地区集中了全国最主要的科研机构和大量著名高等学院，科技人才和知识精英几乎占全国科技人才和知识精英的一半。全国范围的科技知识精英不断地向北京聚集，导致北京市容纳的科技人才和知识精英呈膨胀式发展，迫切需要在一个区域内建立更有效的科学研发、技术成果转换、新产品大规模生产的协作机制及资源调配机制。首都经济圈的形成和发展，对充分发挥北京科学知识精英的人才优势，放大中关村效应，使之作为深化改革先行区、开放创新引领区、高端要素聚合区、创新创业集聚地和战略产业策源地，对我国建设创新型国家，都将具有重要的现实意义和深远的历史影响。

“打造首都经济圈，有利于缓解北京的城市病问题。”周文夫说，由于城市功能过度集中，近年来北京出现了人口膨胀、交通拥挤、资源紧张、房价高涨、发展空间受限、改善生态环境压力加大等突出问题。借鉴国际经验，分散首都功能势在必行。首都经济圈发展战略实施后，随着高铁、轻轨、高速路网等交通设施一体化，以北京中心城区、北京郊县（区）和河北 14 县（市、区）为节点，以高铁、轻轨、高速路网等交通设施为轴线，以点带轴、以轴带面的城市带发展格局将初步形成。届时，北京的远郊区将变成近郊区，北京城市的发展空间将得到有效拓展，北京面临的人口膨胀、交通拥挤等问题将会得到很大程度的改善。

打造首都经济圈，在四个方面对河北影响深远

首都经济圈的战略提出以后，全国人大代表、北京市市长郭金龙表示，国家“十二五”规划纲要草案更加突出了区域协调发展。纲要草案提出推动京津冀区域经济协调发展，“打造首都经济圈”，这对北京市是一个鼓舞、鞭策，也是一项光荣、艰巨的任务。北京市要摆正位置，提高服务、辐射的能力和协作能力，打造好“首都经济圈”。全国人大代表、北京市发改委主任张工也表示，北京市将以三个转变、八个辐射努力“打造首都经济圈”。北京作为“首都经济圈”的核心城市，要抓住机遇，通过三个转变推动发展：一是从过去注重功能集聚特别是经济功能集聚向功能疏解和辐射转变；二是从过去更多强调外省市保障北京向主动为外省市提供服务转变；三是从过去强调服务首都自身向通过服务区域、服务全国来实现自身发展转变。北京市辐射和带动“首都经济圈”发展有很多资源优势。北京市可以在金融资本、生产性服务业、科技、市场和流通、总部经济、人才和教育资源、信息、高新技术和现代制造业八个方面加强对区域的辐射。

“打造首都经济圈，在四个方面对河北影响深远”，周文夫说。

一是打造首都经济圈对我省区域经济格局将产生重要影响。我们要充分利用好环绕北京的独特区位，主动服务，全面对接首都，积极融入首都，有效承接首都产业转移和功能分散，接受首都人才、技术、信息等高级要素的溢出，使河北环首都地区建成科学发展的示范区、京津冀一体化的先行区、跨越式发展的样板区、支撑河北发展的重点区。

二是打造首都经济圈将对扩大我省消费需求产生重要影响。北京人均生产总值已超过 1 万美元，是我省的 2.8 倍，对我省的辐射能力逐年增强。北京人口即将突破 2000 万人，消费市场逐年扩大，消费结构快速升级，与河北优势互补，创造了不同层次大规模的市场需求。

三是打造首都经济圈将对优化我省产业结构、转变经济发展方式产生重

要影响。北京是全国人才最密集、智力优势最明显的地区，河北“借鸡下蛋”、柔性引进人才的条件得天独厚。北京科研机构、高等院校、研发中心、企业总部众多，强大的科技实力为河北创新发展提供了广阔空间。北京跨国公司云集，银行总部众多，不断向周边拓展运营网络，为河北创造了潜在的巨大资本市场。北京作为文化发展、文化传播的中心区和先行区，有利于我们借鉴经验、借助平台，发挥文化资源大省优势，加快文化产业发展。河北环绕北京，拥有众多丰富的旅游资源，有利于吸引京津高端旅游消费群体，实现由旅游资源大省向旅游强省的跨越。因此，我们要借机而动、顺势而为，通过加快建设环首都经济圈，真正把上述众多优势转化为科学发展的新优势。

四是打造首都经济圈将对北京周边贫困带 270 万人口脱贫产生重大影响。在京津以北地区有贫困县（区）21 个，京津以南地区有贫困县（区）11 个，面积达到 8.3 万平方公里，涉及人口 272.6 万人，形成了一个环京津 100 公里的贫困带。“环京津贫困带”的发展不能靠简单的财政转移支付等“输血型”补偿，而应该是提高“输血型”与“造血型”扶持相结合的自我积累和自我发展的能力。打造首都经济圈，使环京津贫困带“近水楼台先得月”，赢得承接产业转移的发展先机，使“环首都贫困带”逐步转化为“环首都富裕带”。

《河北省社会科学院志》序言

（2011 年 4 月 19 日）

迄今，河北省社会科学院已经走过了 30 个春秋。时下，经过 6 年多的努力，80 余万字的《河北省社会科学院志》终于与大家见面了。这是河北省社会科学院发展历程中值得庆祝的一件大事，也是献给河北省社会科学院建院 30 周年庆典的一份厚礼。

适时修志是中国文化的优良传统，盛世修志是中国历史发展过程中特有的文化现象。中华人民共和国成立 60 多年来，特别是改革开放 30 多年来，中国人民高举中国特色社会主义伟大旗帜，以马克思列宁主义、毛泽东思想、邓小平理论和“三个代表”重要思想为指导，深入贯彻落实科学发展观，走上了奔向富裕安康的广阔道路，取得了举世瞩目的成就。事业兴旺，国力倍增，同时也为人类的文明进步做出了重大的贡献。

河北省社会科学院正是伴随着祖国迈入盛世的步伐建立、发展和成长起来的。我院的前身是始建于 1963 年的河北省哲学社会科学研究所，建院的基础是 1977 年重建的河北省哲学社会科学研究所（正式定名为河北省社会科学研究所），1981 年正式改建为河北省社会科学院。2009 年 2 月，中共河北省委、省政府决定将省委讲师团、省社会科学界联合会并入省社会科学院，我院成为省委、省政府的直属事业单位，既是河北省一个大型的综合性社会科学研究机构，同时也是一个重要的理论宣传机构和社团机构。

30 年风雨兼程，春华秋实。在河北省委、省政府的坚强领导下，经过全院干部职工的勤奋工作和开拓创新，我院在认识世界、探索未知、揭示真理的社科研究领域走过了一段不平凡的岁月，取得了一系列无愧于党、国家、社会和人民的骄人成绩，累计取得科研成果万项以上，其中仅著作就达500多部，拥有、培养了一大批全国知名、省内一流的优秀专家和科研人才，形成了具有地方特色、直接服务河北的学科体系，在为省委省政府决策服务、为全省经济社会发展服务、为基层服务方面做出了重要贡献，为我国、我省社会科学事业的发展尽到了自己的职责。即将付梓印行的新撰《河北省社会科学院志》，就是全院科研人员几十年来努力奋斗为我省乃至我国社会科学事业不断做出贡献的忠实记录，是全院职工适逢盛世在建设现代化河北进程中同心协力不断谱写时代辉煌的历史见证。

呈现在读者面前的《河北省社会科学院志》，是一部资料翔实、结构合理、观点正确、内容全面的志书。它通过大事记和各个时期的发展规划，真实客观地记录了几十年来河北省社会科学院的发展历程及各个时期的发展特点；通过机构体制章节，显示了伴随着国家改革开放步伐河北省社会科学院内设机构及职能的概况及其演进；通过科研机构及科研管理机构章节，详细地介绍了河北省社会科学院科研工作的运转全貌及取得的丰硕成果；通过后勤管理篇章，勾画出了后勤工作为河北省社会科学院以科研工作为中心的各方面工作提供的全面、有力的保障；还通过人物简介方式，展现了河北省社会科学院科研队伍与管理人员的群体形象。为了查找与使用方便，《河北省社会科学院志》还在附录部分，设置了涵盖河北省社会科学院前身的1963年建立的河北省哲学社会科学研究所、1977年建立的河北省社会科学研究所以及1981年建院以来一直到2008年底的人名总录。为了更好地了解与研究建院以来如何服务于不断变化着的国内外形势和更好地适应不同时期党和国家方针政策的调整，《河北省社会科学院志》设置了河北省社会科学院历任院长的重要讲话选编。为了客观反映2009年2月省委、省政府决定将中共河北省委讲师团、河北省社会科学界联合会并入河北省社会科学院前的情况，以与4月院领导班子调整后开始运转的实际情况相衔接，《河北省社会科学院志》特将记述下限定在2009年，并在附录部分对中共河北省委讲师团、河北省社会科学界联合会的总体情况做了简介。

经过30年来特别是“十一五”时期全院干部职工的努力奋斗，我们已经基本实现了“省级一流、国内知名”的阶段性目标。现在，我院已经具备了相当的科研实力，也面临着难得的发展机遇。省委讲师团与省社科联并入省社会科学院后，我院形成了理论武装、服务决策、繁荣发展“三位一体”工作新格局和“一院两制”新体制。全院现有编制380人，内设管理机构9个、社团工作机构5个、教学研究机构15个（其中研究所、研究中心12个）、教学科研科辅机构4个。全院科研人员近220人，其中高级职称100多人，拥有享受国务院特殊津贴专家、省管优秀专家、省有突出贡献中青年专家、省社会科学优秀青年专家等各类专家数十人。学科建设取得实质性突破，已经拥有区域经济学、中国特色社会主义理论体系研究、农村经济学、河北地方史与传统历史文化研究4个重点学科和当代文化（文学）与河北文化发展研究、人口社会学、马克思主义哲学与现代化、服务经济4个重点扶持学科，重点学科首席专家和重点扶持学科学术带头人都是在相关研究领域具有话语权和影响力的知名专家。我们拥有一支数以百计高层次研究人员、教学人员在内的社科专业技术人才队伍，拥有一支近百名担负全省社会科学优秀成果评奖、社科青年优秀专家评选和社科高级职称评审以及组织开展各类学术活动的社科管理人才队伍。我院已成为名副其实的河北省唯一的省级综合性社会科学研究机构、名副其实的河北省马克思主义研究的重要基地、河北省经济社会发展重大理论与实际问题研究的重要基地、河北省传统文化研究的重要基地和河北省社科文献资料数据中心。

“十二五”时期是全面建设小康社会的关键时期，也是深化改革开放、加快经济发展方式转变的攻坚时期。置身于新的历史发展阶段，我院具备了加速发展的诸多有利条件，也面临着打造服务河北科学发展新智库的任务。党的十七大指出：“繁荣发展哲学社会科学，推进学科体系、学术观点、科研方法创新，鼓励哲学社会科学界为党和人民事业发挥思想库作用，推动我国哲学社会科学优秀成果和优秀人才走向世界。”省委七届六次全会提出：“加强文化精品生产，繁荣发展哲学社会科学。”党中央和省委关于繁荣发展哲学社会科学的一系列指导意见，为我院实现新的发展指明了方向。在河北推动“科学发展、富民强省”和“加快发展、加速转型”，实现从经济大省向经济强省跨越、从文化资源大省向文化强省跨越的生动实践中，我们决心高举中国特色社会主义伟大旗帜，以邓小平理论和“三个代表”重要思想为指导，以科学发展观统领办院，坚持“为决策服务、为发展服务、为基层服务”的办院方针，落实“出精品、出人才、出效益”的总要求，把建设服务河北科学发展新智库作为主要任务，以学习型党组织建设和创先争优活动为引领，健全理论武装、服务决策、繁荣发展“三位一体”工作新格局和“一院两制”新体制，大力推进中国特色社会主义理论武装工程，大力推进服务河北能力提升工程，大力推进全省哲学社会科学龙头带动工程，大力推进创新型人才智力聚合工程，向着“省级一流、国内知名”更高目标迈进，为实现“科学发展、富民强省”的奋斗目标，为繁荣发展我省哲学社会科学事业做出新贡献。

修志是一件服务当代、惠及后世的事业。《河北省社会科学院志》出版后，发挥志书的社会效益，利用好这部志书，为当前全省的经济社会政治文化发展服务，为全省的社会科学事业建设与繁荣服务，正是本志书的题中应有之义。回顾过去，是为了更好地建设未来。我建议，大家在河北省社会科学院进入新的发展阶段之际，抽时间读一读这部《河北省社会科学院志》，回顾过去所走过的路程，从中汲取一些经验与教训、感悟与启发，或许不无益处。

把建设学习型党组织作为服务科学发展的引擎*

（2011年5月1日）

河北省社科院在学习型党组织建设中，紧密结合职能特点和工作实际，实施党委理论学习中心组引领工程、全员学习队伍建设工程和服务决策发展提高工程，大力推进服务地方科学发展新智库建设，把学习型党组织建设作为服务河北经济社会科学发展和实现自身科学发展的引擎，在运用党的创新理论指导实践、推动工作上取得了明显实效。

一　倡导“三个带动”学习理念，打造服务科学发展新智库

近年来，我们以学习型党组织建设为契机，以抓领导干部学习为切入点，以学习带动思想统一、带动机构调整、带动事业发展。通过学习，在发挥职能作用、服务工作大局等问题上达成新共识，形成了打造服务地方科学发展新智库的工作思路。

忠诚、服务于党和人民的伟大事业，是中国特色社会主义新智库的政治

* 本文是周文夫主持撰写院党组建设学习型党组织的体会文章，刊载于《求是》2011年第9期。在全党建设学习型党组织活动中，河北省社会科学院党组的经验做法受到中央建设学习型党组织协调小组的表扬，发了专期简报，《人民日报》记者到院采访，新华社发了专稿。

属性和本质特征。智库建设必须高举中国特色社会主义伟大旗帜，以邓小平理论和“三个代表”重要思想为指导，深入贯彻落实科学发展观，把建设马克思主义坚强阵地作为首要任务，积极投入马克思主义理论研究和建设工程，把中国化、时代化、大众化的马克思主义创造性地运用于服务河北科学发展的科研实践之中，转化为推动地方科学发展、社会和谐的核心理念、基本方略、具体措施和方法手段。为此，我们提出构建理论武装、服务决策、繁荣发展“三位一体”工作新格局，以社科研究为龙头，以理论武装、社科联合为依托，以社科团体、各市和基层宣讲站为基础，把全省社科联系统、社科院系统、讲师团系统的理论和社会科学力量整合起来，形成推动社会科学事业繁荣发展、服务党委和政府科学决策的强大合力。围绕“为省委省政府决策服务、为全省经济社会发展服务、为基层服务”的工作方针，力争“出精品、出人才、出效益”。以“省级一流、国内知名”为建院目标，积极建立优势和特色突出的重点学科群，创新科研管理体系，科研成果的质量大幅度提高，承接和完成重大课题的能力明显增强。

二　落实“三个强化”学习要求，充分发挥集约优势

在学习型党组织建设中，我们将“体现时代性、把握规律性、富于创造性”具体化，提出了强化机遇意识、强化规律把握、强化使命担当的学习要求。开展“抓学习、提素质、强能力、促发展”的主题学习教育活动，通过读书辅导、读书体会交流、学术漫谈、专题学术交流、集中备课等活动，激发大家的学习热情、责任意识和创造精神。

带着问题学习，把学术研究同推动经济社会发展、增进人民福祉紧密结合起来。近年来，我们以院重大系列精品课题为载体，以优势学科为龙头，联合全省社科研究力量，开展课题联合攻关，形成学术互补、合成、高效的研究优势。围绕马克思主义中国化、中国特色社会主义理论体系、构建现代产业体系、城镇面貌“三年大变样”、调整经济结构与转变发展方式、环首都经济圈与环渤海隆起带建设等重大理论和现实问题进行深入研究，推出一大批有分量有深度的精品力作。《关于建立互联网舆情回应机制的建议》等

多项成果得到领导重视和转化应用，实现了优化组合和科研效益的最大化，强化了我们作为智库的学术话语权。

带着责任学习，把提高自身理论素养同推动中国特色社会主义理论体系深入人心结合起来。在推进马克思主义大众化的过程中，我们以需促学、以需定讲，推出订单式辅导、网络式宣讲、点播式宣讲；不断丰富手段，注重新型媒体的应用，注重体验式、案例式的双向互动；加强内外联动，内建理论宣讲专家资源库、主题资源库，外与联通、移动和电信等运营商协作开通手机报；积极延伸触角，建立 22 个县级宣讲站，促进了理论宣讲的全覆盖。

带着使命学习，把加强社会科学阵地建设与管理同推动哲学社会科学服务经济社会发展结合起来。我们联合全省 40 余家研究单位、高校和省市有关部门的2000 余名理论工作者和实际工作者，组织实施“保障和改善民生、推进社会建设”大型调研活动，为我省经济社会发展提供了有价值的参考。2010 年，完成调研课题 190 多项，其中《关键是筑牢员工思想上的安全防线——冀中能源峰峰集团新三矿调查》得到中央领导同志的肯定。

三　坚持“三个创新”学习目标，着力提高服务决策的能力

为领导机关和决策者提供更具针对性、操作性、前瞻性的战略决策咨询意见，是新形势下我们义不容辞的重要职责。为此，我们提出推进“学术观点创新、学科体系创新、科研方法创新”的学习目标，通过实施服务决策发展能力提高工程，把理论武装与实践锻炼结合起来，学以致用，用以促学，推动科研活动更加贴近河北实际、更有活力、更有成效。

以创新观念增强前瞻视野。科学研究的灵魂在于创新。观念是创新的源头，学习是创新的动力，机制是创新的保障。我们通过定期举办学习培训班、邀请相关领导做专题报告或辅导，帮助大家开阔视野，树立体现时代特征、顺应发展潮流的思想观念，用战略发展的眼光分析研究新情况，用创新的思维和方法破解发展难题。

以创新手段拓展服务途径。近年来，我们通过聚焦重大项目、搭建服务

平台、探索开门办院、合作办院等创新手段，取得了一大批高质量、有影响的成果。比如，争取把秦唐沧发展战略上升为国家战略、提高河北环京津城市实力和竞争优势、做好钢铁产业发展规划、统筹河北钢铁产业总体布局等政策建议，《构筑我省现代产业体系的总体思路、主体框架和对策措施研究》等一批创新成果，为解决当前河北省经济社会发展所面临的重大问题提供了重要决策依据。

以创新机制焕发创造激情。我们建立课题孵化机制，按年度请省委、省政府主要领导圈定课题，向省直部门及全省各市征集课题，向省内大型企业问询课题。建立了常态化调研机制，每年定期开展一次集中调研活动，总结基层实践的创新创造和新鲜经验，不断探索和掌握经济社会发展的规律。建立第三方评估机制，邀请院外专家和实际工作部门领导对重点学科建设目标任务完成情况进行评估。建立链条式激励约束机制，与院专家签订责任状，把科研管理和业绩评估落实到科研工作全过程。

在全省宣传文化系统文化体制改革发展调研座谈会上的发言

（2011 年 5 月 3 日）

国家“十二五”规划纲要对深化文化体制改革，推动社会主义文化大发展大繁荣进行了全面部署，我省的“十二五”规划纲要全面落实中央精神，结合河北实际提出了更为明确具体的改革和发展目标。近几年来，河北文化体制改革有了很大进步，文化产业也有了长足发展，可以说政策层面上的问题已经解决，关键是在实际工作中进一步落实好。

一　从我省来看，深化文化体制改革、推动社会主义文化大发展大繁荣意义重大

第一，它是提高我省文化软实力和综合竞争力的紧迫任务。文化作为一种“软实力”，日益成为一个国家和地区综合实力和竞争力的重要因素。没有深厚的文化根基，没有先进文化的引领，没有文化实力的提升，在激烈的竞争中就难以站稳脚跟、走在前列。我省虽然有着丰富的文化资源，但在深入研究上，在广泛宣传上，在转化利用上，在创新发展上，还有大量的工作要做。第二，它是解放和发展文化生产力的客观要求。社会主义市场经济条件下，文化发展的经济基础、体制环境、社会条件发生了深刻变化，但文化领域还存在制约文化发展的思维定式和体制模式，如习惯于用行政的手段管文化、办文化，文化企业的市场准入过高等。这些思想障碍和体制障碍不破

除，文化发展就不能适应社会主义市场经济发展的要求，就有失掉市场、失掉阵地、失掉群众的危险。这就要求我们必须加快文化体制的改革。第三，它是全面落实科学发展观、促进经济又好又快发展的战略选择。文化不仅是经济发展的推动力量，也是经济发展的重要内容，集中体现在直接做大GDP总量、有效促进产业结构调整和发展方式转变、全面提升其他产业的竞争力等几个方面。因此，必须坚持以改革的办法为发展清除障碍、创造环境、提供动力。

二　从我省来讲，文化体制改革虽然取得积极进展，但是要如期完成我省“十二五”规划纲要确定的文化发展目标还需做大量的工作

我省“十二五”规划纲要提出，要努力实现从文化资源大省向文化强省的跨越，到“十二五”末，我省的文化产业增加值要完成1500亿以上，占全省生产总值的比重达到5%。从我省的现实情况来看，要完成这一目标还要做大量的工作。从文化产业来看，我省无论在发展水平还是在发展速度上与要求和期望相比都还有距离。一是文化产业总量不够大，份额不够多。与我省所拥有的丰富的文化资源还不相称，与我省GDP在全国的排名还不相称。二是市场主体不够多，活力不够强。一些大型文化企业集团尚未真正建立起现代企业制度，规模和效益没有充分发挥出来，一些文化单位市场运作意识还不够，存在“等、靠、要”的思想。民营文化企业由于受发展环境、人才资金等因素制约，难以发挥市场主体作用。三是产业结构不够合理，业态不够丰富。各地的特色文化资源优势、产业优势还没有充分显现，一定程度地存在无序、盲目、区域发展趋同化的现象。四是经营方式不够细化，效益不够高。一些文化企业市场化程度不够高，缺乏市场思维，叫好不叫座。这些问题都需要在深化改革中不断克服。

三　对打造文化产业优势，提升文化的实力、活力、竞争力的几点建议

一是要着眼于扩大产业规模，提升产业质量。要做大做强文化产业，应该坚持以园区建设为平台，以项目建设为载体，做大做强主导产业，培育扶持新兴产业，重点发展传媒业、文化旅游业、演艺娱乐业、文化及相关产品生产销售业和动漫游戏业等支撑性产业门类，形成特色鲜明、优势突出、富有竞争力的产业体系。积极组建一批具有较强竞争力的文化产业集团，培育一批具有规模效应的文化产业园区，促进传媒资源的整合和生产企业的集聚，做大做强传媒业。推出一批文化旅游精品线路、景区和特色产品，开拓文化旅游市场，开发壮大文化旅游业。推动演艺业与旅游业结合，推出一批舞台艺术精品和大型实景演出项目，开发创新娱乐形式和业态，引导文化消费，提升娱乐内容的文化品位，繁荣发展演艺娱乐业。培育一批文化产品销售市场，实现研发、生产和销售的集约化经营，扶持开发文化及相关产品生产销售业。建设若干动漫游戏产业研发、生产基地，鼓励国产原创动漫游戏产品生产，打造知名品牌，建立市场化分工协作的产业链，开发衍生产品，培育支持动漫游戏业。

二是要着眼于培育壮大市场主体。要重点培育具有文化创新能力、核心竞争力强的大型文化企业集团，组建一批大型国有文化企业集团，支持民营大型文化企业开发市场占有率高的原创性产品，打造具有核心竞争力的知名文化品牌。要大力发展中小企业群体，促进中小文化企业向“专、精、特、新”的“小型巨人”企业发展，鼓励以知识产权作为出资，依法创办中小文化企业，培育具有县域特色的文化产业集群，形成富有活力的中小企业群体。造就一批品牌知名、运作高效的文化中介组织和信誉好、有特长的文化经纪人，发展文化产业经纪代理、评估鉴定、技术交易、推介咨询、担保拍卖等中介服务机构，引导其规范运作，向品牌化、专业化方向发展，在演出、影视、艺术品、体育比赛等方面率先建立规范竞争的文化中介机制。

三是要着眼于健全各类文化市场，发展文化产品市场。大力发展出版物

市场，鼓励发展城镇中小型特色书店、专业书店、社区书店和网络书店，规范和发展演出市场，繁荣电影、广播电视节目交易市场，开拓动漫游戏、移动电视、付费电视、网络广播电视等新兴市场，扶持文体用品和民间特色工艺品交易市场发展。积极发展产权、人才、信息、技术、广告、展览、咨询、版权等文化产品服务市场和文化要素市场。规范文化无形资产交易，推动文化企业产权交易，鼓励文化企业通过股票市场实现产权流动。建立文化产业人才库、人才评价体系，培育文化创意策划人才市场，完善文化产业信息、技术交易市场。培育农村文化市场，引导各类市场主体在出版发行、电影放映、文艺表演、网络服务等领域积极开发农村文化市场，制定扶持农村文化经营单位和个体经营者的优惠政策，支持农民群众兴办农民书社、电影放映队等，扶持民间剧团的发展。

四是着眼于营造良好的发展环境。首先，要认真落实对新办文化企业、新兴文化产业、高新技术文化企业的优惠政策，制定深化文化体制改革、加强文化产业发展的相关配套政策，加大财政税收、投融资、资产处置、社会保障等方面的扶持力度，对非文化企业、非公有制经济和境外资本进入文化产业，在准入领域、准入条件、财税政策等方面进一步放宽。其次，加大人才培养力度，为文化产业发展提供支撑。加快制定文化产业人才培训管理办法，加大文化人才培养的投入，加强文化产业人才培训基地建设，加强对文化创作、文化经营与创意、文化经纪人的引进。建立和完善人才激励制度，对做出突出贡献人员予以重奖，鼓励有特殊才能的文化艺术人才和文化经营人才，以其艺术特长和管理才能作为无形资产，按一定比例持有文化企业股份。最后，加大资金投入，促成多元文化产业融资格局。加大对文化产业发展的资金投入，努力形成政府投入与社会投入相结合，多元化、多渠道的投融资机制。加强财政性资金的引导作用，发挥文化产业发展引导资金的作用。加大金融资金对文化产业的支持，鼓励金融机构组建各种类型的文化发展基金、文化投资公司。建立社会化融资机制，鼓励有条件的文化企业通过发行公司股票、企业债券在资本市场直接融资。支持企业通过引进战略投资者、股权受让、合资合作等方式吸纳社会资本，加快推进企业股权融资。

四　重视和发挥社科专家的作用，为深化文化体制改革、推进文化大繁荣大发展提供智力支持

文化的发展离不开理论的支撑和思想的保证。河北省社科院的专家学者一直关注和参与、支持我省的文化发展。在挖掘文化资源、梳理文化脉系、开展文化产业调研、加强文化理论研究以及文化项目规划论证等方面做了大量基础性和应用性的工作。“十二五”期间，我院明确提出将建成“服务河北科学发展的社会主义新智库”的主要任务，因此，我院将继续组织社科工作者关注、支持和推动我省文化事业和文化产业的发展。一是强化政治意识，保证文化事业和文化产业坚持社会主义先进文化的前进方向，坚持和弘扬社会主义核心价值体系。二是积极参与文化创新，深入挖掘文化资源，不断推陈出新，使文化事业和文化产业的发展努力与当代社会相适应，与现代文明相适应，保持民族性，体现时代性。三是积极开展文化体制改革的研究，深入实际搞好调研，为党委、政府提供决策咨询，发挥好党和人民“思想库”的作用。四是积极参与文化产业项目规划论证，推动我省文化产业科学发展，为我省社会主义文化大繁荣大发展贡献聪明才智。

在2011年京津冀区域协作论坛预备会上的讲话

（2011 年 5 月 4 日）

这次会议是京津冀区域协作论坛各主办单位协商后组织召开的。会议就 2011 年京津冀区域协作论坛会议主题、会议形式、举办时间、工作分工、组织领导等内容达成共识，以便论坛各项工作更好地落实和实施。刚才，珺红同志对今年论坛方案的设计进行了详细的解释和说明，北京、天津市社科联和科协、河北省科协的同志对论坛举办的有关事项提出了很好的意见和建议。下面，我就京津冀文化产业协同发展问题谈几点认识，和大家交流。

京津冀区域协作论坛自 2006 年由河北省社科联发起首办后，得到京津两市社科联的大力支持。自 2009 年起，论坛开始由京津冀三省市社科联、科协轮流举办，汇集自然科学与社会科学两界力量开展学术研讨与交流，聚焦区域协同发展组织专题研究，为党委、政府部门科学决策提供参考和建议。举办模式的创新，使这一区域学术交流平台作用逐步显现，社会影响不断扩大。今年的论坛由河北省社科联承办，院党组高度重视，多次召开会议研究部署工作任务。之所以把今年京津冀区域协作论坛的主题确定为“让文化引领未来——‘十二五’京津冀文化产业协同发展研究”，是基于以下几点考虑。

一　党中央对文化产业发展高度重视

党的十七届五中全会提出要推动文化产业成为国民经济支柱性产业。去年以来，胡锦涛总书记、温家宝总理、李长春同志对于文化建设多次发表了重要讲话，对整个文化产业做出了很多新的部署。中央为何这么重视文化体制改革与文化建设？我认为主要有五个原因。

第一，文化领域新的实践需要总结概括。党中央做出的关于深化文化体制改革、加快文化产业发展的决策部署，开辟了文化建设新的境界。经过近十年的探索和实践，文化体制改革使文化建设焕发了新的生机。文化产业从无到有，市场主体快速增加和壮大，文化企业开始上市，这在过去是难以想象的。由政府包办文化事业的格局已经打破，以国有为主体、社会广泛参与的多元投入文化建设的格局正在逐步形成。这些新的实践和探索，丰富了中国社会主义文化的内涵，开辟了新的发展道路。这些丰富的实践经验，需要及时总结提炼，逐步上升为规律性的认识。

第二，文化产业的成功实践需要正确引导。文化体制改革和文化产业发展的成功实践，进一步凸显了文化建设的重要地位和作用，需要更加全面的认识和把握。胡锦涛总书记在中央政治局第二十二次集中学习时，把文化的地位和发展文化产业的必要性精辟地概括为“三个重要”、“三个关系”和“两个日益成为”，深入分析国内外形势，从综合国力全方位竞争更趋激烈、人民群众精神文化需求更加旺盛、现代传播手段更加快捷等文化建设所面临的良好机遇和严峻挑战形势下做出了新的概括、新的论述和新的判断。应该说这些新概括、新论述、新判断是一次认识上的新飞跃。

第三，文化产业有利于推进中国经济结构的调整。在经历了全球金融危机的严重冲击之后，深入贯彻落实科学发展观、加快经济发展方式的转变成为各级党委、政府必须认真对待和思考的问题。根据国际经验，文化产业具有逆势上扬的特性，又是低污染、低消耗、高产出、高效益的朝阳产业，特别是文化与高新技术、新兴传媒的融合创新，显示了巨大的经济开发前景。加快发展文化产业成为转变经济发展方式、优化产业结构的战略选择。同时，还要看到科技创造品质，文化创造品牌，提高产业的科技含量和文化含量也是转变经济发展方式的一个重要内容。

第四，精神文化需求创造了文化发展的机遇。随着我国经济社会的快速发展，人民群众的精神文化需求更加旺盛，给文化的发展提供了机遇，创造了条件，迫切需要大力繁荣文化事业和发展文化产业。所以，党中央强调大力繁荣文化事业，发展文化产业，把握了这一机遇。

第五，综合国力的竞争中文化的作用越来越大。各个国家目前都在大力发展文化，从以前军事的竞争到经济的竞争，进一步发展到文化的竞争，文化在国际竞争中的地位也越来越重要。文化产业因具有科技含量高、能耗少、产品附加值高的特征，已成为一个国家或地区综合竞争力强弱的战略性标志。许多西方发达国家早已将其列为经济发展的重要方向和支柱产业。强调文化的重要性，加大文化产业发展的力度，是一种必然的选择。

二　京津冀有着相同的文化渊源

总体来看，京津冀三地地理区位一体，文化有着千丝万缕的联系。京津冀虽然从行政区划上各有疆界，但你中有我，我中有你，或交叉，或怀抱，彼此难分。从全国来看，这样的区域也是唯一的。三地文化同根同源，文化脉系也相同或相近。明、清以前，三地文化是分不出你我的，明清以来，三地文化虽然出现了差异，但差别也不是很大，并且呈现相互影响、共同进步的态势。

北京是祖国的首都，拥有许多著名大学和文化机构，吸引了来自全国各地的高端人才，成为全国政治文化中心。北京作为千年古都，又有着悠久的历史和深厚的文化内涵。天津近海，明代作为海防要地而设卫，故称天津卫。天津是北方最大的商埠，又是北方最早开放的沿海城市之一，形成了富有特色的地方文化。河北省作为华夏文明的重要发祥地，经过数千年的积淀，形成了丰富、独特的文化，成为名副其实的文化资源大省。悠久的历史，共同的文脉，形成了京津冀三地协作发展文化产业的历史基础。

河北地理区位的独特性，决定了文化的丰富性与多样性。最近，河北省委常委、宣传部部长、省社科联主席聂辰席同志在接受人民网记者采访时，概括了河北文化在发展中形成的五大品牌：一是红色太行（革命文化）。支撑元素主要包括西柏坡中共中央旧址、八路军一二九师司令部、城南庄晋察冀司令部旧址、前南峪抗大旧址等。巍巍太行，流传着狼牙山五壮士、雁翎队、野火春风斗古城、地道战等许多动人的故事，在抗日战争和解放战争中具有重要的历史地位，毛泽东主席在《愚公移山》中的讲述更使太行山名满天下。以“红色太行”为主题，可生动地演绎中国近现代革命史。二是壮美长城（和合文化）。支撑元素主要包括老龙头、山海关、潘家口水下长城、金山岭长城、大境门等。万里长城是中华民族精神的象征，也是中华民族的融合线。河北是长城途经最长、保存最完好、建筑最具代表的省份。长城东起秦皇岛的老龙头、山海关到唯一的潘家口水下长城、奇峻的承德金山岭长城，再到张家口的大境门，草原文明和农耕文明在这里交相辉映，北方游牧民族和中原汉民族等多民族长期在这里融合，王朝帝国在此交替，关内与关外在此牵手。三是诚义燕赵（根脉文化）。支撑元素主要包括邯郸、中山国遗址、易县燕下都、涿州三义宫、永年广府古城、正定古城等。战国七雄在中国家喻户晓，地处我省的有其二，另外中间还有一个号称战国第八雄的中山国。荆轲国难当头在易水慷慨悲歌、义无反顾，赵武灵王胡服骑射开中国改革之先河，廉颇蔺相如外敌当前摒私欲讲大义的将相和，流传民间的刘关张桃园三结义、赵子龙忠心事主、杨家将舍命抗辽，特别是中国共产党的开创者李大钊铁肩担道义，都在中国脍炙人口。抗日战争时期，毛泽东为悼念冀东杨十三（杨秀峰的叔叔）烈士亲拟挽联“国家在风雨飘摇之中对我辈特增担荷，燕赵多慷慨悲歌之士于先生尤见典型”，就是生动的写照。四是神韵京畿（直隶文化）。支撑元素主要包括直隶总督署、承德避暑山庄、遵化东陵、易县西陵、宣化钟鼓楼、义和团廊坊大捷以及阳原县泥河湾遗址、涿鹿县三祖圣地、张北县元中都遗址等。河北元为中书省，明为京师，清为直隶省，地位显赫，拱卫首都的地理位置一直延续至今。清代直隶总督统管京津冀，衙署在保定，第二政治中心在承德，清朝皇家陵寝一处为唐山遵化的东陵，另一处为保定易县的西陵，可以说是一部清史写照。位于张家口阳原县境内泥河湾古人类遗址、涿鹿县中华炎黄蚩三祖圣地、张北县元中都遗址等历史遗存，更强化了京畿重地的神韵。五是弄潮渤海（开放文化）。河北环渤海有著名的中国近代工业摇篮——唐山，在这里诞生了中国第一桶机制水泥、第一座成功的机械化矿井、第一条标准轨距铁路、第一台蒸汽机车和第一件卫生瓷，有旅游胜地北戴河、黄金海岸等，有秦皇岛港、京唐港、曹妃甸港和黄骅港等一系列港口。

改革开放30年来，河北有了很大的发展，文化的五大元素，构筑了京津冀协作发展文化产业的现实基础。

三　京津冀三地经济社会发展的现实需要

京津冀文化拥有共同的母体，决定了三地文化产业发展是不可分割的。文化消费网络效应强，具有需求规模经济性的特征。文化产业需要强大的市场需求来支撑，这一市场需求首先来自本地或附近地区。京津冀三地地缘相连，在文化产品的销售上互为首要或优先的目标市场。京津冀地区已经开始进入人均GDP3000～5000美元的中等发达国家水平，地区文化消费活跃。京津冀地区1亿多的人口也为文化产业提供了巨大的市场空间。大力推进文化建设，繁荣文化事业，发展文化产业，满足人民群众日益增长的精神文化需求，已成为三地党委、政府的发展共识。北京作为全国的文化、政治中心，文化产业发展不仅厚重而且强势，天津、河北在发展水平上存在较大的落差。北京文化产业起步较早，发展较快，产业总体实力较强；天津市在积极研究制定文化创意产业发展规划和相应的扶持政策的基础上，酝酿、建立了一批文化创意产业园区和产业基地；河北省文化产业的发展相对落后，需要加强与京津的合作，努力学习京津的先进理念和做法，充分发挥区位、资源、低成本等优势，进一步形成与京津的体制梯度差、政策梯度差、服务梯度差、综合环境梯度差，更有效地吸引文化生产要素向河北流动，吸引更多的文化生产主体到河北投资兴业，积极促进京津冀文化产业区域协调发展。

“十二五”时期京津冀区域将迎来共同发展的黄金时期，加强区域协作，实现合作共赢，将是京津冀三方共同的必然选择。党和国家制定出台了推进京津冀一体化的一系列政策、促进文化产业发展的一系列举措，为三地文化产业区域协调发展提供了大好机遇。我们也衷心希望三地理论工作者更多地关注文化产业的协同发展，积极开展研究，多推出实践性和应用性强的成果，为党委、政府科学决策提供支持。

2009年，按照河北省委、省政府机构改革的要求和部署，中共河北省委讲师团、省社科联并入河北省社会科学院，实现全省社科资源的优化整合，形成了理论武装、服务决策、繁荣发展“三位一体”工作新格局，社科联合开创了新局面，取得了新的发展。2010 年，围绕省委、省政府中心工作选题立项，组织科研人员开展深入研究，多项成果被省委、省政府采纳。其中民生调研课题共有 2000 多名全省社科理论和实际工作者参加调研活动。一项成果《关键是筑牢员工思想上的安全防线》得到中央政治局委员、国务院副总理张德江同志批示肯定，多项调研成果得到省领导批示。组织了以“低碳生活，生态家园”为主题的全省第六届社会科学普及周活动，编写了《讲科学　谈发展》科普系列丛书和《低碳知识百问》等科普读物，受到社会各界的关注与好评。以“推动文化传承创新，促进经济社会和谐发展”为主题，举办了第三届省社会科学博士论坛；以“加快转变经济发展方式推进河北文化产业发展”为主题，举办了 2010 年燕赵文化论坛。通过评奖活动，把全省社会科学的主攻方向和社科工作者的注意力聚焦到为全省经济社会发展服务上来，提高了社会科学对领导决策和经济社会发展的贡献力和推动力。在河北大学、燕山大学等六所高校（学会）建立了社会科学研究基地，逐步形成了布局合理、特色鲜明、带动力强、成效明显的学科研究体系。通过学会管理，引导学会的科研取向，提高学会的工作水平和科研活动质量，发挥学会在本学科研究、普及的“智库”作用，壮大河北省社会科学联合新智库力量。与此同时，河北院党组认真抓了院（会）机关学习型党组织建设工作，取得明显成效。去年 11 月，中央学习型党组织建设协调办公室发了河北省社科院（会）的专期简报，新华社发了通稿，人民日报、光明日报、经济日报、中央人民广播电台、中央电视台及所属网站等重要媒体，集中报道了河北省社科院、社科联学习型党组织建设的工作成果。

当然，与北京、天津社科联相比，与全国社科工作先进省份相比，我们的工作还有差距。我们有信心在今后的工作中逐步缩小差距，迎头赶上。这次预备会是京津冀区域协作论坛的前奏。我们又见到了许多老朋友，也结识了一些新朋友，大家对我们的支持和帮助，一定会使今年的论坛取得圆满成功。会后，我们将逐件落实论坛筹备任务，希望各主办单位继续给予大力支持。谢谢大家！

我省钢铁企业实施多元化战略的路径选择*

（2011 年 5 月 23 日）

一　从“以钢为纲”到“不务正业”：提升钢铁企业竞争力的唯一出路

钢铁产业是我省优势产业之一，钢铁企业在经历相当长时期的产能扩张后，步入了以“转方式、调结构”为主线的新发展期，迫切要求钢铁企业摆脱以往“以钢为纲”的发展模式，逐步确立多元化战略主导、具有较强“不务正业”特征的新模式。

（一）日益突出的供需矛盾导致扩产模式难以为继

长期以来，随着城镇化水平的快速提升，我国钢铁市场需求迅速扩大。我省钢铁企业通过实施扩产方式，迅速确立了在全国乃至全球的优势地位，到 2006 年，已经形成“全球钢铁三分之一在中国，中国钢铁三分之一在河北”的产业发展格局。同时，为应对国际金融危机实施的产业振兴政策，进一步拉动钢铁市场需求。通过扩产满足市场需求，让我省的钢铁企业占尽了先机，尝到了甜头。

---

* 本文是周文夫在河北钢铁集团第一届战略咨询委员会第二次全体会议上的发言。

但是，随着市场供需矛盾的日益突出，通过扩产来推动企业发展的既有模式变得难以为继。

一是产能过剩导致被迫降价。到 2010 年全国粗钢产量达到 6.3 亿吨，远超过国民经济发展需要。我省钢铁产量突破 6000 万吨，经历了由供不应求到销售困难的转变。企业利润连年下降，平均吨钢利润只有 116.32 元，只有全国平均水平（169.41 元）的七成，规模最大的产业逐步沦为“最不赚钱的工业”。

二是企业控制能力弱化。扩产模式形成的企业发展路径，使得我省存在众多小而散的钢铁企业，导致企业集中度低，即便形成了集团化带动发展格局，产业整合成本高、难度大等问题仍难以在短期内消解，弱化了企业控制力。适应快速变化的市场需求，进一步巩固和提升钢铁企业竞争力，必须摒弃原有“以钢为纲”的扩产模式。

（二）外部环境变化对企业发展模式提出了新要求

可以说，钢铁产业产能急剧扩张的时代已基本结束。同时，钢铁企业还面临着除产能过剩之外的双重压力。

一是成本大幅上升的压力。国家石油、铁矿石等大宗商品价格的不断升高，抬高了钢铁企业的原料成本和物流成本。同时，劳动力成本的逐年提高，进一步挤压企业利润空间，通过扩产实施低成本扩张战略已变得无利可图。

二是资源环境的约束。随着国家资源、环境保护力度不断加大，企业面临着资源、能源、生态等外部环境约束，迫使钢铁企业步入以调结构、转方式为重点的新时代。

（三）开辟新的增长点是钢铁企业实现转型的成功经验

从国内外钢铁企业发展的成功经验看，实施多元化战略，开辟新的增长点，摆脱“以钢为纲”发展模式，成为钢铁企业调结构、转方式的通行做法。

一是国际钢铁企业通过立足钢铁、多元带动，进一步巩固了竞争优势。以新日铁为代表的日本钢铁企业，积极延伸产业链条，努力拓展铁矿石开采、销售等业务，掌握上游原料定价权，巩固了在国际钢铁产业中的优势地位，进而大力发展工程、城市开发、化学、新材料、系统解决方案五大非钢事业，其非钢业务收入占总收入比重达到35%；印度塔塔集团通过实施多元化发展战略，积极拓展能源、装备制造、金融、信息技术等产业，其非钢业务收入占总收入比重已突破40%，塔塔集团在世界500强中的排名由实施多元化战略前的第315位上升到第231位。

二是国内企业通过实施多元化战略积极推动企业转型升级。首钢通过发展“非钢”产业不仅提升了企业形象，而且给企业带来巨大的社会效益和经济效益。如今，首钢集团涉足的“非钢”产业已经涵盖采矿、机械、汽车零部件、电子、建筑、服务业、海外贸易等多种行业，其中仅在电子、机电业的销售收入就达131亿元，比5年前翻了一番。宝钢的主要业务布局分为钢铁主业、资源开发业、钢材延伸加工业、技术服务业、金融业、生产服务业、煤化工业，这种产业布局被宝钢称为“1+6”。

二　河北省钢铁产业实施多元化发展战略的路径选择

（一）纵向延伸：立足钢铁做强主业，拓展技术和品牌优势，打造富有竞争力的钢铁产业链

一是以产品深加工为主线，将产业链向下游用户延伸，培育新的效益增长点。在钢铁产能严重过剩、钢材产品日趋同质化、企业竞争日益激烈的形势下，河北省钢铁企业不应该把眼光仅停留在提供初级产品上，而应将产业链向下游用户延伸。特别是要建立以用户需求为驱动的技术创新体系，从以提供初级产品为主的材料供应商向以提供材料解决方案为主的综合服务商转变。利用现有的营销渠道和物流体系，发展钢材加工配送中心，满足下游用户对钢材品种规格的多样化需求。同时，加深与下游用钢产业的紧密联系，从研发、技术、物流、服务全方位进行嵌入式的战略合作，通过合资、合作等多种形式，努力实现为省内外制造企业研发和提供半成品，甚至提供可用于直接装配的零部件，形成钢铁产业与装备制造业深度合作、互利共赢的产业链联盟。

二是实现资源战略，将产业链向上游资源延伸，建立长期安全、稳定、优质、低成本的原燃料供应链。为此，河北省钢铁企业要充分利用国际、国

内两种资源，主动出击，将产业链向上游资源延伸，提高资源自给率，构建长期安全、稳定、优质、低成本的原燃料供应链。一方面，依托省政府支持，加强省内矿山资源整合。另一方面，“走出去”开发境外铁矿资源。通过合资、合作等形式，建立长期稳定的进口铁矿石供应渠道。

（二）横向扩张：围绕服务主体，拓展发展空间

选择与钢铁主业有一定联系且具有一定优势和发展空间的产业，有选择地予以支持和发展。钢铁行业有着庞大的产业链条，与之相关的产业有机械制造、建筑工程、设备安装、汽车运输、煤化工、气体产业、金属产品深加工等，这为河北省钢铁企业非钢产业的发展提供了广阔的空间。河北省钢铁企业发展非钢产业初期应定位于内部市场。企业对内部市场也应进行一定程度的保护，让非钢产业利用保护政策迅速发展壮大。通过内部市场的磨炼，待综合实力提高后，再把发展的重心转向社会市场。

（三）发挥资本优势，积极培育新兴产业

一是立足产品优势，向装备制造等相关领域拓展，带动主打产品升级。二是依托产业优势，向现代物流、金融保险、信息服务等领域延伸，推动产品竞争向产业链竞争转变；其中物流以建设河北钢铁交易中心为核心、以专业化钢铁物流企业为支撑；金融主要是适应铁矿石等上游大宗商品金融化趋势，加强银企联合，提升资本运作水平，依托产业优势增强产品定价权。三是坚持走内涵发展、集约发展、绿色发展道路，发挥资本优势，向低碳节能、生态环保、生产服务等新兴领域渗透，进一步拓展市场空间，选择盈利空间比较大、发展前景比较好、对企业的知名度和影响力有帮助的行业，如物业管理、酒店管理、绿色环保、生产服务等产业。

三　避免多元化陷阱：实施多元化战略需把握的核心问题

从实践看，国内外众多企业在实施多元化战略过程中，往往容易掉进

"多元化陷阱"，即在实施多元化战略中迷失企业发展的战略方向。因此，企业实施多元化战略应牢牢把握三个核心问题。

（一）避免单纯追求快速增长，以适度多元化扩张的方式实施多元化战略

避免盲目跟风、过度扩张。必须坚持适度多元而不是盲目多元，在非钢产业的选择上做到"求精不求多"，不乱铺摊子，集中精力培育新的支柱产业。在介入新的产业之前，要进行充分的前期调研和论证，把握多元化的"度"，避免陷入"多元化陷阱"。坚持"收拢五指、整合资源"，及时退出一些发展前景不好的非钢产业，着力培养自己能够掌控并具有良好市场前景的非钢产业。

（二）避免举棋不定，频繁更换非钢产业

波特曾说过，战略就是取舍，就是确定不做什么。事实上，由于每一个产业都具有不同的特性和独有的运行规律，现有主业的核心能力移植到其他非钢产业往往不能奏效。为此，我们应避免举棋不定，频繁更换非钢产业，非钢产业选定一到两个具有优势和发展前景的多元产业，集中力量去培育和发展它的核心能力，把它做大做强，而在其他产业领域则逐步退出。

（三）树立协调发展钢铁主业与非钢产业的理念

发展非钢产业是世界钢铁产业实施多元化发展战略的必然趋势。我们要树立协调发展钢铁主业与非钢产业的理念，钢铁主业与非钢产业，二者相辅相成。不发展非钢产业，企业的一些问题就很难解决，主业的发展就会受到很大的影响，竞争力就很难提高。企业在抓主业的同时，必须对非钢产业的发展给予足够的重视，做到以主业的发展带动非钢产业的发展，以非钢产业的发展促进钢铁产业的发展。

改革创新铺就社科发展辉煌路
打造智库挥写服务河北新篇章*

（2011 年 5 月 24 日）

2011 年，河北省社会科学院迎来自己 30 周岁生日。

30 年与时俱进。建院 30 年来，特别是党的十七大以来，在河北省委、省政府正确领导下，院党组团结带领全院干部职工，高举中国特色社会主义伟大旗帜，坚持以邓小平理论和“三个代表”重要思想为指导，以科学发展观统领办院，紧紧围绕省委、省政府中心工作，立足河北改革开放和社会主义现代化建设实践，努力发挥了“思想库”“智囊团”作用。

30 年风雨兼程。从建院时几十人的三个研究所，发展壮大为省级综合性社会科学研究机构、理论宣传机构和社团机构，成为河北省中国特色社会主义理论体系研究的重要基地、河北省经济社会发展重大理论与实际问题研究的重要基地、具有河北地方特色的历史文化研究的重要基地。

30 年春华秋实。历经几代人的辛勤耕耘，河北省社会科学院取得了一系列无愧于党和人民的骄人成绩：完成科研成果万项以上；拥有、培养了一大批全国知名、省内一流的专家和人才；形成了具有地方特色、直接服务河北的学科体系。在为省委省政府决策服务、为全省经济社会发展服务、为基层服务方面做出了重要贡献，履行了时代赋予社科工作者的神圣使命。

---

* 本文系周文夫为庆祝河北省社会科学院建院 30 周年撰写的署名文章，刊载于《中国社会科学报》2011 年 5 月 24 日专版。

30年发展历程证明，实践是发展的源泉，创新是发展的生命，改革是发展的动力。坚持“服务决策、服务发展、服务基层”，坚持改革和创新，是事业再创辉煌的必由之路。

探索中求创新：注入三十年发展活力

河北省社会科学院与改革开放的伟大进程同频、与祖国迈向盛世的步伐共振，不断发展壮大。

与时俱进——创新发展思路

30年来，河北省社科院紧跟时代步伐，贯彻党的方针，深化规律认识，创新发展思路，保证了全院各项事业的健康发展。进入“十一五”时期，党的十七大提出：“繁荣发展哲学社会科学，推进学科体系、学术观点、科研方法创新，鼓励哲学社会科学界为党和人民事业发挥思想库作用，推动我国哲学社会科学优秀成果和优秀人才走向世界。”为我院指明了前进的方向，推动了哲学社会科学事业的大发展、大繁荣。院党组认真贯彻党的十七大精神，以科学发展观统领办院，确立了“为决策服务、为发展服务、为基层服务”的办院方针和“出成果、出人才、出效益”的总要求。全院同志围绕中心，服务大局，担当使命，致力于中国特色社会主义理论体系研究、河北经济社会发展重大理论与实际问题研究、有河北特色和优势的历史文化研究，为推进河北经济社会又好又快发展，为促进哲学社会科学事业繁荣做出了积极贡献。

坚持“三个服务”的办院方针，我们与省委、省政府中心工作贴得更紧。紧紧围绕省委、省政府重大战略部署，开展服务决策。“建设沿海经济社会强省”“推进城镇面貌‘三年大变样’”“构建符合河北实际的现代产业体系”“加快转变河北经济发展方式”“环首都经济圈建设和沿海地区发展”等重大课题，在服务决策方面产生了重大影响。我院专家连续几年在省委理论学习中心组或省委常委集中学习会议上做专题讲座，得到了充分肯定。举办的季度和年度经济形势分析会、编撰出版的《河北省经济社会发展形势分析与预测》，进一步深化了省情研究，为各级党政领导决策提供了有价值的参考。围绕重大经济社会发展问题，举办了石家庄内陆港与沿海强省建设研讨会、建设黄金海岸新区打造战略增长极研讨会、沧州港城开发建设和沿海内地互动发展研讨会、环渤海经济圈崛起与沿海经济社会发展强省研讨会、建设沿海强省的文化支撑与新时期河北人文精神研讨会、惩治和预防腐败体系建设“更加注重预防”研讨会、中日农村发展学术研讨会等，产生了广泛影响。

坚持“三个服务”的办院方针，我们服务全省经济社会发展大局变得更实。我们创办《决策建议》和《决策参考》两个直报件，将课题研究成果呈报省委、省政府主要领导和分管领导，建立了重大成果进入决策的常态机制，其中几十项成果获得省委书记、省长的批示肯定并转发有关部门采纳应用。我们积极探索基础学科与现实需要紧密结合的发展之路，组织了影响中国历史进程的河北名人评选活动，出版了《影响中国历史进程的河北名人》一书，“河北人文精神研究”及其提炼概括的河北人文精神表述，写入了省党代会报告。

坚持“三个服务”的办院方针，我们的学术影响力变得更大。我们十分重视具有地方特色的基础学科研究，扩大学术影响。在重点学科、重点扶持学科和重点培育学科建设中，注重中国特色社会主义理论体系研究、河北地方史与传统历史文化研究、当代文学及燕赵文化研究、李大钊研究、华北抗日战争史研究等学科的培育、扶持和发展，并在这些研究领域推出了一批精品力作。我院对俄藏黑水城所出唐宋时期文书研究，开辟了一个新的重要的研究领域，成为正在兴起的黑水城学的重要研究基地。我们十分重视人才队伍建设，强化学术话语权，建立起一支数以百计的高层次社科理论专业人才组成的队伍，国务院特殊津贴专家、省管专家等称号的专家队伍不断扩大，院各学科首席专家和学术带头人在学术领域的影响力不断增强，为“智囊”作用发挥奠定了坚实的人才基础。我们十分重视开展国际间学术交流，推进开放办院。坚持世界眼光、开放胸怀，利用多种形式，追踪社科理论研究前沿，推动优秀人才和优秀成果走出国门、走向世界。“十一五”时期我院与日本、俄罗斯、美国、加拿大、英国、法国、意大利、韩国等国家和中国港台地区的高等院校、科研机构建立起长期稳定的学术交流与合作关系，我院的国际声誉和知名度不断提升。

有为才能有位。“三个服务”的办院方针得到了省委、省政府领导的充分肯定，得到了全院上下的高度认同，得到了社会各界的普遍赞扬。实践证明，“三个服务”是实现我院科学发展的重要方针和宝贵经验。

把握机遇——创新工作体制

为了更好地促进河北省社会科学事业发展，2009 年 2 月，按照中央“精简、统一、效能”要求，河北省委、省政府决定将中共河北省委讲师团、河北省社科联并入省社科院，翻开了河北省社科院发展史上新的一页。这次机构设置调整，是省委、省政府在河北哲学社会科学领域贯彻落实科学发展观的新创举，是河北省哲学社会科学事业管理体制改革的新突破。

面对机构调整的新形势，院党组坚决贯彻省委、省政府决策部署，创造性地提出构建理论武装、服务决策、繁荣发展“三位一体”工作新格局，健全参公管理和事业管理“一院两制”新体制的工作思路。“三位一体”，在职能上，涵盖了理论武装、服务决策、组织联合等基本要素；在运行机制上，涵盖了社科产品生产、社科成果转化、社科力量整合等工作环节；在相互关系上，科研是坚实基础，宣讲是重要依托，联合是力量保障。经过两年多来的工作推动，初步形成了以理论武装为龙头，以社科研究、社科联合为依托，以社科团体、各市和基层宣讲站为基础，带动全省社会科学研究和普及，把全省社科院系统、社科联系统、讲师团系统的力量整合起来的工作新机制。使社科院更好地发挥“研”、社科联更好地发挥“联”、讲师团更好地发挥“讲”的职能，实现了“机构精简，职能不减；牌子不摘，队伍不散；资源整合，效能提高”和“三个一相加大于三”的改革初衷。

“三位一体”有力推动了理论武装工作。我们紧紧围绕党的十七大和十七届三中、四中、五中全会精神，学习实践科学发展观，学习实践社会主义核心价值体系等内容，广泛开展宣讲和专题辅导。以河北省中国特色社会主义理论体系研究中心名义，在《人民日报》《光明日报》《经济日报》等刊发了一批理论文章，发挥党的创新理论的引领作用。在省内主要媒体开办学习专栏，以系列专题文章深化政策解读。举办全省党委中心组学习秘书、讲师团主任和基层理论骨干培训班，建立党委（党组）中心组网络学习系统平台，加强阵地建设。组成“送理论下基层”工作队，构建大宣讲格局。

“三位一体”有力推动了社科联合工作。我们组织全省社科理论工作者2000余人开展大型民生调研，完成调研成果190多项，其中1项成果得到了中央领导的批示肯定。我们组织了3000多名理论工作者开展全省社科普及周活动，通过抓活动服务河北发展。我们与省内大学联合建立了6家哲学社会科学研究基地，成功举办了第三届全省社科博士论坛、京津冀区域协作论坛、燕赵文化论坛等，通过抓平台拓展了工作空间。我们制发了《河北省社团学术管理办法》，举办社团党建工作培训班，组织所属学会开展创先争优活动，通过抓机构强化组织建设。

抓住机遇才能乘势而上。“三位一体”工作格局是我院智库建设的体制优势，是我院推动科学发展的成功实践，是构建河北“大社科”格局的工作创新。实践证明，深入推进“三位一体”工作新格局，我院发展之路会越走越宽。

激发活力——创新运行机制

在科研工作的长期实践中，我们围绕机制创新进行了有益探索。

建立课题孵化机制。设立三级课题库，按年度请省委、省政府主要领导圈定课题，向省直部门及全省各市征集课题，向省内大厂企问询课题，靠定向服务扩大智库影响、扩大经费来源，形成持续性研究资源。

建立常态化调研机制。每年定期开展一次全院性的集中调研活动，及时发现全省各地经济社会发展进程中带有规律性的问题，发现基层干部群众在实践探索中的好点子，长期跟踪研究，让研究选题从实践中来，让研究成果返回社会实践中接受检验，让研究结论在实践中不断修正和完善。

建立综合评估机制。邀请院外专家和实际工作部门领导对重点学科建设目标任务完成情况进行无记名打分投票，依评估结果优胜劣汰，把客户意识、竞争意识、品牌意识落在实处。

建立链条式激励约束机制。与院专家签订责任状，对重大项目定期论证，全体科研人员有研究成果在全院范围公示，把科研管理和业绩评估落实到科研生产全过程，把评估结果落实到业绩薪酬、职务聘用、职称评聘、荣誉授予、人才推荐、出国交流等实际利益上。这些举措极大地调动了科研人员的积极性和主动性。

优化机制才能不断增强事业发展活力。实践证明，大力推进科研机制创新是实现我院可持续发展的助推器。

创新中求开拓：实现“十二五”崭新跨越

“十二五”时期，是我国全面建设小康社会的关键时期，是深化改革开放、加快经济发展方式转变的攻坚时期。河北省委、省政府提出了“科学发展、富民强省”的奋斗目标和“加快发展、加速转型”的双重任务。置身于新的发展阶段，面对新的发展环境，我院发展面临着新的机遇和挑战：我省经济社会发展对理论和社科工作的需求度日益增强，我院工作与之紧密对接的压力进一步加大；党委、政府决策对理论和社科工作期望值增加，服务决策成果深层次转化的压力进一步加大；机构调整已经形成“三位一体”工作新格局，内部制度和机制创新的压力进一步加大。2011 年，国家把“实施哲学社会科学创新工程”正式列入“十二五”规划纲要，为我院发展指明了方向。

“十二五”时期，我院将高举中国特色社会主义伟大旗帜，以邓小平理论和“三个代表”重要思想为指导，以科学发展观统领办院，坚持“为决策服务、为发展服务、为基层服务”的办院方针，落实“出精品、出人才、出效益”的总要求，健全理论武装、服务决策、繁荣发展“三位一体”工作新格局和参公管理、事业管理“一院两制”新体制，围绕国家实施哲学社会科学创新工程，大力推进中国特色社会主义理论武装工程，大力推进服务河北能力提升工程，大力推进全省哲学社会科学龙头带动工程，大力推进创新型人才智力聚合工程，以学习型党组织建设和创先争优活动引领发展环境优化，以改革创新激发发展活力，建设服务河北科学发展新智库，向着“省级一流、国内知名”更高办院目标迈进，为实现“科学发展、富民强省”的奋斗目标，为繁荣发展我省哲学社会科学事业做出新贡献。

固阵地——实施中国特色社会主义理论武装工程

组织主题宣讲活动。重点围绕马克思主义中国化时代化大众化、社会主义核心价值体系和形势政策开展宣讲工作。坚持“具有世界眼光，善于把握规律，具有创新精神”的要求，把握学习型党组织建设的根本要求和基本方法，遵循宣传教育工作规律，做到宣讲工作与解决河北经济社会发展重大现实问题的紧密结合，与促进发展能力和执政能力提高的紧密结合，与社会热点难点问题解疑释惑的紧密结合。

强化省邓小平理论、“三个代表”重要思想和科学发展观研究中心作用。配合省委加强对全省邓小平理论和“三个代表”重要思想、科学发展观研究工作的协调指导，规划研究方向，开展交流调研，培养骨干队伍，推出重大成果，提升河北中国特色社会主义理论体系研究的影响力。

打造学习服务平台。以“河北省干部理论教育网”为载体，建立省市县三级党委中心组网络学习平台，实现全省县以上党委中心组学习网络化全覆盖。利用新兴媒体，开辟学习微博，建设互联网上的马克思主义阵地。进一步推进“河北省社会科学院网”“河北省干部理论教育网”“河北社会科学网”资源整合。改善网络应用软硬件环境，拓展网络带宽，实现全院办公自动化，初步建成覆盖各地市社科联和讲师团系统的虚拟网。丰富数字信息资源，打造支撑全院各项工作的信息数据基地。

健全大宣讲格局。大力推广县（区）理论宣讲站建设，完善基层理论宣讲工作站运行机制。深入开展“送理论下基层”活动。推进“菜单式”“点播式”宣讲，打造宣讲品牌。构建多元化的宣讲队伍，扩充理论专家资源库；培养基层宣讲员，壮大基层宣讲队伍。

出精品——实施服务河北能力提升工程

服务经济社会发展、提供科学决策咨询，是智库建设的着力点。新形势、新任务要求哲学社会科学研究机构提供更具针对性、现实性、前瞻性的决策参考意见。

强化重大课题研究。紧密跟踪党委、政府的重大决策，加强对“科学发展、富民强省”进程中的重大现实问题研究，以省委、省政府领导圈定或直接交办的课题为重点，推出系列精品成果。建立重大科研项目快速反应机制，树立客户意识、竞争意识、品牌意识，为全院科研工作树立目标导向。

提高“河北省经济形势分析会”质量，精心谋划主题，加强与重要媒体合作，增强分析会的时效性、应用性、权威性。抓好“河北发展蓝皮书”编撰工作。

优化科研机制。强化激励机制，在科研生产链中全面落实激励约束机制，抓好课题立项、质量保障、绩效认定等关键环节，把评估结果真正落实到业绩薪酬、职务聘用、职称评聘、荣誉授予、人才推荐、出国交流等实际层面上。强化职称评聘和精品奖励政策导向，以学界认同、社会欢迎、领导满意为标准，提高服务能力、创新能力。强化成果转化，完善成果奖励标准，顺畅成果转化通道，增强《决策建议》《决策参考》《民生专报》等的时效性和快速反应能力，使其在决策层更具影响力。强化成果推介，重视与媒体的联系和互动，在主流媒体建立成果发布制度，鼓励科研人员就公共事件与社会热点问题发表评论、开办专栏，引领社会舆论，扩大社会影响。强化科研工作系统管理，建立科研成果采集系统、科研信息发布系统、科研成果利用反馈系统和科研人员基本数据库等，提高科研管理科学化水平。强化科研诚信建设，建立学术批评制度、学术监督制度，完善科研成果公示制度。

注重面向实践。抓好科研工作与实践对接，开展调研月、学者下基层等活动，及时发现全省各地经济社会发展进程中带有规律性的问题，发现基层干部群众在改革探索实践中的好点子，发现各行各业的好典型，挖掘科研题材，汲取思想养分，形成真知灼见，创造学术精品。利用基层宣讲工作站，建立调研基地，让研究选题从社会实践中来，让研究成果返回社会实践中接受检验，让研究结论在社会实践中不断修正和完善，达到科研为经济社会发展服务的目的，不断提高服务质量。

加强资源整合。充分发挥省级讲师团、社科联在两个系统内的工作指导作用，整合和集成智库资源，做大做强河北省社会科学院品牌。加强课题管理，强化河北省社会科学发展课题、讲师团系统课题和院重大课题、重点课题、青年课题的组织管理，发挥不同层次立项课题的功能作用。

深化学科建设。遵循国家《“十二五”规划纲要》对推动哲学社会科学学科体系创新的要求，完善学科建设工作机制，强化重点学科、重点扶持学科带动作用，抓好重点培育学科建设，创立经济社会发展急需学科和新兴学科，实现各学科全面发展。

推进开门办院。发挥我院的聚合、辐射作用，加强社科研究基地建设，实行“竞争入选、定期评估、不合格淘汰、择优递补”的动态管理办法，与院科研工作形成互补推动。充分发挥各专业学会凝聚社会研究力量的优势，形成“滚雪球”效应。加强对外学术交流合作，继续拓展新的合作空间，建立新的合作伙伴关系。

促繁荣——实施全省哲学社会科学龙头带动工程

发挥桥梁纽带作用。组织协调好全省哲学社会科学学术研究活动，开展好哲学社会科学咨询工作，促进社会科学理论研究成果社会化，反映全省社会科学界的愿望与要求，维护社会科学工作者的正当权益，建成全省哲学社会科学工作者之家。

做强项目品牌。紧密结合全省经济社会发展中突出问题，抓好大型民生调研品牌活动。以保障和改善民生为重点调研选题，同时将选题范围向全省各市县（区）的具体问题延伸，服务当地党委、政府决策。进一步完善课题管理办法，持续推出优秀成果，提高调研成果对领导决策的贡献率。

加强管理指导。加强对各市社科联的业务指导。抓好对各市社科联的“评先”工作，推广先进经验，促进整体水平提高。加强学会管理，进一步强化政治意识和责任意识，建立健全学会日常工作报告制度、学会重大活动报批备案制度、学会联系制度、分类管理制度、社团党建工作指导制度，引入目标管理和绩效评估、激励机制，实现学会动态化、规范化管理。加强对全省民办社科研究机构的管理和指导。

强化工作抓手。抓好“社科优秀成果评奖”“社科优秀青年专家评选”

“河北省年度重要学术著作出版资助项目评审”，建立“河北省社会科学专家库”和精品成品库。搞好社会科学普及周、河北省社会科学学术年会、燕赵文化论坛、社科博士论坛和京津冀区域协作论坛等重大活动，实现资源整合，不断增强对社科工作者的凝聚力、对决策层的影响力、对社会大众的吸引力。

强支撑——实施人才智力聚合工程

贯彻落实全国和全省中长期人才发展规划纲要。大力实施人才强院战略，以能力建设为核心，以领军人才、骨干人才、青年后备人才队伍建设为重点，以提素质、强能力、优结构、壮实力、增活力为主线，统筹推进各类各层次人才队伍建设，抓住增强凝聚力、强化竞争激励机制和加大投入三个关键，着力破解突破人才制约，着力推进人才体制机制全面创新，努力建设素质高、能力强、结构优、活力足的人才队伍，为智库建设提供人才保障。

加强管理人才队伍建设。以处级干部队伍及其后备干部队伍建设为重点，统筹推进各职能部门干部队伍建设。完善学习培训与实践锻炼相结合、培养与使用相结合的干部教育培养机制。积极选送干部挂职锻炼，建立干部轮岗交流制度，切实加强后备领导干部培养，做好公务员招录工作。

加强专业技术人才队伍建设。把提高人才队伍整体实力作为实施人才强院战略的突出任务，全面提高科研、宣讲人员的学习能力、研究能力、交流能力、科研组织能力。支持更多的科研人员走出去学习培训，进修深造，做访问学者，参加国内、国际学术会议，探索与高校联合培养在职研究生的有效办法。创新使用与培养相结合的人才培养机制，鼓励科研人员在承担重大课题和重大项目中提升科研水平。切实加强青年科研人才培养，继续资助在职硕士博士学历学位教育。加大人才引进力度，重点引进一批急需学科的学术带头人、后备人才和博士人才，促进结构优化。

推进干部人事制度改革。按照中央《2010～2020年深化干部人事制度改革规划纲要》要求，认真落实《河北省事业单位岗位设置管理实施意见》，全面推行岗位聘用制度，实现由身份管理向岗位管理转变，由固定用人向合同用人转变。探索柔性引进人才的有效途径，按照“不求所有、但求所用”的原则，鼓励院外人才带项目入院合作开展课题研究。用好绩效工资相关政策，完善工作人员考核办法，改革收入分配制度，逐步建立起重实绩、重贡献、向优秀人才和关键岗位倾斜的薪酬制度。

正是百舸争流时，直挂云帆济沧海。站在新的起点，放眼新的高度，河北省社科院将继承30年发展积淀的优良传统，弘扬敢于改革、善于创新的精神，继续与时代同行，在建设服务河北科学发展新智库的道路上，乘势而上，奋发作为，书写科学发展新的辉煌！

在全省宣传部部长座谈会上的工作汇报

（2011年5月24日）

2011年以来，河北省社科院围绕省委、省政府的工作部署和全省宣传文化系统工作重点，始终坚持“服务决策、服务发展、服务基层”的工作方针，积极构建理论武装、服务决策、繁荣发展“三位一体”工作新格局，以“课题式设计、项目式管理、工程式推进、台账式督查、绩效式考核”为重要遵循，各项重点工作收到实效。

一　前一阶段重点工作情况

（一）深入推进学习型党组织建设，不断加强理论武装工作

在学习型党组织建设中，省社科院努力发挥理论支撑引领作用，并通过学习促进智库建设“升级”，取得了良好成效。

积极开展理论宣讲。今年3月以来，按照中宣部和省委宣传部的工作部署，组织小分队，深入全省各理论宣讲工作站和省直部门进行宣讲，围绕党中央和省委全会精神、中央经济工作会议精神、全国两会和省两会精神、省“十二五”规划纲要等开展形势政策教育活动，同时结合纪念建党90周年开展了党史知识宣讲活动。以“回顾光辉历程、展望宏伟蓝图”为主题，先后在衡水、石家庄、保定、张家口和省公安厅消防局、省交通厅、省汽车集团、石家庄市政法委等开展宣讲20多场次。出台《理论宣讲工作站及基

层理论宣讲员工作考核办法》，对基层理论宣讲工作站和基层理论宣讲员的考核内容及评价标准、考核程序和相关奖惩等做了明确规定，进一步完善理论宣讲工作机制。

发挥理论引领作用。编撰完成学习型党组织系列丛书《与党员领导干部谈十二五规划》《与党员干部谈党的基本知识》。结合当前省委、省政府各项重点工作，有针对性地征集了反映全省各地各部门在贯彻落实科学发展观、推动我省经济社会又好又快发展过程中涌现出的特色做法和先进经验的文章，编写了《科学发展观在河北的探索与实践》一书，预计6月初完成。已着手准备《理论热点·2011》选题的搜集和整理工作。

促进智库建设。实施党组理论学习中心组引领工程、全员学习队伍建设工程和服务决策发展提高工程三项工程，大力推进服务地方科学发展新智库建设，把学习型党组织建设作为服务河北经济社会科学发展和实现自身科学发展的引擎。4月16日，《人民日报》记者就学习型党组织建设情况来我院采访。5月6日，《人民日报》以《通过学习促进智库建设“升级”——关于河北省社科院推进学习型党组织建设的调查》为题，报道我院工作。在《求是》第9期刊登了题为《把建设学习型党组织作为服务科学发展的引擎》的院党组学习体会文章。

（二）认真组织开展纪念建党90周年系列活动，浓厚宣传教育氛围

省社科院对纪念建党90周年工作高度重视，成立了以院主要领导为组长的工作领导小组，精心谋划了重点纪念活动。将活动列入院重点工作，进行责任分解，明确责任领导、责任部门和时限要求，加强督导，积极推进，目前各项活动均进展顺利。

召开“李大钊与中国共产党座谈会”。“李大钊与中国共产党座谈会”是省委确定的纪念建党90周年的重点活动之一，将由此拉开河北省纪念中国共产党成立90周年“党旗飘扬·希望河北”系列活动的序幕。座谈会由省委宣传部、省社科院、唐山市委主办，省李大钊研究会、省炎黄文化研究会、省燕赵文化研究会、乐亭县委协办，顺利完成了会议方案、论文征集筛选、人员邀请等筹备工作。4月28日上午，“李大钊与中国共产党座谈会”

在唐山市乐亭县隆重举行。省委常委、宣传部部长聂辰席发表书面讲话。院党组书记、院长兼河北省李大钊研究会会长周文夫主持了会议。中共唐山市委副书记、市长陈国鹰到会祝贺。省委宣传部常务副部长杨永山，省委宣传部秘书长魏平，省委宣传部副部长戴长江，院党组成员、副院长兼河北省李大钊研究会常务副会长孙继民，唐山市委常委、宣传部部长郭彦洪，乐亭县委书记苗德成等领导出席了座谈会。作为特邀代表，李大钊的亲属李建生，中国李大钊研究会秘书长、北京大学原党委宣传部部长古平教授，北京大学王世儒教授，山东滨州学院李大钊研究所首席专家李继华教授等参加了此次座谈会。参加座谈的有北京、山东、石家庄、秦皇岛以及唐山市的专家学者和李大钊同志的亲属等。座谈会上有关同志的发言或论文，将在省内外报刊发表，提交全省纪念建党 90 周年学术研讨会，并争取入选全国纪念建党 90 周年研讨会。

举办“颂党恩、尽职责、做奉献”党史知识竞赛活动。我院与省委宣传部、河北日报联合举办了以“颂党恩、尽职责、做奉献”为主题的纪念中国共产党成立 90 周年党史知识竞赛活动。活动于 3 月 16 日正式启动，至 4 月 30 日结束。竞赛试题与竞赛答题卡通过《河北日报》和河北省社会科学院网站向全省发布。竞赛活动接受个人或集体名义参赛，将产生个人优秀奖 100 名和集体组织奖 20 名。获奖者名单将于 6 月在《河北日报》公布。目前，我院正组织人员进行答题卡收集工作。

组织“总结历史经验　促进科学发展——全省社科理论界研讨会”。制定了会议方案，3 月 24 日院下发《关于纪念中国共产党成立 90 周年理论研讨会论文征集的通知》，目前我院已征集论文 38 篇，拟于 6 月中旬召开理论研讨会。届时将邀请省内高校、党校和党政机关的有关领导和专家学者参加研讨，并选拔推荐优秀论文参加全省纪念建党 90 周年研讨会。

撰写出版重点专著。我院历史研究所裴赞芬等撰写的《李大钊与中国共产党》已由河北教育出版社出版，并在“李大钊与中国共产党座谈会”上举行了赠书仪式。由我院与省思想政治工作研究会共同组织撰写的《中国共产党思想政治工作九十年》书稿已经完成，6 月底前出版。我院与省委宣传部共同编撰的《与党员干部谈党的基本知识》一书已完成，5 月底出书。

二　下一步工作安排

（1）继续大力推进学习型党组织建设。继续大力实施“党组中心组引领、服务决策发展能力提高、全员学习队伍建设”三大工程，增强广大干部和科研人员的大局意识、责任意识、创新意识，进一步增强服务河北经济社会科学发展和实现自身事业科学发展的能力。

（2）认真做好理论宣传普及工作。深入宣讲中国特色社会主义理论体系特别是科学发展观等重大战略思想，深入宣讲党中央和省委重要会议精神和重大工作部署。针对我省经济社会发展中的重大理论和现实问题，开展“菜单式”“点播式”宣讲；联合各市委讲师团、宣讲工作站，开展“送理论下基层”活动；组织编写《理论热点2011》系列丛书等通俗理论读物。

（3）深入开展应用对策研究。以加快转变经济发展方式为主线，围绕加快转型升级、“三农”工作、统筹城乡发展等全省重点任务，组织重大课题研究。重点开展“河北省社会建设与社会管理问题”研究、“河北省重点领域紧缺人才需求预测”研究。精心谋划“河北省经济形势分析会”的主题，在搞好宏观经济形势分析预测的同时，关注全省经济社会热点问题，增强分析会的时效性、应用性、权威性。

（4）深化理论研究工作。做好理论研究成果的转化工作，围绕转变经济发展方式、加强社会建设和社会管理创新、学习型党组织建设等我省当前的重点工作，精选部分研究成果加以整理，出版《河北省讲师团系统课题研究论文精选》。围绕经济社会发展中的重大理论和现实问题及干部群众关心的热点难点问题，确立40项与当前党委、政府中心工作和理论宣讲工作结合紧密的课题作为全省讲师团系统2011年度科研课题，开展课题研究。

（5）加强社团管理。按照党中央和省委“着力加强社会建设和社会管理”要求，做好社团管理工作。开展学会创建标准化试点工作，推动所属学会工作水平整体提升。加强社团党建工作指导，举办社团党组织骨干培训班、读书会等活动，提高学会党组织的凝聚力和战斗力。加强对学术报告会、研讨会、讲座、论坛等活动管理，确保活动的正确政治导向。

在河北省社会科学院建院30周年庆祝大会上的工作报告

（2011 年 5 月 27 日）

2011 年，是河北省社会科学院建院 30 周年。今天，我们欢聚一堂，举行隆重的庆祝大会，回顾奋斗历程，总结发展经验，展望美好未来，感到无比光荣和自豪。首先，我代表院党组和全院干部职工，对中国社科院、中共河北省委、省人大、省政府、省政协领导，对全国各兄弟社科院和省内各厅局领导与同志，对新闻媒体的朋友们光临大会，表示热烈欢迎和衷心感谢！

30 年风雨兼程，30 年春华秋实。河北省社科院的各项事业，是伴随着国家改革开放和现代化建设的伟大进程而发展壮大起来的。在河北省委、省政府领导下，院党组带领全院干部职工，经过几代人辛勤耕耘，走过了一段极不平凡的奋进之路，取得了无愧于党和人民的优异成绩。过去的 30 年，是我院硕果累累的 30 年。全院取得科研成果万项以上，履行了时代赋予社科工作者“思想库”“智囊团”的神圣使命。过去的 30 年，是我院学科力量由弱变强的 30 年。从建院时几十人的研究室，发展壮大为省级综合性社科研究机构、理论宣传机构和社团机构，成为河北省中国特色社会主义理论体系研究基地、经济社会发展重大问题研究基地、具有河北特色历史文化研究基地。过去的 30 年，是我院人才队伍不断发展壮大的 30 年。我们培养、拥有了一大批全国知名、省内一流的专家，形成了具有地方特色、直接服务河北的强大人才团队。与此同时，我们大力推进基础设施建设，对科研办公大楼、信息中心楼和街面楼进行维修改造，加强数据资源信息化建设，开展机关效能建设，使全院面貌焕然一新，办公条件得到较大改善，行政后勤保障能力进一步加强。

回顾30年的历程，盘点30年的收获，我们常怀一颗感恩之心。30年来，省委、省政府领导一直关心和支持我院的建设，指示“多出成果、出好成果”，亲自圈定课题、交办任务，帮助改善科研条件，我们深受鞭策。30年来，中国社科院及全国各兄弟院的同行，经常指导和帮助我院的工作，相互勉励、相互借鉴、相互扶持，手足之情重如泰山，我们备受鼓舞。30年来，社会各界非常关注和扶助我院的发展，为我们搭建科研平台，提供研究资源，创造研究条件，我们时刻铭记。30年来，全院干部职工投身社科事业，奠基创业，探索开拓，潜心钻研，呕心沥血，为成就今天的事业无私奉献，我们永志不忘。在此，我代表院党组，向关怀和支持我院建设的各级领导、社科同仁、各界朋友，向为我院发展做出重要贡献的全院干部职工，致以最崇高的敬意！

30年风雨洗礼，30年不懈追求。30年来，特别是党的十七大以来，全院事业在中国特色社会主义伟大旗帜指引下，坚持走科学发展之路，迎来了大繁荣、大发展、大作为的崭新时期，收获的丰硕成果，积累的宝贵经验，我们倍加珍惜。

一 坚持以科学发展观统领办院，明确确立“为决策服务、为发展服务、为基层服务”的办院方针

进入“十一五”时期，我院站在一个新的历史起点上。尤其党的十七大提出，“繁荣发展哲学社会科学，推进学科体系、学术观点、科研方法创新，鼓励哲学社会科学界为党和人民事业发挥思想库作用，推动我国哲学社会科学优秀成果和优秀人才走向世界”，为我院推进哲学社会科学事业繁荣发展，进一步指明了前进的方向。

院党组坚持以科学发展观统领办院，围绕服务全省经济社会发展需要，破解“科研成果水平和人才队伍状况，基础设施和科研条件，制度、机制、管理”等“三个不适应”的难题，在全院范围内广泛开展“同心谋划‘十

一五'，我为发展献一策"活动，深入调查研究，凝聚全院智慧，着手制定并实施院"十一五"发展规划，确立了"为决策服务、为发展服务、为基层服务"的办院方针，提出了"出成果、出人才、出效益"的工作总要求，明确了"省级一流、国内知名"的办院目标。同时，以实施服务决策发展工程、科研机制创新工程、人才队伍建设工程、政治思想与行政后勤保障工程"四项工程"加以推进，使服务决策、服务发展、服务基层各项工作上了一个新的台阶，不断开创全院工作新局面。

有为才能有位。"三个服务"办院方针的确立和实施，得到了省委、省政府领导的充分肯定，受到了全院上下的高度认同，赢得了社会各界的普遍赞扬。近年来，新华社、人民日报、求是、光明日报、经济日报、中国社会科学报、河北日报等媒体，从不同侧面集中报道了我院以学习促进智库"升级"和推进工作的经验和做法。实践证明，"三个服务"是实现我院科学发展的重要方针和必由之路。

二　坚持"三个服务"的办院方针，努力发挥服务河北科学发展"思想库""智囊团"作用

我们紧紧围绕省委、省政府重大战略部署，开展决策服务。一是抓紧重大课题研究。近几年，省委、省政府主要领导直接给我院交办任务或圈定课题，大大提高了服务决策研究的针对性。如，我院关于"建设沿海经济社会发展强省""推进城镇面貌'三年大变样'""构建符合河北实际的现代产业体系""加快转变河北经济发展方式""环首都经济圈建设和沿海地区发展"等重大课题研究，在服务决策方面产生了重大影响。二是建立成果快速转化平台。近几年，我院专家连续几年在省委理论学习中心组或省委常委集中学习会议上做专题讲座，向领导面对面建言献策，把研究成果直接带入决策层。创办《决策建议》和《决策参考》两个直报件，将课题研究成果直接呈报省委、省政府主要领导和分管领导，其中几十项研究成果获得省委书记、省长的批示肯定，并转发有关部门采纳应用。三是深化省情研究。举办的季度和年度经济形势分析会、编撰出版的《河北省经济社会发展形

势分析与预测》蓝皮书，为各级党政领导决策提供了有价值的参考。四是举办主题研讨会。围绕重大经济社会发展问题，举办了石家庄内陆港与沿海强省建设研讨会、建设秦皇岛黄金海岸新区打造战略增长极研讨会、沧州港城开发建设和沿海内地互动发展研讨会、环渤海经济圈崛起与沿海经济社会发展强省研讨会、建设沿海强省的文化支撑与新时期河北人文精神研讨会、惩治和预防腐败体系建设“更加注重预防”研讨会、中日农村发展学术研讨会等，产生了广泛影响，推动了全省乃至区域经济社会发展。

我们十分重视具有河北特色或优势的基础学科建设，积极扩大成果影响。一是抓学术研究服务发展实践。组织了影响中国历史进程的河北名人评选活动，出版了《影响中国历史进程的河北名人》一书，“河北人文精神研究”及其提炼概括的河北人文精神表述，写入了省党代会报告。二是抓优势学科培育。在重点学科、重点扶持学科和重点培育学科建设中，注重中国特色社会主义理论体系研究、河北地方史与传统历史文化研究、当代文学及燕赵文化研究、李大钊研究、华北抗日战争史研究等学科的培育、扶持和发展，并在这些研究领域推出了一批精品力作。我院对俄藏黑水城所出唐宋时期文书研究，开辟了一个新的重要研究领域，成为国内外正在兴起的黑水城学的重要研究基地。

我们十分重视开展国际间学术交流，推进开放办院。“十一五”时期，我院与日本、俄罗斯、美国、加拿大、英国、法国、意大利、韩国等国家和我国港台地区的高等院校、科研机构建立起长期稳定的交流合作关系，我院的国际声誉和知名度不断提升。

三　坚持以改革创新为动力，在服务决策、服务发展、服务基层中争取更大作为

2009 年 2 月，按照中央“精简、统一、效能”机构改革要求，河北省委、省政府决定，将省委讲师团、省社科联并入省社科院，4 月又调整了院领导班子，翻开了我院发展史上新的一页。这次机构调整，是省委、省政府在我省哲学社会科学领域贯彻落实科学发展观的新创举，是省哲学社会科学

事业管理体制改革的新突破，也给全省哲学社会科学繁荣发展带来了难得的机遇。

面对机构调整的新形势，遵照省委、省政府的决策部署，院党组立足于本院实际，在广泛调查研究基础上，创造性地提出构建理论武装、服务决策、繁荣发展“三位一体”工作新格局和参公管理、事业管理“一院两制”新体制的总体改革思路，得到省领导的肯定和全院干部职工的拥护。两年来，机构调整成效显著，初步形成了以理论武装为龙头，以社科研究、社科联合为依托，以省社科团体、各市讲师团、社科联和县（区）基层理论宣讲站为基础，把全省社科系统研、讲、联资源优化组合和有效运用的新型工作运行机制，带动了全省社会科学研究、宣传和普及，使社科院更好地发挥了“研”、讲师团更好地发挥了“讲”、社科联更好地发挥了“联”的职能，实现了“机构精简，职能不减；牌子不摘，队伍不散；资源整合，效能提高”和“三个一相加大于三”的改革初衷。

机构调整有力推动了理论武装工作。我们紧紧围绕党的十七大和十七届三中、四中、五中全会精神，学习实践科学发展观，学习实践社会主义核心价值体系等内容，广泛开展宣讲和专题辅导。以河北省中国特色社会主义理论体系研究中心名义，在《人民日报》《光明日报》《经济日报》等刊发了一批理论文章，发挥了党的创新理论引领作用。在省内主要媒体开办学习专栏，以系列专题文章深化政策解读。举办全省党委中心组学习秘书、讲师团主任和基层理论骨干培训班，建立党委（党组）中心组网络学习系统平台，加强阵地建设。组成“送理论下基层”工作队，构建大宣讲格局。

机构调整有力推动了社科联合工作。我们组织全省社科理论工作者2000余人开展大型民生调研，完成调研成果190多项，其中多项成果得到中央领导和省领导的批示肯定。我们组织了3000多名理论工作者开展全省社科普及周活动，通过抓活动服务河北发展。我们与省内大学联合建立了6家哲学社会科学研究基地，成功举办了第三届全省社科博士论坛、京津冀区域协作论坛、燕赵文化论坛等，通过抓平台拓展了工作空间。我们制发了《河北省社团学术管理办法》，举办社团党建工作培训班，组织所属学会开展创先争优活动，通过抓机构强化组织建设。

走过往昔，拭去耕耘汗水；再上征程，续写明日辉煌！“十二五”时期，我院又站在一个新的历史起点上。我们将以庆祝建院30周年为契机，继承优良传统，珍惜发展成就，总结新鲜经验，做好今后工作。今年初，院党组带领全院干部职工，已制定并开始实施《河北省社会科学院“十二五”时期（2011—2015）发展规划》。全院凝心聚力，决心高举中国特色社会主义伟大旗帜，以邓小平理论和“三个代表”重要思想为指导，以科学发展观统领办院，深入贯彻“为决策服务、为发展服务、为基层服务”的办院方针，全面落实“出精品、出人才、出效益”的总要求，健全理论武装、服务决策、繁荣发展“三位一体”工作新格局，完善参公管理与事业管理“一院两制”新体制。以学习型党组织建设和创先争优活动为引领，以改革创新激发发展活力，围绕国家“十二五”时期实施哲学社会科学创新工程，全力推进服务河北科学发展新智库建设。大力实施中国特色社会主义理论武装工程，大力实施服务河北科学发展能力提升工程，大力实施全省哲学社会科学龙头带动工程，大力实施人才智力聚合工程，向着“省级一流、国内知名”更高办院目标迈进。

会后，我们将全面贯彻聂部长、龙省长的重要讲话精神，按照省委、省政府最新的、更高的要求，加强党的创新理论研究宣传和普及，加强经济社会发展战略性全局性前瞻性问题研究，在服务决策、服务发展、服务基层中争取更大作为。为实现河北“科学发展、富民强省”的宏伟目标和全省哲学社会科学事业繁荣发展，锐意进取，开拓创新，扎实工作，再创社科事业新辉煌，续写服务河北新篇章！

构建“三位一体”工作新格局
建设服务河北科学发展新智库

——在第15届全国社会科学院院长联席会议暨院长论坛上的发言

（2011年5月27日）

非常高兴，也非常荣幸，能够在鲜花盛开的五月，在欣欣向荣的河北省会石家庄，迎来第15届全国社会科学院院长联席会议的胜利召开！刚才，河北省副省长龙庄伟同志代表省委、省政府向莅临会议的各位同仁、朋友介绍了河北省情，表达了欢迎盛情。中国社会科学院武寅副院长介绍了中国社科院当前的创新工作，对会议的举行寄予殷切期望和良好祝愿。在此，我代表本次会议的承办单位——河北省社会科学院，再次向莅临会议的中国社会科学院领导、省政府及省委宣传部领导，向各兄弟社科院的领导、同仁和朋友们，表示最热烈的欢迎和最诚挚的谢意！

2011年，是“十二五”开局之年。我国正处于全面建设小康社会的关键时期，处于改革开放和现代化建设的攻坚时期，这也正是我国哲学社会科学界仍然可以大有作为的重要机遇期。因此，我们把本次院长联席会议的主题确定为“建设新智库，服务‘十二五’”，旨在探讨进一步发挥好社科理论工作对经济社会发展提供理论支撑和智力支持的实现途径。

近年来，一些兄弟社科院已经把建设社会主义新智库作为一项重要任务，做了大量有益的探索性工作。就河北院而言，我们紧密结合河北省情，立足于本院发展实际，在新智库建设上也进行了一些积极探索和大胆实践，在这里我十分愿意向兄弟社科院的领导和同仁们做一汇报交流。我发言的题目是：构建“三位一体”工作新格局，建设服务河北科学发展新智库。

一　构建“三位一体”新格局，实行“一院两制”新体制，奠定新智库建设体制机制基础

自 2009 年 2 月至今，按照河北省委、省政府的机构调整部署，经过不懈努力，我院业已形成理论武装、服务决策、繁荣发展“三位一体”工作新格局和参公管理、事业管理“一院两制”新体制。在这个新格局和新体制框架中，原社科院 9 个行政后勤管理处室全部参公管理，全院实现了一个班子、一支队伍、一个法人、一个财务账号的四统一。

“三位一体”包括三层含义：一是在职能上，涵盖了理论武装、服务决策、组织联合等基本要素；二是在运行机制上，涵盖了社科产品生产、社科成果转化、社科力量整合等工作环节；三是在相互关系上，科研是坚实基础，宣讲是重要依托，联合是力量保障。“三位一体”要求既要重视研究工作，也要重视科研成果的转化；既要重视成果的对策应用、论文发表等成果实现形式，也要注重理论宣讲、社科普及等更为泛化的成果实现形式。“三位一体”最终目标是实现哲学社会科学事业繁荣发展，为全省经济社会发展做出更大贡献。

“三位一体”新格局和“一院两制”新体制的形成，整合了河北省哲学社会科学研究、理论宣讲以及社科管理资源，形成了社科机构综合优势，为哲学社会科学在全省经济社会发展中发挥好智库作用提供了机遇，创造了条件，进而为我院新智库建设奠定了制度、体制、机制基础。

二　优化资源配置，创新管理机制，搭建新智库工作平台

本着“精简、统一、效能”原则，按照“机构精简，职能不减；牌子不摘，队伍不散；资源整合，效能提高”及“三个一相加大于三”的改革

初衷，以新智库建设为目标，我院积极推进资源整合和机制创新。

整合队伍，壮大力量。调整规范了院内处所职责，对34个内设处所室工作职能进行了重新确定，院内部机构设置、处级干部调整全部到位，原社科院行政管理人员参公问题的解决为人员合理流动创造了条件。通过统筹管理，把全省社科院系统、讲师团系统、社科联系统的社会科学力量整合起来，使社科院有了组织、参与全省社科研究团体、广大科研人员开展社科理论研究的纽带和桥梁，讲师团壮大了自身的理论宣讲力量，社科联有了一支自己的专业科研队伍，形成推动社会科学事业繁荣发展的强大合力。

创新机制，规范管理。从制度管人、管事入手，制定或修订了院《科研成果管理规定》《优秀科研成果奖励办法》《横向课题经费报销管理办法》等规定，进一步完善了科研成果评价机制。制定了《固定资产管理办法》《财务报销办法（试行）》《社科理论信息工作管理办法》《督查工作管理办法》等制度，实行了人、财、物集中统一管理，建立院内无障碍资金保障机制，使重大科研、教学工作项目资金更有保障，进一步理顺了“三位一体”新格局下的工作流程。对原三家单位网站进行整合，启动院报《河北社会科学》改版，搭建统一的全省社科理论工作展示窗口和交流平台。

通过整合和创新，在全省范围内初步形成了以理论武装为龙头，以社科研究、社科联合为依托，以省社科团体、各市讲师团、社科联和县、区基层宣讲站为基础，带动社科研究和普及全面发展的新型工作运行机制，为我院事业发展提供了更大的空间和更丰富的资源，增添了动力，注入了活力。

三　突出“三个服务”，强化“三个出”要求，促进新智库更好地发挥作用

坚持“为决策服务、为发展服务、为基层服务”的办院方针，贯彻“出成果、出人才、出效益”的总体要求，使我院各项工作指向更加明确，与省委、省政府中心工作贴得更紧，服务全省经济社会发展大局变得更实。

广泛深入开展理论武装，构建大宣讲格局。开展主题宣讲。围绕学习型党组织建设，马克思主义中国化时代化大众化，党的十七届四中、五中全会

和省委七届六次全会精神，学习实践社会主义核心价值体系等内容，开展宣讲、专题辅导；深化理论研讨，以河北省中国特色社会主义理论研究中心名义组织撰写了《不断深化建设学习型党组织的规律性认识》等一批理论文章，在《人民日报》《光明日报》《经济日报》刊发，发挥了理论引领作用；创新宣讲方式，在《河北日报》开办学习专栏，以系列专题文章深化政策解读；搞好学习服务，举办全省党委中心组学习秘书、讲师团主任和基层理论骨干培训班，建立党委（党组）中心组网络学习系统平台；加强阵地建设，建立基层宣讲调研基地，组成“送理论下基层”工作队，构建大宣讲格局。

加强重大理论和现实问题研究，服务党委、政府决策。围绕省委、省政府中心工作选题立项，进行重大课题研究；建立规范稳定的直报渠道，实现重大成果进入决策；完善科研成果考核体系，不断提升成果水平和转换能力。一是我院专家围绕我省经济社会发展的重大战略性问题，连续几年在省委理论学习中心组或省委常委集中学习会上做专题讲座；二是通过院办《决策建议》和《决策参考》直报件，将课题研究成果和重大专题研讨会成果直接呈报省委、省政府主要领导；三是编撰《河北省经济社会发展形势分析与预测》等五卷本蓝皮书，强化省情研究；四是每年举办季度、年度“河北省经济形势分析会”；五是围绕重大经济社会发展问题，举办学术研讨会。近几年来，我们逐步把“推进城镇面貌‘三年大变样’”“构建符合河北实际的现代产业体系”“加快转变河北经济发展方式”等课题，做成了精品课题，为省委、省政府决策提供了重要参考依据。同时，鼓励研究所（中心）走出去，开展横向课题研究，促进科研成果转化。仅 2010 年，我院一些研究所和专家参与了“河北省‘十二五’规划总体思路”“河北省人才队伍建设中长期规划”“河北省环京津高新技术产业带发展规划”“河北省‘十二五’文化产业发展规划”“河北省现代服务业‘十二五’发展规划”等研究工作，研究成果分别被国家科学技术部、省委和省政府及省委组织部、省委宣传部、省发改委、省科技厅等采用，以正式文件下发，收到良好的效果。

丰富社科联合手段，促进全省社科事业繁荣。抓活动服务河北发展。围绕省委、省政府中心工作，组织全省社科理论和实际工作者2000余人开展大型民生调研，完成调研课题190多项。组织省社会科学特别奖、省社会科学优秀成果奖评奖、重要学术著作项目资助评审及年度社会科学发展研究课题立项工作，加强对全省社科资源的整合，提升研究水平和服务能力。组织全省科学普及周活动，编写系列科普读物，开展“科普读物下基层”活动，开拓社科普及工作新领域。抓平台拓展工作空间。加强哲学社会科学研究基地建设，与河北大学等单位联合建立了6家哲学社会科学研究基地。举办了全省社会科学博士论坛、“京津冀区域协作论坛”、“2010燕赵文化论坛”和“第五届河北省社会科学学术年会”。抓机构强化组织建设，运用多种资源，把联合延伸到全省社科战线的各个层面，充分挖掘社科资源，不断拓展工作平台。

与此同时，院党组认真抓了学习型党组织建设工作，突出职能特点，实施了院党组理论学习中心组引领工程、服务决策发展提高工程、全员学习队伍建设工程，通过学习促进服务河北科学发展智库建设“升级”，取得明显成效。2010年11月，中央学习型党组织建设协调办公室刊发了我院专期简报，新华社发了通稿，人民日报、光明日报、经济日报、中央人民广播电台、中央电视台及所属网站等重要媒体，集中报道了河北省社科院学习型党组织建设的成果。2011年4月，《人民日报》记者来我院采访。5月6日，刊发了我院的专题报道。同时，《求是》杂志发表了我院党组的学习体会文章。这些对我院是很大的鼓舞！

经过近年来的实践，我院在推进新智库建设上进行了一些初步探索，取得了一些阶段性成效，但与党中央和省委对哲学社会科学工作的要求相比，同先进兄弟院相比，我们的工作还存在许多不足，有许多需要努力改进的地方，要很好地向兄弟院学习。

2011年初，我院根据国家和我省“十二五”发展规划纲要，结合本院实际，制定《河北省社会科学院“十二五”时期（2011—2015）发展规划》，提出“建设以中国特色社会主义理论为指导，以‘三个创新’为动力，以‘三位一体’为平台，以高端智力聚合为特征的服务河北科学发展新智库”的主要任务。为完成这一任务，我院将围绕国家实施哲学社会科学创新工程，大力推进中国特色社会主义理论武装工程、服务河北能力提升工程、全省哲学社会科学龙头带动工程、创新型人才智力聚合工程，促进综合实力迈上新台阶、成果精品率显著提升、人才队伍结构明显优化、体制机制创新取得突破、物质保障能力逐步提升，向着“省级一流、国内知名”更高办院目标迈进。

各位同仁、各位朋友，让我们勇敢地承担起党和人民赋予的“思想库”光荣使命，继续解放思想，抢抓发展机遇，不断改革创新，切实真抓实干，为全面完成国家“十二五”时期赋予社会科学理论界的各项任务，为实现哲学社会科学事业的繁荣发展做出应有的贡献！谢谢！

环渤海经济圈崛起
与中国特色社会主义新智库建设

——在“全国社会科学院院长论坛”上的发言

（2011年5月29日）

首先，请允许我代表承办单位和各位同仁，十分感谢唐山市委书记王雪峰同志光临本次院长论坛，发表热情洋溢的致词！感谢唐山市委、市政府和市委宣传部对本次论坛给予的大力支持和热心帮助！

今天，在美丽的渤海之滨河北唐山曹妃甸，举办全国社科院院长论坛。同仁齐聚一堂，以“建设新智库，服务‘十二五’”为主题，共商建设新智库之策，共谋服务“十二五”之举，意义重大，影响深远。借此机会，我想以环渤海经济圈崛起为背景，结合近两年河北院智库建设工作实际，就如何认识、如何建设中国特色社会主义新智库做个发言，与同仁们交流。

一　环渤海经济圈崛起呼唤加快新智库建设

（1）环渤海经济圈崛起，正在成为继珠三角、长三角经济圈之后的我国第三经济增长极。环渤海经济圈，指以辽东半岛、山东半岛、京津冀为主的环渤海滨海经济带，同时延伸辐射到山西、辽宁、山东及内蒙古中东部。整个大的范围占据中国国土的12%和人口的20%。环渤海经济圈，是我国和东北亚地区的结合部，也是东北、华北、华东三大地区的重要结合部，是众多内陆国家和地区的进出海通道、进出口通道与货物集散地。内陆环渤海经济圈内有着丰富的自然资源、发达的交通运输，是我国交通网络密集区、最大的工业密集区和全国科技人才密集区。据统计，这一区域有占全国27%的高等院校、1/3的高等院校教师、1/4以上的高校学生以及数量众多的科研院所，集中了我国一流水平的科研、教学、管理、规划、设计等机构，可称为中国高科技产业发展的“硅谷”基地。

（2）环渤海经济圈在国家经济发展中的作用需要我们深入研究。一是与长三角、珠三角相比，环渤海区域在国际金融危机中显示出了强劲的发展活力，其优越的地理位置、丰富的资源条件、多层次的经济结构和巨大的开发潜力，已成为国际资源流动的首选之地；二是随着珠三角、长三角生产成本的不断上升，这两个地区资金和产业聚集效益开始下降。区域投资回报率递减规律正使我国现有资金和产业呈现逐步向北部推进的趋势，这将为环渤海经济圈产业结构调整和产业发展提供良好的外部机会。三是国家对环渤海经济圈发展的高度重视。党的十六届五中全会通过的“十一五”规划，使天津滨海新区由城市发展战略上升到国家发展战略，成为我国继20世纪80年代开发深圳、90年代开发浦东之后，又一个区域开发的重大战略举措。

（3）环渤海经济圈发展前景广阔呼唤智库研究。河北地处环渤海湾的中心区域，有全长487公里的海岸线。曹妃甸这一“黄金宝地”“面向大海有深槽，背靠陆地有浅滩”，是我国少有的深水港址资源。曹妃甸循环经济示范区建立起全新的重化工业发展模式，将走出一条科技含量高、经济效益好、资源消耗低、环境污染少、人力资源优势得到充分发挥的新型工业化道路，具有重大示范意义。国家“十二五”规划纲要明确提出：“推进京津冀区域经济一体化发展，打造首都经济圈，重点推进河北沿海地区等区域发展。”这些国家战略的提出和实施，将成为推动环渤海经济圈崛起，发挥东部地区对全国经济发展的重要引领和支撑作用。

（4）建设新智库是党和政府对社会科学工作者的殷切期望。建设社会主义新智库，是对社会科学院发展的重新定位。中央高度重视理论武装和哲学社会科学工作，鼓励哲学社会科学界为党和人民事业发挥思想库作用。各级党委、政府迫切要求社会科学工作者在帮助其提高科学决策、民主决策、依法决策水平上发挥更大作用，在加强经济社会发展战略性、全局性、前瞻性问题研究中有更大作为。因此，立足于本国思想库基础，学习借鉴国际先进经验，加快中国特色社会主义新智库建设步伐，更好地服务决策、服务发展，已成为全国各地方社科院共同面临的、刻不容缓的紧迫任务。

二　新智库建设引领地方社科院发展

近年来，各省份社科院在新智库建设中大胆探索，提出了许多新思路。以智库建设为突破口，我国地方社会科学院在加快科研转型、加快科研管理创新方面已经形成了新的共识，呈现新的气象，正在走向一条以应用对策研究为主攻方向，以具有本地区区域优势的基础理论研究为支撑，应用研究与基础研究相互促进、相互支持的新型智库建设之路。

从国外发展经验来看，西方发达国家历来把智库作为国家决策系统的重要组成部分、决策能力和战略思想的重要来源。可以说，依靠专家和智库来制定政策，已经成为当前世界各主要国家政策制定的共同规律。有些学者甚至把思想库称为立法、司法、行政和传媒之外的“第五种权力”和“大脑集中营”。作为政府决策思路和战略分析的提供者，智库的发展水平逐渐成为一个国家综合国力的重要组成部分和国家软实力的主要标志之一。国外一些好的经验和做法，值得我们借鉴。

所谓智库，就是指由多学科专家组成，为决策者在处理经济、政治、文化、社会、科技等重大问题方面出谋划策，提供最佳方法、思想、理论、策略、咨询设计等的研究机构，是一种生产知识和思想的特殊组织。“智库”又称“思想库”，国内外学者赋予其各种内涵，国外“智库”又有着多种存在类型。相对而言，中国特色社会主义新智库是一个新生事物，各地都在积极探索之中。我们认为，中国特色社会主义新智库有以下内涵。一是首先要体现社会主义国家的性质和要求。要以中国特色社会主义理论体系为指导，以科学发展观统领建库，要以探讨改革开放和社会主义现代化建设重大问题为己任，要为解决全面建设小康社会进程中的重大理论和现实问题服务。二是要维护国家和民族利益。社会主义国家党和人民的根本利益是一致的，在国家发展的关键时刻能够提出重大理论概念和重大战略对策以维护国家的根本利益，是社会主义新型智库义不容辞的责任。社会科学研究的是经济社会发展中的重要问题，研究报告、政策建议、咨询意见等成果对政府制定公共政策有着重要的影响，涉及社会公众利益。因此，中国特色社会主义新智库必须从国家和人民的根本利益出发，服务于中国特色社会主义事业。三是要具有客观性、独立性。独立性是现代智库的一个显著特点。强调智库的独立性，并不是说社会主义新智库要独立于政府，要和政府离心离德甚至唱反调，而是说，社会主义新智库在研究问题时要实事求是，要具有客观性、真实性，要有独立的思想和真知灼见，要鼓励研究人员进行建设性批评，不唯书、不唯上、只唯实，要有独立思考的学术品格。四是不仅要为省委省政府决策服务，还要为全省经济社会发展服务、为基层服务。五是要具有世界眼光、战略思维，是对外思想交流和文化交流的重要通道，是开展学术外交、文化外宣和掌握国际话语权、开展国际交流与合作的重要平台，是国家形象的重要塑造者。六是中国化马克思主义理论体系的研究者和宣传者，是社会主义经济建设、政治建设、文化建设、社会建设和生态文明建设的推动者，是社会主义核心价值体系的塑造者和普及者。七是政策方案和高端人才的储备库，具有跨学科、跨部门、跨地区的组合优势，能够形成解决复杂尖端课题的开放式的研究团队。八是创新是中国特色社会主义新智库建设的根本途径和根本动力。创新能力表现在新概念、新观点的提出，发现问题的能力，解决问题的思路。只有坚持不断地创新，才能使社会科学研究保持活力，才能不断生产出高质量的研究成果，才能实现社会科学院的社会价值。九是应该得到足够的资源投入，以保证其基础设施和人力资源始终处于先进水平。

中国特色社会主义新智库的主要作用有如下三点。一是积累思想，成为凝聚一切合理有用思想的思想库。没有思想积累就不可能产生出新的思想，就不能称为智库。二是创造思想，成为思想的工厂。没有原创思想也不能称为智库。三是贡献思想。做先进理念的倡导者，提高素质，武装群众；做先进思想的引领者，引导社会，推动发展；做先进方法的提供者，为党委、政府决策提供依据和论证。

进一步讲，中国特色社会主义新智库有如下特性。一是战略性，要有长远眼光和全局视野。二是前瞻性，要有超前眼光和前沿视野。三是客观性，要实事求是地反映客观实际，提出有针对性的解决办法。四是开放性，中国智库要国际化，智库研究活动要国际化，要加强与国际、国内各种研究机构的联系与合作，要争取中国智库的国际话语权。五是应用性，要有强烈的服务意识和脚踏实地的务实作风。六是时代性，要有与时俱进的品格和深刻的洞察力。七是创新性，要有创新思维和新思想、新方法的生产力。八是公众性，要有公正的立场和引导大众理性思考的能力。

三　服务“十二五”，加快中国特色社会主义新智库建设

“十二五”时期，是我国全面建设小康社会的关键时期，是深化改革开放、加快经济发展方式转变的攻坚时期，是大有可为的重要战略机遇期。置身于新的发展阶段，面对复杂的发展环境，近年来，河北院在中国特色社会主义新智库建设方面，进行了一些探索和实践，取得了一定的进展，也加深了我们对中国特色社会主义新智库建设的认识。尤其是自 2009 年初至今天，经过两年不懈努力，“三位一体”工作新格局和“一院两制”新体制的形成，为新智库的建设和运用，提供了制度、体制和机制保障。

进入“十二五”时期，我院确立了“建设以中国特色社会主义理论为指导，以‘三个创新’为动力，以‘三位一体’为平台，以高端智力聚合为特征的服务河北科学发展新智库”的奋斗目标。为此，我们提出了实施“四项工程”推进的重大举措。

第一，实施中国特色社会主义理论武装工程。重点围绕马克思主义中国化时代化大众化、社会主义核心价值体系和形势政策，开展理论武装工作，使理论武装工作与解决河北经济社会发展重大现实问题、与促进发展能力和执政能力提高、与社会热点难点问题解疑释惑能够紧密结合。

第二，实施服务河北科学发展能力提升工程。紧密跟踪党委、政府的重大决策，加强对“科学发展、富民强省”进程中的重大现实问题研究，推出系列精品成果。强化科研工作系统管理和科研诚信建设。强化重点学科、

重点扶持学科带动作用，抓好重点培育学科建设，创立经济社会发展急需学科和新兴学科，实现各学科全面发展。推进开门办院，拓展新的合作空间。

第三，实施全省哲学社会科学龙头带动工程。组织协调好全省哲学社会科学学术研究活动，开展好哲学社会科学咨询工作，促进社会科学理论研究成果社会化，维护好社会科学工作者的正当权益。抓好大型民生调研品牌活动。加强对各市社科联的业务指导，增进省市间的协调联动。加强学会和全省民办社科研究机构的管理和指导。抓好“社科优秀成果评奖”“社科优秀青年专家评选”等重要工作和社会科学普及周、京津冀区域协作论坛等重大活动，不断增强对社科工作者的凝聚力、对决策层的影响力、对社会大众的吸引力。

第四，实施人才智力聚合工程。贯彻落实全国和全省中长期人才发展规划纲要，实施人才强院战略，以能力建设为核心，以领军人才、骨干人才、青年后备人才队伍建设为重点，以提素质、强能力、优结构、壮实力、增活力为主线，统筹推进各类各层次人才队伍建设，抓住增强凝聚力、强化竞争激励机制和加大投入三个关键，着力突破人才制约，着力推进人才体制机制全面创新，努力建设素质高、能力强、结构优、活力足的人才队伍，为智库建设提供人才保障。

各位同仁、各位朋友，河北发展和新智库建设离不开各兄弟省区市社科院的关心和支持。今天，全国社科院院长论坛在唐山曹妃甸举办，充分体现了各位同仁对河北、对唐山的信任和厚爱。我们期盼着，思想火花将在这里闪烁，智慧河流会在这里流淌。通过同仁们的共同努力，凝聚起知识和智慧的力量，在社会主义新智库建设上有所作为，为推动环渤海经济圈崛起以至促进全国大区域经济社会协调发展，贡献我们的力量。

最后，预祝论坛圆满成功，愿各位同仁在美丽的曹妃甸度过一个美好而难忘的时光！谢谢大家！

在第15届全国社会科学院院长联席会议暨院长论坛闭幕式上的总结讲话

（2011年5月29日）

经过几天热烈研讨和交流，第15届全国社会科学院院长联席会议暨院长论坛现在进入最后一个议程。下面，我代表承办方就本次会议召开的情况做扼要总结。

本次会议由河北省社会科学院承办。中国社会科学院和全国28家省级社科院、20家城市社科院的领导和专家、学者共178人出席了会议。中共河北省委书记张云川同志为本次会议发来贺信，中国社会科学院副院长武寅同志，河北省委常委、宣传部部长聂辰席同志，河北省人民政府副省长龙庄伟同志亲临会议并发表重要讲话，对我们提出办好联席会议、学习先进经验、服务河北发展、实现更大作为的深切希望。本次会议呈现三个新特点：一是关注焦点有新变化，由谋生存，到图发展，再到今天的求创新，反映了哲学社会科学事业的发展历程；二是举办模式上有创新，四会套开，两地举办，边考察边研讨，既扩大了会议容量，又提高了研讨效率和针对性；三是讨论形式上有创意，既有传统的大会发言的形式，又尝试采用了茶座式交流办法，增强了互动，活跃了气氛，提高了研讨质量。

本次会议共收到工作经验材料和研讨论文60余篇。与会代表围绕“建设新智库，服务‘十二五’”这一主题，就“决策服务与新型智库建设”“学科建设与基础研究”“成果评价与科研管理”等内容展开深入探讨，并在一系列问题上充分交换了意见。

第一，与会代表在决策服务与新型智库建设方面进行了深度交流，并在以下四方面达成共识。

其一，会议认为，置身于新世纪、新的发展阶段，面对国内外复杂的发展环境，各地社科院应根据中央精神、结合各地具体情况，对自身发展做更为科学的定位，确定切合自身发展实际、体现区域特色、服务本地经济社会发展的办院目标与发展方向。而在这方面，各院均有很好的探索和尝试，有的还颇具成效。比如，有的提出了“国内一流、国际知名的社会主义新智库”的办院目标；有的提出了“与国际接轨、创国内一流”的办院目标；有的提出了“建设服务全省、影响全国的一流社会主义新型智库”的发展目标；有的提出了“为决策服务、为发展服务、为基层服务”的办院方针和“出精品、出人才、出效益”的工作要求，向着“省级一流、国内知名”更高目标迈进的发展思路；等等。

其二，会议认为，要想在新型智库建设上真正有所作为，必须积极推进内部改革和创新，以使自身形象、地位和影响力得到明显提升。实际上，各地社科院也都在为此而积极努力。比如，有的抓住国家和本省机构改革契机，整合理论和社科工作资源，以新智库建设为目标，积极推进制度创新和体制创新，构建理论武装、服务决策、繁荣发展的“三位一体”工作新格局和“一院两制”（即参公管理与事业管理）新体制，努力开创工作新局面。此种做法得到会议代表的高度评价，是对智库建设途径的积极探索和有益尝试。

其三，会议认为，新型智库建设不同于以往的“经院式”封闭型研究，要拓展智库发展空间，必须坚持开门办院。具体做法主要有派专人赴中国社科院参观学习，和中国社科院领导探讨与国家最高智库的合作机制；在地级市建立省级社科院分院，建立各级各类省情调研基地；与国内外高校和其他科研机构开展横向学术交流与合作；整合优化科研资源，共同攻关重大社科研究项目；等等。

其四，会议还就重大成果如何进入决策展开探讨，认为直接为决策者提供专题讲座、建立重大成果规范稳定的直报件、编撰区域性经济社会发展蓝皮书、举办经济形势分析会等，均是直接为党委和政府决策服务的有效方式。

此外，会议还对在环渤海经济圈崛起中如何更好发挥新智库作用表示了特别关注。

第二，与会代表就学科建设与基础研究问题展开深入探讨，并在以下三个方面达成共识。

其一，会议认为，学科建设与基础研究有着密不可分的关系，而从地方社科院的意义上说，在调整和优化发展学科建设时，更应立足地方，加强所处地域的优长基础学科建设。在这方面，各地社科院都有各自的成功经验和做法，如内蒙古院的蒙古学研究、新疆院的新疆历史研究、广西院的东南亚问题研究、宁夏院的西夏学研究等，不仅有传统、有积累，而且有创新、有新的学术生长点和新的研究高度。

其二，会议认为，学科体系创新应秉持的原则应该是稳定基础学科、加强应用学科、扶持新兴学科、规范交叉学科。在重点学科和优长特色学科的建设中，充分发挥首席专家引领学科发展的作用是培育优长学科的有效方式。而在新兴特色学科的创建和培育中，可效仿内蒙古院创建草原文化学科时采用的“以学科建设引领项目实施，以项目实施推动学科建设”模式，等等。

其三，会议认为，人才队伍建设事关学科建设的兴衰成败，创新人才工作机制对于社科院来讲更加重要、更加迫切。代表们提出的主要观点是，在人才引进方面，应提高进院门槛，注重引进今后能脱颖而出成为学科带头人甚至领军人物的苗子；亦可根据自身实际情况，通过聘请特邀研究员等方式，开展人才柔性引进。在人才选拔方面，应打破传统的论资排辈观念，大胆选拔任用精通业务、学历较高、专业基础好的年轻干部走上领导岗位。在人才培养方面，应鼓励青年科研人员以各种方式到国内外知名学府和研究机构学习、交流、深造，并在时间和经费方面给予支持。在梯队建设方面，应以德才兼备为标准，努力形成一个由领军人物、学科带头人、科研骨干、青年英才组成的可持续发展的人才序列等。

第三，对于成果评价与科研管理问题，与会代表主要从以下两个方面展开深入交流。

其一，各院普遍提出，社会科学成果的评价是一项极为复杂的工程，需要进一步寻求科学化、规范化的评价准则，真正做到以质论文、以质定奖。会议认为，科学的成果评价应秉持基础研究和应用研究并重、定性评价与定量评价结合以及创新评价与分类评价的原则；在建立科学的评价体系时，应处理好政治导向与学术自由、质量与数量、时效性与恒久性、超前性与现实性以及主观性与客观性的关系；社科成果的评价体系应包括同行专家评议法、刊物级别评价法、被引情况评价法、代表性成果评价法、成果社会影响评价法、成果查新法，同时还应以“学界是否认同、领导是否满意、社会是否欢迎”为标准。

其二，与会代表就如何创新科研管理进行了充分讨论。有的院提出，应将原来的刚性管理模式（即以科研的数量与级别论英雄）逐渐向刚柔相济的管理模式转变：如减少刚性考核的数量指标，拉长考核时间（如不搞年度考核，实行聘期考核）；对公认的基础理论研究专家实行较长时间（如五年）免于考核的制度，实施备案登记制度，确保出高质量的研究精品；要重视成果转化的方法论研究和平台建设，促进理论成果为决策服务、为发展服务、为基层服务；在课题管理上建立由课题立项、过程管理、课题结项、成果应用等环节构成的科研全程动态管理系统，把科研工作纳入“思想库”“智囊团”主体功能和服务科学发展主题上来。

此外，会议还就行政后勤服务工作与科研工作的关系、建设职工住房与激发科研人员工作热情等问题做了深入探讨，并就2012年第16届全国社科院院长联席会议承办权事宜达成共识。作为本次会议的承办方，我代表联席会议宣布：2012年第16届全国社科院院长联席会议由深圳市社科院承办。让我们一起向今天到会的黄发玉副院长、向深圳市社科院表示热烈祝贺！

最后，在本次会议即将落下帷幕的时候，我代表河北省社会科学院，向远道而来为我院祝贺30周年生日的各位同仁表示衷心感谢，向为本次会议圆满召开付出辛苦、贡献智慧的各院代表表示衷心感谢。河北院将以这次会议为契机，学各院之所长，执发展之要务，为哲学社会科学事业的繁荣尽义务、担道义，努力做出新贡献！

明天，同仁们就将赴秦皇岛、承德考察了，也有部分同志要返回本院。预祝各位领导、同志们旅途顺利，一路平安！谢谢！

我省加快经济结构调整的思路与路径*

（2011 年 6 月 8 日）

调整经济结构是转变经济发展方式的战略重点。近些年来，我省围绕科学发展主题和加快转变经济发展方式主线，在调整经济结构方面做出了不懈努力，取得了显著成效。但是，调结构的任务依然繁重，进一步探索适合我省省情的“调结构、转方式”思路与路径是摆在我们面前的一个重要课题。

结构调整成效明显，任务仍然繁重

经济结构调整取得的成效主要体现在以下四个方面。

一是以提高产业集中度优化存量结构。提高产业集中度是做强优势产业的重要途径，从国际经验来看，大企业集团是增强产业竞争力和推动行业科技进步的重要力量。为此，按照“存量调强”的思路，我省针对钢铁和能源两大主导产业“小、散、弱”的现实问题，组建了河北钢铁和冀中能源两大集团，通过提高产业的集中度，实现了资源向优势企业集聚，既促进了技术进步，提高了资源利用效率，同时又提高了整个产业的竞争力。

二是以加快新兴产业发展提升经济结构水平。按照“增量调优”的基本思路，严格控制高耗能产业，通过各种政策措施，引导资金投向装备制造、新能源、生物制药、新材料、信息产业等高技术产业；加大对现代物流

* 本文发表于《河北日报》2011 年 6 月 8 日。

等新兴服务业的支持力度。战略性新兴产业的大力发展，带动了经济结构的进一步优化。

三是以节能减排为动力推动经济结构优化。为了推动经济结构的优化，近年来我省实施了节能减排“双三十”工程和对标行动，以此推动技术改造和新技术的应用。此项工程的实施，淘汰了一大批高能耗、高资源消耗和高污染的落后产能。随着新技术、新装备的应用，传统产业升级换代的步伐进一步加快，产业结构水平得到了较大幅度提升。

四是以城镇化水平的提升推动经济结构优化。城镇既是人们生活的家园，也是产业尤其是第三产业发展的承载体。城镇化水平的高低，决定着城镇对产业发展的承载能力。近年来，我省通过实施城镇面貌“三年大变样”和“城镇建设三年上水平”战略，城镇化水平进一步提高，城镇综合承载能力得到了大幅提升，为现代服务业和高技术产业发展奠定了重要基础，整体经济结构得到了进一步优化。

然而，我省经济结构调整的任务仍然繁重。难点问题主要表现为：经济规模快速扩张但增长质量不高的问题仍未得到根本解决，目前我省经济总量排名居全国第 6 位，但产业竞争力、区域创新能力等仍居中下水平；产业结构层次低、高新技术产业规模小、现代服务业比重小、服务业发展滞后的问题依然存在；工业化快速推进但城镇化滞后，城市有效吸纳和集聚高端产业的能力仍显不足，有效吸纳和转移农民入城的难题有待进一步破解；产业发展与资源环境约束的矛盾还未有效缓解，单位 GDP 能耗仍高于全国平均水平，工业废气、固体废弃物、工业废水排放量分别居全国第 2、4、8 位，节能减排任务依然艰巨；各区域发展不平衡，给区域经济协调发展带来困难；经济动力结构不平衡，过多依靠投资驱动，消费对经济增长的贡献率明显偏低。

适合省情的“调结构、转方式”思路与路径

针对我省经济结构中存在的难点问题，笔者认为，可以从以下四个方面来进一步探讨适合我省省情的“调结构、转方式”的思路与路径。

1. 以调整投资结构为切入点，统筹经济结构调整

我省经济发展属典型的投资驱动型增长模式，投资结构是形成经济结构的主要因素。因此，统筹产业结构、城乡结构、要素投入结构、区域经济结构的调整，必须从调整投资结构入手。一方面，要合理引导新增投资方向，综合运用政策、经济、信息等手段，引导资金流向鼓励发展的产业和地区，形成新的经济优势。另一方面，要促进投资存量进行跨行业、跨所有制、跨地区、跨城乡的转移、流动和重新配置，注重投资方式创新。在市场机制作用和政府政策引导下，把深化投资结构调整与健全要素市场体系、社会保障体系和产业转型援助机制等有机结合起来，疏通要素流动渠道，降低要素流动和退出市场的成本，使各种投资存量资源实现优化配置，在更深的层面推进和加快结构调整进程。

2. 以促进“城镇建设上水平”为突破口，推动城乡结构进一步优化

城镇面貌“三年大变样”战略的实施，在很大程度上消除了发展瓶颈，完善了工作机制，促进了思维方式的转变，为我省下一步发展奠定了良好的基础。但也要看到，三年多来，我省城镇建设虽然取得了巨大的成果，但更多的是整治性的。从全省城镇化发展战略高度、城镇化与工业化协调发展的视角来分析，城镇化和城镇建设中还存在一些需要解决的问题。比如，体现城市繁荣和活力的基础设施还不够，体现都市产业的生产要素聚集还不足，体现民生的公共服务设施和便民设施还不完善，体现城市文化和文明的精品工程还较少。面对这些问题，省委、省政府又提出了城镇建设三年上水平发展战略，这是推进城市化的必由之路，也是当前优化城乡结构的捷径。城镇建设三年上水平，要紧紧围绕繁荣和舒适两大目标，全面推动城市环境质量、聚集能力、承载功能、居住条件、风貌特色、管理服务上水平，着力做大做强优势产业，着力保障和改善民生，着力推进城乡统筹发展。要坚持科学性、长远性，对标国内外先进城市，按照精心、精细、精美的要求，在更高的起点上提升城市规划、建设、管理水平，从而加速推进城乡二元结构的改变。

3. 以节能减排“双三十”为抓手，推进要素投入结构进一步改善

从要素投入结构看，我省资源消耗偏高，环境压力加大，资源环境的约

束日益突出。长期以来，虽然许多部门围绕要素投入结构优化做了大量工作，但在推进过程中仍遇到不少困难，结构优化效果并不明显。深入分析种种障碍背后的原因，主要有以下三点。一是我省与大多数省市产业结构不同，原材料工业比重高，经济增长过度依赖资源型产业，如果以常规的力度和方式泛泛地抓节能减排，往往容易“推而不动”。二是地方政府和重点耗能企业长期沿袭靠拼资源、拼生态环境获取经济利益的发展路子，已经形成惯性思维、固化的模式和传统的政绩观。三是资源能源浪费、环境污染和生态破坏等问题，在某些地区、某些行业和企业中表现突出，常规治理已经不起作用。而把节能减排行动作为调整要素投入结构的突破口来抓，作为一项必须完成的硬任务来抓，以壮士断腕的决心、拒绝理由的气魄强力推进，能迅速实现“产能、产品、产业”三个置换的目标，对于我省走新型工业化道路将产生深远影响。推进节能减排行动，一是要以目标管理为牵引，强化激励约束机制；二是要以控制增量为重点，对没有能耗增量、污染总量指标的地区或企业坚决实行限批，对违规建设的项目责令停止建设。

4. 以发展战略性新兴产业和服务业为新引擎，提升产业结构层次

历史经验表明，每一次经济危机过后，都会迎来新一轮技术革命和产业革命，谁能抓住机遇，谁就能引领世界经济的发展。当前，国家对发展战略性新兴产业高度重视，密集出台规划和扶持政策，力求抢占发展先机。在全国上下都加大对战略性新兴产业投入和政策支持的形势下，我省也要根据自身的比较优势和发展潜力，积极谋划，超前部署，把发展战略性新兴产业作为产业转型、结构优化的重点方向之一，打造产业发展新优势。

要不要重视服务业的发展，如何着力提升服务业的规模、水平、层次，一直是全省上下推动经济发展中一个亟待破解的重大问题。有一种认识上的误区，认为在当前经济发展阶段、市场体制环境、经济增长方式、国际资本流动以及全球制造产业分工的背景下，我省的服务业尚未进入以知识型、效益型、生产配套型为核心，以产业化、规模化、城市化为依托的内生扩张期，因而抓服务业收效不大；认为只要抓好工业，服务业自然就会发展起来。这种认识误区会直接影响到服务业的健康发展。正确认识和判断这个问题，需要正确分析我省所处发展阶段，把握住全省独特的发展实际。首先，

我们必须清楚地看到，我省服务业弱小是由当前不合理的工业结构导致的。由于多年忽视服务业的发展，我省工业与服务业的比例明显偏离了经济发展规律，如果不加以补救，任其发展下去，二者比例失衡的程度会更大，最终反过来会抑制工业的发展。其次，当前国内外经济形势复杂多变，我省以重化工业引导的经济增长遇到了诸多制约，未来增长的动力持续性不足。随着发展阶段的演进，我省经济增长的动力结构必须由以传统工业为主向以战略性新兴产业和服务业为双引擎转换，否则，将会严重制约经济的持续发展。围绕战略性新兴产业和服务业打造产业新动力是全局发展谋略中的一个重大举措，可以引导我省经济从偏重的“黑色”动力逐渐向“绿色”动力转变，尽快改变我省高端产业、第三产业比重偏低的状况，推动产业结构优化升级。

在院领导干部会议上的讲话

（2011 年 6 月 24 日）

这次全院领导干部会议是经院党组研究决定召开的。主要任务是贯彻落实中央和省委、省政府领导对我院做出的重要指示精神，总结院庆的成绩和经验，研究推进全院各项工作。下面，我讲三点意见。

一　要深入总结院庆工作经验，为我院发展注入强大动力

会议开始，同志们观看了电视宣传片《一路高歌谱华章——河北省社会科学院发展巡礼》，重温了我院 30 年来走过的光辉历程，感到无比振奋和自豪。30 年来我院的各项事业取得了巨大成绩，这些成绩的取得无不凝结着全院干部职工和广大科研人员付出的大量心血和汗水，饱含着在座各位同志的无私奉献和智慧。抚今追昔，展望未来，相信同志们对我院今后的发展信心更足了，干劲更大了，责任感和使命感更强了，在今后的工作中会创造更多无愧于时代、无愧于党和人民的辉煌业绩。

刚才，福兴副院长代表院党组对我院 30 周年院庆活动和由我院承办的第 15 届全国社科院院长联席会议暨院长论坛，以及华北地区社科院第二十八届科研管理联席会议的筹备和组织工作进行了全面总结，对这次活动取得的成绩进行了系统概括。本次院庆大会和全国社科院院长联席会议是我院建院以来举办的一次最大规模的活动，也是院党组今年确定的一项事关我院发

展全局的重中之重的工作。按照院党组年初提出的举全院之力办好大会的要求，全院上下团结协作、群策群力，整个活动部署周密、筹划细致、组织严密、执行得力，取得了空前的成功，兑现了院党组对省委的承诺，兑现了我院对中国社科院和全国兄弟院的承诺，达到了院党组提出的预定目标。此次活动充分展示了我院努力追求“省级一流、国内知名”办院目标所形成的良好形象；充分展示了我院“三位一体”工作新格局和“一院两制”新体制的体制优势和整体实力；充分展示了我院在“三个服务”办院方针指导下智库建设取得的新成就；充分展示了我院干部职工“事争一流、追求卓越”的精神风貌。活动的成功举办，得到了省委、省政府领导的充分肯定，得到了中国社科院和各兄弟社科院领导及参会人员的广泛赞誉，取得了良好的社会反响。通过这次活动，锻炼了队伍，积累了经验，大大提升了我院的发展实力；通过这次活动，鼓舞了士气，凝聚了人心，大大增强了全院干部职工的自豪感和自信心；通过这次活动，深化了友谊，加强了合作，大大拓展了我院发展的新空间。更为弥足珍贵的是，通过这次活动，我们积累和形成了“团结协作、事争一流”的院庆精神，这些宝贵的精神财富必将成为我院加快发展的强大动力。在此，我代表院党组和院庆活动筹备工作领导小组，对参与此次活动筹备和组织的全体同志，对给予此次活动大力支持的全院干部职工表示衷心的感谢！

二 要认真学习领会中央和省领导的重要指示，进一步明确我院的发展方向

中央和省委、省政府领导非常关心和支持哲学社会科学事业的繁荣发展，在我院建院30周年之际，全国政协副主席、中国社科院党组书记、院长陈奎元亲自为我院院庆题词，省委书记张云川为院庆及全国院长联席会议发来贺信，陈全国省长专门指示有关省政府领导出席会议，中国社科院党组成员、副院长武寅，省委常委、宣传部部长聂辰席，省人大常委会副主任马兰翠，省政府副省长龙庄伟，省政协副主席王玉梅出席会议，都给予了殷切希望，提出了更高要求，做出了重要指示，进一步明确了我院的发展方向。

陈奎元同志的题词是："放眼全局献策建言图强省，立足河北兴利除弊求富民。"明确指出了我院进一步发展的目标、任务和要求。题词包含了三层意思：一是要求我院把"富民强省"作为最终的工作目标；二是要把"献策建言"和"兴利除弊"作为社科研究的主要任务；三是要把"放眼全局"和"立足河北"作为对社科工作的重点要求。陈奎元同志的题词既言简意赅，又高屋建瓴。

云川书记在贺信中充分肯定了我院 30 年来取得的成绩。他指出："哲学社会科学的发展水平体现了一个民族的思维能力、精神状态和文明素质，社会科学工作机构是党委、政府的'思想库'、'智囊团'。省社会科学院建院 30 年来，在弘扬科学精神、传播先进文化、创新社科理论、促进科学发展等方面不懈努力、甚有成效。"云川同志同时要求："希望全省社科理论工作者深入贯彻落实科学发展观，加强党的创新理论的研究宣传和普及，加强经济社会发展战略性全局性前瞻性问题研究，在服务决策、服务发展、服务基层中争取更大作为。"云川书记的重要指示是省委、省政府对我院的最新也是更高的要求，进一步明确了我院要把贯彻落实科学发展观作为办院的指导思想，进一步突出了我院要把加强党的创新理论的研究、宣传、普及和加强经济社会发展战略性全局性前瞻性问题研究作为工作的主攻方向，进一步肯定了我院"为决策服务、为发展服务、为基层服务"的办院方针，并要求继续抓紧抓实争取更大的成效。

武寅副院长在讲话中传达了李长春同志在 2011 年度国家社科基金项目评审工作会议上的重要讲话精神，提出了哲学社会科学工作的新任务、新要求，主要概括为"六个大力"，即大力推进马克思主义中国化、时代化、大众化，大力加强重大理论和现实问题的研究，大力推进马克思主义理论研究和建设工程，大力推进哲学社会科学创新体系建设，大力推进我国哲学社会科学"走出去"，大力推进哲学社会科学人才队伍建设。武寅副院长还介绍了国家哲学社会科学研究"十二五"规划的主要内容和重点任务，介绍了中国社科院实施哲学社会科学创新工程的思路和举措。这些为我院的"十二五"发展和新智库建设提供了重要的工作遵循。

聂辰席部长和龙庄伟副省长分别代表省委、省政府做了重要讲话，强调要切实加强理论武装工作，不断深化中国特色社会主义理论体系的研究宣传；要积极开展应用对策研究，努力推动我省科学发展，加快转变经济发展方式；要深入推进哲学社会科学工作的改革创新，大力推动我省哲学社会科学事业的繁荣发展；要切实加强组织领导，进一步营造我省哲学社会科学发展的良好环境。聂部长和龙省长的讲话系统而全面，要求具体而明确，针对性和指向性非常强。

通过认真学习领会中央和省委、省政府领导对哲学社会科学和我院工作的重要指示精神，我们在认识上实现了“三个更加明确”。一是更加明确了办院方向。就是要紧紧抓住以科学发展观统领办院不动摇，紧紧抓住“三个服务”的办院方针不放松，紧紧抓住“三个出”的总要求不懈怠。二是更加明确了工作重点。就是既要放眼全局，又要立足河北；既要加强党的创新理论的研究宣传和普及，不断加强马克思主义坚强阵地建设，又要加强我省经济社会发展中重大的理论和现实问题的研究，加快提升我院对全省经济社会发展的贡献力。三是更加明确了主要任务和奋斗目标。就是要更加努力地推动服务河北科学发展新智库建设这一任务的实现，更加努力地向着“省级一流、国内知名”的更高办院目标迈进。通过学习领会中央和省委、省政府领导的指示精神，全院干部职工推动发展的指向更明了，信心更大了，动力更足了，责任感更强了，创新的积极性更高了。下一步我们要紧密结合院“十二五”发展规划的实施和新智库建设不折不扣地抓好落实。

三　要深入贯彻落实中央和省领导的指示精神，加快推进我院的科学发展

院庆大会和全国社科院院长联席会议的成功举办为我院加快发展提供了难得机遇和重要契机。通过这次活动，我院的社会影响和地位作用得到进一步提高，事业发展的生机和活力得到进一步焕发，管理水平和组织整合能力得到进一步提升。同时，省委、省政府对我院的发展会更加关注和支持，我院发展的路子会越走越宽广。站在新的历史起点之上，我们只要把中央和省领导的指示精神贯彻好落实好，就更有理由相信，我院的发展前景会更加灿

烂美好。

今年年初，我院制定并实施了《河北省社会科学院“十二五”时期（2011—2015）发展规划》。目前，全院干部职工在院党组的带领下，正凝心聚力，积极推进实施。在今后的工作中，我们一定要将实施院“十二五”规划与深入贯彻中央和省委、省政府领导的重要指示精神紧密结合，不断深化各项目标任务和保障措施的落实，进一步突出重点，讲求效果。同时，要注意把院庆活动积累的好经验好做法运用到日常工作中去，不断推动我院的各项事业上台阶上水平。最近，国家公布实施了《国家哲学社会科学研究“十二五”规划》，这一规划是“十二五”时期我国哲学社会科学研究的重要指导性文件，体现了近年来党中央关于繁荣发展哲学社会科学的重要指示精神和重大决策部署，反映了世情国情党情深刻变化对哲学社会科学研究提出的新要求，明确了今后五年哲学社会科学研究的指导思想、目标任务、保障措施和重点课题，具有很强的针对性和可操作性，对今后五年我国哲学社会科学研究工作具有重要指导意义。我们在积极实施院“十二五”规划过程中，一定要紧密结合国家《规划》的实施，把国家《规划》的重要精神领会好、贯彻好，把握好精髓实质，掌握好要点重点，并与我省实际紧密结合，推进院“十二五”规划在实施过程中更加充实和完善。云川书记在贺信中还强调：这次全国社科院院长联席会议在河北召开，为我们提供了很好的学习机会。希望我院以此为契机，学习先进经验推动事业发展。在会议期间，各院介绍了在智库建设前沿性研究、基础学科与应用学科的关系摆布、争取国家社科基金立项以及综合实力提升等方面的许多宝贵经验。我们一定要按照云川书记的要求，在工作中认真学习借鉴。

在第15届全国社科院院长联席会议暨院长论坛上，我院系统阐述了“十二五”时期服务河北科学发展智库建设的基本思路，并对“四项工程”等重大举措进行了重点介绍，得到与会各院领导的一致认可和高度评价，认为我院的智库建设站位高、思路新、有创意、有特色，值得学习借鉴。目前，我院“十二五”发展的大计已定，需要在工作中加以体现和落实。“十二五”规划要顺利实施并取得实效，推进“四项工程”是关键。具体讲，第一要大力实施中国特色社会主义理论武装工程；第二要大力实施服务河北科学发展能力提升工程；第三要大力实施全省哲学社会科学龙头带动工程；第四要大力实施人才智力聚合工程。这“四项工程”是落实科学发展观统领办院的内在要求，是“三个服务”办院方针的具体体现，是“三个出”总要求的有力保障，是新智库建设的实际步骤，是向“省级一流、国内知名”更高办院目标迈进的扎实举措，它同时涵盖了“三位一体”工作新格局的各个领域，涉及全院各个处室所和每一名干部职工、科研人员。因此，大力推动“四项工程”的实施需要真真正正落实到实际工作中，体现在具体措施上，需要全院各部门和全体人员的积极参与。各部门和全体人员要深刻认识实施院“十二五”规划、推进“四项工程”对我院发展的重大意义，增强紧迫感和责任感，把“四项工程”细化到每一个岗位，分解到每一个项目，具体到每一项活动，扎扎实实做好每一项工作，确保顺利实现既定的各项目标任务。

今天是6月24日，上半年马上就要过去了。在过去的半年里，我院的各项重点工作有序推进，整体工作实现了“开门红”，为“十二五”开好局、起好步奠定了坚实基础。下半年，各项任务依然艰巨，全院同志务必保持高涨的工作热情和苦干实干的工作作风，不松懈、不懈怠，保证全年各项工作圆满完成。当前要继续抓好以下四方面的工作。一是要继续大力推进学习型党组织建设。积极实施“党组中心组引领、服务决策发展能力提高、全员学习队伍建设”三大工程，增强广大干部和科研人员的大局意识、责任意识、创新意识，增强服务河北经济社会科学发展和实现自身事业科学发展的能力。二是要认真做好理论宣传普及工作。围绕胡锦涛总书记“七一”重要讲话和党的十七届六中全会精神做好宣讲工作；举办好党委讲师团理论武装工作会议和纪念建党90周年理论研讨会；针对我省经济社会发展中的重大理论和现实问题，开展好“菜单式”“点播式”宣讲；围绕我省经济社会发展的热点、难点问题，在省直机关举办好形势政策报告会；联合各市委讲师团、宣讲工作站，开展好“送理论下基层”活动；抓紧编写《理论热点2011》系列丛书、《学习型党组织建设》系列丛书。三是要深入开展应用对策研究。特别是做好省领导圈定课题“河北省社会建设与社会管理问题”、“河北省重点领域紧缺人才需求预测”、“环首都绿色经济圈”和“沿海地区经济发展”等重大课题的研究。精心谋划“河北省经济形势分析会”的主题，在搞好宏观经济形势分析预测的同时，关注全省经济社会热点问题，增强分析会的时效性、应用性、权威性。要创新科研管理，做好院学术委员会换届，按新《章程》做好学术委员会工作，抓紧出台院关于设立重点培育学科的有关规定等规章制度。继续做好院行政管理人员参公工作的落实。四是要加强社团管理，开展好各项社科活动。按照中央和省委要求，做好社团管理工作，加强社团党建工作指导。要加强社会科学发展研究课题的组织管理，举办好社会科学普及周活动和社会科学博士论坛，组织好社会科学学术年会和燕赵文化论坛，做好河北省社会科学优秀青年专家评选和社会科学重要学术著作项目资助评审工作，承办好京津冀区域发展论坛，推动社科研究基地建设，实现规范化管理等工作。

下半年我院要完成的重点工作多、收尾工作多，时间紧、任务重。因此，同志们要强化效率意识和时间观念，按工作量倒排时间表，细化责任，责任到人；要坚持顶层设计，坚持高标准、严要求，把各项工作做到最好；要注重工作效果，重视成果转化，以业绩比高低，以成效论短长；要加强协调和督导，树立全院一盘棋的意识，保证整体工作全面推进。

同志们，院庆活动的成功举办为我院发展提供了强大动力，中央和省领导的指示为我院指明了发展的方向。让我们在院党组的带领下，齐心协力，埋头苦干，为圆满完成全年工作任务而努力奋斗！谢谢大家！

在全省党委讲师团工作座谈会暨纪念建党90周年理论研讨会上的讲话

（2011 年 7 月 4 日）

今年是建党 90 周年，中央召开了纪念大会，胡锦涛总书记发表重要讲话。今年也是我院建院 30 周年，前不久，我们召开了建院 30 周年庆祝大会和全国社科院院长联席会议，全国政协副主席、中国社科院党组书记、院长陈奎元同志为我院院庆题词，省委书记张云川同志为大会发来贺信，中国社会科学院领导和我省有关领导出席了会议。会上，我院构建的“三位一体”工作新格局和“一院两制”新体制等工作思路，得到了各兄弟省区市社科院同仁的普遍赞同。理论武装作为“三位一体”新格局下我院（团）的重要职能，如何按照省委的新要求，在“为决策服务、为发展服务、为基层服务”中有更大作为，是需要我们认真思考、努力落实的首要任务。今天上午，我们召开了创新理论武装工作座谈会，下午召开全省讲师团系统纪念中国共产党成立 90 周年理论研讨会，主要目的是听一听大家对新形势下创新理论武装工作的想法和建议，互相学习借鉴好的经验，更好地推进马克思主义中国化时代化大众化；同时，也是为了进一步统一思想，做好建党 90 周年纪念大会上胡锦涛总书记重要讲话精神的宣传宣讲工作。借此机会，我想就理论武装工作创新讲三点意见。

一　充分认识创新理论武装工作的重要性

创新是一个民族发展进步的灵魂，也是各项事业发展进步的重要动力。

胡锦涛总书记在“七一”重要讲话中，把建党 90 年来党的理论创新概括为两大理论成果：一个是毛泽东思想，另一个是中国特色社会主义理论体系。当前，立足于建设马克思主义学习型政党，用中国特色社会主义理论体系武装全党、教育人民，推进当代马克思主义中国化时代化大众化，使党的创新理论的重大战略思想、基本观点、基本方法植根于广大干部群众内心深处，进而内化为他们的思维方式和行动指南，是党委讲师团的重要职责和长期的战略任务。随着中国特色社会主义事业的不断推进和社会主义市场经济的发展，出现了一些新的情况和问题，这是社会发展达到一个新阶段的必然产物。理论武装工作必须适应这种新变化，不断创新形式、手段、载体和方法，增强针对性，提升说服力和感染力，开创理论武装工作新局面。

创新是理论武装工作适应新形势、新任务的需要。伴随着社会主义市场经济的发展和社会的进步，出现了许多新的社会群体、新的信息传播手段。这些新的情况和新事物的出现，对理论武装工作提出了新的要求。传统的理论武装形式，已经不能完全适应新形势、新任务的要求。怎么办？只有一条途径，就是根据变化了的形势和任务，创新我们开展理论武装工作的形式、手段、方法和载体。理论创新每前进一步，理论武装工作就要跟进一步。同样，社会每前进一步，理论武装工作也必须同时跟进。做好新领域的理论武装工作，要求我们必须以新的思维、新的手段和方式开展工作。

创新是理论武装工作增强针对性、时效性的现实需要。不同层次不同领域的党员干部，对理论内容的需求是不同的。因此理论武装工作必须根据党员干部的不同需求，提供适合他们各自特点的理论内容，同时也必须采取适合他们各自特点的输送形式。随着党员干部知识水平的不断提高和获取理论知识渠道的多样化、方便化，他们对党的理论路线方针政策的认知水平不断提高，也对我们提出了更高的要求。针对他们各自特点，提供差异化、针对性强的理论内容与服务形式，提高理论武装的有效性，是我们创新的重点。

创新是理论武装工作实现新跨越的重要途径。长期以来，全省讲师团系统紧紧围绕中心、服务大局，在理论宣讲和理论宣传的途径、方式方法等方面进行了许多有益探索，为巩固全省广大干部群众共同团结奋进的思想基础，营造和谐向上、团结干事的舆论氛围做出了重要贡献，为党委、政府决策提供了有效的智力支持。可以说成绩是显著的，我们的工作在全国也是处于前列的。省院团机构整合以后，我们可以利用的资源更加丰富了，发挥作用的平台更加宽广了，我们已经站在了一个新的起点上。在这个新起点上，如何充分利用好这些新资源，发挥好新平台的作用，使我们的工作更加丰富多彩，更加富有成效，就必须进行体制机制创新。

作为理论武装工作者，必须深刻认识我们面临的复杂形势和艰巨任务，以对民族和我们党的伟大事业高度负责的态度，以创新的精神去对待和开展好我们的工作。在服务经济社会发展中，在服务基层干部群众需求中，实现理论武装工作的新发展、新跨越。

二　在实践中前进　在创新中提高

理论武装是思想引领的工作，事关全局，因此必须高度重视、尽职尽责地做好。在认真做好理论武装工作的实践中，创新理论武装工作，应该从以下三个方面着手。

首先，创新思想方法。思想决定思路，思路决定出路。有什么样的思想方法，就会有什么样的工作思路。作为专职从事干部在职理论武装工作的党委讲师团队伍，人员毕竟是有限的。过去省团有 30 来人，各市委讲师团最多的 20 多人，最少的两三个人，全省加到一起不到 300 人。要完成全省在职干部理论武装工作，即使以一当十，也是难以完成任务的。最好的方法就是动员社会各方面的力量参与到这项工作中来，既做组织员，又做战斗员。省团正在建设“理论宣讲专家资源库”，把中央、省甚至市级从事社会科学工作的专家组织和动员起来，和我们一道开展这项工作。一些市委讲师团根据自身实际，也在这方面进行了探索。比如：张家口和秦皇岛自身人员很少，聘请高校和实际工作部门的同志做兼职宣讲员；衡水市委讲师团在宣讲工作中，采取理论工作者与实际工作部门同志相结合的办法，讲师团讲理论，实际工作部门的同志讲政策，效果很好。所有这些，都是思想方法创新的结果。我们的各项工作都需要我们从思想方法上进行总结和反思，过去的思想方法和工作思路是否对头？视野是否开阔？有哪些地方还需要改进？希望同志们进行认真思考。

其次，创新宣讲内容。理论联系实际就是创新。理论宣讲工作的主要内容是党的路线、方针、政策和创新理论，党委政策的重大决策部署以及干部群众生产生活需要的科学知识等。在实际宣讲过程中往往存在“上面出题多”“下边需求少”的局面，这并不是干部群众对理论、知识和政策等的需求少。党的惠民政策、实用技术、维权知识等都是广大群众迫切想要知晓了解的，社会的许多矛盾很多就是因为对方针政策不了解导致的。之所以出现群众对我们的宣讲工作兴趣不高的现象，关键问题在于理论与实践结合得不紧密甚至脱节，这样宣讲的说服力、可信度、针对性、有效性就要大打折扣。出现这种情况的原因有很多，但最根本的就是在宣讲内容创新上下功夫不够。我们讲内容上的创新，并不是要求我们在宣讲过程中不顾宣传纪律，天马行空，任意而为，而是提醒大家宣讲的内容要贴近基层干部群众的生产生活实际，要从解决他们的实际问题和解除思想困惑出发去讲理论，把宣讲的理论性、政策性和实践性紧密结合起来。

最后，创新形式、手段和载体。理论宣讲是一门高超的艺术，深入浅出、鞭辟入里才能使群众信服，受到群众的欢迎。这些年来，我们在宣讲的形式、载体和平台的创新上下了不少功夫，也有许多行之有效的好方法，如我们建立理论宣讲工作站，积极开展“送理论下基层”活动，送理论进社区、进学校、进企业、进乡村等。可以说这些年我们在宣讲形式上的探寻是卓有成效的。但也不应讳言，在许多方面也是不尽如人意。理论来源于实践并用来指导实践，理论是深刻的，但也是抽象的、晦涩的，抽象、晦涩的理论只有寓于活泼的形式才能展现其强大的生命力，发挥指导作用。现代媒体已成重要传播手段的今天，快节奏的生活、浮躁的心态，只有简而精的理论能得到及时有效的传播。宣讲形式、方法上的创新是需要我们格外下一番功夫的。创新来自哪里？正如我刚才谈到的，来自实践过程中。所以在工作中要注意发现新问题、新情况，注重调查研究，在“走”的过程中要不时地“停”下来，想一想“过去”，望一望“未来”，在总结、回顾、反思和前瞻中脚踏实地、循序渐进。

三　做好胡锦涛总书记“七一”重要讲话宣讲工作

今年是建党90周年，庆祝中国共产党成立90周年是党和国家政治生活中的一件大事。做好建党90周年纪念大会上胡锦涛总书记重要讲话精神的宣传宣讲工作，是整个庆祝活动的重要组成部分，也是我们讲师团系统一项重大的政治任务和光荣使命。前期我们组织了一系列活动铺垫升温，与省委宣传部、河北日报联合举办了以“颂党恩、尽职责、做奉献”为主题的“纪念建党90周年党史知识竞赛活动”，召开全省讲师团系统纪念建党90周年理论研讨会，以院的名义召开河北省社会科学界的理论研讨会等。前期的铺垫酝酿是成功的，各市委讲师团要精心组织、迅速行动，以形式多样的宣传、宣讲活动把这次纪念活动引向深入、推向高潮。

一要早下手、早准备。及时组织教研人员认真学习纪念建党90周年庆祝大会和胡锦涛总书记重要讲话精神，领导同志要发挥带头和促进作用，学出深度、学出氛围、学出实效。及时组织骨干力量编写宣讲提纲，以供全面开展建党90周年主题宣讲参考。

二要做好主题宣讲。鉴于时间紧、任务重和讲师团系统人员少的实际情况，要积极发挥组织宣讲的职能，从其他单位部门邀请理论功底扎实、业务水平精湛的同志组建宣讲团，保质保量地完成宣讲任务。宣讲内容要与党的十七届五中全会、国家和我省两会精神以及“十二五”规划纲要形势政策宣传教育活动紧密衔接、有效结合起来，大力宣讲中国共产党成立90年来的光辉历史和丰功伟绩，大力宣讲各个时期各级党组织和党员干部在革命、改革和建设中做出的突出贡献，大力宣讲我省各级党委、政府惠及民生的具体举措和生动实践。宣讲形式上要灵活机动，做到深入浅出、通俗易懂，全方位利用好各种宣传载体，充分发挥理论宣讲工作站的作用，充分运用电视、网络、报纸等媒体和黑板报、宣传栏等宣传阵地，扩大宣讲活动的覆盖面和影响力。

三要遵守党的政治纪律，把握正确导向。党的政治纪律核心是维护党的政治原则、政治方向和政治路线，是党最重要的纪律，是党的全部纪律的基础。宣讲过程中要严格遵守党的纪律，牢记胡锦涛总书记“六个决不允许”的要求，不在重大政治问题上说三道四，对重大事件和重要人物的评价要严格遵守党中央和省委有关决定和文件精神。宣讲过程中要牢牢把握正确导向，立足于凝心聚力、坚定信心，着眼于振奋精神、鼓舞士气，唱响共产党好、社会主义好、改革开放好、伟大祖国好、各族人民好的时代主旋律，坚定广大群众走中国特色社会主义道路的信心，一心一意跟党走，激励广大党员充分发挥先锋模范带头作用的豪情壮志，以良好的精神风貌和优异的工作成绩为党的 90 岁生日献礼。

谢谢大家！

在开拓创新中全面提升社团党建工作的科学化水平

——在省社科联所属社团党组织负责人培训会议上的讲话

（2011 年 7 月 6 日）

在举国上下热烈庆祝中国共产党成立 90 周年的喜庆日子里，举办我省第二期社团党组织负责人培训会议，意义十分重要。这次会议的主要任务是，以中国特色社会主义理论体系为指导，深入贯彻落实科学发展观，按照党中央和省委关于加强和改进党的建设的要求，紧紧围绕党和国家工作大局，全面推进社科团体党组织的思想、组织、作风和制度建设，不断提高社科团体党建工作的科学化水平，号召和动员全省社会科学界广大党员干部，为全省“十二五”经济社会发展做贡献，以优异成绩庆祝中国共产党成立 90 周年。

本次培训会议，是继去年 6 月在石家庄进行第一期社团党组织负责人培训之后举办的第二期培训会议。参加这次会议的共有 40 多个学会研究会的党组织负责人。刚才，有 5 位同志做了工作交流发言，听后很受启发。为了进一步做好今后我省社科团体党建工作，下面，我想联系工作实际讲三点意见。

一　进一步增强责任感和使命感，确保社团组织的各项工作沿着正确的政治方向健康发展

党的十七届四中全会明确提出：“新社会组织中的党组织要围绕贯彻党

的方针政策、引导和监督遵守国家法律法规、团结凝聚职工群众、维护各方合法权益、促进健康发展等职能探索发挥作用的途径和方法。”这是新形势下发挥社团党组织作用的基本依据和根本方针。中组发〔2000〕10号文件明确规定了社团党组织的职责，主要包括：宣传和贯彻党的路线、方针、政策，执行上级党组织和本组织的决议、决定。监督社会团体遵守国家法律、法规，坚持正确的政治方向；支持社会团体及其负责人按照社会团体章程开展工作；加强党组织自身建设，做好党员的教育管理工作和发展党员工作，发挥党员的先锋模范作用；领导精神文明建设和思想政治工作；做好统一战线工作。近几年来，河北省委、省政府也多次下发文件，就如何进一步加强社会团体党组织的思想政治建设提出了一系列的意见和要求。从此不难看出，加强和改进社会团体党的建设工作，具有十分重要、极其深远的意义，同时也要看到我们肩负的重任艰巨而光荣。希望同志们要勇敢地担起这副重担，负起这份责任，不辱使命，不怕困难，开拓进取，做好工作。

从结合第三批学习实践科学发展观活动，省社科联对业务主管学会、研究会党组织的调查情况看，这些年来，我省社科联所属业务主管社团组织，绝大多数能按照上级指示和要求开展各项活动，除了在业务工作方面取得了一定成绩外，在把握正确政治方向上总体情况也是好的，没有发生政治方面的错误。这说明，我们的党组织和广大党员在其中发挥了应有的作用。但是，在肯定这些成绩的同时，也要清醒地看到，我省社科团体党组织建设工作还有许多不足之处。问题主要表现在如下几个方面。一是思想认识不到位。有的学会研究会对党建工作重视不够，在一定程度上存在“重业务、轻党建”的现象，使得党建工作摆不上应有的位置。二是组织尚未健全。有个别学会因党员数量少，至今尚未建立党组织；有的学会因人员调整后未能及时补充人员，出现了组织不健全的情况；还有的党组织负责人年龄偏大，工作精力不足。以上情况，致使党组织战斗堡垒作用发挥不够。三是缺乏创新意识和手段。有的社科团体党组织，工作开展流于形式，吸引力和凝聚力不够；有的对党员的思想教育缺乏针对性，方式方法单调枯燥，缺少生机和活力。

上述问题，我们思想上要高度重视，工作中要认真加以解决。一方面，要加强学习和教育，不断提高各个学会、研究会对社团党建工作的认识。要从讲政治的高度，认清社团党建工作是全部社团工作沿着正确的政治方向前进的根本保证。另一方面，要加强和改进社团党建工作，在工作体制、机制和方式、方法创新上下功夫。我们的社团党组织必须经常性地、有针对性地加强对学会、研究会党员的教育管理，要结合工作特点和实际，开展好理想信念教育，引导广大党员用马克思列宁主义、毛泽东思想和中国特色社会主义理论体系武装头脑，坚定建设中国特色社会主义的理想信念，自觉地贯彻执行党的路线、方针、政策，在政治上与党中央保持高度一致。要加强马克思主义唯物论和无神论教育，大力倡导科学精神，自觉抵制各种错误思想的侵蚀，坚持用马克思主义的世界观和方法论指导学会研究会的活动。要教育和引导党员增强法制观念，自觉遵守党的纪律，遵纪守法，依法办事，自觉维护和不断开拓社团工作新局面。

二　进一步增强创新意识，不断提升党建工作的科学化水平

（1）要树立开拓创新的思想意识。党建工作要高举旗帜，立足世情国情党情，继承光荣传统，紧跟时代潮流，与时俱进，开拓创新，不断寻找新的工作突破点。要根据形势变化和党员思想实际，从以前那种大轰大嗡的教育方式向自我教育、自我管理的方式转变，从单纯的“灌输型”向寓教于乐的“渗透型”与“灌输型”相结合的教育方式转变。在具体行动上，要实现上级“要我管”为基层“我要管”的思想转变，变被动为主动去积极开展工作。我希望学会、研究会党组织的负责同志，要积极主动地去实现这一转变，从而确保社团党建工作顺利开展，不断提高工作质量和水平。

（2）要围绕重点工作求创新。从目前看，我省的学会、研究会门类比较齐全，人才济济。我们的社团党组织要善于做好引导工作，找准党建工作与中心任务的结合点，坚持做到围绕中心、服务大局、开拓创新、锐意进取。上个月，省社会科学院举办了纪念建院30周年庆祝大会并承办了全国社会科学院院长联席会议。全国政协副主席、中国社科院党组书记、院长陈

奎元为我院院庆题写了贺词，省委书记张云川为大会发来贺信，中国社科院和省有关领导出席会议并发表重要讲话，充分肯定了我院工作，对全省社科理论工作者致以亲切问候，并对我们今后工作寄予厚望。各级领导同志对我们社科界的要求有个共同点，就是要深入贯彻落实科学发展观，放眼全局，立足河北，加强党的创新理论的研究、宣传和普及工作，加强经济社会战略性、全局性、前瞻性问题研究，在服务决策、服务发展、服务基层中有更大作为。我们相信，只有围绕大局创新工作，才能得到党委、政府的信任，才能受到社会各界的支持，才能在服务全省“科学发展、富民强省”和繁荣发展哲学社会科学事业中做出我们应有的贡献。

（3）要不断创新工作方法和活动载体。在坚持党支部“三会一课”制度的基础上，还可以采取一些其他行之有效的方法。一是建立民主评议党员制度。评议的内容应随着形势的发展及时进行补充和调整，评议的重点是党员在改革开放和现代化建设中的表现与作用。具体做法应从实际出发，简化手续，注重实效。二是严格党的组织生活，实行党员目标管理，搞好经常性的党内活动。党的组织生活要注重研究解决存在的突出问题，使党员真正从思想上受到教育。党员之间要经常开展批评与自我批评，坚持积极的思想斗争，达到提高认识、增强团结、推动工作的目的。三是充分利用大众传播媒介和各种社会教育手段开展党员教育。要紧密结合当地经济和社会发展的实际与党员的思想实际，运用期刊、广播、电影电视等众多媒体，广泛而深入地开展好党员教育活动，在潜移默化中提高广大党员的思想政治水平。

三　加强对社团党建工作领导，认真抓好当前几项重点工作

一要切实加强对社团党组织建设工作的领导。加强对广大党员的教育，全面提高党员的政治思想素质，是新形势下加强党的建设的一项经常性的基础工作。社团党组织要把这项工作提上重要的议事日程，党组织的主要负责同志要亲自抓。党中央新修订颁布的《中国共产党和国家机关基层组织工作条例》及河北省委的《实施办法》，对建立基层党的工作责任制做出了明

确规定。贯彻落实好责任制，要求党组织的主要负责人履行好第一责任人的职责，切实把党建工作放在心上，提到位上，抓到手上。要不断探索建立健全党建工作的长效机制。制度和机制建设是管全局、管长远、管根本的，党中央的《条例》和省委的《实施办法》，为加强和改进基层党的建设注入了动力，提供了重要保障。我们应在搞好学习宣传的同时，认真抓好贯彻落实。要善于总结和完善先进性教育、深入学习实践科学发展观、创先争优等活动中积累的好经验好做法，着力形成长效机制。省社科联社团党建处的同志们，要积极发挥好组织指导作用，加强与各学会研究会的联系和沟通，帮助基层党组织出主意想办法，认真谋划党建活动，促进工作落实，形成多层抓党建工作的合力。

二要继续抓好学习型党组织建设和创先争优活动。去年 6 月，我们在社团党组织负责人培训会上，根据党中央和省委的精神，对如何开展好这两项活动进行了安排部署。一年来，通过开展这两项活动，取得了一定的成效。主要体现在以下三方面。一是自觉学习的意识进一步提高。广大党员能够在各自的工作中，结合自己的业务开展学习活动，通过不断学习，不仅提高了政治理论水平，也进一步提高了贯彻执行党的路线方针政策的自觉性，保证了各项工作在正确思想指导下顺利开展。二是党支部班子成员能够履职尽责。三是广大党员先锋模范作用进一步增强。广大党员同志能够按照要求，模范履行党章规定的义务，在各项工作中努力发挥模范作用，有力促进了各项工作任务的完成。下一步，我们还要继续抓好这两项重要活动。在推进学习型党组织建设工作中，要把重点放在全面提升党员素质上。一是加强思想理论武装。有针对性地做好思想引导工作，增强党员干部的政治敏锐性和政治鉴别力，始终把握正确的政治方向，坚定理想信念不动摇。二是加强业务能力建设，努力掌握履行岗位职责所必备的技能知识，使党员干部真正成为行家里手和业务骨干。在创先争优活动中，各学会、研究会党组织要引导广大党员干部，积极投身到完成我省“十二五”时期经济社会发展各项任务之中，充分发挥共产党员的先锋模范作用，找准位置，发挥作用，有所作为，在推动全省经济社会科学发展中提供理论支撑和智力支持。

三要进一步加强基层党支部班子建设。选好配好党组织的负责人，是我们做好社团党建工作的重要保证。因此，一定要按照上级的有关要求，建设一支政治坚定、结构合理、精干高效、充满活力的专兼职党务工作队伍。要结合下一步换届或组织调整工作，把一些年富力强、政治坚定、业务精通、群众基础好的党员同志选配到学会研究会党组织负责人的岗位上来，让他们更好地组织带领广大党员干部深入贯彻落实科学发展观、开展创先争优活动。同时，党支部的归属领导体制需要认真研究，积极探索实现形式，或归属依托单位党组织，或属地（社区）管理，或依托行业部门管理，确保加强党的领导，使学会研究会的各项工作健康开展。

同志们，今年是“十二五”规划的开局之年，新形势、新任务赋予我们新的使命。我们要认真学习好、领会好、落实好胡锦涛总书记“七一”重要讲话精神，按照党中央和省委的要求，结合建设学习型党组织和创先争优活动，立足本职，主动作为，努力工作，以高度的政治责任感和勇于创新的精神，积极探索社团党建工作的新思路新举措，努力把我省社科团体的党建工作提升到一个新的科学化水平。

在院学术委员会第十届三次会议上的讲话

（2011 年 9 月 9 日）

根据全省职称工作会议精神和冀职改办字〔2011〕51 号《2011 年全省职称工作意见》的安排部署，经 7 月 14 日院长办公会议研究，确定并下发了我院《2011 年度职称申报工作的安排意见》。按照这个意见，今天我们召开院学术委员会第十届三次会议，推荐 2011 年度职称申报参评人员，就此，我讲四点意见。

一　指导思想

2011 年我省职称工作的指导思想是：认真贯彻党的十七大和十七届五中全会精神，坚持以邓小平理论和“三个代表”重要思想为指导，深入贯彻落实科学发展观，以抓规范、抓完善、抓提高为重点，继续按照“按岗申报、公正评价、择优聘用、政府指导监督”的总体要求，进一步加强人才评价机制和使用机制建设，强化重能力、重业绩、重创新的政策导向，推进职称评聘工作的科学化、规范化和制度化，全面提高职称工作管理服务水平，努力开创职称工作新局面。

二　申报工作规范进行

自 2007 年全省停止放开申报、实行按岗位申报政策以来，院党组结合实际，提出了“自愿申报、限额推荐、确保质量、好中取优”的申报原则。经过几年的实践，充分证明，我院这一原则是正确的，是有效的。在全省紧缩大政策下，我院坚持这一原则，保持了职称申报评审的不间断，大大鼓舞了专业技术职务人员科研积极性，使他们工作有动力，前进有方向。在这一原则下，为使职称工作做得更好、更公平公正，我们不断完善申报办法：统一修订了院内三个主辅专业的各级量化计分表；加大了客观评价力度，增加了量化计分在推荐中的权重；为弥补院学术委员审阅申报人成果在时间上的不足，及时采纳了专家建议，新增了高职申报人员代表作提前上院网展示等环节；今年还增加了申报人任现职以来发表全部成果一览表上网公示。这些改进进一步规范了我院的职称申报工作，从源头做起，保证专业技术队伍质量，提升了队伍素质。

在明确的工作原则、规范的工作程序和完善的工作方法指导下，今年我院各部门申报推荐顺利完成。

三　推荐数额

结合各级申报情况和我院现有空岗现状，经院党组研究确定，今年仍实行差额推荐，推荐额度限制在正高 3 人、副高 7 人之内。

四　重申几个问题

1. 坚持公平公正原则

多年来，院学术委员会担负着职称申报推荐工作，各位委员认真坚持了公平公正的原则，这次推荐，各位委员一定要站在全院、全局的高度，本着对我院科研队伍负责、对每个申报人负责的态度，一如既往地，公平、公正地行使权利。

2. 继续实行差额推荐和五五权重推荐办法

申报人的量化计分结果与院学术委员投票结果，仍分别赋予五五权重，推荐结果作为院党组最终决定推荐参评人选的重要参考依据。

3. 已在聘的转评人员不占推荐数额

因岗位变动，符合所转系列申报评审条件，达到本次同级申报人员量化计分平均分数80%及以上，并获与会学术委员超半数推荐票推荐，可以不再占我院推荐比例参评。

4. 双承诺制度

根据全省职称会议精神，为规范职称申报和评审行为，严肃职称申报评审纪律，保证职称申报评审工作的客观、公平、公正，对专业技术人员提交的申报评审材料的真实情况，各部门都要进行认真审核、严格把关，申报者个人和所在部门要认真填写承诺书，以便顺利通过省职改办的审批。

5. 形成答辩氛围，提高答辩质量

由于时间紧等问题，职称推荐答辩一直未形成真正的答辩态势。去年有所改进，希望今天各学术委员在申报人答辩时要有针对性地积极提出问题，产生浓厚的答辩氛围，使答辩过程成为申报人补充申报材料、充分展示自己的学术水平的一个很好的平台。

同志们，院学术委员会是在党组直接领导下的院学术常设机构，代表我院最高学术水平，具有学术权威性，我们坐在这里就不是代表各个部门，是全院专业技术人员的代表。希望在座的各位委员坚持学术的严肃性和客观公正性，坚持好中取优的推荐原则，认真行使推荐权。

探索转方式调结构的应时力作*

（2011 年 9 月 14 日）

叶连松同志新作出版，即行赠阅，先读为荣，受益匪浅。总的感受是，《转变经济发展方式与调整优化产业结构》是一部探索转方式、调结构的力作。

这部专著凝聚了一位领导者的深入思考。作者长期担任重要的领导工作，丰富的阅历和领导经历练就了作者的站位高远、思想深邃。该书既是他长期以来对我国特别是我省经济发展方式在理论上的系统阐发，又是他多年来实践探索的持续深化和概括总结，其指导性、可操作性不言自明。

这部专著饱含着一位学者的不懈探索。作者是一位治学严谨、学养深厚的专家学者，对我国经济社会发展重大问题有着深刻的洞察，他敢于和善于驾驭、把握宏大主题并对规律性认识孜孜以求。转变经济发展方式、调整优化产业结构，涉及宏观经济学、产业经济学、城市经济学、建筑学、社会学、管理学与生态环境科学等多个学科，是一个复杂而重大的课题，涉及领域宽广、内容繁多。这部著作是一个多学科的集合探讨，崭新的研究方法和学术观点令人耳目一新。

这部专著体现着一位改革者的奋力开拓。理论的价值在于实际工作的运用和推动实践的创新。作者比一般研究者的目光放得更长远，他以领导者和研究者兼具的优势和品质将理论与实践有机融合，将现实与未来紧密结合。

---

* 本文是周文夫应邀为中共河北省委原书记叶连松同志新作出版写的书评，刊载于《河北日报》2011 年 9 月 14 日。

该书以作者多年的系列研究成果作可靠基础，又深入把握我国和我省“十二五”规划的精神实质，从理论与实际的结合上，对以科学发展为主题、以转变经济发展方式为主线、调整优化产业结构的相关问题进行积极探讨，指出理论上的圆满答案和实践中的可行路径，为未来的发展提供了展望，开拓了思路。

今年是“十二五”开局之年，我省正以科学发展观为主题、以转变经济发展方式为主线、以调整经济产业结构为重点，努力实现全面建设小康社会的奋斗目标。企盼本书在助力河北科学发展上实现其应有的实践价值和社会价值。

在院河北省“一圈一带”课题组赴长三角、珠三角调研汇报研讨会上的讲话

（2011 年 9 月 15 日）

按照暑期调研安排，今年暑期调研任务安排得比较满，今后需要继续加强。我院成立“河北省‘一圈一带’重点发展战略”课题组已经一年多，今年暑期派出了两个调研组，一个去珠三角，另一个去长三角，之前还有环首都经济圈 14 个县（市、区）调研组。经过这一系列调研，收获不小。环首都经济圈调研组已经形成了报告并做了总结，目前还在进行一些后续研究工作。暑期珠三角、长三角调研比预期效果要好得多，在分管副院长、所长、主任们带领下，我院专家、学者、工作人员共同努力，取得了可喜可贺的成果。

一　关于暑期调研的总结

暑期调研，我们在专项深入调查中所做的工作是成功的，取得不小成效。特别是今天听到大家的发言、介绍和研讨，深受启发。珠三角、长三角是我国 30 多年经济体制改革阶段性的、标志性的区域。从珠三角开始起步，便拥有着深圳特区经验、深圳速度、深圳新的时间效率观念，还上升到金钱、生命至高的层面上对待，从一个小渔村变成现代化大城市。过去和香港比较，一个是天堂，一个是非常破败非常落后的地区，形成鲜明的富有和贫

困的对照，给社会主义制度抹黑。但是，社会主义也有一个发展过程。所以很多领导人，包括中央国家级的、省部级的，到这个地方都有许多感慨。尤其是一位老广东省委书记任仲夷同志，据报告文学《木棉花开》的报道，他主政广东时去搞改革开放，最大的感触是站在深圳河时，对照香港和自己脚底下的土地，就深圳人为什么在跑、边防战士为什么又拦截又伤人引发深思。小平同志更深刻更深入推动这项工作，是带着很多风险的。现在，社会主义优越性充分发挥出来了。从20世纪五六十年代、七八十年代、90年代到21世纪，变化越来越明显。现在从区域合作来讲，正在探讨的深港合作，其意义不仅是深圳一方，香港也有迫切需求。无论资金、技术，还是重要项目、发展空间，双方都有需求。这就说明改革开放30多年，深圳作为一个典型的特区缩影代表，和香港经济社会发展水平已经很接近了，可以在实力上谈合作了，不是寻求扶贫、帮助和支持，而是经济社会合作发展，这是改革开放的伟大成果。小平同志离开工作岗位最后一次远行为什么要去深圳？深圳人为什么对他有这么深的感情？都可以从这儿找到答案。所以，珠江三角洲是改革开放发祥地、实际操作的大型试验场。

20世纪90年代，长三角地区进一步发展，环绕着长江的龙头——上海，以浦东开发为特点，带动着长江流域的发展。

现在轮到了环渤海地区，给我们带来了新的发展机遇。特别是近年来，环首都绿色经济圈以及河北省沿海地区发展，已列入“十二五”时期国家级层面的发展战略，河北省冀中南地区已列入了国家级开发区。目前，我省18.8万平方公里土地、7100万人口，面临着非常好的发展机遇。这意味着我们不仅拥有两环优势，还拥有国家级政策的支撑。这给我们提高开发区建设声誉、进入国家总体发展战略、吸引国内外资金人才技术来支撑开发，都创造了良好的政策环境，甚至是政治生态环境。对于社会科学理论工作者来说，谋划河北省的发展，必须站在大局上审视这些问题。

回头再看珠三角、长三角调研，就不单是学习具体的感触和解放思想等问题，而是深入决策、实施层面来借鉴经验，建设发展自己。就像过去老书记张云川同志讲到的，河北省发展很多决策性问题，省第七次党代会已经做了进一步规划，科学发展、富民强省的大目标已经确立，关键是我们下面同志要来实现目标，就像过河要解决桥和船的问题。

我们这次调研重点也是环绕河北省经济社会发展总体战略，特别是“十二五”规划中一圈一带一区一批“四个一”重要战略来进行的研究探讨。目前重点抓住的是“一圈一带”，调研收获比较大，还有一些研究人员都谈到这些情况。我认为暑期调研有以下三个特点。

一是走的地方比较广。调研出发前，调研组呈阅的行程安排，经过几次批改后，围绕多看企业、多看产业、多看开发区、多看城镇建设管理重新进行了调整安排。从调研效果看，做得比较好，多数达到了要求，顺路看了一些人文景观。然而，孵化区谈得不多，珠海的孵化区没有涵盖在行程中。四个特区中，珠海相对落后，存在局限，现在下功夫了，给力了。横琴岛新开发区，主要和澳门合作。澳门小但经济发达，博彩业赚了不少钱，但发展空间不够。深圳自身也存在空间不够的问题，需要扩充发展，还是一个发展问题。总体看来，这么短时间走的面是比较多、比较广泛的。

二是走得比较深入。每个人的发言都对照着河北省。珠三角、长三角地区是怎么做的？我们哪儿不如他们？哪些地方有借鉴？再一个，是我院里与广东省社科院的对比，比较深入。

三是借鉴针对性比较强。带着任务去做的调研和走马观花不一样。此前，我院组织的大型调研活动，到黄骅港、天津港、开发区、曹妃甸等地调研，150多人参加，效果很好。走马观花比不去强。下马观花比走马观花强，只要带着自己的思考去实地看看。（挂职）锻炼锻炼，从调查研究的意义上说，要比下马观花强。这是不断亲近基层深入群众的良好途径，从“走”“比”“借鉴”上，效果比较明显比较突出。

二 关于今后工作的部署

在此次暑期调研的基础上，我要强调以下几点。

（一）要做好调研成果的运用

这次暑期调研收获比较大，成果比较多，效果比较好。怎么用这些成果呢？

一是两个“三角”的考察，要形成综合研究性的专题报告。报告可以分着写，也可以合着写，要有针对性地体现出比较、借鉴。报告不能是泛泛地研究改革开放30多年历程，要沿着珠三角、长三角再到京津冀的发展思路，针对如何实现一圈一带一区一批开展研究，侧重在“一圈一带”上。如果侧重比较宽泛会精力不济，而且文字太多会重点不突出。虽然省委、省政府也在做这方面调研，我院部分同志也参加了，但社会发展形势时刻变化，长三角、珠三角的发展不断变化，思路不断调整，我们的调研仍是非常必要的。如在现任广东省委书记汪洋之前的省委书记张德江同志整合城市，如顺德由原来的县级市变成了佛山市的一个区，现在广州佛山进一步同城化了，这种城市本身的发展就对我们有借鉴。

长三角的发展也有自身考虑和谋划，长三角和珠三角经济类型不同，分别属于内生型和外引型，各有各的特点和阶段。长三角是从公有经济、集体经济为主体，向多元经济、股份经济发展。刚开始是乡镇企业、社办企业，通过转型发展起来的。如“礼拜天工程师”产生在长三角，借助长三角的优惠政策和便捷交通，礼拜天工程师利用节假日去乡镇做兼职，正常上班时又回到城里。珠三角的市场经济外向型比较强，开始是外来加工、三来一补，然后在这个基础上发展壮大。

从城市发展角度来说，如王玫同志带着任务在长三角调研绿色生态环保，就比较典型。现在我院关于城镇化研究比较集中的几个大课题，都集中到了绿色环保方面，但是没有谈到城市布局方面的问题。长三角地区发展是受计划经济影响比较重的区域，城市的建设和发展受行政命令的影响较大，大城市、中城市、小城市呈垂直型或金字塔型分布，协调起来比较困难。据我的一位党校同学——在任多年的南通市委书记介绍，理论上讲寻找建港的位置应从码头、运输线、堆场三个要素考虑，南通守着长江口，吃水线20多米深，堆放运输货物也方便，客观上完全具备了建深水港的优势，而且主观上南通市领导也非常乐意建设深水港。然而，浦东在浦江口吃水线仅9米多、大轮船无法进入的情况下，寻找建设深水港的最佳位置时，却撇开距离较近的南通市，到洋山建立了港口。洋山港的吃水线13米多，从洋山港到上海修了一座32公里的外海跨海大桥，将货物搬到汽车上再源源不断地运过去，登陆后才有堆场，货物出行非常困难，并且东南沿海台风频繁，遇到台风，运输线就断了。理论上讲，大家非常清楚的一个道理，靠海岸的深水港堆货物非常方便。为什么上海舍弃条件优越的南通港，而选择洋山港呢？其主要原因是行政区划的影响和制约。上海在浙江修建海岛、港口相对方便，政府层面易达成共识，而上海与江苏的协调沟通难度较大。珠三角地区的城市发展属于内生型，基本上不考虑行政界线的问题，城市之间扁平发展，市场运作比较强。今后，城市布局方面的研究可以继续深入。

你们还谈到了城市区域协调机制的问题，也有必要深入研究一下，做一个专题报告，还可以辅助几个专题性的报告，有重点地提出几点建议。像继民院长以及王玫同志提出有关水体的问题、水体的保护和补偿机制，从生态角度提这个问题，借鉴意义比较大。长三角地区中，上海地处长江入口处、是长江下游，有义务向上游提供生态补偿。但北京对河北省来说，不完全是下游地区，基本上处于中上游，相对于张承地区是下游。北京用水涉及我省环保不污染的问题，需要有补偿机制。我参加了这次为省委起草报告，到张家口调研，张承地区的水污染、空气污染包括风沙，对北京的生态环境有很大威胁。因此我省限制经济发展、保护生态环境，北京有义务补偿，双方需建立补偿机制。还有一个新观念的引入——赔偿，下游可以要求上游赔偿，北京地处中上游污染后，对我省也产生了污染。这些是河北省始终没有很好解决的问题，还包括水库移民等。这些问题都需要认真研究，可以做个专题，把我们的研究好好筛选一下，梳理一下，挖掘具体问题整理成专项成果。

二是我院调研要为重大课题服务。我院课题至少分两个系列，一个是“一圈一带”课题组，已开会部署给大家了，也已经做了一系列的课题。还有一个是院招标课题，有的可能有叠加，但都可以通过调查把一些成果应用进来，充实这次重大课题的成果。

三是继续做好第三本著作《河北环首都绿色经济圈建设》的编辑出版。我院已经连续出了两本著作，现在是第三年，已经做了安排部署，题目初步定为“河北环首都绿色经济圈建设研究”，把相关的主题、内容吸收进来。第一本由颜廷标、陈璐同志牵头，为我院如何做好应用研究方面的编著工作探明了道路；第二年著作的形势没什么变化，由焦新旗和颜廷标同志牵头，取得了良好的社会反响。同时，在廷标同志的建议下，我院的这一系列的著作统称为省社科院重大课题系列。今年，这本著作作为我院重大课题系列的第三本，由院领导牵头，成立编委会，根据工作需要确定编委，设立主编副主编，由科研处焦新旗处长、农村经济所彭建强所长负责，把主报告、相关报告通过筛选编辑整理出来，形成一本书。正式出版后送两会及省委和省政府领导、四大班子、省委和省政府有关部门、市委书记和市长、部分重点县（市）委书记、大型企业集团参考。由于时间紧迫，大家做的重大课题研究要加紧。

四是提高直报件质量，扩大影响力。院“一圈一带”课题组前期做了大量工作，出了部分研究报告，已报送省领导。还可以继续将环首都绿色经济圈的部分成果整理成直报件，陆陆续续送省委、省政府领导，扩大影响力。今后要在直报件上下点功夫，直报件不求多，但必须是精品，要追求质量。这几年我院直报件作为一个直接向省委、省政府领导报送建议的通道，取得的效果比较好。过去，我院科研成果摘编先报送宣传部，宣传部的领导同意后才继续报省委、省政府，通过这些渠道无法直接呈送省委书记，我院科研人员也只能通过个别渠道给书记报送成果。现在院的直报件打通了报送渠道，科研成果编出后，上至书记下至常委，上至省长下至副省长，都可以直接送过去，改变了过去的局面，极大地提高了报送的时效性。但是现在需要提高直报件水平。原省委书记云川同志提过一些问题，讲过对我院报送的直报件非常关注，但看不过来，只是个别重点地批示了一下。现在咱们反思来看，水平确实提高了，但也说明一点，没有受到批示就意味着部分直报件的成果没有引起省领导足够的重视。今后直报件不求很多，但必须是精，争取批的件要多。像有些批示件如现代产业体系等已上了省委中心组学习，或者是同时得到省委书记、省长等多位领导批示，批示率比较高，效果比较好，但这样的批示件数量相对少。有些报告不要局限于作者本人，可以组织小型研讨会，通过研讨进一步充实修改，提升报告质量，再形成直报件。或者发挥团队的作用，个人写出来，在一定的范围内找专家论证修改，然后送上去，提高批示件的水平。我院这次研究成果要在主题报告、重大课题上下功夫，这本书要引起足够重视，要调度调度，各专题也要认真负责，督促一下。

（二）要明确我院应用研究的主攻方向

目前我们应用研究的主攻方向还应放在我省“十二五”规划中的“四个一”发展战略重点上。我和建强同志都参加了我省第八次党代会报告起草工作，得到的信息比较快。新省委书记来了一周的时候，听了起草组的汇报，圈定了第八次党代会报告提纲，明确“四个一”战略要继续坚持；代省长张庆伟同志在省长扩大会议上也明确讲“四个一”要继续坚持；11 月召开的省第八次党代会还要重点阐述环京津、沿渤海战略发展问题。目前，“一圈一带”研究是我们的工作侧重点。今年，研究方式是集中主要精力研究“一圈”出成果，联系“一带”。我院组织专家组中的省外专家做了大量工作，“第三只眼看河北发展”直报件呈报给省领导参阅，效果不错。同时还组织了一些国家、首都专家谈河北省环首都绿色经济圈建设，《光明日报》发了专版，效果也是不错的。可以把这些成果整理吸收到著作中做附录，主报告要下功夫写好。明年“一圈”不丢，但重点侧重“一带”，连带研究冀中南开发区。各个学科要稳扎稳打，一步一步走，突出重点，围绕主攻方向做课题，这样才能和省委、省政府的决策部署保持同步。广东省社科院建数据库，为省委、省政府服务比较突出。我院研究重点课题，紧跟社会生产，效果也不错，但是需要进一步提高科研质量。

这次我院的考察调研等于是三个大的课题考察：一是“一圈”周边的14 个县（市、区），二是长三角，三是珠三角。这个月，我院还要组织到美国、巴西和墨西哥围绕这个主题来做访问，设定重点课题，如金融危机时期我们的经济社会发展，包括服务业和金融发展、城市建设等问题，重点访问一些大学和研究单位。在北美和南美建我院科研合作根据地，并协商签署两个正式合作协议。

（三）要深入开展“走转改”活动

“走转改”开始是中宣部、中央外宣办、国家广播电影电视总局、新闻出版总署、中国记协五部门联合提出来的，在新闻记者群体中叫走基层、转作风、改文风。现在从中宣部到省委宣传部，已经把这项活动扩展到整个宣传文化系统，都要走转改。9 月 14 日上午，我省召开的全省领导干部电视电话会，省委书记张庆黎同志发表讲话，部署了今后工作。下午，宣传部又开了“走转改”工作部署会，咱们院也要进一步部署。“走转改”核心是深入基层调查研究，转变作风，改变文风，其中包括所谈到的重点工作方向，大家都要认真学习。我院目前开展的首都圈、长三角、珠三角等调研活动都是走，特点是走的面比较广。还应进一步深入，走到群众中去，走到基层中去，走到实践中去，学习考察，吸收营养，观察比较，分析借鉴。我们要通过这个活动，转变作风，吃苦耐劳，改变文风，调查研究，再进一步把这个活动开展好。我院也要做统一的“走转改”工作部署，成立领导小组，下设办公室，由我出任组长、继民副院长任办公室主任，开展走转改行动。从行动中下功夫，把看家本事用好，把科研成果做得更好。“十二五”规划，核心问题是提高科研水平。现在，大家能够感受到我院“省级一流、国内知名”的办院目标在不断实现，知名度不断提高。今后还应进一步做实事，把它落实到提高科研水平、提高理论武装水平、提高社会科学管理、联合管理水平中去。在提高水平上下功夫，做好课题，做出水平，这既是省委、省政府对我们的期盼，也是我们应该做到的。

现在，我院工作环境和氛围良好，硬件水平也有了较大改进，但还要继续努力，在网络信息化建设中下功夫，建设好院内的数据库，优先为我院服务，待有实力后再为给省委、省政府服务。今后，大家要多出去走走，多看看，多深入。今年的暑期调研我们很充实，带了个好头，要继续深入地做下去，不能光凭二手三手材料做学问，特别是应用研究的方向，要为河北省经济社会发展出谋划策。

在第三期重点（扶持、培育）学科评审推荐会上的讲话

（2011 年 10 月 12 日）

今天我们召开第三期重点学科、重点扶持学科、重点培育学科申报评审推荐会，出席今天会议的是我们院的学术委员，纪检组派人进行监督。

我院重点学科、重点扶持学科自 2004 年 11 月开始建设以来，在院党组的正确领导下，已经完成了两期学科建设。实践证明，学科建设作为科研工作的重要抓手，有力地促进了我院科研工作迈上新台阶。我院的应用研究和基础研究成果水平有了进一步提高。尤其是第二期 4 个重点学科和 4 个重点扶持学科，很好地贯彻了“三个服务”的办院方针，按照“出成果、出人才、出效益”的总要求，经过三年努力，学科的建设水平明显提高，成果精品率显著上升，人才队伍结构得到优化，科研办公条件得到改善。可以说重点学科、重点扶持学科建设对于提高我院的地位、提升我院的形象、扩大我院的知名度和促进我院今后的可持续发展都有着重要的积极意义。

按照我院重点学科、重点扶持学科管理办法和关于设立重点培育学科的暂行规定的要求，我们今天召开第三期重点学科、重点扶持学科、重点培育学科评审推荐会。经过大家的辛勤劳动，我院第三期重点、扶持、培育学科的推荐工作顺利结束。科研处的统计结果报院长办公会审定后予以公布实施。在此，我代表院党组向在座的各位评委和多年来为我院学科建设做出贡献的同志们表示感谢。

借此机会，我再强调几点。

一是高度重视重点学科建设。实践证明，我院的重点学科建设是推动我院科研工作加快发展的重要抓手和突破口。因此，在第三期学科建设中，各重点学科、重点扶持学科、重点培育学科的学术带头人要高度重视，统一思想，认真组织，按照院里的要求，千方百计做好学科建设工作。

二是千方百计增强科研实力。各个学科的学科带头人要认真负责，组织学科组成员深入调研，按照“三个服务”办院方针和“出精品、出人才、出效益”的要求，认真制定学科建设规划，总结以前学科建设的成功经验，查找学科建设中的不足。大力提高科研成果精品率，扩大本学科的学术影响力和知名度，为实现我院“十二五”规划发展目标做出自己的贡献。

三是大力培养学科人才队伍。要高度重视以学科带头人为核心的学科队伍建设。实践证明，一流的学科，是由以一流的学科带头人为核心的一流学科队伍为支撑的。加强学科建设的基础和关键，是加强以学科带头人为核心的学科队伍建设。要以现有科研人员为基础，通过传帮带、承担和参与重大科研课题的调查与研究、参加国内外学术交流、做访问学者等多种形式，加快中青年学科骨干的培养步伐。要充分认识到只有高水平的学科，才能有高水平的专业，才能培养出高水平的人才。如果我们没有自己的学科优势、学科特色，必将被激烈的竞争所淘汰。因此，从长远发展看，我们必须重视人才培养，集中人力、财力、物力，狠抓学科人才建设，促进我院学科建设的可持续发展。

四是进一步完善学科建设规划。通过两期学科建设的实践，我们总结了一些学科建设的经验，但是，也还存在不足。因此，今后我们要根据实际情况，不断完善我院的学科建设规划。制定学科建设规划一定要具有自身的特色，以有特色作为自己学科建设的目标，构筑自己学科建设的科学研究基地。要最大限度地发挥有限的科研资源的作用，重点资助某些研究领域，做大做强特色学科。要进一步规范学科带头人、科研骨干的选拔，重点学科的申报、管理、评估、考核等内容和环节要进一步完善，使重点学科建设工作更加健康的发展。

五是尊重重点学科评审推荐结果。由于受各方面条件限制，我们的学科建设要循序渐进，扎实推进。无论是我们第二期重点学科的评估还是第三期重点、扶持、培育学科的推荐，存在这样那样的问题在所难免。评上的要加倍珍惜努力，做好今后的工作。没有被评上的，要查找差距，继续努力，克服不足，争取早日实现自己的目标。

同志们，今年是我院“十二五”规划实施的第一年，现在到年底时间已经不多了，让我们大家以这次学科评审为契机，进一步振奋精神，拼搏创新，做好我们今年的各项工作，为多出精品、多出人才、多出效益继续努力，为构建“三位一体”工作格局、打造中国特色新型智库贡献我们的力量。

谢谢大家。

在省会社科理论界学习贯彻党的十七届六中全会精神座谈会上的讲话

（2011 年 10 月 20 日）

党的十七届六中全会刚刚胜利闭幕，这次会议是在我国全面建设小康社会关键时期和文化改革发展重要阶段召开的重要会议。全会研究了深化文化体制改革、推动社会主义文化大发展大繁荣若干重大问题，总结了我国文化改革发展的丰富实践和宝贵经验，审议通过了《关于深化文化体制改革推动社会主义文化大发展大繁荣若干重大问题的决定》，进一步阐明了中国特色社会主义文化发展道路，确立了建设社会主义文化强国的宏伟目标，提出了新形势下推进文化改革发展的指导思想、重要方针、目标任务、政策举措，充分体现了我们党文化上的高度自觉和政治上的远见卓识，是推进我国文化改革发展的纲领性文件，标志着我国文化改革发展进入一个新的阶段。胡锦涛总书记在全会上发表的重要讲话，全面回顾了一年来中央政治局的工作，深刻阐述了关系党和国家长远发展的重大问题，就贯彻落实全会精神、做好当前工作提出了明确要求，为推动文化改革发展、促进党和国家事业发展指明了前进方向。认真学习贯彻全会精神，必将对推动社会主义文化大发展大繁荣，对全面建设小康社会、推进中国特色社会主义伟大事业产生重大而深远的影响。

社科理论工作者在贯彻落实党的十七届六中全会精神过程中，肩负着特殊重要的使命。一方面我们要带头学习领会，率先把握精神实质，另一方面我们要大力宣传阐释，切实贯彻落实。今天我们召开省会社科理论界学习党的十七届六中全会精神座谈会，就是要着力推动全省社科理论战线，以高度的文化自觉，以强烈的责任意识，认真做好全会精神的学习和宣传，切实开展对全会所提出的新思想、新论断、新要求、新举措的理论研究和阐释工作，为全面贯彻落实六中全会精神、推进我省文化改革发展做出更大贡献。

六中全会主题突出、内容丰富、博大精深，还需要我们进一步深入学习领会。戴长江副部长就我省社科理论界学习贯彻六中全会精神讲了重要意见，对做好今后一个时期的学习宣传工作进行了安排。今后，我们将根据党中央和省委要求，按照省委宣传部关于做好六中全会精神学习宣传工作总体部署，通过开展一系列学习宣讲和研究阐释活动，兴起我省学习贯彻六中全会精神的热潮。

河北省第七届社会科学普及周开幕词

（2011 年 10 月 23 日）

金秋十月孕育着丰收的喜悦，古城保定充满了诗情画意。河北省第七届社会科学普及周从今天开始在古城保定及全省各地启动。按照全省深化拓展“走基层、转作风、改文风”活动的有关要求，我们与保定市社科联、保定市所属重点学会，在这里共同举行本届社科普及周启动仪式，目的是进一步增强社科普及活动的实效性，扩大社科普及活动的受众面和影响力，推动河北省社会科学事业的繁荣发展，更好地为我省经济社会发展服务。在此，我代表活动主办单位，向出席启动仪式的各位领导、专家学者，以及关心、支持本次活动的各新闻媒体的朋友们，表示热烈的欢迎和衷心的感谢！

本届社科普及周的举行，恰逢党的十七届六中全会刚刚闭幕。这次全会着眼于夺取全面建设小康社会新胜利、开创中国特色社会主义事业新局面、实现中华民族伟大复兴的奋斗目标，对我国深化文化体制改革、推动社会主义文化大发展大繁荣做出纲领性部署，并提出了到 2020 年我国的文化改革发展奋斗目标。这是党的十七大以来，“文化”命题首次成为中央全会的议题，也是继 1996 年党的十四届六中全会讨论思想道德和文化建设问题之后，党的决策层再一次集中探讨文化课题。全会首次提出我国要建设“社会主义文化强国”，并首次提出要构建现代文化产业体系，强调要进一步加强和改进党对文化工作的领导。认真贯彻落实党的十七届六中全会精神，积极为我省推进文化改革发展建言献策，通过多种途径满足人民群众精神文化需求，着力提高全民族的文明素质，增强文化软实力，都对我省社会科学界各项工作提出了新的更高的要求。

哲学社会科学是人们认识世界、改造世界的重要工具，是推动历史发展和社会进步的重要力量。胡锦涛总书记指出：哲学社会科学的发展水平，体现了一个民族的思维能力、精神状态和文明素质，反映了一个国家的综合国力和国际竞争力。社会的进步，国家的富强，民族的复兴，急切呼唤哲学社会科学的大发展大繁荣，并为实现经济社会的科学发展提供理论指导、精力动力和智力支持。这是时代赋予哲学社会科学工作者的历史重任，也是各级党委、政府和全社会的共同责任。

我省的哲学社会科学队伍是我省经济社会发展中一支不可替代的重要力量。近年来，省社科联组织联合我省广大社会科学工作者，积极弘扬先进文化，宣传燕赵文化，开展决策咨询和服务，普及社科知识，为提高全民人文素质、促进我省经济社会全面协调可持续发展发挥了重要作用。

省委、省政府高度重视哲学社会科学工作。2009 年，省委、省政府做出机构调整的决定，将省委讲师团、省社科联并入省社科院。这次机构调整，是省委、省政府在我省哲学社会科学领域贯彻落实科学发展观的新创举，是我省哲学社会科学事业管理体制改革的新突破，也给全省哲学社会科学繁荣发展带来了难得的机遇。面对机构调整的新形势，遵照省委、省政府的决策部署，院党组在广泛调查研究基础上，创造性地提出构建理论武装、服务决策、繁荣发展“三位一体”工作新格局和参公管理、事业管理“一院两制”新体制的总体改革思路。两年多来，机构调整成效显著，初步形成了以理论武装为龙头，以社科研究、社科联合为依托，以省社科团体、各市讲师团、社科联和县（区）基层理论宣讲站为基础，把全省社科系统研、讲、联资源优化组合和有效运用的新型工作运行机制，带动了全省社会科学研究、宣传和普及，实现了“机构精简，职能不减；牌子不摘，队伍不散；资源整合，效能提高”和“三个一相加大于三”的改革初衷。机构调整有力地促进了社科普及工作，我们每年组织大型民生调研活动，集中全省各高校、科研单位、实务部门的 2000 多名社科理论和实务工作者参加调研，多项调研成果得到国务院和省级领导批示。每年确定主题举办的河北省社会科学普及周，集聚全省社科团体力量开展社科普及活动，社会影响不断扩大，受众人数和受众面日益拓展。组织编写的《讲科学　谈发展》科普系列丛书和《低碳知识百问》等科普读物，受到社会各界的关注与好评。围绕地域文化建设和促进文化产业发展举办的燕赵文化论坛，吸引了全省文化研究的专家学者和实际工作者的广泛参与。协同京津冀三地社科与科技两界举办的京津冀区域协作论坛，已成为开展区域经济协作学术研究与交流的有力平台，取得了一批有价值、有深度的成果，为服务三地党委、政府科学决策发挥了积极作用。

本届社科普及周主题是“社科专家走基层，社科知识大普及”。10 月 23 日至 29 日，11 个设区市社科联及所属的 300 余个会员单位的 3000 余名专家学者与实务工作者，结合促进文化建设、深化文化体制改革、宣讲社会主义核心价值体系等内容，将组织广场宣传咨询、科普展览、文艺演出、报告会、演讲会、辩论会、公众签名、网上专家笔谈、论坛、小分队对口服务等宣传普及活动百余项。活动形式比往年更为丰富，活动内容和形式更加贴近百姓生活。我们希望通过这些活动的举办，在全社会营造引导社会公众自觉学习知识、应用知识的浓厚氛围，为推动社会主义文化大发展大繁荣贡献力量。

预祝河北省第七届社会科学普及周取得圆满成功！

在院党组理论学习中心组（扩大）集中学习会议上的讲话

（2011 年 11 月 28 日）

在全面建设小康社会的关键时期和深化改革开放、加快转变经济发展方式的攻坚时期，党的十七届六中全会、省第八次党代会胜利召开，这是我国和我省政治生活中的大事。根据省委部署，今天召开院党组理论学习中心组（扩大）集中学习会议，主要任务是传达学习会议精神，把全院的学习宣传贯彻不断引向深入。刚才，大家结合思想工作实际谈了学习体会，相互启发，收获很大。下面，我代表院党组就进一步学习宣传贯彻会议精神，抓好当前工作，推进事业发展，讲三点意见。

一　充分认识重大意义，深刻领会基本精神

党的十七届六中全会全面总结我国文化改革发展的丰富实践和宝贵经验，科学分析文化建设的新形势新要求，通过了《中共中央关于深化文化体制改革推动社会主义文化大发展大繁荣若干重大问题的决定》，对坚持中国特色社会主义文化发展道路、努力建设社会主义文化强国做出重大战略部署。《决定》体现了党中央对当今时代发展趋势和文化建设承载历史使命的科学把握，反映了我们党在新的历史条件下高度的文化自觉。认真贯彻落实《决定》做出的重大部署，在新的历史起点上深化文化体制改革、推动社会主义文化大发展大繁荣，对于坚持和发展中国特色社会主义、夺取全面建设小

康社会新胜利、实现中华民族伟大复兴，具有重大现实意义和深远历史意义。

我省第八次党代会，是在全省上下认真学习贯彻胡锦涛总书记“七一”重要讲话和党的十七届六中全会精神、深入实施“十二五”规划的新形势下召开的一次承前启后、继往开来的大会。大会的主题是：高举中国特色社会主义伟大旗帜，以邓小平理论和“三个代表”重要思想为指导，深入贯彻落实科学发展观，充分发挥环京津、沿渤海优势，着力加快转变经济发展方式，坚持以人为本，继续解放思想，深化改革开放，推动科学发展，促进和谐稳定，努力走出一条中国特色、河北特点的发展路子，为建设经济强省、和谐河北而奋斗。张庆黎书记在大会上做了题为《深入贯彻落实科学发展观为建设经济强省和谐河北而奋斗》的报告。《报告》放眼世界、综观全国、审视河北，科学分析当前形势，提出河北又站在一个新的历史起点之上，处在一个大有可为的战略机遇期。《报告》系统阐述了河北坚持走科学发展之路的基本方略，鲜明地提出了建设“经济强省、和谐河北”的战略目标，明确了“优势地区聚集发展、贫困地区加快发展、城市乡村统筹发展、经济社会协调发展”的总体布局和深入实施“一产抓特色、二产抓提升、三产抓拓展”的经济发展战略，为全省干部群众描绘出了河北经济社会发展的美好前景。《报告》体现了高举旗帜、实事求是、突出发展、凝心聚力、继往开来的基本特征，鼓舞斗志、催人奋进。省第八次党代会的胜利召开，对于我省确保到2020年实现建设小康社会的宏伟目标、全面推进现代化建设意义重大而深远。

党的十七届六中全会通过的《中共中央关于深化文化体制改革推动社会主义文化大发展大繁荣若干重大问题的决定》和省第八次党代会张庆黎书记所做的报告，都对哲学社会科学工作做出了新的重大部署。《决定》指出：“坚持和发展中国特色社会主义，必须大力发展哲学社会科学，使之更好地发挥认识世界、传承文明、创新理论、资政育人、服务社会的重要功能。”《决定》把发展哲学社会科学作为促进社会主义文化大发展大繁荣的重要内容所做出的一系列新的重大部署，是党在中国特色社会主义伟大实践中对哲学社会科学发展规律的高度把握，是更加充分地发挥哲学社会科学作用、不断开创中国特色社会主义事业新局面的战略性创举。《决定》是新形势下指导党的哲学社会科学工作的纲领性文件，对于进一步推动哲学社会科学事业的大发展大繁荣，具有十分重要意义。

深入学习领会、认真贯彻落实中央全会和省党代会精神，是当前哲学社会科学战线的头等大事。学习宣传贯彻党的十七届六中全会精神，重点要深刻领会、全面把握胡锦涛总书记重要讲话精神和《决定》的核心内容，准确把握全会提出的一系列新思想、新观点、新举措，特别是要准确把握文化发展的巨大成就和机遇挑战，准确把握文化改革发展的指导思想和重要方针，准确把握坚持中国特色社会主义文化发展道路的现实依据和基本要求，准确把握文化改革发展的奋斗目标和发展前景，准确把握文化改革发展的主要任务，准确把握文化改革发展的政治和组织保障，准确把握哲学社会科学发展的总体目标和基本要求。学习宣传贯彻省第八次党代会精神，重点要深刻领会、全面把握张庆黎书记的大会报告，准确把握“深入贯彻落实科学发展观、走中国特色河北特点的发展路子、建设经济强省和谐河北”这一会议主题的核心含义，准确把握省第七次党代会以来所取得的“五个新”成就和六条新启示，准确把握“经济强省、和谐河北”战略目标和未来五年工作的指导思想、重要方针，准确把握文化改革发展的奋斗目标和主要任务，准确把握关于繁荣发展哲学社会科学的工作要求。

我院作为省委、省政府直属决策研究部门与社科研究和理论宣传机构，在学习宣传贯彻中要走在全社会的前列。全院同志要进一步统一思想，振奋精神，凝聚力量，在实际工作中把会议精神贯彻落实好，为推动社会主义文化大发展大繁荣、为实现“经济强省、和谐河北”奋斗目标、为繁荣发展哲学社会科学事业做出新贡献。

二　认真抓好贯彻落实，全面推进当前工作

贯彻落实好会议精神，要紧密结合院“十二五”规划的实施，紧密结合当前的重点工作，紧密结合全院党员干部的思想和工作实际，在“三个服务”上水平上下功夫，在推动事业科学发展上见成效。

要进一步推进理论武装工作。一是加强阵地建设。围绕《决定》提出

的巩固发展马克思主义理论学科建设，大力实施院“十二五”规划提出的中国特色社会主义理论武装工程，着力抓好两级“阵地”建设。充分发挥河北省邓小平理论、“三个代表”重要思想和科学发展观研究中心作用。进一步加强马克思主义基本原理、中国特色社会主义理论与实践问题研究，围绕学习研究宣传中央全会和省第八次党代会提出的新思路、新观点、新论断，撰写一批理论解读文章，力争多在大报大刊发表，营造浓厚氛围，为推进马克思主义中国化时代化大众化做出新贡献。加强院中国特色社会理论体系重点学科建设。围绕科学社会主义基本理论，中国特色社会主义社会协调发展，中国特色社会主义政治、文化、社会建设以及生态文明建设深入开展研究，进一步巩固省内学术领先地位，筑牢研究宣传马克思主义理论的重要阵地。二是推进宣讲工作。围绕《决定》提出的实施中国特色社会主义理论体系普及计划，把理论武装工作不断推向深入。庆黎书记在省委八届一次全会上特别提出：“要采取多种形式，抓好党代会精神的宣传普及，尤其是组织好宣讲活动，把大会精神迅速传达到基层，做到家喻户晓、深入人心。”从现在开始到明年年初，要集中开展中央全会和省第八次党代会精神宣讲活动。尽快编写《宣讲提纲》。组织基层理论骨干暨中心组学习秘书培训班，做好宣讲培训。抽调精干力量，依托“送理论下基层”这种行之有效的宣讲形式，以理论宣讲工作站为依托，通过辅导报告会、理论咨询服务、发放学习资料等形式，为基层干部群众解疑释惑。在宣讲内容上重点把握两个结合：把党的十七届六中全会精神与省第八次党代会精神的宣讲结合起来，与省委正在开展的“惠在何处、惠从何来”形势政策宣传教育结合起来。要更好地对接干部群众普遍关心的问题，增强宣讲说服力，把党的创新理论宣传到百姓心坎上。三是建好宣讲平台。根据党代会精神及相关安排部署，及时更新充实宣讲“菜单”，接受省直机关和各市县的“点播”，为党员干部的学习搞好服务。充分发挥院属“三网一报”尤其是河北省干部理论教育网的作用，开辟全会和党代会精神学习专栏。积极配合电台、电视台等媒体做好会议精神的解读。办好《党委中心组理论学习通讯》和《理论信息》两个刊物，及时刊发各地学习动态和会议精神的解读文章。四是加强工作指导。加强对各市委讲师团、华北油田公司党委讲师团和各理论宣讲工作站的业务指导，通过广泛开展理论宣讲，把会议精神迅速、全面、准确地传达到广大干部群众中去。

要进一步加强重大现实问题研究。党的十七届六中全会和省第八次党代会进一步明确了哲学社会科学工作的主要任务。《决定》指出："要坚持以重大现实问题为主攻方向，加强对全局性、战略性、前瞻性问题研究，加快哲学社会科学成果转化，更好地服务经济社会发展。"庆黎书记在《报告》中要求："繁荣发展哲学社会科学，坚持以重大现实问题为主攻方向，加强应用性对策研究。"党中央和省委关于哲学社会科学工作的指导性意见，进一步坚定了我们坚持"三个服务"办院方针和"十二五"时期推进"服务河北能力提升工程"的决心和信心。当前，重点做好两个方面的工作：一要谋划好院级重大研究课题。深入研究京津冀区域一体化、首都经济圈纳入国家"十二五"规划、河北沿海地区发展规划上升为国家战略、冀中南地区被列为国家层面重点开发区域为我省加速发展带来的新机遇，以实现"经济强省、和谐河北"奋斗目标的路径选择为重点研究方向，不断推出更多更好的应用对策研究成果，为省委、省政府决策服务，为走出一条"中国特色、河北特点"的发展路子发挥智库作用。二要深入开展文化改革发展问题研究。紧密结合我省实际，围绕深化文化体制改革，推动社会主义文化大发展大繁荣，确定一批研究课题，列入院重点研究计划，推出一批有见地有分量的研究成果。

要进一步推进体制机制创新。《决定》强调，"推进学科体系、科研方法创新"，"实施哲学社会科学创新工程"。我们要进一步巩固和深化我院机构调整的积极成果，推进理论武装、服务决策、繁荣发展"三位一体"工作新格局下工作机制和管理方式的新转变，不断增强机制活力，实现全院各项事业的科学发展。进一步深化创先争优活动，创新活动载体，形成长效机制，引导全院同志创科学发展之先，争一流业绩之优。要认真研究制定机关党建五年规划，不断提高党建工作水平，为事业发展提供坚实可靠的组织保障。

要进一步深化"走、转、改"活动。组织专家学者开展"服务十二五，基层调研行"活动，深入企业、农村、社区，宣传普及社科知识。进一步搞好大型民生调研活动，根据省第八次党代会精神，细化实化调研选题，提高调研成果对领导决策的贡献率。进一步推进社科联合工作，深入高校、所属学会，就社科研究基地建设、社科青年专家评选等听取意见，不断改进工作。

现在到年底只有一个月了，在这里要特别强调一下年末岁尾的工作。首先，要把今年的“官”收好。大家要认真对照年初确定的目标任务，把各项工作理一理、排一排，把要紧的工作抓紧、做实，确保全年目标任务圆满完成，为实现院“十二五”规划提出的发展目标打下坚实基础。其次，要把明年的“谱”想好。对明年的工作要早打算、早安排，各级课题设计、各项重要活动、各类工作项目都要及早调研，及早拿出方案。今年年底前，院党组要听取各分管院领导和相关处室所的工作总结汇报和明年工作思路。

三　切实加强组织领导，真正发挥表率作用

院属处级以上领导干部，在学习宣传贯彻党的十七届六中全会精神和省第八次党代会精神、领导全院事业发展中位置突出、作用关键，要进一步加强自身建设，加强组织领导，发挥好模范带头作用。

庆黎书记 11 月 21 日参加第八次党代会省直代表团分组讨论时，针对省直领导干部讲了一番话。11 月 22 日在省委八届一次全会上，又针对全委会同志做了一次重要讲话。情真意切，发自肺腑，语重心长，针对性强。借今天这个机会，我把庆黎书记两个讲话精神综合在一起做个传达，与同志们共勉。

庆黎书记对新一届全委会的同志寄予殷切希望。提出了“四个标准”：政治上成熟坚定，思想上与时俱进，行动上执行有力，作风上求真务实。提出了“五项要求”：讲政治，勤学习，重团结，干实事，善自律。提出了“六个不让”：不让一天闲过，不让一事拖拉，不让一样恶习上身，不让一笔赃款进家，不让一个同自己接触过的群众不满，不让一个亲属和身边工作人员惹出闲话。

他要求省直机关领导干部在五个方面要发挥表率作用。

一要在政治坚定上做表率。要坚定理想信念，坚决同党中央及省委保持高度一致，增强政治敏锐性和政治鉴别力，在大是大非面前保持头脑清醒，做到立场坚定、旗帜鲜明。把讲政治与讲大局结合起来，坚持部门利益服从

整体利益，决不能搞部门利益、本位主义。把讲政治落实到严格遵守纪律和严格执行制度上。

二要在解放思想上做表率。解放思想天地宽，转变观念出路多。要建设“经济强省、和谐河北”必须打开解放思想的总开关，坚持实事求是、与时俱进。

三要在转变作风上做表率。制定政策、做工作，坚持把群众利益放在第一位，把解决民生问题放在优先位置。任何时候、任何情况下，都不能漠视群众利益，更不能与民争利。要坚持求真务实，积极为人民群众办实事、做好事、解难事。干部干部首先要干事，领导领导既要领又要导，各级干部要把精力放在干事创业上，努力营造比着干、抢着干的良好氛围。要牢固树立服务意识，从各方面为群众提供便利。要结合创先争优活动，把服务群众的工作做到位、做到家，一趟能办成的事决不能让群众跑第二趟，更不能冷横硬推，影响党的形象。

四要在提高效能上做表率。要从制度层面入手，下放权力，减少审批程序。强化敬业精神，今日事今日毕，确保高效运转，决不能拖拖拉拉、敷衍塞责。规范施政行为，杜绝不作为、乱作为。坚持全省一盘棋，既要分清职责，又要加强协作，不能见利益就上、见任务就推。

五要在廉洁从政上做表率。要牢记“两个务必”，发扬西柏坡精神，矢志艰苦奋斗，自觉抵制不良风气的影响。严格要求自己，管好自己的嘴，不该吃的不吃；管好自己的手，不该拿的不拿；管好自己的腿，不该去的不去；管好自己的亲属和身边工作人员，不该办的不办，真正做到自身正、自身净、自身硬，以良好行为树立党和政府的威信和形象。要勤政廉政讲公正。要当运动员、战斗员，不能只当评判员、裁判员，珍惜自己的岗位，更好地为人民做事。庆黎同志两次掷地有声、感人至深的讲话，既是代表新一届省委对各级领导干部政治思想上的严格要求，又体现了对各级领导干部关心爱护的同志、战友亲情，我们要认真学习好，体会好，落实好。

此外，还要加一条，要在和谐共事上做表率。这也是庆黎同志在新一届全委会和常委会上提出的要求。毛泽东同志指出：“党委要完成自己的领导任务，就必须依靠党委这一班人，充分发挥他们的作用，如果这一班人动作不整齐，就休想带领千百万人去作战、去建设。”同志们有机会在一个班子里共事，既是党的事业的需要，也是一种难得的缘分。大家之间不仅是革命同志的关系，还应该有一种手足兄弟的亲情。要在认真负责做好分管工作的同时，积极主动地与其他同志搞好衔接，要勇于担当不推诿，相互补台不拆台。关于勇于担当，再强调几句。过去，我们常讲两句话，一句是“我们面前无困难”，表现出英雄气概，藐视困难，坚定战胜困难的决心和信心；另一句是“困难面前有我们”，就是讲的勇于担当，有任务有困难，敢于负责，敢于担当，知难而上，克服困难，完成任务。一个地区、一个部门，要干一番事业，总得有一批勇于担当的人。这是一批什么样的人？首先是我们的各级党员领导干部。所以，院党组希望我们的院处级领导干部，在任务和困难面前，要做勇于担当的表率，发挥应有的作用。

同志们，让我们在党中央和省委、省政府的坚强领导下，把握党的十七届六中全会和省第八次党代会胜利召开的有利契机，深入贯彻中央全会和省党代会精神，乘势而上，上下一心，真抓实干，为繁荣发展哲学社会科学事业，为建设经济强省、和谐河北而努力奋斗！

加快转变发展方式　推动经济强省建设*

（2011 年 11 月 28 日）

省第八次党代会确立了我省建设“经济强省、和谐河北”的战略目标，令人鼓舞，催人奋进。实现这一目标，关键要走出一条中国特色、河北特点的发展路子，突出科学发展主题，围绕转变经济发展方式主线，推动河北更好、更快、更大发展。

一　转变经济发展方式是建设“经济强省”的必由之路

当前，放眼世界，综观全国，审视河北，我们正处于全面建设小康社会的关键时期，处于深化改革开放、加快转变经济发展方式的攻坚阶段。经过努力，我省经济实力和竞争力明显提高，有了继续前进的重要条件。但是，同时我们必须清醒地看到，经济发展中结构性矛盾还比较突出，资源环境制约日益凸显，调结构、转方式任务十分繁重。所以，加快转变经济发展方式，也是我省赢得未来、实现跨越发展的新契机。

从国际经验和发展环境看，发达国家都经历了从粗放型经济增长方式向集约型经济增长方式的转变历程，从传统工业化发展方式向知识经济发展方式的转变。可以说，转变经济发展方式是各国迈向现代化的必由之路，是适应新时期新阶段发展环境深刻变化的客观要求。全国其他省市也都纷

---

* 本文发表于《领导之友》2011 年第 12 期。

纷提出了转变发展方式的战略规划，如广东省以新视野调结构建立现代产业体系，推进产业转型升级和区域协调发展；江苏省提出实施新一轮高新技术产业“双倍增”计划，推动经济增长与转型升级互动并进；上海经济转型路径与目标是以加快形成服务经济为主的经济结构；北京以产业技术创新联盟覆盖全市主要产业，加快推进产业标准化；天津以高水平的大项目、好项目为载体，推进发展方式转变。调整经济结构、转变发展方式，对于我省这样一个产业层次不高、城镇化水平滞后、节能减排面临较大压力、自主创新能力较弱、处于工业化中期的省份来说，是一个必须要经历的过程。如果不能在调整产业结构、转变发展方式上实现大的突破，那么整个经济运行的质量和效益就很难保证，最终发展目标也难以实现，最大的发展机遇就会失去。

因此，我省在调结构、转方式的过程中，既要遵循经济发展的一般规律，又要借鉴先进地区的经验和做法，把握我省实际，比较优势巧定位，才能着力解决经济发展中的主要矛盾和突出问题。

二　转变经济发展方式是我省经济转型的迫切要求

目前，从我省实际来看，经济发展的主要矛盾仍然是经济结构尤其是产业结构不合理和发展方式不适应新形势的要求。一是经济增长与环境资源的矛盾。我省单位 GDP 能耗高于全国平均水平，工业废气、固体废弃物、工业废水排放量分别居全国第 2、4、8 位，环境资源约束进一步凸显，经济发展不可持续，多年来走的是一种难以为继的工业化道路。二是经济增长与结构优化的矛盾。多年来我省经济总量排名居全国第 6 位，人均 GDP 居全国第 12 位，然而产业竞争力、区域创新能力处于全国第 20 位左右的水平，我省产业结构优化速度滞后，特别是服务业发展滞后、高新技术产业滞后，产业竞争力不高，成为继续发展的障碍。三是经济增长但人民生活水平改善相对不快。职工工资水平、城乡居民收入在全国排名靠后；四是经济增长但是地区差距拉大。城乡差距过大，城乡结构不合理，城镇化水平不高，某种程度上成为进一步工业化的拖累。所以，我省以调结构为核心内容、以结构优化为目标的转变发展方式的要求非常迫切。

省第八次党代会报告指出，经济强省，就是总量要大，素质要高，结构要优，活力要足，质量要好。这一表述，既界定了经济强省的丰富内涵，又为转变经济发展方式指明了方向和目标。此外，多年来，我省比较关注制定结构调整的政策，但有些政策实施并不理想。在今后的结构调整中，要紧紧抓住政策实施这个环节，坚持研究与规划先行，明确目标要求，调动各方面的积极性和创造性，以加快推动发展方式转变。

三　转变经济发展方式是实现和谐河北的必然选择

构建和谐社会，是中国共产党人的不懈追求，也是贯穿中国特色社会主义事业全过程的长期历史任务。省第八次党代会提出建设和谐河北，是认真贯彻科学发展观、全面落实中央加强社会管理与创新要求的重大举措，又充分体现了河北特色。河北环绕京津，有 7100 多万人口，保持和谐、稳定至关重要。和谐河北，就是生活品质提高，文明程度提高，社会管理水平提高，生态环境质量提高。也可以说，和谐河北应该是一个充满创造活力的社会，是各方面利益关系得到有效协调的社会，是社会管理体制不断创新、健全和稳定有序的社会，是人与自然和谐相处的社会。

转变经济发展方式，就是要转变传统的过多依赖要素和资源投入推动经济增长的模式，转变过多关注经济增长而忽视社会协调发展和环境资源和谐的行为。加快经济转型升级，就是要更加注重发展目标的多元化，抛弃过去那种“唯 GDP 论”，优化经济结构，提高经济质量；要完善分配体系，保护资源环境，提高教育、医疗、卫生、社会保障等事业的发展水平；要重点加快以保障和改善民生为目标的社会建设，缩小城乡差距、地区差距，提升人民群众“幸福指数”；要把实现好维护好发展好广大人民群众的根本利益，作为一切工作的出发点和落脚点，着力解决人民群众关切的利益问题。所以说，转变经济发展方式，正是实现我省经济社会和谐发展的必然选择，调结构、转方式的最终结果与实现和谐河北的要求具有内在一致性。

四　转变经济发展方式要把科技创新作为突破口抓紧抓好

实现省第八次党代会提出的建设“经济强省、和谐河北”的奋斗目标，首要任务在于调整经济结构、加快转变经济发展方式。在这个过程中，要以调整优化产业结构为核心内容，以提高科技创新能力为重要突破口，以节能减排为重要抓手，以体制机制创新为主要动力，以优化创新发展环境为根本保障。转变发展方式是一项系统工程，调整经济结构也涉及经济、社会、文化、教育、科技、城乡关系等各个方面，选好一个突破口可以迅速带动其他方面的工作有效推进。我认为，当前最突出、最关键的是把科技创新作为突破口，作为我省各级各部门的紧要任务抓紧抓好。因为我省的区域创新能力较低，是我省发展中若干矛盾的集中指向。例如，调整产业结构是我省的老问题，优化的方向是高端化和品牌化，核心问题是技术创新；又如区域差距的问题，恰恰反映了各区域创新能力不强，过多依赖资源发展。所以要通过产业技术创新能力提升带动产业竞争力的提升，减少单位能耗，提高财政收入和居民收入水平，解决区域和城乡发展不平衡，促进各项工作全面深入开展。

在当前条件下，提高我省科技创新能力，一是充分利用环京津优势提升我省创新能力。北京是我国的政治、经济、文化、科技中心，科学技术学科体系门类齐全，拥有几十家科研院所和重点高校，是我国创新资源最丰富的地区；天津是我国北方经济中心和现代制造中心，在科技投入、科技产出方面居于全国前列。吸引京津创新要素、创新人才和产业转移，提升我省产业档次，是提升我省创新能力的捷径。要突出技术创新和管理创新，加强创新平台建设和核心关键技术的攻关，通过自主创新，加快经济发展方式的转变。二是政府进行超常规的科技投入。从全国区域创新能力评价看，我省的科技投入强度不及全国平均水平，近年来 R&D 投入占 GDP 比重为 0.76%，仅为全国平均值的一半。从国际经验看，只有政府高强度的加大科技投入，带动全社会的 R&D 水平快速提高，才能使区域创新能力迅速提高。三是提升企业创新能力。省第八次党代会报告中提出：“要把科技进步和创新作为调结构、转方式的中心环节，贯彻到建设经济强省的各个方面。”这恰恰也是我省许多行业优化升级的关键环节，应发挥企业在技术创新中的主体作用，建立以企业为主体的创新体系，重点支持战略性新兴产业的发展，做好做大“存量调强”这篇大文章。要重点围绕提升产业核心竞争力，搭建技术创新平台，组建产业技术创新战略联盟，实施一批重大科技专项，突破一批核心关键技术。企业只有紧紧依靠科技进步和创新，把产品往深里做、往实里做、往高里做，进行精加工，增加附加值，优化产品结构，才能为建设“经济强省、和谐河北”做出更大的贡献。

在全省社科研究专业高级评委会上的讲话

（2011 年 11 月 30 日）

今天，全省社科研究专业高级评审委员会在这里召开会议，主要任务是评审 2011 年度社科研究系统的高级职称。

今年是“十二五”开局之年。在上一个五年中，我们社科研究专业高级评委会在省职改办的直接领导下，紧紧围绕省委、省政府确定的经济社会发展目标，以科学发展观及科学人才观为指导，坚持客观公正开展工作，促进了社科专业技术人才队伍的快速发展。“十一五”时期，我们注重抓好评委专家库建设，及时吸纳优秀专家学者入库，不断优化评委结构，形成了一支政治素质好、业务水平高、作风公道正派的优秀专家评委队伍，在全省社科研究领域的学术威望进一步增强。评审中，我们坚持综合评价，突出业绩贡献和自主创新能力标准，把品德、知识、能力和业绩作为评价的主要内容；建立了答辩题库，对正高参评人实行了公共题和专业题双答辩制度，进一步加大了客观评价的力度；结合专业实际，制定并不断完善量化计分标准。“十一五”期间，我们评委会共评审通过高级专业技术职务任职资格 290 人，其中研究员 113 人、副研究员 177 人。这些是我省社科研究领域高级人才队伍的新生力量，为服务我省经济社会发展、推动哲学社会科学事业繁荣发挥了主要作用，做出了积极贡献。这些成绩的取得，无不凝结着各位专家评委的辛勤劳动，各位专家评委功不可没。

“十二五”时期是我省加快转变经济发展方式、全面建设小康社会的关键时期，也是事业单位人事制度改革不断深化的重要时期。党的十七届六中全会明确指出：“完善人才培养开发、评价发现、选拔使用、流动配置、激励保障机制，深化职称评审改革，为优秀人才脱颖而出、施展才干创造有利制度环境。”我们要认真落实全会精神，用《中共中央关于深化文化体制改革推动社会主义文化大发展大繁荣若干重大问题的决定》指导我们的工作，牢固树立人才是第一资源的思想，准确把握经济社会发展对职称工作的新要求，进一步深化职称工作在人才队伍建设中地位和作用的认识，把职称工作做得更好。在2011年全省职称工作会议上，省政府对做好“十二五”时期职称工作做出安排部署。总的指导思想是：以邓小平理论和“三个代表”重要思想为指导，深入贯彻落实科学发展观，坚持尊重劳动、尊重知识、尊重人才、尊重创造的方针，树立科学的人才观，从制度改革入手，调整和明确职称工作定位。以抓规范、抓完善、抓提高为重点，继续落实“按岗申报、公正评价、择优聘用、政府指导监督”的总体要求，进一步加强人才评价机制和使用机制建设，强化重能力、重业绩、重创新的政策导向，推进职称评聘工作的科学化、规范化、制度化。建立以分类管理为基础，以构建专业技术人才职业评价机制为核心，科学、分类、动态、面向社会各类专业技术人才的职称管理体系，为各行业各种所有制单位专业技术人员提供客观公正的评价服务，促进全省经济社会又好又快发展。

根据省政府关于做好职称工作的部署要求，下面，我就今年的评审工作讲三点具体意见。

一　进一步规范评审，不断提高评审质量

今年，我省的职称工作在政策上没有大的变更，但有所微调，重点是在严格、规范上更加细化。我们的评审工作要在省职改办下发的《2011年度全省职称工作意见》和《关于做好2011年职称评审工作的通知》两个文件精神的指导下进行。

在保证评审质量上，我们要注意做好六个方面的工作。

一是严格执行评审条件。今年我们社科专业对申报评审条件进行了修订

和完善，省职改办以冀职改办字〔2011〕26 号文件印发全省。新的申报评审条件是在执行 2004 年条件的基础上，经过几年的实践，重点对其中的合理性、科学性、先进性、应用和基础学科间的平衡性等方面进行了充实和修改，使社科专业的职称入门条件更明确、更科学，更能体现其学术领先性，更易于操作。

二是认真进行量化计分，逐步加大客观评价力度。今年我们对《量化计分表》进行了进一步的修订，首次实行了百分制，在确保评审质量的前提下减轻专家评委的工作量。增强量化结果的直观比较性将会产生更好的效果。各评委在给申报人计分时，要以量化表上的给分标准为准绳，以申报人提供的各方面的材料为依据，避免打分的随意性。

三是实行全员答辩。按省职改办统一要求，高职申报人都要进行答辩。具体到社科研究系列，正高申报人答辩还是要进行公共题和专业题的双答辩，副高申报人只答辩专业题。今年我们仍然采取在各考核组答辩现场抽公共题、专业题由阅卷评委根据申报人研究专业出题的做法，各位申报人的答辩时间由各组组长根据本组情况在规定时间内自行掌握。

四是坚持“两个一票否决”。申报材料中有弄虚作假行为的、答辩不合格的，都要一票否决。

五是坚持评审淘汰制度。淘汰是竞争的必然结果，有竞争就会有淘汰，优胜劣汰才会推动队伍优化、事业进步。从这个意义上说，淘汰是一种导向，是保持学术严肃性的有效措施，是提高评审质量的有力保障。我们要按省职改办要求，结合我们专业的实际，实行浮动淘汰率。在不低于规定淘汰率的基础上，上不封顶，条件弱的决不迁就。这就要求每个评审组，用量化分数说话，用答辩水平说话，坚持末位淘汰，对本组申报人要预评出不低于 4 名拟淘汰者，待小组长碰头会和大评委会推荐时再进行横评，层层把关，确保评审质量。对拟淘汰者的材料各考核组要集体讨论，一定要给出书面淘汰意见，并为被淘汰者明确指出今后的努力方向。

六是严格按评审程序办事。根据《河北省专业技术职务任职资格评审委员会管理办法（试行）》的规定，严格按照审阅材料、量化计分、组织答辩、民主评议、投票表决等规定的步骤实施。这次我们评委会共接收全省社科研究申报材料81卷，其中正高27卷，副高54卷。在参评形式上，正高中有4人属于从不允许参评单位调入允许参评单位，也就是我们平时常说的职称一步到位的；副高中有31人属于由其他专业平转到我们系列的。在看材料过程中，对有不同意见的报卷，各学科组内要集体分析讨论。各评委在阅卷过程中，要详细记录申报人的各项情况，以便会后留档备查。

二　调整充实评委会，加强评委会自身建设

根据《河北省专业技术任职资格评审委员会管理办法（试行）》的有关规定，按照“跨地区、高层次、权威性”的原则，今年我们较大规模地调整和充实了全省社科研究专业高级评委会，把本系统内外学术造诣深、作风正派、办事公道、能认真履行职责的部分专家吸纳到了评委专家库。在调整过程中，专家所在单位非常重视，并给予我们大力支持，积极推荐合适的专家入库。在此，我们表示诚挚感谢。对于新入库的专家评委，按省职改办的要求，我们采取电话、电子邮箱等通信形式进行了培训和考试。目的是让新入库评委尽快进入角色，准确掌握职称政策和评审的各项规定，通晓评审纪律。新的专家评委入库，将给我们评委会带来新的活力，也为我们近距离与兄弟单位专家进行专业交流提供了一个难得的机会。我们很期待各兄弟单位的专家，能把你们先进经验带到评委会来；也希望评委在具体评审中有针对性地提出建设性意见建议，以便今后进一步完善和改进评审办法，共同做好评审工作。

三　严肃评审纪律，确保公平公正

反复重申纪律是非常必要的。遵守评审纪律，是做好评审工作的前提和保证。专业技术职务任职资格评审委员会委员必须遵守评审纪律，认真审阅申报人员各项材料，严格按照规定对申报人员做出科学、客观、公正的评价。在评审期间，评委和相关工作人员要严格遵守评审工作纪律，自觉抵制不正之风；评审期间和评审结束后，均不得以任何形式和理由泄露评委会评

论、评议情况。各评委要严格要求自己，恪尽职守，坚持原则，熟练掌握职称工作的政策、规定，做到正确运用，认真按照冀职改办字〔2001〕146 号文件《河北省专业技术职务任职资格评审委员会管理办法（试行）》执行，充分体现公平、公正的评审原则，确保评审结果的客观公正。

省纪委驻省社科院纪检组长胡银山同志带领监察组，对这次评审工作进行全程监督。纪检组在 2603 房间，有什么问题各委员可以直接向纪检组的同志反映。

同志们，我们一定要站在服务“经济强省、和谐河北”建设的高度，从建设专业技术人才队伍的大局出发，以高度负责的精神，把“公开、公正、择优”的原则落实到评审工作的全过程，圆满完成这次评审任务，为繁荣发展哲学社会科学事业，做出我们新的贡献。在此，预祝大家评审期间工作顺利，生活愉快！

全面加强我省哲学社会科学社团建设

——在省社科联所属社团秘书长工作会议上的讲话

（2011 年 12 月 2 日）

在全省上下认真学习贯彻党的十七届六中全会和省第八次党代会精神热潮里，我们在这里召开河北省社科联所属社团秘书长工作会议，主要任务是学习传达贯彻中央全会和省第八次党代会精神，进一步做好我省哲学社会科学社团工作。这是一次重要的会议。下午，我们邀请省社团管理专家、省民间组织管理局黄冬贤局长给大家做报告，报告对进一步做好社团工作将有重要的指导意义。同时，还有六个工作出色、各项活动开展较好的社团进行大会交流发言，为其他社团送上宝贵的经验。我相信，这次秘书长工作会议，对于我们全面加强社团建设，进一步做好社团的各项工作，进而在建设“经济强省、和谐河北”中履行好哲学社会科学工作者的神圣职责，将会起到积极的促进作用。

下面，我就进一步学习宣传贯彻党中央和省委会议精神，抓好当前工作，先讲三点意见。

一　要深入贯彻落实党的十七届六中全会精神和省第八次党代会精神

党的十七届六中全会是在全面建设小康社会关键时期和文化改革发展重要阶段召开的一次十分重要的会议。这次会议专题研究深化文化体制改革、推动社会主义文化大发展大繁荣问题，充分体现了我们党在文化上的高度自觉和政治上的远见卓识，具有重大而深远的意义。全会通过的《决定》，是当前和今后一个时期指导我国文化改革发展纲领性文件。胡锦涛总书记发表的重要讲话，为推动文化改革发展、促进党和国家事业发展指明了前进方向。全会提出的一系列重要论断、重要部署、重大举措，是推动社会主义文化大发展大繁荣的强大思想武器。

我省第八次党代会，是在全省上下认真学习贯彻胡锦涛总书记“七一”重要讲话和党的十七届六中全会精神、深入实施“十二五”规划的新形势下，召开的一次承前启后、继往开来的大会。大会的主题是：高举中国特色社会主义伟大旗帜，以邓小平理论和“三个代表”重要思想为指导，深入贯彻落实科学发展观，充分发挥环京津、沿渤海优势，着力加快转变经济发展方式，坚持以人为本，继续解放思想，深化改革开放，推动科学发展，促进和谐稳定，努力走出一条中国特色、河北特点的发展路子，为建设经济强省、和谐河北而奋斗。张庆黎书记在大会上做了题为《深入贯彻落实科学发展观为建设经济强省和谐河北而奋斗》的报告。大会确定了未来五年河北工作的指导思想、奋斗目标、主要任务和重大举措，选举产生了新一届省委和省纪委领导集体，开启了建设经济强省、和谐河北新的伟大征程。

党的十七届六中全会通过的《中共中央关于深化文化体制改革推动社会主义文化大发展大繁荣若干重大问题的决定》和省第八次党代会张庆黎书记所做的报告，都对哲学社会科学工作做出了新的重大部署。《决定》指出：“坚持和发展中国特色社会主义，必须大力发展哲学社会科学，使之更好地发挥认识世界、传承文明、创新理论、资政育人、服务社会的重要功能。”《决定》把发展哲学社会科学作为促进社会主义文化大发展大繁荣的重要内容所做出的一系列新的重大部署，是党在中国特色社会主义伟大实践中对哲学社会科学发展规律的高度把握，是更加充分地发挥哲学社会科学作用、不断开创中国特色社会主义事业新局面的战略性创举。《决定》是新形势下指导党的哲学社会科学工作的纲领性文件，对于进一步推动哲学社会科学事业的大发展大繁荣，具有十分重要的意义。

深入学习领会、认真贯彻落实中央全会和省党代会精神，是当前哲学社会科学战线的头等大事。学习宣传贯彻党的十七届六中全会精神，重点要深刻领会、全面把握胡锦涛总书记重要讲话精神和《决定》的核心内容，准确把握全会提出的一系列新思想、新观点、新举措，特别是要准确把握文化发展的巨大成就和机遇挑战，准确把握文化改革发展的指导思想和重要方针，准确把握坚持中国特色社会主义文化发展道路的现实依据和基本要求，准确把握文化改革发展的奋斗目标和发展前景，准确把握文化改革发展的主要任务，准确把握文化改革发展的政治和组织保障，准确把握哲学社会科学发展的总体目标和基本要求。学习宣传贯彻省第八次党代会精神，重点要深刻领会、全面把握张庆黎书记的大会报告，准确把握“深入贯彻落实科学发展观、走中国特色河北特点的发展路子、建设经济强省和谐河北”这一会议主题的核心含义，准确把握省第七次党代会以来所取得的“五个新”成就和六条新启示，准确把握“经济强省、和谐河北”战略目标和未来五年工作的指导思想、重要方针，准确把握文化改革发展的奋斗目标和主要任务，准确把握关于繁荣发展哲学社会科学的工作要求。

社团，作为哲学社会科学战线的一支重要力量，作为党和政府与广大人民群众联系的桥梁纽带，一定要把学习、研究、宣传、贯彻党的十七届六中全会精神和我省第八次党代会精神，作为一项重要的政治任务，认真落实好。要充分发挥哲学社会科学学术团体的优势，从理论的高度，深入宣传十七届六中全会和我省第八次党代会精神；要组织专家学者和广大社会科学工作者，认真开展对党的十七届六中全会和我省第八次党代会提出的新观点、新论断进行系列化专题研究，积极为推动社会主义文化大发展大繁荣、为实现“经济强省、和谐河北”的奋斗目标做贡献；要结合社团自身学科的实际，组织相关专家学者，组成课题组，撰写理论研究文章，力争在大报大刊上发表；要采取多种形式大力宣传党的十七届六中全会和我省第八次党代会精神，充分利用社会科学普及的手段和工具，采取报告会、座谈会、讲座、咨询等形式，切实把党的十七届六中全会和我省第八次党代会精神学习、宣传、贯彻好。

二　要积极参与到加强和创新社会管理中去

加强和创新社会管理，是党中央面对复杂的社会形势和中国特色社会主义建设的需要，提出的一个重要举措。今年2月19日，胡锦涛总书记在省部级主要领导干部社会管理及其创新专题研讨班上发表讲话，深刻阐述了加强和创新社会管理的重要性和紧迫性，明确提出了新形势下加强和创新社会管理、做好群众工作的总体思路和重点任务。对于社会组织的发展，胡锦涛总书记指出："进一步加强和完善社会管理格局，切实加强党的领导，强化政府社会管理职能，强化各类企事业单位社会管理和服务职责，引导各类社会组织加强自身建设、增强服务社会能力，支持人民团体参与社会管理和公共服务，发挥群众参与社会管理的基础作用。"

中央领导的重要讲话为进一步加强社会组织管理工作指明了方向，也是我们今后必须恪守的工作原则。社会组织作为一种重要的社会力量，是政府和社会成员之间的桥梁和纽带，在社会管理中具有不可替代的作用。我们要在实际工作中贯彻落实好中央领导讲话精神，不断加强社会团体管理创新，促进社会团体健康发展，妥善处理好党的领导、政府负责、社会团体协同这三者之间的关系，实现社会团体的健康发展，确保社会团体成为党委和政府进行社会管理和公共服务的重要补充。

在加强和创新社会管理中，社会团体一定要发挥自己的作用。各社团要切实加强自身建设，带好自己的队伍，积极参与到创新社会管理的工作中去；要发挥好桥梁纽带的独特优势，广泛联系群众，解答广大人民群众关心的热点问题；要组织专家学者进行课题攻关，为党和政府的社会管理工作提供理论和实践支持。

三　要加强社团的全面建设

我省的哲学社会科学类社团是我省繁荣发展哲学社会科学事业的重要力量，也是省社科联工作的组织基础。各社团的工作水平，直接关系到省社科联的工作和全省哲学社会科学事业。要把社团应有的作用充分发挥出来，就必须加强社团的全面建设。

一要加强社团的党组织建设。党的建设，是做好社团工作的根本保证。作为特殊社会形态的社团，必须在中国共产党的领导下开展社团的各项工作，为中国特色社会主义建设做贡献。目前我省社团的党组织建设，按照中组部、民政部的要求，已基本完成。党组织在社团的各项工作中所发挥的作用不断增强，但在理论和实践上还存在不少需要解决的问题。如有的社团对党组织不够重视，社团的一些工作不向党组织报告，不征求党组织的意见；有的社团虽然成立了党组织，但党组织自身工作不得力，不主动不积极参与社团的工作；有的党务工作者自身的业务素质不够高，不能胜任社团的党务工作，等等。要解决这些问题，首先要提高在社团中建立党组织的思想认识，保证社团正确的政治方向；其次要把党性强、素质高的同志选配到社团党组织负责人岗位上来，并加强对社团党务工作者的学习培训，不断提高他们的政治水平和业务能力。各社团的党组织，一定要认真履行自己的职责，指导督促好社团的日常工作，监督社团领导做好自己的本职工作，保证社团在党的领导下开展各项工作。

二要加强社团领导班子建设。社团的生存与发展、生机与活力，靠的是一个过硬的领导班子。社团从成立之初，就要选配好领导班子，要选准选好会长、副会长、秘书长和法定代表人，尤其是社团秘书长。社团的日常工作、各项活动、发展规划等，秘书长起着重要的作用。要切实加强领导班子建设，对不能胜任和不能领导社团开展正常工作的社团领导，坚决予以调换，要把热心社会科学事业、愿为社团工作做贡献的专家、学者，选拔到社团领导岗位上来，保证社团日常工作健康、有序开展，进而不断开创我省哲学社会科学事业新局面。

三要加强社团的科研工作。社团的科研工作，是社团的生命力所在。近年来，我们社团的科研工作总体上有新的进步，有的学会工作做得比较突出。如文学学会、写作学会、语言学会、历史学会、伦理学会、铁路法学研究会等，一直坚持每年一次或两年一次的学术研讨会，就当前的热点问题展开理论研讨，评选优秀论文给予奖励，同时编辑出版论文集，供会员学习参考。哲学学会在2010年换届后的科研工作也有新的起色，在新任会长河北师大党委书记李建强的领导下，已举行了两次学术研讨会，大大增强了学会的活力。做好学会的科研工作，要在“服务决策、服务发展、服务基层”方面下功夫，各学会要根据各自的专业特点，围绕省委、省政府的工作中心来开展研究工作，努力为解决河北经济社会发展面临的重点、热点、难点问题献计献策；要在重视应用研究的同时，强化基础理论研究，通过做课题，培养社团科研队伍和科研人才。

四要加强制度建设，严格遵守各项规章制度。社团要做好各项工作，要不断取得新的发展，就必须建立健全各项规章制度，用规章制度统一社团的各项活动。首先，各社团必须严格遵守国务院制定的《社会团体登记管理条例》和国家的法律法规，并以此规范社团的各项活动。其次，要严格遵守省社科联的各项规定，积极完成省社科联部署的各项任务。多年来，省社科联已经制定了不少规章制度，尤其是《河北省社会科学界联合会社团管理办法》，比较全面地规定了社团成立、社团活动、组织机构和人事管理、财务资产管理等；《河北省社会科学界联合会关于对社团学术研讨活动加强管理的暂行办法》，对所属社团的学术研讨活动进行了具体的规定，等等。这些制度有效地促进了社团的工作。我们还将就新社团的成立，在《社团管理办法》的基础上，做进一步的补充，比如，对社团的业务范围要求，规定必须符合国家颁布的哲学社会科学范畴；对发起人的要求，规定不能少于10人，且要有6名以上正高级专业技术职称的专家学者；对会员的要求，规定会员中至少要的10名知名学者和较高学术造诣的学科带头人，等等。这个文件不久将正式下发，望认真执行。最后，各社团要不断完善社团自身的活动管理、领导机构和人事管理、财务和资产管理、会员管理等各项规章制度，确保社团坚持党的领导，在各项规章制度下做好各项工作。

我希望这次会议结束后，各社团要认真研究和落实会议精神，根据各自的特点，切实把社团的各项工作开展好，为我省的经济社会发展服务，为繁荣发展哲学社会科学事业贡献力量。

省社科院贯彻党的十七届六中全会和省第八次党代会精神情况汇报*

（2011年12月13日）

一　前期的贯彻落实情况

党的十七届六中全会和省第八次党代会召开后，省社科院按照党中央和省委的安排部署，结合自身特点，认真抓好学习宣传和贯彻落实。主要做了两项工作。

（1）抓好院党组和全院干部职工的学习。中央全会和省党代会召开后，院党组分别在第一时间召开会议，学习传达大会精神，明确提出作为省委、省政府直属决策研究部门与社科研究、理论宣传和社团机构，省社科院在学习宣传贯彻中要走在全社会的前列，并制定了具体措施。一是向院属各部门和各支部下发通知，进一步指出学习贯彻党的十七届六中全会和省第八次党代会精神对推动我省和我院各项事业发展的重要意义，提出需要把握的重点及要求、时间及效果等，使全院在思想上高度重视、行动上深入落实、工作中充分体现，不断把学习引向深入；二是为提高学习实效，院党组专门召开理论学习中心组（扩大）集中学习会议，把范围扩大到院属各部门的主要

---

* 本文为周文夫在省直宣传文化系统学习贯彻党的十七届六中全会和省第八次党代会精神座谈会上的发言。

负责人。一方面邀请参与起草省党代会报告的院主要领导做辅导报告，学深学透，提高认识；另一方面开展学习交流，结合工作实际畅谈学习体会，以学习促工作，通过工作深化学习。进一步明确了以中央全会和省党代会精神为指导，加强理论宣讲、指导社科研究、推进社科联合的自觉性和责任感，在全院迅速掀起学习宣传贯彻会议精神的热潮。省电台、省电视台做了消息报道。三是发挥我院“三网一报”的宣传作用，及时报道院内的学习贯彻情况；刊发专家解读和理论研究文章，积极营造浓厚氛围。

（2）发挥社科理论优势，为全省学习贯彻会议精神营造氛围，提供智力支持。一是按照省委的决策部署和省委宣传部的安排，抽调精干力量，积极参与全省的理论宣讲活动，宣传党的十七届六中全会和省第八次党代会精神，取得了很好效果。二是编写、印发党的十七届六中全会、省第八次党代会精神宣讲提纲，组织指导全省党委讲师团系统及理论宣讲工作站深入基层开展理论宣讲，受到基层干部群众的欢迎和好评。三是应邀在《河北日报》撰写、发表重点理论文章，接受河北电视台采访、制作播出专题节目，宣传阐释中央全会和省第八次党代会精神。四是以学习宣传党的十七届六中全会为主题，与各市社科联联合举办“河北省第七届社会科学普及周”活动。组织宣传普及活动百余场，散发宣传材料30余万份，直接服务人群达35万人次。五是与省委宣传部联合举办了省会社科理论界学习党的十七届六中全会精神座谈会。与会专家和领导围绕党的十七届六中全会精神，结合我省文化体制改革和文化产业发展实际，深入探讨，献计献策，提出了许多建设性的意见和建议。

二　近期抓好几项重点工作

下一步，省社科院将按照省委的决策部署和省委宣传部的工作安排，进一步发挥社科理论工作的优势，结合工作实际，深化党的十七届六中全会和省第八次党代会精神的贯彻落实。

（1）进一步推进理论武装工作。围绕中央全会《决定》提出的巩固发展马克思主义理论学科建设，大力实施中国特色社会主义理论武装工程，着力抓好两级“阵地”建设。根据省党代会精神及相关安排部署，及时更新充实宣讲“菜单”，接受省直机关和各市县的“点播”，为党员干部的学习搞好服务。加强对各市委讲师团、华北油田公司党委讲师团和各理论宣讲工作站的业务指导，广泛开展理论宣讲，用中央全会和省党代会精神武装基层干部群众。

（2）进一步加强重大现实问题研究。谋划好院级重大研究课题。抓住我省加速发展的新机遇，以实现“经济强省、和谐河北”奋斗目标的路径选择为重点研究方向，不断推出更多更好的应用对策研究成果，为省委、省政府决策服务，为走出一条“中国特色、河北特点”的发展路子发挥智库作用。深入开展文化改革发展问题研究，紧密结合我省实际，围绕深化文化体制改革，推动社会主义文化大发展大繁荣，确定一批研究课题，推出一批有见地有分量的研究成果。

（3）进一步深化“走基层、转作风、改文风”活动。组织专家学者开展“服务十二五，基层调研行”活动，了解省情，服务群众；进一步搞好大型民生调研活动，根据中央全会和省党代会精神，细化实化调研选题，提高调研成果对领导决策的贡献率。进一步推进社科联合工作，深入高校、所属学会，就学会管理和社团党建工作、社科研究基地建设、社科成果和青年专家评选等听取意见，提高服务水平。

（4）深入贯彻党的十七届六中全会和省第八次党代会精神，积极谋划好明年的重点工作。以中央全会和省党代会精神为指导，认真谋划好明年的工作，突出亮点，打造品牌，进一步深化理论宣讲、社科研究和社科联合工作，努力把服务河北科学发展“新智库”建设推向更高水平。

在省社科联工作年会上的讲话

（2011 年 12 月 14 日）

这次全省社科联工作年会是一次十分重要的会议。会议期间，我们传达学习了党的十七届六中全会和省第八次党代会精神，总结了 2011 年工作，交流了经验和体会，并就 2012 年社科联全省性的工作进行安排部署。与会同志的发言都很好，对大家做好今后的工作具有很好的借鉴意义。

2011 年，全省社科联组织在省委、省政府的领导下，紧紧围绕实施国家和我省“十二五”发展规划、纪念建党 90 周年、开展创先争优活动、贯彻落实党的十七届六中全会和省第八次党代会精神等工作大局，以当地党委、政府的中心工作为切入点，积极开展社科理论研究，广泛开展社科知识宣传普及等各项工作，较好地发挥了党和政府联系广大社科工作者的桥梁纽带作用，服务党委、政府科学决策的智力支持作用，用中国特色社会主义理论武装干部群众的思想引领作用，取得了新的可喜的成绩。如唐山市、秦皇岛市和承德市社科联着力加强所属学会管理，“学术资政”活动、“城市精神”征文活动等开展得有声有色。今年这三个市的社科联还承担了全国社科院院长联席会议暨院长论坛的接待服务任务，给全国各省区市社科院领导及与会代表留下了难忘印象，在全国社科界树立了良好形象。石家庄市、保定市社科联组织开展的社会科学优秀青年专家评选工作，调动了广大社会科学工作者的积极性和创造性，弘扬了尊重知识、尊重人才、尊重创造的社会风气。沧州市、邢台市和邯郸市社科联围绕中国共产党成立 90 周年举办的专题知识竞赛、“向党说说心里话”征文、“红色记忆”巡回展等活动，营造了社会主义好、共产党好、伟大祖国好、改革开放好的舆论氛围。张家口市、衡水市和廊坊市社科联开展的市级课题立项、“双城共创献策”征文、“市域经济定位”研究等项工作和活动，充分利用社科联整合社科人才和学科的独特优势，在履行思想库职能上进行了新的有益尝试。以上这些好的做法和新鲜经验，希望同志们认真学习、相互借鉴，不断把全省社科联工作推向新的高度。

下面，我就做好2012年的工作，讲四点意见。

一　认清形势，提高认识，把思想和行动统一到党的十七届六中全会和省第八次党代会精神上来

前不久闭幕的党的十七届六中全会和省第八次党代会，是我国和我省政治生活中的大事。

党的十七届六中全会审议通过的《中共中央关于深化文化体制改革推动社会主义文化大发展大繁荣若干重大问题的决定》，在总结历史经验、科学分析形势的基础上，阐明了中国特色社会主义文化发展道路，确立了建设社会主义文化强国的宏伟目标，提出了新形势下推进文化改革发展的指导思想、重要方针、目标任务、政策举措，充分体现了我们党在文化上的高度自觉和政治上的远见卓识，是推进我国文化改革发展的纲领性文件，对于党和国家事业发展具有重大而深远的意义。

我省第八次党代会承前启后、继往开来。主题是，高举中国特色社会主义伟大旗帜，以邓小平理论和“三个代表”重要思想为指导，深入贯彻落实科学发展观，充分发挥环京津、沿渤海优势，着力加快转变经济发展方式，坚持以人为本，继续解放思想，深化改革开放，推动科学发展，促进和谐稳定，努力走出一条有中国特色、河北特点的发展路子，为建设经济强省、和谐河北而奋斗。张庆黎书记在大会上所做的报告，放眼世界，综观全国，审视河北，科学分析当前形势，系统阐述了河北坚持走科学发展之路的基本方略，鲜明提出了建设“经济强省、和谐河北”的战略目标，明确了“优势地区聚集发展，贫困地区加快发展，城市乡村统筹发展，经济社会协

调发展”的总体布局和深入实施“一产抓特色，二产抓提升，三产抓拓展”的经济发展战略，为全省干部群众描绘出了河北经济社会发展的美好前景。认真学习宣传贯彻党的十七届六中全会和省第八次党代会精神，是当前全省社科联组织和社会科学工作者头等重要的政治任务。

一要抓学习，统一思想。要学深学透文件，掌握精神实质，在狠抓落实上下功夫。全省社科联组织要发挥好指导作用，推动广大社会科学工作者带头学习、带头研讨，深刻认识我国文化建设的巨大成就和机遇挑战，深刻认识推动社会主义文化大发展大繁荣和建设经济强省、和谐河北的重要性和紧迫性，深刻认识党的十七届六中全会和省第八次党代会提出的指导思想、目标任务、重要方针和重大举措，把思想统一到会议精神上来，把力量凝聚到党中央和省委的各项决策部署上来。

二要抓活动，营造氛围。要组织开展好中央全会和省第八次党代会精神的宣传普及活动。举办各学会和广大社科工作者广泛参加的专题讲座、报告会、研讨班、辅导班，深入阐释、深入解读重大意义和基本精神，力求深学细学，把握政策，武装头脑，指导实践，为推动社会主义文化大发展大繁荣和建设经济强省、和谐河北，营造良好的学习氛围和舆论氛围。

三要抓研究，服务发展。认真落实中央全会和省第八次党代会对哲学社会科学工作提出的新任务、新要求，精心组织、精心策划、精心安排一批研究课题，深入研究深化文化体制改革、推动社会主义文化大发展大繁荣和建设经济强省、和谐河北中的重大理论问题和实践问题，组织多学科专家开展联合攻关，为党中央和省委决策部署的全面实施提供及时有效的对策建议、贡献聪明才智。

二　把握方向，服务大局，发挥好党和政府科学决策智囊团作用

为党和国家工作大局服务是理论工作的职责所在、使命所在。党的十七届六中全会《决定》和省第八次党代会庆黎书记的《报告》，都对哲学社会

科学工作提出了新的要求。庆黎书记指出："繁荣发展哲学社会科学，坚持以重大现实问题为主攻方向，加强应用性对策研究。"这为我们今后的工作指明了方向。社科联组织作为党领导下的社会科学团体，一定要认真落实党中央和省委精神，把握正确方向，增强大局意识，发挥好"智库"作用。

一是创新科研体制，着力加强智库建设。六中全会《决定》明确提出："建设一批具有专业优势的思想库。"落实这一要求，就要把"智库"建设纳入全省社科联工作全局之中加以推进。智库建设要树立长远眼光，开展战略性问题研究；要具备超前视野，开展前瞻性问题研究；要选择独特视角，推出创新性研究成果。在智库建设中，社科联具有得天独厚的有利条件和工作抓手，要把全省高等院校、党校、社科研究机构、党政机关研究部门、各社会科学团体等各路大军联合起来，形成多层次、多方面、多领域的社会科学"智库"体系，以更好地满足领导决策和经济社会发展对哲学社会科学工作提出的新要求。

二是明确主攻方向，着力加强重大现实问题研究。要紧密结合国内外新形势，针对经济社会发展重大现实问题、广大干部群众普遍关注的热点问题开展研究。要围绕省第八次党代会提出的建设"经济强省、和谐河北"的奋斗目标，在保持经济平稳较快发展、推动产业结构优化升级、构筑区域经济发展新格局、提高科技创新能力、加快新型城镇化进程、狠抓环境保护与生态建设等方面开展科研攻关。要深入研究京津冀区域经济一体化、首都经济圈纳入国家"十二五"规划、河北沿海地区发展规划上升为国家战略、冀中南地区被列为国家层面的重点开发区域、在北京和廊坊交界处兴建首都新机场等为我省发展带来的新机遇，推出一批有价值有分量的应用对策研究成果，为实现"经济强省、和谐河北"奋斗目标提供强有力的智力支持。

三　创新管理，搞好服务，不断提高学会工作的科学化规范化水平

改革开放以来，我省社会科学学会经历了组织创建、巩固扩大和规范

发展三个发展阶段。到目前为止，全省社科联系统所属社会科学团体已发展到527个。其中，省级社会科学团体97个，地市级430个。这是社科联的组织基础，是一支庞大的社会科学队伍。指导协调管理社科联所属学会开展各项活动，是社科联的一项重要任务。随着市场经济的不断发展，学会的地位、作用也在发生着渐变。各市社科联作为社会科学类社会团体的业务主管单位，要始终把学会组织建设和管理放在全部工作的重要位置，不断推动学会管理的创新，以适应新形势、新任务的需要。当前，要着重做好以下工作。

一是健全规章制度，加强学会的规范化、制度化建设。要在深入调查研究的基础上，结合本地学会建设和发展的实际，抓紧出台学会管理条例、学会管理办法，建立学会工作评价机制，引导学会开展创建标准化学会活动。同时，继续加强学会党组织的建设，确保学会工作始终在党组织领导之下，更好地发挥应有作用。对一些长期不开展活动或者内部管理混乱的学会，要及时提出警告，直至取消其会员资格，保证社科联所属社科团体的健康发展。

二是突出学科和专业特色，鼓励学会为部门和地方的科学发展服务。社科联所属的每个学会都有自身的特点，要鼓励和支持各学会充分利用自己所掌握的资源，积极联系地方有关单位承办或联办学术活动，根据地方经济、政治、社会、文化的发展实际，确定主题，开展征文、研讨等活动，筛选精品成果，报送有关方面供决策参考，更好地体现“特色”学术活动的服务功能和社会价值。

三是“以人为本”开展服务，增强社科联学会管理工作的凝聚力。就社科联学会工作而论，所谓以“人”为本，就是要带着感情做学会工作。对学会的管理要求，最基本的原则，就是看你能不能给学会提供服务。要树立管理就是服务的理念，没有服务学会、服务社会科学工作者的诚意，是做不好学会管理工作的。无论是接待学会来人，还是参加、指导、服务学会组织的各项活动，都要热情、热心，这是社科联发挥党和政府联系社会科学界桥梁纽带作用的重要体现，也是提升服务学会、管理学会水平，增强学会自我发展能力的基本要求。

四　改进作风，凝聚力量，努力把社科联建设成社会科学工作者的和谐家园

社科联的工作职能突出体现在“联”字上，要积极探索“联”的机制，不断创新“联”的形式。“联”就是联系。不仅要加强与各级党委、政府的联系，把握好对社会科学工作的新任务、新要求，而且要密切与广大社科工作者的联系，充分倾听他们的愿望和心声。“联”就是联合。要研究新的历史条件下开展社会科学活动的合作模式和合作方式，探索理论研究单位与实际工作部门合作的新办法、新途径，探索社会科学与自然科学联盟协作的新形式，运用现代科技手段和现代研究方法，不断优化学术资源配置。“联”就是联动。要切实发挥好组织协调功能，组织专家学者就党委、政府关注的重大现实问题进行调研、论证、咨询，利用学科多、人才广的优势，抓住重点课题组织攻关，用复合手段、交叉知识集中解决重点问题，取得高质量、高价值的研究成果。

如何把“联”这篇大文章做得更好?

一要把社科联机关自身建设搞好。近一两年来，大部分市社科联领导机构做了调整，许多新同志来到社科联的领导岗位上，为社科联组织增添了生机和活力。希望同志们深入研究和思考社科联开展科普培训、表彰激励、行业自律、维权服务、学术交流等方面的工作规律，把握社科联的工作特点，以更好地领导和推动工作。社科联机关要不断完善工作制度，推进创先争优活动和学习型党组织建设，更好地履行联络、协调、服务职能，努力造就一支能打硬仗的团结协作、开拓创新、朝气蓬勃的工作队伍，提升工作水平。

二要把“走基层、转作风、改文风”做实。要深入开展调查研究，及时研究社会科学界面临的新情况、新问题，研究新形势下社科联有效开展学术活动、成果评奖、社科普及、人才培养等工作的组织形式和活动方式，了解并积极帮助解决社科工作者在工作、学习、生活上遇到的实际问题，为他们发挥才智创造良好的条件。

三要把工作协调和业务指导做细。2011 年，省社科联首次组织了各市

社科联负责同志赴台湾地区参加学术文化交流活动，并与台湾有关团体建立了合作关系。省社科联要认真总结经验，以便今后为各市社科联的同志参加各种合作交流提供更多更好的机会。省社科联与各市社科联在业务活动、工作动态、机关建设、科研信息等方面要进一步加强联系与沟通，形成更大的工作合力。希望通过同志们的共同努力，把全省社科联组织建设成广大社会科学工作者的温馨和谐之家。

同志们，2011 年即将过去，让我们在新的一年里，以党的十七届六中全会和省第八次党代会精神为指导，发扬成绩，振奋精神，同心协力，开拓创新，为建设经济强省、和谐河北，为推动我省社会主义文化事业大发展大繁荣而努力奋斗，以优异的工作成绩迎接党的十八大胜利召开！

在2011年度院领导班子民主生活会上的发言

（2011 年 12 月 21 日）

根据省纪委、省委组织部《通知》要求，今天召开2011年度院领导班子民主生活会，主题是：坚持以人为本、执政为民理念，发扬密切联系群众优良作风。

这次民主生活会适逢党的十七届六中全会、省第八次党代会胜利召开，学习宣传贯彻中央全会和省党代会精神是当前面临的首要政治任务；进入“十二五”，繁荣发展哲学社会科学、实现全院各项事业的科学发展面临着新的机遇和新的挑战。希望同志们以这次民主生活会为契机，坚定不移地坚持以科学发展观统领办院，进一步加强党性修养，不断改进思想作风和工作作风，为推动中央全会和省党代会精神的深入贯彻，为实现我院新形势下的科学发展，奠定坚实的思想基础。下面，结合会议主题谈几点认识。

一　坚持“执政为民”，贯彻“三个服务”办院方针

作为党的一级组织，作为党的领导干部，为谁执政、施政为谁，是从政为政的首要问题。进入“十一五”，院党组认真贯彻党的十七大精神，把握时代脉搏，遵循发展规律，对总体工作思路在方向、目标、任务上做出重大调整，确立了“为决策服务、为发展服务、为基层服务”的办院方针。“三个服务”更加突出社科理论工作的服务功能，更加注重社科理论工作的社

会价值，在服务决策、服务发展与服务基层群众的有机统一中，把“执政为民”行业化、具体化，推动了工作水平的提升。社科理论工作的应有作用得到了进一步发挥，社会影响力不断扩大。

在理论武装工作中，今年，我们围绕“十二五”规划、纪念建党 90 周年、党的十七届六中全会以及省第八次党代会精神等内容，撰写宣讲提纲，及时开展宣讲。全省党委讲师团系统一年内共开展理论宣讲近 7000 场，受众 110 多万人次，将党的创新理论送到干部群众身边，受到广泛欢迎。我们举办了全省党委中心组学习秘书、讲师团主任和基层理论骨干培训班，建立党委（党组）中心组网络学习系统平台，面向广大干部群众的宣讲阵地建设不断加强。我们坚持送理论下基层，建立了县级宣讲工作站，组成了“送理论下基层”工作队，服务广大干部群众的大宣讲格局基本形成。

在科研工作中，我们把“立大项目、研究大课题、产生大成果”作为科研的主攻方向，在“服务决策、服务发展、服务基层”上实现了重大突破。今年，我们成立了“河北省‘一圈一带’重点发展战略”课题组，组织精干研究力量开展研究，完成的多项研究成果已通过《决策参考》直报件上报省领导参阅。召开了河北省环首都绿色经济圈建设研讨会，研讨会成果综述上报省领导，时任常务副省长赵勇同志批示肯定。组织国家有关部委和北京市的专家谈河北环首都绿色经济圈建设，汇集一组研究成果文章，在《光明日报》以《瞩目河北环首都绿色经济圈——本报邀请专家谈建议和对策》为题整版刊发，《光明日报》加编者按特别推介，产生了良好的社会反响。我们组织研究人员到河北环首都市县及北京市、长三角、珠三角进行大型调研活动，调研报告得到时任常务副省长赵勇同志的批示肯定。我们举办了 2011 年季度、年度“河北省经济形势分析会”“加快河北省沿海隆起带建设研讨会”，会后，研讨会成果上报省领导参考。编撰出版了 2010～2011 年“河北发展蓝皮书”，蓝皮书总报告送省人大、政协两会代表、委员参考，产生了良好的社会反响。

在社科联合工作中，我们通过抓活动服务河北发展。今年的大型民生调研活动，已完成课题 100 余项。其中，有 10 余项成果得到省委、省政府领导的批示，有 30 余项成果获得相关部门研究与采纳，60 余项成果在省市级刊物发表。今年举办的“河北省第七届社会科学普及周”活动，直接服务人群达35万人次。我们通过抓平台拓展工作空间。今年组织了“河北省第九届社科优秀青年专家”评选活动，举办了“河北省第四届社会科学博士论坛”“2011年燕赵文化论坛”“第六届河北省社会科学学术年会”，承办“2011年京津冀区域协作论坛”。这些活动都收到了很好的效果。

“三个服务”办院方针的深入实施以及带来的显著成效，得到了省委、省政府领导的充分肯定，受到了全院上下的高度认同，赢得了社会各界的普遍赞扬。

二　坚持“以人为本”，推进体制机制创新

我们坚持在推进全院改革发展中牢固树立以人为本的执政理念，把贯彻落实省委、省政府重大决策部署与推进全院事业发展、与维护广大干部职工切身利益有机统一起来，极大地调动了全院同志工作积极性，受到干部职工的普遍欢迎，为事业发展注入了活力、增添了动力。最为突出的有三个方面的工作。

一是确立“三位一体”新格局和“一院两制”新体制，实现“三个一相加大于三”的改革初衷。2009年，是我院发展历史上具有特别重要意义的一年。院党组面对省委、省政府决定将省委讲师团、省社科联并入省社科院的机构调整新形势，抢抓新机遇，应对新挑战，谋求新发展，立足于本院实际，在广泛调查研究基础上，创造性地提出构建理论武装、服务决策、繁荣发展“三位一体”工作新格局和参公管理、事业管理“一院两制”新体制的总体改革思路。这一改革思路，将全院事业发展与每位同志的切身利益很好地兼顾起来统筹考虑，从而得到了省委、省政府领导的充分肯定和全院干部职工的衷心拥护。两年多来，机构调整在实现平稳过渡的前提下，收到了显著成效，初步形成了以理论武装为龙头，以社科研究、社科联合为依托，以省社科团体、各市委讲师团、社科联和县（区）基层理论宣讲站为基础，把全省社科系统研、讲、联资源优化组合和有效运用的新型工作运行机制，带动了全省社会科学研究、宣传和普及。使社科院更好地发挥了

“研”、讲师团更好地发挥了“讲”、社科联更好地发挥了“联”的职能，实现了“机构精简，职能不减；牌子不摘，队伍不散；资源整合，效能提高”和“三个一相加大于三”的改革初衷。

二是创新工作方法，推动学科建设和谐发展。我院自2004年起着手推进重点学科建设，取得了积极成效。随着事业发展，学科发展不平衡的矛盾日益显现。今年，我们在认真总结经验的基础上，对学科建设思路做出了新的调整，确立了重点学科、重点扶持学科、重点培育学科三个层级的学科建设总体框架，并付诸实施，在更为广泛的层面上调动了科研人员的积极性，为新兴学科脱颖而出创造了条件。初步形成了和谐发展与良性竞争并存的学科生长环境，促进了学科的可持续发展。

三是做好职称工作，营造尊重知识尊重创造的人才成长环境。我们反复向省职改办介绍我院坚持“三个服务”办院方针所取得的积极成果，反映我院专业技术人才集中、高层次人才集中、高学历人才集中的现状，得到了省内最高比例的高级职称聘任政策，全院符合聘任条件的专业技术人员应聘尽聘，极大地调动了科研人员的工作热情，激发了科研生产力。

三　加强党性修养，树立密切联系群众优良作风

一是大兴调研之风。深入开展“走基层、转作风、改文风”活动，制订了《河北省社会科学院“走基层、转作风、改文风”活动实施方案》，院领导班子成员建立了自己的基层联系点，就调研形式、调研内容、调研地点、调研时间等进行了细致安排并认真抓了落实。今年暑期，在全院范围内开展了集中调研活动，重点深入河北环首都市县及北京市、长三角、珠三角等地区进行实地调研，通过学习考察，观察比较，分析借鉴，形成了许多有价值、有分量的调研报告，调研活动收到了实实在在的效果。

二是规范履职行为。针对机构调整后的新情况，在制定并实施《院党组关于贯彻落实中共中央〈建立健全惩治和预防腐败体系2008—2012年工作规划〉的实施意见》和《院党组成员廉洁自律规定》基础上，按照谁主管、谁负责的原则，依据院领导班子成员的新的工作分工，对我院《院党

风廉政建设责任制实施细则》《院级领导干部党风廉政建设责任制目标分解》进行了修订，制定下发了《院廉政风险等级目录》等规范性文件。认真贯彻落实《中国共产党党员领导干部廉洁从政若干准则》，恪守廉政准则，坚持重大事项报告制度，形成用制度规范行为、按制度办事、靠制度管人的长效机制。在“十二五”规划之中，院党组将党风廉政建设作为事关全院发展的重要工作之一，列入“十二五”主要任务目标。强化纪检监察对重大事项的监督检查，在学术委员会换届、职称评审、课题立项、评奖等重大事项，纪检组监察室都派专人进行全程监督，确保公开、公平、公正。

三是坚持民主集中制。落实院党组集体领导下的个人分工负责制，院党组会议、院长办公会议所形成的决议，特别是重大事项决策、大额度资金使用、干部调整任免等方面的决策，坚持沟通在会议之前、决策在会议之中、落实在会议之后。重大决策特别是涉及广大干部职工切身利益的政策出台，注意广泛听取全院同志意见，把公开、公平、公正原则落在实处。注重把党的组织原则、党的工作纪律、全院同志的期望以制度的形式规定下来，并持之以恒地坚持下去。根据机构整合的实际情况，先后修订了《院党组议事规则》《院长办公会议制度》《省社科联驻会主席办公会议制度》《院党组理论学习中心组学习制度》等，院领导体制运行良好，决策体制趋于科学、完善。按照院领导班子新的工作分工落实“一岗双责”，领导班子表率作用、凝聚力和战斗力得到了进一步加强。在2010年度院领导班子民主生活会征求群众意见中，对领导班子廉洁从政满意率达到100%。

四 恪守党纪政纪，正确对待个人进退留转

严格遵守干部选拔和专业技术人员聘任有关规定，把好选人用人关。院党组在干部选调和职称评定等工作中，认真遵循《党政领导干部选拔任用工作条例》和《关于做好全省事业单位专业技术岗位聘用工作的通知》精神，严格落实制度规定的程序和步骤，扩大群众的知情权、选择权、参与权和监督权，干部职工普遍反映良好，没有发现违纪违规问题。院领导班子成员和各处室所主要负责人，在涉及职务升迁、工作分工、岗位调整等人事变

动时，都能正确对待个人进退留转，维护了全院改革发展稳定大局，有力地保障了各项工作的顺利开展。

我本人认真落实第一责任人职责，努力发挥“班长”的带头作用，始终把贯彻落实科学发展观作为第一要务统领全院工作，始终在政治上同党中央保持高度一致，始终全力贯彻落实省委、省政府的重大决策部署，始终把全院干部职工的切身利益放在心上。认真贯彻落实党的民主集中制，注意调动和发挥班子成员工作积极性，善于听取不同意见，打造领导和推动全院各项事业科学发展的坚强领导集体。认真履行院党风廉政建设第一责任人的岗位职责，坚持以身作则、严于律己，对配偶、子女和身边工作人员从严要求，严格遵守《廉政准则》的有关规定，无违法违纪问题发生。

在肯定成绩的同时，也应该清醒地看到，我们的工作还有许多不足之处。这次民主生活会前，根据省纪委、省委组织部关于开好2011年度民主生活会的通知要求，院属各党支部围绕生活会的主题，向干部职工征求了对院领导班子及班子成员的意见，机关党委收集汇总了58条。干部职工给予的肯定令我很受鼓舞，大家提出的意见建议大多富有建设性，增添了我们进一步做好工作的动力。回顾过来的工作，联系同志们提出的意见，深感有些工作亟待深入推进。主要有，如何在建设经济强省、和谐河北奋斗进程中进一步发挥好社科理论工作的作用，在“三位一体”工作新格局下团队效能怎样才能更好地释放，面对新的形势和任务科研管理、科研方法、科研手段创新的路径在哪里，学术交流活动、后备人才培养等项工作如何取得更大的突破，等等。这些问题需要我们认真思考、着力破解。

我作为院主要负责人，在领导全院事业科学发展上责任重大。在今后的工作中，要时刻牢记庆黎书记在全省领导干部会议和省委常委（扩大）会议讲话中对党员领导干部的谆谆教诲，把以人为本、执政为民的理念树立得更加牢固，做增强党性修养、提高执政能力的表率。一要进一步加强理论学习，注重用理论学习的成果解决发展中遇到的实际问题，科学分析形势，牢牢把握大局，坚持民主决策，坚持党性原则，争取更大作为。二要进一步增强创新能力，积极探索学科体系、学术观点、科研方法创新的新路子，为建设服务河北科学发展“新智库”做出新业绩。三要进一步抓好班子建设，注意听取班子成员意见，充分调动班子全体同志的积极性，做一个谋事干事、和谐气正的领导集体带头人。四要进一步从严要求自己，作为党风廉政建设第一责任人，要带头贯彻落实《中国共产党党员领导干部廉洁从政若干准则》，规范从政行为，恪守廉政准则，主动接受班子成员、全院同志和上级机关的监督，同时严管子女、家属和身边工作人员。

同志们，面对新形势、新任务的要求，面对省委、省政府的重托，面对全院同志的期待，我们使命光荣、责任重大、任务艰巨。让我们精诚团结、奋发有为，进一步深化理论宣讲、社科研究和社科联合工作，努力把服务河北科学发展“新智库”建设推向更高水平，为建设经济强省、和谐河北做出新的更大的贡献！

工作纪实

河北省社科院
激发学习热情　提高学术修养*

在学习型党组织建设中，河北省社科院党组结合职能特点，紧密联系工作实际，积极倡导新的学习理念，深入组织实施党组中心组学习引领工程、服务决策发展能力提高工程、全员学习队伍建设工程，在推进学习型党组织建设中积极打造学习型社科院所。

河北省社科院根据自身党员比例高、学历职称高、领导干部文化素质高的人员结构特点，以抓领导干部学习为切入点，以领导带党员、以党员带群众，推进全员学习。院党组理论学习中心组每季度确定专题邀请专家主讲。目前已组织召开各类学习会议 16 次。

“社科研究的灵魂在于创新，实践是创新的源头活水，学习是创新的动力机制，提高领导班子的学习能力是保障科学发展的根本力量。”河北省社科院党组书记、院长周文夫说。该院把学习融入研究之中，紧紧围绕河北经济社会发展中的难点问题、理论前沿问题及广大干部群众关注的热点问题，进行有针对性的学习与研讨。院领导班子成员带着问题，到唐山、沧州、邯郸等地进行深入调查研究，形成调研成果在院党组理论中心组学习会议上集中交流，把务虚转换成了务实。一批学习调研成果，得到省委、省政府高度重视，为破解当前河北省经济社会发展难题提供了重要的决策依据。

为搭建学习平台，丰富学习手段，河北省社科院在内部学习交流刊物上

---

* 本文由《人民日报》记者赵梓斌撰写，刊载于《人民日报》2010 年 11 月 29 日。

开辟了“新思想、新知识、新经验”学习专栏，内容涵盖党的理论及经济、政治、文化、社会等多方面知识，以及反映当代世界发展趋势的新理念、新技术，每期由一个研究所或业务处室组织提供学习内容，在全院范围内开展学习交流。院属3个网站开设了“理论大讲堂”等专栏，建立网上学习交流平台，院领导班子成员带头建立学习博客，每月推出2～3期专家视频讲座，极大地调动了全院党员干部的学习热情，形成了重视学习、坚持学习、勤于学习的良好风尚。

此外，河北省社科院在全院党员干部中广泛开展以“抓学习、提素质、强能力、促发展”为主题的学习教育活动，规定每个党员干部每天要集中精力学习1小时，每月要精读一本好书，以处所为单位，每周二、四开展集中学习，每季度开展一次读书辅导，并不定期组织“读书体会交流”活动。

河北省社科院计划利用5年时间完成对全体党员轮训工作。结合院机关党委、党支部换届，对基层党支部书记和党支部委员进行培训，切实提高基层党组织负责人的综合素质。把组织调训与自主选学、脱产培训与个人自学结合起来，采取日常学习、集中培训、“菜单式”选学和在线学习形式，不断增强学习的针对性和实效性，努力做到党员教育“全覆盖”。

构建“三位一体”新格局*

——访河北省社会科学院党组书记、院长周文夫

2009年初，河北省委、省政府对有关直属事业单位（社团机构）进行了重大调整，将中共河北省委讲师团、省社科联并入河北省社会科学院，形成了新的“三位一体”工作格局。这一举措引起了哲学社会科学界的关注。

机构调整后运作是否顺利？对发挥社会科学机构综合优势有何意义？调整当中有哪些经验值得借鉴？就众所关心的话题，本报记者近日对河北省社会科学院党组书记、院长，中共河北省委讲师团主任，省邓小平理论、“三个代表”重要思想和科学发展观研究中心主任，省社科联副主席周文夫进行了专访。

“三个一相加大于三”

《中国社会科学报》：周院长，据了解，经过两年的努力，“三位一体”工作新格局和“一院两制”新体制框架已经形成。新格局对社科机构综合优势的发挥有何意义？

周文夫：“三位一体”工作新格局对发挥社科机构的综合优势具有极大的推动作用，“三位一体”包括三层含义：一是在职能上，涵盖了理论武装、服务决策、组织联合等基本要素；二是在运行机制上，涵盖了社科产品

* 本文为《中国社会科学报》对周文夫的专访，刊载于《中国社会科学报》2011年4月21日。

生产、社科成果转化、社科力量整合等工作环节；三是在相互关系上，科研是坚实基础，宣讲是重要依托，联合是力量保障。

“三位一体”要求既要重视研究工作，也要重视科研成果的转化；既要重视成果的对策应用、论文发表等成果实现形式，也要注重理论宣讲、社科普及等更为泛化的成果实现形式。“三位一体”最终目的是实现哲学社会科学事业繁荣发展，为全省经济社会发展做出更大贡献。

《中国社会科学报》：机构调整至今已近两年，三个机构的磨合和运行情况如何？

周文夫：经过近两年的磨合，目前我院“三位一体”工作新格局和“一院两制”新体制运转良好，全院实现了一个班子、一支队伍、一个法人、一个财务账户的四统一。即“河北省社会科学院”同时加挂“河北省邓小平理论、‘三个代表’重要思想和科学发展观研究中心”“中共河北省委讲师团”“河北省社会科学界联合会”三块牌子；调整规范了院内处所职能、编制，34 个内设处所室工作职能进行了重新确定，院内部机构设置、处级干部调整全部到位，原社科院行政管理人员参公问题基本解决，工作机制体制进一步顺畅，真正做到了机构精简，职能不减；牌子不摘，队伍不散；资源整合，功能加强，实现了“三个一相加大于三”的改革初衷。

理论武装　服务决策

《中国社会科学报》：调整后的河北省社科院以理论武装、服务决策、繁荣发展为理念，请谈谈河北省社会科学院是如何以社会科学研究服务党委、政府决策，服务地方发展的？

周文夫：“三位一体”的工作新格局，整合了河北省哲学社会科学研究、理论宣讲以及社科管理资源，形成更为强大的合力，为哲学社会科学在全省经济社会发展中发挥好智库作用，提供了机遇，创造了条件。我们主要从三个方面展开工作。

其一，服务决策实现大发展。围绕省委、省政府中心工作选题立项，开展重大课题研究。如 2010 年的“加快转变河北经济发展方式”研究。2011

年，按照省领导的要求，我们正在进行环首都经济圈建设和沿海地区发展研究。建立规范稳定的直报渠道，实现重大成果进入决策。一是我院专家围绕我省经济社会发展的重大战略性问题，连续几年在省委理论学习中心组或省委常委集中学习会上做专题讲座。二是通过院办《决策建议》和《决策参考》两个直报件，将课题研究成果和重大专题研讨会的成果直接呈报省委、省政府主要领导。三是编撰《河北省经济社会发展形势分析与预测》五卷本蓝皮书，强化省情研究。四是每年举办季度和年度“河北省经济形势分析会”。五是围绕重大经济社会发展问题，举办学术研讨会，先后举办了“环渤海经济圈崛起与建设沿海经济社会发展强省”、“转变河北经济发展方式”与“构建河北现代产业体系”等一系列研讨会。

其二，理论武装迈上新台阶。开展主题宣讲，围绕党的十七届三中、四中、五中全会精神，深入学习实践科学发展观，努力学习实践社会主义核心价值体系等内容，开展宣讲和专题辅导；深化理论研讨，以河北省中国特色社会主义理论体系研究中心名义，在《人民日报》《光明日报》《经济日报》刊发了一批理论文章，发挥理论引领作用；创新宣讲方式，在《河北日报》开办学习专栏，以系列专题文章深化政策解读；搞好学习服务，举办全省党委中心组学习秘书、讲师团主任和基层理论骨干培训班，建立党委（党组）中心组网络学习系统平台，加强阵地建设，组成“送理论下基层”工作队，构建大宣讲格局。

其三，繁荣发展开创新局面。抓课题做好民生调研，抓活动服务河北发展，抓机构强化组织建设。运用多种资源，把联合延伸到全省社科战线的各个层面，充分挖掘社科资源，不断拓展工作平台。

开展燕赵特色文化研究

《中国社会科学报》：河北省社会科学院地处燕赵大地，开展了哪些具有地方特色的文化研究？

周文夫：我院十分重视具有地方特色的基础学科研究。几年来，我们在重点学科、重点扶持学科和重点培育学科的建设中，注重中国特色社会主义理论体系研究、河北地方史与传统历史文化研究、当代文学及燕赵文化研究和李大钊研究、华北抗日战争史研究等学科的培育、扶持和发展。

我院在河北地方史研究、李大钊研究、华北抗日战争史研究、传统历史文化研究特别是在隋唐史和宋史研究上，取得了比较优异的成绩。值得注意的是，我院对俄藏黑水城所出唐宋时期文书研究，重视新材料的研究和利用，开辟了一个新的重要的研究领域，成为正在兴起的黑水城学重要研究基地。

基础学科在新形势、新任务下要实现突破发展，必须和现实需要紧密结合起来，在这方面我们也做了一些探索。例如，我们承担了省委下达的影响中国历史进程的河北历史名人评选活动，并出版了《影响中国历史进程的河北历史名人》丛书。我院承担了省委委托课题河北人文精神研究及其提炼概括，并写入省委党代会报告。连续几年举办燕赵文化论坛，挖掘弘扬燕赵文化，推动文化创新与和谐文化建设，推进文化体制改革，促进文化产业发展。这些举措都取得良好的社会效果。

从“学者官员”到“官员学者”

《中国社会科学报》：从民办教师到享受国务院特殊津贴教授，从农村党支部书记到市委副书记、市纪委书记，从公社专职理论辅导员到省社会科学院党组书记、院长，您的个人经历可谓十分丰富。从“学者官员”，再到“官员学者”，您走过了怎样的心路历程？

周文夫：我从最基层走来，1977 年恢复高考上了大学。在几十年的学习工作生活中，是党的培养和领导、同志们的支持帮助，使自己走上领导工作岗位。无论当“学者官员”，还是做“官员学者”，感触确实很多。总的感觉，经历弥足珍贵，感悟“点石成金”。也可以说，心路历程与生活经历相伴，理性感知与思想升华共生。具体说，多年基层群众工作，使我有了心系百姓的情怀；实际工作与理论工作反复交替，使我感悟到“知行合一”的真谛；克服实际困难和探索理论难题，使我具有了敢于担当、开拓创新的胆气；常年一线领导实践，使我磨炼了求真务实、业争一流的作风。因此，在工作中，我做事能想到群众，从大多数人的根本利益出发；善于把学习、工作、创新结合起来，每到一个新的工作岗位，先当学生，学习各方长处，集思广益，开创性地工作；不管到什么样的工作岗位，都要尽职尽责，不辱使命，不负党和人民重托，任劳任怨，扎实工作；做事不做则已，认准的事做就做到底，做出一流水平。这些积累也可以说是做好今后工作的基础吧。在当前工作岗位上，我认为，追求真理，崇尚科学，是社会科学理论工作者不泯的良知。

《中国社会科学报》：无论是在理论教学研究中还是在地方领导工作中，您都始终坚持社会科学研究。重回社科战线，您对经济学和党建问题又有哪些新探索？

周文夫：到省社会科学院工作后，在经济和党建研究方面我比较多地关注“建设沿海经济社会发展强省”“推进城镇面貌‘三年大变样’”“构建符合河北实际的现代产业体系”“加快转变河北经济发展方式”“惩治和预防腐败体系建设‘更加注重预防’”等重大课题的研究。

今年是“十二五”开局之年。河北省“十二五”规划确定了“四个一”重点发展战略，即构筑环首都经济圈，壮大沿海经济隆起带，打造冀中南经济区，培育一批千亿元级工业聚集区和大型企业集团。同时，成立了河北省环首都经济圈建设领导小组，我担任领导小组专家组组长，牵头成立了河北省“一圈一带”重大研究项目课题组，正在组织或聘请国内一流专家学者及我院科研人员，开展河北环首都经济圈建设和沿海地区发展研究。

今年也是我院建院 30 周年。我们着手编制了院“十二五”发展规划并付诸实施，确立了新的办院目标：打造新智库，服务“十二五”。同时，今年我院将承办全国社会科学院院长联席会议暨院长论坛，我们期望着能和全国同仁们欢聚一堂，做些广泛深入的交流，相互学习，相互促进，力争把社科院的工作做得更好。

通过学习促进智库建设“升级”*

——关于河北省社科院推进学习型党组织建设的调查

哲学社会科学研究机构肩负着认识世界、传承文明、创新理论、资政育人、服务社会的重要职能，是经济社会发展的重要智库。如何发挥好智库职能，是哲学社会科学研究机构需要解决的核心问题。在深入推进学习型党组织建设的过程中，河北省社会科学院（以下简称河北社科院）坚持通过学习促进智库建设“升级”，取得了良好成效。

整合智库资源：1 +1 +1 >3

2009 年 2 月，河北省委做出调整河北社科院机构的决定，将省委讲师团、省社科联并入河北社科院。面对机构调整的新形势，如何整合三大机构资源，进一步发挥好全省经济社会发展智库的职能作用，成为摆在河北社科院党组面前的一项紧迫任务。院党组紧紧抓住学习型党组织建设这一有利契机，强调以学习谋求发展思路、凝聚思想共识，以学习带动机构调整、促进事业发展。

围绕这一主题，全院上下进行多次学习研讨和实地调研。院党组以中心组学习、院内外专家专题授课为主要形式，要求参加学习的人员认真准备并参与讨论发言；在院报上开辟“新思想、新知识、新经验”专栏，

---

* 本文由《人民日报》记者杨学博、李林宝撰写，刊载于《人民日报》2011 年 5 月 6 日。

吸引广大党员干部参与讨论；开展专题调研，由分管院领导带队深入群众中交流想法、听取意见，到兄弟单位学习取经，探讨发展思路。在此基础上，院党组提出了构建理论武装、服务决策、繁荣发展“三位一体”工作新格局、打造服务地方经济社会发展新智库的思路，即以社科研究为龙头，以理论武装、社科联合为依托，以社科团体、各市和基层宣讲站为基础，带动全省社会科学研究和普及，把全省社科院系统、社科联系统、讲师团系统的力量整合起来，使社科院更好地发挥“研”、社科联更好地发挥“联”、讲师团更好地发挥“讲”的职能，收到了“1+1+1>3”的效果。

注重夯实基础：确立“三出”目标

推动全员学习、人人学习，不断提高整体研究水平，是促进智库建设“升级”的基础工程。河北社科院把“三出”即“出精品、出人才、出效益”作为目标，积极创新科研管理体系和学习研究方式，努力调动广大党员干部和科研人员学习的积极性。

近年来，河北社科院围绕马克思主义中国化、中国特色社会主义理论体系、构建现代产业体系、推进城镇面貌“三年大变样”、调整经济结构和转变经济发展方式、环首都经济圈与环渤海隆起带建设等重大理论和实际问题，以课题招标的形式推出一批有分量有深度的精品力作，强化了智库建设的前沿性。搭建《决策参考》这一建言献策平台，改变组稿方式，使科研人员的意见和建议能够迅速送达相关决策部门，大大激发了大家学习和研究的热情。制定重点学科及重点扶持学科三年建设规划，修订《信息工作管理规定》，实现河北省社会科学院网、理论教育网、河北社会科学网统筹规划、合理分工，搭建了全省统一的社科理论工作展示窗口和社科理论工作者交流互动网络平台，推动了全省社科理论工作一体化进程。通过这些举措，党员干部和科研人员的学习热情普遍提高，责任意识、创新意识以及工作的积极性、主动性大大增强，科研成果和效益迈上了新台阶。

服务发展实践：凸显“三性”特色

服务经济社会发展、提供科学决策咨询，是智库建设的着力点。新形势、新任务要求哲学社会科学研究机构提供更具针对性、现实性、前瞻性的决策参考意见。为此，河北社科院实施了服务决策发展能力提高工程，重点抓好三项工作：一是聚焦重大项目，开展宏观研究。打造河北省省情形势分析与预测蓝皮书系列，定期举办经济社会发展形势分析会，为领导决策提供重要参考。瞄准重大现实问题开展攻关，《构筑我省现代产业体系的总体思路、主体框架和对策措施研究》等研究成果得到省委、省政府主要领导同志的批示肯定。二是搭建服务平台，开展专题研究。依托“环渤海发展（曹妃甸）高层论坛”“燕赵文化创新论坛”等平台，先后邀请省内外专家对京津冀一体化、产业结构调整、服务业发展等重大问题展开集中研讨，凝聚各方智慧，提供可行性研究，相关研究成果引起省政府职能部门的高度重视。三是坚持开门办院、合作办院的方针。不断拓宽对外合作领域，特别是加强与政府部门合作、跨区域合作、与大型企业合作、院校合作和院院合作，为全省各类企业或部门出谋划策、解决问题，推动科研工作不断向基层和企业延伸。